“十三五”国家重点出版物出版规划项目

◉ 王利明 著

债法总则研究

（第二版）

中国当代法学家文库

王利明法学研究系列

Contemporary Chinese Jurists' Library

中国人民大学出版社

· 北京 ·

序　言

法国学者达维德指出，“债法可以视为民法的中心部分”[①]。债法总则是关于债的共通性规则的规定。它是基于总分结构，在区分债法总则和分则的基础上形成的。所谓总分结构，就是指按照提取公因式的方法（von die Klammer ziehen 或 von die Klammer setzen），区分共通性规则与特殊规则，将共通性规则集中起来作为总则或一般规定，将特殊规则集中起来编为分则或作为特别规则加以规定。[②] 总分结构原本是就民法典体系构建而确立的理念和技术，《德国民法典》起草人在借鉴这一理念的基础上，在民法典中首创了债法总则。

我国自清末变法以来，一直仿效大陆法系国家特别是德国法的立法经验，在多个民法典草案中设置了独立的债法总则。1929 年南京国民政府制定的“民法典债编”，则主要参考了德国和瑞士的立法体例，将债之发生原因规定为合同、代理权的授予、无因管理、不当得利、侵权，在其第二编债法专门作出了规定，其债法总则对债的发生、债的标的、债的效力、多数债务人及债权人、债的消灭等内容作出了规定。这种立法体例的特点主要在于，在债法总则中对各种债的发

① ［法］勒内・达维德：《当代主要法律体系》，漆竹生译，79 页，上海，上海译文出版社，1984。

② 参见［日］松尾弘：《民法的体系》，4 版，13 页，东京，庆应义塾大学出版社，2005。

生原因进行概括性的规定，合同和侵权只是作为债的发生原因，其一般性规则都规定在债法总则中，并不存在相对独立的合同法和侵权法。

中华人民共和国成立后，曾四次起草民法典，各次草案中都有债法总则的规定。1986年《民法通则》在“民事权利”部分规定了债权，表明立法者对未来民法典的构建仍然承认债法为民法典的重要内容。1999年的《合同法》是在统一了三部合同法的基础上所形成的内容完整、体系严谨的法律，《合同法》对合同的订立、合同的效力、合同的履行、合同的变更和转让、合同权利义务的终止、违约责任等作出了规定，形成了相对独立和完整的合同法体系，这与传统大陆法系国家的债法总则仅将合同作为债的发生原因进行规定存在明显区别。由于在合同法体系形成以后，债法总则的内容大多被合同法总则所替代，因而我国2002年的民法典草案（第一稿）在第三编和第八编中规定了“合同法”和“侵权责任法”，但并没有单独规定“债法总则”。2009年《侵权责任法》的颁行采纳了侵权法独立成编的观点，构建了完整的侵权责任法体系。在《合同法》和《侵权责任法》已经各自成体系的情形下，如何构建我国债法体系，尤其是债法总则体系，成为我国民法典体系构建中的重大疑难问题，值得深入探讨。

笔者认为，未来民法典应该单独设立债法总则编。这不仅仅是因为我国具有设立债法总则的历史传统，更重要的是，存在设立债法总则的现实需要。德国学者 Reiner Schulze 认为，债法的总分结构的优点首先在于，其有利于减少债法规则的重复性（rules repetition），增强民法典的体系性，便利债法规则的适用。[①] 民法法典化其实就是体系化。而体系化的标志之一是债法总则的设立。通过债法总则可以统辖合同、侵权行为、不当得利、无因管理等债的类型，并规定其共通性的规则，这有利于实现法律规则的简约化。债法总则的内容可以沟通债法与民事特别法如票据法、破产法、保险法等的联系，并为这些民事特别法确立适用的一般准则。由于债法总则相对于各种债的具体规则而言，形成了一般和特别的关系，因而其可以形成对各种债的规则的指导和补充作用，从而使法律规则的适用

① See Reiner Schulze & Fryderyk Zoll, *The Law of Obligations in Europe: A New Wave of Codifications*, Sellier European Law Publishers (2013), p. 177.

变得更为周延和富有体系性。

问题在于，我们需要什么样的债法总则。笔者认为，我国未来的民法典需要一编内容完整的债法总则，但不能因此而影响合同法总则和侵权责任法总则的相对独立性。《法国民法典》起草人波塔利斯指出，“法为人而立，非人为法而生”(les lois sont faites pour les Hommes et non les Hommes pour les lois)；德国法学家萨维尼在《论立法与法学的当代使命》一文中说：“法律并无什么可得自我圆融自洽的存在，相反，其本质乃为人类生活本身。”[①] 我国债法体系应当符合我国的国情，满足我们的现实需要，总结我国自身的经验，彰显我国自身的特色。在我国合同法、侵权责任法已经各自成体系的情况下，未来民法典中的债法总则不宜将分别调整合同法总则与侵权责任法总则的规则纳入其中，而只应对各种债的关系的一般规则作出规定。因此，与传统大陆法系国家民法典债法总则相比，我国未来民法典的债法总则在内容上将更为抽象，其规则具有更强的普遍适用性。尤其是，债法总则的设立不应当影响到合同法、侵权责任法体系的完整性。在我国未来民法典债编的制定过程中，并不是要抛弃我国《合同法》《侵权责任法》既有的立法成果，而重新制定债法；相反，应当在保持我们现有的《合同法》《侵权责任法》立法框架和经验的基础上，使其融入我国未来的民法典之中，从而制定出具有中国特色的民法典。

因此，民法典中的债法总则与合同法、侵权责任法将共同成为民法典分则的组成部分。在这方面，可以借鉴《荷兰民法典》的立法经验，《荷兰民法典》第六编单设债法总则，虽然其中包括了合同法和侵权法的内容，但是并没有影响合同法总则和侵权法总则的相对独立性，在有关侵权法和合同法的规定中，又分别规定了侵权法的一般规定（第三章第一节）和合同法总则（第五章）。这种体例改变了大陆法原有的模式，即由债法对合同法、侵权法的一般规则作出规定，而没有单设合同法总则和侵权法总则。

那么在这样一种立法体例下，债法总则与合同法、侵权责任法是何种关系

---

① ［德］萨维尼：《论立法与法学的当代使命》，许章润译，序言，6 页，北京，中国法制出版社，2001。

呢？笔者认为，一方面，合同法、侵权责任法在性质上是自成体系的，在体系上具有相对独立性，债法总则的规则无法完全适用于合同法和侵权责任法。另一方面，债法总则的一般规定仍可适用于合同法、侵权责任法，从这个意义上说，即便合同法、侵权责任法已经相对独立，但其部分内容（例如，侵权损害赔偿之债的具体规则）仍可成为债法总则的内容。在这样一种体系结构下，合同法总则并不能替代债法总则，我国债法总则的设计，应当使本应属于合同法总则的内容回归合同法，使仅仅适用于侵权法的内容回归侵权法。债法总则中主要规定的是债的发生原因、标的、种类、效力、消灭等。在大陆法体系中，民法典债法的典型模式是将侵权行为、合同、不当得利、无因管理等都纳入债法的范畴，因此，也被称为大债法模式，尤其是像《德国民法典》等法典中，债法总则内容十分复杂庞大。从立法的科学性上说，其中许多内容并不真正属于债法总则的内容，从而也并不一定符合债法总则的本来性质。在我国未来民法典体系构建中，不一定要借鉴此种模式，否则债法总则将完全替代合同法总则的规定。债法总则并不需要追求形式上的完整性，而关键是具有真正的总则意义，尤其是需要确定债的概念、效力、分类以及消灭事由，从而使其真正能够直接适用于各种具体的债的关系。①

未来民法典的债法总则主要是对现有合同法、侵权法规则的适用起到一种指导、协调和补充作用。所谓指导作用，主要是指债法总则的规则能够指导合同法规则、侵权法规则的适用，因为与合同法、侵权责任法的规则相比，债法总则的规则更为抽象，是关于债的关系的一般规定，应当对合同法、侵权责任法的规则适用具有一种指导作用。所谓协调作用，其主要是指债法总则的规则能够协调合同法规则、侵权法规则的适用，使其准确适用于待决案件。合同法规则与侵权法规则可能存在一定的不协调之处，而债法总则是关于债的共通性规则，其能够有效协调合同法规则与侵权法规则的冲突。所谓补充作用，是指债法总则能够对合同法规则与侵权法规则起到一定的拾遗补缺作用。由于债法总则的规则具有更强的抽象性，在合同法与侵权法没有明确规范的领域，则可以适用债法总则的一般

① 参见王全：《债法总则的功能与体系分析》，载《重庆科技学院学报》（社会科学版），2007（6）。

规则。按照这样一种思路，凡是专门调整合同或者侵权的一般规定，应当分别规定在合同法总则和侵权法总则中，而债的共通性规则则应当规定在债法总则中。未来民法典债法总则主要应当规定债的共通性规则，同时补充合同法总则和侵权责任法总则的不足，而不像传统大陆法系国家民法典债法总则那样，成为一个内容庞杂、包罗万象、对债的规则进行全面规范的债法总则。

“世易时移，变法宜矣。”我国未来民法典债法规则的设计虽然要借鉴外国法的有益经验，但又不能定于一尊，而应当从中国实际出发，面向新时代立足于解决中国现实问题，制定属于21世纪的民法典，在内容、体系上有所创新，有所发展，在民法典的内容和体系方面提供中国智慧、中国方案。如此，才能使我国民法典真正屹立于世界民法典之林。

术语表

一、主要法律及司法解释缩略语

1.《民法通则》:《中华人民共和国民法通则》,1986 年 4 月 12 日;

2.《物权法》:《中华人民共和国物权法》,2007 年 3 月 16 日;

3.《合同法》:《中华人民共和国合同法》,1999 年 3 月 15 日;

4.《侵权责任法》:《中华人民共和国侵权责任法》,2009 年 12 月 26 日;

5.《担保法》:《中华人民共和国担保法》,1995 年 6 月 30 日;

6.《民法总则》:《中华人民共和国民法总则》,2017 年 3 月 15 日;

7.《民法通则意见》:《最高人民法院关于贯彻执行〈中华人民共和国民法通则〉若干问题的意见(试行)》,1988 年 1 月 26 日;

8.《合同法司法解释一》:《最高人民法院关于适用〈中华人民共和国合同法〉若干问题的解释(一)》,1999 年 12 月 1 日;

9.《合同法司法解释二》:《最高人民法院关于适用〈中华人民共和国合同法〉若干问题的解释(二)》,2009 年 4 月 24 日;

10.《诉讼时效司法解释》:《最高人民法院关于审理民事案件适用诉讼时效

制度若干问题的规定》，2008 年 8 月 21 日；

11.《人身损害赔偿司法解释》：《最高人民法院关于审理人身损害赔偿案件适用法律若干问题的解释》，2003 年 12 月 26 日；

12.《担保法司法解释》：《最高人民法院关于适用〈中华人民共和国担保法〉若干问题的解释》，2000 年 12 月 8 日；

13.《买卖合同司法解释》：《最高人民法院关于审理买卖合同纠纷案件适用法律问题的解释》，2012 年 5 月 10 日；

14.《精神损害赔偿司法解释》：《最高人民法院关于确定民事侵权精神损害赔偿责任若干问题的解释》，2001 年 3 月 8 日；

15.《民间借贷司法解释》：《最高人民法院关于审理民间借贷案件适用法律若干问题的规定》，2015 年 8 月 6 日。

二、国际公约及示范法缩略语

1.《销售合同公约》：《联合国国际货物销售合同公约》（United Nations Convention on Contracts of International Sales of Goods）[①]；

2.《国际商事合同通则》：国际统一私法协会起草的《国际商事合同通则》（The Principles of International Commercial Contracts）[②]；

3.《欧洲合同法原则》：欧洲合同法委员会（Commission on European Con-

① 《销售合同公约》（United Nations Convention on Contracts of International Sales of Goods）也称为《维也纳销售合同公约》，是联合国国际贸易法委员会（UNCITRAL）于 1980 年 4 月 22 日在维也纳召开的外交会议上通过的。截至 2009 年 7 月，已经核准或参加该公约的国家已有 73 个。我国政府于 1986 年正式参加该公约，但同时我国提出了两项保留意见，即我国不受《公约》第 1 条第 1 款（b）项、第 11 条及与第 11 条内容有关的规定的约束。但后来，我国又撤回了对第 11 条的保留。

② 《国际商事合同通则》（The Principles of International Commercial Contracts）于 1994 年由国际统一私法协会（UNIDROIT）首次公布，是国际统一私法协会历经十余年，组织众多国家的合同法和国际贸易法专家、学者、律师共同研究，并于 1994 年 5 月完成制定工作的一部关于国际商事合同的重要规则。我国政府也派代表参加了《通则》的起草过程。

tract Law）起草的《欧洲合同法原则》（The Principles of European Contract Law）[①]；

4.《欧洲民法典草案》：欧洲民法典研究组与欧盟现行私法研究组编著的《欧洲民法典草案》(Principles，Definitions and Model Rules of European Private Law)，又称为《共同参考框架草案》。[②]

① 《欧洲合同法原则》系由荷兰学者兰道尔（Ole Lando）领导的欧洲合同法委员会（CECL）编纂，于 1998 年 7 月进行了全面修订。

② 《欧洲民法典草案》是欧洲委员会依据 2003 年 2 月“构建更为统一的欧洲合同法行动计划”[COM（2003）final OJC63/1] 提出，由欧洲民法典研究组与欧盟现行私法研究组共同编著，于 2008 年 12 月向欧盟委员会提交。

目　录

第一编　债法基本原理

第二编　典型之债

第三编　非典型之债

第四编　债的效力

第五编　债的消灭

细　目

第一编　债法基本原理

第二编　典型之债

第三编　非典型之债

第四编　债的效力

第五编　债的消灭

第一编
债法基本原理

第一章

债之概述

第一节　债的概念与特征

一、债的概念

“债”这个词的拉丁词源为“obligatio”，其词根为“lig”，本意是拘束的意思。[①] 该词来源于 ligare，原意为“捆绑”[②]。所以，债也被称为“法锁”（iuris vinculum)，即法律上的锁链，或“形成拘束力”的意思。[③] 据学者考证，该词来

① See Reinhard Zimmermann, *The Law of Obligations: Roman Foundations of the Civilian Tradition*, Oxford University Press, 1990, p. 1.

② 费安玲主编:《罗马私法学》，260 页，北京，中国政法大学出版社，2009。

③ David Deroussin, Histoire du droit des obligations, Paris: Economica, 2007, p. 7.

源于古罗马剧作家普劳图斯的作品。[①] 但也有学者认为，“obligatio”一词最早可以追溯到罗马法。例如，保罗曾将债描述为：“债的本质不在于我们取得某物的所有权或者获得役权，而在于其他人必须给我们某物或者做或履行某事。”[②] 在罗马法中，债（obligatio）被称为“法锁”，它意味着对债权人和债务人的拘束。[③] 也就是说，“债是一种迫使我们必须根据我们城邦的法律制度履行某种给付义务的法律约束”[④]。查士丁尼的《法学阶梯》一书对债的概念作出了界定：“债是一把法锁，根据我们国家的法律，我们因之而有必要履行某种义务。”[⑤] 依据发生原因的不同，罗马法还将债分为基于契约之债（ex contractu）和基于不法行为之债（ex delicto），这一分类方法对后世的法律产生了重大影响。自罗马法以来，债一直被认为是特定主体之间的拘束与被拘束的关系，如同物或人被束缚住了一样。

罗马法上的债的概念被大陆法系民法典所继受。1804 年的《法国民法典》在第三编“取得财产的各种方法”中，不仅使用了债的概念，而且规定了“合意之债”和“非合意之债”。《德国民法典》不仅采纳了债的概念，而且设置了独立的债编，构建了系统、完整的债的体系。也就是说，债之关系主要由《德国民法典》第二编调整，但是并不仅仅由第二编调整。[⑥]《德国民法典》没有规定何谓债之关系，但该法债编第 1 条（即《德国民法典》第 241 条）就规定了债之本质。按照德国学界的观点，债是人与人之间的法律关系（Beziehung zwischen Person zu Person），它仅仅在债务人和债权人之间发生作用，债是基于债之关

---

① 据齐默曼考证，古罗马剧作家普劳图斯（Titus Maccius Plautus，约前 254—前 184）的作品《粗鲁汉》（Truculentus）中的人物 Astaphium Ancilla 曾说过：“Nam fundi et aedes obligatae sunt ob Amoris praedium.”其中提到了“债”这个词，这被认为是债的概念的最初来源。也有学者认为，债的概念起源于西塞罗。See Reinhard Zimmermann，*The Law of Obligations*：*Roman Foundations of the Civilian Tradition*，Oxford University Press，1990，p. 1.

② ［意］彼德罗·彭梵得：《罗马法教科书》，黄风译，283 页，北京，中国政法大学出版社，1992。

③ See Reinhard Zimmermann，*The Law of Obligations*，Clarendon Press，Oxford，1996，p. 1.

④ ［意］彼德罗·彭梵得：《罗马法教科书》，黄风译，284 页，北京，中国政法大学出版社，1992。

⑤ Reinhard Zimmermann，*The Law of Obligations*，Clarendon Press，Oxford，1996，p. 1.

⑥ Weiler，Schuldrecht，Allgemeiner Teil，Nomos，2016，S. 35.

系，债权人能够要求债务人为一定给付。[①] 从这个角度来看，债务人负担了一项债务（Verbindlichkeit）或义务（Pflicht），为或者不为一定行为。[②] 因此，债之关系实际上包含了债权人的债权（Forderung）和债务人负担的给付（Leistung）。[③]

英美法系是判例法，受法律历史传统的影响，并不注重构建严谨的法律体系，其虽然在债的具体制度（尤其是契约法）上吸收了罗马法的许多成就，却一直没有采纳罗马法“债”的概念和债法体系。在英美法中，与拉丁文“obligatio”相对应的“obligation”一词仅指义务。英语中的“debt”一词主要是指金钱债务，与大陆法系“债”的内涵相比，过于狭窄。

总之，在现代法律体系中，债是整个私法中最为核心的概念。从我国法律传统来看，债的概念非常狭窄，主要限于金钱给付。在我国古代，“债”最早有“赊欠”的意思，如《帝王世纪》中记载“贩于顿丘，债于传虚”。此处所说的“债”主要是指金钱赊欠的意思。后来，“债”的概念与借贷一词等同，常常被称为“责”。如《周礼》中记载“听称责以傅别”[④]，“傅别”就是借贷契约的一种形式。[⑤]“责，谓假贷，人、财、物未偿者也。”[⑥] 在实践中，提到债的概念，人们常常想到的就是“欠债还钱”“债台高筑”等词汇，认为债就是金钱之债。可见，我国古代缺乏类似于罗马法的债的概念。将“obligatio”一词译为汉字的“债”最初始于日本。20 世纪初，清末变法之际，债的概念开始引入我国。[⑦]

中华人民共和国成立以后，便废除了国民党的“六法”，虽然有关法律文件中也曾使用“合同”一词，但极少采用债的概念。改革开放以后，随着市场经济的发展，相关立法逐步重新使用债的概念。1986 年《民法通则》明确采纳了债

① Fikentscher/Heinemann，Schuldrecht，11. Aufl.，De Gruyter，2017，Rn. 2.

② Weiler，Schuldrecht，Allgemeiner Teil，Nomos，2016，S. 35.

③ Fikentscher/Heinemann，Schuldrecht，11. Aufl.，De Gruyter，2017，Rn. 3.

④ 《周礼・天官・小宰》。

⑤ 例如，郑玄注引郑司农云：“称责，谓贷予。傅别，谓券书也。”

⑥ 《汉书・淮阳宪王钦传》师古注。

⑦ 参见史际春：《关于债的概念和客体的若干问题》，载《法学研究》，1985（3）。

的概念，该法第 84 条第 1 款规定："债是按照合同的约定或者依照法律的规定，在当事人之间产生的特定的权利和义务关系，享有权利的人是债权人，负有义务的人是债务人。"《民法总则》第 118 条第 2 款规定："债权是因合同、侵权行为、无因管理、不当得利以及法律的其他规定，权利人请求特定义务人为或者不为一定行为的权利。"依据这一规定，债本质上是发生在特定当事人之间的关系，有权请求特定债务人履行债务的是债权人，而被请求履行的人是债务人。从该条的规定来看，我国《民法总则》所采用的债的概念与大陆法系中债的概念基本一致[①]，其主要包括如下几方面的内容。

第一，债是一种民事法律关系。债的关系不同于一般的社会生活关系，在债的关系中，因为当事人的约定或者法律规定而在当事人之间产生了一定的法律关系，并在特定的当事人之间产生了一定的拘束力。[②] 债作为一种法律关系，是以民事权利、民事义务为其内容的，不同于日常生活中人们所说的感情之债等非法律意义上的关系，也不同于当事人之间因情谊行为而产生的关系。情谊行为是以社会生活中人与人之间的情感或道德关系为基础的自愿行为，其主要反映的是一种生活关系，而并不涉及任何对法律义务的履行。例如，甲帮乙购物，乙提出要请甲去全聚德吃烤鸭。在该例中，乙虽然允诺请甲吃烤鸭，但该允诺本质上是社会生活中的情谊行为（Gefälligkeit），而不属于法律关系，不能在当事人之间产生债的关系，甲并不因而而成为债权人，乙也非债务人。

第二，债主要是一种财产法律关系。债的关系在本质上大多属于交易的形式，反映了一种交换关系，债主要应当以财产性给付为内容。诚如德国法学家 Dernburg 所言，债是一种法律关系，在这一法律关系中，债务人对债权人负有财产给付的义务。[③] 普赫塔（Puchta）也强调，债权的给付行为必须指向具有特定财产价值的标的物。[④] 债的关系本质上不同于人身关系，不以人身内容为客体。在债的关系中，债权人虽然有权请求债务人为一定行为，但债权人无权通过

① MünchKomm/Ernst, Einleitung des Recht der Schuldverhältnisse, Rn. 10.

② F. Endemann, Lehrbuch des Bürgerlichen Rechts, Band I, Heymans 1899, S. 405.

③ Heinrich Dernburg, Pandekten, Band Ⅱ, Ulan Press, 2012, S. 1.

④ Puchta, Lehrbuch der Pandekten, 1838, S. 214, 215.

限制债务人人身自由的方式实现其债权。从这一意义上说，债并非人身性的，而以财产性给付为内容。凡是不具有财产给付内容的关系，原则上都应当从债法中剥离出来。例如，赔礼道歉并非要交付一定的财产，而只是一种道歉行为，因此，其不属于债的范畴。当然，在例外情形下，债的内容也可能不具有财产内容，如当事人约定在特定时间段不为某种特定行为。

第三，债是发生在特定主体之间的法律关系，这也称为债的相对性(Relativität des Schuldverhältnisses)。[①] 梅迪库斯教授认为，债的关系是一种特别的结合关系[②]，即债在性质上是特定当事人之间的特殊结合。债的关系不同于物权关系，其主体具有相对性，即只有特定债权人对于特定债务人享有请求给付的权利，或者负担给付的义务。依据我国《民法总则》第 118 条第 2 款的规定，债权是“权利人请求特定义务人为或者不为一定行为的权利”。因此，在债的关系中，权利人只能向特定的义务人提出请求，而义务人也只需向特定的权利人履行义务。债的关系的特定性还包括作为债的客体的给付的特定性，即债是特定的、应为的给付（Leistensollen)。[③] 当然，债的给付的特定性也并非绝对，只要是同一种类型的给付即可，至于具体的时间、地点、方式，可以在债之关系成立时处于不确定状态，在给付提出前由当事人再予以确定。例如，在选择之债中，当事人可以自由约定，由一方当事人在合同订立后选择债的履行标的、履行时间、履行方式等内容。

第四，债是一种一方向另一方给付的法律关系。债的给付不仅包括作为，还包括不作为。[④] 一般来说，债法中的大部分给付是作为，如支付一定的金钱、让渡所有权甚至提供一定的劳务，但是给付也可以是不作为，比如要求迪斯科舞厅停止制造噪声，禁止传播非法广告。[⑤] 作为债的客体的给付可以是财产权的让

---

① MünchKomm/Ernst，Einleitung des Recht der Schuldverhältnisse，Rn. 18.

② 参见［德］梅迪库斯：《德国债法总论》，杜景林等译，4 页，北京，法律出版社，2004。

③ Heinrich Dernburg，Die Schuldverhältnisse nach dem Rechte des Deutschen Reichs und Preußens，3 neubearb. Aufl.，Band 1，Allgemeine Lehren，Halle a. S. 1905，S. 2.

④ Hirsch，Schuldrecht，Allgemeiner Teil，Nomos，2017，Rn. 5，8.

⑤ Hirsch，Schuldrecht，Allgemeiner Teil，Nomos，2017，Rn. 8.

渡、他人之物的返还，甚至是单纯的许可利用他人之物；给付还可以以单纯的行为为标的，比如为他人处理事务、为他人提供劳务，甚至是单纯的不作为等。[①]正是由于债的关系是一方向另一方给付，所以债权人只能请求债务人履行债务，而不能如物权人那样直接并且排他地支配客体。给付是债的概念中最为核心的内容。

依据《民法总则》第118条的规定，债因合同、无因管理、不当得利以及侵权行为、缔约过失以及其他法定原因而发生。债的发生原因可以分为两大类。一是法律行为，即基于共同行为（如合伙协议）、合同行为（或称契约）、遗嘱行为以及单方行为等产生的债，此种债的关系也称为意定之债，其主要依据当事人的意思而发生。二是法律规定，即直接基于法律规定而在当事人之间产生的债的关系，此种债的关系也称为法定之债。法定之债的产生与当事人的意愿无关，其主要包括无因管理之债、不当得利之债、侵权行为之债和其他法定之债，如缔约过失责任。[②]

债可以基于合法行为（如合同、无因管理等）而产生，也可以基于非法行为（如侵权行为）而产生，还可能基于事件（如不当得利等）而发生。在同一案件中，当事人之间也可能同时存在多种债的关系，例如，甲是一名农民工，其外出打工临走前与邻居乙达成协议，委托乙代为收割地里的庄稼，并由乙将之运送到甲家里储存，甲向其支付一定的报酬。后来，乙发现甲的房屋因连降大雨而即将倾倒，就请丙修缮该房屋。另一位邻居丁看到甲的房屋一直无人居住，就擅自进入该房屋居住，并利用房屋的临街部分开设小吃店，每年经营收入达到数万元。在该案中，当事人之间主要形成了以下四种债的关系：一是合同之债。其产生原因为甲与乙之间的委托合同，具体来说，就是委托人甲与受托人乙之间就甲的庄稼的收割以及储存达成了合意，成立了委托合同关系。基于该委托合同而在二人之间形成了一定的债权债务关系，即乙负有为甲收割庄稼并储存的义务，而甲负有支付报酬的义务。二是无因管理之债。当乙发现甲的房屋即将倾倒时，其未经

① Wächter, Pandekten, Band Ⅱ, 1881, S. 275 f.

② Hirsch, Schuldrecht, Allgemeiner Teil, Nomos, 2017, Rn. 21 ff.

甲的同意就直接请丙修缮并承担了修缮费，这在当事人之间产生了无因管理之债的法律关系。三是侵权损害赔偿之债。丁未经房屋所有权人甲的同意，擅自进入甲的房屋居住，符合过错侵权的一般构成要件，该行为属于侵害房屋所有权的侵权行为。因此，在甲和丁之间形成了侵权损害赔偿之债的关系。四是不当得利之债。丁未经甲的同意，擅自利用甲的房屋开设小吃店，获得利益（如经营收入），该利益之获得并无法律上的原因且与甲的损失之间存在因果关系，因而在丁和甲之间形成了不当得利之债的关系。有关债的发生原因，将在下文探讨。

二、广义债的概念和狭义债的概念

债究竟是债权、债务，抑或债之关系？这涉及对债的概念的界定。债的概念可以区分为广义和狭义两种，一是广义的债（Schuldverhältnis im weiteren Sinne），它是指包含了多数债权、债务（即多数狭义债的关系）的法律关系。[①] 换言之，广义的债的关系，是一个由许多权利或义务（狭义的债的关系）所组成的动态有机体，也包括多数债权、债务（即多数狭义债的关系）等法律关系。[②] 据此，广义的债是一个由多种要素尤其是权利和义务（Rechten und Pflichten）组成的复杂的整体（eine komplexe Einheit）。[③] 二是狭义的债（Schuldverhältnis im engeren Sinne），它是指具体的、特定的某个债权债务，即一项特定的请求权（Anspruch）。[④] 在狭义的债的关系中，特定的人（即债务人）对另一特定的人（即债权人）负有为一定给付的义务。[⑤] 例如，在买卖合同中，从广义上理解债的关系，则出卖人交付标的物与买受人支付价金属于同一个债的关系；而从狭义上理解，则出卖人交付标的物与买受人支付价金则分别属于两个不同的债务即两项不同的请求权。《欧洲合同法原则》采用狭义的债的概念。笔者赞成在没有特

①② 参见王泽鉴：《债法原理》，2版，56页，北京，北京大学出版社，2013。

③ Weiler, Schuldrecht, Allgemeiner Teil, Nomos, 2016, S. 35 f.

④ Weiler, Schuldrecht, Allgemeiner Teil, Nomos, 2016, S. 36.

⑤ 参见［德］梅迪库斯：《德国债法总论》，杜景林等译，8～9页，北京，法律出版社，2004。

指采用狭义的债的概念时，一般应当采用广义的债的概念，主要理由如下。

第一，有利于全面把握债权人与债务人之间的关系。狭义的债的概念观察债的关系的视角较为狭窄。例如，就买卖关系而言，出卖人交付标的物的义务与买受人支付价金的义务可以形成两个债的法律关系。但如果按照广义的债的概念，则上述关系应当属于同一债的关系的组成部分，二者不可分割，这有利于全面把握当事人之间的权利义务关系。再如，在多数人之债中，从狭义上理解债的关系，则每个债务人与债权人之间的权利义务关系都属于债的关系。但从广义上理解，则多个债务人与债权人之间属于同一的债的法律关系，从广义上理解债的概念，有利于全面把握当事人之间的权利义务关系。

第二，有利于从动态上把握债的关系的发展过程。狭义的债是从静态的义务关系角度观察债的关系，而事实上，债应当是一个动态的发展过程，其既包括债的关系成立，也包括债的关系中当事人的权利义务关系，还包括债务不履行的责任。例如，当事人之间订立了具体的买卖合同，而后因债的更新又形成新的债的关系，还可能因一方不履行而形成损害赔偿关系等，这些都属于同一广义的债的关系。因此，从动态角度更能把握债的发展。

第三，有利于准确把握债的履行与债务不履行的责任之间的关系。狭义上的债的关系仅从债的履行的角度观察债的概念，这可能不利于准确理解债的概念，因为一项债务可以被履行或不被履行，但一种法律关系则不存在履行的问题。从合同的层面来看，债务的概念常等同于义务的概念①，但这样一种观察仍然是不全面的。债的关系主要是当事人之间的财产给付关系，从广义上看，当事人因履行不能等而产生的债的不履行的责任也是债的关系的一种延伸。因此，履行不能不应当属于债的消灭的原因，而应当规定在债务不履行的责任中，在发生履行不能的情况下，债的关系应当继续有效。

① 参见［德］冯·巴尔等主编：《欧洲私法的原则、定义与示范规则：欧洲示范民法典草案》（第一卷至第三卷），高圣平等译，581页，北京，法律出版社，2014。

三、债的特征

债是交易的重要法律形式，同时也是社会生活的媒介。人作为社会关系的总和，经常要和他人形成各种债的关系。债的产生使财产的流转超出了时间和空间的限制，使财产流转更为迅捷、方便，因而极大地促进了交易的发展和市场的繁荣。同时，债作为财产的一种形式，其产生促使财产的形式日益丰富，有效地促进了有价证券及其交易的发展，并在此基础上形成了多元化的财产交易市场。可以说，债是现代市场的基础，也与每个人的生活须臾不可离。正如我妻荣指出的："债权是在人与人之间相互信用的基础上产生的。在人类文化发展史上，它后于物权而发展。由于认许了债权，人类经济生活更加丰富。人类在仅依物权形成的财产关系、仅以物权作为财产客体时代，可以说只能生活在过去和现在。但是，承认了债权制度，就可以使将来的给付预约变为现在的给付对价价值。人类在经济生活中，除了过去和现在的财产之外，还可以增加将来的财产。"① 债具有如下法律特征。

第一，主体的特定性。如前所述，债是发生在特定主体之间的财产法律关系，其原则上不具有约束第三人的效力，这也是债不同于其他法律关系的特殊之处。依据《民法总则》第118条第2款的规定，债权是"权利人请求特定义务人为或者不为一定行为的权利"，债的关系仅在特定的当事人之间具有法律效力。② 也正是因为债的关系具有相对性，没有像物权那样通过占有、登记来公示，其社会公开性较弱，所以，为了保护个人的行为自由，行为人因过失侵害他人债权一般不需要承担侵权责任。

第二，债的产生原因具有多样性。传统上，债的类型主要有合同之债、侵权之债、不当得利之债、无因管理之债、缔约过失之债等类型，但随着社会生活的

---

① ［日］我妻荣：《债权在近代法中的优越地位》，王书江等译，6页，北京，中国大百科全书出版社，1997。

② Fikentscher/ Heinemann, Schuldrecht, De Gruyter, 2017, Rn. 2.

发展，又出现了因法定补偿义务而产生的债、因单方行为产生的债等债的类型。随着社会经济生活的发展，尤其是随着交易实践的发展，债的类型也在不断丰富和发展，法律上不可能一一列举各种债的关系。因此，我国《民法总则》第118条第2款在规定债的发生原因时，在具体列举合同、侵权行为、无因管理、不当得利等原因之后，还使用了“法律的其他规定”这一兜底性表述，这实际上是适应了债的产生原因多样性的特点，保持了债的发生原因的开放性。

第三，债的内容具有特定性。债的概念同时包含了一种拘束的含义，即债对双方当事人均产生一定的拘束力，因此，“债”这个词实际上包含了债权人的权利和债务人的义务两个方面的内容，二者是相互对应的。[①] 但按照一般理解，债的内容仅指债务人的特定行为，即债务人应当按照债的要求对债权人为一定的给付[②]，包括作为和不作为，前者如房屋的出卖人应当交付房屋给买受人的义务，后者如公司的高管在辞职之后的一定时间内负有竞业禁止的义务。

第四，债的效力具有平等性。与物权等绝对权不同，债权在效力上具有平等性，即在同一债务人负担多项债务的情形下，不论各项债权成立时间的先后，或者债权数额的大小，其效力都是平等的，如果债务人的财产不足以实现全部债权时，享有担保物权的债权可以得到优先受偿，而其他普通债权原则上应当按照债权比例公平受偿。

第五，债具有期限性。债的期限性意味着任何债都有其存续期限，法律上有永远存在的所有权，却不可能有永远存续的债。一方面，债的关系对债务人而言是一种负担，如果允许债的关系长期存在，则可能对债务人的行为构成不当的妨碍。尤其是一些债权涉及物的利用，如租赁合同，如果允许债权永久存在，则可能使债权人的物权虚化，影响物的有效利用和法律关系的稳定。另一方面，债的产生一般是为了取得物权，或者是为了实现融资等目的，一旦上述目的实现，债的功能也已得到了发挥。债的期限性是债权区别于物权的重要特点，对物权而言，只要物在客观上存在，则法律就应当保护所有权人对物的完整的支配权，因

① Weiler, Schuldrecht, Allgemeiner Teil, Nomos, 2016, S. 39.

② Hans Brox, Allgemeines Schuldrecht, München, 2009, S. 8.

此，物权一般没有期限的限制。而债权则因债务人的履行行为而消灭。在相关期限经过后，法律会对债权人的权利进行不同程度的限制。例如，在诉讼时效经过后，债务人即因此享有期限利益，债权人不得强制债务人履行债务。

第六，债具有动态性。债的关系是一个动态的发展和变动过程，在债的不同阶段，债的关系的内容也存在一定的差异，债的发展变化性主要体现在以下两个方面：一方面，债的关系在成立之后会因为债务的履行或不履行而发生变化。[①]这就是说，债本身具有高度的变化性，它是随着时间的流逝而逐渐发展变化的。另一方面，在债的不同阶段，债的关系的内容也存在一定的区别。在不同的履行阶段，债的关系的内容也不相同，随着债的关系的发展，债的关系可能发展出各种请求权、抗辩权、形成权等。[②] 此外，依据诚实信用原则，债的关系之当事人还应当负有一定的附随义务，而且在债的不同阶段，其内容也有所不同。例如，对合同之债而言，当事人在合同成立之前负有先合同义务，合同履行过程中负担附随义务，在合同履行完毕后，当事人还应当负担一定的后合同义务。

第二节 债的要素

一、债的主体

债的主体包括双方当事人，即债权人和债务人。在债的关系中，债权人和债务人都必须是特定的。债权人是指有权请求对方当事人为或不为一定行为的人，而债务人是指有义务向对方当事人为或不为一定行为的人。例如，甲公司和乙公司订立建房合同，约定甲公司为乙公司建造一栋写字楼。合同订立后，甲公司向

① 正如拉德布鲁赫所说："物权是目的，债权开始不过是手段……物权与债权之对于法律世界本身，就如同物质和力量之对于自然世界——前者是静止的，后者则是动态的因素……"［德］拉德布鲁赫：《法学导论》，米健译，64页，北京，中国大百科全书出版社，1997。

② 参见黄茂荣：《债法总论》，第1册，增订3版，16页，台北，自版，2009。

丙公司购买了一批建筑材料，尚有 300 万元材料价款未支付完毕。在写字楼即将建成时，因为乙公司非法用地，该建房合同被法院宣告无效。甲公司便请求法院判决乙公司支付相关的建筑费用 1 500 万元，其中包括购买建筑材料的 400 万元费用，丙公司知道该情况之后，请求甲公司支付拖欠的 300 万元材料价款，并直接请求乙公司返还建筑材料。在该案中，即应当依据不同的法律关系确定债的主体。如果甲公司请求支付建筑费用，则只能向乙公司请求支付，对丙公司而言，如果其要求返还建筑材料的费用，依据合同相对性的原则，其只能向甲公司提出请求。从广义上理解债的概念，在单务法律关系中，债权人是一方当事人，而债务人是另一方当事人。但在双务法律关系中，债权人和债务人是相对的，也就是说，双方当事人互为债权人和债务人。

债权人或债务人既可以是一人，也可以是多人。当债务人或债权人为多人时，即形成了多数人之债，包括多数人债务与多数人债权。对多数人之债而言，如果以作为债的标的的给付是否可分为标准，可以将其区分为可分之债与不可分之债；如果以当事人享有债权或者承担债务的形式为标准，又可以将其区分为按份之债与连带之债。与简单之债相比，多数人之债的权利义务关系以及债的履行等问题较为复杂，债法总则有必要对其作出特别规范。

二、债的内容

（一）债权

1. 债权的概念和特征

债权（Forderung）是指债权人有权请求债务人为一定行为或者不为一定行为的权利。《民法总则》第 118 条第 2 款规定：“债权是因合同、侵权行为、无因管理、不当得利以及法律的其他规定，权利人请求特定义务人为或者不为一定行为的权利。”依据债的发生原因不同，债权可以分为合同债权、因侵权行为产生的损害赔偿请求权、不当得利返还请求权、因无因管理而产生的请求权等。债的发生原因不同，债权的内容也存在一定的差别。在民法上，债的概念常常以“债权”来表述。例如，在《德国民法典》制定之前，德国有学者使用“债权”(Forderungsrecht，Recht der Forderung）的概念。[①] 现代民法通说认为债权不是人身权利，而是一种财产权利，债权也属于民事权利的一种，但与其他民事权利相比较，其具有如下特点。

第一，债权是财产权。财产权是指具有经济价值、原则上可以转让、继承的权利。债权是以一定实有利益为基础的财产，它作为债权人所期待的利益可以作为一种重要的交易对象，而债权的转让也逐渐成为投资流动所不可缺少的要件，所以债权也是一种重要的财产权，具有经济利益。[②] 债权原则上可以让与、可以继承，其与人身权利具有本质的区别。因此，作为债权内容的给付通常具有财产内容，即所谓的“法律行为上的经济生活领域（rechtsgeschäftlich-wirtschaftlichen Lebensbereich）”[③]。

第二，债权是相对权。相对权是发生在特定当事人之间的、一方当事人有权向对方当事人提出请求的权利。债权在性质上属于相对权，其发生在特定的主体之间[④]，除当事人特别约定和法律规定的情形以外，债权人只能向特定的债务人提出请求，要求其履行债务。从这一意义上说，债权也是对人权。正是因为债权是一种相对权，所以，在债法领域一般适用债的相对性规则。

第三，债权是请求权。所谓请求权（Anspruch），是指请求他人为一定行为或不为一定行为的权利。债权请求权在性质上属于请求权，即债权人只能请求债务人为一定行为或者不为一定行为，而不能直接取得标的物。按照德国学者的观点，债权实际上与请求权在内容上一致。[⑤] 当然，债权只是请求权的一种类型，除债权外，请求权还包括物权上的请求权、人格权上的请求权、继承法上的请求权、亲属法上的请求权等。

第四，债权具有非公示性。由于债权只是发生在特定的当事人之间，因而，

① Bernhard Windscheid，Lehrbuch des Pandektenrechts，Bd. Ⅱ，1870，Nabu Press，2014. S. 1 f.

② Hans Brox，Allgemeines Schuldrecht，Muenchen，2009，S. 6.

③ Fikenstcher/Heinemann，Schuldrecht，De Gruyter，2017，Rn. 2.

④ Hans Brox，Allgemeines Schuldrecht，Muenchen，2009，S. 5.

⑤ Hirsch，Schuldrecht，Allgemeiner Teil，Nomos，2017，Rn. 9.

一般情形下，只有特定的当事人才能了解债权的存在，第三人通常并不知情[①]，所以，债权具有非公示性是其相对权属性的必然延伸，在这一点上，债权不同于物权等具有社会典型公开性的权利，债的当事人也不需要采取登记等方式公示其权利。在债权受到侵害的情况下，为了保护个人的行为自由，除行为人故意侵害债权等个别情形外，债权一般不受侵权法的保护。

第五，债权在效力上具有平等性和期限性。一方面，不论债权成立时间的先后，各个债权在效力上都是平等的。在这一点上，债权不同于物权，物权在效力上具有优先性，原则上适用“时间在先、效力在先”的规则。而债权在效力上是平等的，在债务人不能清偿各个债权的情况下，各个债权不论成立时间的先后，都按照其债权比例清偿。另一方面，债权与物权不同，债权都有一定的存续期限。例如，合同都有明确的履行期限，因而合同债权只能在一定期限内存在。

按照传统观点，债权只是取得物权的手段，因此，债权主要发挥一种媒介的作用，当事人通过合同这一媒介手段（Mittel）创设与他人之间的法律关系。[②]而随着社会经济生活的发展，债权的功能日益扩展，其逐渐具有信用杠杆的作用，尤其是在促进融资、提供担保等方面，债权的作用日益突出，因此，其不仅是取得物权的手段，在许多情形下，取得债权本身就是当事人从事经济活动的目的。[③]

2. 债权的发生原因

在权利的发生上，物权实行法定主义（numerus clausus），债权则不一定采取法定主义。对法定之债而言，虽然其种类、效力也是由法律规定的，但对意定之债而言，债的发生以及内容等，均由当事人自由约定，意定之债的发生不存在

① Looschelders，SchuldR AT，München，2007，S. 13.

② Weiler，Schuldrecht，Allgemeiner Teil，Nomos，2016，S. 51.

③ 正如拉德布鲁赫曾经在其《法学导论》一书中指出的：“社会生产关系完全以所有权为中心的中世纪社会形式是静态的，今天资本主义法律形式已完全变为动态的。债权表现的权利欲及利息欲（Macht und Zinsgenuss），在今天都是经济目的。债权已不是取得对物权利用的手段，它本身就是法律生活的目的。经济价值不是暂时静止地存在于物权，而是从一个债权向另一个债权不停地移动。”转引自［日］我妻荣：《债权在近代法上的优越地位》，王书江等译，6 页，北京，中国大百科全书出版社，1999。

所谓的类型强制（Typenzwang）。[①] 随着社会生活和交易实践的发展，债的类型和效力也在不断发展变化，法律无法对其进行一一列举。此外，就债的发生原因而言，同一法律事实可能同时产生多种债的关系。例如，在上述建筑材料纠纷案中，主要产生了合同请求权、缔约过失请求权和不当得利请求权等几种债权请求权：丙公司对甲公司享有合同请求权；建房合同被宣告无效后，乙公司获得了一定的利益，造成甲公司损害，应当构成不当得利，因此，甲公司对乙公司享有不当得利返还请求权；同时，因乙公司的非法用地行为导致建房合同被宣告无效，乙公司的行为构成缔约过失，甲公司对乙公司享有缔约过失请求权。

（二）债务

1. 债务的概念和特征

债务（Schuld）是指债务人对债权人所负有的为一定行为或不为一定行为的义务。债权是主张给付的权利，提出给付的义务就是债务。[②] 债的概念，从权利的方面来看，是指特定人对于特定人可以请求为特定给付的权利，即债权；而从义务的方面来看，是指特定人对于特定人负担为特定给付的义务，即债务。[③] 如果站在债务人的角度，则债的概念也可用债务来表述，因此，债的概念可以从不同的角度来观察。从债务角度观察债的概念的学者主要有 Savigny、Dernburg、Wächter 等。例如，按照 Wächter 的观点，债务具有有限的效力，通过对人之诉能够有限地追及到债务人本身，仅在例外情况下才具有外部效力并涉及第三人。[④] 从法律上看，债务具有如下几个特点。

第一，债务具有拘束性。债务是一种义务，与权利不同，对权利而言，权利人既可以行使，也可以不行使，还可以将其权利抛弃，而义务则是“应当”“必须”履行的。债务属于义务的一种，所以，债务人必须按照债的要求履行债务，在债务人未按照债的要求履行债务的情形下，债权人有权请求债务人承担债务不

① Fikentscher/ Heinemann, Schuldrecht, De Gruyter, 2017, Rn. 8.

② Gierke, Deutsches Privatrecht, Band Ⅲ, S. 52.

③ 参见黄茂荣：《债法总论》，第 1 册，增订 3 版，1 页，台北，自版，2009。

④ Wächter, Pandekten, Band Ⅱ, 1881, S. 275.

履行或债务瑕疵履行的责任。在罗马法上，债就被称为“法锁”，这实际上是就债务而言的，强调了其对于债务人的拘束。大陆法系国家民法典中所使用的债务（obligation），一般是指在当事人之间产生的一项法定约束（legal binding），据此，一方当事人可以请求另一方当事人为一定的行为。债务的概念，本身就旨在强调一种法定拘束力，从而使债务本身具有可执行性。[1]

第二，债务是向特定人负担的义务。从债的相对性原则出发，债务也具有相对性，这就是说，债务人仅仅向特定人负担义务。此处的“特定人”，既可以是债权人，也可以是债权人所指定的第三人。此处的第三人应当是特定的，而不是不特定的第三人。这与物权关系不同，在物权关系中，相对人是不特定的人，任何人都负有不得侵害权利人物权的义务。正是因为这一原因，债务并不完全等同于义务，义务的概念更为宽泛。[2]

第三，债务是为一定行为或不为一定行为的义务。债务内容通常包括两大类：一是作为义务，其中又包括给付一定财物（如移转财产）和提供一定的劳务。二是不作为义务，即债务人通过不作为方式履行对债权人的债务。不作为义务又可分为两类：一是单纯的消极不作为，即债务人以限制自己行为自由的方式进行债务给付；二是容忍义务，即允许债权人为一定行为而不给予干涉。[3] 应当指出的是，在债的关系中，不论是何种性质的给付义务，其一般应当具有财产性的内容，否则难以成为债的标的。

2. 债务的分类

依据不同标准，可以对债务进行不同的分类，一般而言，债务可以分为以下几种。

（1）作为债务和不作为债务

以债务人所为的给付的内容不同，债务可以区分为作为债务和不作为债务，

---

① See Bénédicte Fauvarque-Cosson and Denis Mazeaud (ed.), European Contract Law, Sellier European Law Publishers, 2008, p. 39.

② 参见［德］冯·巴尔等主编：《欧洲私法的原则、定义与示范规则：欧洲示范民法典草案》（第一卷至第三卷），高圣平等译，580页，北京，法律出版社，2014。

③ 参见陈酉龙：《民法债编总论》，6页，台北，五南图书出版公司，2005。

作为债务是指债务人应当向债权人交付一定的财产或者提供一定的劳务；而不作为债务主要是指债务人应当消极地不为一定的行为。例如，公司高管不得在其他公司兼职的约定，就属于不作为债务。

（2）完全债务与不完全债务

按照债务的效力不同，债务可以区分为完全债务和不完全债务（Unvollkommene Verbindlichkeiten）。所谓完全债务，是指在法律上具有完全效力的债务，它包含两项内容，即债权人不仅能要求债务人为或者不为一定行为，还能通过诉讼的方式实现自己的请求权①，债务一般情况下都是完全债务。而所谓不完全债务，是指效力不齐备的债务。例如，诉讼时效届满后的债务，债务人提出抗辩后，其将转化为不完全债务。对于不完全债务的不履行，债权人并不能请求法院强制执行，债务人也无须承担相应的债务不履行的责任。②

与上述概念相关但又存在区别的另一概念是不真正义务。不真正义务源于法律规定或当事人约定，当事人为了维护自己的利益应当为一定作为或不作为，但是另一方当事人不得要求当事人实施这些行为。当事人未履行不真正义务的，即应当承担法律上的不利（Rechtsnachteilen），如丧失请求权，因此，不真正义务也被称为对己义务（Pflichten gegen sich selbst）。③

（3）主给付义务、从给付义务和附随义务

从债务的角度予以观察，现代债法强调义务群，除主给付义务、从给付义务外，依据诚实信用原则，债的关系之当事人之间还负有一定的附随义务，有关这一问题我们将在后文阐述。

三、债的客体

（一）债的客体是给付

债的客体就是债的标的。关于债的标的究竟如何，理论上一直存在争议。一

① Weiler，Schuldrecht，Allgemeiner Teil，Nomos，2016，S. 40.

② 参见郑玉波：《民法债编总论》，7页，北京，中国政法大学出版社，2004。

③ Weiler，Schuldrecht，Allgemeiner Teil，Nomos，2016，S. 41.

种观点认为，债的标的是债务人的特定行为。在债法上用“给付”这一概念加以概括。另一种观点认为，债的标的是债权人权利所作用的对象，例如，债权人的权利指向一栋房屋，则债的标的就是该房屋。还有一种观点认为，债的标的是债务人的人身。例如，萨维尼曾经认为，债权系存在于对债务人人身的支配；但其所支配者，不是债务人人身全部，而是其个别给付行为，并强调此种个别行为可以屈服于他人意思之下。①

应当看到，现代社会已经废除了债权人对债务人人身的强制，债权人所能够支配的只能是债务人的财产，在债务人履行其债务之前，债权人仅能请求债务人履行其债务，而不能在没有交付之前直接支配该物，这也是债权区别于物权的重要特点。物权以标的物为客体，在债的关系中，债权人也不能通过强迫债务人的人身而实现其债权。此外，以标的物作为债的客体，也难以解释一些债的关系。例如，医疗、家政服务等以劳务为客体的债的关系中，根本就不存在标的物。因此，债的标的既不是特定的标的物，也不是债务人的人身，而只能是债务人的特定行为。

在法律上，债的客体就是给付，给付包括了作为和不作为。② 如果给付的内容是债务人的作为，就是积极给付；如果给付的内容是债务人的不作为，就是消极给付。③ 积极的给付又包括如下几种：一是交付财产，即债务人向债权人交付有形的动产和不动产；二是移转权利，其包括移转所有权、其他物权、知识产权等，但财产或者权利依其性质不能移转，或者法律规定、当事人约定不能移转的除外；三是支付金钱，是指债务人向债权人交付一定的货币；四是提供劳务，即债务人向债权人提供一定的劳务；五是债务人向债权人为其他具有财产性质的给付，如提供资源等。消极的给付则一般指债务人消极的不作为。在法律上，作为债的客体的给付应当具备如下条件。

第一，给付应当具有合法性。债的标的应当满足合法性的要求，这可以针对

---

① Savigny, Das Obiligationenrecht als Teile des neueren römischen Rechts, Bd. 2, 1854 (1958), §2. 转引自王泽鉴：《债法原理》，第1册，9页，北京，中国政法大学出版社，2001。

② Hirsch, Schuldrecht, Allgemeiner Teil, 2017, Rn. 8.

③ 参见江俊彦：《民法债编总论》，5页，台北，新学林出版股份有限公司，2011。

法定之债和意定之债分别进行观察。在法定之债中，债的标的是法律直接确定的，因此，其当然可以满足合法性的要求。而在意定之债中，如果要产生法律所认可的债的关系，就必须满足给付合法性的要求，否则，该法律行为就可能被认定为无效，也不可能产生给付义务。例如，当事人约定买卖毒品若干，因为该给付具有违法性，所以，不可能据此产生债务人的给付义务。此外，广义上的给付合法性，也包括了给付应当具有妥当性的含义，这里所说的妥当性，就是指给付不应当违反公序良俗。①

第二，给付应当具有可能性。作为债的标的的给付应当具有可能性。例如，A与B约定，A将火星上的一块地卖给B。显然这种给付是不可能的，因而不符合债的客体的要求。从比较法和法律史的角度来看，各国关于给付可能性对法律行为效力影响的做法并不一致。例如，自德国债法改革以后，自始不能给付也不应影响法律行为的效力，仅仅导致债务不履行责任的承担。②

第三，给付应当具有确定性。作为债的客体的给付应当具有确定性，这也是债务履行的必要前提。当然，在债的关系成立时，作为债的标的的给付可能是不确定的，但在债务履行时，其标的应当是确定的，否则将无法履行。例如，在合同之债中，如果当事人就相关的给付内容约定不明的，也可以通过事后约定或者依据法律规定的方式予以确定。给付内容是否确定，应当依据当事人的意思和法律的相关规定进行判断。例如，《合同法》第61条规定："合同生效后，当事人就质量、价款或者报酬、履行地点等内容没有约定或者约定不明确的，可以协议补充；不能达成补充协议的，按照合同有关条款或者交易习惯确定。"该条就是确定合同中给付内容是否确定的重要依据。

第四，给付一般应当具有财产性。债通常是一种反映交易关系的法律形式，因此，其内容一般具有财产性。按照Gierke的观点，债之关系体现了一种人类行为的交往，此种交往行为处于人格的领域之外，债的关系具有财产属性。③ 在

① 参见［日］我妻荣：《新订债权总论》，王燚译，18页，北京，中国法制出版社，2008。

② 参见W. 多伊布勒、朱岩：《德国新债法概述》，载《比较法研究》，2002（2）。

③ Gierke, Deutsches Privatrecht, Band Ⅲ, S. 53.

大陆法国家，债务一词往往还被用于指代财产的交付（delivery of property）。[①] 从债的概念的历史发展来看，债的概念也是一个不断财产化的过程。王泽鉴先生曾经高度概括了债的概念的这一发展过程："在罗马法及日耳曼法上，债务人系以其人身负责，债务人不履行其债务时，债权人径为直接强制，拘束其人身，贩卖为奴。由于社会进步，基督教义的传播及公权力的日臻发达，对债务人直接强制，使其屈服于债权人的意思及实力因素，渐次消退，给付当为（Leistensollen）的伦理因素，渐次增强，经过长期的发展，终于演变成为纯粹财产责任。"[②] 由此可以看出，债的概念逐渐消除人身强制的内容，演变为一种财产权利。当然，由于债的类型多种多样，作为其客体的给付也具有多样性，某些债并不具有财产给付内容或者不具有强制执行力，如赡养请求权、夫妻扶助义务，以及自然债务等，但其也属于债的内容。[③]

笔者认为，在一般情况下，应将作为债的客体的给付限定为财产性给付，主要原因在于：一方面，有利于明确划定债权与其他民事权利的边界。将具有财产性作为界定债的客体的给付的标准，有利于明晰债权与其他民事权利的关系。债的内容并非无所不包的，如果所有非财产的请求关系都界定为债，将无法区分债权与其他权利，这显然会影响民事权利的体系划分。另一方面，有利于构建请求权的体系。请求权也是一个体系，当物权、债权等受到侵害之后，就产生请求权，不同的请求权是依附于其基础性权利的。如果所有特定人之间的以非财产性给付为内容的请求权都属于债权，则不利于构建请求权的体系。因此，原则上应当将债的客体限于财产性给付。

（二）给付的分类

以给付的性质是积极的作为还是消极的不作为为标准，给付义务可以区分为

---

① See Bénédicte Fauvarque-Cosson and Denis Mazeaud (eds.), European Contract Law, Sellier European Law Publishers, 2008, p. 39.

② 王泽鉴：《债法原理》，2版，74页，北京，北京大学出版社，2013。

③ Cosack强调，在债的关系中，此种给付不以金钱价值或者金钱内容为要。Konrad Cosack, Lehrbuch des deutschen bürgerlichen Rechts auf der Grundlage des Bürgerlichen Gesetzbuchs, Band Ⅰ, Fischer, 1903, S. 301 f.

作为义务与不作为义务，前者如买卖合同中交付标的物的义务，后者如合伙协议中禁止同业竞争的义务等。

依据给付财产性的内容不同，作为义务又可以分为以下两大类。一是交付财产。以交付财产为内容的给付又可以区分为转移财产所有权的义务和转移财产使用权的义务两大类，前者如因买卖合同、赠与合同以及供用电、水、气、热力合同等所产生的义务，后者如因租赁合同、融资租赁合同等所产生的义务。二是提供劳务。劳务的提供包括提供技术、文化、生活服务等，如在保管、仓储、委托、行纪、居间合同中，合同一方当事人应当提供一定的服务，但是不需要保证特定结果的出现。此类合同在学理上这常常被称为行为之债。此外，对一些提供劳务的给付义务而言，债务人不仅要提供服务，而且该服务必须体现为一定的成果，在学理上这常常被称为结果之债。对结果之债而言，债的标的兼有物的给付和劳务的提供两方面的内容。

第三节　债权和请求权

一、债权的核心是请求权

请求权（Anspruch），是指请求他人为一定行为或不为一定行为的权利。①请求权人自己不能直接取得作为该权利的内容的利益，必须通过他人的特定行为间接取得。请求权包括债权请求权、物权上的请求权、人格权上的请求权、继承法上的请求权、亲属法上的请求权等。请求权的概念最早由德国学说汇纂学派代表人物温德夏特（Windscheid）于1856年发表的《从现代法的立场看罗马私法上的诉权》一书中提出，他区分了实体意义上的请求权和程序法意义上的诉权，

① MünchKomm/ Grothe，§194，Rn. 2.

并认为，请求权就是要求他人作为或不作为的权利。[①] 此种观点为《德国民法典》所采纳[②]，并为许多大陆法国家的民法所运用。[③] 从狭义上理解，债的关系实际上针对的是具体的权利和义务，就是指债权人对债务人享有的请求权，在这个意义上，债权人的请求权和债权具有同一意义。[④] 依据《民法总则》第 118 条第 2 款规定，债权是“权利人请求特定义务人为或者不为一定行为的权利”。据此可见，债权实际上是以请求权为核心的，在此需要讨论的是，债权为何以请求权为核心呢？笔者认为，其原因主要在于：

第一，债是发生在特定人之间的关系，债的效果就是特定人可以向特定人请求为一定的行为，因而，其符合请求权的特点。请求权一般是发生在特定的主体之间的一种权利，不论是基于债权产生的请求权，还是基于物权或其他绝对权利产生的请求权，都要转化为相对人之间的关系。也就是说，请求权只能向特定的义务人提出，要求其履行义务。而在债的关系中，虽然各种债的发生原因不同，但在法律效果上具有相似性，即都在特定的当事人之间产生一定的请求关系。[⑤]

第二，债权主要以请求权为内容。债权虽然具有多项权能，但其核心权能为请求权。请求权作为独立的实体权利，其连接了实体法和程序法[⑥]，因为民事诉讼可以分为三种，即确认、给付和变更之诉，在这三种诉讼中，给付之诉是民事诉讼的核心，而给付之诉的基础就是请求权。如果债权人请求权无法实现，则将导致给付之诉的产生，从这个意义上说，请求权是债权获得司法保障的基础。

第三，债权的实现必须债务人实施一定的行为予以配合。在这一点上，债权与物权不同，物权属于支配权，物权的实现只需要义务人不为一定的妨害行为即可；而在债的关系中，债权的实现必须借助债务人履行债务的行为才能实现。债权的实现需要借助债务人履行债务的行为，而债务人履行债务一般需要债权人提

① BeckOK ZPO/Toussaint，2017，ZPO § 24，Rn. 3. 1.

② 参见《德国民法典》第 194 条。

③ 参见［日］奥田昌道：《论请求权的概念》，载（东京大学）《法学论丛》，第 82 卷，236 页。

④ Joussen，Schuldrecht Ⅰ，Allgemeiner Teil，3. Aufl，2015，Kohlhammer，Rn. 27.

⑤ 参见王泽鉴：《债法原理》，2 版，55 页，北京，北京大学出版社，2013。

⑥ MünchKomm/ Säcker，Einleitung，Rn. 6.

出请求，从这一意义上说，请求权也是债务人履行债务的重要保障。

正是因为上述原因，一些学者认为，债权就是债法上的请求权[①]，请求权和债权没有本质的区别。[②] 例如，德国学者拉伦茨等人认为，债权是债权人请求债务人给付的权利，在性质上属于请求权范畴。凡是一方请求另一方为或者不为一定行为，都可以属于债的范畴。笔者认为，虽然债的核心内容就是请求权，但债权只是请求权基础的一种，有必要在法律上对债权和请求权进行区分。

二、债权和请求权的区分

罗马法中并没有近代意义上的“请求权”概念。在《法国民法典》中，凡是特定人之间的请求关系，都可以被归入债的范畴，对“债”和“请求权”的概念并没有严格区分。与此不同的是，在德国民法中，“债”和“请求权”两个概念已经出现了一定区别。德国学者温德夏特在解读罗马法中的 actio 的概念后认为，罗马法的 actio 的概念并不是对被侵害的权利的保护手段，它只是赋予遭受侵害的权利人一种救济方式。在他看来，尽管罗马法中的“诉权”并不是请求权，但有必要“将罗马法中通过 actio 语言方式表示出来的内容转化为我们法学的语言（实体权利的语言）”[③]。虽然许多学者主张债权和请求权具有同一性，但在法律上仍有必要对二者进行区分，主要理由如下。

第一，二者对权利的观察角度不同。债权是从权利标的角度予以观察，其是与物权相对应的概念；而请求权是从权利的作用角度对权利所进行的观察，其与支配权、抗辩权、形成权相对应。[④] 二者观察的角度不同，前者是从财产权类型作的分类，后者是从民法总则中权利作用的角度对权利进行的划分，因而不宜将二者等同。

第二，债权请求权并非请求权的唯一类型，除债权请求权外，还包括物权请

① Medicus/Lorenz，Schuldrecht，Allgemeiner Teil，21 Aufl.，2015，Beck，Rn. 6.

② Jens Petersen，Examinatorium Allgemeiner Teil des BGB und Handelsrecht，De Gruyter，2013，S. 24.

③ 转引自朱岩：《论请求权》，载《判解研究》，2003（4）。

④ 参见郑玉波：《民法债编总论》，5 页，北京，中国政法大学出版社，2004。

求权、亲属法上的请求权、根据人格权产生的请求权、占有保护请求权等。[①] 例如，在所有人的财产遭受他人非法侵占的情况下，所有人可以根据物权请求权要求返还原物，此种请求权并非债权。类似的，物权保护的不作为请求权也属于请求权，但不属于债权。[②] 再如，继承法中继承权的回复请求权也不同于债权请求权。此类权利也属于请求权的范畴，但并非债的发生原因，而且这些请求权不以相对人拥有责任财产为前提，在性质上并不属于债权请求权。因此，请求权是债权请求权的上位概念，德国学者梅迪库斯也认为请求权是一般规定，而债权是特别规定，债权请求权属于特殊的请求权而非一般的请求权，债法的规定是关于特定的债权的规定而非一般的请求权的规定，所以债法关于债权的规定不能当然地适用于债法调整范围之外的请求权。[③]

第三，请求权并非债权的全部权能。除请求权外，债权还包括强制执行权能、私力实现权能、保持力权能等[④]，此外，债权还可能产生抗辩、抵销、解除、撤销等权利。即便债权的请求权权能因时效的经过而减弱，债权的其他许多权能（如保持力）仍不受影响。因此，即便债权的诉讼时效经过，债务人自愿履行债务的，债权人仍有权受领债务人的给付并有权保有该给付利益，并不构成不当得利，债务人也不得以不知时效经过为由，请求债权人返还所受领的利益。[⑤] 因此，请求权只是债权的一项权能。正是从这个意义上，德国学者 von Tuhr 将请求权的概念表述为“作为权能的请求权”，请求权只是债权包含的首要权能，债权还包括其他权能，如对责任财产强制执行的权能、抵销权能。[⑥] 请求权只是债权的一种手段或作用，它是从作为基本权利的债权中派生出来的一项权能，但不能完全等同于债权。[⑦]

---

① 参见［德］卡尔·拉伦茨：《德国民法通论》上册，王晓晔等译，322 页，北京，法律出版社，2003。

② Eichel, Künftige Forderungen, Mohr Siebeck, 2014, S. 21.

③ Medicus/Lorenz, Schuldrecht, Allgemeiner Teil, 21 Aufl., Beck, 2015, Rn. 6.

④ 参见王泽鉴：《债法原理》，2 版，68～69 页，北京，北京大学出版社，2013。

⑤ 参见王泽鉴：《民法债编总论》，第 1 册，17 页，北京，中国政法大学出版社，2002。

⑥ Eichel, Künftige Forderungen, Mohr Siebeck, 2014, S. 22.

⑦ 参见［日］柚木馨：《判例债权法总论》上卷，11 页，1956（日本昭和 31 年）。

厘清“债权”与“请求权”的关系，一方面，有助于构建完整的请求权体系。区分债权和请求权，意味着不能仅将请求权归入债的范畴，应当承认债权之外的其他类型的请求权。除了债权请求权之外，人格权、身份权、物权等各种基础性的权利都可以产生特定的请求权。只有将债权和请求权加以区分以后，才可能构建一个请求权体系。另一方面，有助于合理界定债权请求权的准确内涵。关于债权的内涵，德国学者 Zimmermann 通过解释罗马法认为，债就是请求权，就是某人应当向他人履行的义务。① 此种观点可能导致债权和请求权的混同。事实上，债权不同于请求权，由于债权主要是以财产给付为内容的请求权，因而，非财产给付内容的请求权，一般不属于债权的范畴。例如，受害人在名誉权被侵害以后，请求行为人停止侵害、恢复名誉、赔礼道歉，由于这些请求权并不具有财产内容，不应当属于债权的范畴。

三、债权请求权体系

债权请求权体系，是指基于各种债的发生原因而产生的具有内在的逻辑联系的请求权的系统结构，它是由各项债权的请求权所构成的完整的体系。请求权都是以一定的基础权利（如债权、物权等）为前提的，债权请求权是以债权为基础的，由于债的发生原因不同，各种债权的请求权也不同。债的各项请求权在适用中常常会发生密切联系，同一个案件可能要适用多项债权请求权，实践中，区分不同的债权请求权，对于正确适用相关的法律规则具有重要意义。

（一）债权请求权体系的构建

债的发生原因不同，相应的债权请求权也会存在一定的区别，如合同请求权与侵权请求权在成立要件、请求范围等方面即存在一定的区别。在同一案件中，可能同时成立多种债权请求权，甚至同一法律事实也可能引发不同的债权请求权，因此，明确债权请求权的类型体系，对于指引当事人选择适用不同的债权请求权具有重要意义。随着社会经济生活的发展，债权请求权的类型体系在不断扩

① See Reinhard Zimmermann, *The Law of Obligations*, Clarendon Press, Oxford, 1996, p. 1.

张，新的债权请求权类型不断出现。依据我国《民法总则》第 118 条第 2 款："债权是因合同、侵权行为、无因管理、不当得利以及法律的其他规定，权利人请求特定义务人为或者不为一定行为的权利"，债权请求权主要包括如下几种：一是合同请求权。合同请求权既包括针对合同约定内容所产生的请求权，也包括因违反合同约定产生的违约损害赔偿、继续履行、采取补救措施等请求权。[①] 上述请求权都具有财产属性，都应当属于合同之债的范畴。二是侵权损害赔偿请求权。侵权损害赔偿请求权是指被侵权人依法请求行为人承担损害赔偿、停止侵害等侵权责任的权利。我国《侵权责任法》规定了多种责任承担方式，只有具有财产内容的责任形式，才能纳入债权请求权的范畴，对于赔礼道歉、恢复名誉等责任形式，由于不具有财产属性，不应当属于侵权之债的范畴。三是无因管理请求权。无因管理是指没有法定或约定的义务，而管理他人事务的行为。在管理人没有法定或者约定义务为他人管理事务的情形下，可以在当事人之间产生财产给付关系，应当属于债的关系的范畴。四是不当得利返还请求权。不当得利是指没有合法根据取得利益，而使得他人遭受损失的事实。由于不当得利也是具有财产内容的给付关系，因而也应当属于债权请求权的内容。五是法律规定的其他债的请求权。例如，我国《合同法》第 42、43 条对缔约过失请求权作出了规定，再如，我国《侵权责任法》第 23 条对受益人的法定补偿义务作出了规定，其也应当属于债的请求权关系。

根据债权请求权的独立性和派生性，其可以分为两类：一是原生的请求权，此种请求权是直接基于权利本身而产生的。例如，合同请求权就是基于合同债权本身而产生的权利。由于这种请求权已经包括在权利之中，是作为权能出现的，所以通常对这种请求权一般仅在债法中作为债权权能来考察。二是在权利受到侵害的情况下，权利人针对义务人所提出的一种请求的权利，有学者将之称为"保护请求力"。这就是说，在权利未受到侵害以前，此种权利是隐而不现的，一旦权利受到侵害，这种权利就表现出其作用。所以，它是实体权利派生的产物，是以权利救济的手段出现的。债权请求权大多是此种请求权。对于这一分类，德国

① Hans Brox，Allgemeines Schuldrecht，München，2009，S. 20f.

学界将其称为原生的给付义务和次生的给付义务（primäre und sekundäre Leistungspflichten）。前者是依据债之关系目的而发生的第一位的义务，后者则是在债务人不履行原生的给付义务时应当承担的给付义务，它既可能与原生给付义务并存，从而债务人不仅要继续履行原生给付义务，还要同时就之前的义务违反行为负担次生的给付义务，它也可能替代原生给付义务，如替代给付的损害赔偿。[①]

（二）各项债权请求权的先后顺序

所谓债权请求权的先后顺序（Reihenfolge），是指在适用债的请求权时，应优先考虑哪一项请求权。在同一案件中，可能同时存在多项请求权，各项请求权的适用可能存在一定的冲突，这就需要明确各项请求权在行使上的先后顺序，以形成一种体系的观念，并"可以避免遗漏，可以确实维护当事人利益，因为各个请求权之构成要件，法律效果、举证责任及时效多有不同，主张何者，关系至钜"[②]。确定各项请求权在行使上的先后顺序，对于司法实践中正确处理各项债的纠纷具有重要意义。笔者认为，各项债权请求权应按如下顺序排列。

1. 合同请求权

在各项债权的请求权中，考察请求权的先后顺序应将合同请求权作为第一顺序的请求权加以考虑，即合同请求权与其他的请求权发生密切联系时，应首先考虑适用基于合同的请求权。[③] 这主要有以下原因。

第一，合同请求权应优先于无因管理上的请求权而加以考虑。因为无因管理之所谓无因，是指无法律上的原因，包括无法定的义务或约定的义务为他人管理事务。如果管理人和本人之间事先存在合同关系，管理人是依照约定管理他人的事务，则管理人负有管理的义务，不构成无因管理。

第二，合同请求权应当优先于不当得利返还请求权加以考虑。不当得利是指无法律上的根据获得利益，并造成他人损害。无法律上的根据是不当得利构成的前提要件。如果当事人之间事先存在合同关系，则一方因他人的履行而受利益，

① Medicus/Lorenz，Schuldrecht，Allgemeiner Teil，21 Aufl.，Beck，2015，Rn. 112；Looschelders Schuldrecht Allgemeiner Teil 14. Aufl.，2016，Vahlen，Rn. 15.

② 王泽鉴：《民法债编·总论》，第1册，17页，台北，自版，1990。

③ Medicus/Petersen，a. a. O.，Rn. 8.

可以认为具有法律上的原因，不构成不当得利。① 所以，当事人之间存在合同关系足以否定不当得利的存在。尤其应当指出的是，即便当事人之间存在合同关系，在一方违约（如在接受对方履行以后没有作出对待履行）以后，违约方所获得的利益是否构成不当得利，值得探讨。笔者认为，除了一些特殊情况以外，违约并不能免除违约方的履行义务，而非违约方完全可以根据合同要求违约方继续履行或者承担其他责任，而不必基于不当得利提出请求。由于基于违约的民事责任足以保障非违约方的利益，因而非违约方也没有必要基于其他请求权维护自身利益。

第三，在某种法律关系中，如果一方提出合同上的请求，而另一方基于侵权要求对方赔偿损失，在此情况下，合同上的请求权可以优先于基于侵权的请求权加以考虑。因为侵权行为乃是指因过错侵害他人财产和人身的行为，如果行为人从事某种行为具有合法的依据，则虽造成对他人的损害也不负侵权行为的责任。合法依据包括侵害人和受害人之间事先存在合同关系，且此种合同关系在内容上并不违反法律和公共道德。在此种情况下，行为人依据事先存在的合同从事一定的行为（如依据合同使用某项财产或占有某物）不构成侵权。② 例如，甲在乙的门前堆放物品，乙提出甲侵害其使用权，甲认为双方有约在先，乙允许甲堆放物品。乙限制甲堆放物品已构成违约，应负违约责任。在此案件中，如果合同关系能有效成立，乙的行为确实构成违约，那么将否定乙的基于侵权行为的请求权的存在，而应成立违约的请求权。当然，如果一种违法行为同时导致违约责任和侵权责任的竞合，则受害人可以选择一项对其有利的请求权加以行使。

第四，关于合同请求权与缔约过失请求权的关系，也是一个值得探讨的问题。按照耶林的观点，缔约过失应依合同法上的原则处理。我国也有许多学者认为缔约过失责任应适用合同责任的原则，因此，缔约过失请求权与基于违约的请求权本质上是相同的。笔者认为，此种观点不妥。缔约过失责任是缔约人因故意或过失违反先合同义务而应承担的民事责任。③ 所以，缔约过失的请求权适用于

---

①② Medicus/Petersen, a. a. O., Rn. 8.

③ 参见崔建远：《合同责任研究》，3 页，长春，吉林人民出版社，1992。

双方无合同关系的情况，而基于违约的请求权乃是以有效合同的存在为前提。如果当事人之间存在合同关系，则属于合同责任；若不存在合同关系，则可以考虑缔约过失责任。正是从此种意义上说，基于违约的请求权可以优先于缔约过失的请求权加以考虑。例如，甲、乙之间经多次磋商，已就购买某件家具问题达成口头协议。甲提出因该种家具仅有一套，希望乙尽快回家取钱付款，否则将出卖给他人。乙立即回家向他人借款 2 万元。当乙回甲处付款时，甲提出因不能确定乙是否返回付款且双方无书面合同，故已将该家具出售给他人。本案中，对甲应承担何种责任问题，有两种不同观点：一种观点认为，合同已经成立，甲应负违约责任；另一种观点认为，合同并未成立，但由于乙对甲已可以产生合理的信赖，甲将家具转卖给他人是有过错的，因而应负缔约过失责任，赔偿乙所受的损失。笔者认为，这两种观点都有一定道理，关键在于确定当事人之间的合同关系是否成立。如果合同关系已经成立，则产生违约性质的合同请求权，而排除缔约过失请求权。正是在这个意义上，笔者认为，基于违约的请求权应优先于缔约过失的请求权加以考虑。

2. 基于缔约过失的请求权

基于缔约过失的请求权应作为第二顺序的请求权考虑[①]，其原因在于：一方面，此项请求权与合同请求权联系十分密切。它通常都是适用于合同在订立过程中以及合同因不成立、无效或被撤销的情况下所产生的责任，即是在因当事人不存在合同关系而难以适用违约责任的情况下所产生的责任。另一方面，随着诚实信用原则适用范围的扩大，在合同关系终止后，先前的合同当事人一方因违反诚信原则所产生的忠实、保密等附随义务而给先前的另一方合同当事人造成损害，亦应负缔约上的过失责任，这就使缔约过失责任与合同上的责任联系更为密切。如果某个案件不能适用合同请求权，则应考虑是否可以适用缔约过失的请求权。尤其应看到，缔约过失责任虽产生于合同订立阶段，但当事人已为订立合同而形成了一定的信赖关系。这就表明，订约当事人之间已形成了一定的联系，双方已通过接触而进入特殊的联系阶段，即双方已对合同能够成立形成了合理的信赖。

---

① Medicus/Petersen，a. a. O.，Rn. 8b.

据此，双方均应依诚信原则负互相协助、照顾、保护等义务。而在侵权行为、非给付的不当得利的情况下，当事人常常并没有形成某种特殊的联系，彼此甚至是完全陌生的。由于在缔约过失发生时，当事人之间已具有一定的特殊的联系，因而应当优先于侵权行为等请求权，而适用基于缔约过失的请求权。

3. 基于无因管理的请求权

无法定或约定的义务，以为他人管理的意思，而自愿管理他人的事务，称为无因管理。基于无因管理的请求权，管理人有权请求本人返还管理人在管理活动中所支付的必要费用。基于无因管理的请求权毕竟是在没有合同关系或当事人之间未进入缔约阶段而发生的，因此，应当位于合同请求权和缔约过失请求权之后，但因为无因管理非常类似于合同，且是一种合法行为[①]，所以，基于无因管理的请求权应优先于基于不当得利和侵权行为的请求权而适用，其具体原因如下。

第一，针对基于不当得利的请求权而言，无因管理的请求权应当优先适用。所谓不当得利是指无法律上的原因而获得利益，并致他人损害的行为。从法律适用的角度来看，如果构成无因管理，无因管理的成立可以构成法律上的原因[②]，则不应再适用不当得利，无因管理可以排斥不当得利的构成。因为一方面，在无因管理的情况下，管理人为避免本人的损失而从事了某种管理事务的行为，管理人将支付一定的费用或付出一定的劳务，而本人则从管理人的行为中获得一定的利益，但本人的获益不应构成不当得利。因为对此种情况均按不当得利处理，则不可能发生任何无因管理。由于无因管理是合法的行为，是法律所鼓励的行为，故应当使其优先于不当得利而适用。另一方面，适用无因管理而不是不当得利，对本人是有利的。因为管理人基于无因管理制度，可请求本人返还其在管理活动中所支出的必要的费用，而基于不当得利制度，其可以请求本人返还其获得的不当得利。在一般情况下，管理人要证明自己支付了多少必要的费用是较为容易的，而要证明本人所获得的利益，则相对困难一些。

---

①② Medicus/Petersen，a. a. O.，Rn. 9.

第二，针对基于侵权行为的请求权而言，基于无因管理的请求权应当优先适用。一旦确认无因管理的请求权成立，自然可以否定侵权行为请求权的成立，因为侵权行为在性质上是指行为人因过错侵害他人财产或人身并造成他人损害的行为，所以侵权行为都是应受法律禁止的非法行为。而无因管理则是指管理人在无法定和约定义务情况下，自愿为他人利益而管理他人事务。尽管管理人并未获得他人明确授权，但由于管理行为是为了他人利益，避免他人利益受损而从事的，因而，无因管理是合法的、应当受到法律鼓励的行为。法律规定无因管理制度，确认主动管理他人事务以避免他人遭受损失的行为人，有权就其花费的费用向本人请求返还，这就可以鼓励人们见义勇为，主动为他人提供服务，有利于弘扬社会团结互助的精神。既然侵权行为在性质上是一种非法行为，而无因管理在性质上乃是一种合法行为，那么，一旦成立无因管理，则自然否定了侵权责任的存在，只有在不构成无因管理的前提下，才有可能确定是否成立侵权。除此以外，无因管理的成立还可以减轻管理人的损害赔偿义务。[①] 例如，《德国民法典》第680条规定，“事务管理以避开可能对本人发生的急迫危险为目的的，管理人只须对故意和重大过失负责”。这意味着，无因管理的成立，可以减轻管理人负担的侵权损害赔偿义务。

4. 基于不当得利和侵权行为的请求权

不当得利的受益人与侵权行为的行为人，在获得不当得利和实施侵权行为时，均没有法律上的根据，这两种情况都应受到法律的禁止。它们之间也具有密切的联系。因为在不当得利的形态中，有一种形态是因受益人实施侵权行为而产生不当得利，例如，无标的物处分权的人擅自处分他人标的物，使自己获取非法利益，行为人的行为既构成不当得利，又构成侵权。一般认为，在出现不当得利返还责任与侵权责任竞合的情况下，从尊重当事人的自主自愿、保护受害人的利益出发，应允许受害人就两项请求权择一行使，受害人选择并实现一项请求权，意味着受害人放弃了另一项请求权。但无论如何，两项请求权不能同时实现。

基于不当得利的请求权与基于侵权行为的请求权，原则上不会互相影响，从

① Medicus/Petersen，a. a. O.，Rn. 9.

而在一般情况下不发生适用的先后顺序问题。[①] 但在特殊情况下，有可能出现先后顺序。例如，拾得人拒不返还拾得物，是应构成不当得利还是侵权呢？对此问题司法实践中存在不同的看法。笔者认为，对拒不返还拾得物的情况，应优先考虑不当得利的适用。因为一方面，如果按侵权处理，并确定行为人具有过错、对拾得人要予以制裁，这在实践中难以为一般人所接受且不利于拾得人精心照管他人遗失的财产；另一方面，按不当得利而不按侵权处理，是比较公平合理的。失主一般只需证明拾得人占有了失主财产、这种占有是无法律根据的。也就是说，主张不当得利返还请求权对于失主更为简单。拾得人只要将其占有的财产返还给失主，失主的利益便受到了保护。尤其应看到，在许多情况下，失主因丢失某物将遭受严重的损失，而拾得人并不因拾得该物而获得较多的利益（如拾得物对其无太多的价值等），因而损害与获利之间并无对应的关系。在此情况下只能以获利为准要求获利人返还不当得利，而不能以损害为依据要求获利人赔偿其完全不能预见的损害。反之，如果按侵权处理，一旦失主证明自己遭受了较多的损失，此种损失就要由拾得人赔偿，这对拾得人未免太不公平。

第四节　债的相对性和债权的平等性

一、债的相对性

（一）债的相对性的概念和发展

债的相对性，是指债的关系仅在特定的当事人之间发生法律效力，而不对第三人产生效力，债权仅仅归属于债权人且对债务人发生效果。债的相对性概括了债的本质特征，并且与物权关系的绝对性形成了明显的区别。正如王泽鉴先生所

① Medicus/Petersen，a. a. O.，Rn. 11.

指出的："债权人得向债务人请求给付，债务人之给付义务及债权人之权利，乃同一法律上给付关系之两面。此种仅特定债权人得向特定义务人请求给付之法律关系，学说上称之为债权之相对性（Relativität des Schuldverhältnisses）[①]，即债权的相对效力（relative Wirkung der Forderung）[②]，与物权所具有的对抗一切不特定人之绝对性（Absolutheit）不同。"[③] 由于债权是相对权（relatives Recht），因而，债权人只能请求特定的债务人为一定行为或不为一定行为，这种请求不能对债务人以外的第三人主张，即使第三人的行为使债务人无法履行债务，债权人也仅得依侵权行为请求损害赔偿。[④] 而由于物权乃是由特定主体所享有的，排斥一切不特定人侵害的绝对权、支配权，因而除权利人以外，任何不特定人都负有不得侵犯权利人对某项财产所享有的物权的义务，即不特定人都是义务主体。任何人侵害他人物权，权利人都可以请求其承担侵权责任，从而产生债之关系。[⑤]

债的相对性规则最早起源于罗马法。债（obligatio）被称为"法锁（juris vinculum）"，意指"当事人之间之羁束（Gebundenheit）状态而言"[⑥]，其实际上也反映了债仅对特定的当事人产生拘束力，这也决定了债权在本质上属于对人权（jusinpersonam），并且维护债权的诉讼只能针对特定的主体提起，此种诉讼在罗马法上也称为对人的诉讼（actio in personam）。[⑦] 罗马法所确立的债的相对性规则对现代大陆法系债法的发展产生了重大影响。虽然《法国民法典》没有确立债的相对性的一般规则，但确立了合同相对性的原则，其第1134条规定："依法订立的契约，对于缔约当事人双方具有相当于法律的效力。"该法典奉行私法自治和合同严守的规则，认为任何合同当事人不得为他人设定义务，同时排除了"使人对自身意志之外的行为负责"的情形。《德国民法典》也规定了债的相对性

① MünchKomm/Ernst，Einleitung des Recht der Schuldverhältnisse，Rn. 18.

② Fikentscher/Heinemann，Schuldrecht，11. Aufl.，De Gruyter，2017，Rn. 64.

③ MünchKomm/Gaier，Einleitung des Sachenrechts，Rn. 10.

④ 参见王家福主编：《民法债权》，5页，北京，法律出版社，1991。

⑤ Weiler，Schuldrecht，Allgemeiner Teil，Nomos，2016，S. 41.

⑥ 李宜琛：《日耳曼法概说》，72页，上海，商务印书馆，1944。

⑦ 参见［意］彼德罗·彭梵得：《罗马法教科书》，黄风译，285页，北京，中国政法大学出版社，1992。

的规则，该法第 241 条规定："债权人因债的关系得向债务人请求给付。" 当然，该法也规定了利他合同问题，即利益第三人合同（Vertrag zugunsten Dritter）。在司法实践中，德国法院逐渐承认了"附保护第三人作用的契约（Vertrag mit Schutzwirkung zugunsten Dritter）"，在一定程度上发展了合同相对性的原则。

由于英美法中并不存在债的概念及体系，因而，大陆法中的"债的相对性"规则在英美法中被称为"合同的相对性（privity of contract）"，其基本内容是：合同项下的权利义务只能赋予当事人或加在当事人身上，合同仅对合同当事人产生拘束力，非合同当事人不能诉请强制执行合同。① 这一规则最早起源于 1861 年的一个案例。② 在该案中，甲与乙订立一个合同，甲同意支付给丙 200 英镑，乙同意支付给丙 100 英镑，当时丙（乙的儿子）与甲的女儿有婚约，合同有条款规定丙有权在普通法法院或衡平法法院向甲或乙提出诉讼，追讨承诺的款项，后甲的女儿去世，甲没有向丙履行义务，丙控告甲，法院裁定丙败诉，主要理由即在于，丙并非合同当事人，无权请求合同当事人履行合同义务。

（二）债的相对性规则的功能

债的相对性规则具有如下功能。

第一，维护意思自治原则。债的相对性规则是意思自治原则和合同自由原则的具体体现，也就是说，按照合同自由原则，只要不违反法律规定和公序良俗，当事人原则上可以自由约定合同的内容，但按照私法自治原则，个人仅能够处分自身的权利，而不得处分他人的权利，也不得为他人设定负担或者义务。在交易实践中，基于债的相对性规则，任何人都不受他人意志的非法干预，其财产也不受他人非法侵害，这有助于保护个人的财产权益免受他人的侵害。

第二，保护个人的合理预期和行为自由。债的相对性也有利于保护债的关系当事人的合理预期，即债的关系仅对债的关系当事人产生拘束力，对债务人而言，其仅需要按照债的要求向债权人履行债务，而无须对第三人负担法律义务，

---

① 参见沈达明编著：《英美合同法引论》，205 页，北京，对外贸易出版社，1993；董安生等编译：《英国商法》，176 页，北京，法律出版社，1992。

② Tweddle v Atkinson [1861] EWHC J57 (QB), (1861) 1 B&S 393.

这有利于提高个人的合理预期，维护交易的安全和秩序。同时，债的相对性也有利于保护个人的行为自由。因为债的关系具有相对性，并不对第三人产生拘束力，且不具有社会公开性，故除故意侵害债权外，第三人侵害债权一般无须承担侵权责任，这也有利于保护个人的行为自由。

第三，体系构建功能。在大陆法中，债权的相对性与物权的绝对性原理是债权与物权区分的重要标准，也是大陆法系物权法与债权法规则设计的基础。在债的相对性原理之下，债权和物权泾渭分明，合同之债适用合同自由原则，当事人得自由地订立合同（Gestaltungsfreiheit），物权法则适用物权法定原则。不理解债权相对性与物权绝对性的区分，也就不可能理解债权法与物权法的各自特点及内在体系。此外，债的相对性规则对债法体系的构建也具有重要意义，债权的相对性与物权的绝对性，也决定了侵权法与合同法在内容、体系等方面的根本区别：由于合同债权在性质上属于相对权，仅发生在特定人之间，合同债权的实现须借助于义务人履行义务的行为，同时，由于合同债权并不具有“社会典型公开性（Mangel an sozialtypische Offenkundigkeit）”[①]，将合同债权纳入侵权法的保护范畴，可能会不当妨碍他人的行为自由，因而，合同债权主要受到合同法的保护，而不应受到侵权责任法的保护。

（三）债的相对性的内容

按照德国学者的观点，债的相对性可以体现为以下几个方面：债权人的履行请求权只能针对债务人主张；债权人在发生履行障碍的场合只能针对债务人要求履行；只有债务人对债权人负责；在债权让与的情况下，未经通知，债务人的清偿仍然有效；债务人对不同债权人负有同一给付义务的，债权人只能要求债务人履行。[②] 笔者认为，这一观点不无道理，债的相对性的内容包括债的主体的相对性、债的内容的相对性以及债务不履行责任的相对性，以下具体论述。

---

① Fabricius, Fritz, Zur Dogmatik des “sonstigen Rechts” gemäβ §823 I BGB, AcP 160 (1961), S. 273 ff.

② Fikentscher/Heinemann, Schuldrecht, 11. Aufl., De Gruyter, 2017, Rn. 65.

1. 主体的相对性

所谓主体的相对性，是指债的关系只能发生在特定的主体之间，只有当事人一方能够向另一方当事人基于债的关系提出请求或提出诉讼。[①] 债的主体的相对性主要体现为：从债权的角度看，债权属于相对权，只有债权人才能享有债权，并有权向债务人提出请求，债权人之外的其他主体不能向债务人提出请求或者提起诉讼。[②] 在债务人不履行债务时，如无法律规定或合同约定，债权人也只能请求债务人承担债务不履行的责任，而不能请求债务人之外的第三人承担责任。[③] 从债务的角度看，债务人原则上也仅对债权人负担义务，除法律或合同有特别规定（如产品责任中生产者对消费者的责任）以外，债权人之外的第三人无权请求债务人履行债务。当事人无权为第三人设定债务，否则只有在征得第三人同意之后，该义务才能生效。例如，原告张某为庆祝第三人李某的生日，向被告刘某定作一件玉器，该玉器为独山玉，造型为两匹奔马。在订货单上，被告应原告的要求特别注明，在特定日期前将该玉器交付给第三人李某。张某也将订货情况告知李某，李某表示感谢。在玉器制作完成后，被告刘某委托赵某将该玉器送交给第三人李某，赵某在乘车途中不慎将玉器碰坏，第三人李某拒绝收货，并要求赵某重做。原告与被告协商赔偿事宜，因不能达成协议，原告遂向法院起诉。在该案中，就张某与刘某之间的合同关系而言，赵某为刘某的债务履行辅助人，李某为利益第三人，如果因赵某的行为导致玉器毁损，则应当由张某请求刘某承担违约责任，由于赵某并非合同当事人，因而，张某无权请求赵某承担违约责任。

应当指出的是，随着社会经济生活的发展，法律为维护社会经济秩序，在特殊情形下也赋予某些债权具有对抗第三人的效力。例如，我国《物权法》第 20 条规定了预告登记，这意味着旨在发生不动产物权变动的债权请求权经过预告登记具有物权效力，可以对抗任何第三人。[④] 我国《合同法》规定了“买卖不破租

---

① Christian Förster, Schuldrecht: Allgemeiner Teil, C. F. Müller, 2013, S. 6, Rn. 18.

② Horst-Eberhard Henke, Die sogenannte Relativität des Schuldverhältnisses: Wie relativ ist eigentlich das Band zwischen Gläubiger und Schuldner?, Duncker & Humblot, 1989.

③ Looschelders, Schuldrecht Allgemeiner Teil 14. Aufl., 2016, Vahlen, Rn. 29.

④ Medicus/Lorenz, Schuldrecht, Allgemeiner Teil, 21 Aufl., Beck, 2015, Rn. 31.

赁”的规则，这实际上是赋予承租人所享有的租赁权具有对抗租赁物受让人的效力。当然，这种债权物权化只是例外的情况，债权在一般情况下仅具有相对性。

2. 内容的相对性

所谓内容的相对性，是指在债的关系中，债的当事人的权利义务是相对的，一般情形下，一方当事人所享有的权利就是对方当事人所负担的义务。但债的内容的相对性也有一些例外情况，例如，某些不真正义务（如受领义务）以及第三人享有请求权的利益第三人合同、附保护第三人作用的合同等，就不具有相对性。例如，在前述玉器案中，原告张某向被告刘某订货以后，当事人约定由刘某将该玉器交付给第三人李某，李某表示接受后，其即因该合同而享有独立的请求权，但其并不对刘某负有相应的义务，此时即构成对债的内容相对性的突破。

3. 责任的相对性

所谓债务不履行责任的相对性，是指在债务人不履行其债务时，仅有债权人有权请求债务人承担债务不履行的责任，且债务人原则上仅对债权人承担债务不履行的责任，不对第三人承担责任。债务不履行责任的相对性主要包括两方面的内容。

第一，债务人应对自己违反债务的行为承担责任，而不能将责任推卸给他人。当然，债务人除对自己的行为承担责任外，还应当对其债务履行辅助人的行为负责。所谓债务履行辅助人（Erfüllungsgehilfe），是指按债务人的意思辅助债务人履行一项债务人负担的债务的人，主要包括债务人的代理人以及代理人以外的根据债务人的意思事实上从事债务履行的人。[①] 履行辅助人通常与债务人之间具有某种委托或劳务合同等关系，但其与债权人之间并无合同关系，因此，债务人应就履行辅助人的行为向债权人负责，如果因为履行辅助人的过错而致债务不履行，债务人应对债权人负违约责任。[②]

第二，在因第三人的行为造成债务不能履行的情况下，债务人仍应向债权人承担债务不履行的责任。当然，债务人在承担违约责任以后，有权向第三人追偿。《合同法》第121条规定：“当事人一方因第三人的原因造成违约的，应当向

---

① Fikentscher/Heinemann，Schuldrecht，11. Aufl.，De Gruyter，2017，Rn. 657.

② Weiler，Schuldrecht，Allgemeiner Teil，3. Aufl.，2016，S. 242.

对方承担违约责任。当事人一方和第三人之间的纠纷，依照法律规定或者按照约定解决。”该条实际上继承了《民法通则》第116条的规定，承认了合同的相对性。当然，如果第三人的行为已直接构成恶意侵害债权，则债权人也有权请求第三人承担侵权责任。

二、债权的平等性

（一）债权的平等性是债法的基本原则

所谓债权的平等性原则，是指债权之间具有同等的效力，具体来说，此处所说的平等，是指债务人负有数个债权（Kollision von Forderungen）时，债务人以全部财产对每个债权都负清偿责任[①]，债权人之间的债权除具有优先受偿权（如附有担保物权或法定优先权）或法律另有明确规定外，不考虑其发生时间的先后，数额的大小，以及债权发生的原因，债权人都应平等地接受清偿。[②] 如果债务人破产且其财产不足以清偿全部债务时，数个债权人之间应当按照各自债权数额的比例，对债务人所有之财产进行分配。[③] 例如，甲有一套房屋，在金融危机之前，其因急需资金而将该房屋以每平方米1万元的价格出售给乙，按规定房屋应当在半年后交付。但是，在交付之前，因经济形势好转，房价上涨，丙愿以每平方米2万元的价格购买该房屋。但是，丙还没有付款，乙就发现了房屋被再次转让的情况，于是，要求甲交付房屋。甲、乙之间发生了争议。在该案中，甲对房屋享有所有权，因此，其可以与他人订立合同转让该房屋。甲与乙之间订立的房屋买卖合同显然属于有权处分，也已经生效。而在甲和丙之间订立房屋买卖合同时，因为甲并没有向乙交付房屋也没有办理过户登记，甲仍然享有对房屋的处分权，所以，甲和丙之间的房屋买卖合同也是有效的。按照债权平等性原则，乙和丙享有的债权虽然在成立时间上有先后之分，但应当具有平等性。

债权的平等性作为债法基本原则的主要原因如下。

---

① Fikentscher/Heinemann, Schuldrecht, 11. Aufl., De Gruyter, 2017, Rn. 31.

② 参见郑玉波：《民商法问题研究》（三），31页，台北，三民书局，1982。

③ 参见王家福主编：《民法债权》，9页，北京，法律出版社，1991。

第一，债权具有非公开性，只在当事人之间发生效力。由于债权内容通常只为当事人所了解，其内容欠缺必要公示性，并不向社会公开，因而在此种情况下，如果允许债权具有对抗第三人的效力，将可能对第三人利益造成不利影响，危害交易安全。

第二，债权与物权的本质区别就在于，物权具有优先性，所谓物权的优先性，主要表现在同一标的物之上同时存在债权和物权时，物权应当优先；而当同一物上并存多项物权时，则应当根据法律规定或物权设立的时间先后确定各项权利的效力顺序。而债权具有平等性。但《买卖合同司法解释》第 10 条第 3 项规定，在就特殊动产订立多重买卖合同，且买卖合同均有效的情况下，“均未受领交付，也未办理所有权转移登记手续，依法成立在先合同的买受人请求出卖人履行交付标的物和办理所有权转移登记手续等合同义务的，人民法院应予支持”。这一规定似乎突破了债的平等性原则，有待商榷。在签订多个买卖合同的情况下，依据债的平等性原则，没有理由依据签订合同时间的先后来判断哪一债权人有权请求债务人履行合同。如果合同成立在先就应该权利在先，那就意味着普通债权也具有对抗第三人的效力，以及具有排他的效力，这显然有违债权平等的原则，而且可能混淆债权和物权的效力。

第三，债权的平等性原则也是破产法的基础。具体来说，破产法的主要功能在于保障各债权人都能得到公平的保护，其理论基础是债权的平等性。因此，只有在债法上确立债权的平等性原则，才能为破产法的制度与规则设计提供理论依据。例如，在破产债权的清偿方面，应当按照普通债权的比例清偿；再如，破产债权人享有的表决权也是按照其享有债权的数额来确定的，这些都是以债权的平等性原则为基础的。

第四，债权的平等性原则具有普遍适用性和兜底适用性。一方面，该原则可以普遍适用于债法的各个领域，也可以普遍适用于债的各种类型。因此，其具有普遍性。另一方面，除非法律对于债权的效力有特别规定（即优先效力的规定），否则，债权都具有平等性，从而体现出这一原则在适用上的兜底性。

（二）债权平等性原则的例外

在通常情况下，债权在法律上都是平等的，但是，基于法律规定也可以有普通债权和优先受偿债权之分。普通债权通常是指无担保的债权，无论其发生时间先后，都处于平等地位；而优先受偿的债权，是指具有优先受偿效力的债权，主要包括有担保的债权和法律规定享有优先效力的债权。具体包括如下几种。

1. 有担保的债权优先于无担保的债权。《企业破产法》第109条规定："对破产人的特定财产享有担保权的权利人，对该特定财产享有优先受偿的权利。"这就确立了别除权制度，允许担保债权人从债务人的财产中优先受偿，因此，如果某一债权已经设立了担保，其效力应当优先于普通债权，这有利于充分保障担保债权人的合法权益。

2. 职工工资和劳动保险费债权。从保障职工的基本生活需要、维护社会稳定出发，法律赋予劳动者对其工资和劳动保险费的优先权。《企业破产法》第113条规定，破产人所欠职工的工资具有优先于普通债权的效力，该法将职工工资和劳动保险费债权规定为第一顺序的债权，这对于保护劳动者权益、维护社会稳定具有重要意义。依据这些规定，职工工资和劳动保险费用以及税款在受偿上具有优先于一般破产债权的地位，具有某种"优先权"性质，在企业破产时，应当优先于一般债权人而受偿。需要指出的是，现行立法并没有对具有优先效力的职工工资债权规定时间限制，这可能影响其他债权人债权的实现，从比较法上看，有的国家对具有优先效力的职工工资债权设定了时间限制，例如，日本民法规定，对于未支付的最后6个月的工资，雇员对雇主享有先取特权。[①] 此种经验也值得借鉴。

3. 税收优先权。税收债权虽然是公法上的债权，但在纳税义务人和税收征管机关之间仍然存在以财产给付为内容的关系，而且税收债权也需要从债务人的财产中获得清偿，因此，有必要确立税收债权与其他债权之间就债务人财产清偿的优先顺序。在法律上肯定税收债权的意义主要在于：一方面，承认税收债权，纳税义务人拖欠税款的行为本身已使其与税务机关形成了一种债权债务关系，这为税收机关通过民事方式实现其税收债权创造了条件。另一方面，承认税收债权的概念，在债务人破产时，税务机关所享有的税收债权必然与债务人其他债权人

---

① 参见［日］近江幸治：《担保物权法》，祝娅等译，34页，北京，法律出版社，2000。

之间的债权发生一些冲突，承认税收债权并明确其优先权的属性，能够为税收债权的优先受偿提供合法性基础。

税收债权也是一种优先权，我国《企业破产法》第 113 条将“破产人欠缴的除前项规定以外的社会保险费用和破产人所欠税款”作为优先于普通债权的债权来对待。《税收征管法》第 45 条第 1 款规定：“税务机关征收税款，税收优先于无担保债权，法律另有规定的除外；纳税人欠缴的税款发生在纳税人以其财产设定抵押、质押或者纳税人的财产被留置之前的，税收应当先于抵押权、质权、留置权执行。”从该条规定来看，担保物权设定前所欠的税收债权将优先于担保物权，如果税收债权发生在担保物权设定后，则担保物权的效力应当优先。笔者认为，这一规定具有合理性，主要理由在于：一方面，税收债权不同于物权，其欠缺法定的公示方法，担保物权人在设立担保物权时，并不知道债务人是否欠税以及拖欠了多少税款，在此情形下，认定税收债权优先，则不利于保护担保物权人的利益，也会使债权人在从事交易时面临巨大的风险，从而不敢交易。另一方面，税务机关在防止国有税收流失方面有权采用其他一些行政强制措施，如罚款、没收、冻结银行存款等措施，这些措施也可以在一定程度上保障税款的缴纳，故没有必要再赋予税收债权优先于担保物权的效力。

4. 船舶优先权。所谓船舶优先权，是指海事请求人依法向船舶所有人、光船承租人、船舶经营人提出海事请求，对产生该海事请求的船舶所享有的优先受偿的权利。[①]《海商法》第二章第三节规定了船舶优先权，依该法第 25 条第 1 款的规定，船舶优先权不仅优先于船舶抵押权，而且优先于船舶留置权受偿。

5. 民用航空器优先权。民用航空器优先权，是指债权人依法向民用航空器所有人、承租人提出赔偿请求时，对产生该赔偿请求的民用航空器具有优先受偿的权利。[②] 我国《民用航空法》专门规定了民用航空器优先权，依据该法规定，救援该民用航空器的必需费用以及保管维护该民用航空器的必需费用具有优先受偿的权利。例如，飞机失事后，相关部门和人员为救援该飞机所支出的费用，应

---

① 参见《海商法》第 21 条。

② 参见《民用航空法》第 18 条。

当具有优先于其他债权的效力。

6. 建筑工程承包人的优先权。所谓建设工程优先权，是指在建设工程竣工以后，发包人未按照约定支付价款时，承包人所享有的对其承包的建设工程，通过折价、拍卖等方式而获得的价款优先受偿的权利。《合同法》第 286 条规定："发包人未按照约定支付价款的，承包人可以催告发包人在合理期限内支付价款。发包人逾期不支付的，除按照建设工程的性质不宜折价、拍卖的以外，承包人可以与发包人协议将该工程折价，也可以申请人民法院将该工程依法拍卖。建设工程的价款就该工程折价或者拍卖的价款优先受偿。"这就在法律上第一次规定了承包人享有的建设工程优先权。此处所说的"优先"，是指承包人针对其所承包的建设工程，在拍卖、变卖之后，就拍卖、变卖、折价所得价款得以优先于其他债权人受偿。① 虽然建设工程归属于发包人，但发包人未能按期支付工程款，承包人可以依法就其所承包的工程进行拍卖、变卖、折价，就所得价款优先受偿。从这一点来讲，优先权具有类似于物权的效力。

7. 代位权。所谓债权人的代位权，是指因债务人怠于行使其到期债权，对债权人造成损害的，债权人可以向人民法院请求以自己的名义代位行使债务人的债权的制度。最高人民法院《合同法司法解释一》第 20 条规定："债权人向次债务人提起的代位权诉讼经人民法院审理后认定代位权成立的，由次债务人向债权人履行清偿义务，债权人与债务人、债务人与次债务人之间相应的债权债务关系即予消灭。"依据这一规定，在债的保全中，如果债权人行使代位权，向次债务人提出请求，因此获得次债务人的给付的，代位权行使的结果并不归属于债务人，而是在债务人所负债额的限度内，直接归属于债权人。② 代位权人可以以该给付优先清偿其债权，这实际上赋予了代位权人一种优先受偿的权利。

8. 租赁权的优先性。我国《合同法》第 229 条确立了"买卖不破租赁"的规则，因而赋予了承租人的租赁权对抗租赁物新的物权人的效力。

---

① 参见钟淑健、李霞：《简析优先权的种类》，载《政法论丛》，2001（5）。

② 参见王闯：《最高人民法院〈关于适用中华人民共和国合同法〉若干问题的解释（一）的若干理解》，载《判解研究》（第一辑），111 页，北京，人民法院出版社，2000。

9. 抵销权的优先效力。在破产清算程序中，如果互负债务，债权人可以主张抵销权，获得变相的优先受偿。《企业破产法》第 40 条规定：“债权人在破产申请受理前对债务人负有债务的，可以向管理人主张抵销。”依据这一规定，如果债权人在破产申请受理前对债务人负有债务的，除法律禁止抵销的情形以外，债权人可以直接向管理人主张抵销，此时，债权人的债权与其债务在相同的数额内消灭，债权人无须按照其债权在债务人所有债权中的比例受偿，这实际上是赋予了破产债权人一种优先受偿的权利。

10. 其他情形。我国有关司法解释还规定了其他一些债权优先性的规则。例如，最高人民法院《关于审理商品房买卖合同纠纷案件适用法律若干问题的解释》第 7 条第 1 款规定：“拆迁人与被拆迁人按照所有权调换形式订立拆迁补偿安置协议，明确约定拆迁人以位置、用途特定的房屋对被拆迁人予以补偿安置，如果拆迁人将该补偿安置房屋另行出卖给第三人，被拆迁人请求优先取得补偿安置房屋的，应予支持。”该条实际上是确立了被拆迁人请求拆迁人移转安置房屋所有权的债权的优先效力。

第五节　债的效力

一、债的效力概述

所谓债的效力，是指债的关系成立后，为了保障债权的实现和债务的履行，法律上赋予了债的效果或权能。[①] 债之所以被称为“法锁”，就是因为其会对当事人产生一定的拘束力或效力。债之所以具有法律效力，是因为债的关系符合法律和公序良俗，应受到法律的保护。有些关系虽然名义上称为“债”（如赌债等），但由于其具有违反性，因而本质上并不属于债的关系，不能产生债的效力。

① 参见郑玉波：《民法债编总论》，244 页，北京，中国政法大学出版社，2004。

债的效力可以从不同的角度来分别确定。

从权利和义务两个方面进行观察，债的效力可以分为对债权人的效力以及对债务人的效力两个方面：从权利的角度看，债的效力主要是指债权人有权请求债务人为一定的给付；而从义务方面看，债的效力则是指债务人应当向债权人为一定行为或不为一定行为。德国学者齐默曼（Zimmermann）认为，很难用英语来表达罗马法中债的概念。因为，一方面，在罗马法中，“债”（obligatio）意指法锁（vinculum iuris），包含两层含义，一是指债权人的权利，二是指债务人的义务；而英语中的“债”（obligation）一词仅指对一方当事人的约束，而没有另一方当事人享有权利的含义。因此，罗马法上债的概念与英语中债的概念之间存在重大差异。[①] 从权利义务角度来考察债的效力主要是从内容的角度予以观察，我国学界，通常都是从这一角度理解债的效力。不过，从债对债权人的效力以及债对债务人的效力两个角度考察债的效力，可能会割裂债对债权人效力以及债对债务人效力之间的联系，因此有必要将债的内容与债对当事人的效力结合起来考察债的效力。

从履行和不履行的角度进行考察，债的效力可以分为债的履行与债不履行的效果（债务不履行的责任）两个方面。[②] 如果仅将债的效力界定为债务不履行的效果，则其属于狭义上的债的效力；如果将债的效力理解为同时包含债的履行以及债务不履行的效果，则属于从广义上理解债的效力。[③] 债务不履行的责任，即在债的当事人不履行或者不完全履行债务时，债务人承担何种责任，这既是债的效力实现的保障，也是债的拘束力的重要体现。一般所指的债的效力，主要是指广义上的债的效力。它从债的履行的不同阶段对债的效力进行考察，从动态的角度对债的效力进行考察，值得赞同。但现在一般将债务不履行的责任作为债务不履行的法律效果单独进行考察，所以，也可以不采用此种考察方式。

针对一般情况和针对特殊情况进行考察，债的效力可以分为债的一般效力和

---

① See Reinhard Zimmermann, *The Law of Obligations*, Clarendon Press, Oxford, 1996, p. 27.

② 参见黄立：《民法债编总论》，426 页，北京，中国政法大学出版社，2002。

③ 参见史尚宽：《债法总论》，327 页，北京，中国政法大学出版社，2000。

债的特殊效力。前者是指无论债的发生原因如何，也无论债的标的如何，都可以产生的效力；后者是指各种具体的债所具有的效力[①]，其主要是指各种类型的债自身所特有的效力。此种考察方式看到了各种类型的债的相同点和不同之处，对于准确适用相关法律规则具有重要意义，但本书主要研究债法总则，因而主要涉及债的一般效力，而不可能详细论述债的特殊效力。

从债的主体的角度进行考察，债的效力主要包括以下四个方面的内容：一是对双方当事人的效力，包括债对债权人的效力与债对债务人的效力。二是对债权人的效力，主要指债权的效力，即债权人依据债享有何种权利。三是对债务人的效力，主要是指债务的效力，即债务人应当按照债的要求履行债务，其主要包括债务人的主给付义务、从给付义务等多项义务。四是特殊情形下的涉他效力。从债的相对性原则出发，债原则上仅对当事人产生拘束力，当然，债在特殊情形下也会对第三人产生一定效力，但其毕竟属于例外情形，而且债的涉他效力主要源于债的当事人的权利义务关系。在民法上，债对当事人的效力称为对内效力，债对当事人以外主体的效力称为对外效力。但严格地说，很难从逻辑上对债的对内效力和债的对外效力进行明确的区分，例如，债的保全虽然属于债的对内效力，但也会涉及对第三人的效力。[②] 而且，仅从对内效力与对外效力的角度分析债的效力，也不利于全面理解债的当事人的权利义务关系。

从上述各个角度考察债的效力都不无道理，而且都在一定程度上分析了债的特征，但都不够全面；笔者认为，应当结合主体和内容两个方面考察债的效力，主要原因在于：一方面，债的效力主要体现为对债的当事人的拘束力，即当事人按照债的要求所享有的各项权利和承担的各项义务，因此，从债权人和债务人的角度对债的效力进行观察，有利于明晰当事人之间的权利义务关系，保障债的目的的实现。另一方面，考察债的效力，必须要考察债中所包含的权利义务。虽然在债的关系中，债权人和债务人互负权利义务，而且当事人之间的权利义务关联密切，但债权人的权利义务与债务人的权利义务之间仍然存在明显的区别，而且

① 参见郑玉波：《民法债编总论》，245页，北京，中国政法大学出版社，2004。

② 参见史尚宽：《债法总论》，329页，北京，中国政法大学出版社，2000。

二者之间并非一一对应的关系。例如，在债的保全中，债权人享有代位权，即债权人有权对第三人提出请求，但债务人并无相对应的权利义务。在现代债法中，债务关系的内涵比债权的内涵丰富得多，因为债权关系是从主观权利角度观察的，而债务关系是从法律义务关系的角度观察的，其内容十分复杂。所以，债对不同当事人的效力具有不同的特点，不能笼统地以债对当事人的效力加以概括，而应当分别考察债对债权人以及债务人的效力，因而仍有必要对债权人与债务人的权利义务进行区分。此外，在特殊情形下分析债的涉他效力，这既有利于明晰当事人之间的权利义务关系，也有利于债的纠纷的解决。因此，应当结合债的主体以及债的内容两个方面来考察债的效力，据此，可以将债的效力分为债对当事人的效力、债权的效力、债务的效力以及债务不履行的责任几个方面。

二、债对当事人的效力

（一）对债的当事人的效力

债对当事人的效力，是指债对债权人和债务人的效力，即债权人与债务人依据债所享有的权利和所承担的义务。债对当事人的效力又称为债对当事人的拘束力，此种拘束力主要表现为：债的关系的当事人应当受到债的拘束，必须严格按照债的要求行使权利、履行义务。债权人应当按照法律规定和债的要求，向债务人主张权利，债务人也应当严格按照债的要求履行债务，否则可能承担债务不履行的责任。具体而言：

第一，债的关系成立以后，当事人应当依据诚信原则积极从事履行债的准备。例如，在合同订立以后，尚未履行以前，当事人双方都应当依据诚实信用原则，严守诺言，认真做好各种履约准备。如果一方在履约前因经营不善造成严重亏损，或者存在其他法定情况，另一方可以依据法律的规定，行使不安抗辩权，暂时中止合同的履行，并要求对方提供履约担保。

第二，在债的履行过程中，债权人应当依据债的规定行使权利，不得滥用权利，也不能超越债的关系行使权利。债务人提出履行后，债权人应当积极受领。

如果债务人要求提前履行，由于提前履行债务对债权人并无不利，债权人依诚信原则不得无故拒绝债务人的提前履行。①

第三，债务人应当依据法律规定、债的内容和诚信原则履行债务。债主要表现为对债务人的拘束，因此，债务人应当按照约定和法律规定履行其义务，从而使债权人的权利得以实现。如果法律没有规定，当事人也没有约定，则应当依据诚信原则履行其义务。例如，双方在合同中约定购买 30 车黄沙，但合同中没有对车的型号作出规定，此时，就应当按照诚信原则、交易习惯和惯例履行。债务人交付标的物及债权人接受该标的物，都应当依据诚信原则。如果标的物为种类物，则尽管该批货物质量差异并未超出合同规定的范围，按照诚实信用原则，债务人不得故意选择其中品质较次者而为履行②；债权人在接受标的物时也应当遵守诚实信用原则，如果债务人后交付的标的物与先前交付的标的物在品质上并无差异，且不妨碍债权人的使用和其他权益的，债权人不得无故拒绝后交付的标的物。如果因为特殊原因，债务人不能交付原先约定的标的物，债务人提出愿交付同种类、同质量的替代物品，此种替代物品交付后亦不影响债权人利益的，债权人不得无故拒绝。

第四，在债的关系成立以后至消灭之前，因不可归责于双方的原因而发生情势变更，致使合同存在的基础发生动摇或丧失，且导致当事人利益的严重失衡，在此情形下，依据《合同法司法解释二》第 26 条的规定，允许当事人依据诚实信用原则请求变更和解除合同。例如，双方订约以后，因原材料价格急剧上涨，使被告建造的房屋成本急剧增加，在符合情势变更的其他条件的情形下，被告可以依诚信原则要求法院变更合同的价格条款。

第五，在当事人双方就债的履行及内容发生争议以后，当事人都应当依据诚信原则妥善地处理争议，主动承担各自应当承担的损失，避免给对方造成不必要的损失。

债原则上仅对债的当事人产生拘束力，无法约束第三人，这也称为债的关系

---

① 参见《欧洲民法典草案》第 3—2：103 条。

② 参见王家福主编：《民法债权》，393 页，北京，法律出版社，1991。

的相对性。除法律另有规定或者当事人另有约定外，债权人仅能向债务人主张权利，债务人也仅应向债权人履行债务，债原则上并不对债权人和债务人之外的第三人产生拘束力。例如，普新公司与大成公司订立一项粮食购销合同，合同的附则规定："有关交货事宜由力新公司出面协调解决。"后来，双方就合同的履行发生争议，于是，普新公司就起诉力新公司和大成公司，要求其共同承担相应的违约责任。因为大成公司无力清偿，后来，普新公司要求力新公司承担全部责任。在该案中，虽然合同的附则规定："有关交货事宜由力新公司出面协调解决。"但该条约定是合同当事人之间订立的，未经第三人同意，当事人不得在合同中为第三人设定义务。因此，该约定并不能对力新公司产生约束力。在该案中，在交货事宜协商的过程中，如果大成公司恶意拖延，导致普新公司的合同目的无法实现，大成公司的行为即构成违约，此时，普新公司有权请求大成公司承担违约责任，但由于力新公司只是负责协商双方的交货事宜，并非合同当事人，基于债的相对性的原理，普新公司无权请求力新公司承担违约责任。因此，在法律和债的内容没有特别规定的情形下，债无法对债的当事人以外的人产生拘束力。

（二）债的涉他效力

债的关系原则上仅对债权人和债务人发生效力，这并不意味着，债完全不可能对第三人发生效力。事实上，依据法律规定和当事人的约定，债在特殊情形下也可能对第三人产生效力。例如，在前述粮食购销案中，如果力新公司签字认可，接受债的当事人为其所设定的义务，则当事人之间的合同之债对力新公司也将产生效力。如果力新公司自愿代债务人履行债务，经债权人受领的，也可产生债务履行的效力。

债的涉他效力最典型地表现在利益第三人合同中。所谓利益第三人合同，又称为利他合同、第三人取得债权的合同或为第三人利益订立的合同，它是指合同当事人约定由一方向合同关系外第三人为给付，该第三人即因此取得直接请求给付权利的合同。[①] 第三人不是订约当事人，却能够依据合同享有接受债务人的履行和请求其履行的权利。依据合同自由原则，当事人只要为第三人设定了权利，

① Fikentscher/Heinemann, Schuldrecht, 2017, De Gruyter, Rn. 291.

且第三人予以接受，则第三人就可以享有请求权，并据此向债务人要求履行。利益第三人享有的权利是根据合同当事人的意愿而创设的，并没有超越私法自治的范畴。

此外，还应当看到，除债的当事人约定的情形外，依据法律规定，债在特定情形下也可对第三人产生效力，其最典型地体现为债的保全制度，即债权人为保全其债权而享有的相关权利，如债权人撤销权和债权人代位权。[①] 这两项制度都是基于法律的规定，赋予债权人保全其债权的权利，在债权人行使上述权利时，都会对第三人的利益产生影响。例如，债权人在行使撤销权时，可以请求人民法院撤销债务人与第三人之间的合同，这会对第三人的利益产生影响。

三、债权的效力

从债权人的角度来看，债的效力就体现为债权人所享有的一系列权利，其主要包括以下内容。

1. 债权请求权

债的关系一旦成立，即可在特定当事人之间产生请求力，债权人可以请求债务人履行债务，即便在自然债务的场合，债权人也享有请求权。[②] 债权请求权是债权的基本权能，因为债权本质上就是债权人请求债务人为一定行为或者不为一定行为的权利，如债权人可以请求债务人交付一定的物或实施一定的行为等，从而使债权得以实现。罗马法学家保罗将“债”定义为：“债的本质不在于我们取得某物的所有权或者获得役权，而在于其他人必须给我们某物或者做或履行某事。”[③] 后世学者定义债权的概念时，一般将其界定为一方向另一方的请求关系。从效力上看，债权人只能依据其债权向债务人提出请求[④]，而不能直接依据债权取得相关的给付利益。同时，按照债的要求，债权人虽然可以请求债务人履行债

---

① 参见黄立：《民法债编总论》，427页，北京，中国政法大学出版社，2002。

② MünchKomm/Ernst，Einleitung des Recht der Schuldverhältnisse，Rn. 10.

③ [意] 彼德罗·彭梵得：《罗马法教科书》，黄风译，283页，北京，中国政法大学出版社，1992。

④ Hans Brox，Allgemeines Schuldrecht，München，2009，S. 14.

务，但按照诚实信用原则的要求，债权人在债的履行过程中也负有一定的协助义务，即在债务人履行债务时，债权人也负有接受债务人履行的义务，债权人的此种义务在性质上属于不真正义务的范畴，即在债权人未履行此种义务造成自身损害的，债权人原则上应当自担损失。

通常，债之所以具有请求力，是因为其符合法律规定和公序良俗，有一些债的关系（例如，一些基于道德关系而产生的债务），一般并不具有请求力。这些债也不能产生债的效力。例如，不负有扶养义务的亲属之间所支出的扶养费用，即不得主张返还。

在此需要讨论的是，在债权人向债务人提出请求后，债务人是否就当然负有相应的给付义务。按照大陆法系传统债法理论，请求权和给付义务是密切联系在一起的，二者构成完整的债的关系。按照齐默曼（Zimmermann）的观点，债的关系应当包括两个方面：从权利角度是请求权，从义务角度是给付义务，因此，债是权利义务关系的抽象概括。所以，一方向另一方提出请求，另一方就应当负有相应的履行义务。[①] 笔者认为，一般情况下，在存在合法债权时，债权人向债务人提出给付请求后，除有正当理由外，债务人都应当按照债的要求全面履行其债务，否则即可能承担债务不履行的责任。此处所说的正当理由，主要是指债务人对债权人提出的履行债务的请求所享有的一些抗辩事由，如债权的诉讼时效经过，或者债务人享有同时履行抗辩权等。

2. 受领权

所谓受领权，是指债权人受领债务人的给付的权利。债权的本质在于，债权人有权请求债务人给付，而且在债务人作出给付之后，债权人有权受领。基于这一权利，债权人有权接受债务人的给付。在债务人没有作出给付的情形，债权人可以催告债务人履行。[②] 当然，债权人受领债务人给付，也并非必须亲自进行。除非法律另有规定或合同另有约定，债权人可以指定第三人受领给付，该第三人称为“受领辅助人”。

① See Reinnhard Zimmermann, *The Law of Obligations*, Clarendon Paperbacks, 1996, p. 29.

② 参见王泽鉴：《债法原理》，2 版，68 页，北京，北京大学出版社，2013。

从某种意义上说，债权人受领债务人的给付既是其权利，也是其义务。也就是说，在债务人按照债的要求作出给付时，债权人有义务受领该给付，其性质上属于债权人协助（Mitwirkung）的义务①，在债权人未尽到受领义务尤其是受领迟延（Annahmeverzug）造成自身损失时，债权人无权请求债务人赔偿该损失，从这一意义上说，债权人的受领义务在性质上属于不真正义务的范畴。②

3. 给付保有权

所谓给付保有权，是指债权人有权保有债务人所作的给付。换言之，只要当事人之间的债权债务关系有效存在，则债权人因此所获得的利益都是具有法律根据的，而不构成不当得利。③ 例如，承租人未经出租人许可而将其承租房屋转租给第三人，在出租人未因此解除原租赁合同的情形下，转租合同仍有效，承租人因此接受次承租人所支付的租金即具有法律上的原因，而不构成不当得利。债权的保持力是债权请求力的一种必然延伸，由于债权具有保持力，债权人请求债务人履行债务才有实际意义。债在一定意义上可以体现一种利益归属关系，但此种利益归属和物权的归属是截然不同的，物权的利益归属强调某一物权归属于某一主体，而债权所体现的归属利益则强调债权人保有该利益的法律上的原因。而且债权所体现的利益归属关系并不是将某种法律上的利益直接分配给债权人，在债务人履行债务前，债权人对此种利益只是享有一种期待的权利，从这一意义上说，债权也是一种对利益的期待。

需要指出的是，即使在债的效力不完整的情形下（如债权因超过诉讼时效、债务人提出抗辩而使债权不具有强制执行力），债的保持力仍可独立存在。例如，在自然债务中，债权人虽然无权请求法院强制执行债务人的财产以实现其债权，但在债务人自愿给付时，法律肯定该给付行为的效力，债权人有权保有该给付，债务人不得请求返还。④

---

① Fikentscher/Heinemann, Schuldrecht, 11. Aufl., De Gruyter, 2017, Rn. 489.

② Weiler, Schuldrecht, Allgemeiner Teil, Nomos, 2016, S. 321.

③ 参见王泽鉴：《债法原理》，2版，69页，北京，北京大学出版社，2013。

④ 参见［日］我妻荣：《新订债权总论》，王燚译，57页，北京，中国法制出版社，2008。

4. 处分权

债权作为一种民事权利，体现了权利人一定的利益，因此，债权人有权转让其债权或者对其债权进行其他处分。按照私法自治原则，既然债权人在性质上属于债权人所享有的权利，属于一种私权，债权人就应当有权按照自己的意思对其进行处分。如债权人可以将其债权转让，除此之外，债的免除、债权质押等，也都体现了债权的处分效力。[①] 当然，在特殊情形下，法律也可能对债权的处分权进行一定的限制。例如，依据《企业破产法》第 31 条的规定，在人民法院受理破产申请前 1 年内，债务人放弃债权的，管理人有权请求人民法院予以撤销，这实际上是对债务人的债权处分权能进行了限制。

关于债的抵销是否属于债权处分权的内容，学理上存在一定的争议。所谓抵销（英文为 set-off，法文为 Compensation，德文为 Aufrechnung），是指二人互负相同种类（gleichartig）债务，各使双方债务在对等额内相互消灭的法律制度。[②] 有学者认为，债的抵销属于私力救济的内容，因为它是不需要起诉就可以强制执行的债权实现方法。[③] 但笔者认为，从性质上讲，抵销仍然属于债的处分效力的体现。抵销必须符合法定的条件，才能发生一定的效力，它和紧急情形下所从事的私力救济存在较大的区别。

5. 保全权

所谓保全权，是指在债务人的行为可能影响债权人的债权实现时，债权人有权采取一定的行为，以保障其债权的实现。债权人的债权保全权包括债权人代位权和债权人撤销权，这两种权利是确保债权实现的重要手段。例如，债务人为了逃避债务而与第三人订立合同，将其财产低价转让给第三人，使债务人的财产不当减少且危及债权人的利益时，债权人可以请求法院撤销债务人与第三人之间订立的低价转让财产的合同，从而恢复债务人的财产。由此可见，在债权人行使保全权时，债权在一定程度上突破了相对性原

① 参见王泽鉴：《债法原理》，2 版，69 页，北京，北京大学出版社，2013。

② Weiler，Schuldrecht，Allgemeiner Teil，Nomos，2016，S. 152.

③ 参见王泽鉴：《债法原理》，2 版，69 页，北京，北京大学出版社，2013。

则，实际上已经对第三人产生了一定的效力。

6. 强制执行力

在债务人不履行债务的情况下，债权人有权通过法院的强制执行实现债权。如果债务人不履行债务，债权人有权要求其实际履行，或者要求其承担损害赔偿责任。关于强制执行力是否属于独立的债的效力，存在债的概念的一元论和二元论之争。19世纪中期，欧洲一些学者（例如德国的Brinz和基尔克，比利时的Cornil等）就债的概念提出了一元论和二元论之争。一元论者认为，请求给付的义务与强制执行力是统一和一体化的，二者共同构成债这一基本范畴的本质特征。而二元论则认为，给付义务与债的强制力是两个不同范畴的问题，前者属于债本身的内容，而后者则属于债的效力；前者内在于债的概念本身，后者则是外在于债的，不能纳入债的概念本身。① 区分这两者的意义主要在于：是否将强制执行力作为债的内容本身。笔者认为，从债的本质来看，债本身不同于一般的道德义务，其在性质上是一种受法律保障的权利，如果债权不具有强制执行力，债的拘束力就无从谈起，也难以将债权与情谊行为等进行区分。因此，强制执行力应当属于债的效力的范畴。

需要指出的是，债的强制执行力只应当针对债务人的责任财产，而不能针对债务人的人身，因为现代法采取“对物执行主义（Realexekution）”，即执行只能针对债务人的财产，一般禁止对债务人身体的直接强制②，也不得无视债务人的人格。我国《民事诉讼法》所规定的执行方式也仅针对债务人的财产，而不能不当限制债务人的人身。从这一意义上说，债的强制执行力也是有一定限度的。③ 因此，在现代法上，债权的最后保障是债务人的责任财产。④ 但在例外情况下，如果债权人来不及借助于公权力实现其权利，法律也允许债权人通过私力救济的方式，直接实现其债权。

除上述几种效力之外，债权在特定情形下还具有私力实现的效力，即在特定

① David Deroussin, Histoire du droit des obligations, Paris : Economica, 2007, p. 7.

② 崔建远、韩世远、于敏：《债法》，15页，北京，清华大学出版社，2010。

③④ 参见［日］我妻荣：《新订债权总论》，王燚译，58页，北京，中国法制出版社，2008。

的情形下，债权人可以通过自己的行为实现债权，如留置标的物的行为。[1]

四、债务的效力

（一）债务效力概述

如前所述，债的效力可以从债权人与债务人两个角度进行观察，就债务人的角度而言，债务是债务人依据法律规定和当事人意思而必须履行的义务。债之所以被称为“法锁”，也是因为它主要表现为债务人受到债务的拘束。正如罗马法学家保罗所说，“债的本质不在于我们取得某物的所有权或者获得役权，而在于其他人必须给我们某物或者做或履行某事。”[2] 债的效力主要体现为债务人的义务。严格地说，债务不同于义务，从概念范畴上看，债务属于义务的一个下位概念，在债务之外还可能存在多种义务，尤其是一些不具有财产给付性质的义务，无法纳入债务的范畴。债务的效力包括如下方面。

第一，债务人应当依据债的规定负担应履行的义务。债的规定确定了债务的范围，因此，债务人应当按照债的规定履行。

第二，在债的关系成立后，债务人要严守诺言，认真做好履行的准备，以不辜负债权人对其履行的期望和信赖。如果一方在履约前因经营不善造成严重亏损，或者存在其他法定情况，另一方可以依据法律的规定，暂时中止合同的履行，并要求对方提供履约担保。但是另一方在行使中止权时应严格遵循诚实信用原则及法律规定的条件，不能因为对方支付能力上出现暂时的或并不严重的困难，便借故终止合同履行。如因违背诚实信用原则而行使中止权，造成对方损失的，应负损害赔偿责任。

第三，即使债和合同没有规定，债务人也应当按照诚信原则，以善意的方式履行债务。例如，在债务履行过程中，债务人应当负有相互协作和照顾的义务、瑕疵的告知义务、使用方法的告知义务、重要情事的告知义务、忠实的义务等。

---

① 参见王泽鉴：《债法原理》，2版，68～69页，北京，北京大学出版社，2013。

② ［意］彼德罗·彭梵得：《罗马法教科书》，黄风译，283页，北京，中国政法大学出版社，1992。

第四，债务人不履行其债务，就应当按照法律规定承担责任。在债务人未按照当事人约定或者法律规定履行债务时，债权人有权请求债务人承担债务不履行的责任，这也是债的效力的一种延伸。

第五，在某些特殊的情况下，债的关系尽管已经终止，但当事人仍应负有依诚信原则而产生的后契约义务，从而维护合同相对人的维持利益（Erhaltungsinteresse）。[①] 例如，在租赁关系终止以后，出租人应当有义务告知承租人的客户，承租人已搬至新址。

（二）债务的具体内容

债务的内容是非常丰富复杂的，传统上，债的内容主要基于法律规定和当事人约定而产生，但是，当代债法承认依据诚信原则产生的债。19 世纪法国法社会学家杜尔凯姆曾提出了社会有机体学说，认为社会是一个整体，每个人是这个整体不可分割的部分，基于社会连带的思想，合同各方应当负担协力义务。[②] 在市场经济社会，交易中的协作关系变得更为重要。合同的双方当事人都不应辜负对方的合理期待，任何一方都必须尊重另一方的利益。正是因为交易不是一种零和游戏，而是一种互赢的关系，所以，依据诚信原则，债的当事人负有协作、协力的义务。[③] 诚信原则的产生使债的内容日益丰富复杂。笔者认为，仅从债的效力的角度而言，可以将债对债务人的效力具体化为债务人按照债的要求所负担的一系列义务，也可以称为义务群。在现代债法上，债务人所负担的义务的来源多样化，而且随着债的关系的发展，债务的内容也在不断发展变化。[④] 从总体上看，债务人所负担的义务主要有主给付义务、从给付义务、附随义务。具体而言，表现在如下几个方面。

1. 主给付义务

主给付义务（Hauptleistungspflicht），是指依据债的目的所必备的，并且可

---

① Roth/Schubert, Münchener Kommentar zum BGB, § 242, Rn. 169.

② 参见刘波等：《英国学派多元主义与社会连带主义论争——一种比较视角》，载《国际观察》，2009 (1)。

③ 参见郑强：《合同法诚实信用原则价值研究——经济与道德的视角》，载《中国法学》，1999 (4)。

④ 参见王泽鉴：《债法原理》，2 版，89 页，北京，北京大学出版社，2013。

以决定债的关系类型的基本义务。[1] 以合同之债为例，主给付义务常常是以合同主要条款的形式表现出来的。[2] 主给付义务通常都是由合同确定的，但也可以通过补充性解释等方法予以确定。例如，《合同法》第 61 条规定："合同生效后，当事人就质量、价款或者报酬、履行地点等内容没有约定或者约定不明确的，可以协议补充；不能达成补充协议的，按照合同有关条款或者交易习惯确定。"这就确定了合同填补漏洞的基本方法，依据这一规定，在当事人就标的物的质量、价款等内容约定不明确的情形下，可以通过合同的条款或者交易习惯予以确定。此种合同漏洞填补的方式常常被学者称为"补充性解释"（ergänzende Vertragsauslegung）[3]，即借助于合同条款以及交易习惯，合理确定当事人的意思，这有利于维持合同的效力，防止合同因当事人约定不明确而不成立，从而起到鼓励交易的作用。[4] 除上述方法外，还可以依据诚信原则，或者通过其他的合同解释方法确定主给付义务。

2. 从给付义务

从给付义务（Nebenleistungspflicht），是指辅助主给付义务而存在的，不具有决定债的关系性质和目的的义务。[5] 从给付义务具有辅助主给付义务的功能，其有助于确保债权人的利益得到最大限度的满足。从给付义务也可以通过诉讼的方式请求[6]，在这一点上，从给付义务与附随义务不同，一方面，附随义务并非当事人约定的义务，而是基于诚实信用原则产生的，而从给付义务则是当事人约定的义务；另一方面，附随义务一般体现为照顾、保护、保密等义务，而从给付义务则是当事人约定的、从属于主给付义务的义务。例如，在合同之债中，从给付义务一般是以合同的非主要条款的形式表现的。如在买卖合同中，出卖人在出卖标的物之后，应当负有交付单证的义务，此种义务在性质上即属于从给付义务。

---

① Bamberger/Roth/ Sutschet，§ 241，Rn. 13.

② 参见韩世远：《合同法总论》，2 版，212 页，北京，法律出版社，2008。

③ Reinhard Bork，Allgemeiner Teil des Bürgerlichen Gesetzbuchs，Mohr Siebeck，2006，Rn. 532 ff.

④ 参见［德］卡尔·拉伦茨：《德国民法通论》下册，王晓晔等译，750～751 页，北京，法律出版社，2003。

⑤ Bamberger/Roth/ Sutschet，§ 241，Rn. 14.

⑥ 参见王泽鉴：《债法原理》，2 版，81 页，北京，北京大学出版社，2013。

从给付义务与主给付义务是密切联系在一起的，二者的关联性主要表现为：一方面，从给付义务从属于主给付义务，主给付义务是从给付义务存在的前提和基础。另一方面，从给付义务是为了实现主给付义务的目的而产生的。也就是说，从给付义务对主给付义务起到准备、实行和保障的作用。① 债务人负担从给付义务，就是要实现主给付义务的目的。当然，从给付义务与主给付义务也存在明显区别，具体表现为：第一，主给付义务决定了债的关系的类型和性质，而从给付义务仅具有补充主给付义务的功能，并不决定债的类型。第二，债务人未履行其主给付义务，可能会导致债的目的无法实现，如对合同之债而言，债务人不履行主给付义务，可能构成根本违约，而从给付义务的违反往往不会影响债的目的的实现，因此，债务人违反从给付义务时，债权人一般不得解除合同。第三，在债务人不履行主给付义务时，如果债权人负有对待给付义务，则其可能享有先履行抗辩权、同时履行抗辩权、不安抗辩权等，而从给付义务的不履行，则一般不会产生上述抗辩权。例如，在双务合同中，主给付义务的不履行可能导致同时履行抗辩权的适用，而从给付义务的不履行则未必导致此种抗辩权的适用。②

从产生的原因来看，从给付义务的产生可以基于如下三种原因。第一，基于法律规定而产生。例如，对合同之债而言，我国《合同法》第 404 条规定：“受托人处理委托事务取得的财产，应当转交给委托人。”因此，在委托合同中，受托人向委托人转交财产的义务，即为依法产生的义务。第二，基于当事人的约定而产生。例如，在买卖宠物的合同中，当事人约定，出卖人必须交付该宠物的血统证明，这就是合同约定的从给付义务。第三，基于诚信原则而产生。在债的关系中，为了保障债的目的的实现，基于诚实信用原则，债务人可能因此负担一定的从给付义务。例如，在转让债权的合同中，转让人负有交付必要的债权证明文件等义务。③ 再如，在房屋登记过程中，买受人应当负有提供必要资料的义务。

---

① 参见卢湛、杜景林：《〈德国民法典〉债法总则评注》，12 页，北京，中国方正出版社，2007。

② 参见王洪亮：《〈合同法〉第 66 条（同时履行抗辩权）评注》，载《法学家》，2017（2）。

③ 参见王泽鉴：《债法原理》，2 版，81 页，北京，北京大学出版社，2013。

3. 附随义务

所谓附随义务（Nebenpflicht），是指债的当事人依据诚实信用原则所产生的，根据债的性质、目的和交易习惯所应当承担的通知、协助、保密、照顾等义务。[①] 由于此种义务是附随于主给付义务的，因而也称为附随义务。[②] 附随义务的功能在于保障主给付义务实现，使债权人的给付利益获得最大可能的满足，并保护债权人的人身或财产利益。[③]

附随义务主要有以下几种。一是忠实义务。忠实义务是指债务人应当按照诚实信用原则的要求，负有维护、保障债权人利益实现的义务。例如，当事人一方应如实向对方陈述商品的瑕疵、质量情况，同时应如实向对方陈述一些重要情事，如财产状况、履行能力等。二是保护义务。保护义务主要是指按照诚实信用原则，当事人在债的履行过程中应当尽到必要的保护对方人身、财产安全的义务。例如，雇主所提供的工作场所应当安全可靠，如果因雇主未尽到此种义务，导致雇员在工作场所遭受人身、财产损害的，雇主应当承担相应的损害赔偿责任。三是相互照顾和协助的义务。在债的关系中，任何一方都不得滥用其经济上的优势地位和其他手段牟取不正当利益，并致对方损害。四是保密义务。在债的履行过程中，当事人双方应当对其所掌握的对方当事人的相关信息、商业秘密等，采取一定的保护措施，防止其泄露。例如，受雇人不得向他人泄露有关雇主的商业秘密和其他秘密。五是警示、通知的义务。例如，出卖人在交付货物之前应当依据诚信原则通知买受人，使后者能及时做好接收货物的准备。六是告知义务。在债的履行过程中，当事人负担的告知义务的范围十分广泛，其不仅包括对产品使用方法等的告知义务，还包括当事人在债务履行过程中告知对方当事人债务履行的具体情况等义务。例如，产品的制造人应当在产品上附使用说明书，或者向买受人当面告知产品的使用方法。[④]

---

① Bamberger/Roth/ Sutschet，§ 241，Rn. 15.

② MünchKomm/ Bachmann，§ 241，Rn. 33.

③ 参见王泽鉴：《债法原理》，2 版，84 页，北京，北京大学出版社，2013。

④ Bernhard Bergmans，Schuldrecht：Allgemeine und vertragsrechtliche Grundlagen，Logos Verlag Berlin GmbH，2009，S. 72.

附随义务主要具有如下特点。

第一，附随义务不是由当事人明确约定的义务，而是依据诚实信用原则产生的。在债的关系中，债务人应当按照诚信原则的要求履行其债务，在债务履行过程中尽到必要的照顾、保护、保密等义务，以保障债权人债权的实现，从这一意义上说，诚信原则对债务人履行债务也具有一定的指引作用。[①] 例如，在合同之债中，尽管合同义务的内容已经多样化，但总体上说，合同义务主要还是约定义务。至于法定的或依据诚信原则产生的义务通常都是在合同约定义务的内容不明确或存在漏洞的情况下产生的，主要起到补充的作用。债务人应当按照诚信原则的要求履行债务，即便当事人没有对此作出约定，该义务也能够自动成为债的内容。例如，对合同之债而言，出卖人在交付标的物时应当告知该标的物的使用方法，不管当事人在合同中是否对此作出约定，该义务都是出卖人所应当承担的合同义务，出卖人违反此种义务，造成买受人损失的，出卖人应当承担相应的违约责任。

第二，附随义务是附随于主给付义务的义务。主给付义务是指合同关系所固有、必备的、直接影响到合同当事人订立合同目的实现的义务。[②] 而附随义务是附随于主给付义务的义务，主给付义务是附随义务产生的前提和基础。通常情况下，附随义务并不是以给付为内容的，而是在债务履行过程中，为了保障债权目的的圆满实现或者为了保护债权人的人身、财产权益而产生的。附随义务的确定在很大程度上也是为了实现主给付义务，使债权人的利益获得最大限度的满足，所以附随义务具有辅助主给付义务实现的功能。例如，在买卖合同中，买方交付价款从而获取标的物的义务，卖方交付标的物从而获取价款的义务，都是买卖合同中的主给付义务，而出卖人向买受人如实告知产品使用方法的义务，即属于出卖人的附随义务。当然，主给付义务和附随义务是相辅相成、不可分割的，对于附随义务的违反也可能导致主给付义务不能履行，从根本上影响债权人债权目的的实现。

---

① Bernhard Bergmans，Schuldrecht，Bd. 1：Allgemeine Und Vertragsrechtliche Grundlagen，Logos Verlag Berlin GmbH，2009，S. 71.

② MünchKomm/ Bachmann/ Roth，§ 241，Rn. 29.

第三，在不同类型的债的关系中，附随义务对当事人的权利义务的影响是不同的。通常情况下，附随义务的违反可能导致债权人损害的发生或者扩大，但并不会从根本上影响债权人债权目的的实现①，此时，债务人只需就债权人损害扩大的部分承担责任。但在特殊情形下，债务人违反附随义务则可能给债权人造成重大损害，从根本上影响债权人债权目的的实现。例如，在买卖合同中，如果债务人违反使用方法的告知义务，导致债权人使用不当，造成其重大财产损害甚至人身的伤亡。②

第四，附随义务的内容不是通过当事人事先确定的，其内容与范围也不是在债的关系产生时便已经确定的，而是随着债的履行过程的发展而不断变化的。以合同之债为例，合同之债的附随义务随着合同关系的发展而逐步地确定。在合同履行期到来之前，依据诚实信用原则，当事人负有准备履约、不辜负对方履约期望的义务，在履行期到来以后，当事人在履行主给付义务时，应当按照诚实信用原则履行各项附随义务。在债务履行的不同阶段，附随义务的内容并不完全相同，需要随着债的关系的发展而不断演化和发展。

五、债务不履行的责任

债务不履行的责任，是指债务人未按照债的要求履行债务所产生的法律后果。如前所述，从广义上理解债的概念，既包括当事人因债的关系而产生的给付义务，也包括当事人因债务不履行而产生的责任。从性质上看，债务是债务人依据法律规定或者合同约定而应当履行的义务，而且除法律规定和合同约定的义务外，依据诚实信用原则，债务人在债务履行过程中以及债务履行完毕后，还负有注意、照顾、忠实等附随义务。③ 总之，债务乃是债务人依照法律规定和合同约定而应当承担的义务。而债务不履行的责任不同于债务，其属于债务人违反债务

① MünchKomm/ Ernst，§ 280，Rn. 13.

② MünchKomm/ Ernst，§ 280，Rn. 96.

③ MünchKomm/ Bachmann/ Roth，§ 241，Rn. 33.

所应当承担的法律后果，《民法通则》第106条第1款规定："公民、法人违反合同或者不履行其他义务的，应当承担民事责任。"依据这一规定，债务不履行的责任是债务不履行的后果，其与债务在性质上存在区别。[①]

虽然债务不履行的责任与债务之间存在一定区别，但笔者认为，不应当将二者严格割裂开来，债务不履行的责任在性质上是债的效力的具体体现。一方面，责任是债的拘束力的一种保障，应当属于债的效力的组成部分。责任是为确保债务履行而设置的措施，它以债务的存在为前提，以督促债务人履行债务并保障债权人的债权实现为宗旨。责任制度的存在，使债权人在债务人不为给付时，凭借法律上之力，强制债务人履行债务或承担其他责任，以充分保障债权人的利益。如果将责任排除在债的效力之外，债的拘束力也将不复存在。另一方面，责任是在债务人不履行债务时，国家强制债务人履行债务或承担法律责任的表现，就债务本身来说，虽然也具有一定的拘束力，但债务的履行必须借助于责任制度，才能得到实现。债务不履行的责任与债务人的履行义务之间具有密切关联，一旦债务人不履行债务，则债务在性质上转化为一种强制履行的责任，这种责任包含了一定的国家强制性。在债务不履行的情况下，债权人必须通过诉讼的方式请求对债务人强制执行，才能使债权人的诉讼请求得到满足。正是因为上述原因，债务不履行的责任与债务是相互依存、不可分离的，债的关系是完整的债务与责任的统一。

从比较法上看，通过统一的债务不履行的概念来涵盖各种债务不履行的形态成为一种重要的发展趋势。债务不履行可以指称任何不符合债的要求的行为，其可以涵盖各种不履行、不适当履行债务的形态，各种不履行包括完全不履行、瑕疵履行以及迟延履行、部分履行，都可以归于统一的债务不履行的概念中。[②] 任何不履行的行为都会产生债务不履行的责任，在法律上，债务不履行的责任主要有以下几种责任形式。一是继续履行。它是指债务人不履行债务时，债权人有权

① MünchKomm/ Ernst, Einleitung, Rn. 33.

② 参见［德］冯·巴尔等主编：《欧洲私法的原则、定义与示范规则：欧洲示范民法典草案》（第一卷至第三卷），高圣平等译，583页，北京，法律出版社，2014。

请求债务人继续按照债的要求履行债务。二是损害赔偿。它是指债务人因不履行债务而给债权人造成损失，债权人有权请求其承担的损害赔偿责任。三是采取补救措施。补救措施有广义和狭义两种含义，广义的补救措施是指债务不履行发生以后，权利人为维护其利益而采取的补救措施，包括请求实际履行、损害赔偿、支付违约金等。① 狭义的补救措施是指在一方不适当履行的情况下，受损害方根据标的的性质以及损失的大小而要求对方承担的针对不适当履行而采取的特殊的补救措施，包括修理、更换、重作、退货、减少价款或者报酬等形式。

债务不履行责任不同于债的当事人违反不真正义务的责任。所谓不真正义务，是指针对该义务，相对人通常不得请求履行，违反该义务也不产生损害赔偿责任，而仅仅使义务人自己承受不利后果的义务。② 例如，债务人违反了照顾自己利益的义务，导致自己的损害。再如，在债务人作出给付以后，债权人无正当理由未及时受领。不真正义务虽然是当事人所负担的一项法定义务，但其并不具有可请求履行性。违反不真正义务的后果不同于债务不履行的责任，债务人违反不真正义务只是使自己负担相应的不利后果，并不会产生相应的法律责任。③ 而债务不履行则会使债务人负担相应的债务不履行的责任。

第六节　债的发生

一、债的发生概述

所谓债的发生，是产生债的关系的一种法律现象。债的关系作为法律关系的一种，必然基于一定的法律事实而产生。引起债发生的法律事实既可以是行为，也可以是行为以外的事实。《民法总则》第 118 条第 2 款规定：“债权是因合同、

① 参见刘家琛主编：《合同法新制度的理解与适用》（第一辑），408 页，北京，人民法院出版社，1999。
② 参见王泽鉴：《债法原理》，2 版，88 页，北京，北京大学出版社，2013。
③ 参见［德］梅迪库斯：《德国债法总论》，杜景林等译，514 页以下，北京，法律出版社，2004。

侵权行为、无因管理、不当得利以及法律的其他规定，权利人请求特定义务人为或者不为一定行为的权利。”依据该条规定，债的发生原因主要包括合同、单方允诺、侵权行为、无因管理、不当得利。

从债法的发展历史来看，债的发生原因是不断发展变化的。公元 2 世纪，盖尤斯在《法学阶梯精选》中对债的类型原则上采用契约和私犯的两分法，即债的关系可能产生于契约，也可能产生于不法行为，当然，在这两种债的发生原因之外，债还可能因法律规定的原因而发生，如错误给付也可以成为债的发生原因。[①] 但查士丁尼《法学阶梯》采用契约、准契约、私犯和准私犯的四分法。[②] 后世学者通常将不当得利和无因管理归入准契约的范畴，而侵权行为则包括了私犯和准私犯。[③]

罗马法上债的发生原因的理论对后世大陆法系国家的立法和债法理论产生了重要影响。17 世纪的法国著名法学家多玛（J. Domat）曾将债分为基于“意思之债（engagement volontaire）”和基于“非意思之债（engagement involontaire）”。“意思之债”，包括契约和基于单方意思所发生的债；而“非意思之债”，指“依神的指令而非因个人所能选择而成立的债”，包括监护、税捐、意外事件、管理人的拘束等。[④] 18 世纪的法国学者波蒂埃（Robert Joseph Pothier）则在其著名的《债法论》一书中将债分为“契约、准契约，不法行为、准不法行为，有时仅因法律或衡平而产生”，其观点显然受到了罗马法的影响，并对 1804 年《法国民法典》的制定产生了重要影响。[⑤] 《法国民法典》将债分为两类，即“契约之债”和“非契约之债”。“非契约之债”又包括不法行为、准契约、依法律产生的债。[⑥] 因此，《法国民法典》所承认的债的发生原因包括：合同、侵权行为、无因管理和非债清偿，但并没有对不当得利作出一般性的规定。

---

① 参见［古罗马］盖尤斯：《盖尤斯法学阶梯》，黄风译，163 页，北京，中国政法大学出版社，2008。

② 参见费安玲主编：《罗马私法学》，262 页，北京，中国政法大学出版社，2009。

③ 参见郑玉波：《民法债编总论》，21 页，北京，中国政法大学出版社，2004。

④ 参见蓝瀛芳：《泛说债之发生论》，载《辅仁法学》第 7 期。

⑤ Jean-Louis Gazzaniga，Introduction historique au droit des obligations，PUF，1992，pp. 56 - 57.

⑥ 据有学者考证，波蒂埃的《债法论》曾供给《拿破仑法典》3/4 的材料。参见许中缘：《体系化的民法与法学方法》，88 页，北京，法律出版社，2007。

德国法有关债的发生原因的规定深受罗马法的影响，但同时也有一定的发展。《德国民法典》分别在第二编第二章规定基于合同的债务关系，第七章第十一节规定无因管理，第七章第二十四节规定不当得利，第七章第二十五节规定侵权行为，并没有统一的专章或专节的规定。① 该法典所承认的债的发生原因，包括合同、侵权、不当得利和无因管理。该法典就债的发生原因的规定，并没有仿效罗马法采用准契约概念概括无因管理的做法，而是将无因管理作为一种与各类契约并列的债的形式，规定在各类契约之中，并放在"委托"之后，表明其与委任契约有着密切的联系，但并没有通过委托契约涵盖无因管理，而是将无因管理作为独立的债的发生原因。德国学者一般按照债的发生原因将债分为法定之债和约定之债两大类。另外，自 2002 年《德国债法现代化法》颁行之后，法定债的关系也可以因开始合同磋商、开始合同接触，或者类似的行为接触而发生（《德国民法典》第 311 条第 2 款）。②

《瑞士债务法》在总则中，第一章就开宗明义地规定了债的发生。在"债的发生"一章中，分别为第一节"合同之债"、第二节"侵权之债"、第三节"不当得利之债"。而无因管理则被认为属于准委托合同，因此被规定在第二编"各种合同"部分（第 419 条以下）。③

《日本民法典》在制定过程中深受法国法与德国法的影响，但该法典在对债法进行规定时，并没有完全采纳法国法的模式，在准契约中对无因管理作出规定，而是借鉴德国法的做法，将无因管理作为一种独立的法定之债进行规定，因此，《日本民法典》在第三编"债权"中规定了总则（第一章）、契约（第二章）、无因管理（第三章）、不当得利（第四章）、不法行为（第五章）等，后四类形态共同构成了债法的体系。《日本民法典》的规定不仅完善了民法债的体系，也完善了债权的请求权体系。

从大陆法系国家的立法和法律发展史来看，虽然债的发生原因各不相同，但

---

① 参见郑玉波：《民法债编总论》，21 页，北京，中国政法大学出版社，2004。

② 参见杜景林：《德国债法总则新论》，57 页，北京，法律出版社，2010。

③ 参见吴兆祥、石佳友、孙淑妍译：《瑞士债法典》，北京，法律出版社，2002。

主要限于合同、侵权行为、无因管理和不当得利。[①] 另外，从立法例上来看，也存在一定的差异，有的国家将其在专门的章节之中予以规定，也有的国家将其分散在不同的部分予以规定。

自清末变法以来，我国主流的民事立法与理论研究始终以继受德国民法为主。[②] 1929 年南京国民政府制定的民法典债编，则主要参考了德国和瑞士的立法体例，债之发生原因包括合同、代理权的授与、无因管理、不当得利、侵权。不过，与德国法和瑞士法不同的是，《中华民国民法》在债编通则之中，将代理权授与也作为债的发生原因加以规定。受此影响，学者大多认为债的发生原因为五类，即契约、无因管理、不当得利、不法行为、代理权授与。[③] 1986 年《民法通则》在第五章第二节“债权”部分规定了合同、侵权、不当得利、无因管理四种债的发生原因。《民法通则》并没有将代理权的授与作为债的发生原因。1999 年《合同法》第 42、43 条专门规定了缔约过失责任制度。虽然这一制度是在《合同法》中规定的，但其与合同之债存在一定的区别，应属于独立的债的发生原因。从比较法上看，各国民法典债编所普遍规定的债的类型主要包括合同之债、无因管理之债、不当得利之债与侵权之债四种类型。[④] 除此之外，随着社会的发展，因悬赏广告、自然债务、法定补偿义务等也可能在当事人之间产生给付关系，故而也可能成为债的发生原因。

二、债的发生原因的法律意义

债的关系本身是一个动态的过程，其要经历成立、变更和消灭的过程。债的

---

① 例如，《意大利民法典》规定债的发生根据包括抚养义务、缔约上过失、单方允诺行为、无因管理、非债给付、不当得利、非法劳务、有限责任公司股份转让。《魁北克民法典》采用了新的两分法，除合同外，其他的债的发生包括民事责任（取代过去的侵权责任）、无因管理、非债清偿和不当得利。

② 参见梅仲协：《民法要义》，序言，北京，中国政法大学出版社，1998。

③ 参见王泽鉴：《债法原理》，2 版，57 页，北京，北京大学出版社，2013。

④ 参见柳经纬：《非典型之债初探》，载《中国政法大学学报》，2008（4）。

发生主要是指债的关系的成立，而不包括在债的关系成立之后所产生的变动。[①] 与其他法律关系相比，债的关系具有一定的存续期限，其是一个动态的发展过程，具有较大的变动性。

在法律上考察债的发生原因的意义主要在于：

第一，有利于准确调整各类债的关系。债的发生原因不同，债的效力也存在一定的差别。也就是说，债的发生原因不同，债的当事人的权利义务关系也存在一定的区别。区分不同的债的发生原因，有利于明确不同债的关系中当事人的权利义务关系，并分别确定相应的法律规则，以有效调整各类债的关系。从总体上看，债的发生原因主要有以下两种：一是法律规定。依据法律规定而发生的债为法定之债，从比较法上来看，各国债法总则都设立专章对债的发生原因作出规定。二是当事人的意思。除法律规定的原因以外，债也可能基于当事人的意思而发生。最为典型的是合同之债，即在不违反法律的强制性规定和公序良俗的情形下，当事人合意也可成为债的发生原因，这体现了对当事人私法自治的尊重。区分这两种债的主要意义在于，在当事人合意有效的情况下，按照私法自治原则，首先应当尊重当事人意思。而对于法定之债而言，必须依据法律规定确定债的后果，而不能考虑当事人的意愿。

第二，有利于区分典型之债和非典型之债。依据债的发生原因的不同，债可以区分为典型之债与非典型之债，与非典型之债相比，典型之债的适用范围较为广泛，因此，一般需要在民法典中对典型之债作出明确规定；由于非典型之债的适用范围较小，通常不需要在民法典中对其作出特别规定，而只需要参照适用典型之债的规则或者适用债法的一般规则即可。

第三，有利于构建债法体系。债法总则体系是在区分典型之债与非典型之债的基础上构建的。从大陆法系各国民法典中债法总则的结构来看，许多国家的民法典债法总则部分都对各类典型之债单独作出了规定。同时，债的发生原因是联系债法总则与债法分则的重要桥梁，区分债的发生原因，并据此将债的类型分为

---

① 参见郑玉波：《民法债编总论》，19页，北京，中国政法大学出版社，2004。

典型之债与非典型之债，有利于债法总则与债法分则的规范设计。对典型之债而言，其规则对非典型之债的法律适用具有一定的参考意义，因此，应当规定在债法总则中。而非典型之债的发生频率较低，其效力也较为特殊，因此应当规定在债法分则中。总之，考察债的发生原因，对于债法总则与债法分则的规范设计也具有一定的意义。

从实践来看，同一案件中可能同时产生多种债的关系。例如，甲出门遛狗，不小心让狗走失。甲便在小区内和小区附近张贴告示，如果谁拾得该宠物狗的，甲将支付 5 000 元的报酬。后来，该狗闯到附近的居民乙家，乙将该狗收留，为此支付了狗粮费、诊疗费等 7 000 元。后来，乙带着该宠物狗散步，被甲认出。乙表示可以返还，但要求甲支付其支出的 7 000 元的费用，但是，甲表示其仅仅支付 5 000 元的报酬和 100 元的狗粮费。双方为此发生争议。在该案中，双方之间产生了多个债权债务关系。其中，甲为了寻找宠物狗，而贴出告示，这属于因悬赏广告而产生的债的关系。该悬赏广告的发出可以导致甲与拾得宠物狗者之间形成债的关系。在本案中，乙可能并不知道该告示的存在，但也不应当影响其依据悬赏广告享有请求支付报酬的权利。由于乙收留了甲的宠物狗，如果可以认定其具有为他人管理的意思，则甲、乙之间还形成了无因管理之债。另外，乙在知道狗的主人之后，拒不返还宠物狗，则可能构成侵权之债和不当得利之债。在该案中，甲可以基于所有权返还请求权请求乙返还宠物狗，而乙则可以基于无因管理，请求甲返还其管理宠物狗期间所支付的费用。基于悬赏广告所产生的债就属于非典型之债，因此，必须要区分不同的债的发生原因，厘清不同的债的关系，从而妥当处理各类纠纷。

三、典型之债与非典型之债

所谓典型之债是指由各国民法典债编所普遍规定的债的类型，主要包括合同之债、无因管理之债、不当得利之债与侵权之债四种类型。[①] 所谓非典型之债，

① 参见柳经纬：《非典型之债初探》，载《中国政法大学学报》，2008（4）。

是指典型之债以外的其他各种债的类型。“非典型之债”这一概念表明，与典型之债相比，此种债的关系的重要性程度较低，在社会生活中发生的频率也不高，因此，其被认定为具有“非典型性”。典型之债与非典型之债具有如下关联。一方面，典型之债与非典型之债之间具有相互转化的可能。一般而言，典型之债概括了交易中的常见类型，而非典型之债是偶发的，但也应当看到，典型之债和非典型之债的区分具有相对性，二者并非泾渭分明，一些非典型的债的关系可能逐渐被立法确定为典型之债。因为随着社会生活的变迁，一些非典型的债的关系（如缔约过失之债）日益具有重要性，可能上升为典型之债。区分典型之债与非典型之债，对于构建科学、完整的债法体系具有重要意义。另一方面，在法律规则适用方面，典型之债的法律规则对非典型之债的规则适用具有参照意义。在确定非典型之债据以适用的法律规则时，有必要参照适用典型之债的法律规则。因为非典型之债的发生频率较低，社会典型性也不明显，法律可能没有直接对其作出规范，由于债法总则的一般规则较为抽象，如果直接适用债法总则的一般规则，可能给法官过大的自由裁量权。因此，在非典型之债发生纠纷时，首先应当参照适用典型之债的相关规则。从客观方面看，由于典型之债反映债的关系的典型形式，其规则具有典型性，因而大多规定在债法总则中，而非典型之债则一般规定在债法分则或者特别法之中。

从总体上看，典型之债具有如下重要的发展趋势。一是典型之债的类型逐渐增加。在罗马法上，债被分为契约和私犯。《法国民法典》受罗马法及法国习惯法的影响，确立了合同、侵权、无因管理和非债清偿等几种债的类型。而此后颁布的《德国民法典》则确立了合同、侵权、无因管理和不当得利四种类型的典型债的关系。2002 年，德国债法修改，又增加了缔约过失之债的类型，这无疑增加了典型之债的类型。受历史因素及社会生活变迁的影响，典型之债与非典型之债的区分是相对的，某一类型的债是否属于典型之债，可能与特定社会的交易实践有关，一些非典型之债可能因发生频率增加、社会典型性增加而被法律确认为典型之债。从今后的发展趋势来看，随着社会的发展，典型之债的类型将逐渐增加。二是随着社会的发展，各种典型之债的内容也在不断地丰富和发展。以合同之债为例，合同关系的义务群也不断发展完善，如基于诚实信用原则发展出了附随义务。再如，就无因管理之债而言，随着社会的发展，无因管理之债的类型也在不断发展，出现了一些新的次类型，如紧急的无因管理、不法的无因管理等。

随着社会的发展，尤其是交易实践的发展，非典型之债的类型也在不断增加，一些非典型之债可能转化为典型之债。民法领域的各个部分都可能产生非典型之债。例如，《婚姻法》中离婚的经济补偿、经济补助，《继承法》中的遗产酌给请求权等，都属于非典型之债的范畴。在实践中，典型之债只是概括了社会生活中发生频率较高的典型之债的发生原因，但实际上，社会现实生活纷繁复杂，上述典型之债的类型难以涵盖所有的债的发生原因。一般而言，典型之债包括合同之债、侵权之债、无因管理之债与不当得利之债，而在上述几种债的发生原因之外，当事人可能因为一些特殊的法律关系而负有给付一定财产的义务，这也可能在当事人之间产生债的法律关系。例如，在一方当事人作出单方允诺行为时，为保护对方当事人的合理信赖，也可能在当事人之间产生债的法律关系。另外，现代社会的交易形式纷繁复杂，社会接触方式与范围也多种多样，人们可能因为多种原因而负担给付财产的义务，传统的债的类型难以有效调整所有的债的关系，这就需要在上述典型之债的类型之外，肯定多种债的发生原因，即非典型之债。

典型之债与非典型之债都属于债的类型体系，二者共同构成了债的类型的完整体系。但非典型之债在很大程度上是为了弥补典型之债的不足，典型之债是债的类型的基本形态，社会生活纷繁复杂，严格按照典型之债的规则解决人们之间的纠纷，有时难以起到很好的社会效果。例如，在见义勇为行为中，被侵权人可能无法从侵权人处获得救济，严格按照侵权责任即难以为受害人提供有效的补救。我国《侵权责任法》第 23 条规定了受益人的法定补偿义务，这有利于弥补侵权责任的上述不足。非典型之债相对于民法典债编所规定的典型之债而言，构成了债的体系的另外一个群体，正是由典型之债和非典型之债这两个债的群体构成了完整的债的体系。[①]

① 参见柳经纬：《非典型之债初探》，载《中国政法大学学报》，2008（4）。

总之，债的发生原因是随着社会经济生活的发展而不断变化的。虽然罗马法上对债的发生原因的概括是非常重要的，但是，其也随着近现代社会的发展表现出不足。我国债法应当关注现代债法的发展趋势，适应社会发展需要，妥当确定债的发生原因，为经济社会提供妥当的规范。

从总体上看，典型之债与非典型之债的区别主要在于：

第一，债的关系的重要性程度不同。由于典型之债与非典型之债的社会重要性程度不同，因而，社会生活关系典型性程度也不同。典型之债规范的是最典型的社会生活关系。“法律是社会的一面镜子”，而典型之债的设计正是要恰当反映社会生活的实态，尤其是反映最具有典型意义的社会生活，从而为从法律上规范此类生活关系提供基础。法律之所以将合同之债、不当得利之债等作为典型之债进行规定，表明在立法者看来，此类债的关系对社会生活关系非常重要，需要通过典型之债的形式予以规范。而非典型之债的社会典型性并不明显，因此立法没有对其进行类型化规定。

第二，债的发生频率不同。典型之债是社会生活中经常发生、频繁出现的债的关系类型，其发生频率较高。以合同之债为例，法律之所以将合同之债确认为典型之债的类型，就是因为合同是交易的主要形式，在社会生活中的发生频率较高。法律将合同之债确认为典型之债，有利于为当事人正确订约提供引导，不仅可发挥事前避免纠纷的作用，而且可以为法官提供明确统一的裁判规范。而非典型之债虽然种类较多，但与典型之债相比，其发生频率较低，通常是在典型之债无法发挥作用的时候才发挥其功能。如就法定补偿义务而言，通常在侵权责任无法对受害人提供救济，或者救济效果有限的情形下，一方当事人才依法负担法定补偿义务。

第三，适用领域的范围不同。与非典型之债相比，典型之债的适用范围较为广泛。由于在债的关系中，债务人需要对债权人负担一定的义务，从这一意义上说，债的关系构成对债务人自由的限制，因而，非典型之债原则上应当以法律明确规定为限。通常来说，由于典型之债的规则对非典型之债的法律适用具有一定的参考意义，因而，典型之债一般是在债法总则中进行规定的。与典型之债不同，非典型之债的适用范围具有特定性，大陆法系国家民法典一般将其规定在债法分则或者特别法中，因此，与典型之债相比较，其属于特别法与一般法的关系。典型之债具有一般法的特点，可以适用于所有地域、所有行业和所有人群，而非典型之债则适用于特殊的情形。如果将债总认为是提取公因式方法的运用，典型之债的规则适用范围更为广泛。而非典型之债则无法适用于所有类型的债。因此，严格来讲，非典型之债一般并不属于债法总则的内容。但是在不设置债编，合同法和侵权法已独立成编的情况下，非典型之债也可以纳入债法总则之中。

第四，适用的法律规则不同。如前所述，典型之债大多规定在债法总则中，而非典型之债则一般规定在债法分则或者特别法之中。所以从法律规则适用的角度看，对一些非典型之债而言，首先应当考虑有没有特别规定可以适用，在缺乏相关的法律规则时，则可以参照适用典型之债的规定或者债法总则中债的一般规则。

典型之债与非典型之债的区分也对于债法体系构建产生了重要影响。通过具体确定各种类型的典型之债与非典型之债，实际上明确了债法之中债的类型，而且影响到债法总则和分则体系的具体构建。

第七节　债权与物权

一、概述

物权和债权是基本财产权。在现代社会，随着物权债权化和债权物权化现象的日益普遍，特别是由于金融资本的发展，物权与债权的区分日渐模糊，甚至有人认为在理论上对二者进行区分已变得毫无意义。[①] 但笔者认为，物权与债权的

① 参见［日］於保不二雄：《物权法》，5～6页，东京，有斐阁，1956。转引自陈华彬：《物权法原理》，19～20页，北京，国家行政学院出版社，1998。

区分问题是民法学的基本问题，它决定了民法体系的构建、民事基本权利的界分以及法律的具体适用规则等若干问题。

从立法层面来看，物权与债权的区分直接关系到整个民法典体系的构建。典型大陆法系国家的民法，如德国民法的体系就是建立于物权与债权的区分之上。在我国，按照理论界和实务界的通说，我国未来民法典主要应当借鉴德国的立法经验，设立总则编，并在此基础上区分物权与债权。从学科层面来看，物权和债权的区分也关系到财产法体系的建构问题。从比较法来看，极少有国家制定统一的财产法和财产法总则，因而，区分物权与债权，并在此基础上构建财产法体系，仍然是必要的。同时，这种区分直接关系到物权法和债权法自身体系的构建问题。例如，区分物权请求权和债权请求权直接决定了这两种保护方法对财产权的保护方式的区别。从法律适用层面来看，只有区分物权与债权，才能准确理解与适用物权法和债权法的具体规则，物权与债权的区分界定了两种不同法律关系的性质、内容以及权利的界限等，同时，这种区分也界定了两种法律关系中义务主体的不同范围。法官在审理具体案件中，应当在界分两种权利的基础上，区分不同类型的案件，并适用不同的法律规则。

二、债权和物权的区别

在市场经济条件下，债权和物权作为社会经济生活中最基本的财产权，构成了市场经济社会中最基本的财产权利。"法律上物权与债权的关系，就像自然界中材料与力的关系。前者是静的要素，后者是动的要素。在前者占主导地位的社会里，法律生活呈静态；在后者占主导地位的社会里，法律生活呈动态。"[①] 债权与物权的联系十分密切，二者都是重要的民事权利，但两者具有如下不同的特点。

1. 债权是请求权，而物权是支配权

债权是请求权，即债权人有权请求债务人依照债的规定为一定行为或不为一

---

① ［德］拉德布鲁赫：《法学导论》，米健、朱林译，64页，北京，中国大百科全书出版社，1997。

定行为。《民法总则》第118条第2款规定：债权是“权利人请求特定义务人为或者不为一定行为的权利”。从该规定来看，债权在性质上属于请求权，即债权人无法直接支配标的物，而只能请求债务人履行债务。例如，买卖合同中规定，出卖人应于某年某月交货，在交货期到来之前，买受人只是享有请求出卖人在履行期到来后交付货物的权利，而不能实际支配出卖人的货物。也就是说，买受人只享有债权而不享有物权。只有在交货期到来后出卖人实际向买受人交付了财产，买受人占有了财产，方能对该货物享受实际的物权。而物权是权利人支配特定物的权利。《物权法》第2条第3款规定：“本法所称物权，是指权利人依法对特定的物享有直接支配和排他的权利，包括所有权、用益物权和担保物权。”该条强调权利人对其物的直接支配。所谓“直接”，体现的是物权人的意志与物的直接联系，意味着物权人可以完全依靠自己的意思，而无须他人意思的介入或辅助就可实现自己的权利。①

2. 债权是对人权和相对权，而物权是对世权和具有排他性的权利

债权是指特定的债权人所享有的要求特定的债务人为一定行为或不为一定行为的权利。债权人只能向特定的债务人请求履行，债权不能对与债权人没有任何法律关系的第三人产生效力，而且在债权受到侵害以后，债权人只能针对债务人主张权利，而不能针对其他第三人主张权利。因此，债权在性质上属于对人权和相对权。物权是对世权，此种权利可以对抗一切人，任何人都负有不得妨害或侵害的义务。物权人可以直接支配其物，而不需要他人的协助，物权的效力可以对抗权利人之外的一切不特定的人，任何人都负有不得侵害物权的义务。由于物权是对世权，关系到第三人的利益，所以这种权利的设定原则上应采取公示的方法为第三人所知晓。

3. 债权在效力上具有平等性，而物权在效力上具有优先性

债权在效力上具有平等性。所谓平等，是指债权人之间的债权除具有优先受偿权（如担保物权或法定优先权）者外，不考虑其发生时间之先后、债权数额之

① 参见李强：《财产权二元体系新论》，载《现代法学》，2009（2）。

多寡、债权发生之原因等因素，债权人应当平等地接受清偿。[①] 在债务人破产而其财产又不足以清偿全部债务时，应就债务人的财产总额，在数个债权人之间按照各个债权数额的比例分配。[②] 而物权具有优先性，它包含两个方面的意思。一是在同一标的物之上同时存在物权和债权时，物权优先。二是当同一物上多项其他物权并存时，原则上应当根据法律规定和物权设立的时间先后确立优先的效力。例如，抵押权的设定，就采取先来后到的规则，先设定的抵押权要优先于后设定的抵押权。这就是物权法中所谓的“先来后到”规则，也有人将其称为“时间在先，权利在先”规则。[③] 确定物权的优先效力，为破产法的清偿还债程序和强制执行法中的执行程序奠定了基础。

4. 债权的取得仅需要通过合意即可完成，而物权的取得则需要采取法定的公示方法

对债权而言，当事人取得债权不需要践行公示方法，原则上只需要当事人之间存在生效的合同行为，就可创设债权。物权主要是基于法律行为而取得的，而且权利人在取得物权时，还应当践行一定的公示方法。例如，在权利人基于法律行为取得物权的情形下，在当事人订立合同之后，还必须完成法定的公示方法，才能实现物权的设立或者变动；对不动产物权变动而言，以登记为公示方法，对动产物权的变动而言，以交付作为公示方法。另外，在比较法上，还有不少国家、地区的民事立法，认可了取得作为支配权的物权的特殊途径，如先占、取得时效以及添附制度等。

5. 债权具有非公开性，而物权是公开化的权利

债权在性质上属于相对权，并不具有公开性，其设立和变更也不需要公示。因此，当事人之间订立合同设立某项物权，如未公示，可能仅在当事人之间产生债的效力，而无法实现物权的变动。而物权是一种对世权，具有强烈的排他性，直接关系到第三人利益，因此，物权必须要对外公开，使第三人知道，由此决定

① 参见郑玉波：《民商法问题研究》（三），31 页，台北，三民书局，1982。

② 参见王家福主编：《民法债权》，9 页，北京，法律出版社，1991。

③ 参见谢在全：《民法物权论》上册，33 页，北京，中国政法大学出版社，1999。

了物权设定时必须公示。动产所有权以动产的占有为权利表征，动产质权、留置权亦以占有为权利表征，而不动产所有权则以登记为权利表征，土地承包经营权、建设用地使用权、地役权、抵押权等也要以登记为公示方法。

6. 债权的设立采意思自治原则，而物权的设立采法定主义

债权，特别是合同债权，主要由当事人自由确定。当事人只要不违反法律的禁止性规定和公序良俗，就可以根据其意思设定债权，同时又可以依法自己决定债的内容和具体形式。所以，尽管合同法规定了各种有名合同，但是，根据合同自由原则，当事人完全可以在各种有名合同之外订立无名合同。而就物权的设立而言，《民法总则》第116条规定："物权的种类和内容，由法律规定。"依据这一规定，物权的设立采法定主义，即物权的种类和基本内容由法律规定，不允许当事人自由创设物权种类或随意确定物权的内容。当事人不得通过合同约定创设新的物权类型，也不得随意通过约定改变物权的内容和效力。依据物权法定原则所设定的物权公示制度，有利于防止欺诈，维护交易安全。[①] 在物权法上，不存在所谓的"无名物权"。

7. 债权主要以行为为客体，而物权的客体主要是有体物

依据《民法总则》第118条第2款的规定，债权是"权利人请求特定义务人为或者不为一定行为的权利"，可见，债权主要以债务人的行为为客体。虽然给付行为本身也可能涉及一定的标的物的给付，但债权的客体是交付标的物的行为，而非标的物本身，因此，即便标的物还未特定化，其也可以成为债权的标的物。例如，在期房买卖中，即便房屋尚未建成，也仍然可以成为期房买卖合同的标的物。而物权作为支配权，必须以特定的物作为其支配的客体。按照《物权法》第2条的规定，物权以"特定的物"为客体。如果某物还尚未成为特定的物，是不能成为物权的支配对象的，也难以成为物权的客体。同时，债权可以成立于某一未定和将来的法律关系之上，而物权的客体是既存和确定的某一有体物。例如，当事人之间可以就未来产生的物达成协议，也可以对合同本身设定生效条件，待条件成就而使合同关系实际发生效力。但物权则不存在这样的可能

① 参见常鹏翱：《体系化视角中的物权法定》，载《法学研究》，2006（5）。

性，其必须以既存的物为客体。[①]

8. 债权具有暂时性，而物权具有永久性或长期性

区分物权和债权，可以明确物权的长期性的特点。债权是相对短暂的权利，因为在实践中，合同存续期限一般较短，合同履行完毕或有其他合同关系消灭事由，合同关系就终止。而物权相对于债权来说，是一种长期稳定的财产权，例如，所有权是一种无期限限制的物权，他物权较之于债权一般也都具有长期性和稳定性的特点。物权与债权对应着两种不同的财产结合关系。一般而言，物权对应着较为稳定、牢固的财产结合关系，而债权则对应着较为松散的财产结合关系。[②] 法律对物权和债权的存续期间作出不同规定的主要原因在于，它直接表明了物权法的一个重要目标就是确认某些财产权为物权，使其成为长期稳定的财产权利。有恒产者有恒心，保护物权有助于鼓励人们创造财富。

9. 物权和债权遭受侵害后的救济途径不同

债权的救济方式主要是债的不履行责任，它是指在债务人不履行债务时，债权人请求债务人承担实际履行、损害赔偿、支付违约金等违约责任。例如，对合同之债而言，依据《合同法》第 107 条规定，在债务人不履行合同债务时，债权人有权请求债务人承担继续履行、赔偿损失等违约责任。而物权可以采用两种方法来保护，一是物权请求权，即在物权受到侵害、导致物权人不能圆满支配其物时，权利人有权主张物权请求权，以恢复其对物的圆满支配状态。二是侵权请求权。任何人侵害物权或者妨害物权人行使权利的，权利人都可以通过提起侵权行为之诉来获得法律上的救济。而合同债权作为一种相对权，只能对特定的债务人产生效力，对第三人而言，不能作为一种权利而存在，而只能作为一种应受法律保护的利益。因此，在现代侵权法中，债权仅在特殊的情况下（如行为人恶意侵害债权）才能受到侵权法的保护。

应当承认，大陆法系的一些国家虽然也承认债权和物权的区分，但此种区分仅具有相对的意义。如在法国法中，采取物权对抗模式，并不十分强调债权和物

① Philippe Malaurie，Laurent Aynès，Droit civil，Les biens. Defrénois，2003，pp. 81 - 86.

② 参见［德］梅迪库斯：《德国债法总论》，杜景林等译，4 页，北京，法律出版社，2004。

权的严格区分。[①] 英美法不存在严格的债权和物权区分的理论，但并不是说，英美法学说上就绝对不存在这两类权利的区分。其实，英美法也存在相对应的概念。例如，从布莱克斯通开始，英美法就形成了绝对权和相对权的划分。无论是在学理还是在判例中都是承认这两类权利的区分的。因此，坚持将财产权区分为债权和物权，这不仅是体系划分上的需要，而且是有效调整财产权利、规范财产关系的需要。

三、债权的物权化

所谓债权的物权化，是指基于一定法律政策的考量，法律在特定情形下赋予债权一定物权的效力。随着交易的发展，法律为了保护某些债权人的利益，在特殊情况下，使债权物权化，从而导致某些相对性的债权具有一定程度的物权绝对性。[②] 当然，债权物权化并不是使相关的债权成为物权，而只是使债权的效力在特殊情形下具有优先性。债权物权化产生的原因主要在于：一是债权权能与效力的扩张。传统意义上，债权主要是在当事人之间产生一定的给付关系，而随着市场经济的发展，为了满足人们的交易实践需要，一些新的债权权能逐步产生，这使得债权不仅对债的关系当事人产生拘束力，还可能对第三人发生效力。[③] 例如，债权人在行使代位权、撤销权时，即可能对第三人产生效力。二是在特定情形下，基于一定法政策的要求，法律会赋予债权对抗第三人的效力。例如，在租赁合同中，为了保护承租人的生存利益等，各国法律都确认了租赁权的物权化，即在租赁合同存续期间，租赁物所有权的变动并不会导致承租人权利的消灭。三是债权公示制度的发展。由于债权在性质上属于相对权，因而，为了维护交易安全，保护个人的行为自由，债权原则上仅对当事人产生拘束力，但在特定情形下，如果当事人已经对债权进行了公示，则该债权即可能具有对抗第三人的效

---

① M. Levis, L'opposabilité du droit réel, thèse de Paris Ⅱ, Economica, 1989.

② 参见王泽鉴：《民法学说与判例研究》，第7册，71页，北京，中国政法大学出版社，1998。

③ 参见冉昊：《论"中间型权利"与财产法二元结构》，载《中国法学》，2005（6）。

力。例如，在预告登记中，债权人为了保障其债权实现，将其债权进行登记公示，则该债权即因公示而产生对抗第三人的效力。

从总体上看，债权物权化的现象主要表现在如下几个方面。

第一，租赁权的物权化。所谓租赁权的物权化，是指在租赁合同中，租赁物所有权发生变动，并不导致承租人租赁权的消灭。许多国家法律都确认了“买卖不得击破租赁”的规则，这就赋予了租赁权具有对抗第三人的效力。租赁权的物权化使租赁权在一定程度上具有了物权的效力。据此，在理论上，一些学者将租赁权称为“相对支配权”（relatives Herrschaftsrecht）[①]。《合同法》第 229 条也确立了“买卖不破租赁”的规则，从而使租赁权具有了一定的物权效力。

第二，基于债权而产生的优先购买权。债权原则上并不具有对抗第三人的效力，但为了保护一方当事人，在对方当事人出卖标的物时，法律在特定情形下会赋予该方当事人优先购买标的物的权利。例如，我国《合同法》第 230 条对承租人的优先购买权作出了规定，此种优先购买权可以看作是债权产生的特殊效力。在第三人侵害优先购买权的情况下，优先购买权人可以主张买卖合同无效，因此，从某种意义上说，优先购买权也在一定程度上具有了物权的效力。

第三，共有中的分管协议可以具有物权效力。所谓分管协议，是指共有人间约定某个或各个共有人分别占有共有物的特定部分，并对该部分进行管理的合同，分管协议的内容是由某个或各共有人对共有物的特定部分进行分别管理。[②]各国法律大多承认分管协议虽然属于债权合同，但是在登记之后具有物权效力，能够对新加入的共有人产生拘束力。在按份共有关系中，如果各共有人达成分管协议，基于私法自治原则，该约定应当具有优先于法律规定的效力，对所有共有人具有拘束力，可以优先于法律规定适用。笔者认为，关于分管协议能否对抗第三人，应当区分不动产与动产而分别认定，对不动产而言，其分管协议在登记后可以产生对抗第三人的效力；对动产而言，在第三人知道该分管协议时，该协议

① 张双根：《谈“买卖不破租赁”规则的客体适用范围》，载王洪亮等主编：《中德私法研究》，第 1 卷，3～19 页，北京，北京大学出版社，2006。

② 参见谢在全：《分别共有内部关系之理论与实务》，91 页，台北，三民书局，1995。

可以产生对抗第三人的效力。

第四，债权保全制度的发展，使债权具有对抗第三人的效力。因而有学者认为，从对抗力角度来看，作为绝对权的物权和作为相对权的债权之间的区分并不具有绝对的意义。[①] 例如，代位权制度扩张了债权对第三人的效力。根据债的相对性原理，债权人不能向第三人主张其债权。在债的关系发生以后，债务人怠于行使其到期债权，能够从第三人那里取得一定的财产而不取得，同时又不清偿其对债权人的债务，债权人就很难保障其利益。因此，法律为了保全债权人的债权，规定了债权人的代位权，这也使债权在一定程度上具有对抗第三人的效力。

第五，在预告登记的情况下，买受人的债权因登记而具有对抗第三人的效力。所谓预告登记，是与本登记相对应的概念，它是指为确保债权的实现、保障将来实现物权等目的，按照约定向登记机构申请办理的预先登记。例如，当事人签订了期房买卖合同，因为房屋尚未建成，因而买受人尚未取得物权，但为了保障期房买卖债权的实现，而向登记机构办理商品房预告登记。预告登记保护的是买受人的债权。如果出卖人在预告登记后将一物数卖，则后来的处分并不发生物权效力，因此，在预告登记的情形下，买受人的债权实际上具有对抗第三人的效力。

第六，优先权具有对抗第三人的效力。在债权效力扩张方面，最典型的表现就是优先权制度的发展。所谓优先权，是指某个特殊债权关系中的债权人依据法律的规定，对债务人的财产所享有的优先于一般债权人而受偿的权利。[②] 就债务人的全部财产所享有的优先权称为一般优先权，而对债务人的特定财产享有的优先权称为特别优先权。例如，《合同法》第 286 条确立了建筑工程承包人对建筑物的优先受偿权。优先权“作为债权人平等原则的例外，对特定债权人承认其债权，享有优先清偿的一种请求权”[③]。在理论上，优先权常常被称为法定担保物权。

---

① Philippe Malaurie, Laurent Aynès, Droit civil, Les biens, op. cit, pp. 91 - 92. 作者尤其提到了美国法上的制度，认为债权人要求法院可以对某些第三人发出命令，这体现了债权对于第三人的对抗性。

② 参见郭明瑞、仲相：《我国未来民法典中应当设立优先权制度》，载《中国法学》，2004 (4)。

③ 邓曾甲：《中日担保法律制度比较》，86 页，北京，法律出版社，1999。

总之，债权和物权的区分只是相对的，事实上，还存在许多中间形态的财产权。美国学者麦瑞尔（Thomas W. Merrill）和史密斯（Herry E. Smith）基于经济分析方法，指出在物权与债权的二分之间还存在许多中间类型，如租赁权、托管（bailment）、信托、担保利益（security interest）等。[①] 现代民法发展出现了许多难以区分为物权或债权的权利，如预告登记的权利、信托占有、让与担保等。[②] 有学者认为，近代以来，正是物权与债权相互交错、相互交换、（物权既是目的，也是手段）相互结合在一起，才真正推动了经济的全面发展。[③] 当然，尽管存在上述的发展趋势，物权与债权的区分仍然是非常必要的。上述情形仅仅是这种基本划分的例外，不等于说从根本上否认了物权与债权划分的必要性和合理性。

第八节　债与责任

一、债与责任关系的理论发展

在罗马法中，并未区分债务（obligatio）与责任（Haftung）。责任（Responsabilité）一词来自于拉丁词“respons”和“respondere”，意思是庄严承诺的含义，罗马法中债（obligatio）的概念，最初起源于以后被称为侵权行为的私犯（ex delicto）中的罚金责任，在给付罚金的义务被列入债的范畴以后，罗马法债的概念才获得了其真正的含义。正如彭梵得所指出的：“法律规定首先应当要求支付‘罚金（poena）’或‘债款（pecunia 或 res credita）’，只有当根据债务人的财产不能给付或清偿时，权利享有人才能通过执行方式对其人身采取行动；直到此时，债

① 参见宁红丽：《物权法占有编》，156 页，北京，中国人民大学出版社，2007。

② 参见苏永钦主编：《民法物权实例分析》，93 页，北京，清华大学出版社，2004。

③ 参见［日］於保不二雄：《物权法》，5 页，东京，有斐阁，1956。

(obligatio) 才第一次获得新的意义，即财产性意义。"[1] 而正是因为给付罚金义务被列入债的范畴，罗马法中债的概念才同时包括了给付义务以及责任。[2] 罗马法中的债是指拘束当事人的“法锁（Juris Vinculum）”，其含义是指债权债务应能对当事人产生拘束力。其既包括了债务，也包括了责任。债的效力也表现为，债权人可以对债务人实行约束，并可在债务不能得到清偿时，要求债务人承担不履行的责任。[3] 由此可见，罗马法上并没有严格区分责任和债务。

在古日耳曼法上，债务与责任的概念是相区别的。根据日耳曼法，债务称为Schuld，指债权人与债务人之间应当为一定行为的事实。债务含有“法的当为（Rechtliches Sollen）”的意思，不具有“法的强制（rechtliches Müssen）”的观念。责任（Haftung），是指当债务不履行时，债权人可以诉诸强制手段以实现债权，责任是为担保债务而存在的。这种担保作用只有在债务不履行时才能表现出来。[4] 这就是说，债务是指债务人应当履行其给付的义务，它丝毫不受到他人的强制，而出于债务人的自愿，一旦给付，不得任意请求返还。债权人没有强制债务人给付的权利，只有通过责任制度才能强制债务人为一定的给付。可见，在日耳曼法中，责任是指“替代”的关系，也就是指债务人应当为给付而未为给付或为不完全给付时，应服从债权人的强制取得的关系。此种强制取得的责任关系附加于债务关系之上，债务关系才具有拘束力。债是一种给付，却并不等同于责任本身。[5] 不过，日耳曼法并没有揭示出责任以国家强制力为背景的特点。[6]

德国普通法时代基本上沿袭了罗马法的观念，没有将债务与责任的概念加以

① ［意］彼德罗·彭梵得：《罗马法教科书》，黄风译，284页，北京，中国政法大学出版社，1992。

② 参见［意］朱塞佩·格罗索：《罗马法史》，黄风译，131页，北京，中国政法大学出版社，1994。

③ 参见费安玲主编：《罗马私法学》，260页，北京，中国政法大学出版社，2009。

④ 参见李宜琛：《日耳曼法概说》，102～103页，北京，中国政法大学出版社，2003；林诚二：《论债之本质与责任》，载《中兴法学》第19期。

⑤ Heinrich Dernburg, Die Schuldverhältnisse nach dem Rechte des Deutschen Reichs und Preußens, 3. neubearb. Aufl., Band 1, Allgemeine Lehren, Halle, 1905, S. 2.

⑥ 李宜琛指出：“日耳曼法之所谓责任，既为束缚、保证之意，故无论人物，皆得负担责任。”可见责任并不完全具有国家强制性。

区别。一般认为，德国学者布林兹（Brinz）第一次提出了要区别债务与责任问题。[①] 他于1874年根据古罗马时代的各种琐碎资料，提出了债务和责任的区别。他认为，债权需有责任才能产生，因为存在着有诉权的责任，才产生了债权的观念。至1910年，德国学者基尔克（Gierke）综合前人研究的成果，就债务与责任的区别问题作了系统总结。按照区分的观点，债务只是产生给付的义务，据此，债务人应当提出给付，债权人应当获得给付，也享有请求债务人作出给付的权利，但债的应为并不包含特定的法律上之力，只有"责任"包含了法律上之力的内容。[②] 按照此种观点，责任的内容就是在债务人不履行自己或他人的债务时，授予债权人以法律上之力。总之，债是法律上的应为，而责任则是指责任人屈从于债权人的法律上之力，通过这种法律上之力，债权人获得了一定的权限，从而能够在必要时通过强制取得债务人应提出的给付或者未给付所提出的损害赔偿。[③]

债在我国古代称为"责"，但此处所说的"责"并不是指责任，其主要含义是指金钱以及消费物的借贷，实际上是指因金钱借贷而产生的债务关系。"责，谓假贷，人、财、物未偿者也。"[④] 我国现行立法在采纳债务概念的同时，将其与责任进行了一定的区分，《民法总则》对债务和责任是分别作出规定的，债务规定在"民事权利"一章中，而责任则规定在"民事责任"一章中。可见，我国法律区分了债务与责任，债务的履行具有一定的自愿性，而责任的履行则具有强制性，即依靠国家强制力保障债务人继续履行债务或者承担其他负担。[⑤] 在法律上区分债务与责任，有利于明确债的当事人的权利义务关系，即债务人应当向债权人履行债务，此种关系属于债务关系的范畴；在债务人未按照债的要求履行债务时，才应当向债权人承担债务不履行的责任。

① 参见李宜琛：《日耳曼法概说》，102页，北京，中国政法大学出版社，2003。

② Otto von Gierke，Deutsches Privatrecht，Band 3：Schuldrecht，Leipzig，1917，S. 13.

③ Otto von Gierke，Deutsches Privatrecht，Band 3：Schuldrecht，Leipzig，1917，S. 31.

④《汉书·淮阳宪王钦传》，师古注。

⑤ 崔建远：《合同责任研究》，3页，长春，吉林人民出版社，1992。

二、债与责任的联系

从性质上看，债务是法律和合同规定的义务，它是债务人应当履行的行为。大陆法系国家常常用给付义务来概括债务人应承担的义务。所谓给付，是指为达到债的目的的债务人之行为或不行为。[①] 我国立法和学说通常采用“履行合同义务”的概念来概括债务人所应承担的全部义务。[②] 责任是以债务为前提的，无债务即无责任，存在债务才有可能发生责任问题。我国学界通说认为，法律责任是由特定的法律事实所引起的对损害予以赔偿、补偿或接受惩罚的特殊义务，亦即由违反第一性义务而引起的第二性义务。[③] 法律上的债务是指法律或合同规定当事人应为某种行为或不为某种行为的义务（或称为给付的义务）。它是与债权相对应的，债务的履行就是债权的实现，债务的不履行或不适当履行就要发生责任问题。所以，责任是债务人不履行其应为的行为所发生的法律后果。但简单地从义务与违反义务的后果来讨论债务与责任的区别仍然是不够的。这是因为债和责任的关系经常交织在一起，两者之间存在诸多联系。主要表现在：

第一，责任与债务是相互依存、不可分离的，债的关系是完整的债务与责任的统一。离开了责任，债就成了空壳，因为责任的承担需要国家强制力的保障，在债务人不履行债务时，其需要依法承担相应的法律责任。从这一意义上说，责任有利于保障债务人履行债务，失去了这一保障就无法真正实现债的内容。虽然法律上存在自然债务，但是，毕竟其属于例外现象。

第二，从债的理论来看，责任往往被看作债的效力的组成部分。责任本身也是债的拘束力的外在保障，也在一定程度上体现了债务的拘束力。正是因为这一原因，有时人们也使用广义的“债”的概念，将责任包含在了债的范畴之内。因为责任也是特定人之间的给付关系，只不过，此种给付关系具有国家强制的色彩。

---

① 参见林诚二：《论债之本质与责任》，载《中兴法学》第19期。

② 参见《民法通则》第112条。

③ 参见张文显主编：《法理学》，120～123页，北京，高等教育出版社、北京大学出版社，2000。

第三，对某些类型的债而言，债务与责任往往难以有效区分。例如，在合同之债中，违约责任是寓于合同关系之中的，它是因合同债务的不履行而引起的，特别是某些责任形式（如强制实际履行）常常被视为履行原合同债务而不是责任问题，甚至损害赔偿也被许多学者视为替代债务履行的方式。[①]

第四，在强制执行程序中，债务人的债务实际上是强制执行的基础，债务人不履行债务，债权人有权要求强制执行。此时，债务实际上很难与责任相区分。因此，实体法和强制执行法的共同作用，也使债与责任产生了密切联系。也正是因为这一原因，有的德国学者认为，债是实体法上的概念，而责任则是债在执行法中的变形。

正是因为两者之间的密切联系，债务与责任的相互关系，历来是一个颇有争论的重要问题。所以，梅迪库斯认为，责任是债的影子（Schatten），两者之间是很难区分的。[②]

三、债与责任的区别

责任以债务的存在为前提，但责任本身并不是债务，而是债务人违反债务所应承担的后果。我国《民法总则》第 176 条规定："民事主体依照法律规定和当事人约定，履行民事义务，承担民事责任。"可见，责任与债务并非同一概念，责任主要是债务不履行的后果。具体来说，债务与责任的区别有如下几点。

第一，债务是责任发生的前提，责任是债务不履行的结果。责任的发生以债务的存在为前提，没有债务则难以产生法律责任。而责任是为确保债务履行而设置的措施，它以债务的存在为前提，以督促债务人履行债务并保障债权人的债权为责任制度的宗旨。正是因为责任制度的存在，才使债权获得了一种"法律上之

① See Guenter H. Treitel, International Encyclopedia of Comparative Law, Vol. VII, Contract in General, Chapter 16, Remedies for Breach of Contract, Tübingen, 1976. p. 3.

② Dieter Medicus, Stephan Lorenz, Schuldrecht, Allgemeiner Teil, C. H. Beck, Aufl. 18, 2008. Rn. 19.

力"[①]。也就是说，责任制度的存在，使债权人在债务人不为给付时，要凭借法律上之力，强制债务人履行债务或承担其他责任，以确保其权利的实现。

第二，债务是一种义务，责任是在债务人不履行债务时，国家强制债务人履行债务或承担法律责任的表现，即一旦债务人不履行债务，则债务在性质上转化为一种强制履行的责任。强制履行从表面上看，仍然是继续履行原债务，但实际上已不同于原债务，因为债务本身应当是自愿履行的，而强制履行的方式具有强行性，从这一意义上说，强制履行已不仅是债务人对债权人的责任，而且是对国家应承担的责任。由此可见，责任与债务相比较，包含了一种国家的强制性。[②]就债务本身来说，虽然也具有一定的拘束力，但是债的效力必须借助于体现了浓厚的国家强制性的责任制度，才能得到实现。单纯的债务本身，并不具有责任制度所体现的国家强制力。如自然债务因其无责任保障，所以在不履行时，不发生责任问题。

第三，责任是与诉权联系在一起的。在债务不履行的情形下，债权人有权请求债务人承担债务不履行的责任，因此，民事责任也是保障民事权利的有效措施。因为在债务不履行的情况下，债权人有权通过诉讼方式对债务人强制执行，从而使债权人的诉讼请求得到满足。债务与责任的根本区别在于：债务体现为一种义务，而责任则是违反义务的后果。债务是债务人所应当负有的义务，而责任是强制实现债务的手段。[③] 正是因为这一原因，债务并不与诉权直接相连接，其以债务人自愿履行为原则，而责任直接与诉权相连接，即债权人有权起诉到法院，强制债务人履行债务。

第四，债务与责任的分离也是时常发生的。原则上，债务与责任相伴而生，两者如影随形，难以分开。但在例外情况下，两者也可以分离。例如，无责任的债务（Schuld ohne Haftung）以时效届满的债为典型，即无法通过强制给付而实

---

① 梁慧星：《民法学说判例与立法研究》，253页，北京，中国政法大学出版社，1993。

② 参见崔建远：《合同责任研究》，4页，长春，吉林人民出版社，1992。

③ 林诚二：《论债之本质与责任》，载《中兴法学》第19期。

现的债务（Schulden ohne Leistungszwang）。[①]

当然，从实践来看，在责任关系形成以后，一般来说，受害人不会立即请求法院对违约者或者侵权人采取强制措施，但也不排除在特定情况下，受害人立即请求法院采取强制措施，以便确保其受侵害的权利得到恢复。[②]

四、债务与责任的分离

一般情形下，债务与责任都属于债的内容，债务是责任产生的前提和基础，而责任则是债务履行的保障，二者通常是不可分割的。但在以下情形下，债务与责任也可以发生分离。

一是自然债务。自然债务在性质上属于无责任的债务，如时效届满后的债务不履行，在债务人提出抗辩时，债权人并不能要求强制履行。虽然通常情况下债务与责任在性质上是不可分割的，但在自然债务的情形下，债务与责任可以在一定程度上发生分离。对自然债务而言，债权人虽然可以请求债务人履行，但其缺乏责任的保障，即债权人无法请求法院强制执行债务人的财产以实现其债权。[③]应当注意的是，对自然债务而言，虽然债务人是否履行其义务，完全凭其对道德因素的考虑，如若不予履行，任何人也不能强迫其履行，但自然债务在性质上仍然属于债务的一种，在债务人作出履行时，债权人仍然能够依法保有该给付利益，而不构成不当得利。因此，自然债务在性质上仍然属于法定债务。

二是为他人债务提供担保而产生的责任。此种责任也称为无债的责任（Haftung ohne sohuld），主要是指为他人债务提供担保的情况，如保证（Buergschaft）。[④] 在此种责任中，保证人并不对债权人负有债务，但是，基于其提供的担保（包括人保和物保）而对债权人负有责任。

① Josef Esser，Eike Schmidt，Schuldrecht，Bd. I.，Allgemeiner Teil，C. F. Müller，1995，§ 7 III 1.

② 参见魏振瀛：《债与民事责任的起源及其相互关系》，载《法学家》，2013（1）。

③ 参见王伯琦：《民法债编总论》，5页，台北，“国立”编译馆，1997。

④ Bernhard Bergmans，Schuldrecht：Allgemeine und vertragsrechtliche Grundlagen，Logos Verlag，2009，S. 27.

三是因违反安全保障义务而产生的责任。安全保障义务又称安全关照义务，其来源于德国法上的社会交往安全义务[①]，它是指在一定社会关系中当事人一方对另一方的人身、财产安全依法承担的关心、照顾、保护等义务。法律上在一些特殊类型的债务中设立安全保障义务，主要是为了督促债务人切实履行债务，保护不特定多数人的利益，预防损害的发生，此种义务的特殊性在于，其本身无法请求履行，而一旦提出请求，通常就说明已经违反了该义务，从这一角度来说，这一情形属于有责任而无债务的情形，这也反映了债务与责任的分离。例如，对于合同中的安全保障等附随义务，当事人无法请求当事人履行，但违反该义务则会产生相应的责任。对此类债务，有学者称为"无给付的债"。

四是法人成员的有限责任。法人成员的有限责任也是债务与责任相分离的一种情形。民法上的有限责任，是指根据法律或债的规定，债务人仅以其全部财产的一部分承担清偿债务的责任，债权人也仅有权就债务人的部分财产请求和强制执行，这就是所谓"有限制"的责任。[②] 在此种责任中，债权人只能就特定的财产要求执行，即使其债权未因此而获得全部清偿，对于其他财产也不能执行。法人成员的有限责任也是债务与责任相分离的一种现象。除了法人成员的有限责任之外，还有继承法上的有限责任、海商法上海事赔偿的有限责任，都存在责任的范围与债务的范围不一致的现象。

当然，除当事人明确约定其责任为有限责任的以外，债务人对其债务承担有限责任必须有法律的明确规定。例如，继承法规定，继承人仅以被继承的财产对被继承人生前的债务负责。

---

① 该概念的翻译不尽一致，有的译为"交易安全义务"，有的译为"交通安全义务"，有的译为"社会安全注意义务"，大多数学者将其译为"交往安全义务"。参见周友军：《交往安全义务理论研究》，1页，北京，中国人民大学出版社，2008。

② 有限责任起源于罗马法中的概括继承制度，是从继承人对死者债务的清偿仅以继承的财产为限这一原则演化而来的，根据民法的一般原则，民事主体如无特别规定，都应以自己的全部财产承担清偿债务的责任。所以，有限责任只是一种例外。

第二章 债法概述

第一节 债法的概念与特征

一、债法的概念

债法又称为债权法、债务关系法。在《德国民法典》制定之前，学者一般使用“债权法”的称谓，以突出债权（Forderung）的概念。例如，温德夏特的《潘德克顿教科书》第二卷第四编就是“债权法”编。[①] 但在《德国民法典》中，债编称为“债务关系编”（Schuldverhältnis）。此种称谓表明，其是从债务人视角，而非债权人视角来规范债的关系的。[②] 而在《日本民法典》中，债编称为“债权编”。此种称谓凸显了债权的意义，从而符合权利本位的理念。但严格地

---

① Bernhard Windscheid，Lehrbuch des Pandektenrechts ，6. Aufl. Band 2 ，Frankfurt a. M. 1887，S. 620 f.

② 参见杜景林：《德国债法总则新论》，1页，北京，法律出版社，2010。

说，债的关系不仅包括债权，也应当包括债务。笔者认为，无论将债法称为“债权法”，还是将其称为“债务关系法”，都并不十分妥当。虽然债权和债务是相互独立的，但是，两者毕竟又具有相应性，债权对应着债务，反之亦然。所以，将其称为“债法”最为妥当。一方面，其具有包容性，无论是债权还是债务都被涵盖其中。另一方面，“债法”的称谓也有效地表明了，它可以衔接合同法和侵权责任法。虽然在我国未来民法典中，不一定使用独立的“债法编”的称谓，但是，“债法”一词仍然具有重要意义。

债法可以分为形式意义上的债法和实质意义上的债法。形式意义上的债法是指以债法为名的法律或民法典的债法编。例如，《瑞士债务法》就属于典型的形式意义上的债法。而实质意义上的债法，则是指以债的关系作为规范对象的法律。因此，凡是以债的关系作为规范对象的法律、行政法规、司法解释等，都属于实质意义上的债法的范畴。由于我国尚未制定民法典，主要通过《民法总则》《合同法》《侵权责任法》《民法通则》以及大量的司法解释对债法进行规范，因而，我国虽然不存在形式意义上的债法，却存在实质意义上的债法。由于我国立法机关已经采纳了合同法、侵权责任法独立成编的观点，所以，我国未来民法典之中不可能再设立包含合同法和侵权责任法的债法编，但有可能保留债法总则的内容。如果采取此种立法体例，我国未来将不存在形式意义上的债法，而仅存在实质意义上的债法。

严格地说，债法是大陆法系独有的概念，英美法中并不存在债法的抽象概念。根据一些学者考证，英美法之所以未采用债的概念，是因为历史上英国曾使用各种不同的诉讼程序规范各种不同的债务，因而没有通过抽象化而得出债的概念。[①] 而在大陆法系，债法是被普遍认可的概念。从债法的发展历史来看，其发展在很大程度上归功于罗马法学家的贡献。舒尔茨教授（Schulz）曾经认为，债法是人类文明独一无二的成就。[②] 为什么各种债的关系都通过债法予以调整，其

① 参见沈达明编著：《英美合同法引论》，66页，北京，对外贸易教育出版社，1993。

② See Reinhard Zimmermann, *The Law of Obligations: Roman Foundations of the Civilian Tradition*, Oxford University Press, 1990, p. 2.

根本原因在于，无论债务关系具有何种表现，其都具有法律效果的相同性(Gleichheit der Rechtsfolgen)[①]，债法效果的相同性在于，特定的债权人可以请求特定的债务人为或不为一定的给付行为。

债法是以债的关系为其调整对象的，而债的关系中最核心的内容就是给付。从规范对象来看，各种债的关系几乎囊括了绝大多数民事关系，这就导致了"民法债编所涉事项既然繁多、类型亦杂，则不同事项、类型之间，难免常有同异互呈之情形"[②]。但是，从其本质来看，债法所调整的关系主要是特定当事人之间以给付为内容的关系。正如罗马法学家保罗曾经指出的，"债的本质不在于我们取得某物的所有权或者役权，而在于其他人必须给我们某物或履行某事"[③]。债法的体系实际上是以给付为中心构建起来的，所以有学者认为，债一经形成，其核心就是尽可能履行给付，给付目的实现，债的约束即告解除。[④] 债的关系形态各异、类型繁杂，有合法行为产生的关系，也有非法行为产生的关系，有基于合意产生的关系，也有基于法律规定产生的关系。所有这些关系之所以能够成为债法调整的对象，就是因为它们都是发生在特定人之间的财产关系，且具有法律效果上的相同性，即一方当事人可以向另一方当事人请求给付。[⑤]

二、债法的调整对象

债法规范的对象为债之关系（Schuldverhältnis）。何为债的关系，在德国法上，其被称为债务关系。也正是基于这一原因，《德国民法典》第二编被称为"债务关系编"[⑥]。但笔者认为，"债务关系"的概念略显狭窄，毕竟债包含债权

---

① Vgl. Dieter Medicus, Stephan Lorenz, Schuldrecht, Allgemeiner Teil, C. H. Beck, Aufl. 18, 2008, S. 15.

② 邱聪智：《债各之构成及定位》，载《辅仁法学》第11期。

③ ［意］彼德罗·彭梵得：《罗马法教科书》，黄风译，283～284页，北京，中国政法大学出版社，1992。

④ 参见江平主编：《民法学》，445页，北京，中国政法大学出版社，2007。

⑤⑥ Dieter Medicus, Stephan Lorenz, Schuldrecht, Allgemeiner Teil, C. H. Beck, Aufl. 18, 2008, S. 15.

和债务，称之为“债的关系”更为全面。债的关系，是指特定人之间请求为一定行为或不为一定行为的关系。[①] “债之关系为现代社会最复杂之关系，民法债编设有严密之规定，为债之关系之一般原则，适用于任何债之关系，具有模式性(Modelcharakter)。”[②] 传统民法中的债法体系是基于债的各种发生原因（合同、侵权行为、不当得利、无因管理）建立起来的，但无论基于何种债的发生原因，其法律效果都是相同的，即都是一方向另一方请求给付的关系。从总体上看，作为债法调整对象的给付关系主要具有如下法律特征。

第一，发生在平等的主体之间。债法在性质上属于私法的范畴，调整平等主体之间的财产关系，因此，作为债法调整对象的给付关系发生在平等的主体之间。虽然在公法上也存在一些债，如工资之债、税收之债，但因为它们并非平等主体之间的关系，所以，其并不属于债法调整的对象。

第二，主要具有财产性。债的关系以财产的交换为其典型形态，但也不限于财产的交换，还包括损害赔偿、财产的返还、无因管理费用的支付和报酬的给付等。所有这些关系都具有典型的特征，即以财产为内容。因为债法在性质上属于财产法，故作为债法调整对象的给付关系也应当具有财产性。在此需要讨论的是，损害赔偿在性质上是否属于财产给付关系。笔者认为，损害赔偿应当属于财产给付关系的范畴。有些大陆法系国家的债法总则对损害赔偿作出了规定。例如，《德国民法典》第 249 条至第 255 条对损害赔偿的方式与范围、所失利益、精神损害、过失相抵、赔偿请求权的让与等问题作出了规定。就我国而言，在侵权责任法独立成编之后，损害赔偿仍然应当作为债法的内容，因为损害赔偿在性质上仍然是财产给付，损害赔偿以使受害人获得充分的补救为目的，侵权人的给付属于财产性给付，而且以金钱赔偿为主要内容。正是因为损害赔偿的内容是财产给付，因而其应当归属于以给付的财产性为特点的债法，侵权损害赔偿之债仍然属于债的类型之一。

第三，以给付为内容。债法的调整对象也称为给付关系，这就是说，债的关系

---

① 参见王泽鉴：《民法学说与判例研究》，第 4 册，85 页，台北，自版，1979。

② 王泽鉴：《民法学说与判例研究》，第 4 册，127 页，台北，自版，1979。

主要是特定当事人之间以给付为内容的关系。这种给付关系，从债权人的角度来看，是请求的权利，而从债务人的角度来看，是给付的义务。所以，债的关系就是一种拘束。给付的典型形态是交付财产或提供劳务，但是，也可以是照顾他人、看护财产等。在此需要讨论的是，不作为义务是否具有财产给付的性质呢？笔者认为，此种义务仍然具有财产价值，是可以以金钱来衡量的给付。如企业高管的竞业禁止义务，也会造成义务人收入的损失，因此，属于财产给付的范畴。又如，张某租赁一小区房屋开设酒吧。但小区居民一致反对，后来张某和该楼的100余户居民达成协议，为了不干扰邻居，酒吧仅仅营业到24点。这一协议就确定了张某的不作为义务。其也是一种债的类型，在该案中，虽然张某的给付是不作为，但它也构成一种财产性的负担，所以，也应当称为“给付”。但如果双方没有形成合意，张某就只是违反了一般性的不得侵害他人的义务，此种义务并非债的内容。①

第四，主体具有特定性。作为债法调整对象的给付关系仅发生在特定的主体之间，债权人只能请求特定的债务人履行债务，债务人也只能向特定的债权人履行债务。主体的特定性也是债的关系与物权关系的重要区别。在物权关系中，权利人是特定的，而义务人则是不特定的，任何人都负有不得侵害他人物权的义务。也正是因为作为债法调整对象的给付关系主体具有特定性，所以，债的关系一般并不具有社会典型公开性，债权在性质上属于相对权。

在债的关系中，虽然各种类型的债在效果上具有同一性，即以给付为内容，而且都是发生在特定主体之间的请求关系，但各种债的关系又各有其特点。例如，就侵权损害赔偿之债与合同之债相比较，二者在债务不履行的责任形式、责任构成要件等方面即存在明显区别，而且侵权行为虽可产生债的关系，但此种债务与合同当事人自愿设立的合同之债关系是完全不同的。

三、债法的特征

债法可分为形式意义上的债法和实质意义上的债法，所谓形式意义上的债

① 参见［德］梅迪库斯：《德国债法总论》，杜景林等译，5页，北京，法律出版社，2004。

法，又称为狭义债法，主要是指民法典中关于债编的规定。所谓实质意义上的债法，又称为广义债法，是指所有调整债的关系的法律法规和规范性文件。[①] 在已经实现了民法法典化的国家，实质意义上的债法不仅包括民法典中关于债编的规定，还包括有关合同法、侵权责任法、公司法、票据法等法律中关于债的内容的规定。我国目前尚未颁行《民法典》，因此我国并不存在形式意义上的债法，但已先后颁布了《民法通则》《合同法》《侵权责任法》等法律及大量行政法规、司法解释，上述规范性文件中包含大量债法的规定，因此可以说，我国存在实质意义上的债法。从总体上看，债法具有如下法律特征。

（一）债法是动态的财产法

社会生活关系可以粗略地分为两类：一是财产关系，二是人身关系，从而在法律上形成财产法和身份法两大体系。财产法以经济生活关系为其规制对象，身份法则以自然的亲属关系为其规制对象。[②] 在民法上，财产法是指规范财产关系的法。财产法包括物权法、债法和知识产权法。债的关系大多涉及财产，即使不直接涉及财产，也大多与经济利益相关，而且在债务人不履行债务时，其债务通常会转化为损害赔偿责任。[③] 所以，债法是财产法，它与调整人身关系的法是不同的。例如，婚姻家庭制度主要以调整不具有财产内容的人身关系为内容，它不能作为债法的内容。

与物权法调整静态的财产关系不同，债法在性质上属于动态的财产法。物权法虽然也能够起到物尽其用，发挥物的效用的功能，但物权法主要保护静态的物权，即通过对个人财产权的保护，达到鼓励人们创造财富的功能。物权法（如善意取得制度、公示公信制度等）也能够起到保护交易安全的作用，但此种保护只是静态的保护，物权法本身并不提供交易的规则，也不能积极促进财产在不同主体之间的流转，而债法提供交易的基本规则，能够促进财富的流转，使最有能力利用财产的主体取得财产，从而在最大程度上发挥财产的效用。正是在这个意义

① 参见陈酉龙：《民法债编总论》，9页，台北，五南图书出版公司，2005。

② 参见郑玉波：《民法债编总论》，15页，北京，中国政法大学出版社，2004。

③ 参见陈酉龙：《民法债编总论》，10页，台北，五南图书出版公司，2005。

上，可以说，“债法为直接规范财产创造活动之法律规范”[①]。从这一意义上说，物权法一般具有静态性（statisch），而债法则具有动态性（dynamisch）。[②] 此外，债法还可以满足当事人特殊的交易需求，如通过订立附条件、附期限的合同，对将来的财产可以进行交易[③]，从而实现自己的经济安排，从这一意义上说，债法使得主体对财产的控制在一定程度上突破了时间和空间的限制。

（二）债法主要是任意法

所谓任意法，是指当事人可以通过约定排除其适用的法。民法从调控方式角度来看，可以分为法定主义和意定主义两种，任意法是意定主义调控方式的体现。在债法中，主要体现了意定主义的调控方式，传统的债法体系主要是以合同法为中心建立起来的，一部债法主要就是合同法，侵权损害赔偿制度虽然体现了强制性，但其也具有任意性的特点。例如，在侵权损害赔偿之债成立以后，债权人可以免除债务、在一定范围内可以进行债的抵销，也可以通过和解的方式形成新的债，而且当事人可以就债的履行方式、履行期限等作出约定，因此，债法在性质上属于任意法。[④]

债法的任意性主要表现在如下几个方面。第一，现代债法的基本理念是贯彻当事人的意思自治，这一理念体现在债法的各个方面，如在债的发生原因方面，债主要是基于合同产生，而合同是当事人意思表示一致的产物，当事人可以在不违反法律规定的前提下自由选择合同的相对人，合同订立的形式，履行的时间、方式，自由确定合同关系的内容；除合同之债外，其他的债虽然是法定之债，但是像缔约过失之债、无因管理之债、不当得利之债等，都与当事人的意志存在一定的关联，此类行为的后果虽然由法律直接规定，但在债的清偿、债的免除等方面，法律仍然允许当事人意思自治，如在债的清偿方面，当事人可以自由约定债的清偿方式、时间等，这些都体现了债法的任意性特点。第二，在债的效力中，

---

① 邱聪智：《债各之构成及定位》，载《辅仁法学》第11期。

② 参见黄立：《民法债编总论》，16页，北京，中国政法大学出版社，2002。

③ 参见［日］我妻荣：《新订债权总论》，王燚译，2页，北京，中国法制出版社，2008。

④ 参见郑玉波：《民法债编·总论》，125页，台北，三民书局，1993。

债权的内容也可能依据当事人的意志而发生改变。例如，债权人可以减轻或者免除债务人的债务。在债权清偿期到来前或者已届清偿期时，当事人还可以约定以新的债权债务关系代替原有的债权债务关系。第三，债在消灭方面也在一定程度上体现了债法的任意性。例如，在债的抵销方面，在符合抵销的条件时，一方当事人可以基于自己的意志而主张抵销，从而消灭债的关系。

当然，债法的任意性也是有界限的，这就是说，当事人通过约定排除债法的适用时，该约定不能违反法律的强制性规定和公序良俗。例如，张甲承包了天津碱厂除钙塔厂房拆除工程，并雇佣了临时工张乙等人，拆除混凝土大梁。在拆除过程中，张乙受伤，后来死亡。经法医鉴定，结论是：张乙系左内踝外伤后，引起局部组织感染、坏死，致脓毒败血症死亡。张乙的亲属请求张甲赔偿，但张甲提出，其与张乙之间有“工伤概不负责”的约定。后来，法院认定该“工伤概不负责”的约定无效，张甲须承担赔偿责任。① 在该案中，张甲和张乙之间虽有“工伤概不负责”的约定，但法院认为，该约定是“违反宪法和有关劳动法规的，也严重违反了社会主义公德，属无效民事行为”。因此，被告张甲仍然应当承担赔偿责任。

（三）债法主要是交易法

债法调整的范围非常宽泛，但主要调整市场交易关系，债法的规则主要反映市场交易的基本规则，所以，债法属于交易法。② 债法的交易法性质主要表现在如下方面。

一是债法是市场交易运行的基本规则，其调整对象具有普遍性，其调整范围涉及市场交易的方方面面。尤其是就合同法而言，其规则最能反映市场交易的基本规律。任何主体，只要参与市场交易，都可能成为债的关系的主体，而且为了维护交易安全和交易秩序，任何债的关系的主体都应当遵循同样的债法规则，也正是因为这一原因，作为市场交易规则的债法具有国际趋同性的特点。

二是债大多是基于交易关系而产生的。债法调整的典型社会关系就是合同关

① 参见《最高人民法院公报》1989（1）。

② 参见郑玉波：《民法债编·总论》，125页，台北，三民书局，1993。

系。合同作为交易的法律形式，是法律所鼓励的合法行为[①]，而交易通常被认为是增加社会财富的有效方式。合同法是“调整个人之间为获取金钱而交换货物和服务的方式的法律”[②]。所以，合同法要借助大量的任意性规范，充分尊重当事人的意志，鼓励当事人在法定的范围内行为。而债法通过合同关系可以把静态的财产关系转变成人们之间的财产交换关系，在交换过程中实现财产的增长。另外，我国历来采民商合一，因此，商事交易也属于债法调整的范围。例如，在民商分立的国家，行纪合同属于典型的商事合同，但是，在我国却属于《合同法》中有名合同的一种。

三是债法原则上保护动的交易安全。物权法主要保护静态的财产关系，而债法则保护动态的财产关系。[③] 因此，物权法以确认产权、保护财产作为其主要立法目的，而债权法以提供交易的基本规范、保障交易的效力作为其主要立法目的。也正是因为这一原因，随着交易实践的发展，债法的规则也应当不断地发展变迁，债法是民法中最为活跃的法律部门。

（四）债法具有国际性

债法是交易法，在全球化时代，资本和商业交往需要突破国界的限制，出于降低交易费用的需要，减少因制度不统一而增加的交易成本，各国需要在一定程度上统一交易规则，正是因为这一原因，债法逐渐具有国际性的特点。这尤其表现在合同法规则的趋同与统一方面。传统上两大法系在合同规则上存在诸多差异，但是为了适应市场经济全球化的发展，其具体规则相互融合、相互接近，甚至走向统一。市场经济是开放的经济，它要求消除对市场的分割、垄断、不正当竞争等现象，使各类市场成为统一的而不是分割的市场。经济全球化要求促使国内市场和国际市场的接轨，促进市场经济的高度发展和财富的迅速增长。由此决定了作为市场经济基本法的合同法，不仅应反映国内统一市场的需要而形成一套统一规则，同时也应该与国际惯例相衔接。近几十年来，合同法的国际化已成为

---

① 参见王家福等：《合同法》，14页，北京，中国社会科学出版社，1986。

② ［英］阿狄亚：《合同法导论》，赵旭东等译，3页，北京，法律出版社，2002。

③ 参见郑玉波：《民法债编总论》，16页，北京，中国政法大学出版社，2004。

法律发展的重要趋向，调整国际贸易的合同公约，如《销售合同公约》的制定，熔两大法系的合同法规则于一炉，积极促进了合同法具体规则的统一。1994年，国际统一私法协会组织制定了《国际商事合同通则》，其尽可能地兼容了不同文化背景和不同法系的一些通用的法律原则，同时还总结和吸收了国际商事活动中广为适用的惯例，其适用范围比《销售合同公约》更为广泛，《国际商事合同通则》的制定更表明了合同法的国际化是完全可能的。

第二节　债法的历史发展

一、古代法

在罗马法中，债（obligatio）被称为“法锁”，用来拘束债权人和债务人。[①] 这一概念最初起源于私犯（ex delicto）的概念。[②] 在《十二铜表法》制定以前，同态复仇依然盛行。而在《十二铜表法》以后，对私犯的制裁变成了由法律制度加以确定的财产刑（poena pecuniaria），这是一种由私人通过维护自己权利的诉讼手段而取得的私人罚金。《十二铜表法》中已经对盗窃、侮辱、伤害规定了罚金，但直到共和国末期才逐渐完善。[③] 给付罚金的义务被列入债的范畴以后，罗马法上债的概念才获得了其真正的含义。正如彭梵得所指出的：“法律规定首先应当要求支付‘罚金（poena）’或‘债款（pecunia或res credita）’，只是当根据债务人的财产不能给付或清偿时，权利享有人才能通过执行方式对其人身采取行动；直到此时，债（obligatio）才第一次获得新的意义，即财产性意义。”[④]

① obligatio可以追溯至西塞罗，其词根是“lig”，本意是拘束的意思。See R. Zimmermann, *The Law of Obligations*, Clarendon Paperbacks, 1990, p. 1.

② See R. Zimmermann, *The Law of Obligations*, Clarendon Paperbacks, 1990, p. 5.

③ 参见［意］彼德罗·彭梵得：《罗马法教科书》，黄风译，285页，北京，中国政法大学出版社，1992。

④ ［意］彼德罗·彭梵得：《罗马法教科书》，黄风译，284页，北京，中国政法大学出版社，1992。

罗马法中的合同之债最初来自于“nexum（以人身偿债的契约）”[①]。正是由于这一原因，盖尤斯在其《法学阶梯》中将债分为两类，“每个债或者产生于契约，或者产生于私犯（omnis enim obligatio vel ex contractu nascitur vel ex delicto）”[②]。盖尤斯的论断被认为是对合同和侵权的最早的分类学说。不法行为和合同之债最初并未统摄于债的概念之下，经过逐渐演化而为债的概念所统辖。[③] 不过，按照后世学者的解释，盖尤斯曾经提出除合同或侵权之外，还存在第三类形态，这第三类形态实际上是“准契约”“准不法行为”[④]。而查士丁尼在制定《法学总论》时，正是借鉴了盖尤斯的三分法，而将债分为四类，即契约（ex contractu）、准契约（quasi ex contractu）、私犯（ex delicto）和准私犯（quasi ex delicto）[⑤]，从而形成了债的基本分类。罗马法不仅建立了债的概念，确定了债的分类，而且形成了各种债的基本规则，包括债的给付、债的效力、债的移转、债的消灭、多数人之债等规则。

至13世纪，罗马法复兴运动在欧洲兴起，罗马法完备的债法制度，尤其是其债的体系，对大陆法系国家后来的立法产生了重大影响。在中世纪，注释法学家和评注法学家，在解释罗马债法的基础上，进一步完善和丰富了债法的理论。

二、近代法和现代法

（一）法国债法的发展及其现代化

法国法深受罗马法的影响，这尤其表现在其债法制度方面。罗马法经由17世纪的著名学者多玛（Domat）和18世纪的著名学者波蒂埃（Pothier）等人的著述，深刻地影响了民法典的起草。1804年《法国民法典》有关债的基本范畴和概念基本上是继受罗马法而来。该法典完全采纳了罗马法的体系，基于法律效

① R. Zimmermann, *The Law of Obligations*, Clarendon Paperbacks, 1990, p. 5.

② ［古罗马］盖尤斯：《法学阶梯》，226页，北京，中国政法大学出版社，1996。

③ See R. Zimmermann, *The Law of Obligations*, Clarendon Paperbacks, 1990, p. 5.

④ Digeste XLIX. 7. 1. 转引自蓝瀛芳：《泛说债之发生论》，载《辅仁法学》第7期，5页。

⑤ 参见［古罗马］查士丁尼：《法学总论》，张企泰译，159页，北京，商务印书馆，1993。

果考量，将各种财产发生变动的原因放在一起，统称“财产的取得方法”，其中包含了债法的内容。其虽然没有独立的债编，但其中关于债法内容和体系的规定是较为完备的。当然，《法国民法典》也有许多内容超越了罗马法，具有独特的创新，这主要表现在：

第一，确立了债法的基本价值理念就是私法自治和个人主义。这明显体现于《法国民法典》第 1134 条所规定的“依法成立的契约在当事人之间具有法律的效力”，以及第 1382 条关于过错责任一般条款中所体现的个人主义倾向。因为第 1382 条完全只针对个人责任，而没有任何的团体责任或者责任社会化的设想。①

第二，构建了现代债法的基本体系和框架。在该法中，合同被称为“合意之债”，而将侵权行为和准侵权行为称为“非合意之债”。在合同和侵权之外，《法国民法典》还规定了无因管理制度，虽然该法没有构建系统的不当得利制度，但已经规定了非债清偿制度。因此，一般认为，《法国民法典》就债的基本形态已经作了比较完备的规定。

第三，注重一般条款与具体列举的结合。该法典第 1382 条创立了现代民法的一般条款模式，超越了此前罗马法和中世纪法律的决疑论（casuistic）的立法模式，这无疑是受到了 17 世纪前半期格劳秀斯等自然法学家论述的影响。但在一般条款之下，又具体列举了几种典型的特殊侵权，构建了侵权法的基本体系。侵权法则体现出高度的精炼性，例如，以法典第 1382 条和第 1383 条两个一般条款统率，高度概括了大量的侵权规则，这为日后司法判例的大量发展预留了充分的余地。②

第四，注重罗马法与法国习惯法的结合。例如，根据《法国民法典》第 1118 条，如不动产售价低于实际价值的 5/12，则出卖人在两年以内可以请求撤销合同。又如合同的“原因”制度，其构成合同效力的要件之一。这是《法国民法典》中十分独特的制度。

21 世纪以来，法国开启了债法现代化的进程。这不仅是为了顺应欧洲经济

①② David Deroussin，Hstoire du droit des obligations，Economica，2007，pp. 95－98.

一体化的发展、转化欧盟指令的要求，也是其债法不断适应经济社会发展予以完善的需要。在纪念《法国民法典》200周年的同时，法国政府宣布对债法进行改革，实行债法的现代化。2006年，法国通过第2006—346号法令，将法典第三卷分拆为二，增加第四卷“担保”，将原第三卷的第14编“保证”、第17编“质押”、第18编“优先权与抵押权”移到第四卷，体现了债法地位的提升以及与债法现代化相关的交易信用制度的重要性。[①] 2003年，在法国著名学者皮埃尔·加达拉（Pierre Catala）的发起下制定了《法国债法与时效法改革草案》，该草案对法国的债法改革产生了深远的影响。[②] 2008年，法国巴黎二大 François Terré 教授也主持完成了另一部债法修订草案（通称 Terré 草案），基于这两部专家建议稿加上《欧洲合同法原则》和《欧洲民法典草案》的影响，法国司法部也于2008年和2011年先后公布了两份债法改革草案，主要集中针对合同法的相关规则进行改革。[③]

（二）德国债法的发展及其现代化

德国债法也深受罗马法的影响。经历了中世纪继受罗马法，以及潘德克顿学派对罗马法的深入研究和借鉴，罗马债法的制度和理论深深地影响了德国。《德国民法典》的债法部分对后世的影响是深远的，主要表现在如下几个方面。

第一，《德国民法典》第一次区分了物权和债权，并在此基础上形成了民法典新的体例结构。在德国，以萨维尼为代表的潘德克顿学派受《国法大全》中《学说汇纂》编纂体例的影响，逐步形成了物权与债权的区分理论。基于这种区分，《德国民法典》将债编与物权编并列，从而形成了民法典的分则内容。

第二，《德国民法典》第一次采取提取公因式的方法，将债的普遍规则抽取出来，形成债法总则。以此为基础，形成了总则和分则相区分的体系。其中，债法总则被称为债的一般法，而分则被称为债的特别法。[④] 此种编排方式使债法本

---

① 参见龙卫球：《当代债法改革：观察与解读》，载《南昌大学学报》（人文社科版），2012（3）。

② 参见梁笑准：《法国债法改革——以“加达拉草案”切入》，载《私法研究》第11卷。

③ 参见李世刚：《中国债编体系构建中若干基础关系的协调——从法国重构债法体系的经验观察》，载《法学研究》，2016（5）。

④ 参见杜景林：《德国债法总则新论》，8页，北京，法律出版社，2011。

身形成了独立的总分结构，进一步增强了债法体系的科学性和体系化，也增强了民法典分则的逻辑性和体系性。

第三，《德国民法典》采纳了查士丁尼《法学阶梯》的四分法，将债的发生原因规定为合同、侵权行为、不当得利与无因管理。但是，《德国民法典》并没有仿效罗马法采用准契约的概念以概括无因管理等形态，而是将无因管理作为一种与各类契约并列的债的形式，规定在各类契约之中，并放在“委托”之后，表明其与委托契约有着密切的联系。德国学者通常认为法定债务关系包括不当得利、无因管理和侵权，而合同则属于意定的债务关系。①

第四，形成了比较完善的债法规则。《德国民法典》按照总分结构的形式对各种债法的规则进行规定，构建了完整的债法体系。该法典在债法总则部分规定了债的内容、债权的转让、债务承担、债务关系的消灭等内容，在债法分则部分，该法典第二编第七章规定了各类债的关系，包括了合同、无因管理、不当得利、侵权行为等债的关系。

2002 年，德国通过了《债法现代化法》，对债法进行了重大修正，此次修订对一些特别法中的债法规则以及相关判例所形成的债法规则进行了整合。尤其是参考 CISG、PICC、PECL 等对债法中的给付障碍法所涉及的债务不履行结构进行了革命性调整，采用义务违反（Pflichtverletzung）作为上位概念，统一规范给付不能、给付迟延、瑕疵给付、加害给付以及违反保护义务。② 根据欧盟指令要求，《德国民法典》第 474 条至第 479 条对消费者合同的相关规则作出了规定，以强化对消费者的保护。③ 此次债法修订也对部分原有的债法制度进行了较大的修改，以适应交易实践的发展。例如，在时效制度方面，缩短了原有的时效期间，并简化了时效期间的计算规则。德国学者文德浩教授称，“债法现代化法是《德国民法典》自 1900 年生效以来最为深刻的一次变革，它动摇了德国民法的教条理论大厦的支柱，震撼了那些最为直接的继受了罗马法的教义”④。

---

① 参见［德］梅迪库斯：《德国债法总论》，杜景林等译，51～52 页，北京，法律出版社，2004。

② 参见王泽鉴：《债法原理》，2 版，6～7 页，北京，北京大学出版社，2013。

③ 参见龙卫球：《当代债法改革：观察与解读》，载《南昌大学学报》（人文社科版），2012（3）。

④ 《德国债法现代化法》，邵建东、孟翰、牛文怡译，1 页，北京，中国政法大学出版社，2002。

（三）日本债法的发展

日本法主要是通过继受法国法和德国法形成的，其债法也体现了这一特点。在1896年《日本民法典》的起草过程中，其先是以《法国民法典》为蓝本，后来，又受到《德国民法典》（草案）的影响。在债法体系方面，《日本民法典》没有完全采纳德国的模式，而认为无因管理应作为一种法定的债的形式，与合同所产生的债以及不当得利、侵权行为均属于债的发生原因。因此《日本民法典》在第三编“债权”中共规定了总则（第一章）、契约（第二章）、无因管理（第三章）、不当得利（第四章）、不法行为（第五章）等，后四类形态共同构成了债法的体系。在民法典体例方面，日本采取了与德国不同的模式，即将债权法置于物权法之后。

时至21世纪，在德国债法改革、欧洲私法统一等因素的影响下，《日本民法典》债编的修订也提上了日程。2006年，日本法务省决定以债权法作为检讨修正中心，并于同年成立民法债权法改正检讨委员会。该委员会于2009年5月8日提出名称为“债权法改正基本方法”的债权法改正试案及提案要旨，送请法务省法制委员会审议，并于2012年送交国会审议。此次日本债权法的修正内容主要涉及调整民法与商法的关系、整合民法本身的体系（如民法总则法律行为与合同法）、强化对消费者等群体的特别保护、检讨债务不履行的构造、融合欧陆法与英美法的制度等内容。①

（四）英美法上“债法”的发展

在英美法中，并不存在大陆法上的物权、债权分类，因此，英美法国家并没有使用债法的概念，也不存在债法的体系，这与英美法判例法的历史传统具有直接关联。它注重个案的合理解决，而并不重视从理论上对债法理论进行构建。但在学理中，学者也常常使用“债”和“债法”的概念。在英美法中，债法常常被表述为“一种包含对人权（personal rights）的类别，与之相对应的是包含对物权（real rights）的财产法”②。需要指出的是，在英美法上，实质意义上的债法

① 参见王泽鉴：《债法原理》，2版，9页，北京，北京大学出版社，2013。

② Geoffrey Samuel, *Law of Obligations and Legal Remedies*, 2th., London: Cavendish Publishing Ltd, 2001, p. 1.

是存在的，且其分类与大陆法也非常类似。因为在英美法上，存在独立的合同法、侵权法，并在这两法之外还存在返还法（the law of restitution）。返还法是在合同法和侵权法之外形成的一个独立的法律领域，许多学者将其称为债法的“第三领域”，其自身已经形成了独立的体系，并提供了一种独特的救济。[①] 不过，英美法中“返还（restitution）”一词包含两层含义，其既包括财产的返还，也包含恢复原状的意思，与大陆法上不当得利返还的含义不完全等同。[②] 另外，虽然英美法在传统上属于判例法，但在债法领域，出现了日益增多的制定法。仅以美国为例，1896 年制定了《统一流通票据法》，1906 年制定了《统一仓库收据法》和《统一买卖法》，1918 年制定了《统一附条件买卖法》，在 20 世纪 50 年代又有《美国统一商法典》的问世。所以，英美法中债法规范是大量存在的，只不过没有采用债的概念使其系统化而已。

（五）我国债法的发展

1907 年，光绪皇帝指定沈家本等主持民、刑等法典的编纂。沈家本邀请日本学者松冈义正担任民法典总则、债权和物权三编的起草工作，于宣统三年（1911 年）完成《大清民律草案》。该草案第二编以债权编为名，共 654 条，分为八章：第一章通则，分为债权之标的、债权之效力、债权之让与、债务之承受、债权之消灭，及多数当事人之债权等六节；第二章契约；第三章广告；第四章发行指示证券；第五章发行无记名证券；第六章管理实务；第七章不当得利；第八章侵权行为。1925 年完成的第二次《民律草案》第二编，则称为债，共 521 条，分为四章：第一章通则，分为债之发生、债之标的、债之效力、债之让与及承受、债之消灭、多数债权人及债务人之债等六节，第二章契约，分为双务契约、利他契约、有偿契约、买卖、互易、赠与等二十余节，第三章悬赏广告，第四章无因管理。南京国民政府成立以后，于 1927 年设立法制局，着手各项法典的编纂工作。1929 年 11 月 22 日颁布了《民法债编》，包括第一章“通则”（192

① Hedley, “Unjust Enrichment as the Basis of Restitution—an Overworked Concept” (1985) 5 *Legal Studies* 5; e. g., A. Burrows, “Contract, Tort and Restitution—A Satisfactory Division or Not?” (1983) 99*L. Q. R.* 217.

② 参见［英］皮特·博克斯：《不当得利》，刘桥译，4 页，北京，清华大学出版社，2012。

条）、第二章“各种之债”（412条），另外，还颁布了《民法债编施行法》（15条）。债法条文共619条。1999年，台湾地区所谓“立法机构”对债编进行了修改。此次修改的内容较大，其中通则部分增加了15条，修改了35条，删除了2条。“各种之债”部分增加了52条，修改了88条，删除了7条。“民法债编施行法”增加了21条，修改了14条。

中华人民共和国成立以后，曾几次进行民法典的制定工作，但始终未能颁布民法典。改革开放以来，随着社会主义市场经济的迅速发展和社会主义民主法制建设的推进，我国民事立法出现了前所未有的繁荣局面。1986年4月12日，第六届全国人民代表大会第四次会议正式通过了《中华人民共和国民法通则》，这是我国第一部调整民事关系的基本法律，也是我国民事立法发展史上的一个新的里程碑。《民法通则》关于债法的规定具有奠基性的作用。该法在第84条规定了债的概念，并在第五章第二节专设一节规定“债权”，规定了债的四种发生原因。1999年3月15日，第九届全国人民代表大会第二次会议通过了《中华人民共和国合同法》，并已于1999年10月1日生效。该法的颁行，结束了由《经济合同法》《涉外经济合同法》和《技术合同法》所形成的三法并立的局面，在完善市场经济的法律体系方面迈出了重要一步。最高人民法院先后颁布了《合同法司法解释一》、《合同法司法解释二》以及《买卖合同司法解释》等重要的司法解释，对《合同法》的统一适用发挥了重要作用。2009年12月26日，立法机关通过了《侵权责任法》，该法于2010年7月1日起施行。该法的颁行不仅完善了侵权责任法的基本内容和体系，而且完善了民法的债法制度。虽然《侵权责任法》相对独立于债法，但它依然是债法的重要渊源。

2017年，《民法总则》也对债的规则作出了规定，该法第118条确认了民事主体可以依法享有债权，并对债的内容、债的发生原因作出了规定，该法第119～122条对各种债的发生原因作出了规定，具体规定了合同之债、侵权损害赔偿之债、无因管理之债以及不当得利之债等债的类型。当然，该法只是初步规定了债法的规则体系，债法的具体内容、规则、效力等，还应当在民法典分则各编中予以进一步细化。

虽然随着我国《民法通则》《合同法》《侵权责任法》《民法总则》等法律的颁布，债法的内容已经较为齐全，但是，由于缺乏一部债法总则，我国债法的体系性还有所欠缺。各个单行法之间的重复、甚至不协调的现象依然存在。而且，有关合同和侵权之外的债的类型，法律规定较为简略，规则仍不完备，从而影响了这些债的关系的调整。因此，未来我国民法典制定中，需要从债法的整体角度予以考虑，不仅要确立债法总则，而且应注重债法规则之间的协调。

三、当代债法的发展趋势

（一）债法的优越地位日益凸显

法国学者达维德指出，“债法可以视为民法的中心部分”[①]。在现代社会，债法所调整的对象，不仅涉及经济领域，而且涉及生活领域。在此背景之下，债法在现代法中日益占据优越地位。其主要表现在如下几个方面。

第一，现代社会生活需要借助债法来组织。在现代社会分工交易体系的作用下，较之于过去，尤其是与农业社会相比，社会成员之间的联系要密切得多。同时，人员和生产要素本身的流动，也使债法在组织社会关系方面的作用日益重要。可以说，在今天，债法已经深入个人生活关系的诸多领域。例如，我们每个人都生活在合同的世界中，每个人日常生活离不开合同。[②] 而债法通过规范合同的订立、生效等，就可以实现有计划的生活安排。因此可以说，债法能够协调个人关系，保护其财产利益。

第二，债法确立了市场经济的基本规则。市场经济是法治经济，法律要为市场经济保驾护航。其中，债法要确立市场经济的基本规则，从而保障经济活动的活力与有序。这尤其表现在债法对合同的规范方面，合同是媒介交易的形式、组织经济活动的手段，市场经济也是契约经济，而债法确立了合同严守的规则，明确了违约责任，就可以保障交易主体的预期得以实现，经济活动有序进行。

---

① ［法］勒内·达维德：《当代主要法律体系》，漆竹生译，79页，上海，上海译文出版社，1984。

② 参见江平主编：《民法学》，442页，北京，中国政法大学出版社，2007。

第三，债权不仅可以作为取得物权或物的使用的手段，而且其本身也是一项重要的财产权。按照传统观点，债权的本来作用是作为获得物权的一种手段，自近代法奠定了个人所有及活动自由的原则，债权作为完善所有权的支配作用的手段发挥了重要作用。[①] 但随着社会的发展，债权本身也具有重要的财产价值，是当事人通过交易获取的重要财产，而并非仅仅是手段性权利，在现代市场经济条件下，“债权已不是取得对物权和对物利用的手段，其本身就是法律生活的目的”[②]。

第四，债法作为解决社会纠纷的规则，在日常生活中非常重要。尽管民事主体在生活中遇到的主要是合同与侵权责任方面的问题，但此类问题的解决需要通过债法中的债权债务规则。同时，对合同法和侵权责任法不能调整的领域，均需要通过债法上的规则予以调整。

（二）债法的动态性进一步增强

随着现代市场经济社会交易形式的发展，债法的动态性（dynamisch）也日益增强，债的流转较之以前呈几何级数的增长。[③] 这主要表现在：

第一，动产担保制度的发展。在现代社会，随着科学技术的进步，动产的类型越来越多，价值也越来越大。如果法律允许动产抵押或采取其他担保形式对此类动产进行利用，将普通动产和新型动产都纳入担保财产的范围，这将有利于充分发挥上述动产和新型财产形式的经济效用。正是因为这一原因，以德国法为代表的国家的法律承认了动产让与担保，在实务中大量采用了动产担保形式；而以日本法为代表的一些大陆法系国家的法律，则承认动产抵押。动产担保制度的发展为当事人担保债权的实现提供了更多的选择，也进一步增强了债法的动态性。

第二，债法与金融法的相互结合。金融本身就是一种符号化资产的流动，而非直接指向实体化的资产，这种符号化资产的交易本质上是债权债务关系的体现，债法规则是金融活动的基本媒介。例如，在期货交易中，交易对象主要是期

---

① 参见［日］我妻荣：《新订债权总论》，王燚译，2页，北京，中国法制出版社，2008。

② ［日］我妻荣：《债法在近代法中的优越地位》，王书江、张雷译，6～7页，北京，中国大百科全书出版社，1999。

③ 参见杜景林：《德国债法总则新论》，5页，北京，法律出版社，2011。

货合约本身，而非作为合约标的物的货物。交易主体在期货交易所中购买或出售期货，只是通过对作为债权的期货合约进行交易，来达到套期保值的目的，而非真正获得货物本身。现代社会中，财产增值最为有利的手段就是金融。金融产业的发展已经超越了实体经济的范畴，越来越虚拟化和符号化，无法通过传统的物权制度对其进行规范，需要借助于债的规则进行规范，这也使得债法规则与金融法的结合日益紧密。

第三，随着网络的迅速发展，电子商务成为未来贸易的主要方式，其前景十分广阔，电子商务交易的发展使传统的合同法规则面临一些新的挑战，其主要表现在电子数据交换和电子邮件是否可以作为书面形式，以电子数据交换和电子邮件订约在要约、承诺等规则上如何完成电子签名，如何对电子商务中的格式条款进行限制等方面。许多国家制定了专门的有关电子商务的法律规则，以调整当事人利用网络从事订约的行为。也有一些国家通过修订合同法中合同订立的规则以及扩大合同书面形式的范围等方式，将电子商务交易纳入合同法调整的范围。

第四，债的具体类型日益丰富。债法是交易法，随着交易的发展，逐渐出现了诸多新的债的类型，如融资租赁等。新的债的关系都需要受到债法的规范，随着交易实践的发展，债的具体类型将日益丰富。

（三）债法日益呈现出国际化与统一化的趋势

经济全球化促进了交易规则的趋同，从而减少因交易规则的不统一而形成的交易障碍，降低交易费用，因此，近几十年来，债法统一的趋势主要体现在合同法领域，合同法的国际化已成为法律发展的重要趋向。例如，1980 年的《销售合同公约》的制定，熔两大法系的合同法规则于一炉，初步实现了合同法具体规则的统一。1994 年，国际统一私法协会组织制定了《国际商事合同通则》，其尽可能地兼容了不同文化背景和不同法系的一些通用的法律原则。欧盟自 20 世纪 80 年代以来就开始推进欧洲私法的统一化，在债法方面，欧盟曾经颁布了一系列指令，实现了特定领域法律规则的趋同，这一过程主要是以制定软法的方式实现的。20 世纪 90 年代末，以兰道尔教授领衔的学者出台了《欧洲合同法原则》

(Principles of European Contract Law，PECL)。2008年年初，由冯·巴尔教授领衔的团队完成了《欧洲民法典草案》(Principles，Definitions and Model Rules of European Private Law：Draft Common Frame of Reference)[①]，2011年9月，欧盟委员会又发布了《欧洲共同买卖法条例》建议稿，并有待于欧盟议会的通过，这些都反映了欧洲债法统一化的发展趋势。

与此同时，两大法系的债法也呈现出相互借鉴和相互融合的趋势。作为交易共同规则的合同法以及有关保险、票据等方面的规则日益国际化，两大法系相应的规则正逐渐融合，这就产生了走向相对统一的合同法运动。正如美国学者夏皮罗指出的，“随着市场的全球化和相伴而来的跨国公司在这种市场上的经营，就产生了走向相对统一的全球化契约法和商法的一些活动”[②]。一方面，英美法借鉴大陆法的理论。例如，英美法历来认为合同是一种允诺，并没有重视其合意的本质，近几十年来其也借鉴大陆法合同的概念，强调合同的本质是合意。另一方面，大陆法也借鉴英美法的经验，例如，关于预期违约等制度。两大法系在许多规则上出现相同之处，例如，对于要约的非实质性的变更并不构成反要约，两大法系在该制度方面的发展趋势是相同的。

（四）债法领域具有不断分化的趋势

随着债法的发展，其内容不断复杂化，特定债法领域法律规则的特殊性日益突出，逐渐具有独立的趋势，债法领域也因此具有不断分化的趋势。以合同法为例，从合同法中逐渐分化出劳动合同法、消费者保护法等。仅就买卖合同而言，随着交易实践的发展，多种新类型的买卖合同也不断出现。例如，随着互联网的发展，网络交易、网上结算等日益普遍，给交易带来了极大的方便，因而出现了所谓电子商务合同、电子结算合同、电子支付合同等。再如，特殊类型的买卖不断发展。这主要是因为经营者营销方式不断多元化，交易形态也不断创新，产生了邮购买卖、访问买卖、无要约寄送、连锁经营、加盟经营等多种形式。此外，

---

① 简称DCFR。参见《欧洲示范民法典草案：欧洲私法的原则、定义和示范规则》，高圣平译，北京，中国人民大学出版社，2012。

② 转引自《法律全球化问题研究综述》，载《法学研究动态》，2002（9）。

所有权保留、分期付款买卖等的适用范围也不断扩大，并且与金融机构提供的金融产品相结合，从而形成新的买卖合同形式。因此，随着债法的发展，债法领域分化的趋势将日益明显。

债法特别法日益增多，对民法典的债法编形成有益的补充。随着交易的发展，新的交易类型不断出现，既有的交易规则也在不断发生变化，而且在特定的交易领域，当事人的法律地位也在发生变化，从而需要法律通过特别的规则对这些变化趋势进行规范，这也导致债法的特别法日益增多。例如，针对日益增加的特许经营，不少国家都制定了单行的特许经营法。另外，随着交易的发展，在消费者合同中，当事人的法律地位日益出现不平等的发展趋势，债法之中的消费者权益保护也日益受到重视。从立法例上来看，有些国家直接将消费者保护的规则规定在债法之中，也有些国家制定了专门的消费者权益保护法。

（五）债法领域日益注重人文关怀

近代以来，民法尤其是债法，以抽象人格为基础，强调形式平等。拉德布鲁赫认为，民法典并不考虑农民、手工业者、制造业者、企业家、劳动者等之间的区别，私法中的人就是作为被抽象了的各种人力、财力等的抽象的个人而存在的。[①] 在合同法领域，形式平等只考虑当事人抽象意义上的平等，对于当事人实际谈判能力是否平等并不过多关注。但自 20 世纪开始，基于保障社会的公平正义、维护交易安全秩序等价值的考虑，在债法中，也注重人文关怀，主要表现在：

第一，强化对弱势群体的保护。各国合同法在典型合同的规定方面也加强了对消费者的保护，这首先表现在消费者合同的产生。所谓消费者合同（Verbrauchervertrag），就是消费者与经营者之间订立的合同。例如，《日本消费者合同法》第 2 条规定："消费者合同，是指消费者与经营者之间缔结的合同。"《瑞士联邦国际私法》第 120 条第 1 款规定，消费者合同是"以消费者个人或家庭使用

① 参见［日］星野英一：《私法中的人》，王闯译，34～35 页，北京，中国法制出版社，2004；［德］拉德布鲁赫：《法学导论》，米健译，66 页，北京，中国大百科全书出版社，1997。

为目的，提供日常消费品且与消费者的行业或商业活动无关的合同”[1]。德国债法修改中，还专门引入了“消费者”和“经营者”的概念，作为强化消费者保护的基础。

第二，注重对生存利益的保护。例如，在德国，规制住房租赁的法律为保障承租人生存利益而对出租人的财产利益进行了严格的限制，规定出租人不得出于提高租金的目的而解除房屋租赁关系，如果出租人想要提高租金，必须取得承租人的同意，并且提高的幅度要受到该区域可比较的租金水平的限制。[2] 债法中出现的“买卖不破租赁”、强制缔约等制度，都体现了生存利益高于商业利益的价值，这体现的正是民法的人文关怀精神。

第三，强化对人格尊严的保护。对人格尊严的保护也逐渐成为债法新的价值。以合同之债为例，从国外合同法的发展来看，合同法越来越关注对合同当事人人格尊严的保护。例如，一些国家的判例宣告当事人签订代孕合同或买卖人体重要器官的合同无效[3]，表明不能对人类的身体进行买卖，人的身体不能成为买卖合同的客体作为一项基本原则被确定下来。[4] 有些国家的法律规定，在冬天，房东不得以房客未支付租金为由解除合同，以保护低收入群体的生存权，并尊重承租人的人格尊严。例如，法国 1989 年 7 月 6 日第 89—462 号法律规定，每年自 11 月 1 日到次年 3 月 15 日［法语称为“冬季修整时间（trêve hivernale）”］期间，即使房客未支付房租，房东也不得驱逐房客。[5] 这些都体现了对弱者人格尊严的关爱。

第四，注重老年人权益的保护。随着老龄社会的到来，老年康复协议和老年监护协议已经在实践中大量产生，法律上如何规制此类协议，已经成为合同

① 刘晓霞：《试论消费者合同及立法模式选择》，载《知识经济》，2011（22）。

② 参见许德风：《住房租赁合同的社会控制》，载《中国社会科学》，2009（3）；张翔：《财产权的社会义务》，载《中国社会科学》，2012（9）。

③ Cass. Ass. Plén.，31 mai 1991，Bull. civ. n°4；D. 1991，p. 417，Rapp. Y. Chartier，note D. Thouvenin；JCP 1991，II，21752，note F. Terré.

④ TGI Paris，3 juin 1969，D. 1970，p. 136，note J. P.

⑤ Loin°89 - 462 du 6 juillet 1989.

法发展的重要内容。合同法规范的重心应当在于尊重与保护老年人的自主决定权和人格尊严。例如，在老年监护协议中，在老年人神志清醒但欠缺自主生活能力时，疗养院或者政府部门为其指定护理人员，而老年人与该护理人员无法共同生活，其拒绝接受该护理人员的护理时，此时应如何保障老年人的自主决定权呢？一些国家的法律已专门就该问题作出了规定。[①] 从民法的发展趋势来看，充分尊重老年人的人格尊严和自主决定权，尊重老年人的自主意愿，已经为许多国家的判例和学说所认可。再如，在老年康复协议中，一些国家判例要求疗养院应当尽量对老年人进行精神关爱，不得歧视老年人，凸显出维护老年人人格尊严的价值理念。

（六）债法上义务体系的完善

诚信原则作为基本原则的采用，不仅表明道德和伦理的规范在民法中得到了更高的重视，而且表现在通过适用诚信原则而扩大了合同义务的内容，这主要表现在从诚信原则中产生的附随义务，包括后合同义务、先合同义务等，都有助于在商业交易中强化商业道德和商业信用，同时通过诚信原则的适用强化了国家对私法关系的干预。

此外，传统的债法以债权人和债务人的对立作为原型，而在现代社会，债法却越来越强调当事人之间的合作关系。现代债法中特别强调诚信原则，其含义之一就是要强调当事人之间的协助和合作。在一些国家，产生了“关系契约”的概念，即以社会语境和当事人之间的具体交易关系考察来确定当事人的义务内容，梅迪库斯将债的关系称为“特别结合关系”，其基本含义就是强调当事人之间存在一种合作而非对立冲突的关系。[②]

---

① 参见［日］宇田川幸则：《浅论日本关于成年人监护制度的修改》，载渠涛主编：《中日民商法研究》（第一卷），387页，北京，法律出版社，2003。

② 参见［德］梅迪库斯：《德国债法总论》，杜景林等译，4页，北京，法律出版社，2004。

第三节　债法的体系

一、传统大陆法系国家的债法体系

债法体系，是指按照一定的逻辑所形成的债法的制度和结构。债法是传统民法中的核心制度，其体系化也成为民法体系化的重要标志。随着社会的发展变化，债法体系本身也经历了一个不断发展的过程。

罗马法虽然形成了债的概念，但并没有形成严谨的债法体系。因为从债的发生原因来看，从盖尤斯《法学阶梯》的二分法到查士丁尼《法学阶梯》中的四分法，表明罗马人对于债的产生原因的认识不断深化[1]，尤其是罗马法的债法中，"并不具有我们今天所说的明显独立的整体特征，它是附属于'物（res）'以及'物法（the law of things）'而存在的。债并没有被认为是独立的权利。因此，在盖尤斯的《法学阶梯》的第二章'物法'的内容中，具有继承以及债的内容"[2]。中世纪注释法学家和评注法学家对罗马法的债法理论进行系统整理，从中抽象出债法的诸多概念、规则、原理，尤其是这些法学家从罗马法中抽象出物权的概念，并与债权相区分，这些都促进了债权制度的发展，但是，在体系上仍然难谓完备。

在近代的法典化运动中，债法的体系也在不断发展完善。《法国民法典》已经确立了较为完备的债的类型，以及债法的基本规则。但《法国民法典》的债法模式中并没有将物权和债权的概念区分开，也没有将债法独立成编，而是将债作为财产的取得方式加以处理，这显然是受到了《法学阶梯》三编制模式的局

---

① 参见费安玲主编：《罗马私法学》，262页，北京，中国政法大学出版社，2009。

② Reinnhard Zimmermann，*The Law of Obligations*，Clarendon Press，Oxford，1996，p. 25.

限。[①] 在这种模式下，债法并没有与物权法等法律相区别，形成自身完整的体系。[②]《德国民法典》采纳了罗马法大全中的《学说汇纂》所采用的体例，该体系经过潘德克顿学派的总结和发展，把民法典分为五编：即总则、债法、物权、亲属、继承[③]，最终形成了上述五编制的法典编纂模式。在德国的五编制模式下，债法是独立的一编，是与物权法相对应的内容。由于债法单独成编，所以，形成了以总分结构为基础的完整体系。[④]《德国民法典》在世界立法史上第一次将债从物法中分离出来独立成编，设立债法总则，包括债的概念、效力以及消灭事由等规则，并以此一并调整各种特殊债的共性规则，这是对民事立法体系的重大贡献。[⑤] 1881年，瑞士颁行了《瑞士债务法》，该法典几乎包括了债法的所有规则，包括合同法的一般规定、侵权法、不当得利法、合同各论等。其特点在于，规定统一的债的规则，且以民商合一作为指导思想，将各种商事合同纳入其中（如行纪合同、运输合同等），其债法的内容已经非常丰富和完善，但是，该法典在体系上仍然显得庞杂，且逻辑性也有值得商榷之处。例如，该法典将公司、商事登记、票据制度等都纳入债法，而这些内容并非债法的制度，因而导致其债法典名实不符且内容庞杂。

值得注意的是，自第二次世界大战以来，大陆法系国家的债法模式出现了一些新的变化。例如，1992年的《荷兰民法典》尝试将传统大陆法系的债法一分为三，侵权法和合同法各自成为独立的一编，创建了新型的“分层式”的民法典体系。在有关未来欧洲民法典的研究报告中，一些学者的建议稿也纷纷将侵权法和合同法作为独立的一编加以起草。[⑥] 由此表明，债法体系本身也在不断发生变化。

大陆法系国家债法的体系从总体来看，具有如下几个特点。

第一，债法是民法的重要组成部分，其主要调整财产的流转和交换关系。在

---

① 参见［德］梅迪库斯：《德国债法总论》，杜景林等译，34页，北京，法律出版社，2004。

② See Reinnhard Zimmermann, *The Law of Obligations*, Clarendon Press, Oxford, 1996, p. 29.

③ Savingny, System des heutigen römischen Rechts, Bd. 1, SS. 401ff.

④ See Reinnhard Zimmermann, *The Law of Obligations*, Clarendon Press, Oxford, 1996, p. 30.

⑤ 参见覃有土、麻昌华：《我国民法典中债法总则的存废》，载《法学》，2003 (5)。

⑥ David Deroussin, Hstoire du droit des obligations, Economica, 2007, pp. 95 - 98.

传统大陆法系中，债法包括了合同、侵权等内容。从规范的构成来看，各国或地区民法典大多规定了有关债的发生、债的效力、债的移转、多数人之债、债的消灭等属于债法总则的一般规范，以及各种具体类型的债和具体合同的规范，由此构建了一个内容大体相同的债法规范体系。①

第二，在内容上主要按照债的发生原因而规定债的各种类型。从债的类型或内容来看，《法国民法典》规定了合同之债和侵权之债，然后规定了准合同之债和准侵权之债。《德国民法典》细化了债的发生原因，第一次将不当得利规定为一个单独的债的发生原因，而后世的民法典基本上延续了德国法中的债法体系。所以，从内容上讲，债的内容主要以德国法为代表，许多国家或地区的民法典所构建的债法体系都把合同、无因管理、不当得利和侵权行为纳入债法的体系，确立了四种基本的债的类型。在有关侵权行为、无因管理和不当得利的体系安排上，倾向于一种后缀式的处置，将其附在各种有名合同之后。

第三，传统债编模式主要是以合同法为中心建立起来的，债法体系主要围绕合同法进行结构设计，表现出强烈的合同法主导型的结构。比如只为合同法设立总则规定，甚至倾向于以合同法总则取代债法总则。② 有关债法总则的制度以合同制度为蓝本。比如，债法总则中的核心制度如债务不履行体系，主要是从违约责任体系中提炼出来的，再如履行不能制度、债务履行瑕疵、迟延履行、债的移转和变更等制度，其适用对象也主要是合同制度。这也导致了合同法总则大多被吸纳到债法总则中。甚至许多国家的民法典，根本没有合同法总则，只有债法总则，因而合同法很难自成体系。由于上述原因，传统的大陆法国家民法典中存在合同法条文繁多、侵权法过于简略等一些不协调的现象。

第四，除《法国民法典》之外，多数大陆法系国家的民法典都规定了独立的债法总则。不过，各国民法典所规定的债法总则的内容并不完全相同。例如，有的国家（如《瑞士债务法》）将各种债的发生原因都规定在债法总则中，有的国家（如《德国民法典》）则将各种债的发生原因规定在债法分则中。

---

① 参见柳经纬：《我国民法典应设立债法总则的几个问题》，载《中国法学》，2007（4）。

② 参见薛军：《论未来中国民法典债法编的结构设计》，载《法商研究》，2001（2）。

二、我国未来民法典中的债法体系

在我国，由于《合同法》《侵权责任法》等已经独立成编，债法分则的主体部分已经在这两部法律中得到了体现，因而，债法总则应该如何设计，其与合同法、侵权责任法的关系如何界定，有待于未来的民法典予以明确。1986 年《民法通则》承认了债权的概念，并将合同、侵权、无因管理、不当得利等作为债的发生原因进行了规定，从债的发生原因的角度初步构建了我国的债法体系。《民法总则》第 118 条对债的概念及其发生原因作出了规定，同时，该法第 119～122 条分别规定了合同、侵权、无因管理、不当得利等债的发生原因。我国未来民法典应当在总结我国《民法通则》等民事立法经验的基础上，借鉴比较法上的有益经验，构建具有中国特色的债法体系。

但是，我国未来民法典是否应当毫无保留地借鉴德国法系的债法体系，对此存在不同的看法。笔者认为，应当高度认识到德国法上债法体系的科学性、合理性，但是，也要认识到其债法的缺陷：一是德国法系的债法没有充分认识到各种债之间的差异，由于各种债的关系几乎囊括了绝大多数民事关系，这就导致了“民法债编所涉事项既然繁多、类型亦杂，则不同事项、类型之间，难免常有同异互呈之情形”①。此种模式在建立债法总则体系时，仅仅注意到了各种债的发生原因形式上的共性，即各种债都是发生在特定人之间的请求关系这一共性上，王泽鉴先生曾将其称为“形式的共同性”，但是，却忽略了合同、侵权等债的发生原因之间巨大的实质上的差异性，结果导致这些国家用形式上的共同规则去调整实质差异很大的领域，造成了很多问题。例如，债法总则中的规则要么只适用于合同，要么只能适用于侵权。二是债法是以合同法为中心构建的，其债法总则的内容实际上是以合同领域为参照制定的，并没有充分考虑到所有类型的债的共性。所以，德国法的债法体系在结构上主要偏重于合同法，可以说，合同法占据了债法的大部分内容。因此，许多学者对其科学性产生怀疑，认为将合同法原理

① 邱聪智：《债各之构成及定位》，载《辅仁法学》第 11 期，105 页。

套用于侵权行为是不妥当的，甚至认为，与其将合同法总则搬到债法总则中，还不如直接规定合同法总则。[①] 三是债法之中的侵权责任部分过于简略，大量的工业社会中的侵权行为并没有得到规范，从而导致后来通过大量特别法和判例来确定相应的规则。这也可以说为后来出现的“去法典化”现象埋下了伏笔。

因此，我国未来民法典中的债法体系构建，应当在总结我国现有民事立法的基础上，借鉴两大法系债法的先进经验，构建具有我们自己特色的债法体系。我国的债法体系，应当在保留《合同法》《侵权责任法》的内容体系的基础上，设立债法总则编，协调总则与合同法、侵权法的关系，进一步丰富和完善不当得利、无因管理以及非典型之债的规则。在内容和体系编排上应重新设计构造，具体可以从如下几个方面入手。

第一，我国未来民法典应当设立债法总则编。从立法的科学性和体系性考虑，我国未来民法典应当借鉴德国的经验，设立债法总则。债法总则主要包括债的定义、债的主体（包括多数人之债）、债的客体、债的内容、债的发生原因、债的分类、债的变更和移转、债的保全、债的消灭以及损害赔偿的一般规则。设立债法总则的优点主要在于：减少规则的重复性（rules repetition）、增加法典的体系性、便利规则的适用和解释。[②] 对各类债的规则拾遗补缺，促进民法规则和商法规则的融合。但是债法总则的内容又不可能复制德国式的债法总则。一方面，该模式将侵权法、合同法的规则都纳入债法总则中，这可能导致债法总则的规则过于庞杂，也会影响债法总则规则对债法分则适用的普遍性。另一方面，该模式使合同法和侵权法不能保持其自身体系的完整性，这可能导致合同纠纷、侵权纠纷法律适用的困难。我国未来民法典中，债法总则的设立应当以保留现行《合同法》和《侵权责任法》内容体系的完整性为基础，凡是专门适用于合同之债和侵权之债的规则，不应纳入债法总则之中，而应当分别规定在各种具体的债的关系之中。债法总则主要是适用于各种债的一般规则，其对于合同法、侵权责

---

① 参见薛军：《论未来中国民法典债法编的结构设计》，载《法商研究》，2001 (2)。

② See Reiner Schulze & Fryderyk Zoll, *The Law of Obligations in Europe*: : *A New Wave of Codifications*, Sellier European Law Publishers (2013), p. 177.

任法而言，将起到指导、协调、补充的作用。

第二，保持现有的合同法体系的完整性。一方面，合同法本身富有极强的体系性，这也决定了我国民法典应当保持合同法体系的完整性。我国已经制定了内容和体系较为完备的《合同法》，合同法总则具有内在的逻辑性、体系性以及价值的特殊性，其调整有关合同的订立、生效、履行、变更、解除、违约及其救济等内容，是围绕交易过程的展开而形成的完整的体系，这就使合同法总则的内容具有非常明显的“同质性”（homogeneity）。我国民法典应当保持这一合同法体系的完整性，这也符合合同法的发展趋势。从今后的发展趋势来看，合同法体系将日渐完备，且内容越来越丰富，两大法系的合同法规则也会朝着统一的方向发展，相关的国际公约和示范法，如《货物销售合同公约》《国际商事合同通则》等，也都鲜明地体现了这一发展趋势。另一方面，在合同法独立成编后，债法总则对合同之债仍然具有一定的指导作用。债法总则中有关债的履行、移转、变更、消灭等规则，对合同法仍然具有指导意义。因此，我国未来债法不宜将合同法纳入债法体系中，而只能通过债法总则，对合同法规则起到指导与补充的作用。当然，考虑到违约救济和侵权损害赔偿仍然具有相当多的共同之处，如有关损害的定义、损害赔偿的基本原则、损害的类型、范围等。因此，有关债务不履行的损害赔偿责任，主要应当规定在债法总则中，这也有利于维持债务不履行规则体系的完整性。

第三，侵权责任法应当与债法相对分离。一方面，侵权责任法作为民法典独立的一编，应当系统地规定责任构成和责任方式、不承担责任和减轻责任的情形、关于责任主体的特殊规定、产品责任、机动车交通事故责任、医疗损害责任、污染环境与破坏生态环境责任、高度危险责任、饲养动物损害责任以及物件损害责任等内容。侵权责任编应当构建自身完整的体系。我国立法机关采纳了侵权责任法与债法相对分离的主张，单独制定了《侵权责任法》，这不仅适应了现代风险社会中侵权责任制度日益复杂化的需要，而且构建了侵权责任法自身的体系、丰富了侵权责任法自身的内容，可以为法官提供具体的指引，有助于解决侵权纠纷。另一方面，侵权责任法独立成编后，其与债法又有一定的关联，因为侵权损害赔偿仍然是一种债的关系，仍应当适用债法的一般规则，债法关于多数人之债、债的履行、债的变更与移转等规则，对侵权损害赔偿之债仍然可以适用。所以，我国未来债法不可能将侵权责任法的规则纳入其中，但是，债法总则仍然可以适用于侵权之债，并对其起到指导与补充的作用。

第四，完整规范合同、侵权之外的各种债的关系。一方面，对于除合同、侵权之外的各种典型之债（包括无因管理、不当得利、缔约过失），法律都应当集中作出规定。因为我国缺乏债法总则，所以，这些规则目前是零散的，而且很不完备。在我国未来民法典之中，应当集中规定相关的规则。例如，缔约过失目前规定在《合同法》之中，将来应当将其规定在债法总则之中。另一方面，对于各种非典型之债，如悬赏广告、自然债务等，也应当在法律上作出规定。只有完整规定各种债的规则，才能形成完整的债法体系。

总之，在我国未来民法典中，债法总则与合同法、侵权责任法既相对分离，但同时又是一种指导与被指导的关系，债法总则对合同法、侵权责任法不仅具有指导作用，而且将发挥拾遗补缺的作用。在这样一种模式下，债法总则的体系应当是在保持合同法与侵权责任法体系完整性基础上构建的，其规则又能够适用于合同与侵权之债的关系。

第三章

债的分类

所谓债的分类，是指依据各种标准对债所进行的区分。法律上之所以要对债进行分类，主要意义在于：一是明确各种债的具体适用范围。债的类型不同，其适用范围也不相同。例如，意定之债基于当事人的意思而发生，因此，其一般适用于交易关系中；而法定之债则一般基于法律的直接规定，其一般适用于交易领域之外。二是规定各种债的法律适用规则。债的类型不同，其法律适用规则也存在一定的区别。例如，对方式债务而言，法律主要关注债务人履行债务的行为方式，因此，债务人在履行债务的过程中应当尽到相关的注意义务；而对结果债务而言，法律主要关注债务人履行债务的结果，因此，对结果债务而言，只要债务人能够按照约定提供工作成果即可，法律并不过多关注债务人履行债务的行为。三是明确不同债的法律后果。例如，对合同之债而言，在符合抵销的情形下，当事人可以主张抵销；而对侵权之债而言，其体现了法律对侵权行为人一方否定性的评价，因此，一般不允许侵权行为人主张抵销。

债的类型是开放的、不断发展的。债权关系与物权关系不同，不能都实行法定主义，法律虽然可以列举债的类型，但并不禁止当事人在不违反法律法规和公序良俗的前提下设立新的债的类型。物权法定主义的主要功能在于维护交易安全，保护个人的合理信赖，防止个人任意设定物权损害交易安全，而在债权类型的确定方面，并不采取类型法定原则。事实上，债的具体分类是随着债的类型的不断丰富而发展变化的。从《民法通则》第 84 条第 1 款的规定来看，该条从债的发生原因角度对债作出了封闭式的列举。依据该条规定，债的发生原因为合同约定或者法律规定，但该条并没有完全穷尽所有的债的产生原因。例如，基于单方允诺而产生的债，就不属于该条款所明确列举的情形。

第一节　种类之债和特定之债

一、种类之债和特定之债概述

种类之债，是指以种类物的给付为标的的债。[①] 交易上所说的种类通常都是以物的性质等作为分类标准，包括产地（如金华火腿、道口烧鸡等）、用途（食品、药品等）、品质（如一级大米、优等混煤等）、商标（如奔驰汽车、雪花啤酒等）等。在法律上所说的种类也是以上述分类标准为基础的，并形成了所谓种类物。种类物是指具有共同特征，可以用品种、规格或数量等加以度量的物，如某种标号的水泥、某种品牌的大米等。在现代社会，由于产品主要采用标准化、批量化的方式生产，因而，种类物的类型逐渐多样化，种类之债的适用范围也越来越广泛，在交易中往往可以相互替代。例如，一台 20 寸的海尔电视、一台内存为 500G 的联想电脑、一部苹果手机等，都具有很强的可替代性，很难将其与其他同类物相区分。种类物可以用同类物来代替，但是当种类物已经从同类物中分离出来作为权利客体时，也就有了特定化的性质。在债法中，以种类物为标的物的债就称为种类之债。

特定之债是与种类之债相对应的概念。所谓特定之债，是指以特定物的给付为标的的债。特定物是指具有单独的特征，不能以其他物代替的物，如某幅图

① 参见史尚宽：《债法总论》，238 页，北京，中国政法大学出版社，2000。

画、某个建筑物等。在交易中，不动产（如房屋、土地、树木等），以及某些动产（如宠物、宝石等），因其具有特定性，因而只能为特定之债的标的物。在特定之债中，债务人应当按照指定的特定物履行债务，不得以其他物代替。在债法中，以特定物为标的物的债就称为特定之债。特定之债一般包括两类：一是标的物自始特定的特定之债，即以特定物为标的物的债，例如，当事人之间订立了房屋买卖合同。二是标的物事后特定的特定之债。也就是说，在债的关系成立时，其为种类之债，但在履行前标的物特定化的，即转化为特定之债。

一般而言，债的标的应当具有确定性，也就是说，在债的关系成立时，其给付应当是确定的，否则可能导致债的关系无法成立。在种类之债中，其标的是确定的：一方面，虽然在特定化之前，其标的物是不确定的，但其给付是确定的，因为当事人会具体约定标的物的种类、数量等内容，否则可能导致种类之债无法有效成立，因此，种类之债的标的是确定的。[①] 另一方面，在标的物特定化之后，种类之债即转化为特定之债，所以，种类之债也是债的常见形态。尤其是在现代市场交易中，由于经常采用大规模购买种类物的方式，所以种类之债也是合同的重要形式。但当事人也常常需要在合同中约定以特定物的交付为标的，例如，房屋买卖合同之债即属于特定之债的范畴。种类之债和特定之债既可以发生在买卖关系中，也可以发生在租赁（如因租赁十辆奥迪 A4 汽车而成立的债的关系即属于种类之债）、承揽（如当事人之间成立的制作十台同声传译设备的合同即属于种类之债）等关系中。由于种类之债与特定之债在债的成立、当事人的权利义务、债的履行等方面存在明显区别，因而，法律上区分这两种债的类型仍有一定的意义。

种类之债和特定之债是相对应的法律概念，但种类之债和特定之债也是可以互相转化的。例如，某画家乙的作品是特定物，一般是特定之债的客体，但如果甲向该画家购买十幅画，并没有指定是哪十幅画，则应当在甲、乙之间成立种类之债。[②] 再如，在种类之债中，债务人为交付种类物而完成必要行为时，或者经债权人同意指定其应交付的标的物时，该种类之债即转化为特定之债，债务人应

①② 参见黄立：《民法债编总论》，340 页，北京，中国政法大学出版社，2002。

当以该标的物履行债务。[1]

二、种类之债和特定之债的区别

第一，标的物不同。种类之债以交付种类物为标的，其一般是可替代物。而对特定之债而言，其标的既可以是特定物，也可以是种类物，即便其标的物是种类物，在该种类物特定化之后，债务人原则上也只能向债权人交付该特定的标的物，而不得以交付其他同类物予以替代。

第二，成立条件不同。特定之债中，由于标的物是特定物，因而，当事人在债的关系成立时无须就标的物的质量等作出特别约定，债务人只需要按照债的要求向债权人交付该特定物即可。而在种类之债中，其标的虽然确定，但标的物在债的关系成立时尚未确定，即只要求种类之债的标的数量和质量应当确定，因为标的物数量和质量是债的基本内容，是债成立的基本前提，如果标的物的数量、质量等无法确定，作为债的标的的给付也就无法确定。[2] 例如，当事人仅在合同中约定购买大米，但没有约定大米的数量和质量，如果当事人事后无法根据《合同法》第62条补充合同条款的规定确定标的物的数量和质量的，当事人事后不能达成补充协议，则该合同将因标的不确定而无法成立。

第三，是否发生履行不能不同。[3] 由于种类物具有可替代性，即使债务人的某一部分种类物发生灭失，债务人也可以以其他物替代，或者到市场上购买替代物以代替履行。法谚云："种类物不灭失（genus perire non censetur）"，因而，种类之债不发生履行不能。[4] 正是因为这一原因，对种类之债的不履行可以适用实际履行的方式，债务人不能以标的物已毁损灭失、事实上不能履行为由而对债权人实际履行的请求提出抗辩。当然，如果债务人实际履行的费用过高，则按照

① 参见郑玉波：《民法债编总论》，200页，北京，中国政法大学出版社，2004。

② 参见史尚宽：《债法总论》，239页，北京，中国政法大学出版社，2000。

③ 参见张广兴：《债法总论》，129页，北京，法律出版社，1997。

④ 参见郑玉波：《民法债编总论》，201页，北京，中国政法大学出版社，2004。

诚实信用原则，也应当允许债务人以损害赔偿代替实际履行。而对特定之债而言，由于标的物是特定的，则可能发生履行不能的问题。当然，对于标的物是种类物的特定之债而言，由于其标的物具有很强的可替代性，原则上也不发生履行不能的问题。

第四，债务的履行不同。对种类之债而言，其只有在特定化之后才能履行。尽管种类之债中，当事人可能只是约定交付种类物，但在其履行时，必须将种类物中作为履行标的物的部分从该种类物中分离出来，加以具体确定，否则将无法实际履行。这种分离，导致种类之债变更为特定之债后，合同的内容没有任何改变。而对特定之债的履行而言，则不存在特定化的问题，特定之债的标的本身就是特定的，债务的履行不需要经过特定化的程序。

三、种类之债的成立与履行

（一）种类之债的成立

种类之债的成立除了应当具备债的成立的一般条件外，还应当具备如下条件。

1. 标的物是可替代的种类物

如前所述，法学上所谓“种类”，是指按照一般交易观念，具有某些共同特征的一类物品。物品共同特征越多，则该类物品越具有种类物的特点。[①] 种类物通常是可以替代的物，例如，大米、蔬菜等。如果债的标的物是特定物，则其应当属于特定之债。

2. 标的物的数量应当确定

种类之债的标的物虽然是以种类表示，但应当有明确的数量，否则可能因标的不确定而导致债的关系无法成立。例如，在标的物为种类物的合同之债中，当事人通常应当在合同成立时约定标的物的数量，否则可能因约定不明导致合同无法成立。当然，标的物数量不确定也不必然导致种类之债无法成立，当事人也可

① 参见［日］於保不二雄：《日本民法债权总论》，庄胜荣校订，31页，台北，五南图书出版公司，1998。

以在事后通过补充约定的方式确定标的物的数量。

3. 标的物的质量应当确定

种类之债中，标的物的质量应当确定，如果当事人没有对标的物的质量作出约定，则应当依据法律的相关规定予以确定。《合同法》第 62 条规定：“质量要求不明确的，按照国家标准、行业标准履行；没有国家标准、行业标准的，按照通常标准或者符合合同目的的特定标准履行。”这是事后确定标的物质量的补充性规定。

在此需要讨论的是，如果种类之债的标的质量不确定，是否影响种类之债的成立呢？一般认为，标的物的质量是债的内容的重要组成部分，在种类之债中，虽然标的物并非完全特定，但当事人也应当就标的物的质量作出约定，如果当事人未约定，则应当依据《合同法》第 62 条的规定确定其质量，如能确定，则一般不应当影响合同的成立。[①] 但如果依据上述标准仍无法确定标的物质量的，则可能导致种类之债无法有效成立。[②] 例如，乙为某粮油企业，长期出售多种品质的大米，甲向乙表示将购买其 10 吨大米，但没有指定是何种品质的大米，如果依据《合同法》第 62 条的规定仍然无法确定甲购买何种品质的大米时，该种类之债即无法有效成立。因为这一原因，标的物质量的确定应当是种类之债成立的必要条件之一。

（二）种类之债的履行

种类之债的履行以标的物的特定化为条件，种类之债的标的物一旦特定化，种类之债即转化为特定之债，当事人应当按照债的要求履行债务。在标的物特定化之后，虽然债的内容发生了一定的变化，但债的内容的同一性并不受影响，因此，原债务之上的担保等仍然有效。

1. 依当事人的约定和债权人的同意而特定

按照私法自治原则，种类之债可以依据当事人的约定和债权人的同意而特

① 《合同法》第 62 条第 1 项规定，质量要求不明确的，按照国家标准、行业标准履行；没有国家标准、行业标准的，按照通常标准或者符合合同目的的特定标准履行。这主要是从平衡当事人双方利益考虑而确立的规则。

② 参见［德］梅迪库斯：《德国债法总论》，杜景林、卢谌译，153 页，北京，法律出版社，2003。

定。具体来说：第一，依当事人的约定。此种方式又可以分为两种情况：一是当事人双方约定赋予某人以指定的权利。可以由一方指定，也可以由第三方来指定。指定权人行使指定权，即将种类物中的一定数量的部分与其他部分相分离，标的物就特定化了。二是由双方当事人共同指定，或者由一方当事人指定并经过对方当事人的同意。无论采用以上何种方式将标的物特定化，都应当以当事人的明确约定为前提。第二，依债权人同意。即在债务人指定某物交付时，债权人事前同意或事后认可，该物就成为特定物。例如，当事人订立沙发买卖合同，买受人只是指明了沙发的品牌、型号等，没有指定要哪一个沙发，如果出卖人将某沙发包装后的图片发给买受人看，买受人表示同意的，则该套沙发便已经特定化。①

2. 依债务人的行为而特定

如果当事人在合同中没有约定使标的物特定化的方法，就应当由债务人在履行时将种类物的一部分分离出来，并予以交付。在债务人交付标的物的行为完成后，标的物也已特定化，此时种类之债就转化为特定之债。关于债务人的行为达到何种程度标的物才能特定化，有三种立法例。一是分离主义。此种观点认为，应当以债务人将种类物中的特定部分与其他部分分离出来作为标的物特定化的标准。但也有人认为，标的物仅出现分离还不能特定，必须在债务人向债权人发出分离通知时，标的物才特定。二是交付主义。此种观点认为，仅仅是标的物的分离是不够的，必须在债务人将标的物交付债权人时，标的物才能特定化。三是折中主义。此种观点认为，标的物的特定化不一定需要债务人将标的物交付债权人，只要债务人完成自己一方为履行所必要的行为，标的物也可以特定化。② 笔者认为，在当事人没有约定的情形下，只要债务人将标的物同其他种类物分离，并且通知债权人的，标的物就能特定化。

在种类之债特定化以后，种类之债已经转化为特定之债，债务人应当向债权人交付特定的标的物。例如，甲（某煤炭批发公司）向乙（某矿业公司）购买

① 参见郑玉波：《民法债编总论》，200页，北京，中国政法大学出版社，2004。

② 参见［日］於保不二雄：《日本民法债权总论》，庄胜荣校订，35页，台北，五南图书出版公司，1998；孙森焱：《民法债编总论》，317～318页，北京，法律出版社，2006。

100 吨山西混煤。合同订立后，在正式交货前，乙通知甲，已经特别为甲准备了 100 吨山西优混煤炭，并堆放在其露天仓库中，希望甲到场确认。甲到场检验后表示认可，并要求乙按期发货。但一周后，甲所收到的煤炭并非山西优混煤炭，而是普通混煤。甲认为乙交付的煤炭质量不符合合同约定，要求退货并请求乙承担违约责任。而乙认为，合同只是约定，甲向其购买山西混煤，普通混煤也属于山西混煤类型，因此，其并不构成违约。在该案中，在合同订立时，当事人只是约定购买 100 吨的混煤，山西混煤在性质上属于种类物，其既包括普通混煤，也包括优质混煤，当事人在合同订立时并没有明确给付特定的混煤，因此，在当事人之间应当成立种类之债。但后来乙将混煤确定，并由甲现场确认，此种情况既属于因债务人的行为而确定标的物，也可以纳入因债权人的同意而确定标的物的情形。此时，既然标的物已经确定，该种类之债已经转化为特定之债，乙应当按照约定向甲交付甲指定的混煤，而乙只是向甲交付普通混煤，显然违反了合同约定，应当向甲承担违约责任。

问题在于，在种类之债特定化以后，当事人能否对已经特定化的标的物进行变更。笔者认为，既然已经转化为特定债权，原则上不应该再允许变更。但在种类之债中，当事人以何种标的物履行债务，应当属于当事人意思自治的范畴，因此，即便种类之债已经特定化，债的双方当事人也可以通过协商变更标的物，法律应当允许。但需要讨论的是，种类之债特定化之后，债的一方当事人能否单方变更标的物呢？笔者认为，种类之债特定化之后，债务人或者债权人原则上不能单方变更标的物，因为标的物一旦确定，种类之债已经转化为特定之债，当事人应当严格按照该特定之债的要求履行债务，而不得单方变更标的。例如，在上述混煤买卖纠纷案中，在标的物已经特定化的情形下，乙不得单方变更标的物，否则即属于未按照债务的要求履行债务，应当承担违约责任。同时，债权人也不得单方变更债的标的物。但如果标的物灭失，或者因其他原因无法交付，则按照诚信原则，在债务人变更标的并不会损害债权人利益的情形，应当允许债务人交付同种类、同等品质的标的物履行债务。例如，在上述混煤买卖纠纷案中，如果当事人约定的山西优混煤炭因意外事件灭失，则乙应当有权交付同等品质、同等质量的山西优混煤炭以代履行，甲不得因此请求乙承担违约责任。

第二节　金钱之债和非金钱之债

一、金钱之债和非金钱之债的分类

金钱之债，又称货币之债，是指债务人必须以给付一定货币履行债务的债。[①] 金钱之债的标的物一般包括：通用货币、外国货币和特种货币。但就我国而言，由于外国货币、特种货币属于限制流通物，因而，此处所说的货币之债仅指以通用货币为标的物的债。在我国国内交易中，货币应当以人民币交付，如果是涉外交易，当事人可以约定以外币交付。金钱之债在性质上不同于价值之债，价值之债主要是指以某物的交换价值为标的的债，价值之债的履行可能也涉及一定的货币交付，但其标的为物的交换价值而非货币本身，而货币之债则是以货币本身为标的。[②]

金钱之债又可分为特定货币之债、金额货币之债和特种货币之债三种类型。[③] 一是特定货币之债，它是指在此种债中，标的物是经特定化处理后的货币，此类债的货币在性质上已属于特定物。例如，在收藏市场中，经过特殊封装的连号钞票即属此类。由于作为特定货币之债的标的物已经特定化，其已不属于种类之债，而应当属于特定之债。二是金额货币之债，它是指以一定金额的一般通用货币为标的的债务，即只要债务人向债权人给付一定金额的货币，即可构成对债务的履行。[④] 此类债中的货币性质上是典型的种类物。三是特种货币之债，它是指以特定种类的货币为标的物的债。特种货币之债的标的物兼具种类物与特

① 参见郑玉波：《民法债编总论》，201～202页，北京，中国政法大学出版社，2004。

② 参见黄立：《民法债编总论》，340页，台北，元照出版公司，2002。

③ 参见郑玉波：《民法债编总论》，202页，北京，中国政法大学出版社，2004。

④ 参见黄立：《民法债编总论》，343页，台北，元照出版公司，2002。

定物的特点。当然，虽然当事人约定债务人必须交付特定种类的货币，但在该种货币中，债务人仍可以自由选择交付哪些货币，因此，特种货币之债在性质上仍然属于种类之债。区分这三种货币之债的意义主要在于，一方面，债的履行标的不同，当事人的履行义务也存在一定差别。另一方面，是否可能发生履行不能不同。货币之债在性质上属于种类之债，一般不发生履行不能的问题，但对特定货币之债而言，由于其标的物已经特定化，应当属于特定之债的范畴，一旦当事人所约定交付的货币灭失，则可能发生履行不能的问题。

所谓非金钱之债，是指其给付是金钱以外的其他标的的债。非金钱之债的范围十分广泛，依据给付内容的不同，非金钱之债可以分为以下两类。一是交付财产之债，其主要是指债务人需要按照债的内容向债权人交付一定的财产，以履行债务。此处所说的财产主要是指有形的财产类型，无形财产一般不发生交付的问题。例如，在买卖房屋合同、买卖汽车的合同中，债务人应当按照合同约定向债权人交付相关的财产，此类交易是最为典型的财产交易。二是提供服务之债，这主要是指债务人应当按照债的内容向债权人提供一定的服务，从而实现债的目的。提供服务之债一般以全部或者部分提供服务为债务的主要内容。债务人所提供的服务的范围十分广泛，如提供技术、文化、生活服务等，其主要包括两大类：一是债务人仅需要向债权人提供一定的服务，如提供保管服务等；二是债务人不仅需要向债权人提供服务，而且需要交付一定的工作成果，如承揽合同之债。而债权人一般需要向债务人支付相应的服务费用。①

需要指出的是，金钱之债与非金钱之债的区分并非绝对，非金钱之债中也可能需要支付金钱，但其并不是以金钱交付本身为标的，而金钱之债则是以金钱本身作为标的物，即以给付一定数额的货币为标的，而不涉及金钱之外的物的交付。

---

① 参见全国人大常委会法制工作委员会民法室：《中华人民共和国合同法及其重要草稿介绍》，150页，北京，法律出版社，2000。

二、金钱之债和非金钱之债的区别

金钱之债与非金钱之债的区别主要有以下几点。

第一，标的物不同。非金钱之债的标的物为货币以外的其他物，或者以债务人向债权人提供一定的服务为标的。而金钱之债以一定的货币为标的物，货币是一般等价物，是财货交易的媒介、债务支付的手段、储蓄的方法。货币的所有权也具有其特殊性，即货币的占有往往可以推定为所有，这也决定了，货币之债中货币所有权移转的特殊性。①

第二，能否发生履行不能不同。由于货币在性质上属于种类物，具有较强的流通性和可替代性，因而，金钱债务原则上必须实际履行，一般不会发生履行不能。依据《合同法》第 109 条的规定，对合同之债而言，一方不履行金钱债务的，对方均可以请求其继续履行，可见，金钱债务必须实际履行。即便债务人准备交付的货币因不可抗力灭失，债务人也不能援引不可抗力作为免责事由。例如，某粮油进出口公司（以下简称粮油公司）准备进口 5 000 吨大豆，便向当地建设银行贷款 1 000 万元，并以其粮库库存的 4 000 吨大米提供担保，在贷款合同签订后，该粮油公司所存储的 4 000 吨大米因发生火灾而部分被焚毁。粮油公司便提出了因发生不可抗力而无法向银行还本付息，银行认为，即使担保的大米灭失，粮油公司仍应当还本付息。双方为此发生争议。在该案中，由于粮油公司对银行所负担的债务在性质上属于金钱债务，金钱债务的标的为金钱，具有很强的可替代性，原则上无法发生给付不能的问题，因此，粮油公司不得主张因不可抗力而导致其给付不能，仍应当对银行负担还本付息的义务。但非金钱之债则可能发生履行不能的问题。当然，此种区分也并非绝对，如特定货币之债仍可发生履行不能的问题，而非金钱之债中，如果其标的物为种类物，则原则上也不会发生给付不能的问题。

第三，债务的履行不同。由于金钱之债的标的为货币，因而，其在履行上具

① 参见郑玉波：《民法债编总论》，202 页，北京，中国政法大学出版社，2004。

有一定的特殊性。对金钱之债而言，债务人原则上不需要交付特定的货币，而只需要向债权人交付等值的货币即可，除当事人另有约定外，债权人一般不得要求债务人交付特定的货币。在我国，当事人未指定货币种类的，债务人应当以人民币履行债务，但法律另有规定的除外。以支付外国货币为标的的债，债务人可以按照给付时履行地的汇兑市价，以人民币履行。关于货币支付的方式，应当按照有关货币结算、账目往来的特别规定进行。[①] 当然，在特定货币之债中，债务人仍应当严格按照当事人的约定交付货币。此时，如果约定的货币灭失的，也可能发生履行不能。但对非金钱之债而言，当事人应当严格按照债的要求履行，不得主张以交付其他标的物代替当事人约定的标的物履行债务。当然，如果当事人约定的标的物为种类物，而且该种类物未特定化的，则债务人仍有权选择交付特定品质的标的物，而不需要交付特定的标的物。例如，在上述大米担保纠纷案中，如果粮油公司向国外公司购买大豆时未指定交付特定的大豆，则国外的公司即有权按照通常的品质和质量交付大豆。

第四，是否约定利息不同。由于金钱之债的标的为货币，所以，金钱之债的履行通常会伴随利息的支付，当事人一般会在金钱之债中约定，债务人应当向债权人支付相关的利息，从而产生利息之债。在金钱之债中，利息之债的效力并非完全独立，而是附属于金钱之债，如果产生金钱之债的主合同被宣告无效，则利息之债也随之失效。而非金钱之债以财产的给付或者服务的提供为标的，一般不会产生利息之债。

第五，发生不可抗力后，是否可以免除继续履行责任不同。对非金钱债务而言，一般情况下，如果在债的履行过程中发生不可抗力，导致债务人履行不能，则债务人可以因此免责，而对金钱债务而言，即便发生不可抗力，债务人仍应当按照债的要求履行其债务。其主要理由在于：欠债还钱是一项债务履行的基本规

① 《国际商事合同通则》第 6.1.8 条规定了转账付款的履行方式和具体规则："（1）除非债权人已指定特定账户，付款可以通过将款项转至债权人已告知其设有账户的任何金融机构进行。（2）在转账付款的情况下，债务人的义务在款项有效转至债权人的金融机构时解除。"这一经验值得我们借鉴。这就是说，如果债权人未指定特定账户，则债务人可以将款项转移至债权人已经告知的其设有账户的任何金融机构。在转账付款的情况下，债务人的债务在款项转移至债权人的金融机构时消灭。

则，同时，也是符合道德原则的。在交易中，作为商品的一般等价物，货币是一种纯粹的可代替物，或称为特殊的种类物，不具有任何个性，任何等额的货币价值相等，可以互相代替，具有高度的流通性，这就决定了金钱债务的标的，即货币，不可能发生不可替代的灭失，也不存在履行在经济上不合理的情况。债务人可能暂时遇到经济困难而不能交付，这也只会导致履行迟延，而不能适用履行不能，从而也不能援引不可抗力免除责任。

此外，还应当看到，金钱债务的标的物为货币，货币的币值与经济发展状况密切相关，极易发生波动，因此，金钱债务的履行可能发生货币贬值的问题。在此需要讨论的是，在货币贬值的情形下，债的当事人能否据此请求增加或者减少给付。笔者认为，由于经济发展状况受到多种因素的影响，货币的币值经常处于变动之中，为了维护债的关系的稳定性，在货币币值出现波动时，债的关系当事人原则上仍应当按照债的要求履行债务，而不得以货币币值变动为由请求增加或者减少给付数额。同时，按照私法自治原则，当事人可以约定保值条款，即当事人可以约定，在货币币值出现变动时，债的当事人应当适当增加或者减少给付，以维持债的标的的价值。例如，在长期租赁合同中，当事人可以在合同中约定保值条款，在合同履行过程中，如果货币贬值，当事人即可依据保值条款请求增加或者减少给付，按照私法自治原则，此种协议在法律上也是有效的。当然，在例外情况下，即便当事人没有订立保值条款，也应当允许当事人请求增加或者减少给付。

第三节　本金之债和利息之债

一、本金之债和利息之债概述

（一）本金之债和利息之债的关系

所谓本金之债，是指以给付本金为债的标的的债。所谓利息之债，是指以给付利息为债的标的的债。本金之债与利息之债是两种典型的债的形态，也是十分古老的债的类型。本金之债是利息之债产生的前提和基础。虽然本金之债是与利息之债相对应的法律概念，但本金之债可以脱离利息之债而单独存在，即存在无利息之债的本金之债，如无息借贷。例如，《合同法》第211条前段规定："自然人之间的借款合同对支付利息没有约定或者约定不明确的，视为不支付利息。"依据这一规定，对于自然人之间的借贷关系而言，在当事人没有约定利率的情形下，应认为是无息的借贷关系，其就属于无利息之债的本金之债。依据我国相关法律规定，对一方为金融机构的借款合同和非自然人之间的民间借款合同而言，即便当事人对借贷利息约定不明，也推定当事人之间的借款合同是有偿的，借款人仍应当向贷款人支付利息。因此，此类债务一般伴随着利息之债。

本金之债与利息之债存在密切关联，二者是不可分割的。利息之债在性质上具有一定的从属性，其成立和效力一般依附于本金之债。利息之债的成立以存在本金之债为前提；本金之债被撤销，或者被宣告无效时，利息之债也应当归于无效；本金之债的担保也可以及于利息之债，即在本金之债有优先受偿的情形下，利息之债原则上也应当具有优先受偿的效力。但利息之债也具有相对的独立性，也就是说，利息之债产生后，债权人可以请求债务人单独履行利息债务，债权人还可以让与其利息债权，而且在本金之债已经得到清偿的情形下，利息之债仍然可以单独存在并发生效力。

依据利息之债产生原因的不同，可以将利息之债分为法定利息之债和约定利息之债。所谓法定利息之债，是指依据法律规定而当然发生的利息之债，其利息成为法定利息。法定利息的种类较多，有本金产生的利息、迟延利息、损害赔偿迟延支付的利息等。所谓约定利息之债，主要是指基于当事人的合意而产生的利息之债，其利息称为约定利息，通常在民间借贷中采用。[①]

（二）利息之债的特点

第一，利息是一种法定孳息。利息是基于一定的法律关系而产生的收益，利

① 参见郑玉波：《民法债编总论》，207页，北京，中国政法大学出版社，2004。

息依附于本金，其产生以本金之债为前提。[①] 利息一般以本金为基础，它是按照一定的利率而得出的收益，因此，利息之债原则上不可与本金之债相分离。

第二，利息是以本金为基础、依一定的比例而计算的收益。利息是借款合同的履行标的。按照学者的观点，利息是依据时间长度而确定的报酬，其是基于对资金的使用而产生的。[②] 与物的使用报酬或者费用相比，虽然物的使用报酬或者费用也与物的特征、品质等存在一定关联，但其数额并不是按照物的价值的一定比例予以确定的，而利息的数额则是以本金为基础，按照一定的比例计算出来的。

第三，与本金之债不同，利息之债的数额是随着时间的延续而予以确定的。通常，本金之债的履行额度是确定的，但利息之债则需要依据具体的期限予以确定。利息的给付义务需要通过当事人达成利息协议的方式（Zinsabrede）来完成，但其具体数额则依据法律规定或者当事人的约定予以确定。[③] 为保护债务人的利益，利息之债不得附加条件（如要求债务人额外支付咨询费、手续费等费用）。[④]

第四，利息之债的履行原则上应当以金钱的形式支付。也就是说，在利息之债中，债务人履行债务的形式原则上限于金钱给付。当然，按照私法自治原则，如果当事人特别约定以其他替代物的交付代替金钱的支付，也应当有效。例如，在借款合同中，当事人约定债务人以交付一定量的大米作为借款的利息，也是合法有效的。[⑤]

第五，利息的数额一般受到法律的控制。即法律为了维护正常的经济秩序，防止一方滥用其经济上的优势地位损害对方当事人的利益，法律一般会对利息之债的最高额设置一定的限制。根据《民间借贷司法解释》第 26 条第 2 款的规定，“借贷双方约定的利率超过年利率 36%，超过部分的利息约定无效。借款人请求出借人返还已支付的超过年利率 36%部分的利息的，人民法院应予支持”。

---

① 参见林诚二：《民法债编总论》，242 页，北京，中国人民大学出版社，2003。

② MünchKomm/Berger，§ 488，Rn. 154.

③④ MünchKomm/Berger，§ 488，Rn. 164.

⑤ 参见林诚二：《民法债编总论》，242 页，北京，中国人民大学出版社，2003。

利息具有报酬的功能，但又不同于报酬，利息的支付本质上表明当事人双方的关系是有偿的。早在中世纪，意大利著名神学家托马斯·阿奎那主张放债取息的合理性，认为利息是对放债人损失和承担丧失本金风险的报酬。有学者认为，利息具有报酬功能，其是基于时间的经过，确定的或者不确定的对于本金使用可能性的报酬。[①] 但笔者认为，利息不同于报酬。一方面，使用借贷关系原则上是无偿的，如果当事人没有在合同中明确约定支付报酬，则推定该使用借贷关系为无偿，因此，报酬的支付必须是明确约定的。但对于借款合同而言，一些国家法律规定，即便当事人对合同内容有疑义，也应保障出借人的利益。金钱消费借贷借用人的利息支付义务是法律规定的义务。[②] 在我国，以金融机构为一方当事人的借款关系，即使当事人没有在合同中约定利息，其也是有偿的。另一方面，是否存在国家的管制不同。在使用借贷关系中，法律一般不会对报酬的数额进行限制，完全交由当事人自由约定，而在利息之债中，国家出于维护经济秩序、保护一方当事人合法权益的目的，一般会对利息之债的数额进行一定的管制。此外，二者数额的计算标准不同。在使用借贷关系中，物的使用的报酬虽然与借用物的品质、特征、使用期限等有一定的关联，但其并不是按照借用物价值的一定比例进行计算的，而且一般情况下，借用物的使用报酬在使用借贷关系成立时即已确定。而在利息之债中，利息的计算是以本金的数额为基础、按照本金数额的比例计算出来的，即便当事人没有约定具体的利率，也可以依据法定利率确定利息的数额，而且利息的具体数额在利息之债成立时是不确定的，需随着时间的延续具体确定。

二、利息的计算

（一）利息计算的基本方法

利息要依据一定的利率而计算。[③] 利率，是利息率的简称，它是指一定时期

---

① MünchKomm/Berger，§ 488，Rn. 154.

② MünchKomm/Berger，§ 488，Rn. 153.

③ 参见金永熙：《民间借款诉讼》，100～101 页，北京，人民法院出版社，2000。

内借款利息与借贷本金的比率。利率可分为：年利率、月利率、季利率和日利率，分别以百分比（%）、千分比（‰）和万分比（‱）等表示。一般说的利息都是年利息和月利息。通常情况下，利息的数学计算公式为：利息＝借款本金×利率×借贷时间。从该公式来看，利息之债的计算以本金之债为基础，同时，利息之债的计算要考虑本金之债的期限。[①] 除了上述方式外，利息还可以采用当事人约定的其他方式计算[②]，只要按照当事人约定的利息计算方式计算出的数额没有超出法定的限额标准，则该约定就是有效的。

（二）单利和复利

利息可分为单利与复利。所谓单利，是指仅以本金作为计算利息的基础，而不将利息加入本金而产生的利息，因此种计算方式而产生的债称为单利之债。所谓复利，是指将已经产生的利息纳入本金中，并将其作为继续计算利息的基础。[③] 因此种计算方式而产生的债称为复利之债。我国民间通常将其称为“利滚利”“驴打滚”。

《民间借贷司法解释》第 28 条规定：“借贷双方对前期借款本息结算后将利息计入后期借款本金并重新出具债权凭证，如果前期利率没有超过年利率 24%，重新出具的债权凭证载明的金额可认定为后期借款本金；超过部分的利息不能计入后期借款本金。约定的利率超过年利率 24%，当事人主张超过部分的利息不能计入后期借款本金的，人民法院应予支持。”从该条规定来看，《民间借贷司法解释》并没有完全禁止复利，而只是禁止高利的复利。[④] 也就是说，只要复利本身没有超出法律所规定的最高利率标准，则应当认定其有效。但是复利也应当有一定的限制，即在当事人约定复利的情况下，只要最终计算的利率没有超出法律规定的最高利率标准，该复利的约定就是有效的，如果最终计算的利率超出了法律规定的最高利率标准，则超出的部分无效。例如，甲向乙提供 100 万元贷款，如果当事人约定的月利率为 2%，则折算成年利率为 24%，该约定符合法律规定

---

① 参见郑玉波：《民法债编总论》，205 页，北京，中国政法大学出版社，2004。

② MünchKomm/Berger, § 488, Rn. 155.

③ 参见林诚二：《民法债编总论》，245 页，北京，中国人民大学出版社，2003。

④ 参见郑孟状、薛志才：《论放高利贷行为》，载《中外法学》，1992（3）。

的上限，应当有效。在六个月后，当事人约定，将前六个月的利息纳入本金，六个月后，当事人之间借款合同的本金则为112万元。但如果当事人约定的月利率为5%，则当事人所约定的年利率就是60%，则超出36%的部分不受法律保护，在六个月后，如果当事人约定，将前六个月的利率算入本金，则依据司法解释的规定，仅能将24%以内的部分算入本金，即六个月后新订立的借款合同本金仍是112万元，超过的部分不得纳入本金。

（三）高利贷

高利贷，是指高于合法利率的利息。“高利贷（usury）”一词来自于中世纪拉丁文usura，最初是指利息，后其意思逐渐演化为高出合法利率的利息。《民法通则》第90条规定：“合法的借贷关系受法律保护。”该条的立法本意就是禁止设立高利贷。[①] 最高人民法院1991年公布的《审理借贷案件的若干问题》第6条规定：“民间借贷的利率可以适当高于银行的利率，各地人民法院可根据本地区的实际情况具体掌握，但最高不得超过银行同类贷款利率的四倍（包含利率本数）。超出此限度的，超出部分的利息不予保护。”然而，随着我国市场化的推进，金融改革的深化，利率本身也在不断市场化。四倍利率的规定显然具有计划经济的色彩，不符合市场经济条件下的利率变动性的特点。更何况，四倍利率的设定没有合理的经验数据和理论支持，究竟是以“人民银行同类贷款利率”还是“商业银行同类贷款利率”为基准，并不明确[②]，为此，许多学者强烈呼吁，应当对此进行改革，废除四倍利率红线。[③]

《民间借贷司法解释》采用了分类的规范，其既没有完全禁止高利率，也没有完全放任高利率，而是确立了两项判断标准。

一是未超过年利率24%的约定合法有效。该司法解释第26条第1款规定：“借贷双方约定的利率未超过年利率24%，出借人请求借款人按照约定的利率支付利息的，人民法院应予支持。”依据该条规定，对于未超过年利率24%的利

① 参见魏耀荣等：《中华人民共和国合同法释论》（分则），197页，北京，中国法制出版社，2000。

② 参见高晋康等编：《我国民间金融规范化发展（2011）》，27页，北京，法律出版社，2012。

③ 参见赵越：《民间借贷利率法律问题研究——以“四倍红线”为中心的考虑》，载《金融法苑》，2013年第2辑。

息，司法解释认可其效力。按照司法解释起草者的观点，民间借贷的固定利率上限应当高于金融市场的平均利率，但又不得过度高于实体经济的利润率。[①] 否则，就会导致民间借贷资金不会流向实体经济，可能加剧金融风险。该条将民间借贷中受法律保护的利率上限规定为是24%，总体符合这一发展水平。[②] 因此，只要当事人约定的利率未超过年利率的24%，则贷款人可以直接申请强制执行。

二是超过年利率36%，超过的部分无效。根据《民间借贷司法解释》第26条第2款的规定，“借贷双方约定的利率超过年利率36%，超过部分的利息约定无效。借款人请求出借人返还已支付的超过年利率36%部分的利息的，人民法院应予支持”。依据该规定，以年利率36%作为当事人约定的利率的上限，超出36%以外的利息，不受法律保护。对于超过36%的部分，即便当事人已经实际履行，法律也不认可其效力。如果贷款人已经取得超出36%的部分的利息，将构成不当得利，借款人有权请求其返还。

但是对于年利率24%至36%之间约定的利息，司法解释并没有当然否定该约定的效力，如果当事人之间已经自愿履行，且未发生争议，那么法院也应当认可该履行行为的效力。

三、本金之债和利息之债的履行

本金之债和利息之债都属于金钱之债，债的关系一旦成立，当事人即应当严格按照债的要求履行债务。由于金钱具有很强的替代性和流通性，因而不会因标的物毁损、灭失等导致履行不能，且不能以不可抗力作为本金之债和利息之债不能履行的抗辩。就利息之债而言，只要当事人约定的利息不违反法律规定的限制性标准，原则上都应当具有法律效力，债务人应当按照约定履行债务。此外，在两种债的履行过程中，债权人不得以折扣或者收取手续费、咨询费等各种费用，

---

① 参见杜万华主编：《最高人民法院民间借贷司法解释理解与适用》，460页，北京，人民法院出版社，2015。

② 有关报告显示，全国民间借贷利率为23.5%，而农村地区的民间借贷利率为25.7%。参见杜万华主编：《最高人民法院民间借贷司法解释理解与适用》，461页，北京，人民法院出版社，2015。

获得法定或者合同约定之外的利益。

一般来说，一方当事人为金融机构的借款合同以有偿为原则，当事人一般会在合同中约定利息，如果没有在合同中约定利息，则一般依据法定的同期利率标准确定利息的数额。[①] 如果一方迟延履行，如何确定迟延履行的利率呢？一般认为，在此情形下，可依据《民法通则意见》第124条的规定确定“比照银行同期贷款利率计息”。

如果在当事人之间同时存在本金之债与利息之债，而债务人所作出的履行不能完全清偿所有债务，如何确定债务人所清偿的债务是本金债务还是利息债务呢？这涉及清偿抵充规则的适用问题（参见本书第十四章第六节）。

第四节　选择之债和简单之债

一、选择之债和简单之债的分类

所谓选择之债，是指在债成立并生效以后就有两种以上的给付可供选择的债。选择之债有广义和狭义之分。从广义上说，选择之债的范围较为广泛，其可以是选择不同的义务（如选择给付金钱或提供劳务）或选择标的物；也可以是对不同履行时间、履行方式、履行地点的选择。除此之外，当事人甚至可以约定选择债务不履行的责任，其在性质上也应当属于选择之债的范畴。因此，凡在债的给付标的，履行时间、方式、地点，债务不履行的责任等方面可供选择的债，都为选择之债。《欧洲民法典草案》第3—2：105条第1款规定：“债务人应当履行两项或更多债务中的一项，或以两种或更多方式中的一种履行债务的，债务人有

① 《合同法》第196条规定，“借款合同是借款人向贷款人借款，到期返还借款并支付利息的合同。”据此可见，在金融机构借款合同中，借款人一般要向贷款人支付利息，所以借款合同原则上具有双务性和有偿性。

选择权，但有关这些债务的规定另有规定的除外。”这实际上采纳了广义的选择之债的概念。从狭义上说，选择之债是指当事人在合同中确定数个标的，允许当事人在履行时选择其中一个标的作出履行。① 本书所讨论的选择之债为广义上的选择之债。

选择之债在性质上究竟是单一之债还是复数之债，学界存在不同看法。一是复数之债说。此种观点认为，因选择之债有多项给付可供选择，因而成立多个债的关系。二是单一之债说。此种观点认为，选择之债虽然有多种给付可供选择，但其本质上仍属于单一之债。三是折中说。此种观点认为，当选择权属于债权人时，其属于复数之债，当选择权属于债务人时，其属于单一之债。② 笔者认为，虽然选择之债有多种给付可供选择，但一旦当事人作出选择，当事人即应当按照债的要求履行债务，并不存在多项给付关系，其在性质上应当属于单一之债。选择之债也不同于多项请求权的选择（如违约请求权与侵权请求权的选择），二者属于不同层次的法律概念。对多项请求权的选择而言，在请求权确定之前，当事人之间的给付是不确定的，在请求权确定之后，才可能在当事人之间产生选择之债或者简单之债的关系，因此，选择之债与多项请求权的选择是不同层次的法律概念。

所谓简单之债，是指在债的关系成立后，债的关系当事人无法在数种给付中作出选择的债。对简单之债而言，债的标的较为单一，债务人应当严格按照法律规定或者当事人的约定履行债务，而不得以他种给付代替履行；债权人也仅能请求债务人按照债的要求履行债务，不得请求债务人提供他种给付以代替原定给付。因此，简单之债又可称为不可选择之债。③

选择之债与简单之债，主要具有如下区别。

第一，是否具有数个履行标的不同。对选择之债而言，债的标的有数个，而且各个给付的内容不同，因此才有选择的必要。④ 而对简单之债而言，债的履行

① 参见黄立：《民法债编总论》，360页，北京，中国政法大学出版社，2002。

② 参见林诚二：《民法债编总论》，251～252页，北京，中国人民大学出版社，2003。

③ 参见张广兴：《债法总论》，129～130页，北京，法律出版社，1997。

④ 参见郑玉波：《民法债编总论》，212页，北京，中国政法大学出版社，2004。

标的是单一的，债的关系当事人无法从数项履行中作出选择。

第二，债的内容或者履行方式不同。对选择之债而言，由于其有数项给付可供选择，因而，在选择权人作出选择之前，债的内容或者履行方式可能是不确定的。例如，债的关系当事人约定，债务人有权在数种标的物中进行选择，则在债务人作出选择之前，该选择之债的标的就是不确定的。从这个意义上说，选择之债是给付相对不确定的债。[①] 而对简单之债而言，由于其给付是单一的，因而，债的内容以及履行方式等都是确定的，债务人应当严格按照债务的要求履行债务，债权人也应当按照债的要求履行协助义务等，简单之债一旦成立，任何一方当事人原则上都无法对债的内容或者履行方式作出选择。

第三，债在履行前是否需要当事人作出选择不同。对选择之债而言，在履行前，当事人必须在数个履行中作出选择。在选择之前，债的内容、履行方式等是不确定的，债也无法履行，因此，对选择之债而言，基于法律行为的客体特定原则的要求，当事人必须在数个履行标的中作出选择，在当事人作出选择后，选择之债才能履行。而对简单之债而言，则不需要债的当事人就债的履行作出选择。

简单之债是债的常态形式，选择之债是当事人特别约定或者法律特别规定的特殊的债的形式。基于私法自治原则，当事人可以约定债的履行方式，如果当事人特别约定成立选择之债，则该约定应当具有法律效力。例如，甲向乙购买一套房屋，双方在合同中约定，甲向乙交付 10 万元定金。如果乙违约，则甲有权解除合同，或者甲有权请求乙返还定金，并请求乙支付 10 万元的违约金。如果甲违约，则无权请求乙返还定金，乙有权解除合同，并要求甲赔偿损失。在合同成立后，因为房屋涨价，乙交付房屋前将该房屋转售他人，并从中多获得近百万元的价款。甲认为，当事人约定的 10 万元违约金过低，而且没有约定损害赔偿，所以，其有权依据《合同法》关于违约损害赔偿的规定请求乙承担 100 万元的违约损害赔偿。在该案中，当事人在合同中约定，如果乙违约，则甲有权选择解除合同，或者选择请求乙返还定金并请求乙支付 10 万元的违约金，在性质上应当属于选择之债的范畴。既然当事人已经在合同中约定了违约的纠纷解决方式，则

① 参见黄立：《民法债编总论》，360 页，北京，中国政法大学出版社，2002。

按照私法自治原则，当事人的约定应当有效，即便乙违约并因此获利，甲也不得在已选择的违约责任承担方式之外，请求乙承担其他违约责任。当然，选择之债在一定条件下也可以转化为简单之债，即如果选择之债的数种给付只有一种可以履行，而其他均发生履行不能时，在此情况下，当事人并无选择的余地，只能按可以履行的标的履行。此时，选择之债也就因此转化为简单之债。

选择之债与种类之债一样，一般由当事人在合同中约定，债的标的物在合同订立时并未确定，而是由一方当事人在未来进行选择。但选择之债与种类之债存在明显区别。一是选择之债的履行需要借助一方当事人的选择行为，而且当事人可以选择的范围较广，其既包括对标的物的选择，也可能包括对债务履行方式、债务履行时间、债务不履行的责任等所作出的选择。而种类之债中，当事人只是约定由一方当事人就标的物作出选择，即由当事人确定标的物的数量①，因此，其与选择之债相比，当事人可以选择的对象范围较小，无法对债的履行方式、履行时间、债务不履行的责任等作出约定。二是标的不同。对选择之债而言，在当事人作出选择之前，债的标的有多个，而且数个标的是不同的，当事人可以在不同的给付之间作出选择。② 而种类之债的标的只有一个，只是在种类物特定化之前，该给付尚未确定而已。三是标的物不同。选择之债的标的物不一定是同种类的物，或者虽然是同种类的物，但在性质等方面也存在一定的差别，因此才存在当事人的选择问题；而对种类之债而言，其标的物则为同种类、同品质的物。

二、选择之债的履行

与简单之债相比，选择之债的特殊性主要体现在其履行方面，即在选择之债履行之前，一方对债的履行享有选择权，这也是选择之债的核心特征，以下具体论述选择之债中的选择权。

---

① 参见郑玉波：《民法债编总论》，219页，北京，中国政法大学出版社，2004。

② 参见黄立：《民法债编总论》，360～361页，北京，中国政法大学出版社，2002。

（一）选择权的性质和特征

1. 选择权在效力上具有溯及性，一旦选择权人行使选择权，该选择权的效力及于选择之债成立之时。经享有选择权的人作出选择以后，其不仅向将来发生效力，而且该选择权的效力还溯及于债权债务发生之时。在当事人选择某特定物作为标的物后，如果该特定物发生了毁损灭失，或者因受到第三人的追夺而不能履行，则负有履行义务的一方将构成履行不能，应当向对方承担债务不履行的责任。[①]

2. 选择权在性质上属于形成权。在选择之债中，一旦权利人作出选择，则债的履行的相关内容即因此确定，即因一方当事人的意思可使债的履行的相关内容确定，因此，选择之债中的选择权在性质上应当属于形成权。选择权人在行使选择权时不得附条件或者附期限。此外，选择权原则上也不得与选择之债分离而独立让与第三人，仅在选择之债发生继承、债权让与或债务承担时，选择权才随同移转给第三人；但在选择权归属于第三人以后，第三人不得将该选择权让与他人，而应当由第三人本人作出选择。[②]

3. 选择权的范围十分广泛。一般来说，从选择的对象上来说，可以将当事人的选择分为三种情况。一是对标的物的选择。对标的物的选择又可以分为种类物与种类物之间的选择（例如，双方约定允许出卖人可以在交付光盘与录音带之间进行选择）；特定物与特定物之间的选择（例如，约定出卖人可以在交付 A 套房与 B 套房之间进行选择）；特定物与种类物之间的选择（例如，双方约定交付 A 马或大米 100 斤，在这两者之间进行选择）。应当注意的是，当事人所能选择的给付应当是不同的给付，如果当事人只是在同一种种类物中进行选择，则应当属于种类之债而非选择之债。二是对行为的选择。例如，在前述房屋转售纠纷案中，当事人在合同中约定，甲向乙交付 10 万元定金，如果乙违约，则甲有权解除合同，或者甲有权请求乙返还定金，并请求乙支付 10 万元的违约金。如果甲违约，则无权请求乙返还定金，乙有权解除合同，并要求甲赔偿损失。此种情形

① 参见郑玉波：《民法债编总论》，220 页，北京，中国政法大学出版社，2004。

② 参见孙森焱：《民法债编总论》，319 页，北京，法律出版社，2006。

即属于对行为的选择。三是对行为与物的选择。例如，甲、乙双方当事人约定，甲支付给乙人民币 3 万元，而乙可以向甲作一次演讲或者向甲交付一幅画。对不同履行时间、履行方式、履行地点的选择，可以准用选择之债的规定。例如双方在合同中约定甲方向乙方交付 1 万张光盘，该光盘既可以在境内生产交付，也可以在境外生产交付，此种约定可以准用选择之债的规定。

4. 选择权的归属一般由当事人约定，但法律也可能对选择权的归属作出特别规定。选择之债中，选择权的归属既可能由当事人特别约定，也可能由法律直接作出规定，如果法律规定或合同约定双方或一方有选择权，则应当由有选择权的一方行使选择权。在此需要讨论的是，如果当事人没有对选择权的归属作出约定，法律也没有对其作出规定的，此时，选择权应当归属于何人。笔者认为，借鉴比较法上的经验，此时应当将选择权归属于债务人。这主要是因为，债务毕竟是要由债务人实际履行的，在债务人履行债务之前，如果选择之债规定的数种选择不能确定，则债务人不能做履行的准备，从而也就不能很好地履行债务。将选择权归属于债务人既有利于保护债务人的利益，也有利于债务的履行。但法律另有规定或当事人另有约定的，则不能适用该规则。① 我国台湾地区“民法”第 208 条即作出了类似的规定。

（二）选择权的行使

在选择权确定以后，应当如何行使选择权呢？由于选择权行使将使选择之债变成简单之债，这直接关系到合同义务的履行问题，对双方当事人关系重大，因而，有必要明确选择权的行使方式。一般而言，选择权的行使，应向相对人明确作出意思表示。如果一方享有选择权，该当事人行使选择权时，应当对对方当事人明确作出意思表示。选择权一旦行使，除权利人行使选择权是受欺诈、胁迫等原因而作出选择的以外，原则上不得撤销。在第三人享有选择权的情况下，第三人行使选择权应当向债权人和债务人作出选择的意思表示；如果仅向债的关系的

① 参见郑玉波：《民法债编总论》，214 页，北京，中国政法大学出版社，2004。

一方当事人为意思表示，原则上不发生选择的效力。[①] 其主要原因在于，选择权的行使可能对债权人和债务人产生较大影响，如债务履行时间的选择、债务履行标的物的选择等，选择权行使后，双方当事人都可能需要一定的准备时间，因此，第三人行使选择权时，应当同时对债权人和债务人作出通知。

（三）选择权的移转

选择之债中，选择权也可以依法发生移转。从比较法上看，在选择之债中，如果当事人对选择权的行使约定有行使期限的，选择权人没有在该期限内行使选择权，则相对人可以行使选择权。选择权虽然是一项权利，而非义务，法律不能强制当事人行使选择权，但当事人怠于行使选择权，可能导致债的内容无法及时确定，这可能影响债的顺利履行。[②] 因此，各国法律一般规定，享有选择权的一方当事人怠于行使选择权的，该选择权可能因此发生移转。[③]

选择之债中，选择权的移转原则上应当由法律明确作出规定。[④] 我国现行法律没有对选择权的移转作出规定，笔者认为，我国未来民法典在对选择之债作出规定时，关于选择权的移转，应当区分以下几种情况分别作出规定。

1. 当选择权归属于债务人时，如果债务人怠于行使选择权，或者多数债务人之间不能就选择权的行使达成协议的，则债权人可以请求法院或仲裁机关为债务人确定一个作出选择的合理期限，该期限届满债务人仍未选择，则债务人不再享有选择权，而应当由债权人行使该选择权。

2. 当选择权归属于债权人时，如果债权人怠于行使选择权，或者多数债权人之间不能就选择权的行使达成协议的，则债务人可以请求法院或仲裁机关为债权人确定一个作出选择的合理期限，该期限届满债权人仍未选择，则债权人不再

---

① 我国台湾地区“民法”第209条规定：“债权人或债务人有选择权者，应向他方当事人以意思表示为之。由第三人为选择者，应向债权人及债务人以意思表示为之。”

② 参见林诚二：《民法债编总论》，253页，北京，中国人民大学出版社，2003。

③ 《欧洲民法典草案》借鉴各国法律规定，于第3—2：105条第2款规定：“应作选择的当事人在履行期届至时未作选择的，则：(a) 该迟延选择构成根本不履行的，选择权由对方当事人行使；(b) 该迟延选择不构成根本不履行的，对方当事人可以通知选择权人并另外确定一个合理期限，选择权人必须在该期间内作出选择。选择权人在该期间内仍未作出选择的，选择权转由对方当事人行使。”

④ 参见郑玉波：《民法债编总论》，215页，北京，中国政法大学出版社，2004。

享有选择权，而应当由债务人享有选择权。

3. 当选择权归属于第三人时，如果第三人怠于行使选择权或者无法行使选择权的，则债务人可以请求法院或仲裁机关为第三人确定一个作出选择的合理期限，该期限届满第三人仍未选择的，选择权应当由债务人行使。①

当事人可以约定选择权的行使期间，享有选择权的一方当事人未在该期间内行使选择权的，则选择权即由对方当事人行使。② 关于选择权的行使期限，如果当事人没有约定选择权的行使期限，则在债务清偿期届至时，相对人可指定合理期限催告选择权人行使选择权。当事人未约定选择权的行使期间的，无选择权的一方当事人可以催告选择权人在合理期间内作出选择，如果选择权人未在该合理期间内作出选择的，则选择权将移转至作出催告的一方当事人。③

选择权人一旦行使选择权，则选择之债的标的即简单化，当事人应当按照债的要求履行债务。需要指出的是，在选择之债中，如果数项可供选择的给付中有部分嗣后发生给付不能，则选择权人仅能在剩余的给付中作出选择；如果仅存一项可能的给付，则该选择之债即转化为简单之债，当事人应当按照债的要求履行债务。④

第五节　可分之债和不可分之债

一、可分之债和不可分之债概述

（一）可分之债概述

1. 可分之债的概念和特征

所谓可分之债，是以可分的给付为标的，由数个债权人分享或数个债务人分

① 参见孙森焱：《民法债编总论》，352 页，北京，法律出版社，2006。

② 参见［日］於保不二雄：《日本民法债权总论》，庄胜荣校订，61 页，台北，五南图书出版公司，1998。

③ 参见林诚二：《民法债编总论》，254 页，北京，中国人民大学出版社，2003。

④ 参见林诚二：《民法债编总论》，257～258 页，北京，中国人民大学出版社，2003。

担给付的债。如果债权人为多数，称为可分债权；如果债务人为多数，称为可分债务。[①] 例如，甲、乙二人向丙购买某种型号的钢材100吨，因为钢材的交付属于可分的给付，所以，甲、乙二人享有可分债权。再如，甲、乙二人欠了丙数千元的债务，后来约定以2 000斤小米来抵债，因为小米的交付本身是可分的，所以，该债务属于可分债务。在可分之债中，可以是债权人为多数，而债务人为单一；也可以是债权人为单一，而债务人为多数。因此，可分之债属于多数人之债的范畴。

可分之债的主要特点如下。

第一，可分之债的成立必须以同一给付为标的。所谓同一给付，是指给付内容上的同一性。如果给付并不具有同一性，而是不同的给付，则应当构成数个独立的债的关系，而不再属于可分之债。

第二，作为可分之债标的的给付应当是可分的。作为可分之债标的的给付是同一的且可分的，而且给付的可分性并不影响给付的整体价值。例如，大米、某种型号的钢材或者金钱的给付。[②] 如果给付不具有可分性，则应当成立不可分之债。例如，夫妻二人共同所有的一头耕牛，不可能成立可分之债。给付的可分性是可分之债认定的基础，某一给付在性质上要具有可分性，应当符合如下条件。一是该给付在性质上可以分割，且不损害其价值。如果某一给付可以分割为多个部分，而且对该给付进行分割也不会减损其价值，并且分割后的各个部分与原给付在性质上并不存在本质区别，而只是在数量上存在不同，则该给付在性质上是可分的。[③] 例如，给付一定数量小麦的义务，即属于一项可分的给付。二是当事人没有将其约定为不可分的给付，法律也没有将其规定为不可分的给付。虽然某一给付在性质上是可分的，但当事人特别约定或者法律特别规定其属于不可分的给付，则其将转变为不可分的给付[④]，无法成为可分之债的标的。可见，如果作

① 参见孙森焱：《民法债编总论》，711页，北京，法律出版社，2006。

② Dirk Looschelders，Schuldrecht Allgemeiner Teil，München，2007，S. 460；Hans Brox，Allgemeines Schuldrecht，München，2009，S. 405.

③ 参见黄立：《民法债编总论》，572页，北京，中国政法大学出版社，2002。

④ Dirk Looschelders，Schuldrecht Allgemeiner Teil，München，2007，S. 460.

为债的标的的给付在性质上是可分的，除非当事人之间有特别约定或者法律有特别规定，则原则上应当认定为可分之债。[①] 从实践来看，可分之债应当是债的一种常态形式，而不可分之债是特殊的形式。

第三，可分之债以平均分担或分享为原则。所谓分担，就是指负担债务，而所谓分享，则是指享有债权。这就是说，如果可分之债是可分债务，则数个债务人原则上应当平均分担债务；而如果可分之债是可分债权，则数个债权人原则上应当平均分享债权，而且数个债权人之间的债权请求权是相互独立的。[②] 当然，如果法律另有特别规定或者当事人另有约定，也可以突破平均分担或分享的原则。[③] 例如，甲、乙二人合租丙的一套房屋，合同中明确记载承租人是甲、乙二人。但在交付租金时，因为乙经常出差，每次都是由甲在每月月初向丙支付租金，后来因为乙出国，甲无法联系乙，甲只是将自己应负担的一半租金交付给丙，丙提出，甲应当支付全部租金，否则将解除租赁合同。双方为此发生争议。在该案中，合同中载明由甲、乙二人合租丙的房屋，甲、乙向丙支付租金的债务在性质上是可分的。由于当事人没有在合同中特别约定甲、乙支付租金为连带债务，因而，甲、乙向丙支付租金的债务在性质上应当是可分之债，由于当事人没有就租金支付比例作出特别约定，因而，甲、乙应当平均分担债务，丙无权请求甲支付全部租金。此外，在可分之债中，各个债的当事人所负担的债务或者所享有的债权是相互独立的，因此，对可分债务而言，债权人需要承担因部分债务人的原因导致其部分债权无法实现的风险。[④]

2. 可分之债与按份之债

按份之债与可分之债存在密切关联，在这两种债中，多数债权人或者债务人都是按照一定的份额分享债权或者分担债务。因为这一原因，关于二者的关系，大陆法系国家学者一直存在争议，主要有两种不同的观点。一是等同说。此种观点认为，可分之债与按份之债的内涵相同，这也是德国、法国等国规定可分之债

① 参见孙森焱：《民法债编总论》，712页，北京，法律出版社，2006。

② Hans Brox，Allgemeines Schuldrecht，Müenchen，2009，S. 406.

③ 参见郑玉波：《民法债编总论》，384页，北京，中国政法大学出版社，2004。

④ Hans Brox，Allgemeines Schuldrecht，München，2009，S. 405.

而未规定按份之债的原因。[①] 二是区分说。此种观点认为，可分之债与按份之债是两个不同的概念，可分之债原则上是由债务人平均承担债务；而对按份之债而言，每个债务人则不一定平均分担债务，各个债务人所承担的具体份额则需要根据案件具体情况予以确定。还有观点认为，可分之债是与不可分之债相对应存在的，其区别标准主要在于给付标的的性质；而按份之债则是与连带之债相对应存在的，其区分标准主要在于数个债务人与债权人之间的外部关系，即每个债务人是否均对债权人承担全部债务。

笔者认为，按份之债与可分之债虽然存在一定的关联，但二者为不同的概念。从总体上看，二者的区别主要体现在以下几个方面。

第一，二者的划分标准不同。按份之债是与连带之债相对应的法律概念，其是依据各个债务人或者债权人之间的关系对债的类型所作的划分，而可分之债是与不可分之债相对应的法律概念，二者是从债的给付的角度对债的类型所作的划分。二者并不属于同一层次的法律概念，不应将二者等同。

第二，可分之债既可能成立按份之债，也可能成立连带之债。虽然按份之债的标的必须是可分的，但对于可分的给付而言，其既可能是按份之债的标的，也可能是连带之债的标的。如前所述，连带之债的标的既可能是可分的，也可能是不可分的。可分之债主要是从其标的的可分性角度进行判断的，而按份之债与连带之债则主要是从债的关系当事人的角度对债所进行的观察。因此，可分之债的标的既可以成立按份之债，也可以成立连带之债。

第三，发生原因不同。在可分之债中，各个债权人或者债务人原则上通过约定平均分享债权或者分担债务；而按份之债大多是约定的，但在特殊情形下，法律也可能对按份之债作出规定。此外，对可分之债而言，法律一般不会对各个债权人或者债务人应当分享债权或者分担债务的数额作出明确规定，债的当事人原则上应当平均分享债权或者分担债务；而对按份之债而言，法律会基于发生原因的不同，明确各个债务人应当分享的债权数额或者应当分担的债务数额。

---

① 参见江平主编：《民法学》，448页，北京，中国政法大学出版社，2007。

（二）不可分之债的概念和特征

不可分之债，是指以不可分的给付为标的的债。不可分之债属于多数人之债，其中如果债权人为多数，属于不可分债权，而如果债务人为多数，属于不可分债务。[①] 例如，甲、乙二人共有一辆奔驰汽车，后来，二人商量将车转让给丙，由于该辆汽车是不可分的，所以，就甲、乙二人交付汽车的债务而言，其属于不可分债务。不可分之债与连带之债关系密切，但是，在比较法上，一般认为，两者是不同的概念，存在区别。因为不可分之债并不一定存在连带关系。

不可分之债的主要特点在于，作为债的标的的给付必须是同一的，且不可分割。所谓同一，是指给付的内容必须相同。例如，甲、乙、丙共同对丁负有交付一套房屋的义务，此时，各债务人所负担的给付义务即具有同一性。所谓不可分割，是指作为债的标的的给付具有不可分性。[②] 一般而言，判断某一给付是否具有不可分性，一般依据如下标准进行。第一，从给付自身的性质进行判断。如果某一给付经过分割会影响其价值，则该给付即具有不可分性。[③] 例如，甲按照约定维修乙、丙共同共有的房屋，由于甲的维修行为在性质上具有不可分性，此时，即可成立不可分之债。第二，考虑当事人成立债的关系的目的。如果给付的分割不损害债的目的的，为可分给付，否则为不可分给付。例如，买受人购买出卖人的一台车床，是为了用整个车床来制造产品，所以出卖人就不能仅交付车床的各个零部件而不交付整台车床。第三，需要考虑当事人的意思表示。虽然某一给付在性质上具有可分性，但如果当事人通过特别约定禁止对某一给付义务进行分割，该种约定也具有法律效力，此时给付具有不可分性，也成立不可分之债。[③] 例如，甲、乙、丙三人向丁借贷 10 万元，三人约定其共同对丁负给付 10 万元的义务，此种约定实际上是禁止对义务进行分割，在民法上称为连带给付。第四，要考虑交易习惯和用途等因素确定标的物本身是否可以分割。比如钥匙与锁的关系，不能仅交付其一。此时，两种物品的给付义务也具有不可分性。

---

① 参见孙森焱：《民法债编总论》，758 页，北京，法律出版社，2006。

② 参见郑玉波：《民法债编总论》，413 页，北京，中国政法大学出版社，2004。

③ 参见孙森焱：《民法债编总论》，757 页，北京，法律出版社，2006。

对于不可分债务而言，由于给付具有不可分性，因而，债权人可以请求全体或者部分债务人履行给付义务，但不能请求债务人进行部分给付。债务人履行债务时，由于给付的不可分性，各债务人也只能进行全部给付，而不能主张为部分给付。[①] 而对不可分债权而言，由于给付具有不可分性，而且债务人给付义务的履行关系到全体债权人的利益，因而，一方面，某一债权人向债务人提出请求时，应当请求债务人向全体债权人履行给付义务，而不能主张债务人向部分债权人履行债务，债务人主动履行债务时，也只能够向全体债权人履行债务，而不能向部分债权人履行债务，否则难以发生清偿的效果。[②] 另一方面，基于给付义务的不可分性，债权人只能请求债务人为全部履行，而不能请求债务人为部分履行，这与连带之债不同，在连带之债中，债权人既可以请求某一债务人履行全部债务，也可以请求其履行部分债务。[③] 不可分之债和连带之债的区别也在于此，两者虽然形式上具有相似性，但前者的基础在于债的给付是不可分的，而后者的基础在于各个债务人均有清偿全部债务的义务。[④]

二、可分之债和不可分之债的区别

可分之债和不可分之债的主要区别在于，作为债的标的的给付是否具有可分性，如果作为债的标的的给付具有可分性，则应当成立可分之债。在可分之债中，各债权人或者债务人应当平均享有债权或者分担债务，但法律另有规定或者当事人另有约定的除外。如果作为债的标的的给付具有不可分性，则应当成立不可分之债，数人负担同一债务或者享有同一债权，根据法律的规定或者当事人的意思表示，其给付不可分的，为不可分之债。[⑤] 实践中，可分之债是比较常见的债的形态，而不可分之债比较少见。作出此种区分的主要意义在于，二者在债的

① 参见郑玉波：《民法债编总论》，418～419 页，北京，中国政法大学出版社，2004。

② 参见郑玉波：《民法债编总论》，419 页，北京，中国政法大学出版社，2004。

③ 参见江平主编：《民法学》，452 页，北京，中国政法大学出版社，2007。

④ 参见黄立：《民法债编总论》，599 页，北京，中国政法大学出版社，2002。

⑤ 参见陈酋龙：《民法债编总论》，269 页，台北，五南图书出版公司，2003。

履行方面存在重要区别，主要表现在：

第一，有权受领的债权人不同。就可分债权和不可分债权而言，其主要的区别在于，可分债权的债权人都有权受领给付，而不可分债权的债权人只能全体受领给付。

第二，能否作出部分履行不同。由于不可分之债的标的具有不可分性，因而不得进行部分履行；而可分之债则可以依据法律规定或合同约定进行部分履行。因此，如果法律和合同没有特别的规定，对可分义务也可以分别履行。不可分之债变为可分之债后，各债权人只能就自己的部分请求履行，各债务人亦只就其负担部分履行债务。①

第三，对于可分之债来说，可以形成按份之债，债务人依其份额向债权人分别作出履行。但对不可分之债来说，通常不能成立按份之债。例如，不作为债务应当为不可分债务，不能成立按份之债。数人享有同一债权，其给付为不可分的，部分债权人可以为全体债权人向债务人请求履行；债务人也可就全部债权，向任何一个债权人作出履行。②

第四，能否部分免除、抵销不同。对于可分债务来说，可以实行部分的免除、抵销等，但对不可分债务则不能实行部分的免除、抵销。此外，对于义务不可分的，可以准用关于不可分债务及连带债务的规定，但法律另有规定的除外。当然，考虑到不可分债务的性质与连带债务的区别，有些规定并不能准用。③

三、可分之债和不可分之债的效力

（一）可分之债的效力

可分之债的效力主要体现在对外效力和对内效力两个方面。

1. 对外效力

除非法律另有规定或合同另有约定，可分之债的债权人或债务人应当平均分

---

① 参见黄立：《民法债编总论》，589页，北京，中国政法大学出版社，2002。

② 参见史尚宽：《债法总论》，235页，北京，中国政法大学出版社，2000。

③ 参见黄立：《民法债编总论》，598页，北京，中国政法大学出版社，2002。

享权利或平均分担义务，而且各个债权人或债务人之间相互独立。对可分债权而言，某一个债权人不能请求债务人对其履行全部债务；对可分债务而言，债权人也不能请求某一个债务人履行全部债务。例如，在前述房屋合租纠纷案中，甲、乙共同对丙负担支付租金的债务，由于当事人没有特别约定甲、乙支付租金的债务不可分，因而，甲、乙支付租金的债务在性质上属于可分债务，丙不能单独请求甲或乙承担支付全部租金的债务。如果债权人受领了超出其可保有的利益部分的给付，则构成不当得利，债务人可以请求返还。[①]

在可分之债中，因为数个债权人或数个债务人之间不存在牵连关系，所以，不存在类似于连带债务或连带债权中的绝对效力事项。例如，在前述二人合租一套房屋的情形，承租人之一支付了租金，并不导致另一承租人的租金债务消灭，而且某一承租人迟延支付租金，应当由其单独承担违约责任，按期支付租金的另一承租人则无须承担违约责任。但就数个债权人或者数个债务人所享有的解除权而言，如果可分之债是基于同一合同而产生的，则无论是存在数个债权人，还是存在数个债务人，合同解除权的行使都具有不可分性。例如，甲、乙二人共同出资购买房屋一套出租给丙，后来丙违反约定在该房屋内聚众赌博，甲、乙要解除该合同，就应当共同行使解除权。

对可分之债而言，数个债权人或者数个债务人可以在合同中约定其所享有的份额比例，如果当事人没有对其所享有的比例作出约定，则推定为份额均等。[②]

2. 对内效力

在可分之债中，对内效力是指多数债权人或多数债务人之间的关系。而且在可分之债中，各个债权人或者债务人的债权、债务相对独立，因而，对可分债权的各个债权人而言，各个债权人原则上应当平均分享债权[③]，单个债权人不得请求债务人向其清偿全部债权。对可分债务而言，各个债务人原则上也平均分担全部债务，单个债务人清偿其债务并不导致其他债务人债务的消灭。某一债务人迟

① 参见孙森焱：《民法债编总论》，714页，北京，法律出版社，2006。

② 参见郑玉波：《民法债编总论》，385页，北京，中国政法大学出版社，2004。

③ Dirk Looschelders, Schuldrecht Allgemeiner Teil, München, 2007, S. 459.

延履行债务，也应当单独承担违约责任，其他债务人无须连带承担违约责任。

（二）不可分之债的效力

不可分之债的效力也可以从对外效力和对内效力两个方面进行考察。

1. 对外效力

作为不可分之债标的的给付具有同一性和不可分性，与可分之债不同，不可分之债的对外效力主要体现为：对不可分债权而言，各个债权人仅有权请求债务人向全体债权人履行债务，而不能请求债务人向特定的部分债权人履行。对于债权人而言，其应当全体地受领给付。单个的债权人原则上不得单独受领债务人的给付；债务人原则上也应当向全体债权人为给付，而不得向部分债权人履行债务，否则不产生债的履行的效力，但债务人向单个债权人履行债务能够使全体债权人的债权获得实现的除外。① 对不可分债务而言，由于作为债的标的的给付不可分，因而，债务人无法进行部分给付，债权人可以请求单个债务人或者债务人全体履行债务，单个债务人或者全体债务人也可以向债权人履行债务，当事人之间债的关系因单个债务人或者债务人全体的履行而消灭。②

在如下情形，部分债权人的行为导致债的消灭，其效力也及于其他债权人。一是如果债权人中的一人为全体债权人的利益而请求债务人作出履行，而且债务人也已经向全体债务人作出了履行。二是债权人中的一人受领迟延，也使其他债权人要承担受领迟延的效果。三是债权人共同作出了免除的意思表示，将导致不可分之债消灭。但是，某一债权人与债务人之间达成的免除债权的合意，不影响其他债权人请求债务人履行全部债务。③

2. 对内效力

不可分之债的对内效力也应当根据不可分债权与不可分债务而分别确定。对不可分债权而言，除法律另有规定或者当事人另有约定外，各个债权人应当平均分享债权，在债权人所受领的给付为金钱或者可分物的，各个债权人应当平均分

① 参见郑玉波：《民法债编总论》，415 页，北京，中国政法大学出版社，2004。

② 参见郑玉波：《民法债编总论》，418～419 页，北京，中国政法大学出版社，2004。

③ 参见梁慧星等：《中国民法典草案建议稿附理由·债权总则编》，99 页，北京，法律出版社，2013。

享该利益。[①] 如果债权人所受领的给付利益是不可分物，则各个债权人可以通过将该物变价或者折价等方式，并平均分享其变现的价值。对不可分债务中各个债务人的内部关系而言，除法律另有规定或者当事人另有约定外，各个债务人应当平均分担债务。在某一债务人清偿全部债务时，其应当有权请求其他债务人返还其应当负担的债务数额。

第六节　继续性债务和非继续性债务

一、继续性债务与非继续性债务的区分标准

所谓继续性债务，是指给付总额在债的关系成立时不确定，且债务并非一次履行可以终止，而是持续实现的债务。在许多债的关系中，债务都是一次性清结的，但也有一些债务是持续履行的。例如，甲公司与乙公司之间是长期战略合作伙伴关系，双方签订了长期的战略合作协议。按照该协议，甲公司每年按照市场价格向乙公司出售定量的焦煤，乙公司每年向甲公司供暖，费用每年单独计算。后甲公司因焦煤供应紧张，擅自降低向乙公司供应焦煤的质量，影响乙公司的正常经营，乙公司主张解除合同。在该案中，甲公司与乙公司之间是长期战略合作伙伴关系，双方签订了长期的战略合作协议，就属于继续性合同。继续性债务又可以分为固有的继续性债务和继续性供给债务。其中，租赁、劳务等债务具有固有的继续性特征，供暖、供电、供水以及许多长期供货合同所产生的债务则属于继续性供给债务。[②] 继续性债务的履行具有其特殊性，即当事人需要在一定的时间段中，不间断地作出履行。例如，房屋租赁合同中，出租人需要将房屋移转给承租人，供承租人持续地使用。

---

① 参见孙森焱：《民法债编总论》，762 页，北京，法律出版社，2006。

② 参见王文军：《继续性合同研究》，58～62 页，北京，法律出版社，2015。

非继续性债务，也称为一时性债务。它是指给付总额在债的关系成立时是确定的，债务的内容大多通过一次履行行为即可完成的给付。从实践来看，多数债务都是非继续性债务。继续性债务通常要求履行具有持续性，但仅有履行时间上的持续性，也并不一定属于继续性债务，还要求债务的总额在债的关系成立时不确定，如因分期付款而产生的债的关系，其债的履行虽然有时间上的持续性，但并不属于继续性债务，而应当属于非继续性债务。

关于继续性债务与非继续性债务的区分标准，学界存在不同观点。一种观点认为，应当以给付时间是否具有持续性作为区分标准，债务人的给付行为具有持续性的，为继续性债务；债务人的给付一次可以完成的，为非继续性债务。[①] 另一种观点认为，应当以总的给付内容是否随时间的延续而变化作为区分继续性债务与非继续性债务的区分标准。[②] 即如果某一债务需要债务人持续地履行，而且当事人之间的给付总额随着时间的延续而发生变化时，此种债务即属于继续性债务；如果某一债务中的给付总额在一开始即可确定，并不因时间的延续而发生变化，则属于非继续性债务。

笔者赞同后一种观点。在区分继续性债务与非继续性债务时，主要应当考察债务人的给付总额在债的关系成立时是否确定、债务的履行在时间上是否具有持续性。具体而言：一方面，如果某一债务的给付总额在一开始并不确定，而需要随着时间的延续才能逐步确定，则其应当属于继续性债务。例如，供应电、水、气、热力都不是一次性完成的，而是持续性的，因而供用电、水、气、热力的合同属于继续性合同。另一方面，继续性债务在履行时间上具有持续性。例如，在租赁合同中，就出租人而言，当事人的总给付义务并不确定，除需要将租赁房屋交付给承租人使用外，在租赁合同存续期间内，其还可能需要履行一定的修缮等义务，因此，租赁合同在性质上属于继续性合同。而非继续性债务的给付总额在一开始即可确定，并不随着时间的延续而发生变化。[③] 当然，在继续性债务中，

---

① 参见江平主编：《民法学》，453 页，北京，中国政法大学出版社，2007。

② 参见屈茂辉、张红：《继续性合同：基于合同法理与立法技术的多重考量》，载《中国法学》，2010 (5)。

③ 参见王泽鉴：《债法原理》，2 版，155～156 页，北京，北京大学出版社，2013。

在债的关系成立时，债的履行总额并不确定，只要期间继续延展，债务人就要继续履行，而且每次的给付具有一定的独立性。

二、继续性债务与非继续性债务的区别

继续性债务与非继续性债务的区别主要体现在如下几个方面。

第一，债的履行是否有时间上的持续性不同。虽然在个别情形下，非继续性债务的履行也可能有时间上的持续性，如分期付款中付款人的债务，但大多数非继续性债务是一次性履行的，并不具有时间上的持续性，如买卖合同大多是一次履行完毕的。而对继续性债务而言，债的履行通常都有时间上的持续性。继续性债务的履行一般有时间上的持续性，这也是其与非继续性债务的重要区别。

第二，债务总额在债的关系成立时是否确定不同。对继续性债务而言，债务的总额在债务成立时并不确定，而是随着时间的延续不断变化①，即随着时间的进行而不断产生新的权利义务。例如，在电力供应合同中，电力的供应与使用是连续的，因而合同的履行方式也处于一种持续状态。供电人在发电、供电系统正常的情况下，应当连续向用电人供电，不得中断；用电人在合同约定的时间内，享有连续用电的权利。而对非继续债务而言，债务的总额在一开始即已确定，即便债务的履行有一定的时间延续，债务总额也不会因此发生变化。②

第三，在当事人之间是否存在信赖利益的持续保护不同。在继续性合同中往往存在当事人信赖利益的持续保护问题，即债权人往往是基于对债务人履行能力的信赖等原因而与其成立债的关系，同时债权人信赖债务人能够按照债的要求持续地履行债务。例如，在前述焦煤案中，乙公司与甲公司订立焦煤供给合同，主要是基于对甲公司持续履行合同能力的信赖，此种信赖应当受到法律的保护，在甲公司不履行义务损害乙公司的此种信赖时，乙公司可以解除合同。而对非继续性债务而言，虽然有的非继续性债务中也存在债权人信赖利益的保护问题，但其

① 参见崔建远主编：《合同法》，34 页，北京，法律出版社，2010。

② 参见王泽鉴：《债法原理》，2 版，156 页，北京，北京大学出版社，2013。

给付多是一次完成的，即便不是一次完成，当事人之间的给付总额在债务成立时也已经确定，并不存在对债权人信赖利益的持续保护问题。

正是因为在继续性合同中存在对债的关系当事人信赖利益的持续保护问题，债的关系当事人可能因此负担更多的义务。[①] 例如，甲与乙订立按照市场价格持续供应某一货物的合同，则甲无须在每次交易前就该货物的价格与乙再次进行协商，为保护甲的此种信赖利益，在该货物的市场价格发生变动时，乙应当及时对甲作出通知。

第四，债的存续期间是否特定不同。对非继续性债务而言，在债的关系成立时债务人的债务总额是确定的，其一般有明确的存续期限；而对继续性债务而言，其既可能存在确定的期限（如当事人之间订立的使用租赁合同，当事人一般会约定债务的存续期限），也可能不存在确定的期限（如长期供货关系中的债务）。在当事人之间成立继续性债务关系，只要当事人没有提前通知解除债的关系，当事人之间的继续性债务关系就可以持续，其并不要求有明确的存续期限。[②]

第五，债的关系解除的事由不同。非继续性债务的解除一般针对整个债务关系，即债务人没有按照整个债的要求履行债务，并因此影响债权人债权的实现，债权人有权解除债的关系；而继续性债务一般需要债务人持续作出履行，但在债务人某次履行不符合债的要求、破坏当事人之间的信赖关系时，债权人即有权解除债的关系。[③]

第六，债务解除的后果不同。对继续性合同而言，合同解除的效力不具有溯及力，只是对未来发生效力，即在合同解除之后，当事人不能请求恢复原状。[④] 因为在继续性合同解除之中，溯及地消灭合同关系并不具有现实的可能性。例如，租赁合同作为继续性合同，在合同解除之后，由于解除不能溯及既往，因而除非另有约定，承租人就已经实际履行的期间内的租金不得主张返还。而在非继续性合同中，合同解除后，当事人可以请求恢复原状。

---

① 参见［德］梅迪库斯：《德国债法总论》，杜景林等译，13页，北京，法律出版社，2004。

② 参见［德］梅迪库斯：《德国债法总论》，杜景林等译，409页，北京，法律出版社，2004。

③ 参见王泽鉴：《债法原理》，2版，157页，北京，北京大学出版社，2013。

④ 参见黄立：《民法债编各论》上册，144页，北京，中国政法大学出版社，2003。

三、继续性债务与非继续性债务的不履行

从债务履行的角度看，继续性债务是指债的内容并非一次履行可以终止，而是继续地实现。对继续性债务而言，在债务存续期间内，债务人需要向债权人持续地作出给付，债务人的各次给付虽然是总给付义务的组成部分，但每次给付义务也具有相对独立性，在债务人的个别给付影响债权人债权的实现时，债权人原则上应当请求债务人就该次给付的不完全履行承担债务不履行责任。[①] 例如，在前述焦煤案中，甲公司的每次履行行为原则上具有独立性，在甲公司某次交付的焦煤质量存在问题时，乙公司原则上应当请求甲公司就该次债务不履行承担债务不履行责任。

而非继续性债务的履行通常是一次履行即可实现债的目的。债务一次履行之后，就导致债的关系终止。大多数债务都是非继续性债务，对非继续性债务而言，债务人应当按照约定向债权人履行债务，在债务人未完全履行债务的情形下，应当向债权人承担债务不履行的责任。例如，在非继续性的合同之债中，如果债务人未按照约定向债权人履行债务的，债权人有权请求债务人承担债务不履行的责任；在符合解除条件的情形下，债权人有权解除合同，并请求债务人承担违约责任，而且该合同的解除溯及至合同成立之时，在合同解除后，当事人互负返还财产的义务。而对继续性的合同债务而言，债务人单次不履行债务通常并不会导致债权人合同目的无法实现，债权人通常无法因债务人单次不履行债务而主张解除整个合同关系。

① 参见王泽鉴：《债法原理》，2版，157页，北京，北京大学出版社，2013。

第七节 方式性债务和结果性债务

一、方式性债务和结果性债务的概念

所谓方式性债务（obligation de moyens），是指依据法律规定、当事人约定以及交易惯例，债务人在履行债务时只需要尽到相应的注意义务即可，即便没有完成特定的结果，也不构成债务不履行的债务。对方式性债务而言，只要债务人按照既定方式为特定行为，就属于已经履行了其债务。例如，甲是一名老中医，开设了一家私人诊所。为了吸引患者前来就诊，其在宣传单中宣称，“妙手回春”“包治百病”等。后来，乙因患重感冒而前来该诊所治疗，甲保证三天后治愈。结果，乙的病情不但没有好转，反而加重，并引发严重肺炎。所以，乙要求甲返还其支付的医疗费，并赔偿病情加重后的治疗费用等损失。在该案中，由于医生和病人之间形成了医疗合同，医生只要尽到了合理的诊疗义务，就属于完全履行了合同。医生并不负有必须治愈病人的义务。所谓结果性债务（obligation de résultat），是指依据法律规定、当事人约定以及交易惯例，只有债务人的行为实现了特定后果时，才属于履行了义务。例如，在承揽合同中，承揽人必须提交一定的工作成果，此种债务即属于结果性债务。[①] 因此，在结果性债务中，即便债务人在履行债务时尽到了必要的注意义务，但如果没有完成特定的工作成果，仍然构成债务不履行，债务人仍须对债权人承担债务不履行责任。

当然，方式性债务与结果性债务的分类也具有相对性：一方面，有时债务人同时负担多项义务，对某些义务而言，债务人只需要按照约定为一定的行为，并不要求其达成特定的工作成果，而对某些义务而言，债务人履行债务需要达成特定的工作成果。此时，债务人的债务即具有混合性，很难完全归入方式性债务或

① 参见曾隆兴：《现代非典型契约论》，207～250页，台北，自版，1996。

者结果性债务之中。另一方面，随着社会的发展，一些国家法律出于保护特定群体的考虑，可能将一些方式性债务规定为结果性债务。例如，对于医疗服务合同，要求债务人尽到告知义务，这是一种结果义务；在许多合同中，要求债务人负担安全义务，这也是一种结果义务。[①] 法律作出此种规定的主要目的即在于保护消费者的合法权益。

方式性债务和结果性债务的分类是法国法特有的概念。法国学者普遍认为，方法之债（obligation de moyen）要求债务人尽其所能采取一切履行债务所必需的方法；而结果之债（obligation de résultat）则要求债务人必须达到债务所要求的结果。[②]现在这一分类已为大陆法系国家许多国家的判例和学说所采纳。[②] 例如，一些德国学者也指出，虽然《德国民法典》没有明确区分结果之债（erfolgsbezogene Schuldverhaeltnisse）和方式之债（verhaltensbezogene Schuldverhaeltnisse），但是在解释上，仍然认可了两者的区分，即区分依附于行为的给付（verhaltensbezogene Leistung）和依附于结果的给付（erfolgsbezogene Leistung）。[③]

我国现行立法虽然没有从总体上对方式性债务和结果性债务作出区分，但在个别合同中实际上对方式性债务和结果性债务作出了区分。例如，《合同法》第251条第1款规定："承揽合同是承揽人按照定作人的要求完成工作，交付工作成果，定作人给付报酬的合同。"依据这一规定，在承揽合同中，承揽人不仅应当按照约定完成工作，而且还需要向定作人交付工作成果，这实际上是将承揽人的债务规定为结果性债务。

笔者认为，我国立法有必要对方式性债务和结果性债务进行区分，其有利于准确判断债务的履行，并在此基础上确定债务人是否需要承担债务不履行的责任。对方式性债务而言，只要债务人在债务履行过程中尽到相应的注意义务，即便没有达成特定的履行结果，债权人也无权请求债务人承担债务不履行的责任；

---

① Stéphanie Porchy-Simon，Les obligations：Droit civil（2e année），7e édition，Dalloz-Sirey，2012，pp. 267－278.

② See Basil Markesinis，*Foreign Law and Comparative Methodology*：*A Subject and a Thesis*，Oxford Hart Publishing House，1997，p. 245.

③ MünchKomm/ Bachmann，§ 241，Rn. 18.

而对结果性债务而言，债务人履行债务必须达成特定的履行结果，否则即应当对债权人负担债务不履行的责任。

二、方式性债务和结果性债务的区别

方式性债务和结果性债务的区别主要在于：

第一，是否以达成一定的结果作为债务不履行的判断标准。对方式性债务而言，债务是否已经履行不以达成特定的履行结果作为债务完全履行的条件，债务人只要按照约定对债权人作出了给付，即便没有达成债权人预设的结果，债务人也无须承担债务不履行责任。当然，债务人应当谨慎地履行其债务，债权人要请求债务人承担债务不履行责任，必须证明后者存在过错，即债务人未能尽力采取债务履行所必要的方法。而对结果性债务而言，只有债务人履行债务的行为完成了一定的结果，才能认定债务人已经履行了债务，如果债务人履行债务的行为没有达到债权人要求的结果，即便债务人已经按照债务的要求实施了履行行为，也可认定其构成债务的不完全履行。①

对方式性债务而言，清偿必须是债务人正确、适当地履行债务。只有债务人按照债务的要求，正确、适当地履行了债务，才能发生债务清偿的效果。例如，在前述医疗案中，虽然甲在其宣传单中宣称“妙手回春”“包治百病”，但其应当属于医疗广告，不能认定这些内容已纳入合同之中，在甲与乙的医疗服务合同中，甲的债务仍然属于方式性债务，甲并不负有必须治愈乙的疾病的义务，但甲在诊疗过程中应当尽到必要的诊疗义务，否则应当对乙负担债务不履行的责任。而对结果性债务而言，债务人的清偿行为必须达到特定的结果，否则，即便债务人正确、适当地履行了债务，也难以产生清偿的效果。当然，结果债务也并非仅考察债务履行的结果，按照诚信原则，债务人在债务履行过程中也应当尽到相关的通知、保密等义务。例如，承揽合同之债即属于结果之债，虽然承揽人只要按

---

① Stéphanie Porchy-Simon, Les obligations: Droit civil (2e année), 7e édition, Dalloz-Sirey, 2012, pp. 267 - 278.

照约定向定作人交付特定的工作成果，即属于履行了债务，但在合同存续期间以及合同履行完毕后，承揽人也应当尽到相关的保密、通知等义务，承揽人未尽到前述义务造成定作人损害的，也应当对定作人承担违约责任。

第二，是否存在履行不能不同。[①] 对方式性债务而言，一般不存在债务人履行不能的问题，即使是以劳务为标的，只要不是特定人的劳务，也可以通过替代履行的方式履行合同。而对结果性债务而言，当作为成果的标的不再存在或者无法达成时，债务人则可能无法履行债务，此时即可能发生履行不能。当然，方式性债务和结果性债务的区分只是相对的，例如，在债务人丧失履行债务的能力时，即便是方式性债务，也可能发生履行不能的问题。

第三，债务履行结果的实现是否取决于债务人之外的其他原因不同。对方式性债务而言，只要债务人作出了给付，即可认为债务履行结果已经实现，因此，方式性债务的履行结果一般仅取决于债务人的履行行为。对方式性债务而言，一般来说，给付的结果在给付行为实施的同时发生。[②] 例如，对医疗服务合同之债而言，只要医疗服务提供者按照约定提供了医疗服务，即可认为该医疗服务合同之债的结果已经实现。而对结果性债务而言，其履行结果往往不仅取决于债务人的给付行为，可能还系于债权人或第三人的行为。[③] 例如，在承揽合同中，承揽人应当按照约定实施一定的加工行为，并向定作人交付工作成果，其属于结果性债务，此种结果性债务履行结果的实现可能不仅仅取决于承揽人本人，还需要定作人实施一定的协助行为。

第四，债务不履行的后果不同。在实际履行方面，方式性债务的实际履行就是要提供一定的行为，只要债务人按照法定或约定的方式履行债务，这种履行就是完全的。而结果性债务的实际履行则要保证一定的结果。例如，在普通医疗合同中，实际履行也只是提供符合合同目的的劳务或服务，而在医疗美容合同中，实际履行可能要求达到特定的美容效果。

第五，归责原则不同。方式性债务大多适用过错责任，结果性债务大多适用

① Palandt/Grueneberg，§ 275，Rn. 18.

②③ Jauernig/Mansel，§ 241，Rn. 7.

严格责任。结果之债和方式之债的重要区别在于：在结果之债中，除发生不可抗力之外，债务人必须按照约定为债权人完成特定的结果，如果不能完成，即构成债务不履行。而在方式之债中，债务人只需要按照约定履行其义务，而并不保证达成特定的结果。当然，在方式之债中，债务人必须尽到必要的勤勉、注意等义务，如果债务人未尽到上述义务，即构成债务不履行。例如，甲是一名年轻女士，其到乙处（某美容院）做美容手术，在手术前，乙向甲承诺该手术会达到一定的美容效果，并许诺该美容手术没有任何风险，成功率百分之百，且在其散发的宣传单上明确承诺，“美容手术确保顾客满意”“手术不成功包赔损失”。据此，甲同意乙为其做美容手术。结果该手术失败，导致甲面部受损，甲因此承受了极大的精神和肉体痛苦。后甲在法院提起诉讼要求赔偿。在该案中，乙向甲保证能够达到特定的美容效果，即属于结果之债，后未达到约定效果的，则构成债务不履行。

第六，是否可以强制履行不同。方式性债务往往涉及人身的问题，一般不能强制执行；而结果性债务因不涉及人身，可以强制履行。

三、方式性债务和结果性债务的效力

如前所述，对方式性债务而言，债务人在履行债务的过程中应当尽到相应的注意义务，否则债权人有权请求其承担债务不履行的责任，而对结果性债务而言，其债权的实现以债务人履行债务的行为达成一定的结果为条件。正是基于这一区分，两种债务的不履行的后果也存在一定的差异，其主要体现在债务不履行责任的归责原则方面。对于方式性债务而言，债务人在履行债务的过程中应当尽到相应的注意义务，这也使方式性债务中债务不履行的归责原则为过错责任原则。而对结果性债务而言，其规则原则为严格责任原则，债务人只有在发生不可抗力的情况下才能够免责。[①] 从比较法上来看，《欧洲合同法原则》和《欧洲示

① See Reiner Schulze (ed.), *New Features in Contract Law*, Sellier European Law Publishers, 2007, p. 192.

范民法典草案》实际上区分了方式性债务和结果性债务，方式性债务采取过错责任原则，而对于结果性债务则采严格责任原则，此种做法值得借鉴。

笔者认为，在结果性债务中，债务人应当提交成果，不宜过多地考虑过错问题。承揽合同中的债务是结果性债务，其原则上应当采严格责任，但在特殊情况下，也应当考虑导致结果发生的原因，从这个意义上说，也要适当考虑当事人的过错。另外，在法律有特别规定情况下，也应当适用过错责任。例如，《合同法》第 265 条规定："承揽人应当妥善保管定作人提供的材料以及完成的工作成果，因保管不善造成毁损、灭失的，应当承担损害赔偿责任。"此处所说的"保管不善"实际上包含了过错的含义，因此，该条规定的责任就属于过错责任。就方式性债务而言，因为债务人只是负有实施特定行为的义务，其责任的归责原则应当为过错责任原则。

当然，即便在方式性债务中，也并非完全不考虑债务履行行为的结果。在方式性债务中，虽然只要债务人按照约定履行债务即属于达到履行结果，但如果债务人履行债务的行为背离债权的目的，导致债权难以实现时，也可能构成债务人履行不适当。[①] 相反，如果约定债务人履行债务的行为必须达到某种结果，其就从方式性债务转化为结果性债务。例如，委托合同属于方式性债务，如果合同约定，受托人必须定期提供报告，那么，就该提供报告的部分则转化为结果性债务。但是，如果当事人所约定的某种结果，原本就不可能实现，这种约定是否有效呢？例如，医院与患者约定，必须将其疾病治愈。笔者认为，考虑到某些债务的性质属于方式性债务，此外，当事人约定特定结果的出现与此种债务的性质相冲突，而且无法保证特定结果的出现，则应当认定保证特定结果出现的约定是无效的。

除归责原则方面的差别外，方式性债务与结果性债务在债务不履行的责任方面也存在一定的区别。在债权人请求强制执行的情况下，对于方式性债务一般不能要求债务人必须完成特定的工作成果。另外，在方式性债务中，因为债务人的违约行为破坏了债权人与债务人之间的信赖，所以，债权人往往不会请求实际履

① 参见周江洪：《服务合同的类型化及服务瑕疵研究》，载《中外法学》，2008 (5)。

行，而请求损害赔偿或违约金的支付。而在结果性债务中，因为债务人仅仅是要保证特定结果的实现，所以，债务人不履行债务，债权人有权请求实际履行，要求债务人完成特定的工作成果。在前述美容案中，医疗美容合同与一般的医疗服务合同相比，由于提供美容服务的一方当事人往往会保证其美容行为达到特定的美容效果，因而，与一般的医疗服务合同不同，医疗美容合同一般属于结果性债务，在没有达到约定的美容效果时，提供美容服务的一方应当向债权人承担债务不履行的责任。

第四章 多数债权人与多数债务人

第一节 连带之债概述

一、连带之债的概念和特征

（一）连带之债的概念

所谓连带之债，是指两个或者两个以上的债权人或者债务人，依照法律或者当事人的约定形成连带关系，享有连带权利的每个债权人，都有权要求债务人履行义务；负有连带义务的每个债务人，都负有清偿全部债务的义务。[①] 在连带债务中，债权人有权要求任何一个债务人作出全部或者部分的履行。[②] 例如，甲是一名博主，在乙的网站开设了博客。甲因与丙不和，便在其博客中多次点名辱骂

① 参见《民法通则》第87条。

② Hans Brox, Allgemeines Schuldrecht, München, 2009, S. 407.

丙，并公开指责丙与某女生有不正当关系。丙知道后，数次通知乙屏蔽甲的相关博客内容，但乙以尊重言论自由为由，对丙的请求未予理睬，后因甲的博客被其他网站转载，对丙的名誉造成了重大损害。丙向法院提起诉讼，请求甲和乙对其损害承担连带责任。在该案中，依据《侵权责任法》第 36 条第 2 款的规定，在被侵权人通知网络服务提供者相关的侵权事实并请求其采取删除、屏蔽措施的，如果网络服务提供者未采取相关的措施，则应当对被侵权人损害扩大的部分与实施侵权的网络用户承担连带责任。在该案中，在丙通知乙采取相关屏蔽措施后，乙因未采取相关措施导致丙的损害扩大，则乙应当与甲共同对丙损害的扩大部分承担连带责任。

连带之债分为连带债权（plures rei credendi）与连带债务（plures rei denbendi），如果债权人一方为多数且有连带关系，则为连带债权；如果债务人一方为多数且有连带关系，则为连带债务。我国《民法通则》第 87 条对连带之债作了特别规定，《民法总则》第 178 条从民事责任的角度对连带责任作出了规定。此外，《合同法》《担保法》《侵权责任法》等法律也有大量涉及连带之债的规定。

连带之债制度可以追溯到罗马法。在罗马法中，连带之债称为“in solidum obligari”，在罗马法中，按份之债是常态，而连带之债则是例外情况。[①] 在查士丁尼以前，债权人请求清偿的，必须向债务人分别起诉，在查士丁尼以后，才允许债权人同时起诉债务人，请求清偿。但罗马法中并没有区分单纯连带与共同连带，因而《学说汇纂》将连带之债作为多个债权人和多个债务人的总称。[②] 所谓单纯连带债务（Solidarität，Solutionskonkurrenz），是指依据法律规定而产生的连带债务，在此种连带债务中，数个债务人依法对债权人负担一项债务，债权人可以向任何债务人提起诉讼，直到债权人获得完全受偿为止。[③] 此种连带债务的典型形态是私犯、准私犯，在查士丁尼时期，因为单纯连带债务过于苛刻，对债

① 参见陈朝璧：《罗马法原理》，170 页，北京，法律出版社，2006。

② D，45，2.

③ See Reinhard Zimmermann，*The Law of Obligations*，1996，pp. 126 - 127；Theo Mayer-Maly，Römisches Recht，1999，S. 171.

务人处罚过严，因而逐步消灭。[①] 所谓共同连带之债（Korrealität，Konsumptionskonkurrenz），也称为完全的连带，其既包括连带债权，也包括连带债务，此种连带关系主要基于当事人的意思而成立，可采用契约或者遗嘱订立。[②] 对此种连带债务而言，债权人只能选择其中一个债务人提起诉讼，债权人未能通过该诉讼获得完全受偿的，也不得向其他债务人提起诉讼以获得完全受偿。[③] 随着罗马法的发展，共同连带之债逐渐发展成为现代连带之债的雏形，即在获得完全受偿之前，债权人都可以对债务人提起诉讼。[④]

在德国法中，连带之债制度也经历了一个发展过程，1827 年德国学者 Keller 在其出版的一部著作中首次对单纯连带之债和共同连带之债进行了区分。以后，德国学者 Ribbentrop 曾经在 1831 年的著作中对这两种连带债务进行了详尽论述。[⑤] 其认为，共同连带和单纯连带的区别主要表现为：共同连带主要是基于法律行为而成立，而单纯连带则主要是因法定损害赔偿义务的竞合而产生。[⑥] 但《德国民法典》并没有采纳共同连带和单纯连带的区分，而只是规定了连带之债的一般规则。《德国民法典》关于连带之债的规定主要具有如下特点。第一，对连带之债作出了相对全面的规定，其中包括连带债务的履行、免除、转移以及变更等内容。[⑦] 第二，主要从债务人的角度对连带债务进行规定。从《德国民法典》的规定来看，虽然对连带债权也有规定，但其规范重心仍然是连带债务，包括连带债务的履行、免除以及债务移转、变更等，都是从连带债务人的角度对连带之债进行规定的。第三，关于连带债务的效力，依据《德国民法典》第 421 条的规定，在连带债务中，每一债务人都有义务履行全部债务，债权人有权请求任一债务人履行债务，而且在全部债务履行完毕前，全部债务人都有履行剩余债务

---

① 参见周枏：《罗马法原论》下册，879 页，北京，商务印书馆，1994。

② 参见周枏：《罗马法原论》下册，878 页，北京，商务印书馆，1994。

③ Theo Mayer-Maly，Römisches Recht，1999，S. 171.

④ Paul Jörs，Heinrich Honsell，Theo Mayer-Maly，Walter Selb，Römisches Recht，1987，§ 107，IV，S. 284.

⑤⑥ 参见张定军：《连带债务研究》，42 页，北京，中国社会科学出版社，2010。

⑦ 参见《德国民法典》第 421 条至第 430 条的规定。

的义务。第四，《德国民法典》关于连带之债的规定采取了一般规定和特别规定相结合的做法，即在民法典债编中对连带之债的一般规则作出规定，在民法典各个部分对各种连带之债进行规定。如《德国民法典》第 840 条对侵权之债中的连带责任作出了规定，第 54 条对无权利能力社团的连带责任作出了规定等。

法国债法深受自由主义和个人主义的影响，因而并没有过度强化连带责任的规定。[①] 但受罗马法的影响，《法国民法典》仍然规定了连带责任制度，《法国民法典》在第三卷第三编第四章“债的种类”中以专节的形式对连带之债（第四节）作出了规定。《法国民法典》关于连带之债的规定主要具有如下特点。第一，从连带债权与连带债务两个角度对连带之债作出了规定。如前所述，《德国民法典》主要从债务人的角度对连带之债作出规定，而《法国民法典》则从债务人与债权人两个角度对连带之债作出规定。第二，《法国民法典》对连带之债采严格的法定主义，即只有在法律明确规定的情形下，才能成立连带之债。尽管《法国民法典》起草者波蒂埃区分了“单纯连带”和“共同连带”，但《法国民法典》仍然采纳了单纯连带的观点，依据该法典第 1202 条的规定，只有在法律明文规定的情形下，才能成立连带债务。[②] 由于连带之债对当事人自由而言形成一种限制，因而，《法国民法典》对连带之债采取法定主义具有一定的合理性，这也符合法国自由主义和个人主义的立法理念。第三，《法国民法典》对连带债务中各个债务人之间的追偿问题作出了规定。依据该法典第 1214 条的规定，如果某一连带债务人清偿的债务超出其应当承担的债务数额，则其有权请求其他每一债务人在其应当负担的债务数额内偿还。

我国《民法通则》第 87 条规定：“债权人或者债务人一方人数为二人以上的，依照法律的规定或者当事人的约定，享有连带权利的每个债权人，都有权要求债务人履行义务；负有连带义务的每个债务人，都负有清偿全部债务的义务，履行了义务的人，有权要求其他负有连带义务的人偿付他应当承担的份额。”从该规定可以看出，《民法通则》关于连带之债的规定具有如下特征。一是我国立

---

① David Deroussin, Hstoire du droit des obligations, Economica, 2007, pp. 95 - 98.

② 参见齐云：《不可分之债与连带之债关系的历史沿革研究》，载《中外法学》，2008（5）。

法并没有采纳共同连带和单纯连带的区分，而是对连带之债进行了统一的规定；二是《民法通则》明确限定了连带之债的发生事由，即连带之债仅能基于法律的明确规定或者当事人的明确约定而产生，这就限定了连带之债的成立事由，符合连带之债的本旨，前者如因共同侵权而成立连带之债，后者如依据保证合同而成立连带之债；三是《民法通则》从连带债权与连带债务两个角度对连带之债作出了规定，对连带之债的规定较为全面，这也体现了我国立法区分连带债务与连带债权的基本立场。

《民法总则》第178条规定："二人以上依法承担连带责任的，权利人有权请求部分或者全部连带责任人承担责任。连带责任人的责任份额根据各自责任大小确定；难以确定责任大小的，平均承担责任。实际承担责任超过自己责任份额的连带责任人，有权向其他连带责任人追偿。连带责任，由法律规定或者当事人约定。"该条从责任的角度对连带责任作出了规定，该条第1款规定了连带责任的基本内涵，第2款规定了连带责任的内部责任分担规则，第3款规定了连带责任的产生依据，即法律的规定以及当事人的规定，可见，与按份责任相比，连带责任属于多数人责任的例外形态。

（二）连带之债的特征

第一，债的主体是多数人。此处所说的多数是指二人以上。因为只有债务人或债权人为多数，才有可能形成连带关系，如果债权人和债务人仅有一人，则无法成立连带之债，因此，债务人或债权人为多数也是连带之债成立的先决条件。① 因为这一原因，连带之债也称为多数人之债。②

第二，多数债权人或多数债务人之间存在连带关系。连带关系是指依据法律规定或当事人约定，在多数当事人之间所形成的一种债权、债务的牵连关系，它是连带之债产生的基础。正是因为多数债权人或者多数债务人之间存在连带关系，所以，在通常情况下，对多数债权人或者债务人中一人发生效力的事项，一般也对其他债权人或者债务人发生效力。也就是说，在连带之债中，对于一个债

① 参见陈啬龙：《民法债编总论》，271页，台北，五南图书出版公司，2003。

② MünchKomm/Bydlinski，§ 421，Rn. 3.

权人或一个债务人发生效力的事项，也可能对他人产生效力。① 对连带债务而言，每个债务人都有清偿全部债务的义务，而且债权可能因一个债务人的履行行为而消灭；对连带债权而言，每个债权人都有权请求债务人履行债务，在债务人作出清偿后，连带债权因此消灭。需要指出的是，连带之债中的连带是指其外部关系，不存在所谓份额的划分，否则可能转变为按份之债。

第三，原则上以同一给付为标的。数个当事人之间的债务之所以能成立连带关系，还在于他们共同承担的给付义务是同一的。② 如果各个债务人并不负担同一内容的给付，则无法成立连带之债。例如，甲应该向丙承担侵权损害赔偿责任，乙应当向丙承担违约损害赔偿责任，即使二者的损害赔偿数额是相同的，任何一个债务人的履行都能导致另外一方债务的消灭，此时也无法形成连带之债。连带之债中，各个债务人的给付能够实现债权人的同一给付利益。当然，只要能够实现债权人的同一给付利益，即便各个债务人的给付不同，也不影响连带之债的成立。③ 例如，在因共同侵权行为而产生的连带之债中，有的行为人可能负担损害赔偿责任，有的行为人可能负担恢复原状的义务，但由于各个行为人的债务能够实现债权人的同一给付利益，其仍应当成立连带之债。连带之债要求各个债务人的给付内容必须同一，至于给付内容是否可分，则并非连带之债的成立条件。

第四，连带债务的产生以法律规定和当事人的约定为限。④ 由于连带之债加重了当事人履行债务的负担，因而，连带之债的成立原则上应当以当事人明确约定或者法律明确规定为限。例如，法律规定，连带债务可基于多数人共同从事不法行为、共同保证等而产生。⑤ 法律规定的连带之债，不允许当事人通过约定加以排除。在合同领域，除保证合同外，连带债务通常都是由当事人约定的。

尽管连带债权债务在外部关系上是连带的，但从连带之债的内部关系上说，

---

① 参见彭周全等：《连带债务略论》，载《社会科学家》，1995（1）。

② Hans Brox，Allgemeines Schuldrecht，München，2009，S. 409.

③ 参见黄立：《民法债编总论》，575～576 页，北京，中国政法大学出版社，2002。

④ MünchKomm/Bydlinski，§ 421，Rn. 17.

⑤ Hans Brox，Allgemeines Schuldrecht，München，2009，S. 407.

连带债权人和债务人之间又是按份的，也就是说，对于各个连带债权人或各个连带债务人的内部关系，应当按照当事人的约定或者法律规定来分配当事人的权利和义务。[①] 例如，就连带债务而言，在某一债务人履行全部债务后，其可以向其他连带债务人追偿。连带之债包括连带债权和连带债务两种情况，应当分别探讨。

（三）连带之债的功能

1. 担保债权实现的功能。连带之债最大的特点在于，其具有担保的功能[②]，也就是说，连带之债能够最大限度地保证债权人的债权能得到充分、及时的实现。与按份之债不同，在按份之债中，各债务人有其应承担的债务份额，债权人请求债务人承担其份额之外的债务时，债务人有权予以拒绝，这就使债权仅能获得部分清偿[③]；而在连带之债中，各个债务人都负有清偿全部债务的义务，在某一债务人无法清偿债务时，债权人仍可请求其他债务人连带承担债务，这实际上使各个债务人以其责任财产的总和保障债权的实现，从而有利于保障债权的实现。

2. 维护交易安全，提高交易效率。连带之债实际上是以各个债务人责任财产的总和保障债权的实现，从而减少债权人债权不能实现的风险，这有利于维护交易安全；同时，在连带之债的情形，债的主体在进行交易时，无须单独考察各个债务人清偿债务的能力，这有利于提高交易效率。

3. 保护受害人。连带之债的功能之一在于充分保护受害人的利益，这尤其体现在基于法律规定而产生的连带之债中。例如，在共同侵权中，某一行为人可能没有足够的责任财产填补受害人的损害，此时规定各个行为人对受害人的损害后果承担连带责任，则有利于充分保护受害人的利益。例如，在前述博客侵权案中，依据《侵权责任法》第 36 条的规定，网络服务提供者与实施侵权的网络用户应当共同对受害人的损害承担连带责任，这有利于充分保护受害人的合法权

---

① 参见孙森焱：《民法债编总论》，734 页以下，北京，法律出版社，2006。

② 参见郑玉波：《民法债编总论》，388 页，北京，中国政法大学出版社，2004。

③ 参见彭州全、骆伟雄：《连带债务略论》，载《社会科学家》，1995（1）。

益。正是因为这一原因，法律关于连带之债的规定一般属于强制性规范，不允许当事人通过约定加以排除。

连带债务的实质是各债务人相互对债权人履行债务的一种保证①，这虽然有利于对受害人的救济，并有利于担保债权的实现，但此种债的形态也有其缺陷，主要体现在如下两个方面。一方面，连带之债不能充分体现责任自负的原则。所谓自己责任，是指任何人都只对自己的行为所引发的后果承担责任，而对非因自己的行为引发的后果不负责任。如果是因为他人的行为造成损害，行为人可以被免除责任。如果根本没有实施侵权行为，也就不应当承担责任。② 正是基于责任自负原则，法律才能发挥其维护行为自由的功能。法律应当在“自由的合法行为”与“应负责任的不法行为”之间划定一个界限，以维护个人的行为自由。③所以，如果滥用连带责任，可能对个人的行为自由构成不当妨碍。另一方面，连带之债的内部求偿程序较为烦琐，这可能会增加纠纷解决的成本。与简单之债相比，连带之债经常发生当事人之间的内部求偿问题。虽然在债的履行过程中，当事人之间的关系相对简单，债权人可以请求任一债务人清偿全部债务，但在债权实现之后，则会产生各个债权人或者各个债务人之间的内部求偿问题。因此，《民法总则》第 178 条第 3 款规定：“连带责任，由法律规定或者当事人约定。”依据该条规定，只有在法律有特别规定或者当事人有特别约定的情形下，才能成立连带之债，这一立场值得赞同，笔者认为，法律在规定连带责任时，也应当严格限定其适用条件和适用范围。

二、连带之债与按份之债的区分

连带之债是与按份之债相对应的概念。所谓按份之债，是指数个债权人或数个债务人按照一定的份额享有债权或负担债务。在按份之债中，作为债的给付的

① 参见彭州全、骆伟雄：《连带债务略论》，载《社会科学家》，1995（1）。

② 参见程啸：《侵权行为法总论》，172 页，北京，中国人民大学出版社，2008。

③ Fuchs，Deliktsrecht，7. Auflage，Springer，2009，S. 3.

标的必须是可分的，而且每个债权人按照特定的份额行使权利，每个债务人按照特定的份额承担义务。[①]《民法通则》第86条规定："债权人为二人以上的，按照确定的份额分享权利。债务人为二人以上的，按照确定的份额分担义务。"这就在法律上确立了按份之债。例如，甲承包了某村民小组的500亩鱼塘，该鱼塘与上游的河流相连。两年后，因上游水污染导致甲鱼塘的鱼苗大量死亡，损失达20万元。甲向当地环保局反映后，经环保局派人调查了解后，发布了一份报告，确定污染的主要原因是乙企业和丙企业排污过量，致水污染，丁企业的船坞将大量泥浆排入河中，致使河道被淤泥堵塞，也是造成水污染的重要原因。后甲以该报告为依据，向当地法院提起诉讼，请求乙、丙、丁三家企业赔偿其损失。在该案中，依据《侵权责任法》第67条的规定，两个以上污染者污染环境的，各个行为人应当依据其所排放污染物的种类、排放量等因素对受害人的损害承担按份责任。在该案中，因乙、丙的行为以及丁堵塞河道的行为，共同造成了甲的损害，应当依据上述规定对甲的损害承担按份责任。

按份之债与连带之债都属于多数人之债的范畴，二者之间存在密切关联，二者都涉及多数债权人或者多数债务人之间关系的确定问题。尤其应当看到，连带之债主要是从外部关系的角度考察各个债务人或者债权人之间的关系，就各个债务人或者债权人的内部关系而言，其仍然是按照特定的份额分担债务或者分享债权。但二者毕竟属于不同的法律概念，其区别主要体现在以下几个方面。

第一，适用范围不同。由于连带之债会加重当事人履行债务的负担，而且实现程序烦琐，因而，连带之债的成立原则上应当限于法律的明确规定或者当事人的明确约定。连带之债是债的特殊形态，只有在法律明确规定或者当事人明确约定的情形下才能成立，其适用范围是受到限定的。[②] 而按份之债则是债的一般形态，在法律没有特别规定或者当事人没有特别约定的情况下，多数人之债一般是按份之债。依据《民法总则》第178条第3款的规定，"连带责任，由法律规定或者当事人约定"，因此，连带之债的成立以法律有明确规定或者当事人之间有

① MünchKomm/Bydlinski，§ 420，Rn. 4.

② 参见孔祥俊：《论连带责任》，载《法学研究》，1992（4）。

明确约定为前提，在法律没有明确规定或者当事人没有明确约定的情形下，一般推定为按份之债。

第二，给付是否可分不同。对连带之债而言，作为其标的的给付在性质上可以是可分的，也可以是不可分的，即使对于性质上可分的给付，仍可通过当事人的约定成立连带之债。例如，在前述博客侵权案中，甲、乙应当对丙损害扩大的部分承担连带责任，该连带之债的给付是可分的，丙既可以请求甲或乙对其损害承担全部赔偿责任，也可以请求其承担部分赔偿责任。由此也可以看出，对于性质上可分的给付而言，其究竟属于按份之债还是连带之债，一般取决于债务或者债权产生的原因。而对按份之债而言，作为其标的的给付必须是可分的，虽然对按份之债而言，其一般基于数人共同的行为而产生[①]，但作为其标的的给付必须是可分的，这也是各债务人按照确定的份额承担债务或者各债权人按照确定份额分享债权的基本前提，因为对不可分的给付，债务人仅能为全部履行，无法成立按份之债。

第三，债务人承担债务或者债权人享有债权的形式不同。对连带之债而言，各个债务人所负担的债务与各个债权人所享有的债权具有不可分性，每个债务人都有义务清偿全部债务，各个债权人也有权利向债务人请求全部给付，而且某一债务人履行全部债务时，可以导致全部债务或者债权消灭。[②] 而对按份之债而言，各个债务人或者债权人按照确定的份额享有权利或者履行义务，各个债务人或者债权人之间的债务或者债权具有相对独立性，通常某个债务人不会履行全部债务，如果其履行自己的债务份额，不会导致全部债务的消灭。[③]

第四，债的效力不同。对连带之债而言，享有连带权利的每个债权人，都有权要求债务人履行义务；负有连带义务的每个债务人，都负有清偿全部债务的义务，履行了义务的人，有权要求其他负有连带义务的人偿付其应当承担的份额。而对按份之债而言，各个债权人或者债务人应按照确定的份额分享债权或者分担

① 参见江平主编：《民法学》，449页，北京，中国政法大学出版社，2007。

② 参见江平主编：《民法学》，450页，北京，中国政法大学出版社，2007。

③ 参见张玉敏：《论我国多数人之债制度的完善》，载《现代法学》，1999（4）。

债务。例如，对按份债务而言，各个债务人按照确定的份额承担债务，债权人无权请求单一债务人履行全部债务，各个债权人也仅能请求债务人向其履行其所享有的债权份额。

第五，各个债务人或者债权人之间是否存在内部追偿关系不同。对连带债务而言，如果某一债务人清偿了全部债务或者超出其按照内部关系应当分担的债务数额时，则该债务人有权按照内部关系向其他连带债务人追偿；对连带债权而言，如果某一债权人受领了债务人的全部给付，则其他债权人有权按照内部关系向该债权人追偿。而在按份之债中，各个债务人或者债权人按照确定的份额分担债务或者分享债权，各个债务人仅负有按份清偿的义务，各个债权人也仅能请求债务人为部分清偿，因此，一般不发生各个债务人或者债权人的内部追偿问题。

三、连带之债与不可分之债

不可分之债，是指数人享有同一债权或负担同一债务，而给付是不可分的。在法律上，不可分之债常常与连带之债关系密切。这是因为两者都存在数个债权人或债务人，而且，债的标的都是同一给付，且给付内容都可能是不可分的。因此，在判例学说上，对于两者的关系，存在不同的看法。

在《德国民法典》制定之前，德国学界通说认为，数个债务人对特定债权人负担不可分债务的，成立连带之债[①]；与此对应，数个债权人对特定债务人享有不可分债权的，成立连带债权人关系，债务人可以向任何一个债权人清偿债务。[②] 不过，普鲁士普通邦法则采取了截然不同的立场，其规定数个债权人享有一项债权的，不论该债权指向的给付可分或不可分，债权人只能共同行使权利，从而在普鲁士普通邦法中并不存在所谓的连带债权人，而是存在数个债权人。[③] 可见，在该模式下，不可分之债就是连带之债。而《德国民法典》最终区分了这

① Savigny, Das Obligationenrecht als Theil des heutigen römischen Rechts, Bd I, 1851, § 34, S. 366 ff.

② Savigny, a. a. O., §§ 29 ff., S. 303 ff.

③ ALR I. 5, §§ 450 ff.

两种债的关系。依据《德国民法典》第432条的规定，在给付不可分的情形，如果债权人不是连带债权人，则他们只能要求债务人向全体债权人清偿。从比较法上来看，大陆法系国家大多对这两者进行了区分。

笔者认为，不可分之债与连带之债虽然存在密切联系，但仍然存在区别，主要表现在：

第一，是否存在连带关系不同。连带之债必然要求存在连带关系，虽然对连带关系的判断存在不同的观点，但是，并不以给付是否可分作为判断的依据。而在不可分之债中，如果不存在连带关系，只是发生不可分债权或不可分债务，则并无连带债权或连带债务。

第二，当事人能否约定不作为之债不同。例如，共同约定不得压价竞销。但是，此时只是因为给付内容不可分而成立不可分之债，而不形成连带之债的关系。

第三，债权人是否独立享有一项债权不同。在不可分债权的情形，债权人共同享有一项债权，而并非每个债权人都享有一项债权。而在连带债权的情形，每个债权人都独立享有一项债权。

第二节　连带债务

一、连带债务的概念和特征

连带债务，是指数个债务人基于连带关系，都负有清偿全部债务的义务，而且任何一个债务人清偿全部债务的，其他债务人的债务也随之被免除。连带债务是一种多数人的债务。[①]《民法总则》第178条规定："二人以上依法承担连带责任的，权利人有权请求部分或者全部连带责任人承担责任。连带责任人的责任份

① 参见［日］我妻荣：《新订债权总论》，王燚译，355页，北京，中国法制出版社，2008。

额根据各自责任大小确定；难以确定责任大小的，平均承担责任。实际承担责任超过自己责任份额的连带责任人，有权向其他连带责任人追偿。”这就在法律上对连带债务作出了规定。例如，甲、乙、丙、丁四人饭后相约到宾馆打牌，在打牌过程中，甲、乙、丙三人抽烟，因未找到烟灰缸，有人就将烟头扔在地上。而甲买了一桶菜籽油准备带回家，打牌时放在门后，后由于一个烟头扔在菜籽油旁边，并将该桶油点燃。虽经及时扑救，但仍造成该房间家具、电视等物品受损。宾馆起诉甲、乙、丙、丁四人，要求四人连带赔偿其损失。但甲、乙、丙三人都声称自己未将烟头扔在地上，而丁主张自己不会抽烟，四人均主张不应当对损害后果承担责任。在该案中，四人打牌，其中三人乱扔烟头，造成宾馆的损害后果，在性质上构成共同危险行为，当不能确定具体行为人时，依据《侵权责任法》第 10 条的规定，甲、乙、丙应当对宾馆的损害承担连带赔偿责任。

连带债务是连带之债的典型形态，其具有担保债权实现的功能。由于在连带债务中，每个债务人都有清偿全部债务的义务，因而，连带债务的责任财产实际上是各个连带债务人所有的责任财产总和，这就可以有效保障债权的实现。连带债务具有如下特征。

1. 各个连带债务人的给付具有同一性。连带债务，是指数个债务人对于同一内容的给付，都负有全部清偿的义务。关于连带债务的同一性，存在两种观点，一是主观说，此种观点认为，连带债务的同一性主要是指债务人间需要就债务的履行存在主观上的共同目的。[①] 二是客观说，此种观点认为，连带债务的同一性主要是指各个债务人的给付应当是满足债权人的同一履行利益，而并不要求各个债务人就债务的履行具有主观上的共同目的。[②] 笔者认为，上述两种观点都不无道理，但应当采客观说，因为判断各个债务人履行债务的主观目的较为困难，以此标准认定连带债务的同一性，可能会不当限制连带债务的适用，增加当事人之间的纠纷。因此，只要各个连带债务人履行债务的行为能够满足债权人的同一履行利益，就可以认定其具有同一性。当然，就连带债务的内容来说，其各

① 参见郑玉波：《民法债编总论》，390 页，北京，中国政法大学出版社，2004。

② MünchKomm/Bydlinski，§ 421，Rn. 5.

自的履行内容可以不必完全一致。[①]

2. 各个连带债务人的债务具有相对独立性。关于连带债务在性质上究竟是单一债务，还是数个债务，在一些大陆法系国家存在争议。德国19世纪中期以前所流行的观点是债务单一说，该观点认为，连带债务在性质上是单一的债务，即仅存在一个债务。[②] 19世纪中期以后，债务单一说的通说地位逐渐衰落，并为债务复数说所取代。而债务复数说则认为，无论是共同连带债务还是单纯连带债务，其都包含了多个债务，虽然数个债务相互之间的关联密切，但其在性质上属于独立的债务。[③] 目前，大陆法系国家民法一般并不区分共同连带与单纯连带，例如，法国和日本民法中所规定的连带债务类似于共同连带，而德国和瑞士民法中所规定的连带债务则类似于单纯连带。[④] 尽管学界目前就连带债务的性质仍然存在争议，但一般认为，连带债务的性质应采债务复数说。[⑤] 笔者赞成连带债务性质的复数说，正是因为连带债务性质上属于数个债务，因而连带债务具有如下几个特点。

第一，各个债务人义务具有相对独立性。也就是说，每个债务人都对债权人负有全部给付的义务，对债权人而言，每个债务人的债务都是相对独立的。债权人可以单独请求某一债务人履行全部债务。在这一点上，连带债务与保证债务必须依附于主债务是不同的。[⑥]

第二，各个债务人给付具有差异性。在连带债务中，虽然各个债务人的债务在目的上具有"同一性（Identitaet）"，即各个债务人的给付都是为了实现债权人的同一给付利益，但由于连带债务在性质上属于数个债务，因而不要求债务人的给付完全一致，各个债务人的给付义务在内容上可以存在一定的差别。例如，有的债务人可能履行全部债务，有的债务人则可能履行部分债务，而且在连带债

① MünchKomm/Bydlinski，§ 421，Rn. 5.

② 参见［日］我妻荣：《新订债权总论》，王燚译，355页，北京，中国法制出版社，2008。

③ 参见［日］於保不二雄：《日本民法债权总论》，庄胜荣校订，215页，台北，五南图书出版公司，1998；黄立：《民法债编总论》，575页，北京，中国政法大学出版社，2002。

④ 参见［日］我妻荣：《新订债权总论》，王燚译，356～357页，北京，中国法制出版社，2008。

⑤ 参见郑玉波：《民法债编总论》，389页，北京，中国政法大学出版社，2004。

⑥ 参见郑玉波：《民法债编总论》，390页，北京，中国政法大学出版社，2004。

务中，债权人可以同时也可以在不同的时期向不同的债务人提出请求，因此，连带债务并不要求各个连带债务人的债务履行期限一致。①

第三，各个债务人的债务具有可担保性和可处分性。一方面，在连带债务中，债权人可以单独请求某一债务人履行全部债务②，而且在某一债务人可能无法履行全部债务时，债权人还可以要求其提供相应的担保。另一方面，债权人也可以单独让与其对某一债务人的债权。③

3. 连带债务中的各个债务人都负有履行全部债务的义务。连带债务与按份债务的区别在于，在连带债务中，债权人有权要求单个债务人履行全部债务，此时，债务人负有清偿全部债务的义务，而不能仅仅清偿部分债务。也就是说，连带债务的各债务人的全部财产担保着债权人的债权，因此，连带债务具有确保债权实现的目的和作用。在债权人向任何一个债务人提出请求时，债务人不得以自己只应履行部分债务为由而拒绝负担全部给付义务，也不得以其他债务人仅清偿一部分或已经破产等为由而拒绝自己的履行。④ 但是，连带债务并不要求其标的必须是不可分的，因为即便对于可分的给付，在各个债务人之间也可能成立连带债务。

4. 连带债务的履行具有特殊效力。这就是说，任何一个连带债务人对于债权人作出全部的清偿，都将导致债的消灭。任何一个连带债务人都负有向债权人清偿全部或部分债务的义务。债权人可以向不同的债务人提出不同的请求，当然，其债权只能获得一次完全的清偿。⑤

二、连带债务的产生原因

关于连带债务的产生，《民法总则》第 178 条第 3 款规定："连带责任，由法

① MünchKomm/Bydlinski，§ 421，Rn. 5.

② 参见彭州全、骆伟雄：《连带债务略论》，载《社会科学家》，1995（1）。

③ 参见［日］我妻荣：《新订债权总论》，王燚译，356～357 页，北京，中国法制出版社，2008。

④ MünchKomm/Bydlinski，§ 421，Rn. 58.

⑤ MünchKomm/Bydlinski，§ 421，Rn. 3.

律规定或者当事人约定。”因此，连带债务既可以基于法律规定，也可以基于合同约定而产生。具体而言，包括如下两种。

（一）法定的连带债务

法定的连带债务，是指法律明确规定各个债务人应当对某一债务负担连带责任的债务。顾名思义，法定连带债务的成立以法律的明确规定为前提，而且对法定的连带债务而言，其依法产生，不得因各个债务人之间的特别约定而被排除适用。法定的连带债务主要包括如下几种。

1. 代理中的连带债务。代理中的连带债务主要包括以下几种。一是代理人与相对人恶意串通损害被代理人合法权益的连带责任。依据《民法总则》第 164 条第 2 款的规定，在代理人和相对人恶意串通损害被代理人合法权益的，代理人和相对人应当承担连带责任。二是违法代理中的连带责任。《民法总则》第 167 条规定：“代理人知道或者应当知道代理事项违法仍然实施代理行为，或者被代理人知道或者应当知道代理人的代理行为违法未作反对表示的，被代理人和代理人应当承担连带责任。”依据该条规定，在违法代理的情形下，代理人与被代理人可能需要对相对人的损害承担连带责任。

2. 侵权关系中的连带债务。侵权关系中的连带债务主要包括如下几种情形。一是共同侵权中各个侵权人的连带债务。依据《侵权责任法》第 8 条的规定，在共同侵权的情形，各个侵权行为人应当对受害人承担连带责任[①]，这也形成了各个侵权人对受害人的连带债务。二是共同危险行为中各个行为人对受害人的连带债务。依据《侵权责任法》第 10 条的规定，在共同危险行为中，如果不能够确定具体的加害人，则各个共同危险行为人对受害人的损害承担连带责任。[②] 此时也形成各个共同危险行为人对受害人的连带债务。例如，在前述乱扔烟头案中，甲、乙、丙已构成共同危险行为，依据《侵权责任法》第 10 条的规定，三人应当对宾馆的损害承担连带赔偿责任。由于甲、乙、丙不能通过举证证明自己的行

---

① 《侵权责任法》第 8 条规定：“二人以上共同实施侵权行为，造成他人损害的，应当承担连带责任。”

② 《侵权责任法》第 10 条规定：“二人以上实施危及他人人身、财产安全的行为，其中一人或者数人的行为造成他人损害，能够确定具体侵权人的，由侵权人承担责任；不能确定具体侵权人的，行为人承担连带责任。”

为与损害后果之间不存在因果关系，因而不能被免除责任。由于丁不抽烟，并不存在加害行为，因而丁不应当对宾馆的损害后果承担责任。三是特别侵权责任中的连带债务。在特别侵权责任中，法律出于各种规范目的的考虑，也可能规定多个行为人对受害人负担连带债务。例如，《侵权责任法》第 51 条规定："以买卖等方式转让拼装或者已达到报废标准的机动车，发生交通事故造成损害的，由转让人和受让人承担连带责任。"此种债务在性质上属于法定连带债务的范畴，其一般具有特定的法律规范目的，当事人不得通过约定排除此种连带责任的承担，否则可能影响法律规范目的的实现。

3. 保证中的连带债务。保证中的连带债务主要发生在连带责任保证中。所谓连带责任保证，是指按照约定或法律规定由保证人与债务人对债务承担连带责任的保证。根据《担保法》第 17 条至第 19 条的规定，一般保证需要当事人在保证合同中特别约定，如果当事人在保证合同中约定保证人承担连带保证责任或者当事人未约定保证方式或对保证方式约定不明，就应当承担连带责任。由此可见，依据《担保法》的相关规定，连带责任保证成为保证的一般形态，而一般保证却属于其例外形态。[①] 如果当事人没有在保证合同中特别约定其保证为一般保证，则各个保证人应当负担连带责任保证，此时，各个保证人与债务人对债权人负担连带债务，此种债务在性质上也属于法定的连带债务。

4. 其他法律所规定的连带债务。除民事基本法外，其他法律也规定了特殊情形下的连带债务。例如，依据《证券法》第 26 条的规定，在证券的发行不符合法定条件或者法定程序的情形下，"保荐人应当与发行人承担连带责任，但是能够证明自己没有过错的除外；发行人的控股股东、实际控制人有过错的，应当与发行人承担连带责任"。再如，依据《公司法》第 20 条第 3 款的规定，"公司股东滥用公司法人独立地位和股东有限责任，逃避债务，严重损害公司债权人利益的，应当对公司债务承担连带责任"。

此外，并存的债务承担也可产生连带债务。所谓并存的债务承担，又称为债

① 参见全国人大常委会法制工作委员会民法室：《中华人民共和国担保法释义》，25 页，北京，法律出版社，1995。

务加入，其是指原债务人并没有脱离债的关系，而由第三人加入债的关系，并与债务人共同向同一债权人承担债务。[①] 并存的债务承担可以使各个债务人对债权人负担连带债务。在并存的债务承担中，原债务关系内容不发生改变且仍然有效，新的承担人加入债务关系，与原债务人共负连带债务。并存的债务承担是产生连带债务的重要原因。[②] 在并存的债务承担发生之后，原债务人和新加入的债务人都应当向债权人共同负责。虽然各债务人之间可能达成债务分担的内部约定，但该约定对债权人无拘束力。不过，我国现行立法没有明确规定并存的债务承担是否产生连带债务，其尚有待于立法的进一步明确。

（二）意定的连带债务

意定的连带债务，主要是指当事人之间的约定所产生的连带债务。如前所述，连带债务可依法律规定或者当事人的约定而产生，如果当事人没有明确约定对某一债务负担连带责任，则应当考虑是否有法律的特别规定，如果欠缺法律的明确规定，则不应当成立连带债务。[③] 当然，当事人只能通过约定为自己设定连带债务，而不能通过约定为他人设定连带债务。如果当事人通过合同设定连带债务的，并不需要当事人在合同中明确使用“连带”一词，只要当事人在合同中约定，各个债务人对全部债务承担履行义务，而且因任一当事人的给付都可以使全部债务归于消灭的，即可以在当事人之间成立连带债务。[④] 例如，甲向丙借款500元，乙也向丙借款500元，三人能否约定丙的1 000元债权由甲和乙负连带清偿义务呢？有学者认为，只要不违反法律的强制性规定，当事人的约定应当有效，受法律保护。[⑤] 笔者赞同此种观点，即可以通过当事人约定的方式成立连带债务，因为是否承担连带债务，原则上属于当事人私法自治的范畴，除上述法律规定的各种连带债务的情形外，当事人也可以通过约定的方式设定连带债务。

在意定的连带债务中，比较典型的是意定的保证连带债务。所谓意定的保证

---

① 参见王家福主编：《民法债权》，86页，北京，法律出版社，1991。

② 参见［日］我妻荣：《新订债权总论》，王燚译，509页，北京，中国法制出版社，2008。

③ MünchKomm/Bydlinski，§ 421，Rn. 17.

④ 参见史尚宽：《债法总论》，646页，北京，中国政法大学出版社，2000。

⑤ 参见彭州全、骆伟雄：《连带债务略论》，载《社会科学家》，1995（1）。

连带债务，是指基于当事人的约定而产生的负担连带责任的保证债务。例如，当事人在保证合同中约定，保证人与债务人对债权人承担连带责任的，则产生债务人与保证人对债权人负担连带债务的法律效果。《担保法》第18条第1款与第19条分别规定，“当事人在保证合同中约定保证人与债务人对债务承担连带责任的，为连带责任保证”；“当事人对保证方式没有约定或者约定不明确的，按照连带责任保证承担保证责任”。在连带责任保证中，保证人与债务人居于同一顺序，债权人有权要求债务人履行债务，也有权要求保证人承担保证责任，保证人不享有顺序利益。[①] 例如，甲向乙购买一批电脑配件，价款为30万元，合同订立过程中，甲主张其经营困难，要求1年后付清全部价款，乙也同意，但要求甲提供一定的保证，甲请丙、丁作为担保人，与乙订立保证合同，其中丙、丁分别承担20万元债务的清偿责任。后甲因经营管理不善而破产，经破产分配，乙只获得了20万元的清偿，乙将丙起诉至法院，认为丙、丁应当对甲剩余的债务承担连带责任，因此请求丙承担10万元债务的清偿责任，而丙则主张，其应当与丁按份承担甲的剩余债务，而不应当承担甲全部剩余债务的清偿责任。在该案中，虽然丙、丁在保证合同中约定只对特定的债务份额承担保证责任，但就二人承担保证份额重合的部分，仍不妨成立连带债务，在该案中，丙、丁虽然约定对甲的30万元债务分别承担20万元债务的保证责任，但在二人保证责任重合的10万元份额内，两债务人的给付仍具有同一性，成立连带债务，因此，乙可以单独请求丙承担10万元债务的保证责任。

三、连带债务的产生条件

（一）连带债务成立条件的理论争议

《民法总则》第178条只是规定了连带债务中当事人的权利义务关系，但并没有规定连带债务的成立条件，这可能影响连带债务法律制度的准确适用。关于连带债务的成立条件，理论上存在争议，主要有以下几种不同的主张。

---

① 参见高圣平：《担保法论》，91页，北京，法律出版社，2009。

1. 同一法律原因说（einheitlicher Schuldgrund）。该学说为艾瑟勒（Eisele）所创，此种观点认为，只有当各个债务是基于同一原因而发生时，才能成立连带之债，否则仍属于按份之债。① 即连带债务的成立应当有同一的债的基础，但后来的判例逐渐放弃了这一要求，而是要考虑当事人之间客观上是否满足连带之债的几项前提，甚至不同的债之基础也不影响连带之债的成立。②

2. 目的共同说（Zweckgemeinschaft）。此种观点认为，只有在数个债务具有同一目的时，才能成立连带债务。③ 史尚宽先生认为，连带之债的目的应当具有共同性，而且只要有同一的目的，即便给付的内容不同，也可成立连带债务。④ 也有学者认为，只有在数个债务的主要目的是满足债权人的同一利益时，才有可能成立连带之债。⑤ 从比较法上看，德国法在连带债务的成立方面原采主观目的共同说，即只有各个债务人具有共同履行债权人债权的目的时，才能成立连带债务，但目前学界通说采客观目的共同说，即只要各个债务人债务的履行能够在客观上具有共同的目的，都为了实现债权人的同一债权，便可成立连带债务。⑥

3. 清偿共同说（Erfüllungsgemeinschaft）。该说认为，连带之债的本质在于清偿共同债务，即任何一个债务人都能通过自己的给付使其他债务人的债务消灭，由于债务人的一次清偿即可使债权实现，因而，债权人只能受领一次清偿。⑦ 此种共通性主要体现在其必须满足相同的履行利益，但是就连带债务人的内容来说，其各自的履行内容可以不必完全一致。⑧

4. 债务同一层次说（Gleichstufigkeit）。该说认为，只有数个独立的债务处

---

① Eisele, AcP 77 (1891), 374, 419 ff., 479, 481.

② MünchKomm/Bydlinski, § 421, Rn. 20.

③ Selb, Mehrheit von Gläubigern und Schuldnern, 1984, S. 38.

④ 参见史尚宽：《债法总论》，616 页，北京，中国政法大学出版社，2000。

⑤ Enneccerus/Lehmann, § 90 II, S. 360 ff.

⑥ MünchKomm/Bydlinski, § 421, Rn. 21.

⑦ Franz Leonhard, Allgemeines Schuldrecht des BGB, Bd. 1, München, 1929, S. 736 ff.; Selb, a. a. O., S. 17, 25, 37.

⑧ MünchKomm/Bydlinski, § 421, Rn. 5.

于同一层次的，数个债务才构成连带之债，否则构成不真正连带之债。[①] 在认定连带债务时，需要对各个债务的层级状态进行判断，仅在各个债务属于同一层次或者具有等值性（Gleichwertigkeit）时，才能成立连带债务。[②] 这也是目前德国学界的通说。[③]

笔者认为，上述各种学说都从不同的角度揭示了连带债务的本质，同一法律原因说着重于债的产生原因，目的共同说着眼于债的履行目的的共同性。但应当看到，虽然目的共同说注重对数个债务的目的进行考察，并且以目的是否具有同一性作为认定共同债务的条件，但其忽略了各个债务之间的关系。各个债务即便具有目的上的同一性，但其所处的层次不同，债务人的债务也应当存在一定差别，从而不应当成立连带债务。清偿共同说则重点考察了债务人清偿的效果，此种观点仅从形式上对连带债务进行分析，即仅分析连带债务中当事人的债权债务关系，以及当事人单独清偿或者单独受领清偿的效果，但并没有从根本上揭示连带债务产生的基础。

基于以上分析，笔者赞同债务同一层次说，主要理由在于：一方面，债务同一层次说侧重于关注各个债务的层次和求偿权，具有较强的个案适应性，即可以借助对各个债务在法律的价值立场和个案的具体情况的考察，对是否属于连带债务作出比较适当的判断。也就是说，各个债务人的债务具有同质性，债务人之间的地位也是平等的。[④] 另一方面，这一观点通过对各个债务是否处于同一层次进行判断，也有利于区分连带债务与不真正连带债务。按照这一观点，如果每一个债务人在内部关系上都应当承担一定的责任，任何一个债务人的清偿都导致其他债务人债务的消灭，且不存在所谓的终局债务人的，则该数个债务人之间即成立连带之债。如果数个债务人之中存在第一债务人（Primärschuldner），其他债务

① Larenz，Schuldrecht，AT，§ 37 I，Muenchen，S. 635 f；Fikentscher，SchuldR，§ 62 II 1，Rn. 631；Selb. a. a. O.，S. 41 f.

② Fikentscher，a. a. O.，Rn. 631.

③ MünchKomm/Bydlinski，§ 421，Rn. 12 ff.；Soergel/ Wolf，§ 421，Rn. 15；Staudinger/Noack，§ 421，Rn. 18.

④ Hans Brox，Allgemeines Schuldrecht，München，2009，S. 410.

人仅仅负担补充的责任，而第一债务人在内部关系上应当完全负责的，则数个债务人之间就不成立真正的连带之债。[①]

（二）连带债务的成立条件

1. 债务人是多数。所谓多数是指两个或两个人以上。在连带债务中，不要求债权人是否为多数，但债务人必须为多数。连带债务中每个债务都是独立的债务，因此，对某一债务人生效的事项，对其他债务人原则上不生效力。[②] 虽然在连带债务中，各个债务人的债务属于独立的债务，但在特殊情形下，各个债务人的债务也会存在一定的牵连关系，例如，对保证连带债务而言，虽然保证人债务的成立以主债务人债务存在为前提，但这并不妨碍在各个债务人之间成立连带债务关系。

2. 给付是同一的。共同债务的成立，应当以各个债务人所负担给付具有同一性为前提，如果各个债务人对债权人所负担的给付不具有同一性，则无法成立连带债务。[③] 在前述保证份额案中，甲对乙负担 30 万元的债务，如果乙与丙、丁约定，分别对甲的债务负担 15 万元的保证责任，由于丙、丁的债务相互独立，甲对丙、丁的债务所享有的给付利益并不具有同一性，因而，无法成立连带债务。但如果丙、丁与甲约定，二人分别对甲的债务负担 20 万元的债务，则在二人保证责任重合的 10 万元范围内，乙对丙、丁的给付享有同一给付利益，因此，可以认定，丙、丁在该 10 万元的范围内成立连带债务。

但在此需要讨论的是，连带债务成立的前提虽然是各个债务人的给付具有同一性，但是否要求各个债务人的给付在内容上相同呢？学者对此存在不同的观点。如有学者认为，连带债务的成立以数个债务人负担同一内容的给付为成立条件。[④] 也有学者主张，连带债务的成立不以债务人负担同一内容的给付为前提。[⑤]

笔者认为，连带债务中债务人给付的同一性主要指债权人就债务人给付所享

① Schule，Bürgerliches Gesetzbuch，7. Auflage，§ 421，Rn. 4.

② 参见史尚宽：《债法总论》，642 页，北京，中国政法大学出版社，2000。

③ 参见黄立：《民法债编总论》，576 页，北京，中国政法大学出版社，2002。

④ 参见［日］我妻荣：《新订债权总论》，王燚译，355 页，北京，中国法制出版社，2008。

⑤ 参见史尚宽：《债法总论》，645 页，北京，中国政法大学出版社，2000。

有的给付利益的同一性，而不是指各个债务人的给付在内容上具有同一性。从比较法上看，各国也采取了类似的做法。例如，在德国法上，学者早期一般认为，“同一”给付是指内容上完全相同的给付，而现在学界主流观点认为，同一给付主要指对“同一个给付利益的满足”。因此，如果所有债务人的给付义务在事实上和法律上完全相同时，给付是“同一的”；但即便各个债务人的给付因不同原因而发生，其也可能属于同一给付。例如，一个基于合同产生的给付和一个基于侵权而产生的给付，即属于此种情况。[①] 笔者赞同此种观点，即虽然连带债务的成立以各个债务人负担同一给付为前提，但并不要求各个债务人的给付具有同一内容，只要各个债务人所负担的给付义务是为了满足债权人的同一给付利益，即可认定债务人的给付具有同一性。例如，当事人在合同中约定，如果主债务人未按照约定向债权人交付标的物，则债权人有权请求保证人承担违约责任，此时，当事人即通过合同设定了连带保证债务；在该连带债务中，主债务人的债务为交付标的物以及承担违约责任，而保证人的债务为承担违约责任，虽然主债务人与保证人的债务内容不同，但由于二者具有共同的给付目的，即都是为了保障债权人债权的实现，因而，也可以认定二者的给付具有同一性。

3. 债务人的债务具有共同目的。连带债务中，各个债务人的债务应当具有共同目的，而且这一共同目的可能被债务人所认识到，也可能没有被债务人所认识到。所谓共同目的，是指为保障债权人债权的实现，多数债务人按照其意思或者法律规定，为达成同一目的而互相结合。[②] 连带债务中共同目的的达成不以各个债务人有达成该目的的主观意愿为必要，只要各个债务人的给付在客观上能够使债权人实现共同的给付利益，则各债务人的给付即具有同一目的。无论是意定的连带债务，还是法定的连带债务，都存在这一共同目的。正是基于共同目的，各个债务人之间才相互结合，形成连带关系。为达到共同目的，每一个债务人都有义务满足债权人的请求，使债权人实现债权。[③] 在大多数连带债务中，都是为

① 参见张定军：《连带债务研究》，62页，北京，中国社会科学出版社，2010。

② 参见史尚宽：《债法总论》，643页，北京，中国政法大学出版社，2000。

③ MünchKomm/Bydlinski，§ 421，Rn. 20.

了实现共同的目的，即便对侵权之债而言，数个侵权人承担连带责任，也可以认为是为了共同的目的，即救济受害人的同一损害。

因为各个债务人的给付具有共同的目的，所以，如果债权人的债权因某一债务人履行债务而实现时，该履行行为对其他债务人也发生法律效力，其他连带债务人的债务也因此消灭。[①] 在欠缺共同目的的前提下，即便各个债务人的给付具有同一性，而且债权人就各个债务人的给付享有同一利益，也无法成立连带债务。例如，甲将其电脑交给乙保管，乙未经甲同意将该电脑出卖给丙，但尚未交付，后甲也与丙订立买卖合同，将该电脑出卖给丙，此时，甲与乙都负有向丙交付该电脑的义务，虽然甲与乙负担的给付内容相同，而且债权人丙对甲、乙的给付享有同一利益，但由于甲、乙的给付并非为实现债权人的同一债权，各个债务人的给付欠缺共同的目的，因而无法成立连带债务。

由于连带债务中各个债务人的债务具有相对独立性，因而，如果某一连带债务人的债务无效或者被撤销时，原则上不影响其他债务人债务的成立。但在特定情形下，对某一债务人发生效力的事由，对其他债务人也应当产生效力。例如，连带债务人中之一人受到确定判决的，其判决对其他债务人的利益发生效力。债权人对连带债务人中之一人的消灭时效已完成的，就该债务人的分担部分，对其他债务人发生效力。[②] 因一个连带债务人的代物清偿、提存、抵销、混同、免除等原因而使债消灭的，其效力也及于其他债务人，这就是说，连带债务人中之一人因代物清偿、提存、混同、免除等而使债务消灭的，其他债务人的这一部分债务也同时消灭。例如，连带债务人负担 100 万元的债务，而债权人免除了其中一个连带债务人 50 万元的债务，则其余的债务人所承担的连带债务也仅限于剩余的 50 万元的债务。

四、连带债务的效力

连带债务的效力可以分为对外效力和对内效力两个方面，前者是指债权人和

① 参见［日］我妻荣：《新订债权总论》，王燚译，357 页，北京，中国法制出版社，2008。

② 参见郑玉波：《民法债编总论》，396 页，北京，中国政法大学出版社，2004。

连带债务人之间的关系，而后者是指各个连带债务人之间的内部关系。

（一）对外效力——对债权人的效力

连带债务的主要功能即是为了担保债权的充分实现，因此，连带债务必然要对债权人发生效力，此种效力体现在如下几个方面。

第一，债权人有权同时或先后向债务人提出请求。债权人既可以同时向数个债务人提出请求，也可以先后向不同的债务人提出请求。如果债权人先以诉讼的方式向部分债务人主张债权，后又起诉其他债务人履行债务，法院不应以“一事不再理”为由予以拒绝。

第二，债权人有权向部分或全部债务人提出请求。在连带债务中，债权人有权仅向部分债务人主张权利，也有权向全部债务人主张权利。这就意味着，在连带债务中，债权人享有选择的自由。[1] 从实践来看，债权人通常会选择向具有充足清偿能力的债务人提出请求。在连带债务中，债权人向某一债务人请求清偿全部债务的，债务人不得以其仅应承担部分清偿义务而提出抗辩。[2]

第三，债权人有权请求债务人履行部分或者全部债务。这就是说，在连带债务中，债权人可以仅要求债务人履行部分债务，也可以要求债务人履行全部债务，债权人债权未获清偿的部分，债权人仍可请求全体债务人作出履行。

（二）对内效力——对债务人的效力

既然连带债务的性质为复数之债，则每个债务人对债权人都负有全部清偿的义务。当某个或者某几个债务人向债权人作出全部履行时，债权人的债权即归于消灭，而作出履行的债务人则有权依法向其他债务人追偿。

（三）连带债务履行过程中的绝对效力事项与相对效力事项

在连带债务中，各个债务人的债务具有相对独立性，一般情况下，对某一债务人生效的事项，原则上并不对其他债务人发生效力。[3] 但连带债务中，由于各个债务的给付在目的上具有共同性，而且各个债务人的给付具有同一性，即各个

---

① 参见郑玉波：《民法债编总论》，392页，北京，中国政法大学出版社，2004。

② Hans Brox，Allgemeines Schuldrecht，München，2009，S. 411.

③ 参见史尚宽：《债法总论》，649页，北京，中国政法大学出版社，2000。

债务人的给付都是为了实现债权人的同一给付利益，因此，各个债务人的债务并非完全独立，在债的履行过程中，某些事项可能只是对个别债务人发生效力，而某些事项则对其他债务人产生效力，据此，可以将连带债务履行过程中的事项区分为绝对效力事项和相对效力事项。[①] 从比较法上看，各国（地区）关于绝对效力事项与相对效力事项范围的规定并不完全一致，例如，法国法的规定较为广泛，而德国法的规定则较为狭窄，日本民法和我国台湾地区“民法”的规定则采折中立场。[②] 笔者赞同这一区分，即应当将连带债务履行过程中的事项区分为绝对效力事项和相对效力事项，以下具体论述。

1. 绝对效力事项

绝对效力事项是指某些事项不仅对个别债务人产生效力，而且对所有债务人都具有普遍效力。[③] 一般认为，在认定某一事项是否为绝对效力事项时，主要应当参考如下两个标准。一是能否使债权人的债权得到实现。例如，某一债务人对债权人作出了清偿，该清偿行为对其他连带债务人也产生效力，其他连带债务人与债权人之间的连带债务也因此消灭。二是是否有利于简化法律关系。也就是说，虽然某一事实不能使债权人的债权获得完全实现，但为了简化法律关系，避免在当事人之间产生循环求偿的法律关系，也可以将其认定为绝对效力事项。[④] 例如，债权人免除某一连带债务人的债务时，由于各连带债务人之间存在内部求偿关系，因而，债权人免除某一连带债务人的债务也应当对其他债务人产生一定的效力，即其他债务人仅应当对该债务人按照内部关系应当负担的债务份额以外的债务承担连带责任，这可以避免各个连带债务人之间的循环求偿关系。一般认为，连带债务履行过程中的绝对效力事项主要包括如下几种。

（1）导致债务消灭的事项。一旦连带债务人中的某个债务人作出了清偿、代物清偿、提存、抵销，或者发生混同，即可能使连带债务消灭，由于各个债务人的给付具有同一性，上述使连带债务消灭的事由也将对其他连带债务人发生效力，其他

① 参见江俊彦：《民法债编总论》，543页，台北，新学林出版股份有限公司，2011。

② 参见郑玉波：《民法债编总论》，393页，北京，中国政法大学出版社，2004。

③ 参见黄立：《民法债编总论》，579页，北京，中国政法大学出版社，2002。

④ 参见郑玉波：《民法债编总论》，393页，北京，中国政法大学出版社，2004。

连带债务人的债务也当然相应消灭。[①] 例如，在混同的情形下，因某一连带债务人与债权人的身份发生重合，此时，将因混同而发生债的消灭，其他债务人也因此相应免除责任。[②] 在此需要讨论的是，如果某一连带债务人对债权人享有债权，且符合抵销的条件，此时，其他连带债务人能否主张实行抵销而消灭连带债务呢?《法国民法典》第1294条、《德国民法典》第1244条对此予以禁止。笔者认为，按照私法自治原则，在某一连带债务人对债权人享有债权，且符合抵销条件的情形下，是否实行抵销，应当由该债务人自主决定，其他债务人不得代该债务人行使抵销权，否则就违背了私法自治原则。例如，甲、乙、丙三个保证人共同担保债权人丁100万元的债权，但丁同时因其他法律关系而欠甲20万元。此时，即便甲对丁的债权符合抵销的条件，乙、丙二人也不得代甲行使抵销权。

（2）生效判决。此处所说的生效判决是指针对连带债务中的某一债务人已经发生效力的判决。一些国家的民法典对生效判决是作为完全绝对效力事项加以规定的。[③] 问题在于，是否所有针对某一连带债务人的生效判决都会对其他债务人发生效力呢？例如，法院判决认为某一连带债务人与债权人之间债的关系不成立或者无效，此时，该判决能否对其他连带债务人产生效力？笔者认为，应当区分该生效判决是否仅针对某一连带债务人发生效力，如果该生效判决仅涉及某一连带债务人，则不论其是否对其他债务人有利，其效力都应当仅限于特定连带债务人，而不应及于其他连带债务人；如果某一生效判决是针对整个连带债务关系，则其对其他连带债务人也应当发生效力。[④] 例如，法院判决认为某一连带债务人与债权人之间债的关系无效，并导致整个连带债务无效，此时，该生效判决对其他连带债务人也发生效力，但如果该生效判决仅宣告某一连带债务人与债权人之间债的关系无效，而不涉及整个连带债务，则该判决对其他连带债务人不发生效力。

---

① Hans Brox，Allgemeines Schuldrecht，München，2009，S. 411.

② 参见郑玉波：《民法债编总论》，395页，北京，中国政法大学出版社，2004。

③ 参见《法国民法典》第1211条；《意大利民法典》第1306条。

④ 参见黄立：《民法债编总论》，581页，北京，中国政法大学出版社，2002。

（3）债权人受领迟延。在连带债务中，各个债务人的给付在目的上具有共同性，各个债务人都有清偿全部债务的义务，在某一债务人清偿全部债务时，其他连带债务人的债务也因此消灭，因此，在某一连带债务人提出履行债务的请求时，如果债权人受领迟延，可能导致该债务人无法履行债务，并使其他债务人无法享有因债务履行而产生的利益①，因此，债权人受领迟延应当属于绝对效力事项，即在某一连带债务人履行债务时，如果债权人受领迟延，则该受领迟延也对其他债务人发生效力。②

（4）债务免除。免除是债务消灭的原因，在连带债务中，如果债权人免除全部债务人的债务，则各连带债务人当然全部免责。但如果债权人仅免除某一债务人的债务，则该行为能否对其他连带债务人发生效力呢？比较法上对此存在不同做法。一是原则上对其他债务人具有效力，但债权人明确表示该免除行为仅对特定债务人有效的除外。法国法采纳了此种做法。③ 二是原则上对其他债务人不产生效力，但债权人明示对其他债务人也具有效力的除外。④ 德国法采纳了此种做法。⑤ 笔者认为，债权人免除某一连带债务人债务的行为是其债权处分权能的体现，按照私法自治原则，在连带债务中，债权人免除某一债务人债务的行为是否能够对其他债务人也具有效力，原则上取决于债权人的意思。如果债权人仅有免除某一债务人债务的意思，则该免除行为对其他连带债务人不发生效力。在无法探明债权人的真意时，由于债权人仅针对某一债务人免除债务，原则上应当推定

---

① 参见史尚宽：《债法总论》，656～657页，北京，中国政法大学出版社，2000。

② 参见［日］我妻荣：《新订债权总论》，王燚译，366页，北京，中国法制出版社，2008。

③ 依据《法国民法典》第1285条的规定，在债权人免除某一债务人的债务时，除非债权人明确表示仅免除某一债务人债务外，该免除行为对其他债务人也产生效力；同时，即便债权人明确表示仅免除某一债务人的债务，仍保留请求其他连带债务人履行债务的权利，债权人也仅能请求其他债务人清偿减除其已经免除部分的债权。

④ Hans Brox，Allgemeines Schuldrecht，München，2009，S. 415.

⑤ 依据《德国民法典》第423条的规定，在连带债务中，债权人免除某一连带债务人债务的，该免除行为原则上仅对该债务人发生拘束力，但如果债权人在免除特定债务人债务时，有消灭整个债务关系的意思时，则该免除行为对其他债务人也发生效力。依据这一规定，在债权人免除某一债务人债务时，该免除行为原则上不对其他债务人产生效力，但债权人明确表示该免除行为对其他债务人也具有效力的除外。

债权人仅有免除某一债务人债务的意思[①]，其他连带债务人主张债权人免除行为有免除全体连带债务人债务的意思时，应当对此负担举证责任。

在债权人仅向某一债务人作出免除其债务的意思表示时，虽然其他债务人不能主张自己的债务同时被免除，但由于债权人免除某一连带债务人的行为可能会导致其他连带债务人在履行债务后无法向该债务人追偿，这可能会损害其他连带债务人的利益，因而，在被免除债务的连带债务人应当分担的债务份额内，其他债务人原则上不再负担清偿的义务。[②] 据此，在债权人免除某一连带债务人的债务时，其他债务人有权向债权人主张在其无法向该债务人追偿的债务数额内免除债务。

在此需要讨论的是，在连带债务中，债权人免除全体债务人债务的意思表示是否需要向全体债务人作出？一般认为，连带债务中，债权人免除整个连带债务的意思表示无须向全体债务人作出，债权人向某一连带债务人作出免除整个连带债务的，也应当发生消灭整个连带债务的法律效果，因为在连带债务中，各个债务人的债务在目的上具有共同性，给付也具有同一性，而且每个连带债务人都负有清偿全部债务的义务，连带债务也因某一债务人的履行行为而消灭，从这一意义上说，每个连带债务人都可以单独消灭整个连带债务。[③] 同时，允许债权人通过向某一连带债务人作出免除的意思表示而消灭整个连带债务，也是尊重当事人意思自治的体现，从有利于简化法律关系、减少相关纠纷的角度出发，法律上应当尽量减少债权人免除连带债务的困难，因此，应当允许债权人通过向某一连带债务人作出意思表示而免除整个连带债务。

（5）诉讼时效届满。在连带债务中，由于并不要求每个连带债务的产生原因相同，各个连带债务的诉讼时效也可能因而存在一定的区别，在债权人怠于行使其债权时，某一债务人债务的诉讼时效完成，是否可以影响其他连带债务人的债务呢？笔者认为，在判断某一连带债务人债务诉讼时效经过是否对其他债务人发生效力时，应当区分不同情形分别认定。如果该债务人主张时效抗辩，债权人无

① 参见史尚宽：《债法总论》，654页，北京，中国政法大学出版社，2000。

②③ 参见郑玉波：《民法债编总论》，397页，北京，中国政法大学出版社，2004。

法从该债务人处获得清偿，为了保护该债务人的时效利益，其他连带债务人在清偿债务后原则上也无法向该债务人追偿，此时，其他债务人有权主张在该债务人应当负担的债务份额内免除清偿义务。当然，在该份额范围之外，其他连带债务人仍应当就债权的清偿承担连带责任。① 在该债务人放弃其时效利益的情形下，债权人有权请求该债务人清偿全部债务，其他债务人在清偿债务后也可以向该债务人追偿，此时，该债务人债务诉讼时效的经过并没有对债权人和其他债务人的利益产生影响。

2. 相对效力事项

所谓连带债务中的相对效力事项，是指对某一债务人具有法律效力的事项，对其他连带债务人原则上并不具有法律效力。② 在连带债务中，除上述绝对效力事项之外，对一个债务人产生效力的事项不应当影响到其他债务人。这些相对效力事项主要包括以下几种。

（1）债权人向某一债务人提出请求。如果债权人向一个债务人请求，其是否影响其他债务人，对此，存在不同的立法例。一是将债权人的请求界定为绝对效力事项，即债权人的请求对全体债务人发生法律效力。③ 二是将债权人的请求界定为相对效力事项，即债权人的请求仅对单个连带债务人本人发生法律效力，对其他连带债务人并不具有法律拘束力。④ 笔者认为，债权人的请求应当属于相对效力事项，因为在连带债务中，债权人可以同时或先后向某一债务人或数个债务人请求，在债权人对某一债务人提出请求时，如果认定其效力及于其他债务人，则与连带债务的本质有所违背。⑤ 因此，在债权人向某一连带债务人提出请求时，仅对该连带债务人本人的债务产生诉讼时效中断的法律效果，其他连带债务人债务的诉讼时效仍继续计算。

---

① 参见史尚宽：《债法总论》，656页，北京，中国政法大学出版社，2000。

② Hans Brox，Allgemeines Schuldrecht，München，2009，S. 412.

③ 依据《法国民法典》第1206条的规定，在连带债务中，债权人向某一债务人提起清偿债务的诉讼的，对全体连带债务人均产生诉讼时效中断的法律效果。《日本民法典》第434条也将其作为绝对效力事项。

④ 《德国民法典》第425条和我国台湾地区“民法”第279条将其作为相对效力事项。

⑤ 参见郑玉波：《民法债编总论》，399页，北京，中国政法大学出版社，2004。

（2）诉讼时效中断。在连带债务中，各个债务人的债务具有相对独立性，债权人可以同时或者先后向各个债务人主张权利，从督促债权人主张权利的角度来看，债权人应当向所有债务人积极主张其债权。[①] 因此，某一连带债务人债务的诉讼时效中断，原则上并不应当对其他连带债务人产生效力。

（3）债权让与和债务承担。连带债务中，由于各个债务人的债务具有相对独立性，因而，无论是债权让与，还是债务承担，原则上都不对其他债务人产生效力。例如，合伙人甲、乙、丙三人欠债权人丁货款。后来，合伙解散，而丙的债务由戊承担。在此情形，甲和乙对丁的债务并不受到任何影响。

（4）迟延履行。连带债务中，由于各个债务人的债务具有相对独立性，因而，在某一连带债务人出现迟延履行的情况下，其原则上仅对该债务人本人产生效力，债权人无法据此请求其他连带债务人承担迟延履行的责任。

五、连带债务人之间的求偿权

（一）连带债务人之间的求偿权的概念

连带债务人之间的求偿权，是指连带债务人承担债务超出了其按照内部关系应分担的部分，而享有向其他债务人求偿的权利。该求偿权起源于罗马法。在罗马法中，某一债务人作出了全部给付，应当按比例向其他债务人请求补偿。[②] 不过，罗马法上的债务人求偿权主要针对具体情形进行，而并没有确立连带债务人求偿权的一般性规则。[③] 现代各国法律都对连带债务中债务人的求偿权作出了规定。例如，《法国民法典》第1213条、《德国民法典》第426条、《瑞士债务法》第148条等，都认可了这一制度。

《民法总则》第178条第2款规定："连带责任人的责任份额根据各自责任大小确定；难以确定责任大小的，平均承担责任。实际承担责任超过自己责任份额

① 参见郑玉波：《民法债编总论》，400页，北京，中国政法大学出版社，2004。

② 参见陈朝璧：《罗马法原理》，174页，北京，法律出版社，2006。

③ 参见张定军：《连带债务研究》，33页，北京，中国社会科学出版社，2010。

的连带责任人，有权向其他连带责任人追偿。”这就对连带债务中债务人的求偿权作出了明确规定。此外，我国法律也对各种债的类型中连带债务人的求偿权作出了规定，例如，《侵权责任法》第14条第2款规定：“支付超出自己赔偿数额的连带责任人，有权向其他连带责任人追偿。”该条即是对侵权之债中连带债务人的求偿权所作出的规定。求偿权的特征主要表现在以下几点。

第一，连带债务人之间的求偿权是根据各债务人的内部关系产生的。这就是说，在连带债务中，应当区分各连带债务人与债权人的关系与各个债务人之间的内部关系，前者是连带债务的外部关系，而后者属于连带债务的内部关系。在外部关系中，各个债务人都有义务向债权人履行全部债务，不存在求偿权的问题，求偿权仅存在各连带债务人的内部关系中。因此，在法律上通常将求偿权称为对内效力。①

第二，求偿权产生的原因是某一连带债务人作出的履行超出其应当分担的份额。就连带债务中各债务人的内部关系而言，除法律另有规定或者当事人另有约定外，债务人应当平均分担债务。② 当某一债务人所清偿的债务超出其所应分担的债务数额时，其有权向其他连带债务人在其应分担的数额内追偿。

第三，求偿权是法定的权利。从比较法上看，各国法律都规定了连带债务中债务人的求偿权，在德国，有学者认为，在某一债务人履行了全部债务后，债权人的债权即移转至该债务人，这属于法定的债权移转的情形，但在债权发生移转后，享有该债权的债务人仅能向其他债务人在其应当负担的债务范围内提出请求。③ 笔者认为，法定移转说值得商榷，在某一债务人清偿全部债务后，如果其享有债权人的债权，则可以据此请求其他连带债务人作出全部清偿，这可能使各债务人之间的法律关系复杂化。在我国，求偿权产生的基础是法律规定，而非债权移转的结果。

第四，求偿权存在的基础是各债务人应公平分担连带债务。关于求偿权产生

① 参见郑玉波：《民法债编总论》，401页，北京，中国政法大学出版社，2004。

② Hans Brox，Allgemeines Schuldrecht，München，2009，S. 413.

③ Hans Brox，Allgemeines Schuldrecht，München，2009，S. 418.

的基础，有四种不同的学说。一是当然存在说。此种观点认为，一旦某一连带债务人清偿超出自己应当分担的部分，即当然产生求偿权。二是主观共同关系说。此种观点认为，连带债务的本质是多数债务人共同分担连带债务，因此，某一债务人的清偿超出自己应当分担的部分，其就依据主观的共同关系享有求偿权。三是相互保证说。此种观点认为，连带债务人之间，每一债务人就其他债务人应当负担的部分负保证义务，某一债务人清偿超出自己份额的部分，就可以依据该担保义务享有求偿权。四是不当得利说。此种观点认为，某一债务人的清偿超出自己应当分担的部分时，其他债务人即因此免除相应的债务，构成不当得利，此时，作出清偿的债务人即享有求偿权。① 笔者认为，连带债务人求偿权制度的主要功能是为了解决连带债务人之间的关系，其本质是要公平地分担责任。虽然在连带债务中，各个连带债务人需要对债权人承担连带责任，但在各个连带债务人内部，各个债务人对整体债务应当存在一定的债务分担数额，连带债务人求偿权制度的主要功能即在于确定各个连带债务人的内部分担数额，从而实现债务人之间债务的公平分担。如果某一连带债务人承担了其不应承担的债务份额，显然有失公平，其应当有权向其他债务人求偿。

（二）求偿权行使的条件

在连带债务中，债务人行使求偿权应当具备如下条件。

第一，权利人必须是连带债务人。一方面，求偿权存在的前提是，连带债务已经成立并且生效；另一方面，必须某一连带债务人对债权人作出了清偿。在按份之债中，各个债务人对债权人负担确定份额的债务，在债权人请求债务人承担超过其份额的债务时，债务人有权予以拒绝，因此一般不会发生求偿的问题。只有在连带债务中，才可能发生个别债务人支付超出自己应负担份额的情况，并进一步导致求偿权的产生。

第二，某一连带债务人必须作出了超出自己份额的履行。依据《民法通则》第 87 条的规定，只有连带债务人作出了超出自己份额的给付时，才有权向其他连带债务人求偿。具体而言，一是某一连带债务人必须对债权人作出了履行。此

---

① 上述四种观点请参见孙森焱：《民法债编总论》，732～733 页，北京，法律出版社，2006。

处所说的履行并不限于清偿，还包括代物清偿、提存、抵销等，但被免除债务不能成为求偿的根据。[①] 二是某一连带债务人所作出的履行超出了其应分担的份额。

连带债务人只有对超出自己应分担的部分，才能请求其他债务人返还。对此，比较法上曾有两种学说。一是积极说。此种观点认为，在连带债务中，如果某一债务人所清偿的债务没有超过其所应分担的债务数额，则对其他人无求偿权。例如，甲乙丙三人共承担了900元的连带债务，在内部关系上，甲乙丙每人分担300元，如果甲仅清偿了240元，此时，甲无权向乙丙求偿。因为就各个债务人的内部关系而言，甲应当分担300元的债务，在其所清偿的债务未超过其所应负担的债务数额时，甲对其他债务人没有求偿权。二是消极说。此种观点认为，在连带债务中，即便某一债务人所作出的清偿没有超出自己所应当负担的债务数额，其也可以向其他债务人进行求偿。[②] 例如，在上述案例中，甲虽然仅清偿了240元，其所作出的清偿没有超过其应当负担的债务数额，但仍然可以向乙和丙求偿。笔者赞同积极说的观点，即在连带债务中，如果某一债务人所作出的清偿没有超过其所应当负担的债务数额，则其无权向其他债务人求偿，否则可能导致法律关系的复杂化，因为如果肯定某一债务人在所作出的给付没有超过其应当分担的债务数额时，仍有权向其他债务人追偿，那么如果其他债务人嗣后又作出清偿，也同样可以求偿，这就可能导致循环求偿，也使法律关系过分复杂化。我国现行立法实际上也采取了积极说的观点。例如，在侵权之债中，《侵权责任法》第14条第2款规定，“支出超出自己赔偿数额的连带责任人，有权向其他连带责任人追偿”。依据这一规定，只有连带债务人所作出的清偿超出其按照内部关系应当分担的数额时，其才有权向其他连带债务人追偿，这实际上采取了积极说的立场。

第三，某一连带债务人的履行导致其他债务人被免除责任。所谓被免除责任，就是指因为连带债务人的履行使其他债务人的债务被全部或部分免除。如果仅导致作出履行的债务人的债务被免除，没有对其他连带债务人产生影响，则不

---

① 参见［日］我妻荣：《新订债权总论》，王燚译，384页，北京，中国法制出版社，2008。

② 参见郑玉波：《民法债编总论》，403页，北京，中国政法大学出版社，2004。

发生求偿权。[①]

求偿权人请求其他连带债务人偿还的数额超过其应当负担的债务数额的，被请求权人有权提出抗辩。例如，求偿权人仅选择一个或数个连带债务人行使权利，而没有向全体连带债务人行使求偿权，则各个债务人有权主张仅在其应当负担的债务份额内负担偿还义务，如果求偿权人坚持只列入一个或数个债务人，则其只能请求各债务人在其应当分担的债务数额内偿还。

（三）求偿权的范围

从求偿权人的角度而言，其请求权的范围限于超出了连带债务人应分担的部分。具体来说，求偿权的范围主要包括如下几项。

1. 超出自己应负担部分的给付。如何确定债务人的给付是否超出了自己应负担的部分呢？就连带债务人所负担的债务份额而言，当事人作出特别约定的，则按照该约定分担数额，当事人之间没有约定的，则按照法律的规定予以确定。在确定连带债务中各债务人的债务分担数额时，原则上应当按照如下顺序进行。

第一，连带债务人之间的约定。在连带债务中，虽然各个债务人对债权人负担连带责任，但就连带债务人的内部关系而言，各个债务人可以约定其所分担的债务数额。例如，在合伙债务人之间，其可能约定了各自应当负担的份额，这一约定原则上是有效的。在连带债务人之间存在约定时，应当依据当事人之间的约定确定各债务人应当负担的债务数额。当然，该约定仅对各债务人有效，各债务人不得以其内部约定对抗债权人的请求。

第二，法律针对具体类型连带债务的规定。如果法律对于具体类型连带债务的追偿作出了规定，则应当遵循这一规定确定各个债务人应承担的份额。例如，就保证债务而言，依据《担保法》第 20 条的规定，保证人承担了保证责任以后，可以向主债务人追偿，该条所规定的追偿应当是全部追偿。

第三，如果不存在法律规定以及当事人约定，则各个债务人应当平均分担债务。例如，依据《德国民法典》第 426 条第 1 款的规定，如果没有其他规定，在

① 参见郑玉波：《民法债编总论》，402 页，北京，中国政法大学出版社，2004。

连带债务人的相互关系中，各连带债务人承担相同的份额。这就是说，除非存在法律规定或合同约定，否则，应当推定各个连带债务人的份额相等。当然，由于各种连带债务的发生原因不同，在推定各个债务人应当分担的债务数额时，对各种不同类型的债，应当考虑其类型与发生原因等因素。例如，在合同责任中，如果当事人没有约定份额，就应当推定为份额均等。但在侵权责任中，由于各个行为人的主观过错不同，其行为对侵权损害后果发生的原因力也存在差别，连带责任人之间不宜简单推定为份额相同，还应当根据案件的具体情形，考虑原因力、过错等因素综合确定妥当的份额。①

2. 超出自己应负担部分的给付的利息。连带债务人作出了超出自己份额的给付，就该给付的法定利息，也应当可以主张求偿权。

3. 因履行债务所遭受的损害。某一连带债务人在履行债务时可能遭受一定的损害，其能否请求其他连带债务人赔偿该损害呢？笔者认为，如果该债务人的损害是因自己的过错造成的，则其无权向其他连带债务人求偿；如果该债务人的损害不是因自己的过错造成的，则其应当有权向其他连带债务人求偿。② 例如，如果债务人在债务履行过程中因自己的过错导致自身遭受人身损害，则其无权向其他债务人追偿；如果债务人因被强制执行财产而清偿债务，其在此过程中遭受损害的，则应当有权向其他债务人追偿。

4. 个别连带债务人无力负担部分的再次分摊。在某一债务人清偿债务后，其有权向其他连带债务人求偿，但如果某一连带债务人无力承担其应当分担的债务份额时，按照公平原则，该份额应当在其他连带债务人之间再次分配。③ 例如，甲乙丙共同打伤了受害人丁，须连带承担 60 万元的赔偿款，包括医疗费、护理费、残疾赔偿金等。甲全部履行了赔偿义务后，向丙求偿了 20 万元，但在其向乙求偿时，乙无任何财产。此时，甲有权向乙请求偿还的 20 万元应当在甲、丙之间再次分配，即甲有权再向丙求偿 10 万元。

---

① 参见《欧洲示范民法典草案》(DCFR) 第三编第 4：106 条。

② 参见郑玉波：《民法债编总论》，403 页，北京，中国政法大学出版社，2004。

③ 参见《日本民法典》第 444 条；《德国民法典》第 426 条。

（四）求偿权的抛弃和求偿之债的免除

连带债务中的求偿权属于债务人所享有的一项权利，按照私法自治原则，债务人可以将其求偿权抛弃。如果作出履行的债务人明确向其他连带债务人表示抛弃其求偿权，则该行为对所有连带债务人发生效力，此时，作出履行的债务人无权再向其他连带债务人求偿。

作出履行的债务人在行使求偿权的过程中，可以在其求偿权范围内免除其他债务人的偿还义务。如果求偿权人只是免除某一连带债务人的偿还义务，则该免除行为仅对该债务人有效，求偿权人仍有权在未获清偿的债权数额内请求其他连带债务人承担连带责任。但如果求偿权人免除所有连带债务人的偿还义务，则其法律效果与求偿权的抛弃类似，求偿权人无权再向其他连带债务人求偿。

第三节　连带债权

一、连带债权的概念和特征

所谓连带债权，是指数个债权人因连带关系而享有请求债务人履行全部债务的权利，在这种关系中，任何一个债权人都有权请求债务人履行债务，而且债务人向任何一个债权人作出全部履行时，都可以导致当事人之间的债权债务关系的消灭。[①]《民法通则》第 87 条前段规定："债权人或者债务人一方人数为二人以上的，依照法律的规定或者当事人的约定，享有连带权利的每个债权人，都有权要求债务人履行义务。"这就在法律上对连带债权作出了规定。

在一般债的关系中，债权和债务是相对应的，一方当事人所享有的债权就是对方当事人所负担的债务，但在连带之债中，二者并不是完全对应的。一方面，既存在无连带债权的连带债务（如数人侵权即可能产生连带债务），也存在无连

① 参见史尚宽：《债法总论》，676 页，北京，中国政法大学出版社，2000。

带债务的连带债权（如行为人侵害他人共有财产，各共有人即对行为人享有连带债权）。另一方面，两种债的关系中的当事人也是不同的，在连带债务中，一般存在数个债务人，债权人可以为数人，可以为一人；而在连带债权中，则通常存在数个债权人，债务人则可以为数人，也可以为一人。因此，对于连带之债，应当从连带债务与连带债权两个角度进行考察，连带债权仍有独立存在的价值。

在现代社会，虽然连带之债包括连带债务和连带债权两种形态，但实践中大多发生连带债务，连带债权发生的情形较少，因此，《德国民法典》在规定连带之债时，主要从连带债务的角度对连带之债作出规定。依据《民法通则》第87条的规定，连带债权主要具有如下法律特征。

第一，每个债权人都有权请求债务人履行全部义务。[①] 在连带债权中，每个债权人都应当有权向债务人提出请求，即有权请求债务人清偿全部债务。例如，甲乙丙三人合伙开设了一家咨询企业，该企业受丁委托从事有关洗染液市场行情的调研。双方约定在该报告完成后，丁支付20万元的课题费，合同由甲与丁签署，但加盖的是咨询企业的公章。课题完成后，丁拒绝支付课题费，甲正好出国在外，并表示不愿意再管这件事，乙丙便请求丁支付课题费，但丁认为，乙丙并非合同当事人，无权向其提出请求。在该案中，虽然合同是由甲与丁拟定，但合同文本所加盖的是咨询企业的公章，合同当事人应当是丁与该咨询企业，在课题完成后，丁应当按照合同约定支付课题费，甲乙丙作为合伙人，应当有权请求丁支付课题费，三人对丁所享有的债权应当属于连带债权。在连带债权中，如果存在数个债务人，并且各个债务人对数个债权人负担连带债务的，则债权人既可以向一个债务人提出请求，也可以向全部债务人提出请求，此时，各个债权人除有权请求债务人为全部给付外，还有权针对某一个债务人或数个债务人请求部分履行。当然，只要债权人获得了全部清偿，不论该清偿来自于债务人中一人清偿还是数人清偿，各债务人的债务均消灭。[②]

第二，每个债权人均有权接受债务人所作出的全部履行。在连带债权中，每

① Hans Brox，Allgemeines Schuldrecht，München，2009，S. 420.

② 参见孙森焱：《民法债编总论》，722页，北京，法律出版社，2006。

个债权人不仅有权请求债务人作出履行，而且在债务人作出履行时，为了便利债务人履行债务，任何一个债权人都有权接受债务人的履行，而且在债务人向任何一个债权人作出全部履行后，其他债权人的债权也同时消灭。

第三，连带债权的给付具有同一性。连带债权的产生以各债权人之间存在牵连关系为前提，也正是基于这一牵连关系，各债权人对债务人的给付享有同一利益，这就是说，各个债权的给付目的具有同一性，各项债权中的一项债权目的实现时，其他债权也随之消灭。[①] 如果各个债权仅在内容上具有同一性，在目的上并不具有同一性，则仍难以成立连带债权。[②] 例如，甲将其房屋出卖给乙，在变更登记前，又将其房屋出卖给丙，此时，乙与丙对甲所享有债权的给付在内容上具有同一性，但由于两项债权在目的上并不具有同一性，其中任何一项债权的实现也不会导致另外一项债权消灭，因而，这两项债权并不属于连带债权。

第四，各个连带债权人的权利具有相对独立性。这就是说，在连带债权中，虽然各个债权人对债务人的给付享有同一给付利益，但各个债权人的权利仍具有相对独立性[③]，每个债权人都可以独立向债务人提出请求，在债务人作出履行时，每个债权人也都可以独立受领。各个连带债权人对其债权也享有独立的处分权能，其可以单独免除对债务人所享有的债权，但该免除行为只在其应当分享的债权数额内发生效力。

第五，连带债权的行使具有特殊效力。在连带债权人中，由于各个债权人的给付利益具有同一性，因而，某一连带债权人向债务人主张权利时，该行为对其他债权人同样产生效力。[④] 在某一债权人受领迟延或拒绝受领时，对其他债权人也发生受领迟延的效力。但某一个连带债权人未经其他债权人的同意，擅自免除债务人的全部或部分债务，如因此损害其他债权人的利益，对其他债权人不应当产生效力。[⑤] 此外，连带债权人中之一人因受领代物清偿，或者因提存、混同、

---

① 参见黄立：《民法债编总论》，594 页，北京，中国政法大学出版社，2002。

② 参见史尚宽：《债法总论》，677 页，北京，中国政法大学出版社，2000。

③ 参见［日］我妻荣：《新订债权总论》，王燚译，397 页，北京，中国法制出版社，2008。

④ Hans Brox，Allgemeines Schuldrecht，München，2009，S. 420.

⑤ 参见郑玉波：《民法债编总论》，410 页，北京，中国政法大学出版社，2004。

抵销而使债权消灭的，其他债权人的债权亦同时消灭。连带债权人中之一人受到生效的法院裁判或仲裁裁决的，其判决对其他债权人发生效力。

二、连带债权的成立

连带债权主要是基于法律规定和法律行为而成立。一是基于当事人约定以及遗嘱等行为发生连带债权。按照私法自治原则，当事人有权通过约定的方式对自己的利益关系作出安排，各个债权人可以在合同中对其债权的享有方式作出约定，只要该约定不违反法律法规的强制性规定，即应成为连带债权成立的依据。例如，数个买受人共同购买一栋房屋，他们对于出卖人享有连带债权，都可以请求出卖人交付该房屋。此外，遗嘱也可能成为产生连带债权的原因。例如，行为人在遗嘱中将某一债权同时分配给两个继承人，此时，即可能在两个继承人之间产生连带债权。

二是法律规定。在连带债权基于法律规定而产生的情形下，必须符合法律规定的条件。法律规定某一债权属于连带债权，一般是基于下列原因。一是各个债权人之间一般具有一定的连带关系。例如，数个合伙人因合伙经营而对第三人享有请求支付价款的权利，这一权利就属于连带债权。二是债权标的具有不可分性。例如，甲、乙二人共同共有一栋房屋，如果该房屋被丙侵占并造成该房屋部分损毁，则甲、乙对丙所享有的债权即应属于连带债权。

三、连带债权的效力

（一）对外效力——对债务人的效力

所谓连带债权的对外效力，是指各连带债权人与债务人之间的权利义务关系。在这种关系中，每个连带债权人都有权向债务人提出请求，在债务人作出履行时，任何一个连带债权人都可以受领履行，并因此导致连带债权人与债务人之间债的关系消灭。

与连带债务相同，在连带债权中，也存在绝对效力事项与相对效力事项的区分。

1. 绝对效力事项

连带债权中的绝对效力事项，是指在连带债权中，对某一债权人发生效力的事项，对其他连带债权人也发生效力。一般而言，连带债权中的绝对效力事项主要包括以下几种。

（1）向债务人提出请求。在连带债权中，某个连带债权人向债务人提出请求的，该请求将对其他连带债权人具有同等的效力，也就是说，如果某一连带债权人向债务人提出请求，则债务人不仅有义务向提出请求的债权人作出履行，也有义务向其他连带债权人作出履行。同时，某一连带债权人向债务人提出履行债务的请求时，对其债权发生时效中断的效力，该效力也及于其他连带债权人。

（2）债权实现。连带债权中，由于各个债权的目的具有同一性，因而，如果某一债权因为债务人履行债务的行为而实现，则其他债权也应当随之消灭，接受债务人履行的债权人对其他连带债权人应负担一定的补偿义务。[①] 因此，债权实现在性质上也属于绝对效力事项。债权实现的方式包括清偿、代物清偿、提存、抵销和混同等，如果债务人以上述方式向任何一个连带债权人作出了给付，都将导致全体债权人债权的消灭。[②] 当然，发生混同的债权人因混同而使其债权消灭，实质上与受领债务人的全部给付相同，应当在扣除其应当分享的债权份额后，将剩余的债权份额偿还给其他连带债权人。[③]

（3）生效判决。在连带债权中，关于生效判决是否属于绝对效力事项，其在何种情形下属于绝对效力事项，存有争议。笔者认为，由于连带债权中，各个债权人的给付利益具有同一性，因而，就某一连带债权人所作出的生效判决原则上应当对所有连带债权人发生效力。但该生效判决明确声明仅针对个别连带债权人或者该生效判决在性质上仅针对该连带债权人生效的除外。也就是说，如果该生

① Hans Brox，Allgemeines Schuldrecht，München，2009，S. 422.

② Larenz，Lehrbuch des Schuldrechts AT，München，1987，S. 632.

③ 参见史尚宽：《债法总论》，682 页，北京，中国政法大学出版社，2000。

效判决是针对某一债权人而非针对其他债权人时，其对其他债权人不应当发生效力，如果该生效判决针对全体债权人，则对其他连带债权人也应当发生效力。[①]

(4) 受领迟延。在连带债权中，债务人有选择任何一个债权人履行债务的权利，因此，在债务人选择向某一连带债权人履行债务时，如果该债权人受领迟延，则其他连带债权人也应当承担该行为的不利后果，即应当对债务人负担受领迟延的责任。[②] 因此，在连带债权中，债权人受领迟延在性质上应当属于绝对效力事项。

(5) 债务免除。在连带债权中，虽然各个连带债权人所享有的债权在性质上属于同一债权，但各个债权人所享有的债权在性质上也具有相对独立性，各个连带债权人对其债权也享有处分权能，其可以免除债务人对其所负担的债务。单个连带债权人无权处分其他连带债权人的权利，因此，在某一连带债权人免除债务人的债务时，该行为原则上仅在其应分享的债权数额内发生效力，并不能导致全部债务消灭，其他债权人仍有权请求债务人履行债务。[③] 在其他债权人向债务人提出履行债务的请求时，债务人有权主张在免除其债务的连带债权人应分享的债权数额外，对剩余的债权数额负担清偿义务。由于连带债权人免除债务人债务的行为会无条件地对其他连带债权人的权利产生影响，因而，在连带债务中，债务免除在性质上应当属于绝对效力事项。

(6) 时效届满。由于连带债权中，各个债权人对债务人的给付享有同一履行利益，因而，某一连带债权的时效完成，则仅仅在该债权人所享有利益的范围内，债务人可以主张时效的抗辩。[④] 即在债权人向债务人提出履行债务的请求时，债务人有权主张仅就时效经过的债权人所分享的债权数额之外的连带债权承担义务。

---

① 参见史尚宽：《债法总论》，680页，北京，中国政法大学出版社，2000；黄立：《民法债编总论》，596页，北京，中国政法大学出版社，2002。

② 参见史尚宽：《债法总论》，681页，北京，中国政法大学出版社，2000；郑玉波：《民法债编总论》，410页，北京，中国政法大学出版社，2004。

③ 参见我国台湾地区“民法”第288条第1款。

④ 参见郑玉波：《民法债编总论》，410页，北京，中国政法大学出版社，2004。

2. 相对效力事项

所谓连带债权中的相对效力事项，是指对某一连带债权人发生效力的事项，其效力仅及于该债权人本人，而不及于其他连带债权人。[①] 例如，在某一连带债权人向债务人提出履行债务的请求时，如果债务人存在迟延履行的情形，其原则上仅对该连带债权人承担迟延履行的责任，而不应当对其他连带债权人负担迟延履行的责任。再如，就生效判决而言，如果按照其性质仅对某一债权人发生效力，则其在性质上即属于相对效力事项，对其他债权人并不发生效力。

当然，按照私法自治原则，在连带债权中，如果当事人约定某一事项仅对某一连带债权人发生效力，或者对全部债权人发生效力，则按照私法自治原则，此种约定也应当具有法律效力。

（二）对内效力——各连带债权人之间的效力

所谓对内效力，是指连带债权在债权人之间的效力。在连带债权中，如果某一个债权人接受了债务人的全部清偿，应当按照其应当享有的利益在内部进行重新分配，扣除其应分享的债权数额后返还其他债权人。但如何确定各连带债权人所应分享的债权数额呢？一般认为，如果各个债权人就其内部关系作出了特别约定，应当依据当事人的约定确定各债权人所应分享的债权数额。如果当事人没有对此作出约定，则应当依据法律规定予以确定。例如，各个合伙人在成立合伙企业时约定，按照各自的出资比例分享合伙的收益，那么，在合伙对外享有债权时，各个合伙人即应当按照出资比例分享该债权。如果各个债权人没有对连带债权的分享数额作出约定，法律也没有对连带债权的数额作出规定时，则各个债权人原则上应当平均分享该利益。[②] 在既无当事人约定，也缺乏法律特别规定的情形下，按照公平原则，各个连带债权人应当平均分享债权。[③] 例如，甲、乙、丙三人将其共有的一辆汽车出售给丁，约定就价款 60 万元享有连带债权。如果甲乙丙没有对其分享债权的数额作出约定，法律也没有就该种债权作出约定，此

---

① Hans Brox，Allgemeines Schuldrecht，München，2009，S. 421.

② 参见史尚宽：《债法总论》，682 页，北京，中国政法大学出版社，2000。

③ 参见郑玉波：《民法债编总论》，412 页，北京，中国政法大学出版社，2004。

时，三人应当平均分配该价款，甲在受领全部价款之后应当返还乙和丙各 20 万元。

如果债务人以交付特定物的方式履行债务，则受领标的物的债权人无须向其他连带债权人交付该标的物，而只需要向其他债权人偿还其应当分享的债权份额。此外，如果连带债权因一个债权人发生混同而消灭，则该债权人也应返还其多得的利益，因为该债权人因混同获得了超出其应享有部分的利益。

第四节　不真正连带之债

一、不真正连带之债的概念

根据传统大陆法系国家的债法理论，不真正连带之债（unechte Solidarität），是指数个债务人基于不同的发生原因而产生同一内容的给付，各个债务人分别对债权人负全部履行的义务，并因其中一个债务人的履行而使全体债务人的债务都归于消灭。不真正连带债务与连带债务是相对应的。按照日本学者我妻荣教授的看法，不真正连带债务不同于连带债务之处主要在于：一是债务人中一人所发生的事由不影响其他人；二是债务人内部关系中不产生求偿关系。①

不真正连带的概念是从 19 世纪德国普通法时代有关共同连带和单纯连带的区分中发展起来的。② 在 19 世纪 20 至 30 年代，以 Keller 等为代表的德国学者提出了这两者之间的区别。该理论对于以萨维尼为代表的潘德克顿学派的债法理论产生了重大影响。该理论认为共同连带和单纯连带的区分表现为：第一，共同连带是单一之债，而单纯连带则是复数之债。共同连带之债的发生原因是单一的，

① ［日］我妻荣：《新订债权总论》，王燚译，394 页，北京，中国法制出版社，2008。
② ［日］於保不二雄：《日本民法债权总论》，233 页，台北，五南图书出版公司，1998。

而单纯连带之债的发生原因是多样的。[①] 第二，虽然在单纯连带和共同连带之债中，债权人都只能请求给付一次，但在单纯连带的情况下，一个债务人履行债务以后，其他债务人的债务不因此而消灭，只是因为债权人的损害（在其中一个债务人清偿后）不再存在而消灭。[②] 第三，与共同连带相比，单纯连带之中债务人间的联系比较松散。单纯连带的目的仅限于为债权提供担保和便利债权人实现权利，因而只有清偿和达到清偿效果的其他事项才具有概括效力，其他使得部分债务人的债务消灭的事项对其他债务人都没有影响。

虽然共同连带和单纯连带的区分在《德国民法典》制定之前就已经被抛弃，但是，这一区分却对不真正连带债务理论产生重大影响。不真正连带之债的概念是19世纪后期德国学者Eisele所创立的，他区分了连带之债和不真正连带之债的概念，并认为仅当数个债务基于同一原因发生时，这数个债务才成立连带之债，否则不属于连带之债，而成立不真正连带之债。[③] 但是，后来一些德国学者反对采用不真正连带的概念，即认为其属于连带的一种。也有人认为，不真正连带并不涉及“连带”的问题，所以不宜采“不真正连带”的称谓。[④] 不过，主流学说仍然承认不真正连带的概念。关于不真正连带债务和连带债务的区分，主要有如下几种观点。

一是原因同一说。此说认为，不真正连带债务并非基于同一原因而产生，而连带债务中各个债务人的连带债务可以是基于同一原因而产生的（如共同侵权），也可能是基于不同原因而产生的（如并存的债务承担）。此处的原因一般是指“同一生活事实”。以后，德国学者又在原因同一说的基础上形成了所谓债务人之间的层次和等级关系。目前德国学界和司法实务界通说认为，数个债务是否成立连带之债取决于数个债务之间是否位于同一层次，债权人不仅可以向任何债务人主张债权，而且在数个债务人之间也不存在终局的先后顺序。换言之，数个债务

---

① 参见李中原：《不真正连带债务理论的反思与更新》，载《法学研究》，2011（5）。

② 参见黄凤龙：《连带债务：类型与概念之间》，载《河南财经政法大学学报》，2013（4）。

③ Eisele, AcP 77 (1891), 374, 419 ff., 479, 481.

④ 参见史尚宽：《债法总论》，672页，北京，中国政法大学出版社，2000。

人中是否存在所谓的第一债务人或终局债务人成为关键。如果数个债务人最终都应承担部分比例的债务，那么该债务就是连带之债[①]；如果数个债务人之间存在一个最终应负担全部债务的终局债务人，那么该债务就是不真正连带之债。例如，小偷窃走他人车辆，保险公司和小偷对车辆所有人都负担损害赔偿义务，此时两者成立不真正连带之债。保险公司在赔偿之后，基于赔偿请求权的法定让与，取得对小偷的追偿权。

二是目的共同说。此说认为，连带债务的目的是共同的，因为多个债务人根据法律规定或约定而因共同目的结合在一起（如共同保证人提供担保）。在连带债务中，各个债务可以视连带债务为达到共同目的的手段。所以，一个债务人清偿，则其他债务人的债务都归于消灭。但是在不真正连带中，并不存在共同的目的，而只是因为偶然原因要对同一债权人负责。[②] 目的共同说又可以进一步区分为主观目的共同说和客观目的共同说。主观目的共同说认为，连带债务人之间具有主观上的共同目的（或意思联络），而不真正连带债务人之间不存在这一共同目的。而客观目的共同说认为，连带债务人之间具有客观上的共同目的，而不真正连带债务人之间只存在偶然的目的同一。[③] 相比较而言，客观目的共同说的影响更大。[④] 例如，史尚宽先生认为，不真正连带债务中各债务的发生原因不同，但认为其根本区别在于，各个债务是否具有共同的目的。[⑤]

三是层次区分说。此种观点认为，不真正连带债务中存在债务人之间的层次关系。如果多数债务人处于“同一层次”，即任何一个债务人都对债权人负有相应的终局义务，则难以成立不真正连带之债。反之，如果多数债务人处于“不同层次”，“较近”的债务人应当承担最终的债务，而“较远”的债务人则只需预先承担债务，前者履行给付只是在履行其自己的义务，不具有履行后者之债务的效

① MünchKomm/Bydlinski，§ 421，Rn. 12 ff.；Soergel/ Wolf，§ 421，Rn. 15；Staudinger/Noack，§ 421，Rn. 18.

② 参见史尚宽：《债法总论》，673页，北京，中国政法大学出版社，2000。

③ 参见邱聪智：《新订民法债编通则》（下），405页，北京，中国人民大学出版社，2004。

④ 参见李中原：《不真正连带债务理论的反思与更新》，载《法学研究》，2011（5）。

⑤ 参见史尚宽：《债法总论》，642页以下，北京，中国政法大学出版社，2000。

力，因此该给付不具有履行共同效力，不构成同一给付，这样的情况也就不属于连带债务。①

总之，无论是原因同一说还是目的共同说，都从不同的角度阐释了连带债务和不真正连带债务的区分。比较而言，笔者更倾向于采原因同一说中的层级区分理论。应当看到，在不真正连带债务之中，债务人之间缺乏像连带债务人之间的密切联系。因此，要区分债务人的债务的层次性，如果债务人应当承担终局的责任，则其他债务人承担了债务之后应当可以向其追偿，如此才能体现公平原则。基于这一原因，笔者认为，不真正连带债务应当是指数个债务人基于不同的原因而依法对同一债务人承担给付内容相同的债务，在某一债务人清偿之后，有权向终局的责任人追偿。

二、不真正连带债务的特征

不真正连带债务并非连带债务的一种类型，而是一种特殊的多数人之债。在我国，由于不真正连带主要规定在侵权责任法中，所以，司法实践中主要将这一理论运用于侵权纠纷的处理。我国民法中不真正连带债务的特点主要体现在如下几个方面。

第一，数个债务人基于不同的原因负有债务。不真正连带债务是各个独立的债务，各项债务均是基于不同的发生原因而分别存在的。例如，因为酒店的重大过失，导致顾客存放在酒店的贵重物品被第三人偷窃。酒店因为其违反保管义务而对顾客承担赔偿责任，而小偷则因为侵权行为而对顾客承担赔偿责任。酒店和小偷都要对受害人负责，但是，其债务的发生原因是不同的。在这方面不真正连带债务与连带债务是不同的，连带债务产生的原因往往是同一的，如基于合同约定或某种共同侵权行为而产生连带债务。②

第二，数个债务偶然联系在一起。也就是说，各个债务人之间并未共同实施

---

① 参见张定军：《连带债务研究》，105页，北京，中国社会科学出版社，2010。

② 参见郑玉波：《民法债编总论》，425页，北京，中国政法大学出版社，2004。

某种行为，或者共同作出某种约定（如约定承担连带责任），数个债务发生密切联系是一种偶然的巧合。例如，某农民自农机公司购买了拖拉机一台，因拖拉机的刹车失灵，撞在大树上导致其自己重伤。受害人既可以根据买卖合同请求农机公司承担违约责任，也可以根据产品责任制度请求生产商承担侵权责任。在这个案件中，农机产品质量瑕疵和农机公司的违约行为偶然结合在一起，导致农机公司和拖拉机生产商都要对受害人负责。再如，甲饲养了一条德牧犬，早晚都会出去遛狗。一年后，德牧犬长得又高又大，但是性格温顺，从未攻击过别人。于是甲遛狗时不再拴狗链，让德牧犬在公园草地上自己溜达。某天，乙从旁边经过，看到德牧犬之后很喜爱，用木棍轻轻敲打德牧犬的脑袋，德牧犬顿时被激怒，追咬乙，在追逐过程中，德牧犬撞倒了路边的一个小孩丙，导致丙摔倒受伤骨折，丙的家长为此付出 2 万元医疗费。丙的家长起诉到法院，要求甲和乙共同赔偿其小孩的医疗费用及其他损失。甲认为，丙的损害完全是因为乙挑逗其德牧犬造成的，因此自己不应当承担责任。在该案中，甲饲养了在性质上属于禁止饲养的烈性犬种的德牧犬，对损害后果的发生具有一定的原因力，该责任属于无过错责任，而乙挑逗德牧犬，并最终导致丙的损害，对损害的发生也存在一定的过错，该责任属于过错责任，两个行为结合在一起导致损害后果的发生。因此，丙可以请求甲或者乙承担赔偿责任，此时，甲和乙的责任即构成不真正连带责任。

第三，数个债务人的给付具有同一性。在不真正连带债务中，数个债务人的给付应当具有同一性，即数个债务人的给付的主要目的都是实现债权人的同一给付利益。正是基于债务人的给付具有同一性，所以，其中一个债务人的履行可以导致债的消灭。在上述挑逗动物案中，甲应当对丙的损害承担赔偿责任，乙也应当对丙的损害承担赔偿责任，二者的给付具有同一性，即都是为了填补丙的损害。当然，给付的同一性并不要求给付内容具有同一性。

第四，债务人为数人，债权人享有数项请求权。如果债权人实现了某一项请求权，就不应再向债务人提出请求。也就是说，在不真正连带债务中，尽管债权人对各个债务人享有分别的请求权，但因为数个债务人的给付内容基本上是相同的，债权人的一项债权实现后，其利益已基本得到实现，因而不应再向其他债务人提出请求。[1] 在前述挑逗动物案中，丙作为债权人，其既可以向甲提出请求，也可以向乙提出请求，在其中一人向丙作出全部赔偿后，丙的损害已经得到填补，其不得再向另一人提出请求。

第五，数个债务人之间存在层级性。所谓层级性，是指不真正连带债务人属于不同的层次。认定是否存在层级性的关键是，是否存在终局的责任人。在连带债务中，数个债务人中并无终局责任人，所以，可以相互追偿。而在不真正连带债务中，一般存在终局的责任人。某一债务人向债权人清偿了全部的债务以后，根据法律或合同的规定，可以向终局的责任者追偿。[2] 例如，在前述挑逗动物案中，甲的德牧犬造成丙损害是因乙的挑逗行为引起的，因此，乙对损害后果的发生具有一定的原因力，《侵权责任法》第 80 条规定，“禁止饲养的烈性犬等危险动物造成他人损害的，动物饲养人或者管理人应当承担侵权责任”。德牧犬在性质上属于禁止饲养的烈性犬种，行为人饲养德牧犬造成他人损害的，依据《侵权责任法》的上述规定，行为人应当对损害后果承担严格责任，因此，在该案中，不论甲是否存在过错，其都应当对丙的损害承担责任。更何况，《侵权责任法》第 83 条规定：“因第三人的过错致使动物造成他人损害的，被侵权人可以向动物饲养人或者管理人请求赔偿，也可以向第三人请求赔偿。动物饲养人或者管理人赔偿后，有权向第三人追偿。”因此，甲和乙之间应当形成不真正连带关系，丙既可以向甲请求赔偿，也可以向乙请求赔偿。但依据《侵权责任法》第 83 条的规定，乙应当是终局责任人，甲在赔偿丙的损害后，应当有权向乙进行追偿。

不真正连带债务和请求权竞合具有相似性，在不真正连带债务中，债权人也是基于数个请求权基础而享有权利。事实上，从我国的司法实践来看，如果基于违约和侵权而发生不真正连带时，也经常通过运用请求权竞合的理论予以解决。正是因为这一原因，有学者认为，不真正连带债务属于广义的请求权竞合的一

① 参见［日］我妻荣：《新订债权总论》，王燚译，395 页，北京，中国法制出版社，2008。

② 参见《侵权责任法》第 14 条。

种。[①] 但我们认为，不真正连带和请求权竞合仍然是两个不同的问题，其区别主要表现在：第一，债务人的人数不同。在不真正连带的情形，存在数个债务人，可以说存在数个债。而在请求权竞合的情形，只存在一个债务人，只不过，债权人可以基于不同的请求权基础要求债务人承担责任。正如郑玉波教授所言，请求权竞合"乃一债权人与一债务人间，就单一法益发生数个请求权"[②]。第二，不真正连带之债的成立既可以基于同一原因，也可以基于不同原因，而请求权竞合则是基于不同原因产生。在不真正连带的情形，数个债务人是因为不同的原因而负担债务。而在请求权竞合的情形，债务的原因是相同的，只不过，债权人基于不同的规范基础而享有了两个或两个以上的请求权。例如，某农民自农机公司购买了拖拉机一台，因拖拉机的刹车失灵，撞在大树上导致其自己重伤。在这个例子中，因为受害人有权基于产品存在缺陷而请求生产商承担产品责任，同时有权基于合同相对方的违约而请求其承担违约责任，因为责任主体不同，所以构成不真正连带之债。第三，债务人是否享有求偿权不同。在请求权竞合的情况下，债务人只有一个，也无所谓求偿的问题。而在不真正连带的情形，债务人有数个，如果有终局责任人，则可以向终局责任人求偿。

三、不真正连带债务和连带债务的区别

如前所述，不真正连带债务是在与连带债务的区分中产生的。由于不真正连带债务和连带债务一样，都是数人对同一债权人负担债务，因而二者具有相似性。一方面，连带责任和不真正连带责任一样，债权人都有权选择数个债务人中的某一个债务人请求履行。另一方面，一旦债权人作出选择，债务人就应当履行给付义务。但两者也存在区别，表现在：

第一，产生的原因不同。连带债务通常是基于同一原因而产生的，而不真正连带责任是基于不同的原因而产生的，各个债务产生的原因不同。例如，根据

① 参见郑玉波：《民法债编总论》，425页，北京，中国政法大学出版社，2004。

② 郑玉波：《民法债编总论》，425页，北京，中国政法大学出版社，2004。

《侵权责任法》第 83 条的规定，在第三人的过错致使动物造成他人损害的情形，第三人和动物饲养人之间形成不真正连带关系，在该不真正连带责任关系中，第三人的责任和动物饲养人的责任所产生的原因并不相同，前者是基于其过错行为而应负责，而后者是基于其动物饲养人的身份而应负责。

第二，是否可以全部追偿不同。在传统的不真正连带债务中，各个债务的发生原因是独立的，没有共同的原因作为基础，只是基于偶然的原因聚合到一起，其给付目的是同一的，但各个债务是相互独立的。由于数个债务人的给付内容基本上是相同的，债权人的一项债权实现后，其应被补救的利益已基本得到救济，因而不应再向其他债务人提出请求。只有在债权人无法从某一债务人处获得清偿时，才能向其他债务人提出请求。正因如此，不真正连带责任人之间没有求偿关系。[①] 而在连带债务的情况下，连带债务人之一作出了全部给付以后，可以向其他债务人要求追偿，但因为连带债务人都要承担一定的责任，所以，其不可能向其他人全部追偿。这也是不真正连带债务和连带债务的重要区别。

第三，是否存在终局责任人不同。在连带责任中，各个连带责任人都是终局责任人，其本来就应当对损害负担终局的责任，在这个意义上，各个连带债务人处于“同一层次”。只不过，因为存在数个终局的责任人，所以，数人之间要进行内部的责任分担。而在不真正连带之债的情况下，存在一个终局的责任人。所以，各个债务人并不处于“同一层次”。所谓终局责任人，是指对数个责任的发生应最终负责的人。换言之，权利人可以选择任何一个债务人请求赔偿，某个责任人赔偿以后，可以向终局责任人追偿。

四、不真正连带债务的类型

不真正连带债务通常存在如下类型。

第一，数人分别因其各自的违约行为而成立不真正连带债务。例如，在融资租赁合同中，出卖人交付了有瑕疵的租赁物，而出租人在接受租赁物的过程中又

① 参见王泽鉴：《民法学说与判例研究》，第 3 册，219 页以下，北京，北京大学出版社，2009。

因过错造成租赁物的损害，从而导致租赁物不符合融资租赁合同的约定。在此情形，承租人可以要求出卖人或出租人承担赔偿责任，此种责任即属于不真正连带责任。

第二，数人分别因其各自的侵权行为而成立不真正连带债务。例如，《侵权责任法》第 83 条规定："因第三人的过错致使动物造成他人损害的，被侵权人可以向动物饲养人或者管理人请求赔偿，也可以向第三人请求赔偿。动物饲养人或者管理人赔偿后，有权向第三人追偿。"此时，第三人是因为其过错而对受害人负责，饲养人是因其饲养动物而对受害人负责，可见其是基于偶然原因而应对受害人的同一损害承担责任。

第三，数人分别因其侵权行为或违约行为而成立不真正连带债务。例如，甲将其车辆交给乙公司保管，因乙的过失而导致车辆被丙所偷窃。在此情况下，乙公司因为其违反保管合同而对甲承担违约责任，丙则因其故意侵害甲的所有权而应承担侵权责任。再如，甲将其房屋出租给乙，但乙没有尽到必要的注意义务，导致房屋被丙毁坏。此时，甲有权基于租赁合同，请求乙承担违约责任，同时，有权基于侵权请求丙承担侵害所有权的责任。

第四，数人分别因侵权行为或合同约定而成立不真正连带债务。例如，甲保险公司因为保险合同约定而负担给付保险金的义务；同时，侵权人因为其过失侵权，也应当承担赔偿责任。

五、不真正连带债务的效力

第一，债权人可以请求一个或数个债务人履行债务。在不真正连带的情况下，数个债务人是否可以作为共同被告，学界一直存在争议。一是赞成说。此种观点认为，既然债权人可以请求数个债务人履行其债务，则数个债务人应当可以作为共同被告。二是反对说。此种观点认为，债权人只能就其债权满足一次，因此，债权人只能对数个债务人中的一人提起诉讼，在其债权无法得到满足时才能再起诉其他的债务人。笔者认为，应当采取赞成说，采取此种观点并不意味着，债权人可以就其债权得到数次满足。在诉讼过程中，法院经过审查可以把不真正连带债务人列为共同被告，但应当将不真正连带债务之诉和求偿之诉合并审理，判决由终局责任人承担责任。

第二，债务人中的一人清偿是否导致债务消灭，应当区分绝对效力事项与相对效力事项分别认定。因为不真正连带债务在客观上存在单一的目的，即应使债权人获得内容同一的给付。因此，凡是满足这一目的的事项（即清偿及与清偿效力等同的债务消灭原因），都是绝对效力事项，包括清偿、代物清偿、提存、抵销。① 除此之外，其他的事项都属于仅仅产生相对效力的事项。例如，债权人免除其中一个债务人的债务，并不会导致其他债务人的债务消灭。②

问题在于，如果某一债务人仅仅清偿了部分债务，则债权人是否可以向其他债务人请求履行呢？笔者认为，从不真正连带债务的目的来看，应当仅仅在已清偿的债务范围内使其他债务人的债务消灭，债权人仍然有权就尚未清偿的部分向所有债务人提出请求。

第三，履行了给付义务的债务人有权向终局的责任人追偿。在不真正连带债务的情况下，都存在终局的责任人。终局责任人是形成债务的真正责任人。所以，其他债务人清偿以后，有权向终局的责任人追偿。与连带债务不同，向终局债务人的追偿是全部的追偿，而不是部分的追偿。毕竟终局责任人是引发债务的最终原因，通过向其追偿可以实现债务人之间的公平，也有助于避免损害的发生。

---

① 参见郑玉波：《民法债编总论》，427页，北京，中国政法大学出版社，2004。

② 参见史尚宽：《债法总论》，675页，北京，中国政法大学出版社，2000。

第二编
典型之债

第五章

合同之债

第一节　合同之债是债的典型形态

一、合同是债的典型形态

合同是债的最典型形态，因为债在本质上是特定人之间的给付关系，合同的内容就突出反映了这一给付关系的特点。依据《合同法》第 2 条的规定，合同是平等主体的自然人、法人及其他组织之间设立、变更、终止民事权利义务关系的协议，也就是说，合同是一种发生民法上效果的合意。我国《民法总则》第 118 条第 2 款规定："债权是因合同、侵权行为、无因管理、不当得利以及法律的其他规定，权利人请求特定义务人为或者不为一定行为的权利。"该条对债权及其发生原因作出了规定，合同之债是债的典型形式，其因当事人的意思表示而发生，属意定之债的范畴，合同是一种合意之债。合同是当事人自愿达成的不违反法律规定的协议，应受法律的保护。[①] 也就是说，合同一旦生效，便在当事人之间产生法律拘束力，双方都应当按照合同约定行使权利、履行义务，且依据合同自由原则，当事人在合同中的约定应当具有优先于合同法任意性规定的效力。

合同是合意的结果，它必须包括以下要素。一是合同的成立必须要有两个以上的当事人。二是各方当事人须互相作出意思表示。这就是说，当事人各自从追求自身的利益出发而作出意思表示，双方的意思表示是交互的才能成立合同。三是各个意思表示是一致的，也就是说当事人达成了一致的协议。“协议”一词，在民法中可以作为合同的同义语，也可以指当事人之间形成的合意。由于合同是两个或两个以上的意思表示一致的产物，因而当事人只有在平等、自愿基础上进行协商，才能使其意思表示达成一致，如果不存在平等自愿，也就没有真正的合意。

合同债权也是财产权的重要形态。按照传统观点，债权只是财产流转的一种媒介，而没有被作为独立的财产权，但自近代以来，债权逐渐成为重要的财产形式，正如拉德布鲁赫在其《法学导论》中所指出的：“社会生产关系完全以所有权为中心的中世纪社会形势是静态的，今天资本主义法律形式已完全变为动态的。债权表现的权利欲及利息欲，在今天都是经济目的。”[②] 在现代社会，合同本身可以成为经济活动的对象，债权人可以对其所享有的合同债权进行利用，如可以将其转让、设定担保以及提供信用等。正是从这个意义上，美国法学家庞德提出了一句名言，即“在商业时代里，财富多半是由许诺组成的”[③]。

现代社会，在各种类型的债的关系中，合同债权在重要性、发生频率以及数量等方面，在整个债权中均占主要地位。市场本身就是成千上万以交易为内容的合同关系的总和，从这个意义上说，市场化就是契约化。19 世纪法国法社会学家杜尔凯姆曾提出了社会有机体学说，认为社会是一个整体，每个人是这个整体不可分割的部分，个人自由要为了社会的整体利益而受到限制。但社会的有机体需要靠合同来完成人与人之间的连接。合同是财产权变动和流转的主要手段，也

① See Farnsworth, *Contracts*, 2nd ed., Little, Brown and Company, 1990, p. 8.
② ［德］拉德布鲁赫：《法学导论》，米健等译，61 页，北京，中国大百科全书出版社，1997。
③ ［英］P. S. 阿蒂亚：《合同法概论》，程正康译，3 页，北京，法律出版社，1982。

是优化社会资源配置、促进社会财富增长的重要媒介，社会资源需要借助于合同在不同的社会主体之间进行分配[①]，合同关系越发达、越普遍，则意味着交易越活跃、市场经济越具有活力，社会财富才能在不断增长的交易中得到增长。从这一意义上说，在市场经济条件下，合同是促进社会财富增长的手段。可以说，我们每天都生活在合同的世界中，合同之债是债最典型的形态，主要原因在于：

第一，合同是典型的财产给付关系。郑玉波认为，债法为财产法、任意法、交易法。[②] 而邱聪智则认为，"债法为直接规范财货创造活动之法律规范"[③]。这些表述都不无道理。债在本质上是以财产给付为内容的，而合同债权最典型地反映了债权的财产性，因为一方面，合同不仅能够为各种现实财产的利益流转提供媒介，而且可以为将来财产利益的流转提供媒介，这可以使各种财产权的流转超越时间和空间的限制。正如我妻荣所指出的："承认了债权制度，就可以使将来的给付预约变为现在的给付对价价值。人类在经济生活中，除了过去和现在的财产之外，还可以增加将来的财产。"[④] 另一方面，合同债权本身也是一种独立的财产权形式，可以成为经济活动的对象，如债权人可以转让其合同债权、提供担保或者发挥其他信用功能等。因此，合同债权最为典型地反映了债权的财产性。

第二，合同债权最充分地表现了债权的任意性。债作为民法上的概念，其以私法自治作为最为主要的理念基础。如前所述，债法是任意法，这与债以私法自治理念为基础存在密切关系。从价值理念来说，合同是私法自治的最主要的工具，最充分地反映了债的自治法理念，合同属于法律行为，充分遵循意思自治的原则，因此，合同法要借助大量的任意性规范，体现对当事人意思的尊重。侵权行为是侵害他人财产和人身的行为，是法律所禁止的行为。侵权行为虽可产生债，但此种债与根据当事人意愿设立的合同之债的关系完全不同：在侵权行为产生以后，行为人对受害人负有损害赔偿的义务，此种赔偿义务也是行为人对国家

① 参见［英］P. S. 阿蒂亚：《合同法概论》，程正康译，3 页，北京，法律出版社，1982。

② 参见郑玉波：《民法债编总论》，125 页，台北，三民书局，1993。

③ 邱聪智：《债各之构成及定位》，载《辅仁法学》第 11 期。

④ ［日］我妻荣：《债权在近代法中的优越地位》，王书江等译，6 页，北京，中国大百科全书出版社，1997。

所负有的责任，行为人是否愿意承担责任和在多大范围内承担此种责任，不以行为人的意志为转移。从这个意义上说，侵权法具有强行法的特点，其原则上不允许当事人通过约定排除适用，因此，侵权法规范大多具有强行法的特点。[①] 而合同法应当充分贯彻合同自由原则，赋予交易当事人在合同的订立、履行、变更、转让、补救方式的选择等方面广泛的自由，充分尊重当事人的意志，合同法总则具有任意法的特点，当事人大多可以通过约定排除其适用。因此，合同关系是最为典型的债的关系。

第三，合同债权最典型地体现了债权的拘束力。《民法总则》第119条规定："依法成立的合同，对当事人具有法律约束力"。罗马法上债被称为"法锁"，即强调债对当事人的拘束力，即在债的关系成立后，债务人应当严格按照债的要求履行债务，债权人也应当按照债的要求履行一定的义务，而且债的关系一旦成立，即对当事人产生拘束力，任何一方当事人都不得随意解除债的关系。合同之债最典型地体现了债的拘束力，即在合同关系成立后，债务人即应当按照合同的约定履行债务，债权人也应当按照约定及诚实信用原则履行相关的义务，而且除法律规定的原因外，任何一方当事人不得随意解除合同。由此可以看出，合同之债最典型地体现了债的拘束力的特点。

第四，合同债权最典型地体现了债权的相对性。债的关系具有相对性，即债原则上仅对当事人产生拘束力，而不对债的当事人之外的第三人产生拘束力。合同之债最典型地反映了债的相对性的特点，合同关系仅发生在特定的当事人之间，因当事人的意思表示一致而成立，合同之债仅对当事人产生拘束力，一般情形下，债权人仅能向债务人主张权利，债务人也仅应向债权人履行义务，因此，合同之债最典型地反映了债的相对性的特点。

在各种债的关系中，合同之债的内容最为完整和丰富。所谓完整和丰富，是指合同义务由主给付义务、从给付义务、附随义务以及不真正义务等多种义务组成，上述义务构成一个完整的义务群体系。合同之债的内容构成了一个完整的、动态的

---

① 参见王泽鉴：《债法原理》，2版，57～58页，北京，北京大学出版社，2013。

义务群。[①] 合同之债的义务并不是固定不变的，而是随着合同债务的履行，各项义务会发生变化，合同的内容也会发生变化。例如，在合同履行过程中，为了保障债权人债权的圆满实现，债务人可能基于诚实信用原则负担一些附随义务等。主给付义务、从给付义务、附随义务等，都是为了实现合同目的，而目的的无法达成，也属于导致债的关系消灭的原因之一。[②] 其他债的类型中虽然也存在附随义务等义务，但合同之债中的义务群体现得最为明显和典型。再如，合同之债中存在不真正义务，对债权人对自己利益的照顾义务，债权人未尽到不真正义务的，可能导致债务人责任的减轻，这一义务在其他债的关系中是不存在的。

正是基于上述原因，债法原理主要从合同法中脱胎而来，债法主要是以合同法为中心构建起来的。

二、合同之债与合同责任

合同之债与合同责任的关系一直是债法中的争议问题。一方面，由于违约责任是寓于合同关系之中的，它是因合同债务的不履行而引起的，特别是某些责任形式（如强制实际履行）常常被视为履行原合同债务而不是责任问题，甚至损害赔偿也被许多学者视为替代债务履行的方式。[③] 另一方面，责任是债务不履行的结果；无债务不产生责任，无责任的债务不是法律意义上的债务。正如林诚二所指出的，“债务之本质在于责任，亦即债务系为责任所包含，债务为肉，责任为皮，去之皮，肉不存，是故在债权法之认定下，有债务必有责任，无责任之债务系一种空洞之概念，失其法律上之价值”[④]。尤其是就违约责任而言，违约责任毕竟也是基于合同之债产生的，与原合同之债存在同一性。基于合同直接产生的义务是第一性的义务，称为源义务，而因违约而产生的义务是第二性的义务。合

① 参见王泽鉴：《债法原理》，2版，89～90页，北京，北京大学出版社，2013。

② 参见［德］梅迪库斯：《德国债法总论》，杜景林等译，9页，北京，法律出版社，2004。

③ See Guenter H. Treitel，*International Encyclopedia of Comparative Law*，Vol. VII，Contract in General，Chapter 16，Remedies for Breach of Contract，Tübingen，1976. p. 3.

④ 林诚二：《论债之本质与责任》，载《中兴法学》第19期，72页。

同责任是合同之债在履行过程中发生障碍后所产生的法律后果。

与其他法定之债不履行的责任不同。双方当事人可以在合同中对违约责任作出约定。按照私法自治原则，此种约定应当具有法律效力，而且在其与《合同法》关于违约责任的规定不一致的情形下，此种约定应当具有优先适用的地位。例如，当事人已经对违约损害赔偿作出了特别约定，只要该约定有效，法院应当尊重当事人的此种约定，不得擅自变更或废除当事人的此种约定。基于私法自治原则，该约定应当优先于法定损害赔偿规则而适用，违约条款的约定同样是合同确定的当事人之义务，而且是当事人的主义务，在当事人订立的合同合法有效的情况下，除非当事人的此种约定存在显失公平或者情势变更的情形，法院必须尊重并执行当事人的此种约定，无权对当事人的此种约定擅自作出变更或废除。

合同责任只是合同之债的发展，并非另外一个新的债。因此，即便因为违约行为而导致合同责任的产生，对于合同之债的担保、诉讼时效等都不产生影响。所谓原合同请求权，往往是指给付义务（即第一性义务），其中最为重要的便是履行请求权。如果在提供给付的过程中发生障碍，就会产生所谓的次合同请求权，所对应的就是合同责任（即第二性义务），例如损害赔偿、财产返还等。合同之债中所包含的义务包括了主给付义务、从给付义务和附随义务。而对于所有这些义务的违反，都有可能产生合同责任，包含财产的相互返还、损害赔偿、恢复原状、减价、修理等，更重要的是实际履行。值得注意的是，实际履行的内容虽然与第一性义务可能有所重合，但其本质上仍是一种因违反第一性义务而产生的合同责任。

当然，合同之债与合同责任仍然是存在区别的，两者的主要区别在于：

第一，合同责任是违反义务的后果，而合同之债则包含了义务本身。所以，从产生的时间上来看，合同之债产生在先，而合同责任产生在后。另外，合同之债也构成了合同责任的基础，如果没有合同之债，就不可能存在合同责任的问题。需要讨论的是，一方违约之后，应当向另一方支付违约金，究竟是清偿债务，还是承担责任呢？笔者认为，虽然违约金是当事人约定的，但是，它仍然是违反合同义务的后果，因此，应当归入责任的范畴。

第二，违约责任是合同当事人不履行债务所产生的责任，这是违约责任不同于其他民事责任的重要特点。这一特点包含双重内容。一是违约责任的产生以合同债务的存在为前提。合同债务既是当事人约定的义务，也可能是法律规定的义务，无论何种义务，都应该依据法定或约定的义务履行，否则，将产生违约责任。二是违约责任的产生以合同当事人不履行债务为条件。合同作为当事人在平等、自愿基础上达成的协议，一经成立，即具有法律效力，当事人双方必须严格遵守，任何一方违反合同，就会产生违约责任。所以，违约责任的成立，必须以一方违反合同义务为条件。如果合同当事人不是违反合同义务，而是违反法律规定的其他义务，则应负其他责任。所以，违反合同债务是违约责任与侵权责任、不当得利返还责任、缔约上的过失责任等的重要区别。

第三，是否与诉权相联系不同。继续履行（或称为强制实际履行）是否属于债，这与债和责任的区分理论存在密切关系。从本质上来说，继续履行属于债的履行效力的延伸，它是在合同一方当事人不履行合同义务时，另一方当事人通过诉讼的方式强制其履行合同义务。因此，继续履行可以理解为保障合同债权实现的手段，而且是直接与诉权相联系的，属于责任的范畴。

第四，当事人私法自治的空间不同。合同之债是当事人基于自主意志而产生的债，因此，其充分地体现了私法自治原则。当事人不仅可以决定对方当事人，也可以决定债的具体内容。而合同责任则是基于法律规定产生的，虽然当事人也有一定的私法自治空间，但毕竟只是在有限的空间内发挥作用。例如，当事人可以约定违约金责任。

相较于违约责任，合同责任是一个更宽泛的概念，合同责任既包括违约责任，也包括因合同无效、被撤销、被解除等原因产生的法律后果。

三、合同法是债法的重要组成部分

所谓债法，是指调整特定当事人之间请求为特定行为的财产关系的法律规范的总称。[1] 债的概念始于罗马法。罗马法将债分为契约之债（obligationes ex

---

① 参见王家福等：《合同法》，1页，北京，中国社会科学出版社，1996。

contratu）和不法行为之债（obligationes ex deliecto），从而形成了一套较为完备的债法制度。现代大陆法国家基本上采纳了罗马法的债的概念和分类方法，将合同、侵权行为、不当得利和无因管理等作为债的发生原因，有关合同、侵权行为、不当得利、无因管理的法律规范统称为债法或债权法、债务关系法。根据这一体系，合同法是债法的组成部分，而不是与债法相分离、与物权法等法律相对应的法律部门。但是在英美法中，并无债法的概念，合同法和侵权法都是独立的法律部门。当然，这并不意味着英美法中不存在实质意义的债法，英美法中的合同法、侵权法、衡平法的许多内容基本上都属于大陆法中债法的规范，只是未采用债法的概念使其系统化。①

我国传统上属于大陆法系，因而民法中一直继受大陆法的债的概念。中华人民共和国成立后，国民党制定的民法典在大陆被废除，而自 1954 年开始起草的第一部民法草案，就有关于债的规定。1986 年颁布的《民法通则》在其第五章中专设了“债权”一节，尽管其条文比较简略，但它标志着我国债权制度在立法上的正式确立，使我国民法在体系完善的征途上迈进了一大步。这表明，我国现行法继受了债的概念和制度。虽然在 2002 年民法典草案中，债法并没有作为独立的一编，且侵权责任法与合同法都已经独立成编，但是这并不意味着债法作为民法典的重要组成部分，已经不具有现实意义。迄今为止，我国尚未颁布民法典，不存在由民法典所规定的形式意义上的债法，但是这并不意味着在我国民法典体系中实质意义上的债法就已经不存在了。即便合同法已经作为独立法律存在，但它依然是债法的组成部分。

合同法之所以是债法的组成部分，是因为一方面，债在本质上是以给付为内容的，而合同是给付发生的最为主要的法律上的原因。对于债的标的而言，无论是交付财产，还是给付劳务，合同都是最为重要的财产给付的媒介。债的主要效力即在当事人之间产生给付的权利义务关系，即债权人有权请求债务人为一定的给付行为，以保障自己债权的实现。而合同即为给付发生的主要法律上原因，合同是以财产性给付为内容的协议，是给付发生的最为重要的原因。另一方面，债

① 参见王家福主编：《民法债权》，1 页，北京，法律出版社，1991。

在本质上是特定人之间的给付关系，而合同关系则突出反映了这一给付关系的特点。《民法通则》第 84 条第 1 款规定："债是按照合同的约定或者依照法律的规定，在当事人之间产生的特定的权利和义务关系，享有权利的人是债权人，负有义务的人是债务人。"合同之债是债的典型形式，其因当事人的意思表示而发生，属意定之债的范畴。合同是一种合意之债，但它是当事人自愿达成的不违反法律规定的协议，因此应受法律的保护。[①] 此外，从债的历史发展来看，债主要是从交易中产生的法律形式，而合同是典型交易关系在法律上的反映。在现代社会，债之所以取得一种优越的地位，也仍然是因为其是反映交易的法律形式，是调整交换关系的制度。而合同是自愿交易的法律形式，是财产流转最为重要的媒介。因此，合同是债发生的最为常见的原因，也是债的典型形态。

正因为合同是债的关系的典型形态，所以，债法总则的一般规则适用于合同关系。在法律适用的顺序上，在发生合同纠纷后，先应当从合同法分则中寻找依据，如果合同法分则中难以找到相关依据，则应当从合同法总则中寻找依据，如果仍找不到具体依据，则可以从债法总则中关于债的关系的一般规定中寻找纠纷解决依据。

第二节 合同之债与法定之债

一、合同之债与各类法定之债的关联

债是一个完整的体系，如前所述，债在本质上是特定当事人之间具有财产性质的请求关系，这也是各种债的关系共同的特征。《民法总则》第 118 条第 2 款规定："债权是因合同、侵权行为、无因管理、不当得利以及法律的其他规定，

① See E. Allan. Farnsworth, *Contracts* (Second Edition), Little Brown & Co. Law & Business, 1990. p. 8.

权利人请求特定义务人为或者不为一定行为的权利。”传统上，债的类型主要包括四种，即合同之债、侵权之债、不当得利之债、无因管理之债。然而，随着社会的发展，也出现了一些新类型的债的关系，如缔约过失之债。这一分类主要是从债的产生原因角度进行的分类，是债的分类中最重要的一种，它往往决定了各国债法的体系与架构。

合同之债与各类法定之债的关联表现在：

第一，合同之债与一些法定之债有可能发生竞合，这尤其表现在合同之债与侵权损害赔偿之债经常发生竞合，因为一种违法行为发生之后，既违反了合同义务，也造成他人的人身、财产权益损害，因此产生违约责任与侵权责任的竞合。但合同之债与无因管理、不当得利、缔约过失很难发生竞合，因为这些债的关系一般是当事人之间没有合同关系或者合同关系被撤销之后产生的。在当事人之间存在合同关系的情形下，一般不会在当事人之间产生其他债的关系，无论是不当得利、无因管理还是侵权行为，其往往都是在没有合同存在的情形下才能认定。具体而言，合法有效的合同可以作为获利的法律上原因，从而不可能再构成不当得利。因此，如果依据合同法不构成不当得利的，则将排除不当得利法的适用。[①] 而无因管理的认定也以无约定的义务为前提，如果存在有效的合同，足以认定约定义务的存在，则不可能构成无因管理。因此，合同之债一般不会与此类债的关系发生竞合。

第二，合同之债也可以成为其他债的关系变更的一种媒介。也就是说，在其他债的关系产生以后，当事人一般可以通过合同变更债的内容。例如，在发生侵权行为之后，当事人可以达成和解协议，从而变更侵权损害赔偿之债的内容。再如，在不当得利返还案件中，当事人也可以通过约定确定返还的范围。此外，其他债的关系的当事人也可以通过合同的形式转让债权。例如，甲对乙享有不当得利返还请求权，后来，甲因出国，就向丙转让了这一债权。

---

① ［德］冯·巴尔等主编：《欧洲私法的原则、定义与示范规则：欧洲示范民法典草案》（第五卷至第七卷），王文胜等译，1115页，北京，法律出版社，2014。

第三，合同上的请求权常常优先于其他债的请求权而适用。债权请求权也是一个具有逻辑联系的整体，这些请求权包括合同上的请求权、侵权上的请求权、不当得利返还请求权、无因管理请求权、缔约上过失的请求权等。这些请求权组成了一个有机的整体，形成了一个请求权的完整体系。① 而债权请求权正是基于当事人之间的给付关系而形成了完整的体系。合同之债和其他类型的债的关联性首先表现在，合同之债是债权请求权体系的重要环节，也是最为重要的一种债权请求权。在各种债的关系中，合同之债处于优先适用的地位，即在请求权基础的检索中处于第一的位置，而且对其他债也具有参照适用作用。合同作为特定人之间事先约定的关系，确定了当事人之间的权利义务，只有先从合同关系着手，才能向其他关系展开，即合同上的请求权与其他的请求权发生密切联系时，应先考虑适用合同上的请求权。②

第四，合同之债与其他债也可能会发生抵销。在符合抵销的条件时，合同之债也可与其他类型的债进行抵销。同一主体可能是不同债的关系的主体，例如，合同之债的债权人可能成为无因管理之债的债务人，如果在当事人之间互负债的关系，则有存在债的抵销的可能。当然，债的抵销必须满足法律规定的条件。此外，法律规定不得抵销的，当事人也不得进行抵销。例如，就故意侵权产生的债，法律就禁止其作为被动债权进行抵销，从而避免违反公序良俗。

第五，合同之债的一些规则对其他法定之债也具有可参照适用性。如前所述，债法总则的许多规则脱胎于合同法，合同之债也是最为典型的债的形式，因此，合同之债的许多规则对其他债也具有可参照适用性。例如，无因管理可以准用无偿委托的规则。再如，缔约过失责任与合同之债的共性在于，都是基于社会接触而存在于联系较为密切的人之间的债。因此，合同之债的一些规则也应当可以准用于缔约过失责任。在此应当注意的是，只有法律作出明确规定时，其他债的关系才能准用合同之债的规则，法律未作出明确规定的，则其他法定之债原则上应当适用其特有的规则，在缺乏相关的规则时，首先应当适用债法总则、民法

---

① 关于请求权体系，参见 Dieter Medicus，Bürgerliches Recht，Carl Heymanns Verlag，1999，SS. 5－9。

② 参见王泽鉴：《法律思维与民法实例》，72～73 页，北京，中国政法大学出版社，2001。

总则的相关规则，在无法适用债法总则、民法总则的相关规则时，才可以类推适用合同之债的相关规则。

二、合同之债与法定之债的区分

债的类型纷繁复杂，但主要可以分为法定之债和意定之债。所谓意定之债，就是通过法律行为确定的债。就意定之债而言，当事人之间主要是通过合同（双方法律行为）来设定、变更债的关系。此外，也可以通过单方法律行为成立债的关系（如通过悬赏广告、捐助行为设立债的关系），或变更、解除债的关系（如通过解除权的行使解除合同）。[①] 所谓法定之债，就是基于法律的规定而产生的债的关系。法定之债包括侵权损害赔偿之债、无因管理之债、不当得利之债等类型。合同之债与法定之债的区别主要表现在：

第一，发生原因不同。合同之债一般基于当事人的意思表示而发生，而其他法定之债要么基于事实行为而发生，要么基于法律规定而发生，与当事人的意思表示无直接关联，因此，意思表示解释的相关规则只能适用于合同之债，对法定之债则无适用余地。正是因为合同之债与法定之债的发生原因不同，从尊重当事人私法自治的角度出发，在合同与不当得利、无因管理、侵权等关系难以区分的情形下，如果存在合同关系，首先应当依据合同关系确定当事人之间的关系，只有在不存在合同关系时，才应当考虑适用其他债的关系。例如，甲与乙约定，向乙购买奥迪二手车一辆，价款 50 万元。正式交付后，乙要求保留该车尾号为 8888 的车牌。甲提出该号牌是其购买该车的主要理由，且在双方协商时曾提出连同车牌一起转让，故拒绝返还车牌。但乙认为，该车牌是他花高价购买所得，虽在协商时同意连同车牌一起转让，但正式的书面合同中并未对此明确规定，故该车牌仍应归乙所有，甲获得该车牌构成不当得利，应当将其返还。在该案中，判断车牌是否随汽车一同转让，先应当探明当事人的真意，如果双方确实已经就该车牌转让达成协议，则甲获得该车牌即具有法律上的原因，属于合法取得，不构成不

① MünchKomm/Emmerich，§ 311，Rn. 21f.

当得利。但是考虑车牌是否应一同转让时，如果当事人在正式的合同文本中没有就车牌的转让作出约定，则应当综合考虑当地的交易习惯、合同的价款等多种因素进行判断，如果依据上述因素无法认定该车牌是否连同汽车一同转让，则应当认定，双方当事人未就该车牌的转让达成合意，则乙有权请求甲返还不当得利。

第二，内容不同。合同之债的内容主要依据当事人的约定而确定，按照私法自治原则，当事人原则上可以在合同中自由约定其合同权利义务，而法定之债的内容主要由法律作出规定。如侵权之债中，行为人实施侵权行为造成他人损害的，行为人应当向受害人承担侵权责任，该责任的内容、履行期限和方式等，都要基于法律的规定而判断。与法定之债相比，合同之债的内涵较为丰富，因为对法定之债而言，当事人之间的权利义务由法律直接作出规定，即一旦行为人实施相关的事实行为，或者法律规定的条件发生，即在当事人之间产生债权债务关系，债的内涵相对简单。而因为合同是私法自治的基本工具，在合同之债中，当事人可以在法律规定的范围内自由安排其权利义务关系，这也导致合同之债的内涵较为丰富。而且在合同之债中，为保障合同之债目的的实现，当事人除负有主给付义务之外，往往还负有从给付义务、附随义务等义务，合同关系中的义务群之丰富是其他类型的债所不具备的。

第三，债的当事人之间是否存在信赖关系不同。大多数合同之债并非发生在陌生人之间，相反，当事人之间一般存在一定的信赖关系，债权人常常是基于对债务人能力、资质的认可而与其订立合同，如委托合同的订立主要是基于委托人对受托人的人身信赖，承揽合同的订立主要是基于定作人对承揽人相关资质、条件的信赖。[①] 而在法定之债中，其主要是基于法律行为以外的原因产生，或者说主要基于特定的法律事实产生，当事人之间通常不具有信赖关系，产生法定之债的原因既可以是事件，也可能是非法律行为，还可能出于法律的直接规定。在债的关系发生时，债的关系当事人往往没有按照其意思选择债的关系相对人。

第四，债务的履行不同。合同之债的履行具有特殊性。合同之债中，当事人之间一般存在对待给付的关系，因此，合同之债的履行可能会产生一些抗辩权。

① 参见江平主编：《民法学》，442页，北京，中国政法大学出版社，2007。

所谓抗辩权，是指对抗对方的请求或否认对方的权利主张的权利，又称为异议权。“因请求权之所行使权利，义务人有可能拒绝其应给付之权利者，此项权利谓之抗辩权。”[①] 法律在合同之债中设置抗辩权，有利于确认是否存在所谓的双方违约行为，从而确定相应的责任承担问题。例如，在符合不安履行抗辩权的情况下，先履行一方没有履行，后履行一方行使其抗辩的权利拒绝履行，并不构成违约，而只是权利的正当行使。上述抗辩权原则上仅适用于合同之债，因为对法定之债而言，当事人之间一般不存在对待给付的关系，无适用上述抗辩权的可能。

第五，债务不履行的责任不同。合同之债与法定之债相比，在债务不履行的责任方面也存在一定的区别。一方面，合同之债不履行时可转化为二次债务，两者具有统一性。在合同之债中，债务人不履行债务时，债权人有权请求债务人继续履行，而继续履行在性质上是一种救济方式，即违约责任，这种责任常常被称为“第二次债务”，因为债务人所要履行的内容与原债务基本相同。当然，由于此种债务具有国家强制的性质，其在性质上应当属于一种责任。对其他法定之债而言，虽然在个别情形下也有可能存在继续履行的可能（如无因管理之债中，管理人负有交付相关单证的义务，管理人不履行此种义务时，本人即有可能请求其继续履行），但对法定之债而言，一般不存在继续履行的问题。债务人不履行债务时，债权人可以直接请求债务人承担债务不履行的责任，此种责任在内容、性质等方面与原债务存在本质差别。例如，在无因管理之债中，管理人应当按照善良管理人的标准管理本人的事务，这是管理人所负担的主要债务。管理人在管理本人事务时未尽到善良管理人的注意义务、造成本人损害时，本人有权请求管理人承担债务不履行的责任，此种责任主要是损害赔偿责任，其与管理人所负担的原债务存在本质区别。另一方面，当事人能否对债务不履行的责任进行约定不同。对合同之债而言，按照私法自治原则，当事人可以在合同中就债务不履行的责任作出约定，如当事人可以在合同中约定违约金等，对合同之债不履行的责任作出约定。而在法定之债中，由于当事人无法预见债的发生及相关风险等，因而无法在债发生之前对债务不履行的责任作出约定。法定之债不履行的责任都是由

---

① 洪逊欣：《民法总则》，57 页，台北，自版，1976。

法律直接规定的，如对侵权损害赔偿之债而言，该债务的不履行引起行为人承担侵权责任的后果，该后果由法律直接作出规定，当事人无法对其作出约定。

第六，债消灭的原因不同。对合同之债而言，基于私法自治原则，当事人可以通过合意解除当事人之间的合同关系，从而消灭合同之债。对其他类型的债的关系而言，由于其并非基于当事人的合意而产生，当事人一般是基于法律规定而履行债务，无法通过合意解除债的关系。

第三节　合同法与债法总则的关系

一、传统的债法体系主要是以合同法为中心而构建的

传统的债法体系主要是以合同法为中心建立起来的，一部债法主要就是合同法，侵权的规范较少，甚至寥寥无几。债法中，侵权法的规范与合同法的规范极不成比例，内容本来极为丰富的侵权法完全被大量的甚至以上千个条文表现出的合同法规范所淹没。债法总则的内容大多源自合同法，且主要适用于合同关系。例如，作为债法总则核心制度之一的债务不履行，主要就是从违约责任中提炼出来的；再如，履行不能制度、履行瑕疵、迟延履行、债的移转和变更等制度，其适用对象也主要是合同制度。这就使合同法总则中的内容大多可以被吸纳到债法总则中，于是不少国家的民法典以债法总则取代了合同法总则，合同法本身也因此而难以自成体系。大陆法系国家民法典中的债法体系主要围绕合同法进行结构设计，表现为强烈的合同法主导型的结构。债法总则大量替代了合同法总则的内容。[①] 由于上述原因，在传统大陆法系国家民法典中，或多或少都存在着合同法条文繁多而侵权法过于简略等不协调的现象。

由于债法总则主要从合同法中脱胎而来，所以，如何区分债法总则与合同法

① 参见薛军：《论未来中国民法典债法编的结构设计》，载《法商研究》，2001（2）。

总则的关系，一直是大陆法系国家债法的一大难题。从比较法上看，债法总则与合同法总则的关系，主要有如下几种模式。

1. 债法总则与合同法总则并存模式。此种模式的典型代表就是《德国民法典》。该法典第二编第一章等规定了债法总则的内容，而在第三章又规定了合同法总则的内容。《魁北克民法典》也采取此种做法，该法典第五编的第一题是“债的一般规定”（即债法总则），第一题的第二章规定了“合同”（即合同法总则）。《荷兰民法典》也采取了此种模式，该法典第六编规定了“债法总则”，其中第五章又规定了“合同法总则”。1871 年的《阿根廷民法典》在第二卷第一编中规定了债法总则，但同时又在第三编关于合同之债中单独规定了合同法总则。而 1825 年的《路易斯安那州民法典》在第三编规定了债法总则，但同时又在第四编约定之债中规定了合同法总则，这实际上既设定了债法总则，又设定了合同法总则，但二者之间仍然存在一定的不协调之处，合同法总则总体上仍较为单薄。

2. 有债法总则而无合同法总则的模式。《俄罗斯联邦民法典》中将债分为第三编（“债法总则”）和第四编（“债的种类”），有关合同的一般规定（包括合同的概念、条件与合同的订立、变更和解除等）都规定在债法总则之中。再如，《蒙古国民法典》将债法分为“债的通则”“合同责任”“非合同责任”。这些立法体例实际上都是以债法总则替代合同法总则。

第二次世界大战以来，大陆法系国家的债法模式出现了一些新的变化。一是出现了合同法的中心主义倾向。因为合同法是调整交易关系的法，有关合同的订立、生效、履行、变更、解除、违约及其救济等，是围绕交易过程的展开而形成的完整的体系，所以，合同法能够形成自身完整的体系。许多国家的民法典（如意大利、西班牙、奥地利以及新制定的魁北克民法典），都采取了合同中心主义。法国新债法的修改坚持了合同的中心化，瑞士债法也坚持以合同为中心。DCFR 示范法也采取了合同中心主义，即合同规范是其他渊源所生之债的基准规范，是债法的基准规范[1]，法国著名学者 Catala 教授所提出的建议稿中，第三编的名称

---

① 具体参见李世刚：《中国债编体系构建中若干基础关系的协调——从法国重构债法体系的经验观察》，载《法学研究》，2016 (5)。

就叫“合同与一般契约之债（Du contrat et des obligations conventionnelles en général）”。因此，笔者认为，我国民法典的编纂应当注意维护既有合同法体系的完整性，对仅适用于合同的规则，应当纳入合同编总则中。二是侵权法的相对独立。例如，1992 年的《荷兰民法典》尝试将传统大陆法系的债法一分为三，将侵权法和合同法作为独立的一编，创建了新型的“分层式”的民法典体系。《埃塞俄比亚民法典》则把债法分为两部分：即第四编“债”（包括合同总则、非契约责任、不当得利、代理）与第五编“合同分则”，不再设立债法总则。在有关未来欧洲民法典的研究报告中，一些学者的建议稿也纷纷将侵权法和合同法作为独立的一编加以起草。由此可见，债法体系本身也在不断发生变化，尤其是就合同法、侵权责任法而言，已经出现了越来越明显的与债法相独立的趋势。

借鉴比较法的经验，我国未来民法典仍有必要设置债法总则，但该债法总则不应当是包罗万象的，而应当保持合同法、侵权责任法体系的完整性。德国学者 Reiner Schulze 认为，法典化的趋势不应当打乱合同法的规则，而应当对合同法体系进行相对完备、系统的规定，德国的总分结构模式虽然有其优点，但其最大的缺点在于，其未能保持合同法体系的完整性。在这种模式下，合同法的规则被分别规定在债法总则和债法分则中，甚至整个民法典中并不存在合同法的概念，这可能增加合同法规则适用的困难。因为必须熟悉整个法典的体系，才能正确地适用合同法律，仅在总则或者分则中寻找法律规则是困难的。[①] 因此，凡是专门适用于合同之债、侵权之债的债的规则，应当分别规定在合同编、侵权责任编之中，除此之外的债法规则，则应当规定在债法总则之中。

二、合同法总则可发挥债法总则的功能

债法总则和合同法总则应当属于一般与特殊、抽象与具体的关系，我国未来民法典如果设置债法总则，则债法总则将与合同法总则并存，但二者的地位并不

① See Reiner Schulze & Fryderyk Zoll, *The Law of Obligations in Europe*: : *A New Wave of Codifications*, Sellier European Law Publishers (2013), p. 178.

相同，债法总则应当对合同法总则存在一种指导关系，因为债法总则的规则更为抽象，其是各种债的关系的共通性规则，所以，债法总则应当对合同法总则具有一定的指导作用。另外，债法总则应当对合同法总则有一定的补充作用。由于债法总则是各种债的关系的共通性规则，与合同法总则相比，其具有更强的抽象性，也因而具有更强的开放性和包容性，其调整范围也大于合同法总则。在发生合同纠纷后，如果合同法总则欠缺相关的规范，则可以适用债法总则的规则进行调整，从这一意义上说，债法总则对合同法总则具有一定的拾遗补缺的作用。

但是，在我国民法典不设置债法总则的背景下，则应当使合同法总则发挥债法总则的功能。合同法总则之所以能够发挥债法总则的功能，主要是基于如下几方面的原因。

第一，合同是最典型的债的形式，合同之债能够最典型地反映债的主体、内容和效力的特定性。在各种债的关系中，合同之债是最为典型的债的形式，能够反映债的关系的典型特征。从一些国家民法典债法规则的内容来看，其许多规则都来自于合同之债，因此，使合同法总则发挥债法总则的功能，符合债法体系的特点。

第二，债法的大多数规则都来自于合同法，是以合同法为中心而构建的。例如，债的履行、变更、担保、保全、消灭等规则，主要来自于合同法，且主要适用于合同法。在各种债的关系中，合同之债与债法总则的关系是最为密切的，许多国家民法典实际上都采纳了以合同法总则代替债法总则的功能。因此，在不设置债法总则的背景下，理应由合同法总则发挥债法总则的功能。

第三，合同法的一些规则可以适用于其他债的关系。从我国《合同法》的规定来看，其许多规则都可以适用于其他债的关系，在不设置债法总则的情况下，合同法总则可以适用于各种准合同之债的关系。除专属于合同之债的一些规则外（如合同的订立、违约金责任、定金责任等），其他规则一般也都可以适用于其他债的关系。例如，合同债权的保全规则就可以适用于不当得利之债、无因管理之债等法定债的关系，合同之债的履行原则、规则等一般也都可以适用于其他债的关系。因此，从规则设计的层面看，合同法总则也完全可以发挥债法总则的功能。

在不设置债法总则的情形下，可以考虑在合同编设置“准合同”一节，规定不当得利、无因管理等法定之债，以发挥其债法总则功能。准合同制度肇始于罗马法，这一概念最初被称为“类合同（quasi ex contractu）”，意思是“与合同很类似”，后来逐步演化为“准合同（quasi-contracts）”概念。从比较法来看，《法国民法典》第1371条就使用了“准合同（Quasi contrat）”的概念。[①] 在法国债法改革过程中，对于是否保留准合同的概念，法国学者曾有一些探讨，既有支持者也有反对者，最终颁布的法令则按照法国司法部的建议采用了折中方案：一方面，其使用“其他债之渊源”作为相关单元的标题；另一方面，在此单元开篇即界定了所谓的“准合同”及其包含的三种类型。按照法国新债法第三副编的规定，“本副编所规范的准合同有无因管理、非债清偿和不当得利”[②]。而英美法历来存在“准合同（Quasi-contract）”的概念。[③] 在我国，从《民法总则》的规定来看，其是规定在“民事权利”一章中的，而且仅用两个条款对不当得利、无因管理作出规定（第121、122条），由于这些规定过于简略，很难满足司法实践中解决相关纠纷的需要。在民法典分则不单独设置债编的情形下，有必要在合同法编对其作出规定。笔者建议，可以考虑借鉴法国法的经验，在合同法编中单独规定“准合同”一节，从而在《民法总则》规定的基础上，详细规定无因管理和不当得利等法定之债。

将上述债的关系称为“准”合同，是因为在这些债的关系中，行为人的行为是出于自愿，各种准合同的共同点在于对于因人的行为导致法律关系的失衡作出矫正。之所以将上述债的关系称为“准”合同，是因为在这些债的关系中，行为人的行为是出于自愿，如无因管理就被视为是“纯粹的自愿行为（fait pure-

---

① 2016年2月修订后的《法国民法典》第1300条规定，准合同包括无因管理、非债清偿和广义的不当得利。

② Olivier Deshayes，Thomas Genicon，Yves-Marie Laithier，Réforme du droit des contrats，du régime général et de la preuve des obligations：commentaire article par article，at 535（LexisNexis，2016）.

③ Dan Priel，In Defence of Quasi-Contract，Modern Law Review，Vol. 75，p. 54，2012.

mentvolontaire）”[①]，在这一点上与合同具有相似性。当然，准合同不同于合同，因为其不存在双方当事人的合意。另外，在不设置债法总则的前提下，无因管理、不当得利等债的类型既无法纳入侵权责任编，但也不能独立成编。在此背景下，如何保持民法典分则体系的完整性呢？通过引入准合同的概念，可以将这些债的关系整体纳入合同编中，从体系化的角度考虑，通过准合同制度对各种债的关系进行集中规定，保持了这些债的关系体系的完整性，而且不妨碍合同编体系的完整。

三、我国未来民法典中债法总则和合同法总则内容的界分

根据前述关于合同法总则与债法总则协调的基本思路，关于债法总则与合同法总则的具体构建可以从如下几个方面考虑。

（一）专门适用于合同法的特殊规则应当保留在合同法总则中

合同法富有极强的体系性，合同法总则常常被认为是按合同发生及发展的时间先后顺序来规定相应的制度，即合同的订立、生效、履行、违约及其救济等。首先是合同双方当事人进行合同的磋商缔约阶段，其次是合同的签订阶段，在合同成立以后发生效力，双方当事人都负有履行合同的义务，在履行过程中可能发生同时履行抗辩、不安抗辩等抗辩权，在合同履行期到来之后，可能发生违约情形，从而可能导致合同的解除或终止。可见，我国《合同法》是按照这样一个交易过程的时间顺序而展开合同法总则内容的。这种“单向度”使合同法内容具有十分明显的“同质性”（homogeneity）。这个特点在侵权法中完全不存在。当代侵权法被认为具有明显的“异质性”（heterogeneity），从责任基础来看，过错责任和严格责任、公平责任同时存在于其中，过错责任通常以一般条款来规定，而其他责任需要特别规定。所以侵权责任不可能按照时间的顺序而展开。正因如此，笔者认为，保持合同法的相对完整性在很大程度上有助于增强民法典的体系性。

① Emmanuelle Chevreau，Yves Mausen，Claire Bouglé，Histoire du Droit des Obligations（ancienne édition），LexisNexis，2011，pp. 126 - 1129.

合同法中有关合同的订立、生效、履行、解除以及终止等规则，都应当保留在合同法总则之中。因为这些规则仅仅适用于合同之债，而无法适用于其他债的关系。但关于债的概念、债的发生原因和主要类型、债的效力、债的转让等规则，可以置于债法总则之中。有关要约、承诺的规则，应当属于合同法特有的内容，对其他债的类型无法适用，因此，应当由合同法总则对其加以规范。

合同法应当对违约的救济作出详细、全面的规定。德国学者 Reiner Schulze 认为，总分结构下，债法总则虽然能够对违约提供救济，但其缺乏对合同法责任特别的针对性[①]，哪些债法总则的规则能够适用于合同之债，哪种情况应当适用合同之债的特别规定，立法可能难以作出明确规定，这就赋予法官过大的自由裁量权，影响法律适用的稳定性和统一性。毕竟违约责任与其他债务不履行的责任相比较，具有其特殊性，不能完全按照债法总则的规则解决合同纠纷。因此，我国未来民法典中的债法体系应当保持合同法体系的完整性，这也有利于减少法官适用法律的困难，便于法官准确适用法律。

总之，由于我国合同法总则的体系已经相对完备，为了尽可能地降低立法和司法成本，保持法律的安定性，即使将来我国的民法典构建了债法总则，也不应当对合同法总则作大幅调整，而应当保持合同法总则体系的完整性。当然，在同时规定债法总则与合同法总则的情形下，也应当合理处理债法总则与合同法总则之间的关系并妥当地协调两者的规范内容。

（二）不当得利、无因管理等典型之债可规定在债法总则中

在设置债法总则的前提下，关于不当得利、无因管理是否应当作为债法总则的部分加以规定呢？从大陆法体系来看，虽然将不当得利和无因管理都作为债的类型，置于债法之中，但是，考虑到体系上的方便，《德国民法典》是将其置于债法总则之中加以规定的，这一经验是值得借鉴的。在我国，可以考虑将不当得利、无因管理等债的发生原因规定置于债法总则部分，原因是：一方面，侵权责任法从债法分则中分离出去以后，在债法中没有必要仅仅为无因管理、不当得利

① See Reiner Schulze & Fryderyk Zoll, *The Law of Obligations in Europe*: *A New Wave of Codifications*, Sellier European Law Publishers (2013), p. 178.

设置一个债法分则，无因管理与不当得利可以置于债法总则中。另一方面，不当得利适用的范围也相对比较宽泛，在合同法与侵权责任法中都涉及不当得利的问题，如合同无效的返还就涉及不当得利，而侵权损害也会导致不当得利。所以，不当得利具有广泛适用价值，可以置于债法总则之中。至于无因管理，虽然比较特殊，但是其与合同、侵权等债的关系都具有一定的关联性，且从鼓励无因管理行为考虑，将其规定在债法总则中，不无道理。此外，在总则中单独规定不当得利和无因管理，也满足了两种特殊之债具有独立性的要求。基于这些原因，有必要借鉴《德国民法典》以及我国台湾地区“民法”的经验，将不当得利、无因管理制度置于债法总则之中。①

（三）债法领域的共通性规则要纳入债法总则之中

凡是债所共同适用的规则，已经具有超越合同法适用范围的属性，应放在债法总则当中。虽然合同法和侵权法在性质上存在很大差异，不能将合同法原理适用于侵权领域，但不可否认的是，合同法和侵权责任法具有非常密切的联系，二者有不少共同适用的规则。例如，按份之债、连带之债、多数人之债、债的保全、债的移转、债的消灭、债的担保等规则，这些规则既可以适用于合同之债，也可以适用于侵权损害赔偿之债，因此，应当将此类规则规定在债法总则中，从而减少“准用”“适用”之类条文的数量，实现民法典条文的简约化。如果不将上述规则规定在债法总则中，则可能需要在债法的各个部分设置大量的“准用”“适用”之类的条款，由于“准用”的概念较为模糊，并且缺乏明确的标准，这可能给予法官较大的自由裁量权，影响法律适用的安定性和稳定性。从这一意义上说，将债法领域的共通性规则纳入债法总则之中，可以使民法典的条文更为简约，并且有利于保障法律适用的统一性和稳定性。②

---

① 参见王利明主编：《中国民法典学者建议稿及立法理由·债法总则编·合同编》，9页，北京，法律出版社，2005。

② 参见王全：《债法总则的功能与体系分析》，载《重庆科技学院学报》（社会科学版），2007（6）。

第六章

侵权损害赔偿之债

第一节　侵权损害赔偿之债概述

一、侵权损害赔偿之债的概念和特征

侵权损害赔偿之债，是指因行为人造成他人损害，受害人依法有权要求加害人承担损害赔偿责任，因此在加害人和受害人之间产生的债的关系。侵权行为将产生侵权责任，而侵权损害赔偿同时也属于一种债的关系。从历史上看，自罗马法开始，侵权就被称为私犯，被作为债的发生原因。1804 年的《法国民法典》完全采纳了罗马法的体系，将合同称为“合意之债”，而将侵权行为和准侵权行为称为“非合意之债”，该法第 1370 条中规定：“有些义务或债务，无论在义务人或债务人一方或在权利人或债权人一方，并非因合意而发生；前项义务或债务中，有些由于法律的规定而产生，有些则由于义务人或债务人的行为而发生。”在德国，侵权行为法未被视为一个独立的法学领域，而只是被作为债权法的一部

分，这也是德国民法的一个重要特点。[①] 据此可见，传统大陆法系的民法认为，侵权行为不仅产生侵权责任，同时也是债的发生原因之一。债的类型体系主要由合同之债、侵权损害赔偿之债、无因管理之债和不当得利之债构成。因此，学说上通常认为，侵权行为作为一种法律事实，其主要产生侵权损害赔偿之债的法律后果。[②]

从比较法上看，在涉及有关债法总则与侵权之债的关系方面，主要有两种立法体例。一是在债法总则中规定侵权之债。例如，《荷兰民法典》第六编规定了债法总则，其中就包括了侵权行为。《瑞士债务法》在总则中，第一章就开宗明义地规定了债的发生，其中就规定了合同之债的一般规则和侵权之债的一般规则。二是将侵权之债规定在债法分则中。例如，《德国民法典》就将侵权之债规定在债法分则中。上述立法模式都有其不足之处：前一种模式完全将侵权之债规定在债法总则中，没有顾及侵权之债的特殊性；而后一种模式完全将侵权之债作为债法的分则，没有考虑到侵权之债自身体系的特殊性及其与债法总则规定的差异性。

《民法总则》第 120 条规定："民事权益受到侵害的，被侵权人有权请求侵权人承担侵权责任。"我国立法采纳了侵权法和债法适当分离的学说，将侵权法从债法中分离出来，使其独立成编，而没有将侵权法作为债法的组成部分。尤其是我国侵权责任法采用了侵权责任的概念，而没有采用债的概念，这很容易产生一种误解，似乎我国侵权责任法就以"侵权责任"的概念完全取代了"侵权损害赔偿之债"的概念，侵权责任不适用债的规定。笔者认为，虽然我国侵权责任法采用了侵权责任的概念，但侵权行为既产生责任又产生损害赔偿之债，损害赔偿既是行为人对国家所负的责任，也是其对受害人所负的债务。因为当侵害他人财产权或人身权的不法行为发生以后，在不法行为人与受害人之间产生了一种债的法律关系，受害人作为债权人有权请求作为债务人的加害人赔偿损害，而加害人作

① 参见［德］罗伯特·霍恩、海因·科茨、汉斯·G. 莱塞等：《德国民商法导论》，161 页，北京，中国大百科全书出版社，1996。

② 参见郑玉波：《民法债编总论》，131 页，台北，自版，1993。

为债务人有义务赔偿因其不法行为给受害人造成的损害。由于此种债的内容着重于损害赔偿，所以又可称为“侵权损害赔偿之债”。我国《民法总则》第 118 条第 2 款规定：“债权是因合同、侵权行为、无因管理、不当得利以及法律的其他规定，权利人请求特定义务人为或者不为一定行为的权利。”因此，侵权行为可产生债的关系。

侵权损害赔偿之债主要具有如下特征。

第一，它是一种法定之债。侵权损害赔偿之债在性质上属于法定之债，是行为人违反法定义务的后果，而不是基于当事人的意思而发生。也正是因为侵权损害赔偿之债是违反法定义务的后果，所以侵权损害赔偿之债一般发生在陌生人之间，当事人之间通常并不存在相关的人身信赖关系。侵权损害赔偿之债与合同之债不同，合同之债是因当事人的合意产生的，权利和义务内容是合同规定的；侵权损害赔偿之债的内容并不是基于当事人的意愿所设定的，而是法律规定的结果。由于此类债的关系产生过程中，当事人事先通常并不存在合同关系，只是因侵权行为的发生，才使当事人之间产生了侵权损害赔偿的关系，因而，其内容、效力等都是由法律直接规定的。

第二，它是因侵权行为而发生的。侵权行为是指一种侵害他人权益的行为，其侵害的是他人的民事权利和受到法律保护的权益。侵权行为一般是指自己加害行为，但又不限于自己的加害行为，它还包括在法律上应当承担责任的“准侵权行为”，如雇员的加害行为、被监护人致人损害，以及物件致人损害的侵权行为等。

第三，一般是因过错而发生的。侵权损害赔偿之债是因侵权行为而引发的，侵权行为一般是行为人基于过错而实施的、侵害他人民事权益的行为。在日常生活中，从殴打辱骂他人到毁坏他人财物，从盗版侵害他人版权到不法致人伤亡，从常规的平面媒体侵权到在网络上发生的侵权行为等，一般属于此类过错侵权行为。当然，在法律规定的一些特殊情况下，即便行为人没有过错，也可能成立侵权损害赔偿之债。我国《侵权责任法》对各类特殊侵权作出了规定，其中大多数属于严格责任，其成立并不需要行为人具有过错。

第四，以损害发生为前提。损害是指因侵害或损害他人民事权益而给他人造成的各种不利益状态，它既包括了实际造成的损害后果，也包括了各种危险和妨碍；既包括了现实的损害，也包括了将来可能发生的损害；既包括了对各种权利和利益的侵害所造成的后果，也包括了对各种权利和利益的行使而形成的妨害。可以说，损害是指受害人因他人的加害行为或者物的内在危险之实现而遭受的人身或财产方面的各种不利后果。[①] 仅有侵权行为，而尚未发生实际损害，依据《侵权责任法》的规定，行为人也可能需要承担停止侵害、排除妨害等侵权责任，但并不会在当事人之间产生侵权损害赔偿之债。

正是因为侵权损害赔偿之债是一种债的关系，因而可以适用债法的相关规则。如果否定侵权损害赔偿的债的属性，甚至可能出现受害人的“损害赔偿请求权或者无处容身，或者不能与义务相对应而与责任连结起来”的严重后果。[②] 因为侵权行为仍然是债的发生原因，其能够在特定的当事人之间产生财产性的给付关系，从而能够作为债的发生原因。[③] 所以，债法的很多规则对侵权责任仍然是适用的。例如，共同侵权行为要适用债权总则之中连带之债的规定，侵权损害赔偿要适用债权总则之中损害赔偿之债的一般规则。因此，债权总则的一般规则，如按份之债、连带之债的划分等，原则上可以直接适用于侵权损害赔偿之债。

二、侵权损害赔偿之债与侵权责任

（一）侵权损害赔偿之债与侵权责任的区别

我国《民法总则》第 118 条第 2 款规定：“债权是因合同、侵权行为、无因管理、不当得利以及法律的其他规定，权利人请求特定义务人为或者不为一定行为的权利。”侵权行为既产生侵权责任，也可能产生侵权损害赔偿之债。而侵权损害赔偿之债也可能转化为侵权损害赔偿责任，在侵权关系中，当事人之间一般

---

① 参见张新宝：《中国侵权行为法》，20～21 页，北京，中国社会科学出版社，1995。

② 参见杨立新：《侵权特别法通论》，20 页，长春，吉林人民出版社，1989。

③ 参见［德］K. 茨威格特、H. 克茨：《比较法总论》，269 页，贵阳，贵州人民出版社，1992。

并不存在事先约定的义务和责任，债务和责任没有先后次序，而是同时因侵权行为产生的。特别是在侵权行为发生以后，加害人对受害人作出的损害赔偿，既是其履行债务的行为，也体现了国家对加害人的制裁。

尽管如此，侵权损害赔偿之债与侵权责任仍然存在一定的区别，主要表现在：

第一，侵权责任都具有明显的强制性，而侵权损害赔偿之债则具有任意性。侵权责任是债务履行的重要保障，其以债务的存在为前提，以督促债务人履行债务并保障债权人的债权为宗旨。也就是说，在债务人未按照债的要求履行债务时，侵权责任可以凭借法律上之力，强制债务人履行债务或承担其他责任，以确保债务人全面履行债务。正如王泽鉴教授所言："所谓债务（Schuld），系指应为一定给付义务，所谓责任（Haftung），则指强制实现此项义务之手段，亦即履行此项义务之担保。"[①] 例如，停止侵害、赔礼道歉等侵权责任方式，并非自愿的交易，法院一旦作出此种判决以后，被告就应当执行。如果被告拒绝执行，则法院可强制执行，此种责任不能转让和抛弃。另外，侵权责任的承担不是侵权人可以任意选择的，责任的方式、责任的范围等都是依法确定的，不能根据债务人的意愿来予以确定。甚至对于受害人来说，其虽然可以在一定范围内限制或免除侵权人的责任，但其权利也要受到法律的限制。所以，当事人不能通过免责条款，随意免除侵权人应承担的责任。与此不同，侵权损害赔偿之债的关系具有明显的任意性，因为受害人可以基于其享有的债权行使权利，也可以放弃其权利，并可以和加害人之间通过协商，达成变更债务的协议。

第二，侵权责任是债务履行的保障，它不仅强调一方当事人对另一方当事人所负的责任，而且体现了国家对不法行为人的制裁，而侵权损害赔偿之债则主要是当事人之间的债权债务关系，其虽然也有国家强制力的保障，但仍具有一定的任意性，只有在债务人未按照债的要求履行债务时，才会产生相应的责任，而在债务人自愿履行债务的情形下，并不涉及国家的制裁。正是因为侵权责任具有强制性，故能够督促债务人履行损害赔偿之债。

① 王泽鉴：《民法债编总论：基本理论·债之发生》，46页，台北，自版，1976。

第三，侵权责任形式并不一定都是债的关系。我国《民法总则》和《侵权责任法》规定了多种责任形式，这些责任形式大多属于侵权责任的范畴，但并不一定属于债的关系。债本质上都是“给付”关系，而且主要是财产性给付，可以用金钱来进行评价。债都是一种以交易为内容的给付关系，应当从财产给付的角度来理解债的概念，债主要是特定人之间财产给付的关系，非财产给付原则上不应当纳入债的范畴。而侵权责任并不当然体现财产性的内容。例如，从内容上看，停止侵害、恢复名誉、赔礼道歉等责任形式并不是一种给付，而是法律责令行为人不得实施某种特定的行为（如停止侵害），或者责令其应当实施某种特定的行为，这些责任形式的适用并不存在交易，而只是履行法律规定的强制性义务。正是从这个意义上可以说，因侵权行为而产生的损害赔偿之外的责任，并非都产生债的关系。

虽然侵权损害赔偿之债与侵权责任之间存在上述区别，但也不应当割裂侵权责任法和债法之间的关系。尽管我国单独制定了《侵权责任法》，表明侵权责任法将从债法中独立，但这并不意味着侵权责任法与债法的截然分离。无论是从制度史角度看，还是从现存制度之间的实质内容上看，二者之间的关联性都不可忽略。侵权损害赔偿之债仍应适用债法总则的相关规定。因此，笔者认为，区别侵权损害赔偿之债和侵权责任，有助于理解侵权行为所涉及的不同关系，这对于明确受害人的权利、确定加害人的债务和责任以及正确适用法律，都具有极为重要的意义。

（二）侵权损害赔偿之债与其他侵权责任承担方式

所谓侵权责任承担方式，是指侵权人承担侵权责任的具体方法。① 换言之，它是指侵权责任人具体承担法律上不利后果的方式②，或者说是侵权责任的具体体现。从我国《民法总则》第 179 条与《侵权责任法》第 15 条的规定来看，其规定了多种责任承担方式，其中就包含了赔偿损失与恢复原状，而且上述规定并没有对金钱赔偿与恢复原状之间的适用关系作出规定。可见，与比较法上前述两

① 参见张新宝：《侵权责任法》，332 页，北京，中国人民大学出版社，2006。

② 参见周友军：《我国侵权责任形式的反思》，载《法学杂志》，2009（3）。

种模式不同，我国立法并没有对恢复原状与金钱赔偿进行顺序上的要求，而是通过适用多种责任形式对受害人进行救济，而且多种责任形式既可以单独适用，也可以同时适用，各种责任形式由受害人进行选择，这就形成了对受害人的充分救济。但应当看到，侵权损害赔偿之债和其他责任形式虽然可以并用，但二者之间也存在一定的区别。

第一，是否考虑过错不同。侵权损害赔偿之债一般适用过错责任原则，其成立需要受害人证明行为人主观上存在一定的过错。而侵权责任形式具有多样性，对一些责任形式而言，尤其是对一些预防性的侵权责任形式而言，其适用并不需要受害人证明行为人主观上存在过错。例如，对停止侵害、排除妨碍、消除危险等责任形式而言，受害人只需要证明其相关的侵害行为处于进行状态，或者危险处于持续状态即可，一般不需要受害人证明行为人主观上存在过错。

第二，是否要求证明实际损害不同。由于侵权损害赔偿之债以填补受害人实际损害为主要目的，因而，其适用需要受害人证明其遭受了实际损害，即受害人应当证明其损害已经实际发生，或者精神损害结果达到严重程度，超过社会一般的容忍限度，在被侵害人证明存在实际的精神或者物质损害之后，行为人才需要承担损害赔偿责任。而对侵权责任而言，除损害赔偿外，多数侵权责任形式的适用并不要求受害人必须遭受了实际损害。例如，对停止侵害、消除危险等预防性的侵权责任形式而言，其主要功能在于“防患于未然”，发挥损害预防的作用。因此，此类责任形式的适用并不要求受害人证明其遭受了实际损害。例如，在侵害行为正在进行时，虽然侵害结果还没有发生，但也可以要求行为人停止侵害。

第三，宗旨不同。侵权损害赔偿之债主要是为了填补受害人的损害，其主要是一种事后的救济方式。而停止侵害、排除妨碍等责任形式则具有事先预防的功能。因为对许多损害而言，损害后果一旦发生，将难以恢复原状，损害赔偿也难以对受害人提供充分的救济，所以，应当更加重视对损害后果的预防。尤其是在现代社会，随着互联网、信息技术的发展，网络具有无边界性、超地域性以及受众的无限性等特点，这也使侵权言论一旦发表，就可以为全球用户所知晓，这就更需要发挥停止侵害等责任形式的损害预防功能。

第四，是否适用诉讼时效不同。侵权损害赔偿之债作为一种债的关系，应当适用诉讼时效制度。也就是说，如果权利人没有在时效期间内主张权利，债务人将享有时效利益，可以对权利人履行债务的请求提出抗辩。而对侵权责任而言，许多侵权责任形式客观上可能难以适用诉讼时效。例如，就停止侵害、排除妨害等责任形式而言，由于相关的侵害行为处于持续状态，因而难以适用诉讼时效制度。

总之，侵权损害赔偿之债与侵权责任之间既存在密切联系，也存在一定区别，在侵权行为发生后，如果符合侵权损害赔偿之债的适用条件，则除适用侵权责任的相关规则外，也应当适用债的规则。

第二节　侵权损害赔偿之债的类型

行为人所侵害的权利类型不同，其责任形式也可能存在一定的差别。因为侵权损害赔偿之债的主要目的在于对受害人提供全面的救济，而遭受侵害的权利类型不同，受害人所遭受的损害也会有一定的差别。例如，侵害他人财产权，财产损害的确定以及损害的数额可能较为容易确定，受害人一般不会遭受精神损害；而在侵害人格权时，受害人的财产损失可能难以确定，但可能遭受一定的精神损害。这就需要对侵权损害赔偿之债的类型进行必要的区分，并在此基础上进一步明确各种类型的债的成立条件、内容、效力等规则。从我国现行立法来看，侵权损害赔偿之债主要包括财产损害赔偿、精神损害赔偿以及惩罚性赔偿三种类型。

一、财产损害赔偿

所谓财产损害赔偿，是指行为人的侵权行为造成受害人财产损害时，受害人有权请求行为人赔偿其相关损害。财产损害赔偿主要是填补受害人已经遭受的损害，所以，补偿功能是财产损害赔偿的基本功能，通过补偿，不仅要恢复受害人被减少的财产数额，而且要使受害人回到损害没有发生前的状态。[①] 财产损害赔偿具有如下特征。

第一，以损害的发生为前提。损害是财产损害赔偿的基础和前提，即所谓有损害才有赔偿。对财产损害赔偿而言，其以发生现实的损害为前提，对未来发生的损害，应当以其他方式加以救济，而不应采取损害赔偿。[②] 无论何种损害，都是合法权益被侵害而引发的法律后果。就此而言，财产损害赔偿与停止侵害、排除妨害等责任形式不同，因为后者的适用并不以实际发生损害后果为前提。

第二，财产损害赔偿主要具有补偿性，一般不具有惩罚性。财产损害赔偿的主要目的是要使受害人因侵权行为而遭受的实际损害能够得到全部的弥补和恢复，因此，财产损害赔偿应当以实际损失为前提，并贯彻完全赔偿原则，以弥补受害人因他人的侵权行为而遭受的损失。一般情况下，财产损害赔偿的范围以受害人实际发生的损害为计算标准，而主要不是以当事人的主观过错程度作为确定赔偿的标准，因为损害赔偿的目的一般不是处罚过错行为，而是补偿受害人的损失。对财产损害赔偿而言，一般情况下不宜轻易地采用惩罚性赔偿，法官判断损害赔偿的唯一标准是实际损失。[③]

第三，财产损害赔偿坚持完全赔偿原则。所谓完全赔偿（restitutio ad integrum），是指对于受害人所遭受的全部财产损害都应当赔偿，而不考虑行为人的主观过错程度。因侵权而发生的损失都必须完全赔偿，大陆法系国家普遍采纳了这一原则。例如，2005 年 9 月法国民法典修正草案第 1370 条规定："损害赔偿金的给予应旨在尽可能使受害人重新处于致害行为未曾发生的情况下其所处的状态。既不使其有所损失，也不使其有所获益。"[④]《法国民法典》第 1382 条及其以

① 参见程啸：《侵权责任法》，2 版，664 页，北京，法律出版社，2015。

② 参见程啸：《侵权行为法总论》，416 页，北京，中国人民大学出版社，2008。

③ 参见［德］U. 马格努斯：《侵权法的统一：损害与损害赔偿》，谢鸿飞译，45 页，北京，法律出版社，2009。

④ 也称为《卡特拉草案》，全称是《债法（民法典第 1101 条到第 1386 条）与时效制度（民法典第 2234 条到第 2281 条）改革草案建议案》。

下一些规定中的“损害”完全是从事实出发的概念。[①] 法国法认为，完全赔偿是损害赔偿的基本原则，我国《侵权责任法》也采纳了这一原则。一般认为，《侵权责任法》第 15 条所规定的赔偿损失，不仅包括赔偿受害人价值利益的损失，也可以包括之后受害人恢复原状的费用，因而属于完全赔偿。[②]

第四，财产损害赔偿是一种财产责任。现代社会，各国都废除了人身性质的民事责任形式，但某些特殊的责任形式如赔礼道歉，在性质上是否为财产责任，仍有争议。财产损害赔偿以金钱赔偿为主要形式，是一种纯粹的财产责任。

第五，财产损害赔偿一般具有可计算性。与精神损害赔偿和惩罚性赔偿不同，财产损害赔偿数额能够依据客观标准进行计算。例如，在侵害他人财产案件中，侵权人的损害赔偿数额应主要依据损失发生时该财产的市场价格进行确定，而该财产的市场价格通常较易计算。当然，对侵害人身权益的财产损害赔偿责任而言，财产损害赔偿的数额有时也难以确定，因此，我国《侵权责任法》第 20 条规定了多种侵害人身权益的财产损害赔偿数额计算方式。

二、精神损害赔偿

精神损害赔偿是侵权责任承担方式之一，其主要针对人身权益遭受侵害的情形予以救济，即在人身权益遭受侵害后，针对受害人所遭受的严重精神损害予以救济。我国《侵权责任法》第 22 条规定：“侵害他人人身权益，造成他人严重精神损害的，被侵权人可以请求精神损害赔偿。”从该条规定来看，精神损害赔偿仅适用于侵权责任，而不适用于违约责任。该条还明确了精神损害赔偿责任的构成要件。依据该条规定，适用精神损害赔偿责任应当符合如下构成要件。

第一，侵害他人人身权益。从《侵权责任法》第 22 条的规定来看，精神损害赔偿仅适用于人身权益受损害的情况，一般不适用于财产权益受侵害的情况，

① 参见［德］U. 马格努斯：《侵权法的统一：损害与损害赔偿》，谢鸿飞译，43 页，北京，法律出版社，2009。

② 参见李承亮：《损害赔偿与民事责任》，载《法学研究》，2009（3）。

人身权益遭受侵害包括如下三种情形。一是人格权遭受侵害。例如，生命权、健康权、姓名权、名誉权等遭受侵害。二是身份权遭受侵害。如监护权、亲属权等遭受侵害。三是其他人格利益和身份利益遭受侵害。例如，死者的姓名、肖像、名誉等遭受侵害。另外，依据相关司法解释的规定，在特殊情形下，侵害具有人格象征意义的特定纪念物品，使其因侵权行为而永久性灭失或者毁损，受害人也有权主张精神损害赔偿。①

第二，须有严重的精神损害后果。在行为人侵害他人人身权益的情形下，受害人可能遭受一定的精神痛苦，但并非所有的精神痛苦都能产生精神损害赔偿责任。也就是说，受害人所遭受的精神损害应当是严重的、在法律上能够补救的损害，而且精神损害是否严重，受害人应当负有举证证明义务。从比较法上看，要成为精神损害赔偿责任救济的对象，受害人身体或者精神上的痛苦必须具有相当的严重性和持续很长时间，并获得医学上的认可。② 依据我国《侵权责任法》第22条的规定，受害人必须遭受严重的精神损害，才能主张精神损害赔偿，如果受害人只是遭受轻微的精神痛苦，则无权主张精神损害赔偿。在具体判断精神损害后果是否严重时，主要应当考虑如下因素。一是精神痛苦的严重性。也就是说，因侵害人格权所造成的痛苦已经超出社会一般人的容忍限度。③ 二是造成后果的严重性。如果是社会一般人在权利遭受侵害的情况下，都难以忍受和承受的精神痛苦和肉体痛苦，并会对受害人的正常生产、生活造成负面影响，可以认为已经构成了严重后果。三是具有持续性。也就是说，损害所造成的痛苦不是立即消失的，而是持续了一段时间，如果受害人只是遭受了偶尔的精神痛苦或者心理情绪上的不愉悦，则不属于应予赔偿的精神损害。④

第三，侵害行为与损害后果之间具有因果关系。此处的因果关系是指受害人

---

① 参见《精神损害赔偿司法解释》第4条。

② W. V. Horton Rogers (ed), *Damages for Non-Pecuniary Loss in a Comparative Perspective*, Springer Wien NewYork, 2001, pp. 251-252.

③ 参见张礼洪：《意大利法中非财产性人身损害赔偿制度及其启示》，载全国人大常委会法工委民法室和中国人民大学法学院主编：《2009年中日侵权责任法研讨会会议资料》，43页（未出版）。

④ 参见扈纪华、石宏：《侵权责任法立法情况介绍》，载《人民司法》（应用），2010（3），7页。

所遭受精神损害与行为人侵害他人人身权益行为之间的因果联系。法官在判断因果关系的时候可以采取相当因果关系说，确定行为和精神损害之间是否有相当因果关系。例如，某人亲眼目睹他人遭受殴打，遭受巨大的恐吓，精神受到刺激。如果根据社会一般人的经验，认为目睹者与受害人之间具有父子、配偶等亲属、血缘关系，则可以认为其对受害人遭受的损害在目睹之后会造成精神上的痛苦。

精神损害赔偿不仅具有补偿的功能，其还具有抚慰和制裁的功能，这就是说，一方面，通过精神损害赔偿的方式，对受害人采取金钱补偿的方式，可以保护其权利，使其在心理上感到正义得到了伸张，从而获得一种心理上的安慰，其精神痛苦也可能因此得到缓解，从而发挥抚慰受害人的功能。[①] 另一方面，精神损害赔偿通过责令行为人支付一笔金钱，来对行为人的侵权行为予以制裁。即对精神损害赔偿而言，其具有一定的制裁功能，可以实现对不法行为人的惩罚，并发挥预防不法行为、维护社会秩序的作用。

三、惩罚性赔偿

惩罚性赔偿（punitive damages），也称示范性的赔偿（exemplary damages）或报复性的赔偿（vindictive damages），是指由法庭所决定的赔偿数额超出实际的损害数额的赔偿。[②] 由于惩罚性赔偿也可在当事人之间产生财产性的给付关系，因而也应当属于债的关系的范畴。此种损害赔偿产生于美国法，是美国法固有的制度。[③] 但近几十年来，该制度开始受到广泛关注，并在有些国家逐步被采纳。我国《消费者权益保护法》第 55 条最早确认了惩罚性赔偿制度。《侵权责任法》第 47 条规定："明知产品存在缺陷仍然生产、销售，造成他人死亡或者健康严重损害的，被侵权人有权请求相应的惩罚性赔偿。"该规定不仅适用于有缺陷的食品，而且适用于所有的缺陷产品。依据《民法总则》第 179 条的规定，如果

---

① 参见曾隆兴：《详解损害赔偿法》，24 页，北京，中国政法大学出版社，2003。

② See Note，"Exemplary Damages in the Law of Torts"，70 *Harv. L. Rev*. 517，517（1957），and Huckle v. Money，95 Eng. Rep. 768（K. B. 1763）.

③ See Malzof v. United States，112 S. Ct. 711，715（1992）.

法律规定了惩罚性赔偿的，则依照其规定认定行为人的责任。

惩罚性赔偿主要具有如下几个特点。

第一，目的和功能的多样性。惩罚性赔偿的功能不仅在于补偿受害人的损失，而且在于惩罚、制裁加害人，因此，惩罚性赔偿具有填补受害人损害、惩罚与预防等多重功能。惩罚的目的就是通过使被告承担惩罚性赔偿责任而对社会不特定人产生威慑，从而形成遏制作用。

第二，适用上的严格性。惩罚性赔偿作为例外的责任形式，尤其是因为其常常给予了法官过大的自由裁量权，其适用范围应当受到比较严格的限制。一般而言，惩罚性赔偿只能在补偿性损害赔偿不能有效地保护受害人和制裁不法行为人的情况下适用，通常仅适用于那些恶意侵权或通过侵权行为获取利润等行为。在英国法上，惩罚性赔偿除了适用于民事主体之间的侵权关系外，还适用于严重违法行使公权力的行为。[①] 我国现行立法也对惩罚性赔偿的适用范围进行了严格限制，依据《民法总则》第 179 条的规定，只有在法律有明确规定的情形下，才能适用惩罚性赔偿。

第三，赔偿数额的确定要考虑行为人的主观心理状态。一般情况下，财产损害赔偿采完全赔偿原则，行为人的主观心理状态是故意还是过失，通常并不会影响财产损害的赔偿数额。即使行为人过错程度较低，也应当对其造成的损害承担赔偿责任。惩罚性赔偿数额的确定则要考虑行为人的主观心理状态。例如，在美国，如果原告证明被告在实施侵权行为时，具有恶意（malice）、[实际的、明显的或事实上的恶意（actual，express or malice-in-fact）]，或被告具有恶劣的动机（bad motive），或被告完全不顾及原告的财产或人身安全，才可以考虑适用惩罚性赔偿。[②] 我国《侵权责任法》第 47 条要求，惩罚性赔偿的适用要以明知产品存在缺陷为前提，可见，其也以行为人的故意为前提。

第四，具有补充一般的、补偿性损害赔偿适用的不足的功能。惩罚性赔偿的

---

① See Peter Cane，Atiyah's Accidents，*Compensation and the Law*，7th ed，Cambridge University Press，2006，pp. 420-421.

② 参见谢哲胜：《财产法专题研究》（二），台北，元照出版公司，1999。

数额要高于甚至大大高于补偿性损害赔偿。在许多情况下，惩罚性赔偿是在实际损害不能准确地确定、通过补偿性赔偿难以补偿受害人遭受的损失的情况下适用的。如果损害的数额能够准确地确定、通过补偿性赔偿已足以补偿受害人的损失的，则原则上可以不必适用惩罚性赔偿（但被告有恶意的除外）。惩罚性赔偿的运用可以形成有效的利益机制，来激励受害人主张权利，并制止欺诈、生产不合格的产品等不法行为。这也需要通过惩罚性赔偿来鼓励受害人提起诉讼。[①] 可见，惩罚性赔偿能够发挥不同于一般财产损害赔偿的特殊功能，对补偿性的财产损害赔偿责任具有一定的补充作用。

第三节　债法总则与侵权损害赔偿之债

一、债法总则对侵权损害赔偿之债的适用

如前所述，根据传统大陆法系的观点，由于侵权损害赔偿请求权在本质上是一种债权，当侵害他人的财产权和人身权的不法行为发生以后，在不法行为人和受害人间即产生债的法律关系。此种损害赔偿与合同之债及其他债之间并无根本的区别，都属于债法规范的对象，因此，侵权行为法应属于债法的范围。[②] 传统大陆法系中，侵权法是债法的组成部分，要么规定在债法总则中，要么规定在债法分则中，这虽然有利于债法体系的完整性，却没有看到侵权损害赔偿之债固有的特性，正如邱聪智所指出的："民法债编所涉事项既然繁多、类型亦杂，则不同事项、类型之间，难免常有同异互呈之情形。"[③] 在这样的体系中，"侵权行为法都未被视为一个独立的法学领域，而几乎总是被作为债权法论著或课程的一部

① See David Luban, "A Flawed Case against Punitive Damages", 87 *GEO. L. J.* 359 (1998).

② 参见［日］北川善太郎：《日本民法体系》，李毅多、仇京春译，48页，北京，科学出版社，1995。

③ 邱聪智：《债各之构成及定位》，载《辅仁法学》第11期。

分，这一点颇让普通法学者感到惊奇”①。

现代社会，侵权法的发展必然要求侵权法自成体系、保持与债法适当分离的相对独立性。现代社会是风险社会，事故频发，侵权损害赔偿之债承担着救济受害人的功能，其规则也越来越复杂。在人类生活中，无形的、不可预测的风险无处不在，随时可能造成严重灾害。② 因而需要借助侵权行为法遏制不法或疏忽的行为，防止各种事故的发生。现代社会还是一个信息化社会，科学技术的广泛运用和计算机的普及，在为人类生活带来更大便利的同时，也提出了对技术、智力成果、软件等进行侵权法上的保护的问题。可以说，现代社会生活的需求扩张了侵权行为法的内容和范围，使其正在成为一个社会正常运转所须臾不可或缺的法律体系。还要看到，21 世纪是走向权利的世纪，也是一个权利更容易遭受侵害的世纪。以救济私权特别是绝对权为出发点和归宿点的侵权法，必将发挥越来越重要的作用。侵权法在社会生活中的地位日益突出，且自身体系也在不断完善，这些都客观上要求侵权法应当在未来民法典中独立成编，正是为了适应这一发展需要，我国立法机关颁行了独立的《侵权责任法》，该法将在未来的民法典中成为独立的一编。

在《侵权责任法》独立成编之后，并不意味着其能够完全脱离债法，《民法总则》第 120 条规定："民事权益受到侵害的，被侵权人有权请求侵权人承担侵权责任。"依据这一规定，侵权行为可能在当事人之间产生一定财产给付的权利义务关系，即在当事人之间产生债的关系，因此，侵权行为仍应成为债的发生原因之一，侵权责任法与债法不应截然分离。侵权损害赔偿之债在债的效力、债的担保、债的保全与消灭等方面，仍然适用债法总则的规定。从本质上讲，损害赔偿责任仍然是一方当事人请求另一方当事人为一定给付的行为，这就属于债的调整范围；如果否定侵权损害赔偿债的属性，可能会出现受害人的"损害赔偿请求

① ［德］罗伯特·霍恩、海因·克茨、汉斯·G. 莱塞：《德国民商法导论》，161 页，北京，中国大百科全书出版社，1996。

② 参见［日］北川善太郎：《关于最近之未来的法律模型》，载梁慧星主编：《民商法论丛》，第 6 卷，306 页，北京，法律出版社，1997。

权或者无处容身，或者不能与义务相对应而与责任连结起来”的严重后果。[①] 正是因为上述原因，在《侵权责任法》颁行之后，仍然需要制定债法总则，从而发挥其对《侵权责任法》的指导、协调以及补充功能。当然，债法总则不能替代侵权法总则，不能在制定债法总则时将侵权责任法总则的内容完全纳入其中。

既然侵权损害赔偿之债仍然属于债法的范畴，则债法总则的一般规则原则上应当适用于侵权损害赔偿之债，债法总则规则适用于侵权损害赔偿之债具体体现在以下几个方面。

第一，债的效力的一般规则。如债权的相对性规则、债权的平等性规则等，原则上应当同样适用于侵权损害赔偿之债。

第二，多数人之债的一般规则。债法总则中关于多数人之债的一般规则，原则上应当同样适用于侵权损害赔偿之债。如债法总则中关于连带债务和连带债权的一般规则，各个连带债务人之间的内部关系的规则等，都同样适用于侵权损害赔偿之债。

第三，债务履行的一般规则。债法总则中关于债务履行的一般规则，如债务履行的方式、债务履行的原则，如诚实信用原则、完全履行原则、适当履行原则等，一般可以适用于侵权损害赔偿之债（但其适用受到一定的限制）。此外，债法总则中关于债务不履行的一般规则，原则上也应当适用于侵权损害赔偿之债。

第四，债的担保与保全的一般规则。债法总则中关于债的担保的一般规则，如保证等，也应当适用于侵权损害赔偿之债；同时，债法总则中关于债的保全的一般规则，如债权人的代位权、撤销权等，原则上也应当适用于侵权损害赔偿之债。在债的关系发生前，债权人为保障其债权的实现，可能需要债务人提供一定的担保，由于债权担保的设定需要当事人达成合意，因而，其一般适用于意定之债。对侵权损害赔偿之债而言，当事人事先无法预测侵权损害后果的发生，一般也无法通过设定担保的方式对侵权损害赔偿之债的实现进行保障。当然，在侵权损害赔偿之债中也存在两种担保类型：一是当事人达成和解协议之后提供的担

① 参见杨立新：《侵权特别法通论》，20页，长春，吉林人民出版社，1989。

保，此种担保属于合同担保。二是强制执行过程中的执行担保。但这属于程序法中的担保，不属于实体法上的担保。

第五，损害赔偿的一般规则。债法总则中关于损害赔偿的一般规则，原则上也应当适用于侵权损害赔偿之债。

第六，侵权请求权中的抗辩也属于债的范畴。侵权损害赔偿之债履行中的抗辩、债的关系已经消灭的抗辩（如抵销、免除、混同等），以及诉讼时效已经届满的抗辩等，都属于债权请求权范畴。因此，债法总则中的上述抗辩权规则应当同样适用于侵权损害赔偿之债。

第七，债的消灭的一般规则。债法总则中债的消灭的一般规则，如清偿、提存、抵销、免除、混同等，原则上也应当适用于侵权损害赔偿之债。

总之，笔者认为，侵权损害赔偿之债属于债的一种类型，除法律另有规定以及不适合侵权损害赔偿之债的规则外，债法总则的一般规则原则上都可以适用于侵权损害赔偿之债。

二、损害赔偿的一般规则可适用于侵权损害赔偿之债

从比较法上来看，债法总则之中是否应当设立损害赔偿的一般规则，并无统一做法。在德国法上，其在债法总则中确立了损害赔偿的一般规则，也称为一般损害赔偿法。而在日本法上，其债法总则中并没有包含这一内容。因为我国目前还没有制定债法总则，所以，在未来的债法总则中是否应当设立损害赔偿的一般规则，值得探讨。在理论上，有学者认为，未来债法总则中应当设立损害赔偿的一般规则。[①] 笔者认为，这一观点值得赞同，毕竟债法总则应当规定债的共通性规则。

由于侵权损害赔偿之债在本质上是一方当事人请求另一方当事人为一定给付的行为，而且该给付具有财产属性，在这一点上，侵权损害赔偿之债与其他债的关系没有本质区别，因而，侵权损害赔偿之债应当属于债的调整范围，原则上应

① 参见朱岩：《社会基础变迁与民法双重体系建构》，载《中国社会科学》，2010（6）。

当可以适用债法总则的一般规则，尤其是损害赔偿的一般规则。同一案件中，可能同时产生侵权损害赔偿之债与其他债的关系，例如，在前述“保管物被盗案”中，就存在多种债的关系：甲、乙之间存在合同关系，在甲未尽到保管义务、造成乙财物被盗时，乙有权请求甲承担违约责任；而在乙与丙之间则成立侵权损害赔偿之债的法律关系，乙有权请求丙赔偿其损害。

有学者认为，损害赔偿也是一种交易关系，它是“沦为零值或负值的交易”①。也就是说，损害赔偿是正常交易失败后的关系，此种观点不无道理。但笔者认为，损害赔偿关系不同于一般的交易关系，尤其是侵权行为在性质上不属于民事法律行为，不能适用民事法律行为的一般规则，这一区别乃是因为侵权行为的非交易性和非法性所决定的。尤其应当看到，侵害人格权所发生的损害赔偿（包括精神损害赔偿）更不是交易关系在法律上的表现。如果将侵害生命、健康、名誉、肖像、隐私等侵权行为所引起的损害赔偿关系等同于交易关系，则必然会导致人身的客体化、人格尊严和人身自由的商品化，这与法律通过损害赔偿来保护人格权的目的是相悖的。具体来说，债法总则中损害赔偿的一般规则应当规定如下内容。

第一，损害的概念。所谓有损害才有赔偿，损害是赔偿的基础和前提，尤其是就财产损害赔偿而言，其应当以现实的损害为成立条件。② 损害概念由德国学者麦蒙森（Mommsen）在1855年提出，他认为，损害就是指被害人对该特定损害事实的利害关系，也就是说，因为某项特定损害事实的发生使其丧失了一定的利益，事实发生后的利益状态与发生前的利益状态的差额，即受害人所遭受的损害。③ 学者一般认为，所谓损害，一般是指“被害人于有损害事故发生后之财产状态，与假设无损害事故发生时，应有之财产状态的差额”④。“易言之，损害发生前之状态，与损害发生后之情形，而相比较，被害人所受之不利益，即为损害

① ［美］迈克尔·D. 贝勒斯：《法律的原则》，张文显等译，172页，北京，中国大百科全书出版社，1996。

② 参见程啸：《侵权行为法总论》，416页，北京，中国人民大学出版社，2008。

③ 参见曾世雄：《非财产上之损害赔偿》，7页，台北，元照出版公司，2005。

④ 陈聪富：《侵权行为法原理》，414页，台北，元照出版公司，2017。

之所在。"[①] 损害是合法权益被侵害而引发的法律后果。因此，不论是侵权损害赔偿之债，还是违约损害赔偿之债，其都以损害的发生为前提条件。虽然各种损害赔偿之债在具体规则方面存在一定的差异，但损害的概念仍然是相同的。

第二，损害赔偿的原则。损害赔偿应当以实际发生的损害为标准，贯彻完全赔偿原则，以弥补受害人因他人的不法行为而遭受的全部损害。具体而言，一是损害赔偿要填补受害人所遭受的全部实际损害，通过损害赔偿，应当使受害人恢复到未发生损害时的状态，受害人所获得的赔偿不应当少于其遭受的实际损失，但也不能使受害人因损害赔偿而获得额外的利益，这就是所谓的"禁止得利原则"。二是当事人的主观过错程度一般不影响损害赔偿的范围，毕竟损害赔偿的目的一般不是惩罚过错行为，而是补偿受害人的损害。因而，在一般情况下，不应轻易地采用惩罚性赔偿，法官判断损害赔偿的唯一标准是实际损害。[②] 三是财产损害赔偿的范围应当包括受害人所受的损害和所失的利益。受害人所遭受的一切具有财产价值的可救济的损失，都可以纳入财产损害的范围。财产损害不仅包括积极损失，即财产价值的直接减少，也包括消极损失，即财产价值应当增加而没有增加。[③] 财产损害可以用货币单位来计量，一般容易计量。

第三，损害的计算规则。对各种损害赔偿之债而言，只有明确损害的具体计算规则，才能最终确定行为人的损害赔偿责任，为了统一司法裁判标准，有必要在立法上明确损害的判断与计算方法。因此，债法总则应当对损害的具体计算规则作出规定。财产损害是可以用金钱衡量的损害，其计算方法是客观的计算方法。例如，《侵权责任法》第 19 条规定："侵害他人财产的，财产损失按照损失发生时的市场价格或者其他方式计算。"这就是以市场价格作为计算方法。同时，应该以损害发生时点作为计算财产损害赔偿数额的时间点。而精神损害本身是一种无形的损害，很难用市场价格加以计算，故通常采用主观的计算方法，如考虑

---

① 王泽鉴：《不当得利》，34 页，北京，中国政法大学出版社，2002。

② 参见［德］U. 马格努斯：《侵权法的统一：损害与损害赔偿》，谢鸿飞译，45 页，北京，法律出版社，2009。

③ 参见曾世雄：《损害赔偿法原理》，132 页，北京，中国政法大学出版社，2001。

受害人精神痛苦的性质、程度、后果，加害人的主观动机、行为、事后的态度，事发地点的经济发展状况，双方的经济条件等多种因素综合确定赔偿数额。①

第四，损益相抵与过失相抵规则。所谓损益相抵，又称为损益同销，是指受害人基于损失发生的同一原因而获得利益时，则在其应得的损害赔偿额中，扣除其所获得的利益部分。在侵权法中，损益相抵是指受害人因损害原因事实而获得了利益，在确定损害赔偿数额时应当予以扣除。民法上损益相抵属于赔偿责任的范围确定问题，而不是两个债权相互抵销，因此不适用债的抵销规则。② 例如，机动车被撞坏，而更换了新的零件，在确定损害赔偿额时，要考虑以新换旧而增加的利益。

第五，赔偿请求权的让与。侵权损害赔偿之债与违约损害赔偿之债都具有可处分性，权利人既可以抛弃自己的权利，也可与当事人协商确定损害赔偿的数额。因此，不论是侵权损害赔偿之债，还是违约损害赔偿之债，都可赋予当事人一定的意思自治的空间。

第六，对人身伤亡和精神损害的赔偿。这两种损害赔偿具有其特殊性，具体而言：一是人身伤亡的损害赔偿。也就是说，侵害生命权、身体权、健康权等权利，可能导致受害人人身伤亡，我国《侵权责任法》第 16 条对此种损害赔偿责任作出了规定，我国未来民法典应当在该条规定的基础上，对此种情形下的损害赔偿责任作出更为细化的规定。二是精神损害赔偿。我国《侵权责任法》第 22 条对精神损害赔偿责任作出了规定，相关司法解释也对精神损害赔偿的适用范围、精神损害赔偿数额的确定方法等作出了规定，我国未来民法典应当在总结既有的立法、司法实践经验的基础上，对精神损害赔偿作出更为细化的规定。

第七，损害赔偿的方法。在确定赔偿义务人的损害赔偿责任后，行为人应当以何种方法履行其损害赔偿义务，可能会产生一些争议，因此，债法总则应当对损害赔偿的具体方法作出规定。损害赔偿有两种基本方法，即恢复原状（Natu-

① 参见杨立新主编：《精神损害赔偿》，167～169 页，北京，人民法院出版社，1999。

② 参见崔建远：《合同责任研究》，218 页，长春，吉林大学出版社，1992。

ralherstellung）和金钱损害赔偿。[①] 在履行损害赔偿责任时，行为人究竟应当采用金钱赔偿的方式，还是采用恢复原状等其他方式，金钱赔偿是否具有优先性等，需要在债法总则中对此加以明确。

在传统大陆法系国家的债法总则中，一般会对损害赔偿的一般规则作出规定。例如，《德国民法典》第249条至第255条对损害赔偿的方式与范围、所失利益、精神损害、过失相抵、赔偿请求权的让与等问题作出了规定。如果债法总则之中规定了损害赔偿的一般规则，则这些规定无疑可以适用于侵权损害赔偿之债。还应该指出的是，在债法总则中规定上述规则，也有利于保持损害赔偿规则的开放性，使其能够适应社会发展的需要。例如，纯粹经济损失是现代侵权法的一个新的课题，它是指行为人的行为虽未直接侵害受害人的权利，但给受害人造成了人身伤害和有形财产损害之外的经济上损失。由于纯粹经济损失常常表现为一种费用的损失，所以，纯粹经济损失是指"除了因对人身的损害和对财产的有形损害而造成的损失以外的其他经济上的损失"[②]。纯粹经济损失在证券、投资等许多领域都经常出现，但此类纠纷不仅发生在侵权责任中，也发生在违约责任中，因此，未来只能在债法总则中对其作出规定。如果缺乏损害赔偿的一般规则，则诸如纯粹经济损失等疑难问题只能被强行纳入合同法或者侵权法中，这显然不利于对纯粹经济损失的救济。[③]

三、侵权损害赔偿规则的特殊性

由于侵权损害赔偿之债在性质上属于债的范畴，因而，债法总则的规则一般可以适用于侵权损害赔偿之债。但在例外情形下，债法总则的一般规则也难以适用于侵权损害赔偿之债。因为与其他债的类型相比，侵权损害赔偿之债自身具有一些特殊性，侵权损害赔偿之债具有非交易性和非法性的特点，这也使侵权损害

① Hans Brox，Allgemeines Schuldrecht，München，2009，S. 341.

② Robbey Bernstein，*Economic Loss*，Sweet & Maxwell Limited，2ed，1998，p. 2.

③ 参见朱岩：《社会基础变迁与民法双重体系建构》，载《中国社会科学》，2010（6）。

赔偿之债具有强烈的“个性”，债法总则的一些规则并不能当然适用于侵权损害赔偿之债。因此，在适用债法总则中损害赔偿的一般规则时，应当考虑侵权损害赔偿之债的特殊性。

侵权损害赔偿之债的特殊性具体表现在：

第一，赔偿范围较为宽泛。一般而言，财产损害赔偿的范围具有特定性，例如，就违约损害赔偿而言，依据我国《合同法》第 113 条第 1 款的规定，违约损害赔偿不得超过违约方订立合同时可预见的损失，因此，可预见性规则成为限制违约损害赔偿的限制性规则。而对侵权损害赔偿而言，其赔偿范围具有宽泛性，除法律特别规定的情形以外，侵权损害赔偿通常没有最高限额的限制，也不受可预见性规则的限制。侵权损害赔偿范围的宽泛性取决于其功能的特殊性，也就是说，侵权损害赔偿之债是为了实现矫正正义，其应当贯彻完全赔偿原则，只要责任成立要件满足，责任人应当就受害人的全部损害承担责任，而且侵权损害赔偿一般以充分救济受害人为目的。因此，法律一般不会明确限定侵权损害赔偿的范围，只要受害人因侵权行为而遭受了财产损失、人身伤亡、精神损害，都应由行为人负责赔偿。唯其如此，才能充分补偿受害人因侵权行为所蒙受的损害，并能对侵权行为起到限制和遏止的作用。因此，“契约法上的赔偿有别于侵权上的赔偿。法律不要求违反契约者对其违约行为的所有后果负责，而侵权者都必须对其行为的一切后果承担责任”①。

第二，赔偿范围等可能受行为人主观过错的影响。一般情形下，损害赔偿以填补受害人的损害为目的，行为人的主观过错对损害赔偿的范围、因果关系等也并不产生较大影响。但对侵权损害赔偿之债而言，行为人的主观过错可能会对侵害人格权产生的损害赔偿的范围、因果关系等产生一定的影响。例如，行为人明知受害人难以忍受某种诽谤言论，甚至因为感情脆弱而对这些诽谤言辞可能产生过度的反应，而出于不良动机四处散布此种诽谤言辞，表明行为人具有恶意，因此，应当承担较重的精神损害赔偿责任。

---

① ［美］格兰特·吉尔莫：《契约的死亡》，载梁慧星主编：《民商法论丛》，第 3 卷，207 页，北京，法律出版社，1997。

第三，责任不能事先约定。对于侵权损害赔偿之债来说，无论是侵害生命、健康、身体等人格权的损害赔偿，还是侵害知识产权的损害赔偿，在赔偿范围上都必须要由法律作具体规定。尤其应当看到，由于侵权行为发生时，当事人之间没有事先的接触，无法对责任进行约定，而且法律从维护公序良俗的角度出发，一般也禁止对侵权责任的承担进行约定。依据《合同法》第 52 条第 1 项的规定，当事人免除造成对方人身伤害的责任的约定无效。但对违约损害赔偿之债来说，其范围可以由当事人事先约定，通过这种约定，在违约发生后就可以凭此了结当事人之间发生的争议。按照《民法通则》第 112 条以及《合同法》第 114 条第 1 款的规定，如果当事人在合同中约定了对于违反合同而产生的损失赔偿的计算方法，则应按约定方法确定赔偿金额。对于侵权损害赔偿来说，当事人预先作出的限制赔偿责任的约定，因为在本质上违反了法律规定的任何人不得侵害他人财产、人身的强行性义务，同时也违背了社会公共道德，因而应该是无效的。

第四，抵销的受限制性。对于一般的债务来说，如两个债务人互负债务，则可以各以其债权充当债务的清偿，而使债务发生相互抵销。抵销是消灭一般债务的重要方法，而对于侵权行为所产生的债务，各国法律大多规定，因故意、重大过失的侵权行为所产生的债务，不得抵销。① 如允许债权人可抵销此种债务，则意味着法律确认了债务人所实施的侵害他人财产和人身的行为具有合法性。这显然与侵权行为的违法性质是根本不符的。例如，甲、乙二人合作做生意时，因为某笔交易而发生争执，甲挥拳将乙打伤，乙在法院起诉后，经法院调解，双方达成和解协议，由甲赔偿乙 10 万元医药费、误工费和精神损失费，但是甲迟迟未能向乙支付该笔费用。在此期间，乙拖欠了甲的购货款 15 万元，乙主张以其对甲的因和解协议而享有的债权与甲的货款债权进行抵销。但甲提出和解协议是被迫签订的，不能抵销。该案即涉及对因故意侵权行为所产生的损害赔偿之债能否抵销的问题。各国法律大多规定，因故意侵权行为所产生的债务不得抵销，主要原因在于，如果允许抵销，债权人会对欠债不还的债务人实施故意侵权行为，然后以对债务人享有的债权抵销此种损害赔偿债务，将使侵权实质上变成一种交易

① 《德国民法典》第 393 条规定："不准许抵销因故意实施的侵权行为而发生的债权。"

关系，且有违道德伦理，容易诱发侵权行为。[①] 不过，因故意侵权行为所生的损害赔偿之债仍可以作为主动债权进行抵销。[②] 所以，在该案中，乙作为侵权损害赔偿之债的债权人，其可以主张抵销，但甲不得以其享有的其他债权与乙因侵权而享有的债权相抵销。

第五，移转的受限制性。就一般债权来说，可以由债权人自由转让，债权作为一种交易的对象而进入流通是市场经济发展的结果，而债权转让制度又极大地推动了投资的自由转让和流动化，刺激了经济的增长。[③] 然而，对侵权损害赔偿之债的转让，在法律上应当作出必要的限制。例如，对侵害人格权的损害赔偿，特别是精神损害赔偿，在一定程度上体现了对不法侵害人的制裁，且属于具有人身专属性的损害赔偿请求权，如允许侵害人身权的损害赔偿债权可以转让，既难以体现对加害人的制裁，又容易导致人格利益的商品化倾向。我国《人身损害赔偿司法解释》第 18 条第 2 款规定："精神损害抚慰金的请求权，不得让与或者继承。但赔偿义务人已经以书面方式承诺给予金钱赔偿，或者赔偿权利人已经向人民法院起诉的除外。"可见，因侵权而享有的精神损害赔偿之债，其移转受到了一定的限制。因此，法律应禁止侵害人格权所产生的债权的转让。尤其应当看到，人格损害赔偿范围、精神损害赔偿数额在法院作出判决以前是很难确定的，这与某人欠他人多少金钱、债务在数额上容易确定的情况是不相同的。人格损害的赔偿标准迄今为止仍难以确定，精神损害赔偿的请求能否获得法院支持，也在事先很难预料，所以对侵权损害赔偿之债的债权转让，在法律上是有限制的。

第六，事先约定免除的受限制性。从债的关系的内容来看，对一般债的具体内容，法律允许当事人自由商定，国家对此并不加以过多干预。[④] 然而，对于侵权责任来说，当事人不得随意设立免责条款而免除其侵权责任。侵权的加害人和受害人之间不可能事先预见到风险的发生，因而也无法实现对相关的风险进行分

---

① 参见韩世远：《合同法总论》，2 版，490 页，北京，法律出版社，2008。

② 参见林诚二：《民法债编总论》，417 页，台北，瑞兴图书股份有限公司，2001。

③ 参见史尚宽：《债法总论》，674 页，台北，荣泰印书馆，1978。

④ 参见王家福主编：《民法债权》，3 页，北京，法律出版社，1991。

配。在这方面，法国法甚至认为，任何侵权行为责任，“无论是为自己行为所负的责任还是为他人行为所负的责任，无论是为牲畜还是因本人失去谨慎和控制所发生之事件所负的责任，免责条款的协议都是无效的”①。许多大陆法系国家的民法均采纳了这一主张。②《德国民法典》虽然未对侵权责任的免责条款的效力专门作出规定，但一般认为，《德国民法典》第276条关于“债务人基于故意的责任，不得预先免除”的规定乃是对故意侵权行为的规定，并不适用于违约行为。③ 依据我国《合同法》第53条的规定，事先免除人身伤害的约定无效，因为如果允许当事人可通过免责条款免除此种责任，则事实上给予一方故意侵害他人权利的权利，这既与法律的规定和公序良俗相违背，也必然构成对法律秩序的危害。此外，对侵害人身权利的侵权责任也不得事先免除，否则可能诱发故意侵害他人人身权的行为，这显然不符合法律的规定和公序良俗。

第七，最高额赔偿规则的出现。在高度危险责任中，法律规定了最高赔偿限额。④ 例如，《侵权责任法》第77条规定：“承担高度危险责任，法律规定赔偿限额的，依照其规定。”这就是对最高赔偿限额的确认，也可以理解为是完全赔偿原则的例外。在高度危险责任领域，法律之所以要规定最高赔偿限额，主要是基于如下原因。一方面是为了适当缓和责任的严苛性。高度危险责任是严格责任，但如果要求行为人承担过重的责任，一旦损害发生就可能因赔偿导致行为人的破产，最终损害该行业的发展，也可能对经济社会发展产生不利影响。为了缓和责任的严苛性，法律上就设置了最高赔偿限额。⑤ 另一方面，有利于引导行为人决定是否实施高度危险活动。如果法律规定了最高赔偿限额，行为人在实施高度危险活动之前，就可以比较准确地预测其行为的风险与收益，从而理性地判断是否

---

① Jean Limpens, *International Encyclopedia of Comparative Law*, Vol. 4, Torts, Chapter 2, Liability for One's Own Act, J. C. B. Mohr (Paul Siebeck, Tübingen), 1975, p. 128.

② 参见《埃塞俄比亚民法典》第2147条；《埃及民法典》第217条；《突尼斯债法典》第82条；《摩洛哥债法典》第77条。

③ See Jean Limpens, *International Encyclopedia of Comparative Law*, Vol. 4, Torts, Chapter 2, Liability for One's Own Act, J. C. B. Mohr (Paul Siebeck, Tübingen), 1975, p. 131.

④ Esser, Schuldrecht, Bd. 2-2, Heidelberg, 2000, S. 275.

⑤ 参见朱岩：《危险责任的一般条款立法模式研究》，载《中国法学》，2009 (3)。

实施该行为。正是因为法律设置了最高赔偿限额的规则，损害赔偿一般规则中的完全赔偿原则就难以完全适用于侵权损害赔偿之债。

正是因为侵权损害赔偿之债具有其特殊性，所以，自《德国民法典》制定以来，大陆法系国家民法典的制定者在确定债法的一般规则时，不得不考虑侵权损害赔偿之债的特殊性，即在债法总则规定了损害赔偿的一般规则以后，又在债法各论有关侵权行为的规定中，对侵害财产、人身尤其是人格权等损害赔偿问题作出特别规定。① 由于在债法分则中有关侵权行为的规定有大量的修正或排斥债总一般规定的规则，这也导致“债总与债各之相互关系，绝非单纯为特别法与普通法之关系，且毋宁以个别法与共通法之结合关系为多”②。从体系观点来看，以债的发生原因而建立起来的债法体系确实存在着不协调现象，从而决定了侵权行为所生之债有必要与合同之债相分离。在我国《侵权责任法》颁行之后，虽然我们需要制定债法总则对其进行指导和补充，但我国未来民法典应当同时规定侵权责任编，以保持侵权责任法体系的相对独立性和完整性。

第四节　侵权法的扩张对债法体系的影响

瓦格纳教授指出，在近几十年的比较法研究中，侵权责任法无疑是最为热门的课题之一，这不仅因为人们每时每刻都面临着遭受各种损害的风险，还源于侵权法因为风险和损害类型的发展而随之发生的变化。③ 侵权责任法在保护个人合法权益、平衡当事人利益关系方面，都发挥了重要作用，尤其是可以有效应对风险社会中的意外损害，实现损害的社会化分散。侵权责任法适用范围的扩张已经成为一个世界性趋势。尽管我国《侵权责任法》第 2 条试图将是否保护债权作为区分侵权法和合同法的界限，但随着侵权法保护范围的扩展，尤其是在保护范围

① 参见《德国民法典》第 842 条以下。

② 邱聪智：《债法各论》，56 页，台北，自版，1994。

③ 参见［德］格哈德·瓦格纳：《当代侵权法比较研究》，高圣平、熊丙万译，载《法学家》，2010（2）。

方面对各类民事权利进行详细的列举，对民事权益进行了开放式的保护，这种立法模式导致侵权法的适用范围处于一种不断扩张的态势。在相关的具体侵权责任类型中，有关条款处理得不够具体、明确，也导致侵权法适用范围的不断扩张。此种扩张不仅对合同法，而且对整个传统债法体系都可能产生重大影响。

一、侵权法的扩张对合同法的影响

从比较法上来看，因受到每个国家私法体系的传统和法学部门功能地位的影响，侵权法与和合同法的调整范围也有所不同。[①] 但随着社会生活的发展，合同法与侵权法呈现出相互交融的趋势，其中最主要的体现就是侵权法适用范围的不断扩张，且逐渐渗入传统合同法的调整领域，因此，有学者指出，合同法的调整范围受到侵权法的不断侵蚀。[②] 侵权法调整范围的扩张限缩了合同法的适用范围，其主要表现在以下几个方面。一是侵权法在特定情形下对债权提供保护。基于合同法与侵权法的区分，债权一般不属于侵权法的保护对象，但在特殊情形下，如第三人故意引诱他人违约时，侵权法也例外对债权提供保护；二是侵权法扩大了对纯粹经济损失的保护，使得在传统民法中通过合同法保护的履行利益也能在侵权法中得到救济；三是侵权法中经济侵权（economic harm）制度的发展也使合同法的保护对象部分成为侵权法的保护对象；四是侵权法产品责任制度的发展突破了合同的相对性，使违约责任的适用受到了相当大的冲击；五是侵权法中医疗损害责任、交通事故责任都使得在当事人具有合同关系的情况下，原本可以由合同法调整的医疗损害责任、交通事故责任也主要适用侵权法。凡此种种，都表现了侵权法的扩张趋势。恰恰由于这样的一种扩张，使得许多国家合同法的适用范围不断萎缩，这种现象不仅深刻地影响到了合同法和侵权法的适用范围，

① 例如，在英美法系，侵权法的调整范围远远大于合同法的调整范围，而在大陆法系，如德国，由于侵权法的保护范围过于狭窄，导致合同法的调整范围不断扩张，如附保护第三人效力的合同、缔约过失责任、保护义务等。

② See E. Allan Farnsworth, “Developments in Contract Law During the 1980s: The Top Ten”, 41 *Case W. Res.* 203, p. 222.

并对现有的民法体系产生了冲击。①

应当看到，侵权法的扩张是法律文明在新的时代中发展的正常现象。一方面，侵权法作为保障私权的法，作为救济损害的法，在社会生活中的作用和功能日益突出。由于私权在现代文明中不断得到扩张，法律应当对此需求作出回应，这也必然导致侵权法适用范围的不断扩张。另一方面，当事人通过合同法保障自己的权利有时受到一定的限制，因为传统合同法律关系表现出了强烈的相对性，合同关系的产生和延续一般不会与合同当事人之外的第三人发生联系。而现代合同交易模式发生了深刻的变更，特定相对人之间发生的合同关系很可能与第三人发生不同程度的联系，甚至极可能损及第三人利益，或者当事人利益受到第三人侵害，由此引发的问题是传统合同法无法解决的。而侵权法则为受害人获得救济提供了法律依据和保障。尤其是在现代社会，交易的内容和对象随着社会的发展而发生了深刻的变化，不少交易对象本身带有潜在的危害性，交易活动同时也伴随着可能侵害他人权利的风险。此种风险引发的合同当事人或者第三人其他人身财产的损害，是传统合同法没有关注、也无力解决的问题。这就要求运用侵权法来解决传统合同法所未曾面对的新问题。例如在法国，对产品的生产者和销售者而言，其对消费者不仅负有合同上的义务，而且要承担由法院在实践中所确立的所谓安全义务（obligation de sécurité），违反此种义务则可能构成侵权。② 还要看到，在合同法与侵权法相互交融的领域，侵权法为人们提供的保障更为有力，人们通过提起侵权之诉的方式能够获得更为有利的赔偿。例如，侵权法可以和责

① 在美国，耶鲁大学法学院吉尔莫教授在1974年发表的《契约的死亡》一文中，针对意思自治原则和约因原则的衰落、侵权责任法的扩张等现象，提出合同法将被侵权责任法所吞并，并发出“合同法已经死亡”的惊世之语。参见［美］格兰特·吉尔莫：《契约的死亡》，曹士兵、姚建宗、吴巍译，117页，北京，中国法制出版社，2005。美国甚至有一些学者将合同法被侵权法所吞噬的现象称为出现了一种“合同的侵权法（contorts）”。E. Allan Farnsworth，“Developments in Contract Law During the 1980's：The Top Ten”，41 *Case W. Res.* 203，p. 222.

② See Duncan Fairgrieve（ed.），*Product Liability in Comparative Perspective*，Cambridge University Press 2005，pp. 90 - 92.

任保险、社会救助等救济方式很好地衔接，而合同法就不具备这一特点。[①]

问题在于，这种扩张不仅影响了合同法的适用，而且从我国的实际情况来看，法官在具体个案的法律适用中，往往倾向于适用侵权法，而非合同法。尤其是在大量的责任竞合案件中（如医疗事故、交通事故、产品责任等），法官已经习惯于依侵权法处理，而基本上没有考虑适用合同责任。如果法官可以自由选择适用侵权法或合同法，而两法对构成要件、举证责任、法律后果的规定都不相同，适用不同的法律可能会导致不同的法律后果，其结果是类似情况不能得到类似处理，这也不符合司法正义的要求。总之，在侵权法急剧向合同法领域扩张的同时，应当准确界定两者的构成要件和法律后果，而且，在两者竞合的情形，应当允许受害人选择请求权基础。

二、侵权法扩张对不当得利返还之债的影响

在我国，侵权法扩张对不当得利返还之债的影响也是重大的。这主要表现在侵权责任与侵权型不当得利请求权的竞合方面。从我国司法实践来看，对于侵权型不当得利案件，虽然存在不当得利与侵权责任请求权的竞合，但主要都是通过侵权责任主张救济的。在我国法律实践中，给付型不当得利被作为合同的后果处理，侵权型不当得利则被作为侵权责任的后果，不当得利的适用范围受到大量限缩。例如，甲是著名的电视节目主持人，乙未经甲同意，擅自将甲的肖像用在其加湿器促销宣传册的商业广告中。甲发现后，请某中介机构对乙的获利进行评估，经该机构确认，乙因为四处散发该宣传册，使该加湿器的销量大增，每年利润因此增长 5 000 万元，且乙未经甲的同意，节省广告代言费 500 万元。甲因此在法院提起诉讼，要求乙赔偿 1 000 万元（含节省的广告代言费及获取的相关利润）。从侵权法的角度而言，乙的行为常常被称为“受益型侵权”，即受害人往往难以证明其遭受了实际损害，而只能够证明行为人获得了相应的利益。《侵权责

① See Basil Markesinis, *Foreign Law and Comparative Methodology: A Subject and a Thesis*, Oxford Hart Publishing House, 1997, p. 268.

任法》第 20 条规定："侵害他人人身权益造成财产损失的，按照被侵权人因此受到的损失赔偿；被侵权人的损失难以确定，侵权人因此获得利益的，按照其获得的利益赔偿；侵权人因此获得的利益难以确定，被侵权人和侵权人就赔偿数额协商不一致，向人民法院提起诉讼的，由人民法院根据实际情况确定赔偿数额。"依据该条的规定，在此情形下，乙擅自对甲的肖像进行商业化利用，构成对甲肖像权的侵害，甲有权请求乙赔偿其所遭受的损失，在甲难以证明其所遭受的实际损失时，可以将乙所获利益视为甲所遭受的实际损害，甲有权请求乙返还因此所获得的利益。

笔者认为，在侵权型不当得利的情形，简单地以侵权来替代不当得利是不妥当的。因为不当得利既然作为一种独立制度，被我国民法所确认，则其具有自己的适用范围和独特的功能。其独特的功能主要表现如下。

第一，不当得利不以过错为要件。在不当得利返还案件中，原告并不需要证明被告具有过错。而在侵权法中，过错责任都是以过错为前提的，无过错则无责任。在德国法上，区分不当得利与侵权的关键在于是他人是否存在过错。受损人则应通过不当得利请求权要求受益人返还，而返还的范围应以其所受利益为限。① 在英美法中，不当得利的返还不考虑返还义务人是否具有过错，应将其归属于严格责任的范畴。② 所以，如果以侵权为请求权基础，则原告必须证明被告具有过错，而如果以不当得利为请求权基础，则不必对此进行证明。

第二，侵权型不当得利着眼于获利，而侵权责任则着眼于损害。从传统的角度来看，合同与侵权是债发生的两种基本方式，而不当得利则对侵权和合同规则进行了补充，也就是说，侵权型不当得利制度对侵权责任制度具有补充的功能。③ 例如，未经他人同意，在他人使用的土地上竖立广告牌，如果适用侵权责任，受害人必须证明自己的损害，而不能以加害人的获利作为损害，因此，受害

① See David Johnston, Reinhard Zimmermann, *Unjustified Enrichment: Key Issues in Comparative Perspective*, Cambridge University Press 2002, p. 12.

② 参见［英］皮特·博克斯：《不当得利》，刘桥译，11 页，北京，清华大学出版社，2012。

③ Walter Wilburg, Die Lehre von der ungerechtfertigte Bereicherung nach österreichiscem und deutschem Recht, Graz 1934, S. 45 f.

人存在举证困难的问题。但如果适用不当得利制度，受害人仅仅需要证明被告通过竖立广告牌而获得利益、且此种获利与其所受损失之间具有因果联系即可。

第三，不当得利存在的重要理由，在于获利的判断具有确定性，因此，可以限制法官的自由裁量权。在不当得利返还请求权中，虽然法官也享有一定的自由裁量权，如获利人的获利与受损人的损失之间是否存在因果关系，即需要法官进行裁量。但与其他债的请求权相比，法官在不当得利返还请求权中的自由裁量权较小。一方面，由于市场价格的存在，获利具有现实性，既不像合同法所保护的利益包含预期利益，也不像侵权法中的有些损失可能也不具有确定性。获利举证更为容易和简单，更有利于保护权利人的利益。此时，依据不当得利请求权以获利为标准予以返还具有合理性。在现代社会，获利方式不断增多，对于获利的返还也不再限于金钱赔偿，这就是说，一旦适用不当得利，有多少获利就返还多少，此时，法官的自由裁量权较小。而如果是侵权损害赔偿，常常需要法官对损害的具体数额予以认定，其中不乏自由裁量的空间。据此，温德夏特指出，不当得利的法律后果是单纯的不当得利返还，法官既不需要也不应该对此进行自由裁量。[①]

第四，获利人的善意和恶意对责任后果的影响不同。在不当得利制度中，获利人的返还范围很大程度上受其主观心理状态的影响：在具有恶意时，其负有返还全部利益的义务，而在具有善意时，其仅应返还现存利益。但是，在侵权损害赔偿责任中，侵权人的善意恶意通常对于财产损害赔偿数额不会产生影响。

三、侵权法扩张对无因管理之债的影响

侵权法的扩张也导致了无因管理的适用范围被限缩，给予了法官过大的自由裁量权，这造成了在实践中，针对一些本可以适用无因管理的案件却按照公平责任处理。

① Bernhard Windscheid，Lehrbuch des Pandektenrechts，6. Aufl. Band 2，Frankfurt a. M. 1887，S. 635 f.

笔者认为，侵权法的公平责任并不能替代无因管理制度，主要原因在于：

第一，公平责任是具有较大弹性的制度，无论其构成要件还是法律后果，都具有较大的模糊性。且公平责任主要是基于公平的观念进行补偿。公平责任是一项弹性较大的责任，它给予了司法审判人员一定的自由裁量权，这虽然能够使他们针对案件的具体情况，公平合理地作出判决，但是也会造成审判结果的不确定性和不可预测性。而无因管理之债具有自己明确的构成要件和法律后果，这不仅可以避免法官的恣意、实现裁判的统一，而且可以使当事人预见到案件的审判结果。

第二，公平责任主要考虑财产状况。公平责任也被称为因财产而产生的责任，或者说，它是因分担能力而产生的责任。例如，《侵权责任法》第 32、33 条明确规定，有财产的责任主体应当承担公平责任。分担能力越强、财产越多，其承担的责任就可能越大。有学者将此种责任解释为“因拥有财产而产生的责任”，是不无道理的。但需要指出的是，“拥有财产”只是承担责任的形式原因，不能说“拥有财产惹的祸”，其实质是通过考虑分担能力，而使责任承担成为公平分担损失的方式。由此表明，公平责任很大程度上是依据财产状况进行的责任分担，这体现了公平责任所具有的社会法特点。而无因管理是私法上的制度，其法律后果的确定并不考虑当事人的财产状况，这在很大程度上可以增加当事人对于判决结果的认同，从而为判决的执行奠定良好的基础。

第三，公平责任的目的是提供适当的补偿。无因管理与公平责任的一大区别在于，公平责任的赔偿数额主要由法官根据具体案情进行酌定，并非采用完全补偿原则。而在无因管理中，采用的则是完全补偿原则，受益人需要对管理人支出的所有必要费用进行偿还。

四、侵权责任法扩张与缔约过失责任

缔约过失责任和侵权责任联系十分密切，从我国司法实践来看，大量的缔约过失责任案件都是按照侵权案件处理的。尤其是随着《侵权责任法》的实施，该法第37条所规定的安全保障义务制度被广泛适用，这也导致一些本应适用缔约过失责任的案件被当作侵权案件处理。

不可否认，安全保障义务与先合同义务之间具有某种程度的相似性，而且，都可以为缔约双方提供保护。但是，缔约过失责任制度具有自己的构成要件和法律后果，也发挥着独特的功能，不宜一概通过安全保障义务制度来替代。具体而言，缔约过失责任制度具有如下无法被安全保障义务制度替代的特点。

第一，先合同义务与安全保障义务的性质不同。按照德国学者的观点，当事人之间因订约而形成了一种接触和信赖关系，因此，依据诚实信用原则，此时当事人之间产生了保护、通知、说明、协力、忠实、照顾等附随义务或其他义务。此种附随义务或其他义务，与基于契约有效成立而发生以及因契约被解除或撤销而消灭的给付义务不同，它是独立于契约之外而存在的。[①] 所以缔约过失责任在本质上属于违反了依诚实信用原则而产生的先契约义务。而侵权行为则违反了不得侵害他人财产和人身的一般义务，这种义务无时不在、无处不在，并为任何人所承担，因此，侵权法所规定的一般义务，较之于先契约义务更为广泛。

第二，缔约过失责任制度可以救济信赖利益的损失，此种利益的损失不是现有财产的毁损灭失，也不是履行利益的丧失，而是因为相信合同的有效成立导致的信赖利益的损失。在一般情况下，此种损失主要表现为一种费用的支出不能得到补偿，或者因为信赖对方将要订立合同而所受损失。例如，因信赖对方将要出售房屋给自己而将自己的房屋出售，由此造成一定的损失。而安全保障义务制度的保护范围应当是绝对权（如物权、人格权），无法保护信赖利益。信赖利益并非一种实有财产，很难受到安全保障义务制度的保护，在受害人遭受信赖利益损失的情况下，不能根据侵权法而要求赔偿。

第三，缔约过失责任制度中的义务人并不享有补充责任抗辩。按照我国《侵权责任法》第37条的规定，安全保障义务人仅仅承担相应的补充责任，这就意味着，违反安全保障义务的人可以主张顺序利益。而我国《合同法》第42、43条并没有认可缔约过失责任制度中的补充责任。从这个角度来看，受害人主张缔

① 参见［德］海因·克茨：《欧洲合同法》上卷，周忠海等译，51页，北京，法律出版社，2001。

约过失责任是比较有利的。

第四，缔约过失责任制度主要适用于法律规定的情形，如恶意磋商等。从我国《合同法》的规定来看，缔约过失责任主要适用于违反诚信原则的行为，而且，其可以适用于所有的合同磋商主体。而安全保障义务人则限于公共场所管理人和公共活动的组织者。可见，两者在适用范围上也存在差异，无法相互替代。

总之，侵权责任法扩张后，已经对传统债法体系造成深刻的影响，但这并不意味着其他债法制度并无存在必要。相反，这促使了传统债法制度产生新的变化，促使其调整范围更加精细化，减少权利竞合带来的法律适用问题，但传统的基于典型之债所构建的债法体系仍然应予以保持。

第七章

缔约过失之债

第一节　缔约过失之债概述

一、缔约过失之债的概念

缔约过失之债（Culpa in contrahendo，Fault In the Negotiation Process），是指一方在缔约过程中存在过错，造成对方损害，并因此向对方承担的损害赔偿之债。缔约过失之债在性质上属于一种特殊的债权请求权，其产生和发展是19世纪下半叶以来债法发展的一个重要表现。

缔约上过失之债，又称为“契约缔结之际的过失和先契约责任”，它是由耶林（Rudolph von Ihering）根据自己的认识所发展出来的。“Culpa”是“过失”的意思，“in contrahendo”是指“在缔约中”，耶林将这两个词连在一起，合称为“缔约过失”。他认为，债的责任不仅仅产生于履行合同的义务（in solvendo）的违反，而且产生在契约交涉活动时，以及其他契约缔结之前的阶段（in contrahendo)[①]，此时如果产生了损害，同样具有获得损害赔偿的正当性。[②] 在耶林之后，意大利学者 Gabriele Fagella 认为，即便当事人之间的合同能有效成立，也不妨碍在当事人之间产生缔约过失责任。[③] 法国学者 Raymond Saleilles 认为，当事人双方在缔约过程中应当遵循诚实信用原则，任何一方不得单方面终止谈判过程，否则应当赔偿对方当事人的信赖损失（reliance damages）。[④] 这些学者所提出的观点极大地丰富了缔约过失理论。迄今为止，两大法系的判例、学说都已承认和采纳了这一制度。有关的示范法也已认可这一理论。[⑤] 我国《合同法》第42、43条对缔约过失责任专门作出了规定，这不仅标志着我国合同法在面向21世纪、不断吸取两大法系最新的立法成果和经验方面迈出的重要一步，而且表明我国债权请求权体系也逐渐完善，且对受害人提供了更为充分和全面的保护。[⑥]

关于缔约过失责任的概念，德国学者 Stoll 认为，缔约过失责任基于责任人对其义务的违背，Hildebrandt 将缔约过失责任称为“表示责任”（Erklaerungshaftung)[⑦]，其所谓“表示责任”，仅指缔约过失中的一种类型，即因一方的某种表示而使另一方产生有根据的信赖，于一方有过失时所负的责任，故表示责任并非指缔约过失的全部。德国学者 Dölle 教授指出，缔约过失责任为“于缔约之际，尤其是在缔约谈判过程中，一方当事人因可非难的行为侵害他方当事人时，应依契约法原则（而非依侵权行为规定）负责”[⑧]。此种观点并没有明确指出缔约过失责任与合同责任的区别，因此尚需要在理论上作进一步探讨。根据我国

---

① Rudolph von Ihering, Culpa in Contrahendo oder Schadensersatz bei nichtigen oder nicht zur Perfection gelangten Vertraegen, in Jb. Bd. 4, 1860, Abhdlg, S. 41 f.

② Esser, Schuldrecht, Band 1-2, Heidelberg, 2000. S. 142.

③ See H. Beale & D. Tallon, *Contract Law: Casebooks for the Common Law of Europe* (Hart Publishing 2002) 237.

④ See E. A. Farnsworth, “Precontractual liability and preliminary agreements: fair dealing and failed negotiations”, *Colum. L. Rev*, 1987, 217, 240.

⑤ 参见《国际商事合同通则》第2.15条，《欧洲合同法原则》第2.301条。

⑥ 严格地说，缔约过失责任不属于合同法的范畴，但由于我国目前尚未颁布民法典，债法制度仍不完善，因而缔约过失只能在合同法中作出规定。

⑦ Balerstedt, zur Haftung für culpa in contrahendo bei Geschäftsabschluss, AcP 151 (1951) 502, N. 7.

⑧ 王泽鉴：《民法学说与判例研究》，第4册，8～9页，台北，自版，1991。

《合同法》第42条以及有关的民事立法，笔者认为，所谓缔约上的过失责任，是指在合同订立过程中，一方因违背其依据诚实信用原则所产生的义务，而致另一方信赖利益损失，应承担的损害赔偿责任。缔约过失是一种债的关系，即从债的发生原因来看，一方当事人在合同订立过程中，违反诚信原则造成对方损害的，应当对该损害承担责任，从这一角度来看，缔约过失属于债的发生原因之一。同时，缔约过失也属于一种责任关系，即缔约过失将导致一种法律责任的产生。

应当注意的是，我国虽然将缔约过失规定在《合同法》中，但缔约过失责任不同于违约责任，其发生在合同的缔约阶段，而且不以合同的有效成立为前提；同时，缔约过失责任也不同于侵权责任，其在构成要件、保护对象等方面与侵权责任存在区别，其主要救济信赖利益的损失。因此，缔约过失责任有独立的规范对象，其在性质上应当属于独立的责任类型。

二、缔约过失之债的特征

（一）缔约过失之债是一种法定之债

缔约过失之债在性质上属于法定之债，也就是说，一旦当事人在合同订立过程中违反诚信原则，未尽到相关的照管、通知等义务，造成对方损害时，即应当依法对对方承担缔约过失责任，缔约过失责任的产生、内容以及责任范围等，都是依法产生的，而不是由当事人约定的，因此，缔约过失之债在性质上属于法定之债的范畴。

（二）缔约过失之债主要是因缔约前的过失而产生

缔约过失的类型比较多，但主要是在缔约前因一方的过失而导致对方当事人的损失。按照耶林的看法，当事人不仅在履约时需要尽到基本的注意义务，而且在缔约时也要尽到这种注意义务。[①] 缔约过失之债发生在合同订立过程中，即在合同订立过程中，一方当事人违反其依诚实信用原则所产生的义务，未尽到相关

① Rudolph von Ihering, Culpa in Contrahendo oder Schadensersatz bei nichtigen oder nicht zur Perfection gelangten Vertraegen, in Jb. Bd. 4, 1860, Abhdlg, S. 41 f.

的保密、通知等义务，造成对方当事人的信赖利益损失。例如，甲是某家具店老板，经营家具业务。乙在甲的店中看中一把金丝楠座椅，标价30万元，乙遂与甲讨价还价，表示如果甲愿意降价打折，就购买，经过反复磋商，甲咬牙决定以25万元卖给乙。但乙表示身上现金和银行卡均不够付款，要求一周后再来购买，并反复叮嘱甲为其保留这把座椅。一周内，不断有顾客看中这把座椅，表示愿意购买，甲以为既然答应乙，就应该为其保留。结果一周后，乙却并没有来店购买。甲多次与乙协商未果，后起诉乙，要求其承担缔约过失责任。在该案中，乙一再要求甲为其保留座椅，但在其不打算购买该座椅的情形下，未对甲尽到相应的通知义务，造成甲失去一些交易上的机会，应当对甲承担缔约过失责任。

缔约过失之债必须发生在合同订立过程中，认定损害发生的时间点，必须是合同成立前的协商谈判阶段。[①] 如果一方当事人在合同履行过程中未尽到其通知、告知等义务，造成对方当事人损害的，对方当事人有权请求其承担违约责任，而不属于缔约过失责任。

（三）缔约过失责任主要救济信赖利益损失

缔约过失责任的主要责任形式是损害赔偿，但与违约责任不同，缔约过失责任的赔偿范围是信赖利益损失。在大陆法中，信赖利益又称为消极利益或消极的契约利益，是指因信赖无效的法律行为为有效而遭受的损害。在缔约过程中，一方当事人违反诚信原则而产生的义务，如未尽到相关照管、通知等义务，此种行为直接破坏了缔约关系，因此所引起的损害是指他人因信赖合同的成立和有效，但由于合同不成立和无效的结果所蒙受的不利益，此种不利益即为信赖利益（Vertrauensinteresse，reliance interest）的损失。[②] 例如，在上述恶意磋商案中，乙在反复向甲表示购买座椅的情形下，后来不打算购买，则按照诚实信用原则，乙应当及时通知甲，否则即应当对甲的信赖利益损失承担损害赔偿责任，此种责任的救济对象主要是甲为订立合同而支出的费用，以及为履行与乙将来订立合同而支出的合理费用。

---

① RG，JW 1913，23（Metallstaender）.

② 参见史尚宽：《债法总论》，278页，台北，自版，1990。

（四）缔约过失在性质上属于独立的请求权

关于缔约过失是否为一项独立的请求权，存在不同的观点。笔者认为，缔约过失责任是一种法律直接规定的债，构成独立的债发生的原因，与不当得利、无因管理、侵权行为、合同共同构成债的体系，受害人可以直接依据缔约过失请求有过失的一方承担责任。因为法律为维护交易的安全与社会经济秩序，完全可以规定一定的法律要件，而在具备此种法律要件时，直接赋予权利人一定请求权的效果。此种请求权亦应独立于基于侵权行为、违约行为、不当得利、无因管理等产生的请求权。尤其是缔约过失行为所侵害的是他人的信赖利益，信赖利益的损失是缔约过失行为产生的结果。若无信赖利益的损失，即使存在着缔约过失，亦不能使行为人负责。基于信赖利益的损失而在当事人之间直接产生损害赔偿的债的关系，受害人作为债权人有权请求有过失的行为人即债务人赔偿因其行为所造成的一切损失。信赖利益既不能为侵权法保障的利益所包括，也不能完全受到合同法的保障。在缔约阶段所发生的信赖利益的损失，必须通过独立的信赖利益的赔偿请求权而予以保护，此种请求权应为法律特别规定的请求权。

应当看到，缔约过失虽然是一项独立的请求权，但它仍然是一种辅助合同上的请求权和侵权上的请求权而发生作用的制度。一般来说，如果能够适用合同上的请求权和侵权上的请求权，则不应适用缔约过失请求权。尤其是从损害赔偿的范围来看，由于缔约过失责任仅仅只是赔偿信赖利益的损失，既不包括履行利益的损失，也不能包括全部的损失，因而一般来说，缔约过失责任在赔偿的范围上不能完全等同于违约责任和侵权责任的赔偿范围，受害人从对自身利益的考虑，也应当先提出合同上的请求权或侵权上的请求权，在这些请求权不能成立或不利于更有效地保护受害人利益时，才应当行使缔约过失的请求权。反过来说，在通常情形下，如果受害人能够基于违约责任和侵权责任提出赔偿，因为这些责任较之于缔约过失责任，足以保护受害人的利益，因而没有必要再基于缔约过失责任制度请求赔偿。

第二节　缔约过失之债的历史发展

一、比较法上的缔约过失之债制度

传统债法中并不存在缔约过失请求权，罗马法虽然已经形成了四种债的方式，但并没有对缔约过失之债作出规定。1861年，耶林在其主编的《耶林法学年报》第四卷上发表了《缔约上过失：契约无效与不成立时之损害赔偿》一文。在该文中，他援引了缔约过失的来源，认为其源于罗马法上的阿奎利亚法之诉（actio legis Aquiliae），但罗马法上的这一诉讼的适用范围较为宽泛，只要因一方的原因导致对方遭受损害，都应当赔偿①，其不仅适用于商业交往中，还适用于其他的生活领域，而且赔偿范围较为广泛。② 有学者认为，罗马法曾确认买卖诉权（actioempti）制度以保护信赖利益的损失，还有罗马法学者主张，一方当事人应当在缔约过程中对另一方负有谨慎的注意义务。例如，盖尤斯在《论行省告示》第10编指出："在看过土地之后，买卖契约缔结之前，大风将土地上种植的树木吹倒了。人们也许会问，这些树木是否也应当交给买方呢？笔者认为，不必交给买方——但是，如果买方并不知道树木被吹倒，而卖方却是知道的，然而并未将这点告知买方，那么在缔结契约时，就要对这些树木进行估价，以确定本来可以给买方带来的利益。"③ 但总的来说，罗马法并没有形成关于前契约义务和缔约过失责任的完整理论和制度。

---

① R. von Jhering，Culpa in contrahendo，in：Jahrbücher für die Dogmatik des heutigen römischen und deutschen Rechts，4. Bd.，1861.

② 因为这一原因，耶林认为，这一责任对现代交易而言过于苛刻，且过于宽泛，其主张这一责任应当仅适用于谈判过程中。

③ ［意］桑德罗·斯契巴尼选编：《契约之债与准契约之债》，丁玫译，147页，北京，中国政法大学出版社，1998。

如前述，缔约过失理论是由德国学者耶林提出的。他在前述论文中指出，德国普通法过分注重意志说（Willenstheorie），强调当事人主观意志的合意，因此不足以适应商业活动的需要。[①] 例如，如果一方当事人在提出要约时并没有对要约内容认真对待，或者在传达要约时存在错误，或者已经知悉或应当知悉现有的履行不能，这种行为上的过失会要求其对于无过错一方当事人的信赖利益的损害承担责任。[②] 耶林认为缔约阶段不应成为法律调整的“空白地带”，他指出：导致合同无效的有过错的一方，应对无过错的另一方，因为信赖合同的效力所造成的损害负责，当然无过错的一方不能请求赔偿允诺履行的价值损失，即期待利益的损失。但法律可以通过给予受害人赔偿消极利益或信赖利益的损失，而使其损失得到恢复，如果一方当事人在合同订立过程中因为粗心大意，导致合同不成立或者合同事后被撤销，则其应当对对方当事人因信赖合同能有效成立而遭受的损失负责。[③] 耶林的学说既是对传统合同法理论的挑战和革新，也是对债法理论的重大发展。

耶林的学说最大的贡献在于，其肯定了当事人因缔约行为而产生了一种类似于契约的信赖关系，此种关系属于法定之债的关系，从而完善了债法理论。尤其是耶林的理论提出了当事人在合同订立阶段，彼此应负有相互注意和照顾的义务，为当事人从事交易活动确定了新的义务规则，而履行此种义务对于维护交易安全、弘扬诚信观念具有重要意义。耶林的理论对《德国民法典》的制定产生了重大影响，在《德国民法典》制定的过程中，学者就“缔约上过失”问题展开了讨论。尽管民法典的起草人并未完全接受缔约过失理论，但德国民法中的债法修改了传统的意志理论，《德国民法典》的许多条文受耶林缔约过失理论的影响，对受害人的信赖利益保护作出了规定。例如，在因错误而撤销（《德国民法典》第 122 条）、自始客观不能（《德国民法典》第 307 条）、无权代理（《德国民法

---

① Rudolf von Jhering，Culpa in contrahendo，in：Jahrbücher für die Dogmatik des heutigen römischen und deutschen Rechts，4. Bd.，1861，S. 1.

② 耶林采用的是“消极利益 negative Interesse”一词，实际上是指信赖利益。

③ See Friedrich Kessler & Edith Fine：“Culpa in Contrahendo，Bargaining in Goodfaith，and Freedom of Contract，A comparative Study”，77 *Harvard Law Rev*. 1964，p. 406.

典》第179条）等情况下，明确规定应保护相对人的信赖利益的损失。耶林的缔约过失理论还对德国的司法实践产生了影响，例如，按照凯斯勒等人的看法，由于德国侵权法并没有采纳统一的过错责任原则，且关于雇主对雇员的责任规定得不合理，这就迫使德国的法官在司法实践中采纳缔约过失的概念，依据诚实信用原则确立雇主的责任。① 不过，《德国民法典》并没有完全接受缔约过失理论，德国法上的缔约过失责任法律制度主要是通过判例发展起来的，按照德国学者Klaus Luig的观点，德国法院创设缔约过失责任，经历了两个步骤，即"通过在给付义务之外新创一个保护对方当事人生命财产的义务，法院迈出了填补工作的第一步。作为第二步，这些义务继而被扩展使用到契约的形成阶段。如此，就在合同法内出现了一个对Culpa in contrahendo（缔约过程中之过失）的责任义务，此义务要求当事人赔偿财产损失"②。因此，德国法上的缔约过失责任法律制度主要是通过判例发展起来的，直到2002年1月1日，德国在《债法现代化法》中实现了缔约过失责任的法典化。③

耶林的缔约过失理论对法国法也产生了重要影响。例如，在法国，自1861年耶林的文章发表以后，法国法学界也开始对缔约过失责任问题进行研究。《法国民法典》第1134条规定了合同的履行应当遵守诚信原则，但该法典中并没有具体确认缔约过失责任。1907年，法国学者撒莱伊（Saleilies）对耶林的观点进行了介绍。1911年，里昂大学的Roubier博士发表了一篇论缔约过失责任的论文(Essai sur la Responsabilite Precontractuelle)。在20世纪初期，大多数学者认为缔约过失责任属于违约责任的范畴。④ 但法国的司法实践采取了一种截然不同的

① 参见刘得宽：《民法诸问题与新展望》，428～429页，北京，中国政法大学出版社，2002。

② Klaus Luig：《保护第三人之契约作用及第三人责任之契约作用》，载中国政法大学《第二届"罗马法、中国法与民法法典化"国际研讨会论文集》。

③ 现行《德国民法典》第311条第3款规定："包含第241条第2款规定的义务的债务关系（指照顾对方权利、法益和利益的义务），也可以相对于不应该成为合同当事人的人产生。此种债务关系，特别是产生于第三人在特别的程度上付出了自己的信赖，因此对合同的谈判或合同的订立具有明显影响的情形。"从而确立了这一规则。

④ MAZEAUD et TUNC，Traité théorique et pratiquede la respinsabilité civile，T. 1，6e éd. 1965，n° 116.

态度，认为应当按照侵权责任处理缔约过失问题，主要理由在于：缔约过失责任在性质属于合同外的责任，而“凡发生损害的事实系独立于合同关系之外，即为侵权责任”①。在法国2002年的一个判例中，承认因欺诈而中断谈判，因此造成对方损失的，欺诈方应承担相应的责任，即潜在的购买人经准许在合同谈判期间占有了标的物，后来非因出卖人的原因而导致谈判失败，法国最高法院判处该财产占有人负赔偿责任。② 现在法国关于缔约过失责任，无论在学术界还是在司法实务界都认为应当由侵权法调整。③ 在一方当事人存在缔约过失的情形下，另一方当事人请求对方对其所造成的损害予以赔偿时，需要举证证明以下三个要件：一是先合同过错（la faute precontractuelle），二是先合同损害，三是过错和损害之间的因果关系。④

此外，耶林的学说也对现代大陆法系许多国家的立法和判例产生了较大的影响。在某些国家，法官通过判例法强化了对缔约阶段当事人的保护。有些国家立法则明确采纳了缔约过失理论，如《希腊民法典》就明确规定在缔约阶段当事人应遵循诚实信用原则，因一方的过失而使契约未成立的，他方应负损害赔偿之责。⑤ 再如，《意大利民法典》第1337条对“谈判和签约前的责任”规定为：“在谈判和缔结契约的过程中，双方当事人应当根据诚信原则进行之。”第1338条规定：“知道或者应当知道契约无效原因存在的一方，没有将其通知另一方，则该方要为此就对方在契约有效期内基于信赖、没有过错而遭受的损失承担赔偿责任。”该规定实际上在意大利法上确立了缔约过失责任法律制度。

在英美法中，虽没有缔约上过失的概念，但英美法历来注重保护信赖利益

① P. Malaurie et L. Aynes, Droit civil : Les obligations, 3e éd, Defrénois, 2003, p. 84.

② 参见《法国民法典》下册，罗结珍译，785页，北京，法律出版社，2005。

③ 案件的事实是这样的：一个阿尔萨斯的工业家，为订立合同而与另一家公司进行认真的谈判与磋商，种种迹象表明合同会订立，但最终合同并没有签订。该公司与此工业家的一名竞争者签订了合同。而该公司与此工业家的谈判只不过是一个串通好的阴谋。在此案例中，法国最高法院在解决先合同责任问题上就采用了第1382条的规定判令被告承担侵权责任。

④ François Terré, Philippe Simler, Yves Lequette, Droit civil, Les Obligations, 8e éd., Dalloz, 2002, p. 434.

⑤ 参见《希腊民法典》第197条、第198条。

(reliance interest)。所谓信赖利益，是指合同当事人因信赖对方的允诺而支付的代价或费用。[①] 自从1933年曼斯菲尔德（Lord Mansfield）将诚信义务引入英美合同法以后，当事人在缔约阶段的信赖利益开始逐步受到法律的保护。美国学者富勒曾于1936年在《耶鲁法律评论》上发表《合同法中信赖利益的损害赔偿》一文，讨论了期待利益、信赖利益和履行利益，信赖利益赔偿的主要功能是为了弥补合同法规则的缺陷，强化"禁止反言"原则，弥补受害人的损失。有关判例在实践中已经承认了缔约过失责任。[②]《美国统一商法典》对当事人在缔约阶段的诚信义务作出了规定。依据该法的规定，诚信是指事实上的忠实，"对于商人来说是指遵循正当交易的合理的商业标准"[③]。美国劳工关系法也规定劳资双方应当以诚信方式谈判。[④]

综上所述，从比较法上来看，两大法系已普遍接受了缔约过失责任。缔约过失责任制度也为一些示范法所采纳。例如，《欧洲合同法原则》第0～301条规定："从合同的磋商谈判到其所有条款均得以实现，各方当事人均有遵守诚实信用与公平交易原则的义务。"该原则还就履行单独规定了一项条款："每一份合同必须依诚实信用原则履行。当事人仅在依合同订立之目的时才能从合同权利和条款中获益。"[⑤] 这实际上确立了当事人的先合同义务，依据上述规定，一方当事人违反先合同义务、造成对方当事人损害的，则有可能因此承担缔约过失责任。

二、我国法上的缔约过失之债制度

我国民法也采纳了缔约过失之债的概念。《民法通则》第61条规定："民事

① See E. Allan. Farnsworth, *Contracts* (2nd ed.), Little, Brown and Company, 1990. p. 202.

② Hayer Products Co. v. United States, 140 F. Supp. 409 Ct. CL. 1956.

③ Uniform Commercial Code 1—203，1—201，2—103，其中1—201的定义是采主观标准，而2—103则突出了诚信的客观标准。

④ Labor-Management Relation Act 8 (d), 61 Stat. 142 (1947), 27U. S. C 158 (d) 1958.

⑤ 《欧洲合同法原则》第0～302条（依诚实信用而为履行）。

行为被确认无效或者被撤销后，当事人因该行为取得的财产，应当返还给受损失的一方。有过错的一方应当赔偿对方因此所受的损失，双方都有过错的，应当各自承担相应的损失。”一般认为，该条实际上在我国法上确立了缔约过失责任制度。[①] 在《合同法》起草过程中，大多数学者认为，虽然缔约过失之债不属于合同法的范畴，但由于目前我国尚未颁布民法典，有必要在《合同法》中对缔约过失责任制度作出规定，主要原因在于：一方面，大量的无效和可撤销合同案件常常涉及缔约上的过失责任问题；另一方面，由于交易的发展，通过电子邮件、广告、投标招标、拍卖以及电报和电传等方式缔结合同时，容易在合同是否成立的问题上产生一些纠纷，许多纠纷可能仅发生在缔约阶段，因而当事人在合同订约阶段的行为急需受到法律调整。因此，《合同法》在第 42、43 条中专门规定了缔约过失责任制度。缔约过失之债制度的建立不仅完善了我国债法制度的体系，而且完善了交易的规则，具有重要意义。

《合同法》确认缔约过失之债制度完善了债权请求权体系。由于缺乏缔约过失请求权，长期以来，债权请求权的体系是不完整的，缔约过失之债作为一项独立的债权请求权，与合同上的请求权、侵权上的请求权、不当得利和无因管理的请求权一起构成了债权请求权的完整体系，缺少任何一项请求权，债权请求权的体系都是不完备的。尤其是我国民法已经规定了合同被宣告无效或者被撤销以后有过错一方的赔偿责任以及无权代理人的赔偿责任，这就需要通过缔约过失之债制度为受害人提供请求的依据。缺少了缔约过失之债制度，债法体系是不完善的，而且在合同订立过程中，因一方违反诚信原则所产生的义务，造成另一方的信赖利益损失，受害人始终难以找到请求权依据而获得救济。确立缔约过失之债制度，有利于完善债权请求权的体系，并有利于确立缔约当事人在缔约阶段依据诚实信用原则所负担的义务。

但应当看到，缔约过失在性质上属于典型之债，将其置于《合同法》中规定存在一定的问题，将来应当在民法典中对其作出专门规定。

---

① 参见最高人民法院经济审判庭编著：《合同法释解与适用》上册，185 页，北京，新华出版社，1999。

第三节　缔约过失之债的构成

一、缔约过失之债的构成要件

如前所述，缔约过失之债，主要是指一方当事人在合同订立过程中违反因诚实信用原则所产生的义务，造成对方当事人的信赖利益损失，并因此所承担的损害赔偿责任。据此，缔约过失之债的构成要件主要包括：一是缔约过失必须发生在缔约过程中；二是一方当事人违反因诚实信用原则所产生的先合同义务；三是造成对方当事人信赖利益的损失。

（一）缔约过失之债必须发生在合同成立前

缔约过失责任是指当事人在合同成立前的阶段因过错而给对方造成损失所应承担的民事责任。[①] 如果在合同成立后，因一方当事人的原因造成对方当事人损失的，则属于违约行为和违约责任的范畴。因此，合同的成立时间是区分缔约过失责任和违约责任的关键点。一般来说，合同成立的时间取决于缔约一方当事人对另一方当事人的要约作出承诺的时间。若一方发出了要约，而另一方尚未作出承诺，则合同尚未成立，当事人合意形成以前的阶段即属于合同订立的阶段。缔约过失责任虽然是我国《合同法》所规定的责任类型，但其在性质上不同于合同责任，此种责任发生在缔约过程中而不是发生在合同成立以后。[②] 只有在合同尚未成立，或者合同虽然成立，但因为不符合法定的生效要件而被确认为无效或被撤销时，缔约人才应承担缔约责任。若合同已经成立，因一方当事人的过失而致他方损害时，就不应适用缔约过失责任，而应当适用违约责任。即使是在附条件

---

① 参见何山等：《合同法概要》，146 页，北京，中国标准出版社，1999。

② 根据一些国家的法律规定，缔约过失并不限于合同成立前，合同成立后也可发生此种责任。例如《希腊民法典》第 198 条规定，缔约过失“纵契约未成立，亦然”。故契约成立并不能排斥缔约过失责任。但根据我国《合同法》第 42 条的规定，缔约过失仅发生在缔约过程中。

的合同中，在条件尚未成就以前，一方因恶意阻碍或延续条件的成就的，由于合同已经成立，应当按违约责任而不应按缔约过失责任处理。因而，正确认定合同成立的时间是合理区分缔约过失责任和违约责任的关键。

缔约过失之债必须发生在合同订立阶段。在合同订立阶段，虽然当事人之间尚未订立合同，但当事人之间已经具有某种订约上的联系，即当事人为缔结合同，一方可能已经实施了具有某种法律意义的行为（如发出要约或要约邀请），而另一方当事人将对合同的订立产生合理信赖。① 只有具有缔约上的联系，缔约当事人之间才能产生一种信赖关系，甚至在许多情况下必须要有双方的实际接触、磋商，才能产生这种信赖关系。因此，如果要约或者要约邀请是向特定人发出的，则在这些要约或者要约邀请到达受要约人或相对人以后，在当事人之间才能产生缔约上的联系。依据诚实信用原则，发出要约或者要约邀请的一方当事人则负有相应的通知、协助、保密等义务。若双方无任何法律上的联系，在没有进入合同订立前的协商阶段时，如果因一方的过失致他方损害，此时则不能适用缔约过失责任，而应当适用侵权责任。例如，某人进商场时，刚推开门，商场玻璃门上的玻璃掉了下来，将其手划伤，商场是否构成缔约过失呢?② 笔者认为，此种情形并不成立缔约过失之债，因为双方并没有实际的接触，即使某人在进入商场以后，因为商场里的路面很滑而摔伤，或者因为商场悬挂的物品掉下砸伤，也不能认为商场构成缔约过失，因为受害人进入商场并不意味着他已经和商场发生了缔约上的联系，其与商场并没有发生任何实际的接触，很难确定他具有明确的缔约意图。更何况进入商场的人很复杂，随便逛逛的很多，不能说任何进入商场的人都有与商场缔约的意图。如果双方没有实际的接触，一方对另一方不能产生一种信赖，也不会产生先合同义务。因此，此种情形应当适用侵权责任，而不能适用缔约过失责任。

缔约过失之债虽然发生在合同成立前，但根据我国立法和司法实践，在以下

① Esser, Schuldrecht, Band 1-2, Heidelberg, 2000, S. 143.

② 按照一些学者的观点，在此情况下商场已构成缔约上的过失。参见崔建远主编：《新合同法原理和案例评析》，114 页，长春，吉林大学出版社，1999。

情形下，合同的成立时间具有一定的特殊性。一是要式合同。如果当事人约定合同的订立必须践行一定的方式，如当事人约定必须以书面形式订立合同，此时，只有当事人就合同条款以书面形式达成协议并已签字，才能视为合同成立。所以，双方就合同的主要条款达成口头协议，尚未以书面形式记载下来并在合同上签字，应视为合同未成立，当事人仍处于缔约阶段。我国《合同法》第 36 条规定："法律、行政法规规定或者当事人约定采用书面形式订立合同，当事人未采用书面形式但一方已经履行主要义务，对方接受的，该合同成立。"可见，如果当事人双方已经履行了主要义务，也可以认为合同已经成立。二是通过信件、电报、电传等方式订立的合同。这就是说，如果一方当事人要求签订确认书的，只有在签订了确认书以后，合同才能成立。在确认书尚未签订以前，即使当事人已经就合同主要内容达成了初步合意，当事人也仍处于缔约阶段。三是依法需要审批的合同。依据法律、行政法规的规定，如果某些合同只有经过国家批准才能成立，则只有在合同获得国家批准时，合同才能成立。因此，当事人虽然就合同内容达成协议，但在该合同获得批准前，当事人仍处于缔约阶段。

（二）一方当事人在缔约过程中违反因诚信原则而产生的义务

构成缔约过失之债要求一方当事人在缔约过程中存在过失，但如何判断一方当事人在缔约过程中是否存在过失呢？笔者认为，缔约过失之债中的"过失"应当是一种客观的过失，所谓客观的过失是指依据行为人的行为是否违反了某种行为标准而确定其是否具有过失。缔约过失中的过失主要体现为一方当事人违反其依据诚实信用原则所产生的通知、协助等义务，造成另一方当事人信赖利益的损失。因此，应当依据诚实信用原则所产生的义务构建缔约过失之债体系。诚信（bona fide，bonne foi）是指民事主体在从事民事活动时，应讲诚实、守信用，以善意的方式行使权利并履行义务。诚实信用并不仅仅是道德规范，而是当事人必须遵循的法律规范。许多国家的民法典均将诚实信用规定为民法的基本原则。法国学者认为，诚信义务不仅适用于合同的履行，同样适用于合同的缔结过程，在缔约过程中如恶意导致合同不成立，就应承担责任。[①]

根据诚实信用原则的要求，当事人在订立合同时负有一定的附随义务，这些义务即为先契约义务[②]，具体包括：（1）无正当理由不得撤销要约的义务。《合同法》第19条规定，“要约人确定了承诺期限或者以其他形式明示要约不可撤销”或“受要约人有理由认为要约是不可撤销的，并已经为履行合同作了准备工作”的，要约不得撤销。这就确认了在订约中不得随意撤销要约的义务。（2）使用方法的告知义务。这主要是指产品制造人应在其产品上附使用说明书，或向买受人告知标的物的使用方法，对易燃、易爆有毒物品，应向买受人告知该物品的运输、保管和使用方法。（3）合同订立前的信息披露义务。它是指依据法律规定和诚实信用原则，一方当事人在合同订立前应当将与合同订立、合同履行等有关的重要信息通知对方当事人。许多国家在特别法中对合同当事人合同前的信息披露义务作出了规定。[③] 欧盟有关消费者保护、买卖法等指令也对当事人订立合同前的信息披露义务作出了规定。[④] 我国《消费者权益保护法》第20条第1款规定：“经营者向消费者提供有关商品或者服务的质量、性能、用途、有效期限等信息，应当真实、全面，不得作虚假或者引人误解的宣传。”这实际上也对合同当事人合同前的信息披露义务作出了规定。基于当事人之间缔约机会和谈判能力的差异，赋予一方当事人充分了解相关信息是必要的，也是保障合同正义、保护消费者权益的必要措施。[⑤] 在现代社会，市场交易中交易类型的多样化，已经脱

---

① François Terré, Philippe Simler, Yves Lequette, Droit civil, Les Obligations, 8ᵉ éd., Dalloz, 2002, p. 434.

② 有学者认为，对于缔约过失所违反的义务，称之为“先契约义务”为好，不宜称为“附随义务”。因为缔约过程中基于诚信原则所生的义务并无可依附之给付义务（或称第一次义务）存在，所以Larenz在《债法教科书》第一卷总论§9中给缔约过失所生之债专门用了一个很长但很精确的名称，叫作“交易接触所生之无原给付义务之法定债的关系”。笔者认为，附随义务与先契约义务并没有本质区别，都是指依诚信原则产生的义务。

③ 例如，《比利时消费者保护法案》第94/7（4）条，《丹麦销售法案》第12a（1）条，《法国消费者保护法案》第L.121～1（2）条第2句等，都对此作出了规定。

④ 例如，Directive 2005/29/EC第7（1）条。

⑤ See Christian von Bar and Eric Clive, *Definitions and Model, Rules of European Private Law*, Volume I,（Munich：Sellier European Law Publishers，2009），p. 200.

离了传统的简单的交易内容，同时由于交易主体之间事实上存在信息不对称的情况，规定当事人的告知义务有利于解决当事人间信息不对称的问题。尤其是在消费者保护领域（例如，在网购的情况下，消费者一般难以见到实物），规定当事人合同订立前的信息披露义务具有重要的意义。(4) 协作和照顾的义务。在合同订立中，应考虑他人利益，并为他方提供必要的便利，不得滥用经济上的优势地位胁迫他方，或利用他人的无经验或急迫需要而取得不当利益。因不可抗力造成履行不能时，债务人应通知债权人，以免债权人蒙受意外损失。(5) 忠实义务。诈欺行为是对诚实信用最严重的违背。诈欺行为不仅体现在履约过程中，而且常常体现在订约过程中，如做虚假广告、虚假说明、隐瞒产品瑕疵等，诱使他人与自己订约。此外，一方还应向对方如实告知财产状况、履约能力等情况。不能为了争取与对方订约，夸大自己的技术能力、履约能力、财产状况等，甚至故意隐瞒产品瑕疵。(6) 保密义务。它是指一方当事人不得向第三人泄露在缔约过程中对方透露的技术及商业秘密等信息，例如，在特许经营合同订立过程中，涉及特许人的管理诀窍、经营技术、客户关系、产品配方等。对于这些信息，受许人不得向他人泄露或者允许他人使用，否则应当承担相应责任。① (7) 不得滥用谈判自由的义务。如果双方的谈判已经进入一定的阶段，则一方不得任意终止谈判。依诚实信用原则而产生的上述义务，相对于给付义务而言，它们只是附随义务，由于它们是依法产生的，因而也是法定义务。足以使一方当事人合法地相信对方当事人会与其订立合同，并为此支付了一定的费用，那么中断谈判就是有过错的，如导致损害的，将承担损害赔偿责任。例如，某县政府开发区对外招商引资，某地商人李某在考察该地的投资环境后，与当地县政府多次协商，提出愿意投资两亿元在该开发区设立一个电动自行车厂，但需要当地政府建立相关的配套设施，并为其免费修建一万平方米的厂房。双方为此签订了备忘录，双方在备忘录中约定，一旦县政府完成相关的配套设施，双方即订立正式的合同。在备忘录签订后，政府开始按照备忘录要求建立配套设施，并开始投资修建一万平方米的厂房，但在厂房即将竣工之时，李某来函，声称其因资金紧缺，无法投资建厂。

① 参见肖朝阳：《特许经营法律实务》，134页，北京，中信出版社，2003。

县政府请求李某赔偿损失，李某则主张，双方只是签订了备忘录，并非订立正式合同，所以其不应当负法律责任。在该案中，李某在县政府已经将配套设施和厂房建成之后，才通知该县政府不再订立合同，显然违反了其依据诚实信用原则所负担的通知义务，构成缔约过失，应当对县政府因此所遭受的损失承担赔偿责任。

在此需要讨论的是，当事人在缔约阶段为什么要负担诚信义务呢？笔者认为，缔约关系并不是事实关系，也不是法律作用不到的领域，在为缔结合同而接触与协商之际，当事人之间事实上已经存在一定的特殊关系。关于此种关系的性质，德国联邦最高法院曾称其为“类似的契约关系（vertragähnliches Verhältnis）”，德国学者斯托尔（Stoll）称之为“契约磋商（谈判）的法律关系”。德国学者艾尔曼认为，当事人进入合同谈判过程以后就构成了有限的债权关系，而且是法定的债权关系，其根据是因为“引发另一方的信任”而产生了保护义务、维持义务、陈述义务以及不作为义务。[①] 也就是说，当事人应负有先契约义务。此时，双方均应依诚信原则负互相协助、照顾、保护等义务，当事人一方如不履行这种义务，不仅会给他方带来损害，而且会妨害社会经济秩序。为了加强缔约当事人的责任心，防止缔约人因故意或过失使合同不能成立或欠缺有效要件，维护社会经济秩序的稳定，法律要求当事人必须履行依上述诚实信用原则产生的义务，否则将要负缔约过失的责任。例如，在前述备忘录纠纷案中，虽然双方没有签订正式的书面合同，备忘录中也约定，只有政府投资到位，双方才订立正式的合同，但在备忘录签订后，双方即产生了一定的联系，应当按照诚实信用原则的要求负担一定的义务。在双方已经签订备忘录的情形下，按照诚实信用原则的要求，李某应当负担一定的通知、保护等义务，在厂房即将竣工之际，李某才对该县政府发出通知，显然违反了其依据诚实信用原则所负担的义务，构成缔约过失，应当对该县政府所遭受的损失承担赔偿责任。

应当指出，在缔约阶段，一方当事人承担缔约过失责任的原因，可能并不仅限于其违反了附随义务，当事人违反诚实信用原则要求，随意撤回要约，造成对

① Ballerstedt，AcP 151（1951）502，N. 7.

方当事人损失的，也可能需要承担缔约过失责任，此种情形也属于一方当事人违反其依诚信原则产生的互相协助、照顾、保护、忠实等义务。从总体上看，只要当事人违背了其负有的依诚信原则产生的先契约义务并破坏了缔约关系，就构成缔约上的过失。不管行为人在实施违背义务的行为时的心理状态是故意还是过失，都不影响缔约过失责任的承担。这就是说，应从当事人实施的外部行为中确定其有无缔约上的过失。当然，行为人是否具有缔约上的过失，应当由受害人举证证明。由此可见，在缔约过失制度中采纳的是过错责任原则，而不是严格责任原则。当然，也有学者认为在例外的情况下应适用无过错责任原则。①

（三）造成对方当事人信赖利益的损失

民事责任一般以损害事实的存在为构成要件，损害事实的发生也是缔约过失之债的构成要件之一。对缔约过失之债而言，此种损害事实主要是指一方当事人的信赖利益损失。在大陆法中，信赖利益又称为消极利益或消极的契约利益，是指主体因信赖无效的法律行为为有效而遭受的损害。② 例如，信赖表意人的意思表示有效的相对人，因表意人意思表示不真实而撤销意思表示所受的损害。

缔约上的过失行为所侵害的是对方当事人的信赖利益，因此，只有在对方当事人的信赖利益遭受侵害，并且此种损失与缔约过失行为有直接因果关系的情况下，受损害的一方才能请求对方当事人承担缔约过失责任。当然，在例外的情况下，如果行为人的行为违反了保护义务或者告知义务，致使他人损害的，损害赔偿的范围也可能大于信赖利益。③

信赖利益与债权人就合同履行时所可获得的履行利益或积极利益是不同的，信赖利益赔偿的结果，是使当事人达到如同合同未曾订立时的状态。此种利益赔偿主要赔偿当事人因信赖合同能够有效成立而遭受的损害，即当事人因信赖合同能够有效成立而支出了部分费用，如为准备履行合同而支付的费用，但后来该合

① 参见韩世远：《合同法总论》，2版，115页，北京，法律出版社，2008。

② 参见史尚宽：《债法总论》，278页，台北，自版，1990。

③ 参见韩世远：《合同法总论》，2版，127页，北京，法律出版社，2008；林诚二：《民法债编总论》，426页，北京，中国人民大学出版社，2003。

同因对方当事人的原因而未能有效成立，此种损害即属于信赖利益损害。[1] 而履行利益赔偿的结果，是使当事人达到如同合同完全履行时的状态。也有学者认为，履行利益和信赖利益的区别在于，"前者着眼于损害原因的事实，表现出的方法是由损害原因事实根据因果关系加以确定；后者乃是着眼于应回复什么样的财产状态"[2]。

笔者认为，缔约过失责任中所说的信赖利益，指的是一方基于其对另一方将与其订约的合理信赖所产生的利益；信赖利益的损失，是指因另一方的缔约过失行为而使合同不能成立或无效，导致信赖人所支付的各种费用和其他损失不能得到弥补。当然，这些利益要获得救济，在客观上必须可以合理预见。尤其应当指出，受到法律所保护的信赖利益，必须是基于合理的信赖而产生的利益。当事人虽然处于缔约阶段，但从客观方面来看，一方当事人有理由相信合同能够有效成立或生效，而另一方的缔约过失行为破坏了缔约关系，侵害该方当事人的信赖利益。如果从客观方面来看，一方当事人不能对合同的有效成立或生效产生合理信赖，就不能构成合理的信赖。例如，在前述备忘录纠纷案中，双方当事人已经签订了备忘录，可以认定县政府一方对合同的有效成立存在合理的信赖；如果双方刚开始进行合同订立方面的接触，并没有就合同的各种条件进行谈判，则难以认定县政府一方对合同的成立存在合理的信赖，此时，如果县政府开始建造厂房等，在李某后来没有订立合同时，县政府一方则难以请求李某承担缔约过失责任。

二、缔约过失之债构成要件的关联性

上述三个构成要件形成了一个统一的整体，体现了缔约过失作为一种独立的

---

① See L. L. Fuller & William R. Perdue, "The Reliance Interest in Contract Damages", *The Yale Law Journal* (1936), Vol. 46, 52.

② ［日］高桥真：《履行利益与信赖利益》。转引自韩世远：《违约损害赔偿研究》，161页，北京，法律出版社，1999。

债权请求权的特殊性，即缔约上的过失发生在合同订立过程中，行为人的过失主要表现为对依诚实信用原则所应负的义务的违反，造成的后果主要表现为造成信赖利益而不是履行利益的损失。由于缔约过程中双方的接触，一方对另一方将要订立合同产生一种合理的信赖，同时也负有依据诚实信用原则产生的义务。缔约上的过失不仅违背了依诚实信用原则所应负的义务，也会造成另一方的信赖利益损失。例如，在前述备忘录纠纷案中，李某的行为是否构成缔约过失责任，必须从以下三个方面进行考察。一是要考察其是否发生在缔约阶段。在该案中，双方还未订立正式的合同文本，而只是签订了备忘录，只是处于合同的订立阶段，如果当事人已经订立合同，则应当按照违约责任处理，而不存在缔约过失责任的问题。二是考察李某是否存在违反诚实信用的行为。在该案中，双方已经在备忘录中约定，一旦县政府完成相关的配套设施，双方即订立正式的合同。李某的行为已经使当地政府产生了合理的信赖，即相信李某会按照备忘录的约定订立正式的合同文本，而李某在当地政府已经建好相关基础设施的情况下突然决定不再订立合同，显然有违诚实信用原则。三是考察李某的行为是否造成当地政府信赖利益的损失。在该案中，当地政府在已经建成相关基础设施的情形下，李某突然决定不再订立合同，给当地政府造成了一定的损失。因此，李某的行为符合缔约过失的构成要件，当地政府有权基于缔约过失之债请求李某赔偿其信赖利益的损失。

第四节　缔约过失之债的类型

缔约过失责任是广泛适用的责任类型，尽管缔约过失行为大多是指行为人的行为违反了依据诚实信用原则所产生的附随义务，并造成受害人信赖利益的损失。但缔约过失之债具有哪些形态，这些形态能否构成一个独立的完整体系，值得探讨。在此首先需要讨论的是，缔约过失之债的类型是否仅限于《合同法》第42、43条所规定的情形。有学者认为，我国《合同法》关于缔约过失责任的规定，仅限于《合同法》第 42、43 条的规定，因此，应当根据这些规定来确定缔约过失行为的责任体系。[①] 但笔者认为，违反诚信原则的行为的表现形态是多种多样的，其不仅仅限于现行法规定的情况，还可能包括现行法没有规定的情况。缔约过失行为是由各类缔约过失行为所组成的行为体系，缔约过失作为一种与债的其他制度相对应的独立的责任形式，其类型并不限于《合同法》第 42、43 条所规定的情形。在缔约过程中，如果一方当事人违反诚实信用原则造成他人损失，即应当对对方当事人承担缔约过失责任。[②] 根据《合同法》第 42 条第 3 项的规定，行为"有其他违背诚实信用原则的行为"，造成对方当事人信赖利益损失的，也可能构成缔约上的过失。因此，在缔约过程中，只要行为人违反其依诚实信用原则所产生的义务，造成对方当事人信赖利益损失的，就可能构成缔约上的过失。[③] 除《合同法》第 42、43 条所规定的类型以外，在违反强制订约义务、无权代理等情形下，都可能在当事人之间成立缔约过失之债的关系。

一、假借订立合同，恶意进行磋商

一方当事人假借订立合同，恶意与对方当事人进行磋商的，可能造成对方当事人信赖利益的损失，遭受损失的一方当事人应当有权请求具有过错的一方当事人承担缔约过失责任。我国《合同法》第 42 条的规定完全借鉴了《国际商事合同通则》第 2.1.5 条规定的经验。[④] 根据《合同法》的规定，行为人假借订立合同恶意进行磋商的，构成缔约过失。原则上说，当事人具有谈判的自由，当事人不仅可以自由决定何时谈判、与谁谈判，还有权自由决定如何进行谈判以及谈判

① 参见陈小君主编：《合同法新制度研究与适用》，105 页，珠海，珠海出版社，1999。

②③ 参见最高人民法院经济审判庭编著：《合同法释解与适用》上册，185 页，北京，新华出版社，1999。

④ 《国际商事合同通则（2004）》第 2.1.5 条规定："（1）当事人可自由进行谈判，并对未达成协议不承担责任；（2）但是，如果一方当事人以恶意进行谈判，或恶意终止谈判，则该方当事人对因此给另一方当事人所造成的损失承担责任；（3）恶意，特别是指一方当事人在无意与对方达成协议的情况下，开始或继续进行谈判。"

到何种程度等，这也是合同自由的重要体现。但按照诚实信用原则的要求，当事人应当在合同磋商过程中按照善意进行谈判，而不能违反诚信原则从事恶意谈判行为。行为人假借订立合同进行恶意磋商，造成对方当事人信赖利益损失的，应当向对方当事人承担缔约过失责任。[①] 例如，甲得知某餐馆老板乙准备以 200 万元的价格将其餐馆转让给甲的竞争对手丙，甲便对乙说，其可以出更高的价格收购该餐馆，乙便暂时中止了与丙的谈判。甲和乙谈了将近半年时间，乙多次催甲订立书面合同，但甲找出种种理由拖延，后丙因为乙长期中止与其谈判，被迫购买了另外一家与甲距离较远的餐馆，甲在得知丙已经购买其他餐馆后，便停止与乙的谈判，乙最终以 150 万元的价格将其餐馆转让给他人。后乙要求甲赔偿其 50 万元的损失。在该案中，甲并没有购买乙餐馆的意愿，但为了防止乙将其餐馆转让给其竞争对手丙，而恶意与乙进行谈判，并造成乙最终以低价转让其餐馆的损害后果，甲的行为即构成假借订立合同恶意进行磋商，应当向乙承担缔约过失责任。当然，为了保护个人订立合同的自由，维护合同自由原则，应当审慎地认定此种类型的缔约过失之债，防止缔约过失之债适用范围的不当扩大，危及个人的合同自由。一般而言，要构成假借订立合同、恶意进行磋商类型的缔约过失责任，必须符合如下条件。

第一，假借订立合同。所谓“假借”，就是行为人与对方当事人进行合同订立前的磋商时，根本没有与对方订立合同的目的，而只是为了通过合同磋商行为损害对方或者他人利益。[②] 换言之，行为人本来并没有打算和对方谈判，其进行谈判是为了拖延时间或为了使对方丧失商业机会。例如，在上述恶意谈判案中，甲与乙进行合同订立前的磋商只是为了防止乙将其餐馆转让给丙，而并没有购买乙的餐馆的意愿，因此，甲的行为构成假借订立合同的行为。

第二，必须在主观上具有恶意。所谓“恶意”，是指假借磋商、谈判，而故意给对方造成损害的主观心理状态。恶意是此种缔约过失行为构成的最核心的要件。构成此处的恶意，一般应当具备如下两个条件。一是行为人主观上并没有谈

① 参见张玉卿主编：《国际商事合同通则》，181 页，北京，中国商务出版社，2005。

② 参见胡康生主编：《中华人民共和国合同法实用问答》，137 页，北京，中国商业出版社，1999。

判的意图；二是行为人主观上具有给对方造成损害的目的和动机。之所以将此种缔约过失的构成要件界定为恶意，主要目的是保障当事人的合同自由，因为缔约过失责任的承担不能妨害当事人的谈判自由。在上述恶意谈判案中，甲一开始同乙进行谈判时就没有购买其餐馆的意愿，而只是为了损害其竞争对手丙的利益，甲的行为已经超出了合同自由的保护范畴，应当构成假借订立合同、恶意磋商，损害他人利益，因此应当承担缔约过失责任。

在此需要讨论的是，如果双方进入谈判过程以后，经过反复的磋商不能达成协议，一方提出终止谈判且没有提出终止谈判的合理理由，另一方是否有权要求其承担缔约过失责任呢？耶林曾经认为，缔约过失并不适用于谈判失败（failed negotiations）的情形。[①] 因为根据合同自由原则，双方当事人在谈判过程中都享有订立和不订立合同的自由，原则上说，双方都有权在达成协议以前中断谈判，一方中断谈判也不需要给另一方合理的理由，除非其进行谈判和中断谈判出于恶意，且另一方有足够的证据证明中断谈判的一方具有恶意，否则行为人即无须承担缔约过失责任。《国际商事合同通则》在解释“恶意中断谈判的责任”时指出，“即使在进行谈判前或是在谈判过程中没有明确的要约和承诺，一方当事人不得随意突然无正当理由地中断谈判。要确定从何时起要约或承诺不得撤销，当然得视具体情况而定，特别是一方当事人的行为在多大程度上导致另一方当事人信赖谈判的积极结果”[②]。笔者认为，这一解释过于宽泛，可能会不当限制行为人的合同自由。在一方当事人无正当理由中断谈判时，不能据此认定其具有恶意，更不能认为行为人谈判的目的是给对方造成损失。例如，一方在谈判时对市场的行情缺少了解，而在谈判过程中逐渐了解了情况，或者因为公司内部董事会的决策发生了变化等都可能导致其中断谈判，此时，不能认定行为人有假借订立合同造成对方损失的恶意，如果将恶意的概念等同于无正当理由，则可能过度妨害行为人的谈判自由，并最终影响当事人的合同自由。当然，如果在谈判过程中，一方

---

① Steven A. Mirmina, “ A Comparative Survey of Culpa in Contrahendo, Focusing on Its Origins in Roman, German, and French Law as Well as Its Application in American Law”, *Connecticut Journal of INT'L Law*, Vol 8: 77, 1992, p. 672.

② 张玉卿主编：《国际商事合同通则》，185 页，北京，中国商务出版社，2005。

向另一方作出允诺，而另一方已对此产生信赖，那么一方突然中断谈判，就可能构成缔约过失。

第三，合同不成立导致受害人遭受了信赖利益的损失。要构成此种类型的缔约过失之债，一方当事人必须遭受了信赖利益的损失。在一方当事人假借订立合同恶意进行磋商时，对方当事人可能对合同的有效订立产生合理的信赖，在行为人突然中断谈判时，对方当事人即可能遭受相关的信赖利益损失，行为人应当承担相应的缔约过失责任。例如，在前述恶意谈判案中，甲恶意同乙进行合同磋商，最终造成乙低价转让其餐馆的损害后果，故乙有权请求甲赔偿此种信赖利益损失。

二、故意隐瞒与订立合同有关的重要事实或者提供虚假情况

在合同订立过程中，一方当事人故意隐瞒与订立合同有关的重要事实，或者故意提供虚假情况时，一般应当将其此种行为认定为于缔约过程中的欺诈行为。所谓欺诈，是指一方当事人故意实施某种欺骗他人的行为，并使他人陷入错误而订立的合同。《民法通则意见》第 68 条规定："一方当事人故意告知对方虚假情况，或者故意隐瞒事实情况，诱使对方当事人作出错误意思表示的，可以认定为欺诈行为。"合同订立过程中的欺诈行为具有如下特征。

1. 欺诈的一方故意陈述虚假事实或隐瞒真实情况。也就是说，欺诈者主观上具有恶意，即行为人明知自己告知对方的情况是虚假的，且会使被欺诈人陷入错误认识，而希望或放任这种结果的发生。欺诈方告知虚假情况，不论是否使自己或第三人牟利，均不妨碍恶意的构成，但如果行为人明知自己的欺诈行为会使自己或第三人牟利，则可认为欺诈者具有较大的主观恶性。如果一方向他方陈述某种事实时，不能确定其所陈述的事实的真伪性，而仍向他人作出陈述，如果因此种陈述使对方当事人陷入错误，此时，能否认定行为人主观上具有欺诈的故意呢？笔者认为，此种情况下可以推定行为人具有欺诈的故意，因为行为人在不能判定其陈述是否真实的情形下仍然向相对人提供此类信息，其应当认识到，此种行为可能使相对人形成错误的认识，此时，可以推定行为人具有欺诈的故意。当

然，如果行为人能够证明自己的行为是出于过失或主观上是出于善意时，则可以推翻该推定。

2. 欺诈方客观上实施了欺诈行为。所谓欺诈行为，是指欺诈方将其欺诈故意表示于外部的行为。欺诈行为在实践中大多表现为故意陈述虚伪事实或故意隐瞒真实情况，并使他人陷入错误。[①] 故意告知虚假情况主要是指虚伪陈述，例如，行为人将赝品说成真迹，将质量低劣的产品说成是优质产品。故意隐瞒真实情况主要是指行为人有义务向他方如实告知某种真实的情况而故意不告知。在判断行为人的行为是否构成欺诈行为时，关键在于确定一方当事人是否有义务向另一方陈述某种事实真相。因为当事人在订立合同的过程中，必须要依据诚实信用原则，履行重要事实的告知义务，这些告知义务主要包括以下几种。一是如实告知其财产状况、履约能力等情况，不得为了争取与对方订约，吹嘘或夸大自己的财产状况和履约能力；二是如实告知标的物的瑕疵情况，而不得故意隐瞒产品瑕疵；三是如实告知标的物的性能和使用方法，从而使对方当事人全面了解标的物情况等基本信息。如果一方当事人在订约过程中故意隐瞒上述与订立合同有关的重要情况，或提供虚假情况，则可能构成欺诈，因此给对方造成财产损失的，应负赔偿责任。

3. 被欺诈的一方因欺诈而陷入错误。在欺诈的情况下，被欺诈人因欺诈陷入了错误的认识。具体而言：第一，欺诈人提供的虚假情况与合同内容有密切关系；如果与合同内容并无联系，不能认为欺诈行为与认识错误之间有因果联系。第二，受害人基于虚假的情况而对合同内容发生了错误认识，例如因误信对方的假药宣传而将假药当成了真药。如果在被欺诈以后，受欺诈人未陷入错误或者所发生的错误内容并不是欺诈造成的，则不构成欺诈。

4. 受欺诈人基于错误作出意思表示。如果受欺诈人并没有作出意思表示，则意味着欺诈行为并未对受害人产生不利后果，受欺诈人自然就谈不上有什么具体的损失。只有当受欺诈人基于错误而作出了意思表示，才会产生受欺诈的后果，此时才需要法律的救济。

---

① 参见最高人民法院《民法通则意见》第68条。

5. 合同未能订立、无效或被撤销给受欺诈方的信赖利益造成损失。在合同订立过程中，相对人因欺诈行为而丧失的信赖利益，主要表现为财产损失。其中既包含财产的直接减少（如磋商费用的支出），也包括机会的丧失（如因磋商时间延长导致标的物市场价格上涨）。欺诈行为人理应对相对人遭受的上述损失承担赔偿责任。

三、泄露或不正当地使用商业秘密

传统的合同法理论认为，当事人在谈判过程中对于彼此所交换的信息没有为对方保密的义务，即在一方当事人在合同订立过程中向对方当事人披露了其相关信息的情况下，无论合同是否达成，对方当事人都不负有保密的义务，其既可以自己利用该信息，也可以向第三人披露该信息。[①] 然而，现代合同法认为，在谈判过程中，一方对另一方负有依据诚信原则产生的义务，不论一方在谈判中是否明确告诉对方其披露的信息属于商业秘密或者另一方知道或应当知道该信息属于商业秘密，另一方都应当对其了解的秘密负有保密的义务。我国《合同法》要求当事人在缔约阶段承担保密义务，其第 43 条规定："当事人在订立合同过程中知悉的商业秘密，无论合同是否成立，不得泄露或者不正当地使用。泄露或者不正当地使用该商业秘密给对方造成损失的，应当承担损害赔偿责任。"这就确立了在缔约过程中泄露或不正当地使用商业秘密，也可成立缔约过失责任。法律作出此种规定，旨在进一步加强对商业秘密的保护，从而强化对智力成果的保护，激励发明创造与提高经济效率；并有利于维护商业道德，使诚信原则得到切实遵守。《合同法》通过缔约过失责任来保护商业秘密，从而使商业秘密的保护机制得到了进一步的完善。

《反不正当竞争法》第 9 条第 3 款规定："本法所称的商业秘密，是指不为公众所知悉、具有商业价值并经权利人采取相应保密措施的技术信息和经营信息。"商业秘密是否为一种权利，以及属于何种性质的权利，仍然存在争议。但毫无疑

① 参见张玉卿主编：《国际商事合同通则》，187 页，北京，中国商务出版社，2005。

问，商业秘密作为一种民事主体享有的合法利益，应当受法律保护。商业秘密具有如下特点。第一，不为公众所知悉性。这就是说，商业秘密具有一定程度的秘密性，只是为少数人所知道和使用。商业秘密也具有一定的新颖性，即已经达成了一定的技术水平。[①] 第二，能为持有人带来经济利益。依据《反不正当竞争法》第 9 条第 3 款的规定，商业秘密应当具有商业价值。商业秘密作为一种利益，对持有者都具有一定的经济价值，能够转化为商业上的利益。当然，此种价值应具有客观性，即除持有人认为有实用价值外，必须在客观上确实具有实用价值。就某项信息而言，如果持有人认为有价值而客观上没有价值，则该信息就不属于商业秘密。[②] 第三，具有实用性。实用性是指商业秘密的客观有用性，即商业秘密能够被实际运用，并通过运用可以为商业秘密的持有人创造出经济上的价值。实用性并不是说每一种商业秘密都能够投入利用并直接转化为现实的商业利益，各种不同的商业秘密在商业活动中的实用性存在差异，但既然商业秘密能为持有人带来一定的经济利益，当然应当也具有实用性。无论是技术信息还是经营信息都会给所有人带来一定的经济利益，因此商业秘密受法律保护。[③] 第四，具有保密性。所谓保密性，是指商业秘密的持有人主观上将其持有的某种商业信息作为秘密对待，并在客观上采取了保密措施。国家工商管理局《关于禁止侵犯商业秘密行为的规定》第 2 条第 4 款规定："本规定所称权利人采取保密措施，包括订立保密协议、建立保密制度及采取其他合理的保密措施。"一方面，商业秘密既然是不为公众所知悉的信息，持有人在主观上会有保密意识；另一方面，持有人客观上通过保密措施将其商业信息控制起来。如果其本身对该信息未予保密，表明其并没有将该信息作为商业秘密看待，因而就没有必要对该秘密进行保护。一般认为，保密措施只要能够达到防止第三人知悉的程度即可。[④]

《合同法》第 43 条规定："当事人在订立合同过程中知悉的商业秘密，无论合同是否成立，不得泄露或者不正当地使用。泄露或者不正当地使用该商业秘密

---

① 参见戴建志、陈旭主编：《知识产权损害赔偿研究》，132 页，北京，法律出版社，1997。

② 参见孔祥俊：《合同法教程》，145 页，北京，中国人民公安大学出版社，1999。

③ 参见孔祥俊：《商业秘密保护法原理》，41 页，北京，中国法制出版社，1998。

④ 参见吴汉东、胡开忠：《无形财产权制度研究》，332 页，北京，法律出版社，2005。

给对方造成损失的，应当承担损害赔偿责任。”缔约中的泄露和不正当使用商业秘密的行为必须符合如下要件。

第一，当事人必须知道披露的信息属于商业秘密。当事人在谈判过程中，可能要涉及商业秘密问题。在许多情况下谈判的一方向另一方透露了某些商业秘密以后，可能明确要求对方不予泄露，或者明确声明某项信息属于商业秘密，但在某些情况下并没有明确禁止对方泄露。只要一方接触、了解另一方的信息后，知道或者应当知道该信息属于商业秘密，不论另一方是否告诉其披露的信息属于商业秘密，都应对此依据诚实信用原则负保密义务，不得向外泄露或作不正当使用。

第二，泄露和不正当使用商业秘密。《反不正当竞争法》第 9 条第 1 款第 2 项禁止“披露、使用或者允许他人使用以前项手段获取的权利人的商业秘密”的行为。所谓泄露，是指将商业秘密透露给他人，包括在要求对方保密的条件下向他人透露该商业秘密。向他人披露通过不正当手段所获取的商业秘密，也构成泄露他人的商业秘密。[①] 所谓不正当使用是指未经授权而使用该秘密或将该秘密转让给他人。如将商业秘密用于自己的生产经营，由自己直接利用商业秘密的使用价值的行为或状态，或非法允许他人使用，都构成侵权。无论行为人是否因此而获取一定的利益，都有可能成立缔约过失之债。

第三，因泄露和不正当使用商业秘密而给商业秘密的所有人造成了损失。例如，甲是一家快餐连锁店，经营状况良好，乙欲加入该连锁店，双方开始进行协商，甲提出乙必须参加相关的经营培训后，如符合加盟条件，双方才正式订约。在培训过程中，乙了解了甲的一些经营方法和策略，在培训结束后，乙以加盟费过高为由拒绝签约，数月后，乙找到丙（某快餐店），向其详细介绍了甲的经营方法，并希望与丙合作开店。甲得知该情况后，认为乙泄露其商业秘密，请求乙承担赔偿责任。在本案中，毫无疑问，丙本身也是快餐店，其与甲之间存在竞争关系，一旦乙向丙泄露甲的经营方法，会使甲丧失相关的竞争优势，并因此遭受经济损失，这本身即属于甲所遭受的损失。笔者认为，特有的经营方法应当属于

① 参见孔祥俊：《合同法教程》，150 页，北京，中国人民公安大学出版社，1999。

商业秘密的范畴，因为它也是不为公众所知悉、能为权利人带来经济利益，具有实用性并且经权利人采取保密措施的经营信息，应当受到法律保护。当然，在行为人泄露和不正当使用商业秘密的情形下，其主观上可以是故意，也可能是过失，但均不影响缔约过失责任的成立。

在缔约中泄露和不正当使用商业秘密是构成侵权还是缔约上的过失，我国《合同法》第 43 条对此并没有规定。该条只是提到“应当承担损害赔偿责任”，但并没有说明是根据缔约过失还是侵权行为承担责任。笔者认为，在缔约中泄露和不正当使用商业秘密无疑构成侵权，受害人可以提起侵权之诉，对此，我国《反不正当竞争法》已经作出了规定。但问题在于，受害人是否可以提起缔约过失之诉呢？从《合同法》第 43 条立法的本意来看，并不是为了重复反不正当竞争法的规定，而应当指的是缔约过失责任。在缔约中泄露和不正当使用商业秘密构成缔约过失责任的理由是：一方面，此种行为发生在缔约阶段；另一方面，此种行为违反了依据诚实信用原则所产生的义务。还要看到，此种行为也可能造成他人信赖利益的损失。因为双方进入实际的谈判过程中以后，已经不是陌生的关系，一方对另一方会产生信赖关系。一方在缔约中会信赖另一方不会泄露和不正当使用其商业秘密，而另一方在缔约中泄露和不正当使用商业秘密，会给其造成损害。所以，笔者认为，受害人可以在侵权责任和缔约过失责任中进行选择。当然，从总体上说，在此情形下，侵权责任较之于缔约过失责任对受害人更为有利。

四、违反强制缔约义务

强制缔约又称为契约缔结之强制，是指合同的订立不以双方当事人的合意为要件，只要一方当事人提出缔结合同的请求，另一方当事人就负有法定的、与之缔结合同的义务。在法律规定强制缔约的情形下，一方当事人依据法律规定而负有义务与对方订约，义务人违反该义务应当承担相应的民事责任，甚至是行政责任。例如，我国《合同法》第 289 条规定：“从事公共运输的承运人不得拒绝旅客、托运人通常、合理的运输要求。”该条就是关于强制缔约义务的规定。在现代社会，法律设置强制缔约制度，主要是为了防止某些公共服务提供者选择性地提供公共服务、损害广大消费者利益，进而损及大众的公共利益。① 从比较法上看，在需要采用强制缔约制度的社会关系中，负有强制缔约义务的通常是提供水、电、气等公共服务的大型企业，双方当事人在经济实力、谈判能力上存在较大的差异，如果仍然采用传统的绝对合同自由原则，则大型企业可能会肆意利用合同订立的主动权，单方面决定交易对象、交易价格等合同内容，从而使合同相对方处于被动接受的不利地位。因此，双方当事人通过此种合同形成的利益关系就可能严重失衡，最终导致合同内容违背公平正义的基本民法原则，违背善良风俗和法律②，甚至有可能使合同另一方当事人不能获得必要的公共服务而影响其基本的生存。③

如果负有强制缔约义务的一方拒绝订立合同，其应当承担相应的法律后果，主要是损害赔偿。④ 但此种责任的性质如何，存在争议。一种观点认为，此种责任在性质上属于侵权责任。⑤ 另一种观点认为，应该区分不同的情况，在一般情形下，拒绝缔约应构成侵权，但如果针对特定的主体必须缔约的，负有缔约义务的一方拒绝缔约，则应该承担违约责任。⑥ 笔者认为，一方面，违反强制缔约义务，难以构成侵权责任。毕竟侵权责任以行为人实施一定的侵害行为为责任基础，而在强制缔约中，如果合同相对人拒绝缔约，并非一种侵权行为，也没有造成对绝对权益的损害，因而难以要求其承担侵权责任。侵权责任原则上以特定的民事权利受到侵害为基础，在违反强制缔约义务的情况下，很难解释受害人的何种权利遭受侵害。另一方面，违反强制缔约义务也可能并不构成违约责任。因为

---

① MünchKomm/Busche, vor § 145, Rn. 12, 2012.

② Bamberger/Roth/ Eckert, § 145, Rn. 16.

③ 参见韩世远：《合同法总论》，86 页，北京，法律出版社，2008。

④ Staudinger/Bork, vor § 145, Rn. 20; MünchKomm/Busche, vor § 145, Rn. 12; Bamberger/Roth/ Eckert, § 145, Rn. 16.

⑤ 参见王泽鉴：《债法原理》，2 版，114 页，北京，北京大学出版社，2013。

⑥ 参见李军：《从“强制缔约”到“承诺在先”——关于公共事业服务中承诺在先原则确立的实证分析》，载《法律适用》，2008 (1)。

在强制缔约制度下，如果法院不强制当事人订立合同，则当事人仍然处于缔约阶段，没有形成合同关系。在此情形下，缔约义务人无法承担合同责任。

在拒绝履行强制缔约义务的情况下，相对人可以请求其承担缔约过失责任。例如，某燃气公司未按时向某小区住户供燃气，在该小区住户向其提出订约的要求时，其以该小区住户数量较少为由拒绝订约，并造成该小区住户损害。此时，该小区住户即可请求该燃气公司承担缔约过失责任。在存在强制缔约义务的情形下，负有强制缔约义务的一方当事人拒绝缔约，其既违反了法律的强制性规定，也违反了诚实信用原则，应当构成缔约过失。对方当事人可能因此遭受一定的信赖利益损失，因为其有理由信赖另一方会遵守法律规定的订约义务而与自己订约，因此信赖订约是正当的，因信赖对方要订约而支付的各种费用，完全可以要求对方赔偿。因此，一方当事人违反强制缔约义务的，对方当事人可以请求其承担缔约过失责任。当然，这并不是说，违反任何法定义务都会导致缔约过失责任的发生。此外，与其他几种缔约过失行为所不同的是，在违反强制缔约义务的情况下，法官和仲裁机构有权依据法律的规定，强制当事人缔结合同，而在其他情况下，则仅可以使行为人赔偿信赖利益的损失，但不能强制当事人订约。

五、其他违背诚实信用原则的行为

除上述几种情况以外的其他违反诚实信用原则、造成他人信赖利益损失的缔约过失行为，也可能成立缔约过失之债。

第一，违反合同订立前的信息披露义务。从比较法上来看，逐渐强化了合同当事人在合同订立过程中的信息披露义务，尤其是在涉及消费者保护的领域，法律一般要求经营者应当向消费者披露与交易相关的重要信息。在经营活动中，为保障主体间的正常竞争，维护交易秩序，法律也大多规定当事人在合同订立前的信息披露义务。当事人的信息披露义务应当在合同订立前的合理期间内履行。[1]

---

① 参见［德］冯·巴尔等主编：《欧洲私法的原则、定义与示范规则：欧洲示范民法典草案》（第一卷至第三卷），高圣平等译，210页，北京，法律出版社，2014。

违反合同订立前的信息披露义务构成缔约过失责任，应当符合如下要件。一是一方违反了信息披露义务，这些信息披露的内容有的是法律明确规定的，有的内容虽缺乏法律规定，但在法律没有明确规定时，一般可以依据诚实信用原则予以确定。二是造成对方当事人的信赖利益损失，而且该损失与当事人一方违反信息披露义务之间具有因果关系。例如，在特许经营合同中，特许人在缔约阶段违反信息披露义务，造成受许人为订立合同、准备履行合同而支出了相关费用，则受许人有权基于缔约过失责任请求特许人赔偿。[①]

第二，泄露和不正当使用除商业秘密外的其他秘密信息。除商业秘密外，泄露和不正当使用他人其他秘密信息也可能构成缔约过失责任，此种责任的成立应当符合如下条件。一是违反了诚信原则。这就是说，依据诚信原则，当事人之间在缔约过程中负有保密义务，任何一方不得擅自泄露谈判过程中所了解的对方当事人商业秘密以外的其他秘密。二是行为人实施了泄露或不正当使用除商业秘密外的其他秘密信息的行为。此处所说的“其他秘密信息”的范围较为宽泛，例如，对方当事人的客户资料、营销模式、财务状况、高管人员的个人信息等。三是客观上造成了对方当事人的损失。例如，在前述泄露商业秘密案中，虽然双方当事人未正式订立合同，但乙在参加甲的培训过程中了解到甲的一些经营方法，这些经营信息未必都构成商业秘密，但按照诚实信用原则，乙仍应当负担一定的保密义务。即使是在合同订立前，依据诚实信用原则，乙也应当负有此种义务，但乙为了谋取自身的商业利益，而向丙泄露甲的经营方法，显然已构成缔约过失。

第三，违反初步的协议或未生效合同。如果双方在协商过程中已就合同的主要条款达成初步的意见，在此期间，合同虽未成立，但双方已经建立了信赖关系，如一方因其过失违反了其对另一方作出的允诺，破坏了信赖关系，也可能构成缔约过失。违反初步的协议或未生效合同主要包括两类情况。一是违反意向书造成他人信赖利益损失。意向书也称为备忘录、暂定协议书，它通常是指没有正

① See Odavia Bueno Diaz, *Franchising in European Contract Law*, p. 20.

式成立和生效的合同文本，但它既不是要约、承诺，也不是最终的合同文本。[①]意向书是最终合同的初步文件，对当事人没有法律上的拘束力，而且违反意向书中的内容并不产生违反合同的责任。但在此阶段，如果一方因其过错违反了意向书，并造成他人信赖利益损失，则可能产生缔约过失责任。二是违反未生效的合同造成他人信赖利益损失。如前所述，在合同成立以后，依据法律规定需要相关机构批准、登记才能够生效的合同，如果未经批准或者登记，则合同虽然成立却不生效力，违反此种合同并不产生违约责任，而可能产生缔约过失责任。

第四，要约人违反有效要约。一般而言，要约人可以撤销其要约，但依据《合同法》第 19 条的规定，在如下情形下，要约不可撤销，否则，要约人可能需要对对方当事人承担缔约过失责任。一是要约人确定了承诺期限或者以其他形式明示要约是不可撤销的。例如，旅行社在网上发布公告，宣称只要游客在 10 日内报名参见某国七日游，就可以减免一半旅游费用。后某旅客在 10 内亲自到该旅行社报名时，该旅行社声称网上公告已经作废，不再使用。在该案中，旅行社发布的公告在性质上应当属于不可撤销的要约，其单方撤销要约，应当构成缔约过失。二是受要约人有理由认为要约是不可撤销的，并已经为履行合同做了准备工作。例如，甲向乙发出要约，向乙出卖某种化妆品，并表示备货充足，来款即发货，乙为储存这些化妆品而承租了相关的仓库。在此情形下，甲即不得随意撤销要约，否则乙即有权请求甲承担缔约过失责任。

第五节 缔约过失责任与其他责任

缔约过失责任在性质上属于独立的债的发生原因，但缔约过失责任经常与合同责任、侵权责任发生交叉，正如德国学者冯·巴尔所言："缔约过失责任，即'因过错导致合同无法成立的责任'被认为是法律概念在合同法和侵权法之间摆

① See Reiner Schulze (Ed.), *New Features in Contract Law*, Sellier European Law Publishers 2007, p. 139 以下。

动最为典型的示例。”[①] 因此，有必要在法律上对缔约过失责任与合同责任、侵权责任等作出必要的区分。

一、缔约过失责任与合同责任

（一）缔约过失责任和合同责任的关系

缔约过失责任与违约责任的基本区别在于，二者发生的时间不同。缔约过失责任主要发生在合同订立过程中，即在缔约过程中，一方当事人违反相关的义务造成对方当事人的损失，而违约责任则发生在合同成立以后。缔约过失责任一般适用于合同不成立，或者成立后被撤销的情形，而违约责任则一般发生在合同履行过程中。对缔约过失责任而言，其赔偿的对象是信赖利益损失，而对违约责任而言，其赔偿的对象为履行利益损失。

按照合同法原则，一方因过错不履行或不完全履行合同义务，应负违约责任。由于违约责任存在的前提是双方当事人之间的合同关系，因而，违约责任制度保护的是当事人因合同所产生的利益，即履行利益。但在合同尚未成立或合同无效时，因一方当事人的过失造成另一方当事人损害的，则无法通过违约责任对该损害进行救济。传统民法理论和制度重视合同关系而轻视缔约关系，“在缔约谈判过程中，一方当事人因为应受非难的行为而侵害他方当事人时，应依契约原则（而非依侵权行为规定）负责，至于契约是否成立，此一非难的行为与契约内容是否有关，在所不问”[②]，这实际上混淆了违约责任和缔约过失责任。事实上，两者虽有密切联系，但在责任根据、举证责任、责任范围、责任的认定标准等方面均存在区别。

自从耶林提出了缔约过失责任以后，缔约过失责任与违约责任在法律上逐步

---

① Steven A. Mirmina, “A Comparative Survey of Culpa in contrahendo, Focusing on Its Origins in Roman, German, and French Law as Well as Its Application in American Law”, *Connecticut Journal of INT'L Law*, vol 8: 77, 1992, p. 672.

② 该观点为大多数学者所主张，并受到王泽鉴先生的批评。王泽鉴：《民法学说与判例研究》，第2册，9页，北京，中国政法大学出版社，1998。

分开。实际上，在耶林提出缔约过失责任理论之时，其认为缔约过失行为“其所侵害的是，特定当事人的具体债权，因此关于举证责任、时效期间及责任标准等问题，均应适用契约法原则加以处理”[①]。德国某些判例也支持这一观点，认为当事人在从事缔约行为之际就已经默示地缔结了责任契约，德国帝国法院于1911年12月7日关于软木地毯案的判决便采纳了这一观点。法院在该案中认为，基于当事人之行为，在彼此间业已形成了一种为买卖而准备的法律关系，此种关系与契约关系类似，在出卖人与有意购买之顾客间产生了一种法律上之义务，在展示商品之际，对相对人之健康及其他法益应予注意保护。[②] 在我国，由于缔约过失责任是在《合同法》中作出规定的，据此，一些学者认为，缔约过失责任和合同责任并没有本质的区别。但笔者认为，这一观点是值得商榷的。虽然缔约过失责任发生于合同的订立阶段，即在合同订立阶段，当事人为订立合同而形成了一定的接触和信赖关系，因一方的过失而使合同不能订立，或者订立后被宣告无效或者被撤销，使另一方遭受了损害，因此，缔约过失责任与违约责任的联系十分密切，其通常适用于合同在订立过程中以及合同因不成立、无效和被撤销的情况下所产生的责任，但缔约过失责任与违约责任存在明显的区别，表现在：

第一，责任成立前提不同。违约责任是因为违反有效合同而产生的责任，它是以合同关系的存在为前提条件的；而缔约过失责任产生的宗旨就是为解决没有合同关系的情况下因一方的过失而造成另一方信赖利益损失的问题，所以区分合同责任与缔约过失责任首先要以合同关系是否成立为认定标准。如果存在合同关系则应适用合同责任，如不存在合同关系则可以考虑适用缔约过失责任。当然，一方当事人在缔约过程中存在欺诈行为，造成对方当事人信赖利益损害，如果受害人一方所享有的撤销权因除斥期间经过而消灭，合同将因此成为完全有效的合同，此时，虽然存在有效成立的合同，但受害人一方的缔约过失责任请求权仍应当存续，受害人仍可请求相对人赔偿其信赖利益损害。

第二，责任形式不同。违约责任可以由当事人约定责任形式，如当事人可以

① 王泽鉴：《民法学说与判例研究》，第4册，10页，台北，自版，1991。

② 参见王泽鉴：《民法学说与判例研究》，第1册，81页，台北，自版，1975。

约定违约后的损害赔偿的数额及其计算方法，也可以约定违约金条款，还可以约定免责条件和具体事由；而缔约过失责任只是一种法定的责任，不能由当事人自由约定。从责任形式上看，合同责任的形式包括了违约金、损害赔偿、实际履行、修补或替换、定金责任等多种形式；而缔约过失责任只以损害赔偿作为其责任形式。

第三，赔偿范围不同。违约责任的赔偿范围一般是指合同的履行利益，即受害人因合同履行而可获得的利益，履行利益的功能是使受害人恢复到合同犹如完全履行一样的状态，因此，赔偿期待利益可以作为实际履行的替代方法来使用。而缔约过失责任的救济对象是信赖利益，对信赖利益的保护，旨在使非违约方因信赖合同的履行而支付的各种费用得到返还或赔偿，信赖利益赔偿的主要功能是使受害人恢复到合同尚未订立时受害人所应当处于的状态，当事人在合同缔结以前的状态与现有状态之间的差距，应是信赖利益损失的赔偿范围。

第四，损害赔偿的计算标准不同。违约责任的损害赔偿一般按照可预见性的标准进行计算，《合同法》第 113 条规定，当事人一方违反合同的赔偿责任，应当相当于另一方因此所遭受的损失，但是不得超过违反合同的一方订立合同时预见到的或应当预见到的因违反合同可能造成的损失。《合同法》通过可预见性规则对违约损害赔偿数额进行限制，旨在降低交易风险，鼓励当事人从事交易行为，同时也是为了避免在缔约以后因损害赔偿而发生各种不必要的纠纷。而缔约过失责任的损害赔偿数额并不按照可预见性的规则进行计算，其主要赔偿受害人因信赖合同能够有效成立或者生效所遭受的损失，而且信赖利益的损害数额一般不得超过履行利益的损失数额。

第五，免责条件不同。我国《合同法》虽然对违约责任采严格责任的归责原则，但仍将不可抗力作为违约责任的免责事由，即如果因不可抗力导致一方当事人无法履行合同义务的，该方当事人无须承担违约责任。但对缔约过失责任而言，我国现行立法并没有将不可抗力作为缔约过失责任的免责事由。

第六，归责原则不同。对违约责任而言，我国《合同法》借鉴《国际商事合同通则》等的经验，对违约责任原则上采严格责任，即便一方当事人对违约事由的发生没有过错，其仍然需要承担违约责任；而缔约过失责任则属于过错责任，即只有一方当事人在合同订立过程中存在违背因诚实信用原则而产生的相关附随义务时，才需要承担缔约过失责任，此种做法与德国等国家的做法类似。

第七，违反义务的性质不同。缔约过失违反的是先合同义务，此种先合同义务来自于订约双方的信赖关系和诚实信用原则，主要表现为诚信缔约、及时通知、照顾、保护、保密等义务类型；对违约责任而言，当事人违反的是合同义务，而此种义务主要来自于双方当事人的约定。

由于缔约过失责任与违约责任存在上述区别，因而，应当在债法中对缔约过失责任作出规定，而不应当在合同法中对其作出规定。然而，由于我国目前尚未颁布民法典，因而缔约过失责任不可能在债法中详细作出规定，而暂时只能在《合同法》中规定。但考虑到缔约过失责任作为债权请求权的独立性，我国未来民法典应当在债法中对其作出规定，而不应当将其规定在合同法编中。

（二）合同关系终止后的缔约过失责任

笔者认为，在合同被宣告无效或者被撤销以后，如果一方有过错并给另一方造成损失，也应当按照缔约过失责任承担赔偿责任。因为，从根本上来说，有过错的一方之所以应负损害赔偿责任，是因为其在缔约阶段具有过错，并给另一方造成了损失，从而应当按照缔约过失责任制度承担赔偿责任。至于合同在解除和终止以后，是否形成缔约过失，值得研究。笔者认为，因一方的违约而发生违约解除以后，并不影响当事人要求损害赔偿的权利，而违约的损害赔偿根本不同于基于缔约过失而发生的信赖利益赔偿。

在合同终止以后，一方违反了诚实信用原则而给另一方造成了损失，是否也应当承担缔约过失责任呢？我国《合同法》第 92 条规定："合同的权利义务终止后，当事人应当遵循诚实信用原则，根据交易习惯履行通知、协助、保密等义务。"该条确定了所谓后契约义务，即在合同关系终止（即消灭）后，当事人应当遵循诚实信用原则而负有通知、协助、保密等义务，违反此种义务也要承担责任。由于合同关系已经终止，因而这种义务不是依据合同产生，而是依据诚实信用原则产生的。由此可见，为了充分保护合同当事人的合理信赖，当事人可能依据诚实信用原则产生多项义务，如保护、保密、协助等义务，该义务不仅发生在合同订立阶段，也可能发生于合同履行阶段，还可能存在于合同终止后的阶段。[①]

问题在于，在违反后契约义务的情况下，此种责任是否属于缔约过失责任呢？学者对此存在不同的看法。一种观点认为，缔约过失责任仅适用于缔约阶段，也就是说，仅适用于合同成立之前的阶段，而不适用于合同终止以后的情况。另一种观点认为，缔约过失也适用于后契约阶段，这是缔约过失责任的扩张现象，有必要肯定缔约过失责任的此种扩张。笔者认为，我国《合同法》并没有规定后合同责任，因此，从请求权基础的层面来看，后合同责任并不属于我国法定的请求权基础类型，在一方当事人违反后合同义务的情形下，另一方当事人无法依据《合同法》请求对方当事人承担后合同责任。

尽管违反后契约义务的责任与缔约过失责任具有相似之处，但是从缔约过失的本来含义上来理解，它不应当适用于后契约阶段，而只能适用于前契约阶段。将缔约过失责任扩张适用于后契约阶段是不妥当的。因为一方面，缔约过失的本来含义是指发生在缔约阶段的过错，而不包括合同终止以后的情况。应当看到，《合同法》第42条第3项规定："有其他违背诚实信用原则的行为"，也可以构成缔约过失，该规定实际上是一个兜底条款，表明缔约过失行为在本质上都是违背诚实信用原则的行为。但该规定是缔约过失之债的兜底条款，原则上不应当适用于后合同义务。另一方面，在赔偿的范围方面，它与缔约过失也不完全相同。因为违反后契约义务造成的是实际利益的损失，而不是信赖利益的损失。例如，乙受雇于甲，合同期满以后，乙要求延长，甲不同意续聘，乙对此强烈不满，半年后受聘于丙，乙知道甲与丙之间具有业务竞争关系，便向丙透露了甲的许多内幕信息，尤其是披露甲的客户名单，以及延揽客户的各种方法，丙按照乙披露的情况，与甲争夺客户，使甲半年内减少200名客户，而丙增加了同样多的客户。甲知道该情况后，对乙提起诉讼，请求乙赔偿其泄密造成的损失。此种损失不是信赖利益的损失，而是固有利益的损失。因此，在后契约阶段，因一方违反诚信原则造成另一方的损害，在实践中大多适用侵权责任，受害人提起侵权之诉更有利

① 参见叶榅平：《民法中的保护义务》，载《法律科学》，2008（6）。

于保护其利益。

尽管行为人违反后契约义务造成对方损害并非发生在缔约过程中，但其与缔约过失责任存在一定的相似之处，表现在：一方面，二者都不存在有效的合同关系。在行为人违反后合同义务的情形下，当事人的合同权利义务已经终止，当事人之间实际上也不存在有效成立的合同关系。另一方面，行为人违反后合同义务造成他人损害，实际上也是违反其因诚实信用原则而产生的通知、照顾、保护等义务。从这两方面看，其与缔约过失责任具有相似之处，且由于二者都属于违反诚信原则造成对方损失的行为，因而，也可以类推适用上述规定来认定当事人违反后合同义务的法律责任。

（三）缔约过失责任与合同无效或被撤销后的责任

我国《合同法》第56条规定："无效的合同或者被撤销的合同自始没有法律约束力。"合同一旦被宣告无效，将自始归于无效，合同无效之后，当事人之间将产生恢复原状、返还财产的关系，从而使双方当事人之间的利益状态恢复到合同订立之前的状态。在我国司法实践中，合同被宣告无效或者被撤销之后，当事人之间已经作出的履行如何恢复原状呢？司法实践大多认为，在此情形下，应依据《合同法》第58条的规定，即"合同无效或者被撤销后，因该合同取得的财产，应当予以返还；不能返还或者没有必要返还的，应当折价补偿。有过错的一方应当赔偿对方因此所受到的损失，双方都有过错的，应当各自承担相应的责任"。因该合同取得的财产，应当予以返还。学理上，对于当事人的请求权基础，存在如下三种学说。

1. 不当得利说。此种观点主要为采物权行为理论的国家所采纳，依据物权行为理论，一方当事人按照合同约定向对方交付财产后，即便合同以后被宣告无效或者被撤销，接受给付的一方当事人仍可取得标的物的物权，但由于债权合同已经无效或者被撤销，作为取得物权基础的"法律上原因"丧失，取得物权的一方当事人因此就构成了不当得利。

2. 缔约过失说。此种观点认为，合同无效或被撤销之后，如果一方存在过错，则应当对另一方因此遭受的损失承担赔偿责任。物的返还或者物的价值的返还，也可以被认定为因合同无效或被撤销而产生的损失。

3. 物权请求权说。此种观点认为，合同无效或被撤销以后，已经履行的一方可以基于物权请求权要求接受履行的一方返还。

笔者认为，上述三种学说都不无道理。在采纳物权行为理论的国家，在作为物权变动原因的债权合同被宣告无效或者被撤销的情形下，买受人基于物权行为而取得标的物所有权则欠缺法律上的原因，应当构成不当得利。但我国《物权法》并没有采纳物权行为理论，因而，当事人不得以所有权为客体主张返还不当得利。缔约过失说从合同订立阶段的角度来观察该返还请求权，但此种观点将物的返还或者价值的返还界定为合同无效或者被撤销而产生的损失，不符合信赖利益损失的内涵，且没有正确揭示当事人互负返还义务的本质原因。依据物权请求权说，在债权形式主义物权变动模式下，如果合同被宣告无效或者被撤销，则标的物的所有权不发生移转，已经履行的一方可以基于物权请求权请求对方返还标的物。此种观点从总体上符合我国的立法现状，但也存在一定的问题，因为此种观点主要适用于有体物的返还，在标的物为有体物以外的给付时，则当事人很难依据物权请求权提出请求。

笔者认为，关于合同被宣告无效或者被撤销后当事人之间返还义务的基础，应当区分以下两种情形分别判断。如果标的物是有体物，则发生物权请求权或者不当得利返还请求权的竞合，作出给付的一方有权选择其中一种请求权向对方当事人提出请求。如果一方当事人所作出的给付为有体物以外的其他给付，则作出给付的一方当事人难以依据物权请求权提出请求，在此情形下可以基于不当得利请求返还。

我国《合同法》第58条规定："有过错的一方应当赔偿对方因此所受到的损失，双方都有过错的，应当各自承担相应的责任。"该条并没有指出损害赔偿责任的请求权基础。换言之，没有过错的一方请求有过错的一方承担损害赔偿责任，其请求的依据是基于缔约过失、侵权行为还是合同上的请求权，对此法律并没有作出规定。在司法实践中也没有对这个问题作出严格的区别。一般认为，这是一种过错责任，没有必要确定责任的请求权基础。笔者认为，作出区分是有重大意义的，因为请求权基础不同，请求赔偿的范围也不同，如果是缔约过失责任，则仅仅赔偿信赖利益的损失，而侵权责任则需赔偿全部实际损失，合同上的请求权问题可能涉及履行利益的赔偿问题。所以，没有过错的一方请求另一方承担赔偿责任，必须要以特定的请求权为基础。笔者认为，此种责任也属于缔约过失责任，而非违约责任或侵权责任。例如，在一方当事人因重大误解而撤销合同时，其应当有权请求对方当事人承担信赖利益的赔偿责任。合同被宣告无效或被撤销，是因为一方的过错所致，而此种过错又发生在缔约阶段，且造成另一方的损失，符合缔约过失责任的构成要件，因而可适用缔约过失请求权。

在此需要讨论的是，如果合同当事人因除斥期间经过而未撤销合同时，其缔约过失损害赔偿请求权是否应受到影响。在合同订立过程中，如果一方当事人未尽到照顾、保密等义务，导致对方当事人在合同订立过程中存在重大误解的，则对方当事人享有撤销合同的权利，而且在其撤销合同后，有权请求对方当事人承担缔约过失责任。问题在于，如果享有撤销权的一方当事人在撤销权的法定期间内没有行使撤销权，并因此导致合同成为完全有效的合同，此时，享有撤销权的一方当事人能否请求对方当事人承担缔约过失责任呢？笔者认为，在此情形下，享有撤销权的一方当事人的缔约过失损害赔偿请求权并不受到影响。[①] 缔约过失请求权属于独立的请求权，只要一方当事人在缔约过程中存在违反诚实信用原则的行为，造成对方当事人损害的，遭受信赖利益损失的一方当事人即享有缔约过失损害赔偿请求权，其请求权的成立不以撤销合同为前置要件，合同后来是否被撤销，并不会对该请求权产生影响。

二、缔约过失责任与侵权责任

按照德国学者耶林的观点，缔约过失责任的主要功能在于弥补侵权责任的不足，因为侵权责任主要发生在陌生人之间，当事人之间一般并不负有照顾、保护等义务，但如果当事人之间已经因订立合同而进行一定的社会接触，则当事人之

① 参见韩世远：《合同法总论》，146 页，北京，法律出版社，2004。

间应当基于此种接触而负担一定的照顾、保护义务，一方当事人违反此种义务造成对方当事人损害的，即应当承担缔约过失责任。[①] 直到现在，许多德国学者仍然认为缔约过失责任主要在于弥补侵权法规定的不足。由于德国民法没有像其他国家的民法那样采纳一般的过错责任原则，而《德国民法典》第823条中关于侵权行为的一般规定也没有将纯粹经济损害（mere pecuniary of harm）纳入其中，侵权行为的规定过于简略，因而通过缔约过失责任的创设，可以弥补侵权责任规定的不足。[②] 而以法国为代表的一部分国家基本上都认为，缔约过失责任是一种侵权责任，其包括了在磋商过程中当事人造成的侵权损害，可适用于处理关于特许或者分销的争议，以及无充分理由中断磋商等情形。它还可能包括在先合同阶段的过错行为。[③]

在我国，因缔约过失请求权规定在《合同法》中，其与《侵权责任法》中规定的侵权请求权是有区别的。但在实践中，基于缔约过失所产生的请求权与侵权行为的请求权具有许多相似之处。一方面，它们大多是在没有合同关系的情况下所发生的责任；另一方面，两种责任都以损害赔偿为内容并且都以过失为要件，尤其是缔约过失请求权与侵权责任法中违反安全保障义务的责任经常容易发生混淆。例如，顾客在酒店就餐期间，将其汽车停放在酒店门前，该车被盗，酒店是否应当负责问题。如果需要负责，其责任性质属于缔约过失责任还是违反安全保障义务的责任。再如，某人去银行存钱，在银行大厅内被人抢劫，此种情况下，受害人是否有权要求银行赔偿，其究竟应当基于缔约过失还是基于侵权而主张银行赔偿呢？毫无疑问，由于缔约过失责任的确立使合同外的责任更为丰富和完善，不仅可以弥补侵权责任的不足，而且缔约过失责任和侵权责任相辅相成，可以有效调整契约外的责任关系。然而，缔约过失责任和侵权责任毕竟存在明显的区别，表现如下。

---

① 参见王泽鉴：《民法学说与判例研究》，第4册，11页，北京，中国政法大学出版社，1998。

② See Friedrich Kessler & Edith Fine, "Culpa In contrahendio, Bargaining in Good Faith, and Freedom of Contract: A Comparative Study", 77 *Harvard Law Rev*. 1964, p. 407.

③ See Tadas Klimas, *Comparative Contract Law*, *A Transystemic Approach with an Emphasis on the Continental Law Cases*, *Text and Materials*, Carolina Academic Press 2006, p. 74.

第一，两种责任产生的前提不同。缔约过失责任的产生具有两个前提条件，一是缔约双方为了缔结合同而开始进行社会接触或交易上接触，即双方已形成了一种实际接触和磋商的关系；二是这种接触使当事人形成一种特殊的联系，从而使双方产生了特殊的信赖关系。接触是一个前提，而信赖是接触的结果，是从接触中产生的。没有接触，单方面所产生的信赖并不是合理的信赖，因为接触和信赖就出现了德国学者所强调的在缔约过失情况下当事人之间发生了一种法律上的特殊结合关系。但是对侵权行为来说，侵权责任的发生并不需要当事人之间存在任何关系，侵权行为发生后才使当事人之间产生损害赔偿关系。侵权行为责任不存在缔约过失责任所要求的前提和基础，这是两种责任的重要区别。所以在有些案例中，在当事人没有形成接触和信赖关系的情况下遭受损害，如某人进商场购货时因地面很滑而不小心摔伤，或者进商场时因商场正在施工而不小心掉进一深坑中，在这些情况下，由于顾客与商店并未形成订约的实际接触和信赖关系，所以不能按照缔约过失责任处理。

第二，两种责任违反的义务性质不同。按照德国学者的观点，当事人之间因订约而形成了一种接触和信赖关系，因此，依据诚实信用原则，此时当事人之间产生了保护、通知、说明、协力、忠实、照顾等附随义务或其他义务。此种附随义务或其他义务，与基于契约有效成立而发生以及因契约解除或撤销而消灭的给付义务不同，此种义务是独立于契约外而存在的。[①] 所以缔约过失责任在本质上属于违反了依诚实信用原则而产生的先契约义务。而侵权行为则违反了不得侵害他人财产和人身的一般义务，这种义务是无时不在、无处不在，并为任何人所负有，因此，侵权法所规定的是一般的义务，较之于先契约义务更为广泛。

第三，两种责任的利益范围不同。缔约过失的赔偿范围是信赖利益的损失，此种利益的损失不是现有财产的毁损灭失，也不是履行利益的丧失，而是因为相信合同的有效成立导致的信赖利益的损失。在一般情况下，此种损失主要表现为一种费用的支出不能得到补偿，或者因为信赖对方将要订立合同而损失的利益。例如，因信赖对方将要出售房屋给自己而将自己的房屋卖掉，由此造成一定的损

① 参见［德］海因·克茨：《欧洲合同法》上卷，周忠海等译，51页，北京，法律出版社，2001。

失。无论是何种表现形态，只要缔约过失行为确实造成信赖关系破坏，从而使另一方的信赖利益受到损失，受害人就有权要求赔偿。但是侵权责任所保护的并不是一种信赖利益，而是物权、人格权等绝对权。信赖利益因为并非一种实有财产，很难受到侵权责任法的保护，在受害人遭受信赖利益损失的情况下，不能根据侵权行为而要求赔偿。

第四，缔约过失责任是一种补充性的民事责任，即它是在不能适用侵权责任和合同责任的情况下所适用的责任。之所以把缔约过失责任看作是一种补充性责任，主要原因在于虽然缔约过失责任在现行法中已得到明确的确认，但附随义务毕竟不是法律明确规定的义务，而是根据诚实信用原则解释出来的义务。当然，缔约过失责任并不只是为了弥补侵权法与合同法的不足，其也有独立的适用空间。例如，对于恶意磋商行为，合同法和侵权法都无法有效调整，而只能适用缔约过失责任。不过，虽然缔约过失责任有自己独立的适用范围，但其与合同之债、侵权损害赔偿之债之间也存在一定的交叉。例如，一般情形下，在合同无效或被撤销之后，因一方当事人过错导致另一方受损害，有可能适用缔约过失责任。尤其是在许多情况下，缔约过失责任可以弥补侵权或违约责任的不足。例如，在前述例子中，某人去银行存钱，在银行大厅内被人抢劫，在本案中，如果不能找到侵权人，则受害人可先基于《侵权责任法》第 37 条的规定，请求银行基于违反安全保障义务的行为而要求其承担相应的补充责任。如果难以适用侵权责任，可以基于缔约过失责任请求银行赔偿。

应当指出，在侵权责任法的保障范围不断扩张的情况下，能否以侵权责任来替代缔约过失责任呢？依据《侵权责任法》第 2 条的规定，其保障的范围是民事权益。据此，许多学者认为，民事权益的范围可以作宽泛的理解，不仅包括因侵权行为而遭受的损害，而且包括因在缔约之际的过失而造成的信赖利益损失。有学者认为，侵权责任的一般条款可以包括侵害财产利益在内。① 也有人认为可以将缔约过失责任理解为侵权责任。② 笔者认为，侵权责任并不能替代缔约过失责

① 参见朱岩：《德国新债法条文及官方解释》，123 页，北京，法律出版社，2003。

② 参见马俊驹、余延满：《民法原论》，541 页，北京，法律出版社，2008。

任，因为侵权责任法所保护的民事权益范围原则上不包括信赖利益。尤其是在缔约过程中，尽管一方实施了违反诚信原则的行为，但是，这并非针对另一方实施的侵权行为，所以，缔约过失与侵权行为之间存在区别。

第六节 缔约过失责任的赔偿范围

缔约过失责任之所以作为独立的债权请求权，是因为其在赔偿范围方面，具有保护受害人的特殊功能。罗马法在确定赔偿损失的数额时，要求债务人赔偿债权人因债务不履行而遭受的损失（damnum emergens），以及若债务人如约履行债权人可获得的利益（lucrum cessans）。换言之，债务人必须对债权人遭受的全部损失包括直接损失和间接损失承担赔偿责任。[①] 但这一标准主要适用于违约责任。在缔约过失责任中，行为人是应当赔偿履行利益（又称为积极利益 positive interest），还是信赖利益即消极利益（negative interest）则是一个值得探讨的问题。耶林在其最早提出缔约过失概念的文章中指出，导致合同无效的有过错的一方，应当对无过错的另一方当事人因信赖合同有效所遭受的损害负责，但无过错的一方不能请求有过错的一方赔偿其履行利益损失。[②]《德国民法典》并没有在法典中确认缔约过失责任制度，但在德国司法实践中，判例承认在合同磋商阶段，当事人负有不得损害他人（neminem laedere）的一般义务以及社会交往义务，如果未尽到此种义务，造成他人信赖利益损失，则应当予以赔偿。[③]

一般认为，在缔约过失责任中，应当以信赖利益的损失作为赔偿的基本范围。信赖利益的损失限于直接损失，直接损失就是指因为信赖合同的成立和生效所支出的各种费用，具体包括：第一，因信赖对方要约邀请和有效的要约而与对方联系、赴实地考察以及检查标的物等行为所支出的各种合理费用。第二，因信

---

① 参见丁玫：《罗马法契约责任》，93页，北京，中国政法大学出版社，1998。

② Friedrich Kessler & Edith Fine，“Culpa in contrahendo，Bargaining in Goodfaith，and Freedom of Contract，A comparative Study”，77 *Harvard Law Rev.* 1964，p. 406.

③ Esser，Schuldrecht，Band 1－2，Heidelberg，2000，SS. 144－145.

赖对方将要缔约，为缔约做各种准备工作并为此所支出的各种合理费用。第三，为谈判所支出的劳务费，以及为支出上述各种费用所失去的利息。例如，甲打算加盟乙的连锁咖啡店，甲与乙签订了一份意向书，该意向书规定，如果甲取得一定的经营咖啡店的经验，并且保证交纳 100 万元的加盟费，则乙将许可甲从事该品牌咖啡店的经营，双方即可订立正式的特许经营加盟许可合同。甲为此在某咖啡店自费实习一年，花费近 20 万元。在甲满足要求后，乙则提出，加盟费的市场价格已经上涨，除非甲交纳 200 万元的加盟费，否则不得从事相关的特许经营活动。在该案中，乙违反诚信原则产生的义务，甲有权请求乙承担缔约过失责任，包括请求乙赔偿其到乙店中考察所支出的费用、其为获得咖啡店经营经验所花费的费用、其与乙谈判所支出的费用以及上述费用的利息等。应当指出，上述各种费用的支出必须是合理的，才能请求行为人赔偿。所谓合理，是指受害人应当按照一个谨慎的、小心的、合理的人那样支付各种费用。只有合理的费用才和缔约过失行为有因果联系，并且应当由行为人承担赔偿责任。

行为人是否应当赔偿间接损失呢？所谓间接损失，是指如果缔约一方能够获得各种机会，而在因另一方的过错导致合同不能成立的情况下，使这些机会丧失。[①] 例如，因为合理信赖对方将要出售房屋，而没有考虑更好的买房的交易。笔者认为，机会损失不应当包括在信赖利益的范围内。因为信赖利益必须是一种合理的能够确定的损失，而机会所形成的利益是很难合理确定的，如果允许基于缔约过失赔偿机会损失，可能导致缔约过失的赔偿范围过大，这既不利于确定行为人缔约过失责任的范围，也可能因为责任过重而不当妨碍当事人的合同自由。此外，机会损失在举证上存在困难，赔偿此种损失可能会诱发当事人与第三人恶意串通，索赔巨额机会损失的费用。

一般认为，信赖利益赔偿原则上不能超过履行利益，即在合同不成立、无效或者被撤销的情况下，有过错的一方所赔偿的信赖利益损失不应该超过合同有效

---

① 参见最高人民法院经济审判庭编著：《合同法释解与适用》上册，184 页，北京，新华出版社，1999。

或者合同成立时受害人一方所能够获得的履行利益。[①] 笔者认为，一般情况下，受害人信赖利益的损失会小于其因合同有效履行所能够获得的履行利益，因此，以履行利益来限制信赖利益的赔偿范围具有一定的必要性，即信赖利益损失原则上不得超过履行利益损失。例如，因一方的过错导致合同不能有效成立，另一方可以要求赔偿因信赖合同成立而支付的各种费用，此种费用损失原则上不得超过合同有效成立时受害人一方能够获得的利润，在实践中，这一原则对于准确认定信赖利益的赔偿范围具有重要意义。

缔约过失责任原则上不应包括对维持利益的赔偿。所谓维持利益，是指当事人在订约过程中所享有的信赖利益以外的其他人身、财产利益。在此需要讨论的是，在合同订立过程中，如果因一方当事人未尽到相关的保护、告知等义务，造成对方当事人信赖利益以外的人身、财产损害的，该损害是否属于缔约过失责任的赔偿范畴呢？自然人享有的生命和身体健康权以及所有权不受他人侵害的权利，在法律上也称为维持利益。此种维持利益损害能否纳入缔约过失责任的赔偿范围呢？有学者认为，一方当事人在缔约过程中违反保护义务而使对方当事人遭受人身或财产的损害时，可以基于缔约过失责任请求行为人赔偿此种损害。[②] 凡是因违反保护义务，侵害相对人的生命和身体健康权、所有权，应由加害人负全部的赔偿责任，维持利益的损失一般不以履行利益为界限。[③] 按照王泽鉴先生的观点，如果将受害人此种维持利益的损害纳入缔约过失责任的赔偿范畴，则行为人应当赔偿受害人所遭受的全部损害，而且此种维持利益可能远大于履行利益的损失，此时，缔约过失责任的赔偿范围即不以履行利益为限。[④] 笔者认为，缔约过失责任救济的是当事人的信赖利益损失，即信赖合同能够有效订立而遭受的相

① 《德国民法典》第 307 条第 1 款中明确规定："在订立以不能给付为标的的合同时，明知或可知其给付为不能的一方当事人，对因相信合同有效而受损害的另一方当事人负损害赔偿义务，但赔偿额不得超过另一方当事人在合同有效时享有的利益的金额。"该条已被废止。但《德国民法典》第 179 条有类似的规定。

② 参见崔建远主编：《新合同法原理案例评析》，114 页，长春，吉林大学出版社，1999。

③ 参见韩世远：《违约损害赔偿研究》，48 页，北京，法律出版社，1999。

④ 参见王泽鉴：《民法学说与判例研究》，第 1 册，100～101 页，北京，中国政法大学出版社，1998。

关损失，如为订立合同而支出的相关费用，此种损害原则上不应当超过履行利益，当事人在缔约过程中所遭受的维持利益损害不应当纳入缔约过失责任的赔偿范围，而应当属于侵权责任的救济对象。因此，一方当事人在缔约过程中未尽到相关的保护、照管等义务，造成对方当事人维持利益损害的，受害人如果请求行为人赔偿其身体健康权、所有权受到侵害的实际损失，原则上只能基于侵权行为提起诉讼。例如，在前述特许加盟案中，如果甲在考察乙的咖啡店期间滑倒，遭受一定的人身损害，此种损害即属于甲的维持利益的损害，此种损害并不属于缔约过失责任的救济对象，而属于侵权责任的救济范围。

在此需要讨论的是，受害人在缔约过程中还可能遭受一定的精神损害，受害人能否基于缔约过失责任请求行为人赔偿其精神损害。例如，甲委托某中介公司购买房屋，中介公司找到欲出售房屋的乙进行谈判，乙告诉中介公司其欲出售的房屋中曾发生过凶杀案。但中介公司并未将这一情况告知甲。甲在购买该房屋之后，知悉这一情况，便立即要求解除合同，此时中介公司对甲在缔约阶段的费用支出应当承担赔偿责任。但甲请求中介公司赔偿精神损害，是否可以获得法院支持？笔者认为，受害人在缔约过程中所遭受的精神损害不属于缔约过失责任的救济对象，因为按照《侵权责任法》的规定，受害人的精神损害只能通过侵权责任进行救济。所以，在缔约过程中，一方当事人未尽到相关的照顾、通知等义务，造成对方精神损害的，该精神损害并不属于缔约过失责任的救济对象。

第八章

无因管理之债

第一节　无因管理概述

一、无因管理的概念

所谓无因管理，是指没有法定或约定的义务，而管理他人事务的行为。其中，行为人称为管理人，被管理人称为本人（又称为受益人）。所谓“无因”，是指无法律上的义务。[①] 无因管理一词来自于拉丁语“negotiorum gestio”。“negotiorum”是事务的意思，而“gestio”作管理解释，两者并用则称为“管理他人事务”[②]。在德国，无因管理称为“Geschäftsfuehrung ohne Auftrag”，其本来的含义为“无委托的事务管理”。日本学者常将“无因管理”称为“事务管理”，也

① 参见王泽鉴：《债法原理》，416页，北京，中国政法大学出版社，2003。

② 但“无因管理”（negotiorum gestio）表述更为确切。参见陈朝璧：《罗马法原理》，125页，北京，法律出版社，2006。

有国家民法典称其为“管理他人的事务”[①]。我国《民法总则》第 121 条规定：“没有法定的或者约定的义务，为避免他人利益受损失而进行管理的人，有权请求受益人偿还由此支出的必要费用。”从该规定来看，无因管理是指无义务为他人管理事务，这就在法律上确立了无因管理法律制度。

无因管理是债的发生原因之一。也就是说，基于无因管理，管理人和本人相互之间负有给付的义务。但在无因管理的性质认定方面，比较法上存在不同的观点。在罗马法上，无因管理被称为准契约。例如，查士丁尼即用准合同概念涵盖无因管理行为，因为此类义务源自合法行为，因而所产生的诉求更接近于合同义务，而非侵权责任。罗马法学家彭梵得认为，当罗马人说债产生于准契约时，指的正是无因管理。[②] 法国民法受罗马法影响，其民法典在第三卷（取得财产的各种方式）的第四编有关准契约的规定中，将其归入准合同的范畴。而在德国法上，虽然在理论上不承认无因管理属于准契约，不要求管理人和本人之间存在特定的合意[③]，但将其置于委托合同的规定之后，以显示出其与委托合同的密切联系，这在一定程度上也受到了准契约理论的影响。而在普通法系，无因管理长期以来并没有被当作一种独立的请求权类型。[④] 但大陆法系国家现在的主流观点认为，无因管理并不是准合同，而是法定之债的一种类型。因为在无因管理中，当事人之间并无合意，而且法律后果的设定更多的是依据法律规范而不是当事人的意思。所以，《日本民法典》将无因管理、不当得利并列，共同作为债的发生原因。此种立法例也为中华民国民法所继受。

我国民法并没有将无因管理规定为准合同，而是将其规定为法定之债的一种类型，并可以构成独立的请求权基础。依据《民法总则》第 118 条的规定，无因管理是债权请求权体系中的重要类型。它和合同请求权、侵权请求权、不当得利返还请求权等一起，共同构成了债权请求权的完整体系。在司法实践

① 《路易斯安那州民法典》第 1870 条。

② 参见［意］彼德罗·彭梵得：《罗马法教科书》，黄风译，396 页，北京，中国政法大学出版社，1992。

③ Wollschläger，Die Geschäftsführung ohne Auftrag，1976，S. 41 f.

④ See S. J. Stoljar，*International Encyclopedia of Comparative Law*，Volume X，Chapter17，J. C. B.，mohr（Paul Siebeck，Tübingen）(1980)，p. 3.

中，将无因管理作为一种请求权依据，对于依法公正裁判具有重要意义。从实践来看，许多法院在处理无因管理纠纷时，往往适用公平原则处理，但公平原则在法律上属于法律原则，其主要功能是解释法律规则、填补法律漏洞，而且其内涵较为宽泛，以公平原则代替无因管理制度，可能会给法官过大的自由裁量权，不利于明晰当事人之间的权利义务关系。而无因管理的构成要件更为明晰、具体，请求权基础更为确定，有利于限制法官的自由裁量权，因为无因管理一旦构成，其补偿的范围和标准都是明确的。所以，适用无因管理制度也有利于实现裁判的统一。例如，甲将自己价值 5 000 万元的房产抵押给某银行，担保 1 000 万元债务，但该债务尚未届清偿期。在此之后，甲还对乙负担 3 000 万元债务，该债务清偿期已届满，甲无力清偿。乙为了能够对甲的房产申请强制执行，在没有通知甲的情况下，替甲向银行提前清偿了 1 000 万元债务，并为该房屋办理了解押手续。乙随后向法院提起诉讼要求对甲的房产申请强制执行。但甲主张其对银行的债务尚未届清偿期，乙的清偿行为违背了其意愿，因此其不应对乙负担该 1 000 万元债务。在该案中，乙为甲提前清偿债务，甲事先并不知情，此种情形是否构成无因管理，对此存在两种不同观点。在法律上，提前清偿只要不损害债权人的利益，就应当认可，在第三人代债务人提前清偿的情形，只要债务人事先没有明确表示反对，该清偿行为就应当有效。第三人代为清偿的情形下，虽然第三人可能出于赠与的目的，但赠与需要达成合意，而在第三人和债务人之间常常无此合意，因此，一般不构成赠与。也就是说，只要债务人和第三人之间不形成委托关系，第三人代为清偿就应当被视为无因管理。在该案中，乙代甲提前清偿债务的行为对甲构成无因管理，乙有权基于无因管理的规定请求甲返还该费用。

二、无因管理的特征

（一）无因管理在性质上是一种事实行为

关于无因管理的性质，存在两种不同观点。一是法律行为说。此种观点认为，无因管理行为是法律行为的一种类型，从而应当类推适用关于法律行为的规定。[①] 由于在一些国家民法典中，无因管理是作为准合同类型来规定的，因而一些学者认为该种行为更具有法律行为的性质。无因管理的构成中有要求为他人管理事务的意思，也可以构成民法中的意思表示。二是事实行为说。此种观点认为，无因管理行为属于事实行为。无因管理的成立虽然以管理人有管理意思为要件，但此种意思只是指要使管理行为所产生的效果归属于本人。至于无因管理本身所发生的法律效果，如费用偿还请求权，则与该意思无关。因此，无因管理不是法律行为。[②]

笔者认为，无因管理是一种事实行为。应当看到，管理行为本身可能是事实行为，如在邻居外出旅游时帮邻居浇花，邻居的房屋着火时为邻居救火，甚至是消除他人不动产上的危险，或者为保护病患而向其提供帮助等。[③] 但管理行为也可能是法律行为，如为邻居修缮房屋而与他人订立房屋修缮合同。[④] 此外，管理行为还可能是准法律行为，如为他人发出通知等。[⑤] 但从总体上看，无因管理在性质上并非一种法律行为，而是一种事实行为，理由在于：

第一，法律行为的法律效果是当事人所预期的效果，是当事人意思表示的结果，而无因管理虽然能引起一定的法律后果，而且管理人在管理过程中也可能实施一定的法律行为，但无因管理的法律结果并不取决于当事人的意思，而是直接由法律规定，故将管理行为理解为法律行为，就违反了无因管理之债的本质。[⑥]

第二，尽管无因管理中存在管理人的意思，但此种意思只是无因管理中的事实构成要件，而不是依据此种意思发生法律后果，因而，无因管理作为一种事实

---

① Enneccerus/Nipperdey II § 137 II a.

② 参见郑玉波：《民法债编总论》，72页，北京，中国政法大学出版社，2004。

③ MünchKomm/Seiler, Vorbemerkungen des Abschnitts von Geschäftsführung ohne Auftrag, § 677 Rn. 2.

④ 参见郑玉波：《民法债编总论》，72页，北京，中国政法大学出版社，2004；MünchKomm/Seiler, Vorbemerkungen des Abschnitts von Geschäftsführung ohne Auftrag, § 677 Rn. 2。

⑤ MünchKomm/Seiler, Vorbemerkungen des Abschnitts von Geschäftsführung ohne Auftrag, § 677 Rn. 2.

⑥ Andreas Bergmann, Die Geschäftsführung ohne Auftrag als Subordinationsverhältnis: die Rechtsinstitute der negotiorum gestio in subordinationsrechtlicher Betrachtungsweise, Mohr Siebeck, 2010, S. 72.

行为与法律行为具有本质上的区别。

第三，从法律上看，无因管理人可以是任何人，并没有民事行为能力的要求，因为无因管理在性质上属于事实行为的范畴，即便管理人不具备民事行为能力，管理行为仍然有效。管理人具有为他人管理的意思的前提是，其具有意思能力，而并非民事行为能力。只要管理人不是为自己利益而管理，即可推断其具有为他人管理的意思。即便管理人是为自己利益而管理他人事务，在法律上也可以构成无因管理。因此，即便管理人不具备完全民事行为能力，也并不导致管理行为无效。①

第四，在无因管理的情形，在当事人之间并没有成立法律行为。即便管理人在实施管理行为时有与本人订立合同的意愿，也并不必然在当事人之间成立合同关系。因此，无因管理的管理行为在性质上属于一种事实行为。②

第五，在一些国家民法典的立法体例中，虽将无因管理作为准合同的一种类型加以规定，但其在性质上并不属于合同，而是独立的债的发生原因，无因管理之债也是法定之债的一种类型，由债法进行调整。

（二）无因管理是法定之债的发生原因

由于无因管理之债并不依据当事人的意思表示产生，只要管理人实施了管理本人事务的行为，即可依法在当事人之间产生债的关系，因而，无因管理之债在性质上属于法定之债的范畴。③ 无因管理的本质是法律对于那些为他人管理事务的善行，应予以肯定和鼓励。正是因为无因管理之债属于法定之债，所以此种债的产生并非基于当事人的意思，而是基于法律的直接规定。无因管理之债的内容确定并不考虑当事人的意思，其法律效果由法律直接作出规定，一旦管理人实施了管理行为，不论当事人的意思如何，都依法在当事人之间产生债的法律关系。

（三）无因管理是侵权责任的违法阻却事由

没有合法的授权而管理他人事务，原本属于侵权行为，但因为法律认可无因

① 参见郑玉波：《民法债编总论》，73页，北京，中国政法大学出版社，2004。

② 参见郭明瑞：《关于无因管理的几个问题》，载《法学研究》，1988（2）。

③ MünchKomm/Seiler, Vorbemerkungen des Abschnitts von Geschäftsführung ohne Auftrag, Rn. 4.

管理，所以，它可以构成上述规则的例外，成为不法侵害的抗辩事由。这就是说，只要构成无因管理，即便管理人干预本人的事务，甚至造成本人的损害，也无须承担侵权责任。[①] 当然，除了阻却违法以外，无因管理的效果具有多样性，各国大多认可了无因管理的效果包括利益的返还、费用的偿还、损失的赔偿等。而且无因管理之债一旦成立，当事人即因此而享有多项权利，互负多项债务，如管理人应当返还其在管理中所获得的利益、本人应当偿还因管理事务所支出的费用、本人应当赔偿管理人在管理事务过程中所遭受的损失等，这也使无因管理兼具了不当得利返还、侵权损害赔偿以及合同请求权的功能。

（四）无因管理是受法律所鼓励的行为

一般而言，法律禁止干涉他人的事务，行为人未经允许干涉他人的事务即构成违法，行为人应当承担侵权责任。罗马法以个人主义为本位，因此，罗马法谚云："干涉他人之事为违法。"但帮助他人，即使未经他人许可，法律也鼓励这种善意。因此，罗马法承认无因管理是一种合法行为。大陆法系国家普遍承认，无因管理是一种无法律依据而管理他人事务的行为，具有阻却违法的效果，目的在于鼓励人们之间互助的精神。[②] 无因管理是合法的、应当受到法律鼓励的行为，确认主动管理他人事务以避免他人遭受损失的行为人，有权就其花费的费用向本人请求返还，这可以鼓励人们见义勇为，主动为他人提供帮助，从而弘扬社会团结互助的精神。

三、无因管理制度的功能

无因管理制度的主要目的在于平衡"禁止干预他人事务"与"鼓励人们互助精神"两项原则之间的关系，据此，无因管理主要具有如下三项基本功能。

一是鼓励善行。无因管理行为本身是在法律上应受鼓励的行为，德国学者

---

① 参见［德］冯·巴尔等主编：《欧洲私法的原则、定义与示范规则：欧洲示范民法典草案》（第五卷至第七卷），王文胜等译，4页，北京，法律出版社，2014。

② 参见王泽鉴：《债法原理》，2版，310页，北京，北京大学出版社，2013。

Josef Kohler 将其称为私法中“人类救助（Menschenhilfe）”的行为[①]，无因管理制度设立的重要目的就是鼓励善行，鼓励人们见义勇为、帮助他人。如前所述，个人事务原则上宜由个人自主处理，而不容他人干涉，而且个人只能处理自己的事务，不能干涉他人的事务。然而，在社会生活中，个人有时也难以单独完成其事务，个人作为社会共同体的一分子，往往需要他人的帮助。[②] 尤其是在个人的财产或人身遭遇危险而无力摆脱困境时，如果不允许他人介入，必然使个人承受重大损害。近年来，媒体不断报道摔倒讹人的行为，以至于出现老人摔倒无人救助的现象，这就会影响法律鼓励善行的社会功能的实现。如果将见义勇为的行为定性为无因管理行为，赋予管理人请求本人支付必要管理费用等权利，将有利于鼓励人们之间的互助行为。这也符合社会主义核心价值观。

二是平衡本人与管理人之间的利益功能。无因管理涉及多方当事人的利益。一是被管理人的利益。在无因管理中，被管理人可能往往获得了利益，但其可以以没有约定为由而拒绝支付无因管理人所受的损失。二是管理人的利益。管理人为了避免他人利益遭受不必要的损失，而对他人事务进行管理，也是社会所应该鼓励的善行。若如果管理人的损失得不到补偿，会导致其合法利益得不到保护。三是社会的利益。无因管理本质上是为了促进助人为乐的一种善的秩序，同时，也可以促进社会整体财富的增加。如果无因管理人的利益得不到合法保护，势必导致诸多通过他人的管理而避免利益受损的行为无法实施，这将最终影响整个社会伦理道德秩序的建构。

但法律鼓励无因管理并非允许随意干预他人的事务，如果本人事先明确表示不需要他人管理某项事务，或者按照社会一般观念，管理人能够知道本人不愿他人管理其某项事务，此时，管理人擅自管理本人事务，即构成对本人事务的不当干预。在管理人从事管理事务之后，本人明确表示不得再从事管理，则管理人应当停止管理，如果继续从事管理，将不再构成无因管理，而可能构成侵权。但如果按照社会一般观念，管理人可以认为管理某事务并不违反本人的意愿，则该管

① Josef Kohler, Die Menschenhilfe im Privatrecht , Archiv für bürgerliches Recht, Bd. 36, 1911, S. 1 ff.

② 参见郑玉波：《民法债编总论》，72 页，北京，中国政法大学出版社，2004。

理行为即构成无因管理。[①] 通过这一制度设计，在鼓励善行与防止干预他人事务之间进行了协调。如果本人受益后不向管理人支付费用，则同样构成不正当的获利。[②] 当然，承认无因管理制度，允许管理人在无法定义务或约定义务的情形下管理他人事务，管理人有权请求被管理人即本人向其支付管理的必要费用并赔偿管理中所遭受的损失，而本人则获得相应的管理利益，但管理人一般不得请求报酬，因为管理行为毕竟是双方未约定的行为，没有事先约定，一旦允许给付报酬，则可能出现强制交易，违反当事人的自主自愿。

三是弥补功能。无因管理的重要功能就是弥补私法自治原则的不足。按照私法自治原则，民事主体的个人事务和各项利益安排，都应当由民事主体按照自己的意愿予以决断，即使是借助他人之力处理个人事务，一般也需要通过代理制度、委托合同制度等予以完成，他人不得干涉。但严格按照个人事务个人处理的原则，在某人的财产或人身面临现实的损害时，当事人之间无法通过合意来处理，如果法律上又禁止他人干涉此种事务，必然使当事人遭受损害，这就需要借助无因管理制度弥补私法自治的不足。无因管理制度并非否定私法自治，因为管理人实施的管理行为，是为维护被管理人的利益，这往往是符合被管理人的意愿的，只是因为情况紧急，当事人无法形成这种合意，从而由法律规定予以弥补。允许他人未经当事人明确授权，根据当事人明示或可以推知的意思，来对当事人的个人事务进行处理，在一定意义上可以在民事主体的私法自治不能发挥作用的领域和范围内发挥正面效果。同时，无因管理并没有从根本上损害他人利益。从此种意义上说，无因管理制度事实上是对私法自治原则的一个有益补充。据此，有学者将无因管理理解为一种兜底条款（Sammeltatbestand）式的制度，从而发挥补充委托或类似制度的作用，并且在委托关系无法适用的情况下也能发挥作用。[③]

---

① 参见［德］冯·巴尔等主编：《欧洲私法的原则、定义与示范规则：欧洲示范民法典草案》（第五卷至第七卷），王文胜等译，4页，北京，法律出版社，2014。

② 参见《欧洲私法民法典草案》，高圣平译，72页，北京，中国人民大学出版社，2012。

③ MünchKomm/Seiler，Vorbemerkungen des Abschnitts von Geschäftsführung ohne Auftrag，Rn. 1.

第二节　无因管理制度的历史发展

一、罗马法

无因管理制度可以追溯到罗马法。当时曾流行"干涉他人事务即是过失(Culpa est immiscere se rei ad se non pertinenti)"的观点[①]，但由于罗马社会确实大量存在着对他人事务进行管理的行为，如有人因为战争等原因离家远行，不能及时与家中联系，其许多事务就可能需要他人的帮助，因而，乌尔比安在《告示评注》(commantary ad edictum)中就提到：当朋友不在世的时候，允许为了他的利益而采取的紧急行动，目的是消除对他的财产或名声的潜在威胁。这种告示被视为是无因管理的一个古老且重要的渊源所在。[②]

罗马法上关于无因管理主要有两种诉权：一为无因管理正面诉权(actio negotiorum gestorum)，即本人对管理人的诉权，本人依据此诉权可要求管理人返还无因管理的所得；二为无因管理的反面诉权(actio contraria)，即管理人对本人的诉权，依据此诉权可要求本人支付管理人为管理事务而支出的费用。[③] 比如，管理人为照顾本人生病的奴隶所支出的费用，即使奴隶已经死亡，本人仍应当支付该费用。[④] 这两种诉讼都属于善意之诉。至共和国末期，无因管理逐渐成为一项独立的法律制度。[⑤] 由于其主要是裁判官在裁判过程中运用的，因而，无

---

① D. 50，17，36.

② See Reinnhard Zimmermann, *The Law of Obligations*: *Roman Foudations of the Civilian Tradition*, Clarendon Paperbacks, 1996, pp. 436－437.

③ Heinrich Honsell, Rümisches Recht, 7. Aufl., 2010, Springer, 157.

④ See Reinnhard Zimmermann, *The Law of Obligations*: *Roman Foudations of the Civilian Tradition*, Clarendon Paperbacks, 1996, pp. 435－436.

⑤ 参见费安玲主编：《罗马私法学》，367～368页，北京，中国政法大学出版社，2009。

因管理也被视为一种“裁判官法”（lawyer's law）[①]。在罗马法中，无因管理被称为“准合同”（quasi ex contractu），该概念来自于盖尤斯的“学说汇纂”[②]。在优帝《法学阶梯》中，无因管理被明确规定为准合同，并适用合同的相关规定。

二、大陆法

1804 年的《法国民法典》深受罗马法影响，将无因管理（法文为 gestion d'affaires）作为“准合同（quasi-contrat）”的类型之一在法典中作出规定。《法国民法典》的起草人波蒂埃（Pothier）认为，无因管理是一种强制委托，但其仍然认同无因管理是一种准合同。[③] 在《法国民法典》中，有 5 个条文（第 1371～1375 条）规定了无因管理，无因管理被视为是“纯粹的自愿行为（fait purement volontaire）”。法律要求被管理人必须偿付管理人管理事务所发生的合理费用，其依据在于：被管理人如果免费享受管理人的管理行为所带来的利益，将是不公平的。为了要求偿付费用，管理人必须证明其实施了合理的管理行为。该法典第四编第一章的最后一条（第 1381 条）可适用于多种返还情形，依据该条规定，收受返还之物的人，需要对物之占有人为保存该物负担的必要的、有益的费用给予补偿。[④] 无因管理在《法国民法典》中具有广泛的适用范围，因为《法国民法典》并没有规定不当得利制度，因此，许多本可以适用不当得利规则的情形都是按照无因管理的规则进行裁判的，凡是因转移财产的目的未能达到而必须返回

---

① Reinnhard Zimmermann, *The Law of Obligations: Roman Foudations of the Civilian Tradition*, Clarendon Paperbacks, 1996, p. 438.

② D. 44, 7, 1, 5.

③ 例如，A 将 B 的事务误认为自己的事务进行管理，那么 A 就不能根据无因管理要求 B 进行返还，因为其缺少了无因管理的一个构成要件，即为他人利益而非自己利益而管理事务的意思。但是，为防止 B 从中获得不当得利，波蒂埃赋予了 A 一项要求返还支出的诉权，但范围仅限于 B 从 A 的行为中获益的部分。Ibidem no. 189, 191 (pp. 248 - 250).

④ 根据该条规定，即使物之占有人是恶意的，收受返还之物的人仍应进行补偿。这就比无因管理的适用范围更广了。但其适用范围仍然比不当得利要窄，因为其返还利益只限于保管的费用。

的，无因管理都能适用。[①] 可见，法国法中无因管理制度在一定程度上替代不当得利制度而发挥作用[②]，这实际上是挤压了不当得利的适用范围。

德国民法理论将无因管理作为一种独立的债的发生原因，且将其作为一项独立的法律制度加以规定。《德国民法典》的制定者之一温德夏特曾经在其《潘德克顿法学体系教科书》中指出，任何人介入他人事务，即便当事人之间并不存在任何义务关系，但这一行为都可能因此负担一定的义务，也可能使该他人产生一定的义务。[③] 这一观点被《德国民法典》所采纳，其主要目的是鼓励善行[④]，该法将无因管理界定为无委托的事务管理，置于委托合同之后，表明立法者认为无因管理和委托合同之间存在密切的联系。[⑤]《德国民法典》是在委托一章后对无因管理作出规定的，将其称为“无委托的事务管理”。在德国法中，事务的范围极为宽泛，不论是法律行为还是事实行为，也不论其是经济性的还是非经济性的事务，都可以成为无因管理的对象。无因管理是独立的债的发生原因，这对于完善债法体系具有重要意义。《德国民法典》具体区分了适法的无因管理和不适法的无因管理，以及真正的无因管理和不真正的无因管理，并作出了相应的规范。同时，针对不真正的无因管理，《德国民法典》也作出了明确的规定。《德国民法典》将无因管理与不当得利、侵权、合同等债的发生原因相并列，作为独立的债的发生原因进行规定，此种立法例对以后大陆法系国家的立法产生了重大影响。

三、英美法

受历史的传统以及强烈的个人主义思想的影响，普通法未认可无因管理制

---

① 参见李先波：《债法专论》，233 页，北京，法律出版社，2009。

② See Samuel J. Stoljar, *International Encyclopedia of Comparative Law*, Volume X, Chapter 17, Negotiorum Gestio, J. C. B. Mohr (Paul Siebeck, Tübingen), 1980, p. 21.

③ Bernhard Windscheid, Lehrbuch des Pandektenrechts, 7. Aufl., 1891, Bd. II, 562f.

④ See Reinnhard Zimmermann, *The Law of Obligations: Roman Foudations of the Civilian Tradition*, Clarendon Paperbacks, 1996, p. 438.

⑤ 参见梅仲协：《民法要义》，171 页，北京，中国政法大学出版社，1998。

度。“在普通法国家，很少有人对介入他人事务的行为抱有好感，衡平法甚至对此不提供任何救济，如果某人未经邀请而介入他人事务中，不仅不会享受到任何权利，还可能因介入他人事务而承担责任。”① 早在1879年的一个案件中，Blackburn 指出，“就保护岸上的货物而言，普通法并没有赋予保护人一种报酬请求权，除非他们是因所有人的要求而对货物进行保护”②。在1886年，普通法形成了一项基本原则，即任何人未受他人的委托，不得介入他人的事务，也不能因向他人提供服务而向他人主张报酬或者偿还费用。未经当事人同意而管理其事务的行为，通常被视为一种添乱的做法。③ 另外，按照普通法中合同相对性的原则，只有合同当事人才能按照合同约定处理他人事务，并因此介入他人的事务，如果当事人之间不存在合同关系，则不得随意介入他人的事务。只有在紧急情况下，提供劳务的一方才有权请求受益人对其给予补偿，这主要是指在他人面临紧急情况时，为帮助他人而提供了一定的物品、服务或金钱，而且行为人并无赠与的意思。在此情形下，行为人有权请求受益人返还。④ Atkin 法官也指出，“不存在强迫某人对为其利益而必须支出的费用进行偿付的法律原则”，只是在他人人身遭受危险的情况下，为保护他人人身才有介入他人事务的必要。⑤

英国普通法的上述观念对美国法也产生了重大影响，美国法原则上排斥了无因管理的规则，这一原则在美国法中称为“禁止好管闲事”原则。但是，美国法承认在紧急情况下的救助，也可以请求支付费用。例如，在某个案件中，一个医生给一个因事故而受伤的病人进行抢救后，法院认为，该医生的行为被视为是一种急需的受托行为，因此可以要求该病人支付医疗费用。⑥ 现在美国一些州颁布了《好撒玛利亚人法（Law of Good Samaritans）》，通过法律规定免除见义勇为

① Max Radin, *Handbook of Roman Law*, West Publishing Co., 1927, pp. 301 - 302.

② Aitchison v. Lohre (1879) 4 App Cas 755 at. 766 - 767.

③ See Reinnhard Zimmermann, *The Law of Obligations: Roman Foudations of the Civilian Tradition*, Clarendon Paperbacks, 1996, pp. 435 - 436.

④ See Goff and Jones, *The Law of Restitution*, Sweet & Maxwell; 6th edition, 2002, para. 17 - 026.

⑤ Pontypridd Union v. Drew [1927] 1 KB 214, 218.

⑥ Cotnam v. Wisdom, 1045. w. 164, Ark, 1917.

者因为施救而造成损失的责任。例如，依据明尼苏达州法律的规定，在紧急事件现场者，若知道他人将遭受或已经遭受严重的身体伤害，在不会对其自身或他人造成危险的情况下，该人应向受害人提供合理的救助。

四、我国的无因管理制度

我国古代本无民法的概念，因此不存在无因管理的法律制度。清末变法开始引入西方民法制度。1911 年的《大清民律草案》在第二编“债权”将无因管理作为债的发生原因规定在第六章，一共设置了 11 条，从第 918 条到第 928 条，但该草案将无因管理称为“管理事务”，并在对无因管理的定义中将其界定为“无委任，或并无权利义务为他人管理事务者”，显然是受到了《德国民法典》的影响。1925 年的《民国民律草案》则将无因管理置于债编之尾、合同之后加以规定，表明其属于无合同关系时在当事人之间成立的债的关系。而 1930 年的《中华民国民法》将无因管理规定在债编第一节“债之发生”中，将无因管理与契约、不当得利等进行并列规定，显然是将无因管理作为独立的债的发生原因进行规定的。

中华人民共和国成立以来，虽多次制定民法，但法律上一直没有承认无因管理制度。1986 年《民法通则》第 93 条规定：“没有法定的或者约定的义务，为避免他人利益受损失进行管理或者服务的，有权要求受益人偿付由此而支付的必要费用。”这是我国法律首次对无因管理制度作出规定。《民法通则意见》第 132 条规定：“民法通则第九十三条规定的管理人或者服务人可以要求受益人偿付的必要费用，包括在管理或者服务活动中直接支出的费用，以及在该活动中受到的实际损失。”该条对《民法通则》关于无因管理的规定作了进一步的细化规定，《民法总则》第 118 条确认了无因管理为独立的债的发生原因，该法第 121 条也对无因管理作出了规定，“没有法定的或者约定的义务，为避免他人利益受损失而进行管理的人，有权请求受益人偿还由此支出的必要费用”。从整体上看，我国现行立法虽然确认了无因管理为独立的债的发生原因，但只是对无因管理作出了原则性规定，由于缺乏系统、完整的无因管理制度，其将难以充分发挥鼓励善行、奖励见义勇为的作用，因此，我国未来民法典应当对无因管理制度作出全面的规定。

第三节　无因管理的分类

一、真正的无因管理与不真正的无因管理

依据管理人是否有为他人管理事务的意思，无因管理可以区分为真正的无因管理与不真正的无因管理。所谓真正的无因管理，是指符合法律规定的无因管理构成要件的管理。它包括适法的无因管理和不适法的无因管理（详见下文分析）。如果管理事务违反本人可得推知的意思，其就属于不适法的无因管理，但如果该管理行为客观上有利于本人，则可以转化为适法的无因管理。试举“摔坏兰花案”为例，在该案中，李某在楼顶层的平台上摆放了 20 盆君子兰花，李某浇完花以后就去上班。下午突然刮起大风，大雨即将来临，刘某上楼顶收拾晾晒的衣服时，发现李某养的花将遭雨淋，遂动手将花盆搬下楼，在搬运至第三盆时，因不慎摔了一跤，扭伤了自己的脚，同时将原告一盆名贵的花摔坏。李某回家后，发现花已被摔坏，非常恼怒，认为刘某擅自搬动其花盆，由此造成损失，应当负责赔偿。刘某则认为，其行为构成无因管理，不应当赔偿李某的损失，不仅如此，李某还应赔偿其所花费的医药费。在该案中，如果刘某擅自决定让一个孩子帮助其来搬运兰花，导致兰花被摔坏，结果不利于本人，则属于不适法的无因管理，但刘某自己搬运兰花，是否属于不适法的无因管理，则要具体判断。如果当时地面湿滑，而且花盆较重，刘某已尽到善良管理人的注意义务，但仍因为年事已高等原因，在搬运过程中不小心摔倒，导致兰花被摔坏，则结果虽不利于本人，但仍可认定为适法的无因管理。

不真正的无因管理又称为准无因管理，它是指不符合法律规定的无因管理的构成要件的管理，包括不法管理与误信管理，其特征在于：一是明知是他人事务而为自己利益进行管理。例如，趁主人不在而占有其房屋，并将房屋出租从中获利，此种情形通常构成侵权。二是误信他人事务为自己的事务而进行的管理，或者管理人虽然知道自己无权，却将他人事务作为自己的事务进行管理。① 例如，误以为他人的花为自己的花而进行的管理。此种情形我们将在后文详述（参见本章第八节）。

法律上区分真正的无因管理与不真正的无因管理的意义主要在于：

第一，管理人是否有为本人管理事务的意思不同。管理人是否有为本人管理事务的意思是区分真正无因管理与不真正无因管理的标准。对真正无因管理而言，管理人有为本人管理事务的意思，而在不真正无因管理中，管理人管理本人事务并没有为本人管理事务的意思，而是出于自身利益的考虑管理本人事务。

第二，是否能够阻却违法不同。真正无因管理中适法的无因管理具有阻却违法的效力，因此，对适法的无因管理而言，即便管理人管理事务的行为在客观上不利于本人，但仍具有阻却违法的效力。而对不真正的无因管理而言，管理人是为了自己的利益而管理本人的事务，因而并不具有阻却违法的效力。在不真正无因管理中，管理人造成本人损害的，本人有权请求管理人承担侵权责任。

第三，本人能否选择侵权损害赔偿请求权不同。在不真正无因管理的情形下，管理人的行为已经构成侵权，这种管理行为应属于不当干预他人事务的行为，本质上属于侵权行为。本人有权请求管理人承担侵权损害赔偿责任。而在真正无因管理中，管理人管理本人事务的方法不当，造成本人损害的，也可能因此承担损害赔偿责任，但管理人承担责任的基础并不是侵权责任，而是因未尽到善良管理人的管理义务而承担的债务不履行的责任。例如，某快递公司发送快递，但因收件人不在，故室友代其收下，后因该室友忘记关闭房门导致该货物不慎丢失。此时，室友的行为是否构成无因管理呢？笔者认为，在通常情况下，室友代

① 参见王泽鉴：《债法原理》，2版，332页，北京，北京大学出版社，2013；另参见《德国民法典》第687条。

收快递的行为是符合收件人意愿的，因此应属于适法无因管理，但因为其管理方法不当，造成本人损害，虽然不构成侵权，但应当赔偿收件人所遭受的损害。

二、适法的无因管理与不适法的无因管理

依据管理人的管理行为是否符合本人的意愿，真正的无因管理可以区分为适法的无因管理与不适法的无因管理，此种分类是对真正无因管理所作的进一步分类。

（一）适法无因管理的概念和特征

所谓适法无因管理，是指管理人没有法定或者约定义务而为本人管理事务，管理人管理本人事务的方法符合本人的利益，并且管理人管理本人事务不违反本人明示或者可以推知的意思。由于在适法无因管理中，管理人是为本人的利益而管理事务，因而，适法无因管理在性质上属于真正无因管理的范畴。例如，甲和乙是兄妹。甲生下女儿丙之后，为了生育一个男孩，就将丙送到孤儿院，乙知道后，将丙接回抚养，一直将其养大成人。在丙 12 岁时，甲又反悔，想将丙接回抚养，便找到乙、丙，表示悔过，希望丙和其一起生活。丙表示同意，但乙提出，如果甲将丙接回，就应当向其支付 12 年的抚养费，共计 50 万元。在该案中，乙将丙从孤儿院接回抚养，有为甲抚养丙的意思，而且没有违反甲明知或可得推知的意思，应当构成适法无因管理，因此支出的抚养费用，应当有权请求甲返还。适法的无因管理是最典型的无因管理类型。

根据管理人的管理行为是否符合本人明知或可以推知的意思，适法的无因管理可以区分为以下两种类型。一是主观适法的无因管理，即管理人为本人管理事务的意思，与本人通过明示或默示方式所表达出的真实意愿基本相符。二是客观适法的无因管理，即虽然管理人管理他人事务的行为与本人的真实意愿不相符合，但却为本人履行了其根据法律规定或社会公共道德所应承担的义务。[①] 例如，在本人不履行赡养父母的义务的情形下，管理人代其赡养父母的行为，即便

① 参见李先波：《债法专论》，242 页，北京，法律出版社，2009。

违反本人明示的意思，但也应当成立适法的无因管理。

适法无因管理的法律效果，就是无因管理的一般法律效果，对此，将在后文阐述。在此需要讨论的是，如果适法的无因管理造成本人损害，管理人是否承担赔偿责任，如果管理人主观上有为他人管理事务的意思，且管理行为与本人真实或可推定的意思相符，此时，如果管理行为在客观上给本人的利益造成了损害，管理人是否需要承担侵权责任呢？笔者认为，在构成适法无因管理的情形下，无因管理具有阻却违法的效果，即便管理人在管理活动中造成本人损害，管理人也无须承担侵权责任。但如果管理人在管理过程中未尽到善良管理人的注意义务，造成本人损害的，则应当对本人承担损害赔偿责任，此种损害赔偿责任是因管理人未尽到善良管理人的管理义务而承担的债务不履行的责任，而非侵权责任。关于是否尽到善良管理人的注意义务，应当根据具体情形来判断。在前述“摔坏兰花案”中，判断管理人是否尽到管理义务，应当考虑当时雨是否下大、地面是否湿滑、花盆是否沉重等因素。

（二）不适法无因管理的概念和特征

所谓不适法的无因管理，也称不当的无因管理，它是指管理人虽然有为本人管理事务的意思，但管理事务的方式违背本人明示或者可推知的意思。[①] 此种管理有悖于本人的意愿，或不符合社会常识。例如，甲在其屋前种有一些中草药，但该中草药种植于一片杂草中间。在甲外出期间，其邻居乙看到甲门前杂草丛生，但不知杂草中种植有药草，乙出于好意帮甲修整屋前空地，但是在剪修杂草时，不小心也剪掉了一部分药草。甲回来后非常生气，请求乙赔偿其所遭受的损害，而乙认为其行为构成无因管理，不应当承担损害赔偿责任。在该案中，乙虽然有为甲管理事务的意愿，但不知杂草中种植有药草，甲的意思显然是不愿意他人修剪。而乙的管理行为违反甲可得推知的意思，即构成不适法的无因管理。

不适法无因管理的主要特征在于：一是管理事务不利于本人。这就是说，管理人出于为他人管理的意思，但管理的事务不利于本人。二是违背本人明示或者可以推知的意思所进行的管理。不适法无因管理中，管理人的管理行为违背了本

① 参见崔建远：《关于无因管理的探讨》，载《法律学习与研究》，1989（3）。

人明示或可以推知的意思。所谓明示，是指本人在无因管理发生之前，就已经明确表示出来的意思。所谓可以推知的意思，是指从管理事务时的情形来看，能否推定本人是否允许他人管理的意思。例如，本人的房屋年久失修，明确表示不想维修该房屋，在本人外出时，管理人违背本人的意思对房屋进行修缮的，即便该管理行为客观上有利于本人，也属于不适法的无因管理。

不适法无因管理和适法的无因管理一样，都是在没有法定或约定义务的情况下管理他人事务，而且管理人都有为他人管理事务的意思。但两者在法律效果上存在明显的区别，主要表现在：适法的无因管理具有阻却违法的效力，管理人在管理活动中造成本人损害的，无须承担侵权责任；而对不适法的无因管理而言，管理人虽然是为本人的利益管理事务，但由于其违反了本人的意愿，并且不利于本人，因此，其不具有违法阻却的效力，而应当构成侵权。当然，在本人主张行为人的行为构成无因管理时，则其仍然具有违法阻却的效力。

在此需要讨论的是，如果管理人的管理行为客观上有利于本人的利益，但是违反了本人明示或者可得推知的意思时，是否属于不适法无因管理？笔者认为，管理人应当按照本人的意思管理本人的事务，而不能完全以客观上是否有利于本人为标准来确定管理人是否具有为他人利益而管理的意思，否则，管理人从事管理活动可能都需要达到一定的客观效果，而不论管理人主观动机如何，只要客观效果不佳，就不能构成无因管理，这显然给无因管理人强加了一种极大的风险，也不利于鼓励无因管理行为。例如，在前述“摔坏兰花案”中，如果李某曾明确对被告表示，在任何情况下都不得搬动其花盆，则被告擅自搬动花盆，显然违背了本人意思，构成不适法无因管理，但在本案中，李某并没有就事务的管理作出明确表示，则刘某可以从客观上推定李某的意思，即在大雨来临时，本人一般会同意将兰花搬入室内，因此，应当认定刘某的管理行为符合本人可以推知的意思，不构成不适法无因管理。

（三）适法的无因管理和不适法的无因管理的区别

关于是否有必要区分适法的无因管理和不适法的无因管理，学界存在不同的看法，有学者认为，作出此种区分对于本人的保护未必周全。因为管理人违反了本人明示的或者可推知的意思，在管理中因过失造成本人的损害，应当承担赔偿责任。而承认这一区分，则意味着，管理人在管理中因过失损害了本人的利益，则属于侵权行为的范畴。[①] 但一般认为，仍有必要区分适法的无因管理与不适法的无因管理，两类无因管理在成立要件、法律效果等方面存在一定差异，主要体现在：

第一，管理事务是否符合本人的意愿不同。对适法的无因管理而言，管理人管理事务是符合本人明示或可以推知的意思的。而对不适法的无因管理而言，管理人管理事务并不符合本人的意愿。当然，如果本人的意思违反了法律规定，则即便管理人的行为违背其意愿，也可以成立适法的无因管理。例如，在抚养弃婴案中，乙的行为明显违背了甲的明示的意思，但因为甲明示出来的意思违反了法律规定，所以，也可以认定为适法的无因管理。在国外，这一管理也被称为公益管理，并不需要考虑本人的意思。

第二，管理的方法是否适当不同。从总体上看，在适法无因管理中，管理人管理事务的方法一般是有利于本人的。[②] 而在不适法的无因管理中，管理人管理本人事务违反了本人明知或可以推知的意思，而且在一般情况下，管理人管理本人事务的方法一般也都不利于本人。

第三，是否具有阻却违法的法律效果不同。适法的无因管理可以阻却违法，也就是说，即便管理人管理本人事务的方法不当，造成本人的损害，管理人也无须承担侵权责任。而不适法的无因管理则不具有阻却违法的效力，管理人在管理活动中造成本人损害的，应当成立侵权行为，管理人应当就其故意或过失对本人承担侵权损害赔偿责任。[③]

第四，法律效果不同。在适法的无因管理中，如果管理人造成本人损害，只有在管理人具有故意、重大过失时，才应当赔偿本人的损害。[④] 而对不适法无因管理而言，管理人对本人的损害应当承担严格责任，也就是说，在管理人造成本

① 参见孙森焱：《民法债编总论》，117页，北京，法律出版社，2006。

② 参见黄立：《民法债编总论》，175页，北京，中国政法大学出版社，2002。

③ 参见江俊彦：《民法债编总论》，178～179页，台北，新学林出版股份有限公司，2011。

④ MünchKomm/Seiler，§680 Rn. 7.

人损害的情况下，即便管理人不存在过错，其也应当对本人承担损害赔偿责任。[①] 在不适法无因管理中，之所以要加重管理人的责任，主要原因在于，管理人违反本人意思进行管理事务的行为，实质上已经构成对本人财产或人身权益的损害，应当负担更重的责任。在构成不适法无因管理的情形下，管理人违反本人明示或可推知的意思而从事管理事务，本身就是违法的，管理人的行为并不具有违法阻却的效果，造成本人损害的，管理人应当对本人负担损害赔偿责任。[②]

第五，二者在请求权顺序中的地位不同。如果就管理人的管理行为属于适法无因管理还是不适法无因管理发生争议时，先应推定其是适法的无因管理，在不符合适法的无因管理的情况下，才考虑其是否属于不适法的无因管理。

虽然适法无因管理与不适法无因管理存在上述区别，但二者在一定条件下也可以相互转化。这主要表现在：如果本人认可管理人的管理行为，并接受了管理行为产生的利益，那么可视为其对管理行为进行了追认，该管理行为将由不适法无因管理转化为适法无因管理[③]，本人可以请求管理人移转因管理活动而获得的利益，管理人将有权依据无因管理相关规则向本人要求偿付管理费用。例如，在前述剪掉药草案中，如果甲追认乙的管理行为，并接受乙的除草行为给其带来的利益，则乙的行为将由不适法无因管理转化为适法无因管理，乙也有权请求甲向其偿付相关的管理费用。如果本人对管理行为不予追认的，则本人有权请求管理人承担侵权责任，而管理人则有权依据不当得利请求权，要求本人向其返还因管理行为所获得的利益。[④] 因为本人从不适法的无因管理中获得的利益缺乏法律依据。但为了防止管理人通过不适法的无因管理行为获利，本人只需要在其所受利益的限度内承担偿还义务[⑤]，而且该返还义务的范围不应超过管理人为其管理行为所支出的合理费用。[⑥]

---

① 参见王泽鉴：《债法原理》，2 版，329 页，北京，北京大学出版社，2013。

② MünchKomm/Seiler，§ 678 Rn. 2.

③ MünchKomm/Seiler，§ 684 Rn. 14 f.

④ MünchKomm/Seiler，§ 684 Rn. 9 f.

⑤ 参见郑玉波：《民法债编总论》，85 页，北京，中国政法大学出版社，2004。

⑥ Staudinger/Bergemann，§ 684，Rn. 2.

第四节　无因管理与相关制度

一、无因管理和委托合同

无因管理主要是从准委托合同中发展而来的。在罗马法上，由于无因管理的法律后果和委托极为类似，因而，无因管理在性质上属于拟制委托（fingiertes mandat）。[①]《德国民法典》将无因管理称为“Geschaeftsfuehrung ohne Auftrag”，规定在委托合同之后，称为“无委托的事务管理”，并将其规定在委托合同之后，这表明立法者将无因管理界定为无委托的事务管理，与委托合同相对应。[②]

无因管理是指没有法律上和约定上的原因，而为他人管理事务的行为。无因管理中的“无因”，是指无法律上的原因，即无法定的义务或约定的义务而为他人管理事务。如果管理人和本人之间事先存在合同关系，管理人是依据约定管理他人的事务，则不构成无因管理。[③] 所以在当事人之间发生争议时，通常要考察当事人之间是否存在合同关系，如果存在委托合同关系，则应当按照委托合同的规则处理当事人之间的关系；如果不成立委托合同关系，则应当按照无因管理的相关规则解决当事人之间的关系。

无因管理和委托合同都是债的发生原因，二者之间存在密切的联系，表现在：一方面，无因管理行为和委托合同是相互衔接的，通常情况下，委托终结之时即是无因管理开始之时。例如，甲是劳务市场上的一名保姆，其受乙的委托，帮其看管孩子，甲的行为属于履行委托合同的行为，但在委托终止以后，因乙的孩子无人看管，甲继续看管孩子则构成无因管理。从此时开始，当事人之间的关

① Heinrich Honsell，Roemisches Recht，7. Aufl.，2010，Springer，157；参见郑玉波：《民商法问题研究》（一），68 页，台北，三民书局，1976。

② 参见梅仲协：《民法要义》，171 页，北京，中国政法大学出版社，1998。

③ Hans Brox，Besonders Schuldrecht，München，2007，S. 417.

系即从委托关系转化为无因管理。另一方面，无因管理在特定情形下可以转化为委托合同关系。在适法无因管理的情况下，如果管理人履行了通知义务，本人也予以认可，则应当依据具体情形、结合当事人的真意判断是否构成委托，如果本人就其有无授权进行追认，则可成立委托合同；但如果本人只认可管理人的管理行为，则仍应当属于无因管理，而无法成立委托合同。但无因管理与委托合同毕竟属于两项不同的法律制度，二者之间存在明显的区别，主要表现在：

第一，性质不同。委托合同是一种合同关系，它是双方当事人意思表示一致的结果，因此，委托合同属于意定之债的范畴。而无因管理是无法定或者约定义务的管理行为，其是在一方当事人并不知情的情况下发生的，无因管理行为在性质上属于事实行为，其成立无须双方当事人达成合意。[①] 而且无因管理的法律效果并不是当事人意思表示的结果，而是由法律直接作出规定的，因此，无因管理在性质上属于法定之债。

第二，处理事务的内容、方式不同。对委托合同而言，受托人应当按照委托合同处理委托人的事务，委托事项的内容、事务处理的时间和方式等，都是由当事人在合同中约定的；而在无因管理中，管理人管理本人的事务是管理人自愿管理的，管理人虽然要按照善良管理人的标准管理本人的事务，但管理事务的方式等，都是由管理人本人自己决定的。

第三，对当事人的行为能力要求不同。由于委托合同的成立需要双方当事人意思表示一致，因而，委托合同的双方当事人都必须具有相应的民事行为能力。而无因管理在性质上属于事实行为，因管理人所从事的是有助于他人的行为，因此，其只要具有意思能力即可，法律上并不要求管理人具有完全的民事行为能力，对本人而言，也不要求其具有行为能力。[②]

第四，当事人的注意义务不同。在委托合同中，受托人的注意义务高低一般与委托合同是否有偿存在关联。《合同法》第 406 条第 1 款规定："有偿的委托合

① 参见郑玉波：《民法债编各论》（下），457 页，台北，三民书局，1981。

② 在德国，学界对管理人的行为能力要求有争议，一般认为管理人需要有完全的行为能力，因为无因管理通常被视为一种准法律行为。无行为能力人无法实施无因管理，而限制行为能力人需要监护人的同意。Hans Brox，Besonders Schuldrecht，München，2007，S. 421.

同，因受托人的过错给委托人造成损失的，委托人可以要求赔偿损失。无偿的委托合同，因受托人的故意或者重大过失给委托人造成损失的，委托人可以要求赔偿损失。”因此，在有偿委托合同中，受托人具有过错造成委托人损失时，应当赔偿委托人的损失。在无偿委托合同中，一般只有在受托人具有故意或重大过失时，才承担赔偿损失的责任。而在无因管理中，管理人应当按照善良管理人的标准管理本人的事务。[①] 此种注意义务与有偿委托合同中受托人的注意义务标准类似。例如，甲在其承包的土地上种植了西瓜，后甲因其亲戚家有急事，需要外出一个月，临行前，甲对邻居乙说：“请帮我看管一下瓜地。”甲出门后，乙看到有些西瓜已经熟透，便将这些西瓜摘下来放在其屋前的空地上，结果天连降大雨，一些西瓜因此烂掉，剩余的一些西瓜被乙低价出售。甲回来后，乙要求甲支付报酬，甲认为乙未尽到看管义务，而且因西瓜烂掉或被低价出售，给其造成了损失，要求乙赔偿。在该案中，如果当事人之间存在委托合同关系，则适用《合同法》上述关于无偿委托的规定，只有在乙存在故意或者重大过失的情形下，甲才能请求乙赔偿损失；而如果当事人之间不存在委托合同关系，则乙的行为构成无因管理，乙应当按照善良管理人的注意义务标准管理甲的事务。

第五，当事人之间是否存在人身信任关系不同。在委托合同中，受托人是由委托人选任的，委托人选任受托人为其处理相关事务，主要是出于对其能力等方面的信任，因此，委托合同的当事人之间存在一定的人身信任关系。而在无因管理中，管理人管理本人事务并没有受到本人的委托，管理人与本人可能素不相识，因此，本人与管理人之间一般不存在人身信任关系。

在此需要讨论的是，在委托合同无效或被撤销的情况下能否发生无因管理。例如，甲受乙委托处理某项事务，后发现委托合同不成立或无效，在此情形下甲的行为是否构成无因管理呢？在一般情况下，无因管理是在管理人与本人之间并无事先接触的情况下发生的。如果当事人事先订立了委托合同，后该委托合同被宣告无效或者被撤销时，由于受托人在处理委托人事务时，并无为委托人管理事务的意思，而只是为了履行委托合同，因而，当事人之间并不存在无因管理关

① 参见郑玉波：《民法债编各论》（下），457页，台北，三民书局，1981。

系，在委托合同被撤销或者被宣告无效后，不应当按照无因管理的规则处理当事人之间的关系，而应适用不当得利的规定处理当事人之间的关系。①

二、无因管理与不当得利

不当得利与无因管理作为债的发生原因，是大陆法系国家债法体系的重要组成部分，两者之间具有一定的联系。一方面，在未经本人同意而管理他人事务，并且不违反本人明示或者可以推知的意思的情况下，如果当事人之间不成立无因管理，则本人或管理人所得到的利益可能构成不当得利。另一方面，在不适法无因管理的情形下，本人可以选择承认或不承认管理行为。在不适法无因管理对本人并无不利时，如果本人愿意承受管理行为的效果，则发生与适法无因管理相同的效果；如果本人不予承认，则本人应依据不当得利的规定向管理人返还因管理行为所获得的利益。从这个角度说，不当得利与无因管理之间存在一种相互补充的作用，两种请求权基础可能因当事人的意思变化而发生转化。试举“房屋修缮案”为例，在该案中，甲、乙系邻居，乙常年出门在外。某日，天气预报报告当地将有强台风袭来，甲发现乙的房屋有倾覆之虞，就与乙联系，但始终无法联系到乙，甲便请来维修队为其修复房屋，并为此支出维修费 50 000 元。后甲与乙联系上后，向乙请求偿还该维修费，但乙表示其不打算修复房屋，因此拒绝支付相关的费用。在该案中，如果乙不想维修房屋，甲未经其允许而修复房屋的行为即违反了乙的意愿，构成不适法的无因管理，如果乙追认甲的行为，主张成立无因管理，则乙可以保有房屋修缮的利益，但应当依据无因管理的相关规定向甲支付无因管理的费用；如果乙不主张成立无因管理，则乙保有房屋修缮的利益即构成不当得利，应当向甲返还。此外，无因管理和不当得利也可能发生转化。例如，在遗失物返还中，拾得人可能是为了管理他人事务而保有拾得物，其可能并没有据为己有的意思。此时，拾得人可以基于无因管理要求遗失物的所有人支付必要的保管费等费用，但如果拾得人在得知失主以后，拒绝返还拾

① 参见王泽鉴：《债法原理》，2 版，317 页，北京，北京大学出版社，2013。

得物，则构成不当得利。

作为两种不同的债的发生原因，无因管理与不当得利的区别主要表现在：

第一，二者的制度功能不同。无因管理制度旨在平衡不干涉他人事务与鼓励社会互助之间的关系，鼓励善行、提倡义举，弘扬社会道德风尚。不当得利制度则旨在矫正缺乏法律原因的利益变动，即在财产权属关系发生变动的情形下，如果该变动欠缺法律上的原因，受领财产的一方保有该财产即构成不当得利，通过不当得利制度可以纠正此种利益变动，重新恢复利益平衡。如果说无因管理制度是为了鼓励人们做好事，保证不让主动帮助他人的人“吃亏”，那么，不当得利制度则是为了纠正社会经济生活中利益失衡的现象，不让无合法根据取得利益的人“占便宜”，防止损人利己。①

第二，主观要件不同。无因管理虽然属于事实行为，但其具有一定的特殊性，即管理人应当具有管理本人事务的意思。因此，法律上要求管理人应当具有一定的意思能力。而不当得利制度中并没有类似的要求②，即便是无意思能力的人，也可以享有不当得利返还请求权。

第三，法律效果不同。在不当得利制度中，其法律效果就是返还所获得的利益。在获利人为善意的情况下，如果所获利益已经全部或部分消灭，则受损人将可能无法得到全面补偿。而在无因管理中，其法律效果主要表现为阻却违法、获得利益的返还、费用支出的补偿以及管理人所受损害的赔偿等诸多方面，这可以有效保证管理人不因其管理行为而遭受损失。

第四，适用的顺序不同。在法律适用中，如果满足了无因管理的构成要件，则本人取得利益即具有法律上的原因，并不构成不当得利。例如，行为人未经他人同意而管理他人事务的，虽使本人获利，但该管理行为符合了无因管理的构成要件，则先应当适用无因管理制度。因此，在请求权基础的检索顺序中，无因管理应当置于不当得利之前。

---

① 参见郭明瑞：《关于无因管理的几个问题》，载《法学研究》，1988（2）。

② 参见崔建远：《关于无因管理的探讨》，载《法律学习与研究》，1989（3）。

三、无因管理和无权代理

无因管理和无权代理一样，都是在没有取得他人授权的情形下，处理他人事务的行为。而且，在无因管理中，也可能发生无权代理行为。例如，在前述看管西瓜案中，如果乙以甲的名义低价出售西瓜，则可能涉及代理关系，当然，如果乙未获得甲的授权，则乙的行为构成无权代理。因此，在甲乙之间不存在委托合同关系的情形下，乙以甲的名义低价出售西瓜的行为可能同时受到无因管理和无权代理法律规则的规范。但无因管理和无权代理也存在明显的区别，主要体现在以下方面。

第一，性质不同。无因管理在性质上属于合法行为，具有违法阻却的效果，即在构成无因管理的情形下，行为人未经许可管理他人事务并不构成侵权。而无权代理在性质上属于对他人事务的不当干涉，属于一种非法行为①，在造成他人损失的情形下，无权代理人应当承担相应的责任。因此，法律对二者的态度和价值判断也不同。可见，法律对无因管理一般持肯定的立场，而对无权代理则一般持否定的立场。

第二，适用范围不同。无权代理仅适用于法律行为，无权代理人与第三人交易时一般要作出意思表示或受领意思表示。而无因管理行为在性质上属于事实行为，管理人在管理本人事务的过程中既可能发生交易，也可能不存在交易行为。例如，在前述看管西瓜案中，乙出售西瓜的行为即属于法律行为；但管理人的管理行为也可能仅仅是一种事务的管理，而不涉及法律行为，如乙将甲已经熟透的西瓜摘取放在屋前空地的行为即属于事实行为。

第三，法律规范两种制度的侧重点不同。对无权代理而言，法律需要明确无权代理人、本人以及第三人之间的权利义务关系，法律一般从外部关系的角度规范无权代理制度。而对无因管理制度而言，法律一般侧重于规范管理人与本人之间的关系，侧重于规范当事人的内部关系。

---

① 参见崔建远：《关于无因管理的探讨》，载《法律学习与研究》，1989（3）。

第四，本人是否受拘束不同。对无权代理而言，由于无权代理在性质上属于非法行为，无权代理人未经本人同意擅自以本人的名义实施法律行为的，构成对本人事务的不当干涉，本人一般并不受该行为的拘束，法律赋予本人追认权，即由本人自由决定是否接受无权代理人行为的法律后果。而对无因管理而言，无因管理属于法律鼓励的行为，一旦构成无因管理，本人即应受到相应的拘束，即本人应当承担事务管理的法律后果。例如，在前述看管西瓜案中，如果按照无权代理的法律规则处理，则乙的行为构成对甲事务的不当干涉，在性质上属于非法行为，甲有权选择是否接受乙的无权代理行为。而如果按照无因管理的法律规则处理，在乙的行为符合甲明示或者可以推知的意思的情形下，甲应当承担乙管理行为的法律后果。

四、无因管理与情谊行为

情谊行为是指施惠人并无受法律约束之意愿，而仅是出于帮助、关爱他人之目的，而实施的有利于增进受惠人利益的无偿行为。通常从施惠人的内心动机而言，其具有一定的无私利他性，这种无私利他性在法律上就反映为行为的无偿性特点。施惠人的情谊行为具有无私利他的特点，无因管理中的管理人也具有为本人（被管理人）谋利益的意思，为此，有学者主张无因管理行为也属于情谊行为，无因管理是法定化的情谊行为。[1] 笔者认为，如此宽泛地界定情谊行为并不妥当，情谊行为应当属于“法外空间”的范畴，无因管理应当被排除在情谊行为的范畴之外。具体来说，无因管理与情谊行为之间存在如下区别。

第一，法律性质不同。情谊行为原则上处于“法外空间”，其并不能在当事人之间产生债的关系。而无因管理之债则属于典型的法定之债，即无因管理可在当事人之间产生债的关系。准确认定情谊行为有助于划定情谊行为与民事行为之间的界限，而法律调整无因管理关系则旨在鼓励人们助人为乐，同时妥当协调禁

① 参见王雷：《民法学视野中的情谊行为》，155页，北京，北京大学出版社，2014。

止干涉他人事务与鼓励人们的互助义行之间的关系。①

第二，当事人的注意义务以及违反注意义务的法律后果不同。在情谊行为中，施惠人实施情谊行为一般是无偿的，因此，法律对其注意义务水平要求较低。而在无因管理中，管理人应当按照善良管理人的注意义务标准管理本人事务。此外，情谊行为中，施惠人未尽到相应的注意义务造成受惠人损害的，可能承担侵权责任；而在无因管理中，管理人未尽到管理义务造成本人损害的，则应当依据无因管理的规定向本人承担债务不履行的责任。

第三，法律效果不同。情谊行为属于法外空间，其并不产生具有法律拘束力的给付。而无因管理则产生法定之债，即在当事人之间产生以给付为内容的关系，包括本人对管理人必要费用的返还等。

第五节　无因管理的成立

一、无因管理的成立要件

（一）没有法定或者约定的义务

构成无因管理的基本前提是管理人没有法定或者约定的义务而管理他人的事务，所谓“无因”，是指无法律上的原因，换言之，是没有法律上的或合同上的义务，具体而言，其包括以下两种情形。

一是无法律上的义务。所谓法律上的义务，是指依据法律规定而产生的义务。例如，依据法律规定负有赡养、扶养义务的，行为人履行相关赡养、扶养义务的，不构成无因管理。如果某种情况的发生涉及重大公共利益的维护，则即便管理人的管理行为违反了本人的意愿，也可以进行管理。例如，某人的仓库着火，需要紧急救助，即便本人不愿意他人进入，也可以进行管理。

① 参见王泽鉴：《债法原理》，2 版，54 页，北京，北京大学出版社，2013。

二是无合同上的义务。例如，当事人之间存在委托合同，而一方当事人负有约定义务，则属于“有因”的管理。从比较法上来看，不少国家都从“无权利”的角度界定无因管理，所以，如果管理人享有管理他人事务的合同上权利，则不构成无因管理。

判断行为人管理他人事务是否无因，应当以开始管理事务之时是否负有管理义务作为判断的时间点。[①] 例如，某保姆依据合同约定为他人照顾孩子，但在该合同解除后，其继续照顾他人的孩子，从此时开始，该保姆的行为就构成无因管理。在管理人开始管理活动时，即便本人知道管理人没有法律上的原因而管理其事务，也不妨碍无因管理的成立。例如，根据《法国民法典》第1372条的规定，即使本人在管理人实施管理行为时在场，并能够意识到管理人在为其管理事务，但如果本人没有能力自行管理该事务或因紧急情况无法就他人干涉其事务作出意思表示，那么该管理人的行为仍然可以构成无因管理。例如，本人因遭受车祸而受重伤，此时管理人未经其同意而实施的抢救行为，也应当构成无因管理。[②]

（二）行为人实施了管理他人事务的行为

无因管理以管理人所管理的事务为他人事务为构成要件。管理事务包含的范围十分宽泛，包括处理、管理、保存、改良及提供各种服务和帮助等，只要是有利于避免他人损失，或有利于他人的行为，都属于管理他人事务的行为。在管理事务的过程中，管理人有可能确切地知道其是在为某个具体的人管理事务，也有可能不知道本人的具体身份，但这并不妨碍无因管理的成立。[③] 例如，某个管理人知道阳台上的花属于他人，在下雨时将其搬进房屋，但管理人不知道本人，并不妨碍无因管理的成立。无因管理中“他人的事务”可以分为如下三种类型。

一是客观上属于他人的事务（objektiv fremdes Geschäft）。如果某事务已经被认为属于他人利益范围（客观的他人事务），则可以认为存在为他人管理的意思，管理人认识到事务为他人的事务，并且为他人的利益而从事管理行为。

---

① Hans Brox，Besonders Schuldrecht，München，2007，S. 418.

② See Samuel J. Stoljar，*International Encyclopedia of Comparative Law*，Volume X，Chapter 17，Negotiorum Gestio，J. C. B. Mohr (Paul Siebeck，Tübingen)，1980，p. 40.

③ 参见江俊彦，《民法债编总论》，170页，台北，新学林出版股份有限公司，2011。

在这种情况下，还可以推定其具有管理他人事务的意思。[①] 例如，管理的房屋属于他人，清偿的债务为他人的债务，管理的事务客观上属于他人的事务，即可推定管理人具有管理他人事务的意思，但本人可以举证推翻，从而不成立无因管理。[②]

二是纯粹属于自己的事务。在幻想管理的情形下，管理人所管理的事务为自己的事务，即便管理人有为他人管理的意思，也不可能发生无因管理。例如，甲误以为自己的花为邻居乙所有，在暴雨来临前将该花搬进自己的房屋，此时，即便甲具有为乙管理事务的意愿，也无法成立无因管理的法律关系。

三是中性的事务（auch-fremdes Geschäft）。此类事务管理不仅符合管理人的利益，而且符合本人的利益（并非反射利益），因此，该事务不仅是他人的事务，而且是管理人自己的事务。[③] 管理人管理此类事务，也有成立无因管理的可能。因为其管理他人事务的意思可以从其所管理他人事务的行为中推知。[④] 例如，看见邻人家失火而去救火，管理人虽然是为了防止火蔓延到自己的房屋，但客观上确实是为他人管理事务，也不妨碍成立无因管理。关于中性的事务的管理是否构成无因管理，存在两种不同的观点。[⑤] 笔者认为，虽然管理人在管理客观上中性的事务时，很难从外观上判断管理人是否有为他人管理的意思，但一概否定管理中性事务的行为构成无因管理，可能会不当加重无因管理中管理人的义务，也可能损害本人的利益，因此，在此情形下，如果能够证明管理人在管理过程中具有为本人管理事务的意思，则仍可成立无因管理。

---

① Hans Brox，Besonders Schuldrecht，München，2007，S. 414.

② BGHZ 98，235.

③ BeckschKomm/Gehrlein，§677，Rn. 12.

④ Hans Brox，Besonders Schuldrecht，München，2007，S. 415.

⑤ 一种观点认为，中性事务管理也可成立无因管理。如前述德国法的做法，管理人管理客观上中性的事务在某些情形下也可以成立无因管理，即在管理人能够举证证明其有为本人管理事务的意思时，则仍然能构成立无因管理。另一种观点认为，中性事务的管理无法成立无因管理。例如，以自己的金钱购买材料，准备为邻人改造房屋，但在尚未付诸实践时，管理人改变了注意，用该材料为自己修建房屋。对此，郑玉波先生认为，在购买材料之初即可成立无因管理，而在购买材料之后用于修建自己的房屋时，则与无因管理相背离，且管理人的意思存在于内部，当事人难以举证，所以不应认可中性事务的管理能构成立无因管理。参见郑玉波：《民法债编总论》，76页，北京，中国政法大学出版社，2004。

管理人管理行为的结果既可能是防止本人利益的消极减少（如管理人为防止本人的海鲜变质，而将其及时变卖），也可能使本人的利益积极地增加（如管理人为本人维修房屋，使房屋的价值积极增加）。当然，管理人在管理事务中必须明确认识到：其所管理的事务是他人的事务，而非自己的事务，否则，不成立无因管理。在此需要讨论的是，在特定情形下，行为人为了避免他人遭受损害而作出的“自我牺牲”行为是否属于管理他人事务的行为。例如，甲开车在路上正常行驶，突然有一小孩横穿马路，甲为了躲避小孩紧急转弯，导致自己受伤，车也遭受毁损。此种情况在我国司法实践中，大多按照紧急避险进行处理，但此种情形是否也可能构成无因管理，值得讨论。此种行为在德国法上被称为牺牲自己利益的行为。[①] 笔者认为，“自我牺牲”的行为并不构成无因管理，而应属于紧急避险。因为无因管理的成立要求管理人存在积极管理他人事务的行为，而在“自我牺牲”的情形，行为人只是消极地避免他人的利益受到侵害，而没有从事积极的管理行为。因此，对于此种行为，应当按照紧急避险处理。紧急避险在受害人与受益人之间产生了法定补偿义务，即在不存在侵害人或者侵害人无力赔偿的情形，受益人应当对受害人进行适当补偿。

（三）管理人具有为他人利益进行管理的意思

为他人利益进行管理的意思简称为管理意思，也称为他人管理事务之意思（animus aliena negotia gerendi），它是指管理人具有通过管理活动为他人谋利，或将管理所获得的利益归属于他人的意思。[②] 管理意思为无因管理成立的主观要件。无因管理的本质特点在于，其是在无法定或约定义务的情况下，为他人管理事务，而非为自己管理事务。如果管理人明知是他人的事务而将其作为自己的事务管理，或者误以他人事务，而实为对自己事务进行管理，属于不真正无因管理。[③]

管理意思是否应当包含为他人谋利的意思，对此比较法上存在争议。一是赞

---

① BGHZ，33，251.

② 参见史尚宽：《债法总论》，62页，北京，中国政法大学出版社，2000。

③ Wollschläger，Die Geschäftsführung ohne Auftrag，1976，S. 43.

成说。此种观点认为，法律上之所以要承认无因管理制度，就是要奖励善行。所以，管理人一开始就应当具有为他人谋利的意思，即具有使人受益的意思。[①] 二是反对说。此种观点认为，应当从客观上判断，管理人的行为是否有利于他人，至于管理人主观上是否有为被管理人谋利的意思，在所不问。在罗马法中，如果管理人除了为他人利益管理事务外，还兼具为自己利益进行管理的意思，则不能构成无因管理。[②] 因此，在罗马法中，合伙人或财产共有人不能依据无因管理向其他合伙人或者共有人提出返还请求。大陆法系一般将管理人有为他人利益管理事务的意愿作为无因管理的构成要件，如果管理人只是为了自己的利益而实施管理行为，则无权请求本人向其支付相关的费用。

笔者认为，只要管理人有为他人利益进行管理的意思即可，而不需要管理人有为他人谋利的意思。所谓具有为他人利益进行管理的意思，就是指管理人意识到是在为他人利益进行管理或服务。此处所说的利益，既包括通过管理人的行为使本人取得一定利益，也包括因管理人的行为使本人避免一定损失。只要管理人是为了他人的利益，即便其同时也是为了自己的利益，也不否定其构成无因管理。管理人为他人谋利的意思，可以作为认定“为他人管理的意思”要件的考量因素。从管理或服务中最终所产生的利益，将属于他人，而非属于自己。如果行为人是为了自己利益而不是为了他人利益管理，或者出于误解或无意而管理他人事务，也不构成无因管理。[③] 当然，在判断管理人有为他人管理事务的意思时，通常要求在管理行为发生时，管理人大体上知道事务属于他人。但这并不意味着，管理人必须明确知道本人是谁，具体认识到本人的身份，而只需要管理人有为他人管理事务的意图即可。有关是否存在管理的意思，应当由管理人负举证责任。[④] 但在所管理的事务属于客观上的他人事务时，则直接推定存在管理的意

---

① 参见［德］冯·巴尔等主编：《欧洲私法的原则、定义与示范规则：欧洲示范民法典草案》（第五卷至第七卷），王文胜等译，8页，北京，法律出版社，2014。

② Pacchioni 209 SS.，305 SS.

③ 参见［德］冯·巴尔等主编：《欧洲私法的原则、定义与示范规则：欧洲示范民法典草案》（第五卷至第七卷），王文胜等译，8～9页，北京，法律出版社，2014。

④ 参见王泽鉴：《债法原理》，2版，315页，北京，北京大学出版社，2013。

思。如果管理人不具有管理的意思，但通过事务的管理，而使管理人与本人都得到了利益，对于此种情形能否成立无因管理，值得探讨。一般认为，管理的意思是真正的无因管理必备的主观要件，如果不具有管理的意思，只可能成立不真正的无因管理。

从比较法上来看，一些国家法律规定，无因管理的成立要求主要目的是维护他人的利益，行为人也可以附带地维护自己的利益。如果要求管理人完全是为了维护他人的利益，可能会不当限制无因管理制度的适用，如果管理人主要是维护自己的利益、只是附带地维护他人的利益时，此种情况不能构成无因管理。①

（四）管理人不应违背本人明示或可得推知的意思进行管理

构成适法无因管理应当以管理人的管理行为符合本人明示或可以推知的意思为前提，这具体表现在：第一，管理人在从事管理事务时，如果知道本人的存在，而且可以联系到本人，则应当与本人联系，以确定本人是否愿意由他人管理其事务。第二，如果本人事先已经明示了其事务管理的方法、管理的期限等，且管理人了解本人这一意思，则管理人不应当违背本人的这一意思管理其事务，否则，管理人管理本人事务的责任将加重。一般情形下，只要管理人在管理活动中尽到了善良管理人的注意义务，即便造成本人损害，管理人也无须承担损害赔偿责任；而在管理人管理本人事务违反本人明示或者可以推知的意思的，则一旦造成本人损害，则不论管理人是否存在过错，都应当对本人承担损害赔偿责任。②其主要原因在于，本人的事务管理的方法、期限等，属于本人的私人利益，原则上应当由本人自主决定，管理人管理本人事务也不应当违背本人的意思，如果管理人明知本人对其事务管理的意思，仍然违反该意思管理本人事务，则构成对他人私人事务的不当干涉。第三，如果本人告知管理人，要求其停止管理，则管理人应当停止其管理活动。

《民法总则》第121条并没有对管理人管理本人事务时探明本人的意思作出

① 参见［德］冯·巴尔等主编：《欧洲私法的原则、定义与示范规则：欧洲示范民法典草案》（第五卷至第七卷），王文胜等译，36～37页，北京，法律出版社，2014。

② 参见黄立：《民法债编总论》，174页，北京，中国政法大学出版社，2002。

要求，但从解释论的角度看，无因管理制度既保护管理人的利益，鼓励助人为乐的行为，同时，也保护个人利益免受他人不当的干涉[①]，因此，如果管理人明知本人明示或可得推知的意思，则出于对本人私人事务的尊重，管理人管理本人事务不应当违背本人的意思，管理人违反本人的意思管理其事务的，自然应当承担更高程度的注意义务。

一般情况下，构成适法无因管理要求管理人在管理本人事务时不得违反本人明知或可得推知的意思，但在特殊情形下，即便管理人管理本人事务违反了本人明知或可得推知的意思，仍可成立适法的无因管理，这主要包括以下两种情形。一是紧急的无因管理。它是指管理人为了避免对本人身体、健康、财产等面临急迫危险而管理其事务。急迫危险通常是指不采取相应措施将使本人遭受重大损害。例如，张某家里的煤气泄漏，张某的邻居谢某闻到了煤气的味道，就赶了过来。发现煤气泄漏严重，又无法及时联系到业主。在情急之下，谢某破门而入，关掉了煤气管道。后来，张某因琐事与谢某发生矛盾，于是，旧事重提，请求谢某赔偿当初门被撞坏的损失。在该案中，谢某发现邻居张某的屋内煤气泄漏严重，又无法及时联系到业主。其认为因煤气泄漏会发生爆炸等不测后果，因此破门而入，关掉煤气开关。此时虽然造成了张某房门的损害，但此种行为是在紧急情况下实施的合法行为，不应负赔偿责任。一些国家的法律规定，在紧急的无因管理中，因为考虑到情况的紧迫，法律对于当事人的注意义务要求较低，通常只要管理人没有故意或重大过失，对其在管理中造成的损害就不应承担赔偿责任。[②] 法律上之所以对紧急的无因管理情况下降低注意义务的要求，主要是为了鼓励人们在紧急情形实施互助行为，同时，也是考虑到在紧急情形下，管理人并无充足时间进行考虑，并选择恰当的行为方式。但是，尽管情况紧迫，如果管理人具有故意或重大过失，也不能免于责任的承担。二是公益的无因管理。所谓公益的无因管理，是指管理人基于公共利益的维护而实施的无因管理。在公益的无

① 参见黄立：《民法债编总论》，171页，北京，中国政法大学出版社，2002。

② 参见《德国民法典》第680条；《日本民法典》第698条。《瑞典民法典》第420条第2项规定："管理人之责任义务，为避免本人之紧迫危险而为管理者，得减轻之。"

因管理的情形，即便管理人违背了被管理人的意愿，也并不被认定为不适法的无因管理。管理人为了维护公共利益，即便管理行为违反本人的意愿，也可构成适法无因管理。

在此需要讨论的是，如果本人明示的意思与其真实的利益相违背，即管理人明知本人的意思仍然违背该意思对本人的事务进行管理的，如果管理人在管理活动中造成本人损害的，管理人是否应当承担损害赔偿责任。笔者认为，一般情形下，只要本人对其事务的管理作出了明示的意思表示，则管理人应当按照本人的意思管理其事务，管理人违反本人的意思管理其事务，造成本人损害的，则管理人应当承担相应的损害赔偿责任。但这一规则也存在例外情况，即如果管理人管理本人事务是为了协助本人尽到公益上的义务，或者为了协助本人履行法定的扶养义务，或者本人明示的意思违反公共秩序、善良风俗的，则即便管理人管理本人事务违反其明示的意思，也构成适法的无因管理。①

二、特殊无因管理（不适法的无因管理）的成立要件

所谓不适法的无因管理，也称不当的无因管理，它是指管理人所从事的管理事务不利于本人，或者违背本人明示或者可推知的意思进行的管理。② 例如，在前述“摔坏兰花案”中，如果刘某擅自决定让一个孩子帮助其来搬运兰花，导致兰花被摔坏，结果不利于本人，则属于不适法的无因管理。但刘某自己搬运兰花，是否属于不适法的无因管理，则要具体判断。假如当时地面并不湿滑，而且花盆并不很重，刘某极不小心地搬运导致兰花被摔坏，结果不利于本人，则可以认定属于不适法的无因管理。

不适法的无因管理和适法的无因管理一样，都是在没有法定或约定义务的情况下管理他人事务，而且管理人都具有管理的意思。但与适法的无因管理不同，其具有如下特殊构成要件。

---

① 参见王泽鉴：《债法原理》，2版，321页，北京，北京大学出版社，2013。

② 参见《德国民法典》第684条。

1. 管理事务不利于本人。无因管理具有善行的特点，但在实践中，也有可能出现管理人“好心办坏事”的情况。这就是说，管理人出于为他人管理的意思，但管理的事务不利于本人，此种情形属于不适法的无因管理。所谓不利于本人，是指管理人实施管理行为以后，使本人的利益明显受损，包括本人的财物遭受损害、本人的利益应当增加而未增加、本人的损失应当减少而未减少等。管理事务不利于本人并不当然构成侵权，判断该行为是否构成侵权，还要考虑其是否符合无因管理的构成要件。

2. 违背本人明示或者可推知的意思进行的管理。能否构成无因管理的关键在于，管理活动是否符合本人明示或者可以推知的意思，所谓明示，是指本人在无因管理发生之前，就已经明确表示出来的意思。所谓可以推知的意思，是指从管理事务时的情形来看，能否推定管理人是否允许他人管理的意思。如果在本人已经明确表达事务管理意愿的情况下，则管理人必须遵从本人的意愿。[①] 例如，本人的房屋年久失修，本人明确表示不想维修该房屋，在本人外出时，管理人违背本人的意思对房屋进行修缮的，即便该管理行为客观上有利于本人，也属于不适法的无因管理。在本人没有就事务的管理作出明确的表示时，管理人应当结合客观情况，推定本人的意思，并按照善良管理人的标准管理本人的事务。[②] 通常可以从事务管理的内容、范围，管理事务的时间点以及其他情况来推定管理人是否违背本人意思。例如，本人并不愿意让其管理事务，管理人擅自管理的，构成对本人意思的违反。[③] 再如，本人将其沙发扔在门外，可以推定其已经抛弃，无须进行管理；但如果被管理人在沙发上铺了沙发罩，并置于门口，则其意思并非抛弃，仍可以推测其具有允许他人管理的意思。

正是因为不适法的无因管理在成立要件上具有上述特殊性，所以，其在法律效果方面也具有一些特殊性。一般认为，对于管理的事务而言，如果被管理人认可这一管理，则成立无因管理。此时，本人应当向管理人偿还相应的管理费用，

① 参见王泽鉴：《债法原理》，2 版，328 页，北京，北京大学出版社，2013。

② BGHZ 138，281.

③ MünchKomm/Seiler，§678 Rn. 4.

管理人仍有权依据无因管理请求本人偿还因无因管理而支出的费用，但本人有权主张在受益的范围内偿还相关的费用。[①] 如果本人不认可该管理行为，则管理人的行为构成对他人事务的不当干涉，应当构成侵权，因此造成本人损害的，本人有权请求管理人承担损害赔偿责任。

第六节 无因管理的效力

无因管理一旦成立，即在当事人之间产生法定之债，《民法总则》第121条规定："没有法定的或者约定的义务，为避免他人利益受损失而进行管理的人，有权请求受益人偿还由此支出的必要费用。"因此，在构成无因管理的情形下，管理人的管理行为具有违法阻却性，并不构成侵权[②]，而且会在当事人之间产生相应的债权债务关系，以下具体阐述。

一、阻却违法的效力

行为人未经本人许可而管理他人事务，将构成侵权，受害人有权请求行为人承担侵权责任，但在行为人的管理行为构成无因管理的情形下，该管理行为即具有阻却违法的效力。依据《民法总则》第121条的规定，管理人在管理本人事务时，虽然没有得到本人的允许，但不仅不构成侵权，管理人反而可以依法向本人请求偿还因管理事务而支出的必要费用，这就实际上肯定了无因管理具有阻却违法的效力。

《民法总则》第121条规定无因管理具有违法阻却效力的主要原因在于：一方面，管理人的管理行为有利于本人的利益，而且不违反本人明示或可得推知的意思。也就是说，无因管理虽然未得到他人许可，但事务管理不违反本人的意思，且有利于本人。例如，甲家中着火，邻居乙在帮忙救火的过程中造成甲的财

① 参见郑玉波：《民法债编总论》，85页，北京，中国政法大学出版社，2004。

② Michael Jaensch, Grundzuege des Buergerlichen Rechts, 2012, Rn. 864.

产损失，虽然乙造成了甲的损害，但由于乙的行为有利于甲，而且不违反甲可得推知的意思，故应当具有违法阻却的效力。另一方面，无因管理本质上是有利于社会公共利益的行为，规定无因管理具有阻却违法的效力，有利于鼓励人们之间的互助行为。[①] 因此，在构成无因管理的情形下，管理人无须对本人承担侵权责任，而且有权向本人请求返还相关的管理费用。当然，应当指出的是，无因管理具有违法阻却的效力原则上仅限于适法无因管理，不适法无因管理原则上已经构成侵权，一般不具有阻却违法的效力，但如果本人主张其构成无因管理的，也具有阻却违法的效力。

二、对管理人的效力

（一）管理人的义务

1. 依据本人明示或者可以推知的意思进行管理的义务

管理人应当尽可能地按照本人的意愿进行管理，从而才能最大限度地符合无因管理制度设立的本旨。为此，法律应当要求管理人依据本人明示或可以推知的意思进行管理。所谓本人明示的意思，是指本人明确表达出来的意思，在本人就某事务的管理已经明示按照何种方式进行管理时，则管理人应当按照本人明示的意思管理该事务。所谓本人可推知的意思，是指从客观情况出发，可以合理推断本人应当具有的意思。在判断本人明示或者可以推知的意思时，应当考虑本人事先就其事务管理已经作出的要求、管理人与本人之间的关系以及社会常识等因素。例如，甲继承了一套房屋，在甲出国期间，该房屋出现倾塌的危险。后因为连降大雨，邻居乙担心该房屋倒塌，便请人对该房屋进行了修缮，在修缮过程中，因一面墙倒塌将乙砸伤，乙为此花费 5 000 元医药费，而且乙为修缮该房屋向工人支付了 8 000 元修缮费用。后甲回国，乙请求甲偿还上述费用。甲认为修缮费用过高，且认为乙被砸伤是自己不小心造成，拒绝支付医疗费。在该案中，如果甲已经多次明确表示要将其房屋改建，则乙未经甲同意而修缮该房屋的行为

① 参见郑玉波：《民法债编总论》，78 页，北京，中国政法大学出版社，2004。

即违反了本人明示的意思。在本人没有明确表达其意思时，管理人主要应当从客观情形、按照理性人的标准来推断本人的意思。管理人在进行事务管理时，应当考虑本人通常会采取何种方式管理事务，并且应当依据该种方式为本人管理事务。例如，在管理他人的一群牛羊时，发现一头牛感染疾病，而有可能传染给其他牛，管理人请人屠杀该牛。在此情形，可以推论此种行为有利于本人。[①] 如何判断管理人管理本人事务是否符合本人明示或者可以推知的意思呢？笔者认为，主要应当从以下几个方面进行判断。

第一，如果管理人事先知道本人的存在，而且可以联系到本人，则应当与本人联系。只有在管理人联系不到本人时，才能按照本人可以推知的意思进行管理。[②]

第二，如果本人事先对其事务的管理作出了要求，而且管理人也明知的，则管理人违反本人的要求管理其事务，即属于违反本人明示的意思。[③]

第三，如果管理人与本人熟悉，管理人应当知道本人关于事务管理的意思或可推知的意思，就应当按照本人的要求对事务进行管理。但如果管理人与本人素不相识，甚至不知道本人是何人，难以知晓本人关于事务管理的意思，则在考虑本人可以推知的意思时，应当按照社会一般人的想法来推知本人的意愿，而不能推知本人特殊的意愿，否则，对管理人的要求就过于苛刻，可能影响无因管理制度功能的发挥。也就是说，在本人没有事先明确表示其对事务管理的要求，或者虽有要求但管理人并不知晓的，则如果管理人的管理行为按照一般人的看法符合本人的利益，即属于符合本人可以推知的意思。[④]

第四，管理人在推断本人的意思时，还应当考虑事务管理的成本。[⑤] 这就是说，管理人在管理本人事务之前，应当考虑管理事务的成本与本人因其管理行为获利之间的关系，从而推断本人的意思。例如，在前述“房屋修缮案”中，如果

① MünchKomm/Seiler，§683 Rn. 10.

② Hans Brox，Besonders Schuldrecht，München，2007，S. 418.

③ 参见崔建远：《关于无因管理的探讨》，载《法律学习与研究》，1989（3）。

④ Hans Brox，Besonders Schuldrecht，München，2007，S. 418.

⑤ MünchKomm/Seiler，§683 Rn. 9.

甲没有明确表示是否改建该房屋，在该房屋出现倾塌的危险时，如果改建该房屋的费用较低，而修缮的费用较高，则管理人应当推断本人并没有修缮该房屋的意愿，否则，管理人擅自修缮该房屋即构成违反本人可以推知的意思。

按照上述要求，管理人在对本人事务进行管理时，在通常情形下应当满足本人可推知的意思，在无法确定本人可推知的意思时，应考虑事务管理的社会常识。当然，本人的意思并不包括违反法律强制性规定或公序良俗的意思。这实际上是维护社会公共利益的需要。

2. 在管理中尽到合理的注意义务

管理人在管理活动中应当尽到合理的注意义务，关于管理人的注意义务标准，存在不同的观点。

一是抽象轻过失说。该观点认为，无因管理人无法律义务而干涉他人事务，依其事件之性质原则上应负善良管理人的义务，即承担抽象轻过失责任。这就是说，管理人应像一个善良管理人那样管理他人的事务。[①] 在比较法上，一些国家法律认为，管理人需要像受托人一样承担信义义务，无论管理人的行为是否出于其自己的主动，也不论其是否对本人享有权利。[②]

二是具体轻过失说。该观点认为，无因管理是无偿行为，因此，管理人只需像管理自己事务一样管理他人事务即可。也就是说，管理人要尽到与处理自己事务同样的注意，即应当对其过失承担责任。[③]

按照抽象轻过失标准，管理人是否满足注意义务需要根据客观标准进行判断，而按照具体轻过失标准，管理人是否尽到管理义务则应按照管理人的主观标准进行判断，相比较而言，按照抽象轻过失的标准进行判断对管理人管理本人事务时的注意义务要求更高。一般认为，应当按照抽象轻过失的标准确定管理人的义务[④]，主要原因在于：一方面，这一注意义务标准有利于规范管理人的管理行

① 参见王泽鉴：《债法原理》，2 版，323 页，北京，北京大学出版社，2013。

② See Samuel J. Stoljar, *International Encyclopedia of Comparative Law*, Volume X, Chapter 17, Negotiorum Gestio, J. C. B. Mohr (Paul Siebeck, Tübingen), 1980, p. 40.

③ 参见黄茂荣：《债法各论》(一)，396 页，台北，植根法学，2006。

④ 参见王泽鉴：《债法原理》，2 版，323 页，北京，北京大学出版社，2013。

为，保护本人的利益。无因管理制度需要平衡不干涉他人私人事务与鼓励助人行为之间的关系，在管理人未经本人允许而介入本人事务的情形下，由于该管理行为具有违法阻却的效果，因而，为保护本人的权利，提高管理人的注意义务标准，在判断管理人是否尽到管理义务时，原则上应当按照善良管理人的标准进行判断。[①] 另一方面，这一注意义务标准也有利于鼓励人们之间的互助行为。在管理活动中，只要管理人按照善良管理人的注意义务管理本人的事务，即可构成适法的无因管理，具有阻却违法的效力，即便造成本人损害，管理人也无须对本人承担侵权责任，而且管理人还可以请求本人偿还其因管理活动而支出的费用，因此，明确管理人的注意义务标准为善良管理人的标准，有利于鼓励人们之间的互助行为。

按照抽象轻过失的标准进行判断，如果管理人管理他人事务未尽到抽象轻过失标准的注意义务，造成本人损害的，管理人应当承担相应的赔偿责任。例如，在前述“房屋修缮案”中，乙即应当按照善良管理人的注意义务标准修缮甲的房屋，如乙在购买修缮所用建筑材料时，应当考虑市场价格，而不能高价滥买，或者购买存在明显质量瑕疵的材料。

当然，在特定情形下，也应当适当降低管理人的注意义务标准，此种特定情形主要包括以下两种。

一是管理人是非完全民事行为能力人。在管理人为非完全民事行为能力人时，应当按照具体轻过失的标准判断管理人是否尽到其管理义务，因为受年龄、精神状况等因素的影响，非完全民事行为能力人（如未成年人）在管理他人事务的过程中，可能难以尽到善良管理人的注意义务，此时，应当按照管理人本人的注意义务标准来判断其是否已经尽到管理义务。

二是紧急情况下的无因管理。对紧急情况下的无因管理而言，如果管理人在管理活动中未尽到善良管理人的注意义务造成本人损害的，管理人只要没有故意或者重大过失，就不应当对本人承担损害赔偿责任。[②] 例如，甲的房屋失火，乙

---

① 参见郑玉波：《民法债编总论》，80页，北京，中国政法大学出版社，2004。

② 参见郑玉波：《民法债编总论》，80～81页，北京，中国政法大学出版社，2004。

帮忙救火，在将甲的电视往屋外搬运的过程中，乙未看清路面状况而摔倒，导致电视毁坏。在该案中，虽然乙在搬运过程中未尽到善良管理人的注意义务，但由于属于紧急情况，乙仍无须承担损害赔偿责任；但如果乙在搬运过程中，将该电视直接扔在地上，导致甲的电视毁损的，则乙具有重大过失，应当承担相应的损害赔偿责任。

3. 继续管理义务

所谓继续管理，是指管理人开始管理他人事务之后，就应当为本人的利益进行持续的管理，而不能在不利于本人的情况下，终止其管理，在后续的管理活动中应当尽到善良管理人的管理义务。例如，在保管他人之物的情况下，如果管理人停止保管，会给被管理人造成损害的，其就应当负有继续管理的义务。[①] 如果因管理人终止管理给本人造成损害，管理人应对本人承担损害赔偿责任。[②] 但在如下情形下，管理人可以终止管理。

第一，管理事务已经终结，目的已经达到。在此情形下，管理人可以停止管理。

第二，可以合理期待本人将继续管理其自己的事务。这主要是指本人已经出现，并且从合理人的角度判断，本人将自己接管其事务。[③]

第三，如果继续管理对本人有害，则管理人应当停止管理行为，否则造成本人损害的，管理人应当承担损害赔偿责任。[④]

第四，在管理人对本人作出通知后，如果本人没有明确拒绝管理人继续管理事务，则管理人仍有义务继续管理本人的事务。但如果本人已经通知管理人停止管理行为，那么管理人应该及时停止管理行为，否则即构成对本人私人生活领域的侵害，造成本人损害的，应当承担相应的损害赔偿责任。但在紧急情况下，管理人为维护本人的生命、健康等人身权益，或者为了维护社会的公共利益，从维

① MünchKomm/Seiler，§677 Rn. 53.

② 参见王泽鉴：《债法原理》，2版，324页，北京，北京大学出版社，2013。

③ 参见［德］冯·巴尔等主编：《欧洲私法的原则、定义与示范规则：欧洲示范民法典草案》（第五卷至第七卷），王文胜等译，101页，北京，法律出版社，2014。

④ 参见王泽鉴：《债法原理》，2版，324页，北京，北京大学出版社，2013。

护本人利益角度考虑，即便本人通知管理人终止事务的管理，管理人仍可继续管理本人的事务。[①] 此时也构成适法无因管理，具有违法阻却的效力，即便造成本人损害，管理人也无须承担损害赔偿责任。例如，甲跳入江中想要自杀，乙为救甲也跳入江中，在救助过程中，甲告诉乙不要对其进行救助，但乙出于保护甲生命的原因而对其进行抢救，则即便乙在甲通知其终止事务管理的情形下继续管理本人事务的，仍构成无因管理，造成甲损害的，也无须承担相应的责任。

4. 通知义务

在无因管理中，管理人开始管理他人事务时，本人通常并不知道管理人的管理行为，因此，管理人在管理活动开始后，应当及时对本人作出通知，以免发生不必要的争议。在管理人对本人作出通知以后，除重大紧急情况外，管理人原则上应当等待本人决定后再继续或者终止管理事务。管理人试图联系本人，也表明管理人是在履行通知义务。管理人应当在开始管理活动时通知本人，而且法律并没有对该通知的形式作出规定，因此，管理人既可以书面方式通知，也可以口头方式通知。本人在收到通知以后，有权选择是否由管理人继续管理其事务。如果本人通知管理人继续管理，则可在当事人之间成立委托合同关系[②]；如果本人接到通知后拒绝管理人的管理，则管理人应当停止管理，否则造成本人损害的，管理人应当对本人承担损害赔偿责任；如果本人没有表示拒绝，则管理人仍应当进行管理。

在管理人对本人作出通知后，本人既未同意也未反对的，是否成立无因管理关系呢？笔者认为，只要管理人的管理不违反本人明示或者可以推知的意思，则继续管理仍然构成无因管理。但在此情况下，并不成立委托合同，因为委托合同需要双方当事人达成合意，本人单纯的沉默不构成同意，但如果本人事后追认的，仍然可以成立委托合同。

如果出现紧急、重大的情况，管理人应当及时报告本人，等待本人的指示，如果来不及通知本人，则管理人应当按照有利于维护本人利益的方法继续管理事

① 参见江俊彦：《民法债编总论》，182 页，台北，新学林出版股份有限公司，2011。

② 参见郑玉波：《民法债编总论》，81 页，北京，中国政法大学出版社，2004。

务。例如，管理人帮助本人保管鲜鱼，在出现可能变质的情形，如果管理人有时间通知本人，则应当等待本人的决定，再继续事务的管理；如果管理人来不及通知本人，则管理人应当及时变卖该鲜鱼。

5. 报告义务

在完成了管理事务之后，管理人应当向本人报告管理的详细情况，并应当向其提供详细的资料。管理人的报告义务可以因本人的要求而不同，但一般应当包括事务的进展情况、现在的情况、管理的结果等。管理人也应当将其获得利益的情况、支出费用的情况等向本人报告。即使管理人中断了事务管理，也应当负有报告的义务，以便本人及时掌握事务管理的信息。

6. 计算与返还的义务

在管理活动终止后，管理人还应当履行计算与返还的义务。在管理活动终止后，管理人因管理事务所收取的金钱、物品、孳息等，都应当及时交付给本人。如果是以自己的名义取得的权利，也应当及时移转给本人。① 管理人为自己的利益而使用了本人的金钱，则应当向本人支付相应的利息。管理人拒绝向本人交付的，构成不当得利，本人可以请求返还。

7. 违反义务的损害赔偿责任

在管理过程中，因为管理人的过错造成本人的损害，管理人应当向本人承担赔偿责任。因管理人过错造成的损害，包括管理人自始引发的损害以及扩大的损害。但是，在对管理人进行管理的原因以及其他情况加以考虑后，在公平与合理的范围内，可以减轻或免除管理人的责任。②

（二）管理人的权利

管理人对于本人所享有的权利是无因管理制度的核心，在适法无因管理中，管理人主要享有如下权利。

第一，费用偿还请求权。这就是说，如果管理人因管理事务而支出了合理的

---

① 参见郑玉波：《民法债编总论》，82页，北京，中国政法大学出版社，2004。

② 多数国家的法律都为管理人责任的减轻或免除提供了依据。参见［德］冯·巴尔等主编：《欧洲私法的原则、定义与示范规则：欧洲示范民法典草案》（第五卷至第七卷），王文胜等译，119页，北京，法律出版社，2014。

费用，则其有权请求本人偿还。合理的费用包括两种：一是必要的费用，即因为事务管理而必须支出的费用。例如，因收留他人走散的耕牛而支出的饲料费。判断费用是否必要，应依社会一般人完成相同管理行为所需支出的费用为标准。二是有益的费用，即虽然不是必要的费用，但属于有益于被管理人的费用。例如，在收留迷路的儿童后，为其支出了一定教育费用。对于上述两项费用，管理人都有权请求本人偿还。当然，这里的费用并不包括劳力的投入。

如果管理人从一开始就明确表明其放弃偿还费用，或者表明其是基于赠与的意思而从事管理行为，那么，本人就享有费用偿还请求权不存在的抗辩。① 笔者认为，费用偿还请求权是管理人所享有的权利，按照私法自治原则，其是可以放弃的。一旦放弃，不得再请求费用的偿还。

在此需要讨论的是，管理人在请求本人偿还相关费用时，能否请求本人偿还该费用的利息。学者对此存在不同观点，有学者认为，允许管理人请求支付利息，似乎等同于认可了管理人的报酬请求权。笔者认为，管理费用的利息并不等同于管理活动的报酬，其属于管理费用产生的法定孳息，与报酬并不相同，允许管理人请求本人偿还管理费用的利息，有利于鼓励管理人的管理活动，因此，管理人在管理活动中支付了相关费用的，其除有权请求本人返还该费用外，还有权请求本人支付该费用的利息。②

第二，负债清偿请求权。管理人在管理事务的过程中，除支付相关的管理费用外，还可能因管理活动向他人负担了债务。在管理人因管理行为而负债的情形下，管理人有权请求本人清偿该债务。对债务负担的范围也要依具体情形进行判断，只有因管理行为所必须负担的债务以及对管理事务有益的费用，管理人才有权请求本人偿还。③ 本人可以采取第三人代为清偿的方式予以清偿，也可以通过免责的债务承担的方式使管理人从债务中解脱出来。

第三，损害赔偿请求权。在管理事务的过程中，管理人自身也可能遭受损

---

① 参见［德］冯·巴尔等主编：《欧洲私法的原则、定义与示范规则：欧洲示范民法典草案》（第五卷至第七卷），王文胜等译，161页，北京，法律出版社，2014。

② 参见王泽鉴：《债法原理》，2版，325页，北京，北京大学出版社，2013。

③ 参见郑玉波：《民法债编总论》，84页，北京，中国政法大学出版社，2004。

害，对于此种损害，管理人是否有权请求本人赔偿，存在不同观点。一是否定说。此种观点认为，管理人只能请求必要费用的返还，而不能请求损害赔偿。奥地利等国的法律采纳了此种观点。[①] 二是肯定说。此种观点认为，如果管理人在管理本人事务的过程中遭受了损害，只要该损害不是因管理人本人的过失造成的，其便有权请求本人赔偿，而且管理人所遭受的损害不仅限于金钱损失，也包括人身损害。[②] 例如，在管理人因为抓贼而受伤时，可以请求本人损害赔偿。法国、德国法采肯定说。[③] 笔者认为，在管理人因见义勇为遭受损害时，本人应当赔偿管理人在管理活动中所遭受的损害，因为仅凭补偿管理人支出的管理费用或负担债务，可能无法完全弥补管理人所遭受的损失，并与鼓励无因管理行为的立法目的相违背。从鼓励人们互助的角度出发，应当赋予管理人的此种损害赔偿请求权。另外，基于行为的一体性，管理人如果不从事管理行为，其就不会受到此种损害。可以说，此种损害也等同于损失。我国《民法通则意见》第 132 条通过扩张解释《民法通则》第 93 条中的“必要费用”，使其包含了“在该活动中受到的实际损失”。这实际上也是采肯定说的立场。

第四，报酬请求权。关于管理人能否请求本人支付报酬，比较法上普遍认为，无因管理人不得请求报酬，这已成为一项基本原则。这就是说，管理人只能请求本人偿还因管理行为所支出的必要费用，而不能索要报酬。因为无因管理是管理人基于善良社会风俗和乐于助人的精神而实施的行为，索要报酬将与其法律本质相违背。[④] 在我国，关于管理人是否享有报酬请求权，学界一直存在两种不同观点。一是肯定说。此种观点认为，无因管理中的管理人可以享有报酬请求权，因为既然无因管理是一种对社会有益的行为，从鼓励此种善意行为的角度出

---

① See Samuel J. Stoljar, *International Encyclopedia of Comparative Law*, Volume X, Chapter 17, Negotiorum Gestio, J. C. B. Mohr (Paul Siebeck, Tübingen), 1980, p. 42.

② Cour Lyon 17 June 1946, D. 1947. Som. 29.

③ 德国法最初否定管理人的此种费用偿还请求权，其主要理由在于，此种费用并非基于“费用支出”而引起的，而自 1941 年的一个里程碑式判决后，这一观点发生了改变。RG 7 May 1941, RGZ 167, 85.

④ 参见［德］冯·巴尔等主编：《欧洲私法的原则、定义与示范规则：欧洲示范民法典草案》（第五卷至第七卷），王文胜等译，146 页，北京，法律出版社，2014。

发，应允许管理人适当请求报酬。[①] 也有学者认为，如果管理行为的后果只是使本人原本应当减少的利益没有减少，此时可以不承认管理人报酬请求权；如果管理行为不但避免了本人的损失，而且积极地增加了本人的利益，此时可以赋予管理人适当的报酬请求权。[②] 二是否定说。此种观点认为，法律规定无因管理的目的在于鼓励道德高尚之行为，因实施道德行为而请求报酬，与法律意旨不符，可能使无因管理沦为一种交易行为。[③]

笔者认为，无因管理中的管理人不应当享有报酬请求权，理由如下。

第一，无因管理不同于交易关系，无法适用报酬请求权。如前所述，无因管理制度的功能之一是鼓励乐于助人的道德风尚，如果允许管理人在管理他人事务后请求本人支付一定的报酬，可能使无因管理行为本身变为一种交易行为，这与无因管理制度的功能不符。如果承认管理人的报酬请求权，也可能会诱发大量的过度管理行为，即行为人为获取报酬，在本人事务不需要管理的情形下，仍对其进行管理，然后以无因管理为由主张相应的报酬，这可能会导致行为人对他人私人生活领域的过度侵害，也有违无因管理制度的目的。

第二，如果允许管理人请求报酬，则无异于强制本人与管理人缔约，从根本上违反了意思自治原则。而且有些无因管理，客观上并非本人愿意接受的，本人并没有与管理人订约的意愿，管理人无权因实施管理行为而请求本人支付报酬。

第三，在无因管理中，否定管理人的报酬请求权并不会损害管理人的利益。因为法律规定本人应对管理人为管理其事务而支出的费用、负担的债务和遭受的损失进行补偿，已经足以充分弥补管理人因管理行为而遭受的损失。因此，即便不赋予管理人报酬请求权，也已经足以保护管理人的利益，并发挥无因管理制度鼓励人们互助行为的功能。

第四，从我国的立法来看，《民法通则意见》第 132 条所规定的费用偿还中，并没有提到报酬，这实际上也否定了管理人的报酬请求权。

---

① 参见郑玉波：《民法债编总论》，82 页，北京，中国政法大学出版社，2004。

② 参见李先波：《债法专论》，249 页，北京，法律出版社，2009。

③ 参见胡长清：《民法债编总论》，54 页，北京，中国政法大学出版社，2000。

尽管无因管理中的管理人不应当享有报酬请求权，但按照私法自治原则，如果本人自愿向其支付，法律也应承认其效力。

三、对本人的效力

本人的权利对应管理人的义务，因此，在无因管理中，在管理人通知之后，其有权表示同意或者拒绝。在本人拒绝管理人的管理行为后，管理人不得继续管理本人的事务，否则构成侵权行为。同时，在管理活动结束后，本人有权请求管理人报告管理情况、交付管理成果，并请求管理人履行相关的计算义务。

本人的义务对应管理人的权利。这就是说，只要管理人的行为符合无因管理的构成要件，本人就有义务偿还管理中的必要费用、代为清偿管理人的负债以及赔偿管理人所遭受的损失。例如，在前述“房屋修缮案”中，在构成适法无因管理的情形下，甲应当向乙偿还修缮费用、维修工人的维修费用以及乙在修缮过程中所遭受的损害。

四、诉讼时效的适用

无因管理中的诉讼时效适用 3 年的诉讼时效。在无因管理的情况下，被管理人的义务是多方面的，包括必要费用的返还、损失赔偿等。《诉讼时效司法解释》区分了被管理人的返还义务和赔偿责任，以及管理人的赔偿责任，并分别确定了不同的诉讼时效起算点。

一是被管理人的返还义务和赔偿责任的时效期间起算。《诉讼时效司法解释》第 9 条第 1 款规定：“管理人因无因管理行为产生的给付必要管理费用、赔偿损失请求权的诉讼时效期间，从无因管理行为结束并且管理人知道或者应当知道本人之日起计算。”据此，无因管理请求权的诉讼时效应从无因管理行为结束，并且管理人知道或者应当知道本人之日起计算。例如，甲为他人看管丢失的羊群，支付了一定的费用，但是当时并不清楚被管理人，因此，诉讼时效应当自其知道被管理人之日起算。

二是本人请求管理人损害赔偿的时效期间起算。《诉讼时效司法解释》第 9 条第 2 款规定："本人因不当无因管理行为产生的赔偿损失请求权的诉讼时效期间，从其知道或者应当知道管理人及损害事实之日起计算。"在无因管理的过程中，管理人也可能因过错而造成对本人的损害。

第七节　无因管理的消灭

无因管理可以基于如下原因而消灭。

第一，管理人终止管理。在无因管理的过程中，管理人可能因各种原因而不再继续进行管理，即构成终止管理。如前所述，无因管理一旦开始，管理人即有为本人的利益继续管理的义务，而不得随意终止事务的管理。因此，即便管理事务不利于管理人自身，其也不能随意终止管理，否则即违背诚信原则的要求。如果本人拒绝管理人的管理，则管理人也应当终止管理行为。

第二，本人承认管理。管理人在管理本人事务过程中，如果得到了本人的承认，此时无因管理能否转化为委托关系，当事人之间的无因管理关系是否终止呢？一般认为，在管理人管理本人事务的过程中，一旦本人承认管理人的管理行为，即可认定当事人就事务的管理达成了合意，应当成立委托合同关系。在此情形下，无因管理关系终止。①

应当注意的是，在本人承认管理人的管理行为之后，如果管理人不再从事管理行为的，则无因管理关系也终止。需要讨论的是，在本人对管理人的管理行为进行追认，并构成委托合同关系的情况下，此种委托合同关系能否溯及到管理行为开始之时？依据新修正我国台湾地区"民法"第 178 条的规定，在本人追认管理人管理行为的情形下，在当事人之间成立委托关系，而且该委托关系溯及至管理事务开始之时。笔者认为，此种委托合同关系并不能追溯到管理行为开始之时，因为在本人追认管理人管理行为的情形下，委托合同自本人追认行为时成

① 参见《瑞士债务法》第 424 条；我国台湾地区"民法"第 178 条。

立，在此之前，管理人管理本人事务均属于无法律上原因管理他人事务，构成无因管理。因此，本人追认时，应依据具体情形、结合当事人的真意判断是否构成委托，如果本人就其有无授权进行追认，则可成立委托合同；但如果本人只是认可管理人的管理行为，则仍应当属于无因管理，而无法成立委托合同。

第三，本人拒绝管理。本人拒绝管理也可能导致无因管理的终止。在管理人对本人作出通知后，本人可以决定是否追认管理人的管理行为，在本人追认管理人的管理行为时，一般在本人与管理人之间成立委托合同关系。在本人拒绝管理人的管理行为时，该拒绝行为原则上并不具有溯及效力，即在本人拒绝行为之前，管理人的管理行为仍构成无因管理。在本人拒绝管理人的管理行为之后，管理人应当终止对本人事务的管理，管理人继续管理本人事务的，将构成对他人事务的不当干预，即构成侵权行为，因此造成本人损害的，本人有权请求管理人赔偿。[①]

第四，债务履行。无因管理之债也可以因债务履行而消灭。如果被管理人支付了必要的费用，赔偿了管理人的损失等，则双方的无因管理关系发生消灭。

第八节　准无因管理

一、准无因管理的概念和特征

准无因管理，又称为不真正无因管理，是指管理人为自己的利益而管理他人事务。[②] 其主要包括不法无因管理、误信管理两种类型。这两种类型的共同特征都是管理人在主观上并没有管理他人事务的意思，但由于客观存在的各种条件，导致在实际上对他人事务进行了管理。试举“房屋出租案”为例，在该案中，某市居民李某有一套房屋急于出售，其在出国前将该房屋委托某中介公司出售，同

① 参见王泽鉴：《债法原理》，2版，324页，北京，北京大学出版社，2013。

② MünchKomm/Seiler，§678 Rn. 1.

时将该房屋的钥匙等交给中介公司，中介公司在李某出国期间并没有将该房屋出售，而是将该房屋出租给刘某，并收取相应的租金。李某回国后，发现其房屋已经出租给刘某，便请求中介公司承担侵权责任。中介公司认为，由于房价一直上涨，急于出售房屋对李某不利，其是为李某的利益而出租房屋，构成无因管理，不应当承担侵权责任。事实上，在该案中，中介公司明知房屋为李某所有，而为自己的利益将房屋出租为自身获得利益，构成典型的准无因管理。

准无因管理和一般无因管理的本质区别就在于，管理人在主观上是否有为他人管理事务的意思。前者并不存在这种意思，而后者则以这种意思的存在为前提。由于在准无因管理中，管理人并没有为他人管理的意思，因而属于不当介入他人的事务，并不构成无因管理，也不具有违法阻却的效力，在法律上构成侵权行为。受害人有权请求行为人承担侵权责任。但在某些情形下，受害人请求行为人承担侵权责任可能并不利于充分保护其利益。[①] 例如，在上述房屋出租案中，如果李某依据侵权请求中介公司承担责任，很难证明实际损失，但如果允许受害人依据无因管理提出请求，则可要求中介公司返还房屋及出租期间所获得的全部利益。这有利于全面保护受害人的利益，并且可以剥夺行为人的获利，预防同类行为的发生。因此，在法律上规定准无因管理仍具有一定的意义。当然，在构成准无因管理的情形下，也构成准无因管理、侵权行为及不当得利的竞合，受害人应当有权选择依据何种请求权提出请求。[②]

二、准无因管理的类型

（一）不法无因管理

1. 不法无因管理概述

所谓不法无因管理，是指在管理人明知是他人事务，而仍然将其作为自己的事务进行管理。不法无因管理构成对他人事务的不当干涉，在性质上属于侵权行

① 参见郑玉波：《民法债编总论》，87页，北京，中国政法大学出版社，2004。

② 参见王泽鉴：《债法原理》，第1册，357页，北京，中国政法大学出版社，2001。

为。例如，在前述“房屋出租案”中，中介公司未经李某同意而为自己利益将李某的房屋出租，该行为即构成不法无因管理。不法无因管理的特征主要表现在：

第一，管理人明知是他人的事务，但为自己的利益而实施管理行为。所谓明知，就是指管理人知道某事务为他人事务。管理人明知某事务为他人事务，但仍为了自己的利益而实施管理行为，属于不当介入他人的事务，因此，其并不属于无因管理的类型。

第二，不法无因管理属于侵权行为。无因管理制度的功能在于平衡禁止干涉他人事务与鼓励帮助他人两者的关系，这就要求管理人必须有为他人管理事务的意思，否则无法成立无因管理。而在不法无因管理中，管理人明知事务为他人的事务而仍然为自己的利益管理该事务，构成对他人事务的不当干涉，此时，其并不具有违法阻却的效力，而应当构成侵权行为。

第三，本人享有选择权。在不法无因管理中，本人既可以选择请求管理人承担侵权责任，也可以依据无因管理的规定提出请求，如果不法无因管理人获利的，本人还可以依据不当得利请求不法无因管理人返还利益。不法无因管理在性质上属于侵权行为，也可能构成不当得利，将不法无因管理纳入无因管理之中，赋予本人选择请求权的权利，有利于充分保护本人的利益，减少不法无因管理行为。例如，在前述“房屋出租案”中，如果李某在出国期间并无出租房屋的意愿，则李某请求中介公司承担侵权责任时，将很难证明实际的损害，此时，应当赋予李某依据无因管理提出请求的权利，可能更有利于保护李某的合法权益。

2. 本人的选择权

所谓本人的选择权，是指在不法无因管理中，本人既可以请求管理人承担侵权责任，也可以依据无因管理的规定向管理人提出请求。一般来说，如果通过侵权责任能够有效保护本人利益，并使不法无因管理人承担适当的赔偿责任，就不必选择无因管理。因为无因管理行为本身应是一种适法的、为法律所鼓励的行为，具有阻却违法的效力，所以，一旦构成无因管理，行为人的行为就不再构成侵权；而如果管理人并非是为了本人利益从事管理行为，其行为就已经越过了无因管理的界限，进入侵权责任的领域。而且如果对不法的无因管理准用无因管理规则，则管理人可以主张其行为不构成侵权，这在客观上可能鼓励他人从事违法的无因管理行为，从而对本人的人身及财产权益造成损害。

但在某些情况下，对不法无因管理准用无因管理规则也有一定的合理性。从比较法上看，许多国家在规定不法无因管理时，都赋予本人选择请求权的权利。[①] 此种经验值得借鉴。在不法无因管理中赋予本人选择权的主要原因在于：

第一，在举证责任方面，如果受害人请求行为人承担侵权责任，则受害人需要负担较重的举证责任，其既需要证明行为人主观方面存在过错，又需要就具体的损害数额作出举证，否则将难以获得法律救济。如果受害人依据不当得利提出请求，则在受害人所受损害较小而行为人获利较大的情况下，受害人一般只能以所受损害为限请求行为人返还不当得利，这可能不利于防止行为人的不法行为。而如果受害人主张无因管理，则受害人无须负担上述举证责任，即可主张行为人返还其所获得的利益。

第二，在赔偿范围方面，如果受害人请求行为人承担侵权责任，其只能请求行为人赔偿其所遭受的实际损失，在受害人遭受损失较小而行为人获利较大的情形下，侵权责任显然无法为受害人提供充分的救济，也不利于预防同类侵权行为的发生。例如，在前述“房屋出租案”中，如果不赋予李某选择权，而只允许李某请求中介公司承担侵权责任，那么，在中介公司擅自出租李某房屋却未对该房屋造成实际损害的情况下，若李某在出国期间并没有出租房屋的意愿，其就很难通过证明所遭受的实际损害来获得充分赔偿，这显然不利于保护李某的合法权益。因此，在不法无因管理的情形下，为充分保障本人的利益，减少不法无因管理行为的发生，应当允许本人在侵权请求权与无因管理请求权中作出选择。而如果受害人依据无因管理提出请求，则无须证明其所遭受的实际损害，而只需要证明行为人的获利，即可请求行为人返还因此所获得的利益，从而充分保护受害人

① 例如，《德国民法典》对不法无因管理作了规定，该法典第 687 条第 2 款规定：“某人虽知道自己无权将他人事务当作自己的来对待却这样做的，本人可以主张因第 677 条、第 678 条、第 681 条、第 682 条而发生的请求权。本人主张这些请求权的，依第 684 条第 1 句对管理人负有义务。”依据这一规定，在构成不法无因管理的情形下，行为人的行为构成侵权行为，但受害人可以选择依据无因管理的规定向行为人提出请求。

的利益，克服受害人证明其遭受实际损害的困难，也可以剥夺行为人的获利，预防类似侵害行为发生。正如郑玉波先生所言，认可不法的无因管理，“使该管理人与无因管理人负同一义务，俾本人得对之请求返还全部利益，以资保护；且使不法无因管理所生之利益归诸本人享有，俾能除去经济上之诱因而减少不法无因管理之发生”①。

第三，在构成不法无因管理的情形下，允许受害人依据无因管理向行为人提出请求，也有利于避免损害的进一步扩大。因为在行为人为自己的利益而管理他人事务的情形下，如果受害人请求行为人承担侵权责任，在行为人“管理”行为尚未终止的情形下，受害人虽然可以请求行为人停止侵害、排除妨害等，却无法请求行为人继续管理相关事务，这可能会导致损害后果的进一步扩大。而在受害人对行为人依据无因管理提出请求的情形，受害人可以请求行为人尽到管理人的义务，也可以请求行为人按照其意志管理事务，这有利于避免损害后果的进一步扩大。例如，甲为自己的利益，而将乙之海鲜产品出卖给他人，该行为构成侵权行为，在甲尚未将海鲜卖完时，如果乙请求甲承担侵权责任，除可请求行为人赔偿损失外，还可请求甲停止侵害、排除妨害等，但这可能不利于海鲜的及时保存及销售，也许导致损害后果的进一步扩大；而如果受害人主张行为人的行为构成不法无因管理，则可以请求行为人按照善良管理人的标准继续管理其事务，这有利于海鲜的及时保存与销售，也有利于避免损害后果的进一步扩大。

因此，在不法无因管理的情形下，为了保护本人的利益不受不法无因管理行为侵害，法律应授予本人以选择权，本人既可以依据不当得利或侵权责任要求不法无因管理人返还得利或赔偿损失，也可以通过准用不法无因管理的规则来获得救济。② 例如，在前述“房屋出租案”中，中介公司的行为构成不法无因管理，李某既可以请求中介公司承担侵权责任，也可以依据无因管理的规定提出请求，请求中介公司返还所获得的利益。

需要指出的是，在构成不法无因管理的情形下，只有本人才享有选择权，管

① 郑玉波：《民法债编总论》，87页，北京，中国政法大学出版社，2004。

② MünchKomm/Seiler，§687 Rn. 9.

理人并无选择的权利，在本人请求管理人承担侵权责任的情形下，管理人不得以其行为构成无因管理为由而主张其行为不构成侵权。

（二）误信管理

所谓误信管理，是指误将他人事务作为自己事务进行管理。在误信管理的情形，管理人未能意识到其所管理的事务为他人的事务，而将他人事务误认为自己事务进行管理。因为管理人不具有为他人管理的意思，所以，误信管理属于不真正无因管理的范畴。在误信管理中，管理人产生误信的原因主要有以下几种，第一，误信的发生是由于本人的过失导致的。例如，某人将一盆花放在邻居的门前，而忘记搬入家中，邻居误以为是自己的花而加以管理。此时，误信是因为本人的过失所致。第二，误信的发生是因为管理人的过失导致的。例如，邻居的盆栽原本置于自家门前，但是，管理人误以为是自己的盆栽而加以管理。第三，双方对于误信的发生都有故意或过失。[①] 例如，甲将其摩托车借给乙，后来，又怠于取回。而乙死亡后，乙的儿子丙也没有仔细查清摩托车的归属，就将其作为父亲的遗产加以管理。

在管理行为构成误信管理的情况下，如果本人对管理行为予以承认，则也可以准用无因管理的规定。如果本人未予承认，对于管理人和本人之间的权利义务关系，应当区分不同情况分别处理。一方面，如果误信管理给本人利益造成损害，管理人应对此承担侵权责任，赔偿本人遭受的损失。[②] 另一方面，如果误信管理给管理人带来利益，本人还可根据不当得利要求管理人返还利益；反之，如果误信管理给本人带来了利益，则管理人也可依据不当得利要求本人进行返还；如果双方均有获益，则应相互返还获益。[③]

① 参见郑玉波：《民法债编总论》，88 页，北京，中国政法大学出版社，2004。

② 参见王泽鉴：《债法原理》，2 版，332 页，北京，北京大学出版社，2013。

③ MünchKomm/Seiler，§687 Rn. 7.

第九章

不当得利之债

第一节　不当得利之债概述

一、不当得利的概念和特征

所谓不当得利（unjust enrichment，ungerechtfertigte Bereicherung），是指没有法律上的原因而获得利益，并使他人遭受损失的事实。据学者考证，不当得利制度起源于罗马法，罗马法学家彭波尼（Pomponius）曾经在《学说汇纂》中有两段精彩的话，一是“依自然公平之理，任何人都不得通过牺牲他人而获得利益（Natura aequum est，neminem cum alterius detrimento fieri locupletiorem）”[①]，二是“依据自然法，任何人都不得通过牺牲或侵害他人而获得利益（Iure naturae aequum est neminem cum alterius detrimento et iniuria fieri locu-

① Dig. 12. 6. 14.

pletiorem）”[1]。这一论断是现代不当得利概念的起源。[2] 但严格地说，罗马法并没有产生不当得利这一概念。罗马法曾经采用“condictio indebiti”一词，但该概念主要指的是“非债清偿”。罗马法还存在“不当”（indebitum）利益一词，但它是指相关的履行利益不应当归属于某人，或者其不应当享有，与现代法上的不当得利概念存在区别。[3] 因此，罗马法中并没有与现代法上的不当得利相对应的概念，该概念是两大法系经过判例学说的长期发展而形成的一个概念。

我国古代并不存在不当得利的概念。《礼记》中曾有“临财毋苟得”的记载（《礼记．曲礼上》），但其纯属道德要求，而非法律上的义务。在我国，“不当得利”一词在法律上的确认最早出现在《大清民律草案》中，以后逐渐在立法和学说上被采纳。《民法总则》第 122 条规定：“因他人没有法律根据，取得不当利益，受损失的人有权请求其返还不当利益。”这就对不当得利制度作出了规定。

不当得利类型复杂，种类繁多，实践中发生的不当得利纠纷也较为复杂，不当得利既可因错误履行而产生，也可因损人利己的行为而发生；既可因受损人的行为而形成，也可因受益人或者第三人的行为而发生。例如，在某案中，艾某已经死亡，但因生前所在单位未及时将其死亡信息向劳动和社会保障局报送，导致劳动和社会保障局多发放工资 36 350 元，由于艾某已经死亡，劳动和社会保障局并没有继续向其支付工资的义务，因此，其后来继续发放工资的行为实际上已经构成了非债清偿，劳动和社会保障局应当有权请求艾某之继承人返还该不当得利。[4] 不当得利是债的发生的重要原因，但与其他债的发生原因相比，不当得利具有如下特殊性。

第一，不当得利在性质上属于事件。关于不当得利的性质，学理上有两种不

---

① Dig. 50. 17. 206.

② 德国学者温德夏特和法国学者波蒂埃在其有关不当得利的论述中，都引证了上述论述。参见［德］冯·巴尔等主编：《欧洲私法的原则、定义与示范规则：欧洲示范民法典草案》（第五卷至第七卷），王文胜等译，812 页，北京，法律出版社，2014。

③ See Reinnhard Zimmermann, *The Law of Obligations: Roman Foundations of the Civilian Tradition*, Clarendon Paperbacks, 1996. p. 834.

④ 参见《“死人”按月领工资　不当得利应返还》，见中国法院网，2018－02－25。

同的观点。一是行为说。此种观点认为，虽然不当得利的发生原因很多，但其基本都与人的意志有关，即因人的行为而引起的财产不当变动的后果。例如，德国学者大多认为，某人没有法律理由而从他人处获得财产，其行为就称为不当得利(ungerechtfertigte Bereicherung)。[①] 二是事件说。此种观点认为，不当得利在性质上属于事件，与当事人的意志无关。不当得利概念主要强调获利人的获利欠缺法律上的原因，而不是强调获利人获利的不公正性，其只是在客观上表明当事人之间的财产变动欠缺法律上的原因，而不涉及对当事人主观方面的评判，因此，其在性质上属于事件。[②] 温德夏特指出，不当得利实际上是一种事实，即某人以不当的方式从他人处获益，因此，他就负有义务将从受损人处所获得的利益返还给受损人。[③] 笔者认为，从发生原因上看，虽然不当得利既可以基于当事人的行为发生，如非债清偿，也可能基于意外事件发生，但不当得利在性质上应当属于事件，主要理由在于：一方面，虽然不当得利可能基于人的行为产生，但不当得利的法律后果并非基于当事人的意思而产生，而是基于法律规定直接产生的。[④] 也就是说，在发生不当得利的事件之后，其法律后果是由法律直接规定的，而不是当事人意思表示所追求的结果。另一方面，即便不当得利之债基于当事人的行为发生，但其内容、效力等，都是基于法律的直接规定。由于不当得利在性质上属于事件，其成立不以行为人主观上具有过错为条件，而且不以当事人具有行为能力或识别能力为条件[⑤]，因而，其在性质上应当属于事件而非行为。

第二，不当得利是基于法律规定而产生的债。从发生原因来看，债的关系可以分为意定之债与法定之债两大类，不当得利之债的发生虽然可能与当事人的意思存在一定的关联，但其内涵、效力等，并不是当事人意思表示的结果，而是由法律直接规定的，因此，其在性质上属于法定之债。详言之，在不当得利之债

---

① Heinrich Honsell, Roemisches Recht, 7. Aufl., 2010, Springer, 158.

② See Gerhard Dannemann, " Unjust Enrichment by Transfer: Some Comparative Remarks", *Texas Law Review*, 2001, Vol. 79, p. 1840.

③ Bernhard Windscheid, Lehrbuch des Pandektenrechts , 6. Aufl. Band 2 , Frankfurt a. M. 1887, S. 620 f.

④ 参见郑玉波：《民法债编总论》，90 页，北京，中国政法大学出版社，2004。

⑤ 参见王泽鉴：《不当得利》，5 页，北京，中国政法大学出版社，2002。

中，当事人返还义务的内容、返还的时间等，都不取决于当事人的意愿，而是由法律直接规定的。例如，甲今年 10 岁，其在上网打游戏时，将其压岁钱 7 万元打赏给女主播，被其父发现后，要求宣告该赠与合同无效。在该案中，当该赠与合同被认定为无效后，在当事人之间就将产生返还不当得利之债的法律后果。此外，不当得利还可能因意外事件发生，此时，不当得利之债的内涵、效力等，更是由法律直接规定的，而与当事人的意思无关。

第三，不当得利是发生在受益人与受损人之间的获利返还关系。由于受益人获得的利益没有法律依据，导致受损人损害，因而，受损人作为债权人，有权依法请求受益人返还其所受领的利益。正是通过这种获利返还关系，使当事人之间的利益重归平衡。例如，甲今年 12 岁，其父在他过生日时送给他苹果电脑一部，价值一万元。后甲将其电脑出卖给乙，双方订立买卖合同，价金为 2 000 元，乙将价金交付给甲，甲也已经将电脑交付给乙。后甲的父母主张甲为限制民事行为能力人，他们拒绝追认该买卖合同，导致该买卖合同无效。在该案中，在甲乙之间的买卖合同被宣告无效后，乙继续保有甲的电脑即欠缺法律上的原因，构成不当得利，乙应当将该电脑返还给甲。

第四，不当得利制度旨在矫正利益失衡的状态。不当得利制度是基于利益平衡理念而产生的，其主要功能在于纠正当事人之间不当的财产变动关系，防止任何人无合法依据获利，从而纠正当事人之间利益失衡的状态，维护公平正义。同时，不当得利返还请求权在功能上也可以有效弥补其他请求权的不足。在不当得利的情形中，当事人之间的财产权益变动主要不是基于合同而发生的，因此，无法通过合同制度调整当事人之间的财产变动关系。例如，在上述买卖电脑案中，当事人之间的财产变动虽然是基于甲乙之间的买卖合同发生的，但在当事人之间的买卖合同被宣告无效后，即无法通过合同制度调整当事人之间的财产变动关系，而需要借助于不当得利制度纠正当事人之间的利益失衡状态。再如，在某些情况下，当事人对于不当得利的发生并不一定具有过错，而且造成损害的行为甚至可能是受损人本人实施的，此外，受损人一方所受到的损害还有可能是绝对权之外的其他权益的损害，因此，受损人通过侵权责任获得救济的困难较大。此时，通过不当得利制度对当事人之间的利益进行调整，无疑是一个合理的选择。当然，不当得利返还请求权并不排斥与合同之债请求权或侵权之债请求权的竞合，在受害人能够证明加害人获利而难以证明其过错的，则选择依据不当得利提出请求对其更为有利。但应当注意的是，不当得利返还请求权在性质上并非一项补充性的请求权，而属于一项独立的请求权。

二、不当得利制度的功能

不当得利制度植根于根深蒂固的正义原则，即任何人不得以牺牲他人利益为代价而获取不当利益。早在公元3世纪，罗马法学家彭波尼就提出了一条著名的法律格言："损人而利己就是违反衡平。"该理念后来逐渐演化成"任何人不得从其违法行为中获利（Nullns commodum capere potest de injuria sua propria）"的原则，这是罗马法以来各国普遍承认的规则，因为如果允许个人从其违法行为中获利，可能会鼓励行为人从事此类行为，这将损害法律秩序。例如，某人因误解、欺诈或其他相似的原因而给予他人利益，且如果该人在知悉真实情况下即不会给予该利益，则在行为人撤销相关的法律行为时，受领人即欠缺保有该利益的法律上的原因，并且导致对方当事人损害时，应当构成不当得利。[①] 尤其是在侵害他人权益型不当得利的情形，不当得利法实际上确认了不法行为人不能因侵害他人权利而获益这一原则。[②] 上述正义原则是不当得利制度的基础，从总体上看，不当得利制度主要具有如下三项重要的功能。

第一，衡平功能。所谓衡平功能，是指在当事人之间发生欠缺法律原因的财产变动时，借助于不当得利制度，赋予受损人请求受益人返还不当得利的权利，从而调整欠缺法律原因的财产变动，平衡双方当事人之间的利益。正如英美法学者巴里·尼古拉斯（Bary Nicholas）所指出的，"不当"一词所内含的道德色彩

① Digest 第7—1：101条。

② 参见《欧洲示范民法典草案》，高圣平译，72页，北京，中国人民大学出版社，2012。

极易开启通往个案正义的大门。[①] 衡平思想是不当得利制度的基础，依据衡平观念，不当得利制度主要发挥矫正正义的功能，即通过赋予受损人不当得利返还请求权，请求受益人返还不当得利，矫正当事人之间不当的财产变动。当然，在特定情形下，不当得利制度也可能在一定程度上发挥交换正义的功能。例如，在民事行为无效或被撤销的场合，如果原物已经不存在，或者原物虽然存在，但不能进行原物返还，借助不当得利制度实现当事人之间的利益均衡，也在一定程度上体现了交换正义。与合同等制度相比较，不当得利制度作为实现衡平功能的手段，主要发挥拾遗补缺的作用。合同主要调整交易关系，而不当得利制度主要调整非交易关系，一般而言，只有在合同等其他制度无法发挥作用时，才通过不当得利制度调整相关的法律关系。因此，在各种请求权基础并存时，不当得利请求权通常属于顺序在后的请求权。

第二，确定利益归属的功能。所谓确定利益归属的功能，是指在发生欠缺法律原因的财产变动时，借助不当得利制度，赋予受损人请求受益人返还不当得利的权利，使财产回复到受损人一方，从而发挥确定利益归属的功能。不当得利制度确定利益归属功能的重要体现，即在于对返还范围的确定上。对侵权制度而言，确定损害赔偿的范围一般以受害人遭受的损害为标准，而对不当得利返还请求权而言，其并不是以受损人的损害作为确定返还范围的标准，而是以行为人的获利作为返还的对象。可见，不当得利的主要功能不是为了填补受损人的损害，而是为了确定利益的归属。不当得利制度在发挥确定利益归属的功能时，倾向于从结果出发，调整欠缺法律原因的财产变动，即一旦利益归属出现偏差，并且欠缺法律上的原因，即可通过不当得利制度及时纠正该偏差，使利益回复到真正对其享有权利的当事人一方，从这一意义上说，不当得利制度是修正不当财产归属的必要工具。[②]

第三，预防不法行为的功能。所谓预防不法行为的功能，是指不当得利制度通过剥夺受益人所获得的利益，从而间接地起到预防不法行为的效果。不当得利

① See Peter Birks, *Unjust Enrichment*, Oxford University Press, 2003, p. 235.

② MünchKomm/Schwab, § 818 Rn. 114.

制度剥夺受益人所受利益的功能，又称为取除功能（Abschöfungsfunktion）。[①]从这一意义上说，不当得利制度主要是剥夺“受益人”无法律上原因而获得的利益，而不是要赔偿“受损人”遭受的损害，因此，受益人是否具有故意或过失，其行为是否具有违法性，都在所不问。[②] 但不当得利制度通过要求受益人返还其获利，可以有效剥夺行为人因不法行为而获得的利益，这有利于从根本上遏制不法行为的发生。同时，通过禁止不法行为人从侵害他人权利中获益的原则，不当得利规则有利于强化对私法权利的保护。[③]

应当看到，与其他债的请求权相比，不当得利返还请求权也存在一定的缺陷。一方面，它对于获利要件的要求比较严格，因而在一些情况下反而不如主张侵权责任、合同责任更能有效救济受害人。另一方面，由于不当得利的返还范围有限，常常不如合同责任制度和侵权责任制度的救济充分，因而在实践中，当事人也不会过多地选择适用这一制度。此外，不当得利在构成要件上不考虑过错，并没有明确显示出对当事人行为及当事人心理状态的否定性评价，这不利于发挥法律的行为指引和教育功能。因此，当事人在选择请求权基础时，应当综合各种因素，妥当地作出选择。

三、不当得利返还请求权是独立的请求权

债的请求权是一个由合同请求权、无因管理请求权、不当得利请求权等构成的完整体系，不当得利请求权在该体系中的地位如何，对此存在两种观点。

一是辅助性请求权说。此种观点认为，不当得利返还请求权在性质上并非独立的请求权，而只是一种辅助性的请求权，即在其他请求权无法行使或者无法满

① 参见洪学军：《论不当得利制度的功能—种体系化取向的民法学思考》，载《法律科学》（西北政法学院学报），2003（6）。

② 参见江俊彦：《民法债编总论》，195页，台北，新学林出版股份有限公司，2011。

③ 参见［德］冯·巴尔等主编：《欧洲私法的原则、定义与示范规则：欧洲示范民法典草案》（第一卷至第三卷），高圣平等译，64页，北京，法律出版社，2014。

足时才能适用。法国、意大利等国家采此种观点。[①] 法国等国家法律之所以将不当得利返还请求权界定为一项辅助性的请求权，主要原因在于，其认为合同请求权和侵权请求权属于基本的请求权类型，而且法国法的侵权行为采概括原则，具有较大的涵盖性[②]，而不当得利返还请求权则是基于衡平的自然法理念而产生的请求权，其主要功能是为了弥补上述请求权的不足。在裁判中，法官先要适用实体法，只有在无实体法规定时，才能适用自然法原理。因此，只有在无法适用其他债权请求权时，才能适用不当得利返还请求权。[③]

二是独立请求权说。此种观点认为，不当得利返还请求权在性质上应当属于独立的请求权，属于债权请求权体系独立的组成部分，不当得利返还可能与其他债权请求权并存，而且在请求权竞合的情形下，当事人可以自由选择请求权基础。[④] 例如，德国判例和通说都认为，不当得利返还请求权可以与其他请求权自由竞合。[⑤] 我国学者也大多认为，不当得利返还请求权能够与其他债权请求权竞合，而且在竞合的情形下，当事人可以自由选择依据何种请求权基础提出请求。

笔者认为，我国有必要将不当得利返还请求权作为一项独立的债权请求权，主要理由在于：

第一，不当得利请求权作为独立的请求权具有法律上的明确依据。《民法总则》第 122 条实际上就在法律上确认了不当得利是独立的债的发生原因。

第二，不当得利请求权可以弥补其他请求权的不足。从我国司法实践来看，在侵害他人权益的情形下，当事人通常是依据合同或者侵权提出请求，但毕竟合同请求权、侵权请求权等都必须满足一定的要件，而且一般以被告的行为具有可归责性为前提。同时，在很多情形下，适用合同请求权或者侵权请求权也存在名实不符的情况。例如，在合同不成立、无效或被撤销时，并不可能适用合同请求

---

① See Paolo Gallo, "Unjust Enrichment: A Comparative Analysis", *The American Journal of Comparative Law*, Vol. 40, No. 2 (Spring, 1992), pp. 431 - 465.

② 参见王泽鉴：《债法原理・不当得利》，22 页，台北，三民书局，1999。

③ 参见刘春堂：《不当返还请求权与其他请求权之竞合》，载《法学丛刊》第 94 期，61 页。

④ 参见王泽鉴：《债法原理・不当得利》，227 页，台北，三民书局，1999。

⑤ 参见郑玉波：《民法债编总论》，113 页，北京，中国政法大学出版社，2004。

权，尤其是针对恢复原状，也无法适用缔约过失责任制度。笼统地都适用合同请求权作出裁断，有可能导致法律规则适用上的偏差。因此，不当得利可以弥补其他请求权的不足，在原告难以通过其他请求权提出请求时，则可以借助不当得利返还请求权，使其利益回复到原有的状态。

第三，不当得利请求权可以为当事人提供一种新的选择。不当得利的核心功能在于，在借助其他制度调剂损益关系都无法发挥作用时，可以发挥兜底性的作用。即便是存在合同请求权、侵权请求权等情形，将不当得利作为独立的请求权类型，也可以为当事人提供一种新的选择。而且与合同请求权、侵权请求权相比，适用不当得利请求权，当事人的举证责任较轻，请求权人只需要证明对方获利导致自己损害，并且对方获利欠缺法律上的原因即可，无须证明双方当事人之间存在合同关系或者对方当事人存在过错等，这也有利于对权利人的救济。例如，在无权处分的情形，如果无权处分人所获得的利益超出了真正权利人的损害，此时，真正权利人主张不当得利较之于主张侵权损害赔偿更为有利。再如，在人格权被侵害的情形，受害人通常难以证明其遭受了实际的财产损失，但可能容易证明行为人因此所获得的利益，在此情形下，主张不当得利请求权对受损人更为有利。将不当得利返还请求权界定为一项独立的请求权，允许当事人根据具体的案件事实选择请求权提出请求，这也有利于受害人权利的救济。

第四，从我国现行的民事立法来看，不当得利制度的功能之一在于，在不存在合同、侵权等基础关系的情形下，不当得利制度能够在当事人之间起到一种利益平衡的作用。例如，由于我国没有对附合、混合、加工等添附制度作出规定，借助不当得利制度，可以为上述纠纷提供一种有效的解决方案。

承认不当得利返还请求权的独立请求权类型地位，不仅不会扩张法官的自由裁量权，反而会限制和规范法官的自由裁量。有观点认为，不当得利返还请求权源于衡平法的理念，将其作为独立的请求权类型，可能会不当扩大法官的自由裁量权。正是基于这一原因，法国法将不当得利返还请求权作为一种辅助性的请求权。但事实上，与其他的债权请求权相比，不当得利返还请求权的构成要件是简单而明晰的，法官的自由裁量权相对较小，而且通过明确不当得利返还请求权的适用条件，也可以对法官的自由裁量权形成一定的限制。

第二节　不当得利制度的历史发展

一、罗马法

不当得利制度发源于罗马法，公元2世纪，盖尤斯曾经在其《法学阶梯》中认为债的发生产生于契约或私犯，但后来，他认为在这两种债的发生原因之外，还存在错误给付这种债的发生原因。[①] 但罗马法并没有形成不当得利的一般规则，而是通过不得损人利己的原则，发展出了各种不当得利返还之诉。在罗马法上，标的物一旦交付，即使基础合同无效，卖方也不能通过提起对物之诉（actio in rem）来获得救济，这可能不利于对卖方的保护。为解决这一难题，罗马法学家创设了一种特殊的救济途径，即返还不当得利之诉（condictio indebiti），其在罗马法中实际上起到了返还不当得利的作用。[②] 至于不当得利之债的性质，在罗马法上并无一致的看法。盖尤斯在一本叫《日常事件法律实践》（Res cottidianae）的书中将其归结为其他原因之债（obligatio ex variis causarum figuris）。查士丁尼在他的《法学阶梯》中则将其命名为“准合同之债”（obiligation quasi ex contractu）。这与普通法对于不当得利的性质归类是相似的。[③]

罗马法上的不当得利主要有以下几种类型。一是非债清偿。在盖尤斯和查士丁尼的理论体系中，非债清偿（indebitum solutum）和不当得利已经成为两个可

---

① 参见［古罗马］盖尤斯：《法学阶梯》，黄风译，163页，北京，中国政法大学出版社，2008。

② Reinnhard Zimmermann，*The Law of Obligations*：*Roman Foundations of the Civilian Tradition*，Clarendon Paperbacks，1996，p. 834.

③ See Reinnhard Zimmermann，*The Law of Obligations*：*Roman Foudations of the Civilian Tradition*，Clarendon Paperbacks，1996，p. 839.

互换的概念。[①] 二是返还被盗物之诉（condictio ex causa furtiva），即在某人财产被他人盗窃的情形下，权利人有权依据不当得利请求盗窃者返还财产。三是因合同目的落空而获得的返还给付之诉（condictio causa data causa non secuta），即当事人一方为特定目的而作出给付，其后目的不能实现（如预期结婚而赠与，其后解除婚约）时，作出给付的一方可以向受领给付的一方请求返还其所获得的利益。[②] 四是对因违反公序良俗而获得给付的返还之诉（condictio ob turpem causam）。即在获利人获得利益违反善良风俗时，法律并不保护此种获利，遭受损害的一方有权请求获利人返还该获利。但从总体上看，罗马法并没有形成不当得利的一般规则，而只是就一些特殊情形规定了不当得利的返还规则。

二、大陆法

从不当得利制度的历史发展来看，其经历了由个别的诉权发展到一般的不当得利请求权过程。[③] 中世纪法学家将他们的注意力集中在三个问题上：一是对他人财产利益的善意增进，二是为他人使用或处理财产的价值，三是间接获益。[④] 不当得利并未形成独立的法律制度。16 世纪以后，法学家将罗马法上的不当得利从合同和侵权中区分出来，不当得利制度开始由各种独立的返还之诉逐步发展为不当得利的一般规则。[⑤]

1804 年的《法国民法典》继受了罗马法，但该法并没有确立不当得利的一般规则，而只是规定了一些独立的不当得利返还请求权类型，其中重点规定了非

---

① See Reinnhard Zimmermann, *The Law of Obligations: Roman Foudations of the Civilian Tradition*, Clarendon Paperbacks, 1996, p. 837.

② 参见王泽鉴：《不当得利》，6 页，北京，北京大学出版社，2009。

③ 参见江俊彦：《民法债编总论》，196 页，台北，新学林出版股份有限公司，2011。

④ See Paolo Gallo, "Unjust Enrichment: A Comparative Analysis", *The American Journal of Comparative Law*, Vol. 40, No. 2 (Spring, 1992), pp. 431 - 465.

⑤ 参见［日］我妻荣：《债权各论》上卷，徐慧译，40 页，北京，中国法制出版社，2008。

债清偿（第1235条和第1376～1381条）。[①] 该法典第三卷（取得财产的各种方式）的第四编（非因约定而发生的债）中规定了“准契约”，可见，在法国法中，不当得利属于法定之债（即波蒂埃所言的“源于法律规定的债务”），其是与约定之债相对应的[②]，同时，不当得利属于准契约的范畴。19世纪，有些法国学者试图创建一个统一的不当得利理论，如Aubry和Rar提出了不当得利请求权的一般原则，他们认为，应当将不当得利限定在最原始和经典的范围之内，当某人为了自己的利益而自愿介入他人事务时，有必要证明获利的存在以及缺乏正当理由。[③] 但这些意见都没有被立法所采纳。1892年，法国最高法院审理的Boudier案对法国不当得利制度的发展产生了一定的影响。本案中，原告向一个农场租户出售了一些化肥，此后该租户因破产无力支付价款，原告遂向农场主要求支付价款。法院认为，化肥的提供者对农场主就商品的价款具有一个直接的诉因。如今，法国法院已经普遍认可了不当得利请求权，即除非被告可以证明获利有合法原因，否则返还请求权即可成立。[④] 但在法国法中，由于不当得利返还请求权主要是基于衡平的自然法理念而产生，因而，不当得利返还请求权主要是一种辅助性的请求权，只有在不存在合同请求权与侵权请求权等情形下才能适用。[⑤]

1900年的《德国民法典》继受了罗马法，但该法并没有将不当得利规定为准合同，而是将其规定为一种独立的债的发生原因，并构建了系统、完整的不当得利制度（第812～822条）。《德国民法典》第812条第1项的规定实际上将不当得利区分为因给付而发生的不当得利和因其他原因而发生的不当得利两种类型，同时，该法依据受益人主观状态的不同而分别确定其返还范围：在受益人为善意的情况下，如果受益人所获利益已经不存在，则不再负担返还义务；在受益

① 在波蒂埃的相关著述中，仅仅关注非债清偿，而没有涉及其他不当得利返还的情形。因此，《法国民法典》深受其影响，也没有设置不当得利返还的一般条款。

② J. P. Dawson, *Unjust Enrichment, A Comparative Analysis*, William S Hein & Co, 1999, pp. 95-96.

③ Aubry and Rau, Cours de droit civil francais IV, § 441, p. 725, 726 (4th ed. Paris 1871).

④ Mazeaud, Leçons de droit civil, 6e. ed., Paris1 978, vol. 2 (1), p. 806.

⑤ See Paolo Gallo, "Unjust Enrichment: A Comparative Analysis", *The American Journal of Comparative Law*, Vol. 40, No. 2 (Spring, 1992), pp. 431-465.

人为恶意的情形下，依据《德国民法典》第819条的规定，其应当负担较重的返还义务。《德国民法典》以受益人善意、恶意为标准，分别确定其返还义务的范围，符合不当得利制度的本旨，具有一定的合理性。1954年，德国学者von Caemmerer以Wilburg的理论为基础，将《德国民法典》第812条所规定的不当得利分为四种类型：给付型不当得利（Leistungskondiktion）、权益侵害型不当得利（Eingriffskondiktion）、支出费用型不当得利（Verwendungskondiktion）和清偿债务型不当得利（Rueckgriffskondiktion）①，在此基础上建立了不当得利类型化理论，并形成了德国现代不当得利法。②

三、英美法

一般认为，英美法不当得利制度起源于罗马法的准合同（quasi ex contractu）制度。③ 早在13世纪，英国就出现了有关非债清偿案例。在16世纪和17世纪早期，普通法认为，一个因错误而超额偿还债务的债务人，是可以要求返还超额部分的。④ 1609年，在Warbook v. Griffin一案中⑤，法院认为，当事人之间存在默示的保管义务，在合同无效的情况下，保管人有权根据准合同获得报酬。1760年，曼斯菲尔德法官在审理摩西诉麦克佛兰案（Moses v. Macferlan）一案中，确认原告可依据准合同理论，针对某个不具强制力的合同被实际履行后，请求恢复原状。自此案之后，英国正式引入罗马法上的“准合同”概念，以解释不当得利请求权。至20世纪初，受到美国学者返还法理论的影响，英国学者开始逐渐在合同和侵权之外，寻找新的理论依据，以解释返还法的基础。⑥ 在

① von Caemmerer, Bereicherung und unerlaubte Handlung, in, FS Rabel 193 (1954).

② 参见王泽鉴：《不当得利》，9页，北京，北京大学出版社，2012。

③ See R. Goff, G. Jones, *The Law of Restitution*, 7th ed., London: Sweet & Maxwell Limited, 2007, p. 3.

④ See George E. Palmer, *International Encyclopedia of Comparative Law*, Volume X, Chapter 3, J. C. B., Mohr (Paul Siebeck, Tübingen) (1991), p. 3.

⑤ See Warbook v. Griffin, 2 Brownl. 254, 123 Eng. Rep., 927 (1609).

⑥ 参见肖永平等：《英美债法的第三支柱：返还请求权法探析》，载《比较法研究》，2006（3）。

这个过程中，不当得利制度作为一种独立的救济方式开始产生。例如，英国学者Goff和Jones批评了准合同理论，认为应当为返还法构建统一的理论，这一理论即为不当得利理论，他们认为，当某人没有公正的原因或理由，而以他人的损害为代价获益（接受利益）时，不当得利请求的理由就将成立。① 此种观点对判例也产生了一定的影响。例如，1991年的Lipkin Gorman v. Karpnale Ltd. 一案的判决，明确采取因不当得利而构成返还责任的见解。② 不过至今，英国仍未就不当得利法形成真正的共识。

美国法上的不当得利制度也经历了类似英国法的发展过程。早在1888年，法律史学家埃姆斯（James Barr Ames）就在《哈佛法律评论》上提出了不当得利的观点，他认为，“任何人不得通过牺牲他人而不正当牟取利益”，这是准合同之债产生的原因，这一观点也深刻影响了美国法。③ 据后世学者考证，埃姆斯的上述观点也起源于罗马法学家彭波尼的论述。后世英美法学者正是在埃姆斯观点的基础上，认为准契约的本质实际上是一项不当得利原则。④ 1933年，美国法律学会正式启动了《准合同法重述》计划。但在正式起草该重述时，起草人经过反复讨论，认为准合同法这一名称并不准确，因此最终将名称改为《返还法重述》。《返还法重述》在第1条就开宗明义地提出了不当得利的概念，并以不当得利作为统领整个重述的一般原则。该重述公布以后，对整个英美法的返还法的建立产生了重大影响。⑤

目前，在英美法中，不当得利作为返还的基础已经得到了主流理论和判例的认可。许多学者认为，基于有效的承诺而产生的期待利益应当受到法律保护、不

---

① See Goff and Jones, *The Law of Restitution* 16 (3d ed. 1986).

② Lipkin Gorman v. Karpnale Ltd, [1992] 4All ER 512 (HL). 转引自杨芳贤：《不当得利》，3页，台北，三民书局，2009。

③ See Andrew Kull, “James Barr Ames and the Early Modern History of Unjust Enrichment”, *Oxford Journal Legal Studies*, 2005. Vol. 25, No. 2.

④ 参见［德］冯·巴尔等主编：《欧洲私法的原则、定义与示范规则：欧洲示范民法典草案》（第五卷至第七卷），王文胜等译，812页，北京，法律出版社，2014。

⑤ Andrew Kull, “James Barr Ames and the Early Modern History of Unjust Enrichment”, *Oxford Journal Legal Studies*, 2005. Vol. 25, No. 2.

法侵害应予赔偿以及不当得利应予返还共同构成了债法的三大原则，并由合同法、侵权行为法和返还请求权法（the law of restitution）分别加以贯彻与体现，由此可见，不当得利返还请求权已经成立独立的请求权基础类型。[①]

总之，在大陆法系国家，不当得利制度是债法的重要组成部分；而英美法系国家并无债法和物权法的区分，该制度只是被作为返还法的一部分。例如，在英国法中，不当得利返还请求权已经成为与合同请求权和侵权请求权并列的类型。但从总体上看，两大法系实际上都认可了不当得利返还请求权是一种独立的请求权。

四、我国的不当得利制度

我国古代法民刑不分，有关涉及遗失物返还的规则，行为人拒绝返还遗失物的，可能会按照刑事法律处理，例如，依据唐律规定："得阑遗物，满五日不送官，各以亡失罪论。"[②] 1911 年的《大清民律草案》采取《德国民法典》的立法体例，在第二编债权第七章中，规定了不当得利制度，共 16 条，民国初年（1912 年）第二次民律草案则采取了《瑞士债务法》的体例，专设债的发生一章，在第三款规定了不当得利，一共 13 条。民国民法债编共设 5 个条款规定了不当得利制度。

中华人民共和国成立以后，因废除国民党六法，我国立法长期未对不当得利法律制度作出规定，自 1986 年《民法通则》第 92 条确立不当得利制度以后，在法律上第一次承认了不当得利制度。《民法通则意见》第 131 条规定："返还的不当利益，应当包括原物和原物所生的孳息。利用不当得利所取得的其他利益，扣除劳务管理费用后，应当予以收缴。"《民法总则》第 122 条也在此基础上对不当得利作出规定。由此可见，我国已经从立法上认可不当得利作为一种独立的请求权，而且已经承认了其在债法中的独立地位。

---

① 参见肖永平等：《英美债法的第三支柱：返还请求权法探析》，载《比较法研究》，2006（3）。

② 《唐律疏议·杂律》卷二十六。

从司法实践来看，不当得利制度主要适用于如下几种情形。一是当事人之间不存在有效的合同关系。例如，在“梁某仁与佛山市南海区兴桂房地产有限公司、陈某敏不当得利返还纠纷案”中，法院认为，兴桂公司提供了商品房买卖合同、中国农业银行进账单、购铺收据存根、房产证等证据证实其取得讼争 23 万元是基于其与被告陈某敏之间的商品房买卖合同关系，铺位也已转让由陈某敏取得，即兴桂公司取得讼争 23 万元也支付了相应的合同对价，其并非无偿取得利益，因此驳回了原告的请求。[①] 二是没有法律上的原因而获得利益。例如，在施某伟诉徐某英不当得利一案中，法院认为：“施某伟向徐某英给付 200 000 元时即抱有通过非合法途径保释张某娟之目的，该给付行为一经作出，施某伟便丧失对该款项的合法占有依据，因此其无权主张不当得利返还。”[②] 三是因侵权行为而获得不当利益。较为典型的案例是拾得遗失物以后，拒不返还，构成不当得利。例如，在“杨某宝诉倪某根返还耕牛案”中[③]，被告拾得大牯牛后拒不返还的行为，构成不当得利。

然而，从我国的司法实践来看，不当得利制度适用并不普遍，主要原因在于，不当得利请求权经常与合同请求权、侵权请求权竞合。因此，凡是涉及合同的，当事人都会选择适用合同法；凡是涉及侵权的，当事人都会选择适用侵权责任法，而不会选择不当得利请求权。例如，在合同无效或者被撤销的情形，当事人有权请求对方当事人返还所受领的给付，但当事人通常会直接选择《合同法》第 58 条作为请求依据；而在因侵权而发生的不当得利中，许多法官都适用侵权责任制度，而不会直接选择不当得利返还请求权。事实上，依据我国现行法规定，不当得利请求权

① 参见广东省佛山市中级人民法院（2006）佛中法民一终字第 723 号民事判决书。

② 上海市第二中级人民法院（2009）沪二中民一（民）终字第 1221 号民事判决书。

③ 本案基本案情为：原告杨某宝从江西省广丰县购得菜牛 20 头，次日凌晨运菜牛的汽车途经金华县临江乡倪家村附近地段时，因路面坡度较大，装运菜牛的防护设施松动，一头大牯牛从汽车上挣脱下来。被被告倪某根捡到，倪某根承认捡牛的事实、捡牛的时间、地点和牛的毛色等特征均与杨某宝所述相一致，但当杨某宝要求归还大牯牛时，倪某根认为：拣到大牯牛是运气好，谁拣归谁所有是天经地义之事。并提出，此牛当地可卖 1 000 多元。如要牛，当场付人民币 1 000 元。杨某宝等人认为要 1 000 元不合情理，只能给付治疗、饲养费和少量谢金。因此，双方当事人不能和解。为此，杨某宝以返还财物为由，向金华县人民法院白龙桥法庭起诉。参见《中国审判案例要览》（1992 年综合本），789 页，北京，中国人民公安大学出版社，1993。

是一种独立的请求权类型，具有其存在的合法依据。民法上设置不同类型的请求权都是服务于不同的立法目的，在法律上承认不当得利返还请求权，有助于实现利益衡平，限制法官的自由裁量权，发挥该制度的独特功能。

第三节　不当得利返还请求权与其他请求权

一、不当得利返还请求权与其他请求权的关系

不当得利返还请求权作为债权请求权的一种，与其他债的请求权的关系十分密切，正如德国民法学家马克西尼斯（Markesinis）所说，“不当得利犹如罗马门神贾努斯（Janus）。它前顾而后盼，一面注视着合同，以拭其所溢；一面紧盯着侵权，以纳其所遗；而其眼角余光更远及物权”[①]。由此说明了不当得利返还请求权与其他请求权之间的密切关联。在实践中，不当得利返还请求权与其他请求权常常同时并存，在此情形下，就应当处理好二者的关系。

在不当得利请求权与其他债权请求权发生竞合的情形下，受害人究竟是享有一项请求权还是两项请求权，若享有两项请求权，权利人是否可以就两者择一行使，各国做法不一，从我国司法实践来看，在不当得利返还请求权与侵权损害赔偿请求权竞合的情况下，法院基本上都通过侵权予以处理，尤其在处理侵害知识产权、人格权等案件时，法院极少运用不当得利制度。例如，在行为人侵占他人财产的情况下，无法同时成立不当得利返还请求权与所有权返还请求权，因为“在受害人并未取得该项利益的所有权（经营权）时，适用所有权（经营权）返还请求权而不借助于不当得利制度，更易于实现民法的任务”[②]。笔者赞成独立

---

① Markesinis B S，Lorenz W，Dannemann G，*The German Law of Obligations*：Volume I，Oxford：Clarendon Press，1997，pp. 710 - 711. 转引自韩琦：《浅析中美不当得利制度的异同》，载《理论研究》，2011（5）。

② 崔建远：《不当得利研究》，载《法学研究》，1984（4）。

请求权说，即不当得利返还请求权可以与其他债权请求权发生竞合，因为不当得利制度的主要功能是为了实现当事人之间的利益平衡，避免欠缺法律原因的财产变动，剥夺不当获利，因此，允许竞合可尽可能充分地发挥这一制度的作用，也有利于受害人根据具体情况选择请求权基础，充分保护受害人。有关的示范法也采取了竞合说，表明此种观点可以为更多的国家和学者所接受。例如，《欧洲民法典草案》第 7—7：102 条规定，在存在不当得利与其他请求权竞合时，当事人有权同时根据多项请求权基础要求返还。① 这一规定反映了欧洲私法统一过程中的立场。当然，在不当得利请求权与其他请求权竞合时，需要明确各个请求权之间的适用关系。

二、不当得利返还请求权与侵权损害赔偿请求权

（一）不当得利返还请求权与侵权损害赔偿请求权的竞合

不当得利返还请求权与侵权损害赔偿请求权都属于债权请求权的范畴，而且两者都是法定之债的产生原因。如果行为人侵害他人权利并不会使自己获利，此时仅构成侵权，而不构成不当得利。但在实践中，因侵权发生的不当得利时有发生，在此种不当得利中，行为人实施某种侵权行为，不仅造成了受害人损害，而且使自己获得利益，此种行为也称为“损人利己”的侵害权益型不当得利。由于其通常是指行为人通过侵害他人合法权益而获利，因而，其经常与侵权损害赔偿请求权发生竞合，即在行为人侵害他人权利并从中获利时，权利人既可以依据不当得利返还请求权请求行为人返还所获利益，也可以依据侵权损害赔偿请求权对行为人提出请求。例如，因侵占他人财产而获得利益就属于此类情形。

笔者认为，在二者发生竞合的情况下，由于侵权损害赔偿请求权与不当得利返还请求权的构成要件和法律后果不同，如果一概适用侵权责任制度，对受害人而言未必有利。因此，应当允许当事人择一行使，一般情况下，如果损害大于获

① 只不过在当事人选择多种请求权时，如果其中一项请求权实现，在该请求权实现的范围内，其他请求权可以请求的范围也应当相应地减少。

利，主张侵权损害赔偿请求权对受害人更为有利，但如果获利大于损害，则主张不当得利返还请求权更为有利。[①] 例如，甲出国一年，其邻居乙（某服装店老板）见甲的门面长期空闲，便擅自将甲的门面房屋改造为一个养发馆，生意火爆，年收入在百万元以上。甲回国后，发现其门面被乙擅自使用，乙同意向甲支付该使用期间的租金，但不愿向甲交付因此获得的利益。在该案中，乙在甲出国期间擅自改建甲的门面，侵害了甲的房屋所有权，甲有权请求乙承担侵权责任；同时，乙在甲出国期间擅自使用甲的房屋开展经营活动，所获得的利益也欠缺法律上的原因，应当构成不当得利，甲有权请求乙返还不当得利。此时，便构成不当得利返还请求权与侵权损害赔偿请求权的竞合，甲可以选择其中一种请求权行使。在甲依据侵权损害赔偿请求权提出请求时，其只能请求乙赔偿改建房屋给自己造成的损害，而如果甲在出国期间没有出租门面的意愿，则甲很难证明自己遭受了租金损失。更何况，根据《侵权责任法》第 20 条的规定，获利视为损害的规则只适用于人身侵权案件中，而不能适用于侵害财产权的案件中。因此，当甲依据侵权损害赔偿请求权提出请求时，其所获得的赔偿数额可能较少。所以，笔者认为，甲依据不当得利返还请求权向乙提出请求对其更为有利，这也有利于剥夺乙的获利，预防同类不法行为的发生。

（二）不当得利返还请求权与侵权损害赔偿请求权的区别

虽然不当得利返还请求权可能与侵权损害赔偿请求权产生竞合，但二者在目的、构成要件、责任形式等方面存在重大区别，适用不同的请求权基础，将直接影响当事人的权利义务关系。从总体上看，两种请求权的区别主要有以下几点。

1. 受害人损害对行为人责任的影响不同。由于侵权责任适用的主要目的是使加害人对受害人所受的损害予以补偿，使受害人受到侵害的权利得以恢复，所以，侵权损害赔偿应以受害人实际发生的损害为成立要件，尤其是在决定责任范围时，实际的损害程度直接影响行为人的赔偿范围，至于加害人是否因为加害行为受益、受益的程度等，并不影响侵权责任的构成和责任范围的确定。而不当得利制度旨在剥夺受益人的不当获利，使受益人将其所获得的利益返还给受损人，

① 参见王泽鉴：《不当得利》，211～212 页，北京，中国政法大学出版社，2002。

所以，此种责任应以受益人直接受益为条件。[①] 由此可见，在受害人遭受了较大的损害而不法行为人获利较少的情形，或者受害人遭受较少的损害而不法行为人却获得较大的利益时，适用不同的责任将直接影响到行为人的责任范围。

2. 请求权的成立是否以行为人具有过错为要件不同。从过错要件来看，由于不当得利返还请求权的成立不以受益人主观上有过错为要件，因而，受损人主张不当得利返还请求权时，不必对获利人的故意或者过失负举证责任。而对侵权损害赔偿请求权而言，依据《侵权责任法》第6条第1款，侵权责任的成立通常以行为人主观上具有过错为要件，受害人请求行为人承担侵权责任时，需要举证证明行为人存在过错。值得注意的是，虽然不当得利的成立不以受益人具有过错为要件，但受益人主观上是否具有过错，可能会对其返还范围产生影响：如果受损人难以证明受益人主观上存在恶意，则只能请求受益人返还现存利益。因此，在不当得利返还请求权与侵权损害赔偿请求权发生竞合的情况下，当事人可以综合考虑案件的具体情况、自身的举证能力以及两种请求权对赔偿范围的影响等因素，选择对自己最为有利的一种请求权。

3. 责任形式不同。从责任形式来看，依据《侵权责任法》第15条的规定，侵权责任以损害赔偿为主要形式，但又不限于损害赔偿，还包括返还财产等多种责任形式。因此，一旦侵权责任成立，就可以以多种责任形式对受害人提供保护。而就不当得利返还责任而言，依据《民法总则》第122条的规定，“受损失的人有权请求其返还不当利益”。尽管在不当得利构成要件中也要求有损害，但其所说的损害与侵权中的损害内涵不同[②]，侵权损害赔偿所说的损害包括了受害人因侵权行为所遭受的所有损害，而不当得利中的损害是指与受益人获利有一定关联的损害，受害人主要应当以受益人的获利为标准请求返还，而一般不能以其所遭受的损害为标准请求返还。

4. 两种请求权中当事人的举证责任不同。在举证责任方面，在受损人依据不当得利返还请求权提出请求时，其应当举证证明受益人已取得不当利益，而受

① 参见郑玉波：《民法债编总论》，93页，北京，中国政法大学出版社，2004。

② 参见王泽鉴：《不当得利》，146页，北京，中国政法大学出版社，2002。

益人也可以举证证明其“所受利益已不存在”。例如，受益人证明相关的商品已经被消费等，从而对受损人的请求提出抗辩。在受益人主观方面为善意的情形下，如果受益人所获利益已不存在，则受益人不再负担返还义务。而就侵权损害赔偿请求权而言，受害人需要对其所遭受的损害负担举证责任，即便在适用严格责任的情况下，受害人也必须证明其遭受了一定的损害。因此，在不当得利返还请求权与侵权损害赔偿请求权发生竞合时，权利人应当结合案件的具体情况，选择对其较为有利的请求权基础提出请求。例如，在不法行为人致他人损害并使自己从中受益的情况下，受害人要证明自己遭受损害的事实是容易的，但要证明加害人获得利益以及获利的程度则相对困难，此时，受害人选择侵权损害赔偿请求权较为有利。

5. 诉讼时效的期限和计算不同。虽然不当得利返还请求权和侵权损害赔偿请求权都适用普通的诉讼时效，但是，侵权损害赔偿请求权有可能存在特殊的时效期间。另外，两种请求权的时效计算方法也不相同，《诉讼时效司法解释》对于两种时效的起算点分别作出了规定。

此外，对故意的侵权行为所产生的债权，在民法上禁止其作为被动债权进行抵销，否则，将有违公共秩序和社会公德。而因不当得利所产生的债权，在抵销方面则不存在此种限制，其可以作为被动债权进行抵销。

正是由于不当得利返还请求权在构成要件、举证责任等方面，与侵权损害赔偿请求权存在重要区别，因而不能因为侵权损害赔偿请求权适用范围的扩张而否定不当得利返还请求权的意义，在二者发生竞合时，应当允许当事人自由选择基于何种请求权提出请求。

三、不当得利返还请求权与合同上的请求权

合同上的请求权是指基于合同而发生的请求权，其主要包括债权人请求债务人履行债务的权利以及债务人违约后债权人请求债务人承担违约责任的权利。不当得利返还请求权与合同上的请求权都属于债权请求权的范畴，二者关联密切。

通常情况下，合同上的请求权和不当得利返还请求权是无法并存的，即如果当事人之间存在有效的合同关系，一方接受对方的给付、并保有该给付利益具有法律上的原因，在法律上并不构成不当得利。[①] 即便当事人在合同已经清偿完毕的情况下产生争议，当事人也不得借助不当得利返还请求权寻求救济，而只能依据合同上的请求权请求对方给予赔偿或补偿。

不过，在例外情况下，也可能发生不当得利返还请求权与合同上请求权的竞合。尤其在给付型不当得利中，因为给付型不当得利的成立往往都事先存在合同，但事后合同被宣告无效或被撤销，或者在一方违约而另一方行使合同解除权的情况下，双方当事人将可以根据不当得利请求权主张返还，此时则可能构成不当得利返还请求权与合同上请求权的竞合。[②] 具体而言，二者在如下情形下可能发生竞合。

一是无权处分。在无权处分的情形，处分人既可能构成违约，也可能因此获利，此时可能构成不当得利返还请求权与合同上请求权的竞合。例如，甲将其一台电脑借给乙使用，乙擅自将该电脑以自己的名义出卖给丙。此时甲既可能基于借用合同而请求乙承担违约责任，也可能基于不当得利而请求乙返还价款。

二是非法出租。如果受托人违反委托合同的约定，将他人委托保管的房屋擅自出租，此时，委托人既可以选择请求受托人承担违约责任，也可以选择请求委托人返还因非法出租而获得的不当得利。此时即可发生不当得利返还请求权与合同上请求权的竞合。

三是非法转租。在租赁合同存续期间内，承租人未经出租人同意而将租赁物转租，在这种情形下，承租人既违反了租赁合同的约定，因此获得的利益也欠缺法律上的原因，构成不当得利，此时也可能发生不当得利返还请求权与合同上请求权的竞合。

四是违反附随义务。依据诚实信用原则，当事人负有通知、保密等附随义务，一方当事人未尽到上述附随义务，造成另一方当事人损失的，可能需要承担

---

① Kwei Tek Chao v. British Traders and Shippers Ltd. [1954] 2 Q. B. 459.

② 参见孙森焱：《民法债编总论》上册，162 页，北京，法律出版社，2006。

违约责任。如果一方当事人违反附随义务，在造成对方当事人损失的同时也使自己因此获利的，则也可能构成不当得利。此时，便可能构成合同上请求权与不当得利返还请求权的竞合。

上述情形均可能发生不当得利返还请求权与合同上请求权的竞合，但从我国司法实践来看，在出现上述情形时，法院一般是按照违约来处理的，而很少适用不当得利返还请求权，因为在大多数情形下，违约责任可以使受害人的损失获得救济。但笔者认为，违约责任虽然在一些情形下可以为受害人提供充分的救济，但在违约方的获利大于非违约方损失的情形下，主张不当得利对非违约方可能更为有利，而且违约方在承担违约责任后仍可获利，在上述情形下，违约责任可能难以为受害人提供充分的救济，尤其是在违约方的获利大于非违约方的损失的情形下，通过违约责任虽然可以填补非违约方的损失，但受害人主张不当得利返还显然对其更为有利，因为其返还责任的范围包括返还因不法行为所获的利益。

四、不当得利返还请求权与物权请求权

（一）不当得利返还请求权与物权请求权的竞合

所谓物权请求权，是指为了恢复物权的圆满状态或者防止妨害的发生，物权人请求义务人为一定行为或者不为一定行为的权利。不当得利返还请求权与物权请求权的关联密切。一方面，不当得利返还请求权与物权请求权都具有保护利益归属的功能。不当得利返还请求权的主要功能在于纠正欠缺法律原因的财产流转关系，即赋予受损人请求获利人返还所获利益的权利，以保护物的正常归属。例如，在英美法中，“restitution”一词的含义就是“物归原主的权利”[①]。而物权请求权的主要功能也在于排除他人对物的侵害，维护个人对物所享有的完整的权利。另一方面，不当得利返还请求权的内容也可能是对物的返还，此时，两种请求权也可能存在一定的交叉。

---

① Warren A. Seavey，Austin W. Scott，“Restitution”，*Law Quarterly Review*，Vol. 54，1938，p. 29.

不当得利的返还与物权请求权都具有保护物的归属的功能，在如下情形，二者可能发生竞合。

第一，获利人无权占有他人财产。此处所说的无权占有，既包括占有人自始就没有权利基础的情形（如非法强占他人房屋），也包括占有人原本有权利基础、但嗣后该权利基础丧失的情形。同时，获利人占有他人财产既可能基于获利人的意愿（例如，在租赁期间届满后，承租人继续占有租赁房屋），也可能基于获利人之外的原因而发生（例如，果实掉落至他人院落，耕牛跑进他人牛栏，宠物误入他人家中），它们都涉及不当得利返还请求权与物权请求权的竞合问题。在获利人无权占有他人财产的情形下，可能发生不当得利返还请求权与物权请求权的竞合。

第二，合同被确认无效或被撤销时，也可能产生不当得利返还请求权与物权请求权的竞合。在合同被确认无效或被撤销以后，当事人应当互负返还义务，此时，当事人返还义务的基础是不当得利返还请求权，还是物权请求权，对此存在两种不同观点。一种观点认为，返还财产就是返还原物，在性质上属于基于物权所产生的物权请求权，因为合同被确认无效或被撤销后，一方先前交付给另一方的财产并不发生所有权的移转，已经接受财产的一方，应将该财产返还给原所有人。[①] 同时，将该返还请求权的基础界定为物权请求权，在返还义务人因资不抵债被宣告破产后，返还权利人就享有别除权，这也更有利于保护权利人的利益。另一种观点认为，返还财产属于债权性质的不当得利返还请求权，因为合同已被确认无效或被撤销，合同关系已失去拘束力，这样当事人接受的履行便因为缺乏合法根据而成为不当得利，应当返还给对方。[②]

从比较法上来看，在采纳物权行为理论的国家，此种返还财产属于不当得利返还请求权的范畴。由于德国民法采纳了物权行为无因性理论，因而在转让所有权的合同被撤销或者无效时，物权合同的效力不受影响，受让人仍然可以取得标的物的所有权[③]，但在基础合同被宣告无效或被撤销后，取得标的物所有权的一

① 参见杨立新主编：《民事审判诸问题解释》，50页，长春，吉林人民出版社，1990。

② 参见王家福主编：《民法债权》，334页，北京，法律出版社，1991。

③ MünchKomm/Schwab，§ 812，Rn. 6.

方当事人保有标的物所有权的权利基础不复存在，所以，接受履行的一方应当基于不当得利制度返还该物。[①] 我国《物权法》并没有采纳物权行为理论，在此情形下，如果合同被宣告无效或被撤销，则受领标的物的一方当事人也无法取得标的物的所有权，作出履行的一方可以基于所有权返还请求权向对方当事人提出请求；同时，因为接受履行的一方占有该物，也构成不当得利，从而构成了不当得利返还请求权与物权请求权的竞合。

第三，非法利用他人财产。行为人非法利用他人财产，构成对他人所有权的侵害，权利人有权基于物权请求权请求行为人返还财产；同时，行为人非法占有他人财产构成不当得利，权利人也有权依据不当得利返还请求权请求行为人返还财产。例如，承租人在租赁权届满之后继续占有该房屋，并且将房屋用于经营的目的获取收益。在此情形下，将产生不当得利返还请求权与物权请求权的竞合。如果权利人仅要求行为人返还原物，则可以基于物权请求权或者不当得利返还请求权（对象为对物的占有）提出请求，但如果权利人要求行为人返还其因此获得的收益，则应当依据不当得利返还请求权提出请求。

（二）不当得利返还请求权与物权请求权的区别

在不当得利返还请求权与物权请求权发生竞合的情况下，司法实践大多是按照物权请求权处理的。在我国，也有许多学者主张，所有权返还请求权与不当得利返还请求权不能并存，因为在受害人并未取得某项利益的所有权时，适用所有权返还请求权而非不当得利请求权，更易于实现民法的本来目的。[②] 笔者认为，在两种请求权发生竞合的情况下，应当允许当事人自由选择请求权并提出请求。由于两种请求权在性质、效力等方面存在区别，所以，对两种请求权进行区分并赋予权利人自由选择的权利，仍具有一定的意义。从总体上看，两种请求权的区别主要体现在如下几个方面。

第一，性质和效力不同。物权请求权是基于物权产生的，其依附于物权，并具有物权的效力。而不当得利返还请求权在性质上属于债权请求权的范畴，其并

① 参见孙森焱：《民法债编总论》上册，164页，北京，法律出版社，2006。

② 参见崔建远：《不当得利研究》，载《法学研究》，1984（4）。

不具有物权的效力。因此，在相对人破产的情形下，由于物权请求权具有优先效力，因而，如果权利人选择基于物权请求权提出请求，则权利人的权利具有优先于其他债权的效力。[①] 而如果权利人选择基于不当得利返还请求权提出请求，则其权利与其他债权人的普通债权处于同等顺序，公平受偿。

第二，功能不同。物权请求权的功能在于保护物权人对其物的圆满支配状态，物权请求权的功能首先旨在维护物权人对物的圆满支配，任何对物权的妨害（不一定出现损害），物权人都能主张物权请求权获得保护，即在他人的行为可能影响权利人对其物的圆满支配状态时，即构成对权利人所有权的妨碍，所有权人可行使物权请求权。[②] 而不当得利返还请求权的功能则在于调整欠缺法律原因的财产变动关系，维护当事人之间的利益平衡；同时，不当得利返还请求权还可以剥夺行为人因不当行为而获得的利益，具有一定程度的预防不法行为的功能。

第三，返还财产的范围不同。就物权请求权而言，其返还范围仅限于原物及因原物所产生的孳息，换言之，返还的对象限于有体物。而不当得利返还旨在将受益人所获得的一切不当的利益，全部返还给受损害的一方，剥夺受益人所获得的一切不当利益。[③] 例如，《瑞士债务法》第 62 条规定，“不当由他人之财产受有利益者，应返还其利益”。《德国民法典》第 812 条也有类似规定。因此，不当得利返还的范围包括原物、原物所生的孳息以及其他利益，只要受益人所获得的利益没有法律上的依据，且导致他人损害的，都应当予以返还。当然，在确定不当得利返还请求权的返还范围时需要考虑受益人的善意和恶意，但不当得利返还的范围一般并不限于原物返还，其范围更为广泛。

第四，在返还范围上是否考虑过错不同。就物权请求权而言，由于物权请求权的主要功能在于保护权利人对物的圆满支配状态，权利人提出请求时，无须证明对方是否具有过错；对相对人而言，不管是否具有过错，只要原物存在，都应当负有返还的义务。因此，在物权请求权中，相对人是否具有过错，原则上并不会影响物

① 参见崔建远：《物权救济模式的选择及其依据》，载《吉林大学社会科学学报》，2005（1）。

② MünchKomm/Baldus，§ 1004，Rn. 2.

③ 参见王泽鉴：《不当得利》，43 页，北京，中国政法大学出版社，2002。

权请求权的返还范围。而对不当得利返还请求权而言，尽管不当得利返还请求权的成立不以获利人的过错为要件，但比较法上一般认为，获利人主观方面是否具有过错，可能会对其返还范围产生影响：在获利人主观方面为善意时，其返还范围仅限于现存的利益，获利人所受利益不存在的，则其不再负担返还义务；但如果获利人取得财产出于恶意，则返还义务人应对财产的灭失负赔偿责任。

第五，构成要件不同。在构成要件上，对物权请求权而言，其成立以原物仍然存在为要件，如果原物不存在或者其所有权被第三人善意取得，则原权利人无法再依据物权请求权提出请求。例如，如果原物已灭失，返还原物在客观上已不可能，则所有权人只能要求赔偿损失，而不能要求返还原物。若原物虽然存在，但已经遭受损坏，则原物所有人只能根据其利益，请求返还原物或提出恢复原状等请求。而对不当得利返还请求权而言，在原物已经灭失的情形下，即便获利人主观上是善意的，只要不属于所受利益不存在的情形，获利人都应当负担返还义务。因此，对不当得利返还请求权而言，其主要以受益人获利为标准，不论原物是否存在，只要受益人获得利益，就应负返还责任。如果受益人在占有原物以后因占有、使用原物致原物毁损，或已改变形态，或转化成货币，只要受益人从占有原物中获得利益的，就仍应负返还责任。

第六，适用范围不同。由于物权请求权的主要功能在于保护物权的完整性，维护权利人对其物的支配的圆满状态，因而，物权请求权的适用范围限于物权。而且返还原物的适用范围仅限于存在有体物交付的情形，而在交付对象是无体物如劳务、知识产权时，无法适用物权请求权。因此，返还原物的请求虽有利于恢复权利人对原物的占有，但其适用范围也常常受到限制。例如，一方只是向另一方提供一定的劳务或者完成一定的工作，因为并不存在物的交付，所以不能适用返还原物请求权。而不当得利返还请求权适用于所有类型的、没有法律上原因的利益变动关系，其原则上适用于任何欠缺法律上原因的财产变动，因此，其不仅适用于物的返还，还可能适用于债权。[①] 不当得利返还请求权的适用范围不限于原物的返还，只要一方获得的利益欠缺法律上的原因，并导致对方损害的，即可

① MünchKomm/Schwab，§ 812，Rn. 7 ff.

适用不当得利返还请求权。

第七，是否适用诉讼时效不同。物权请求权是基于物权而产生的，从物权的性质以及从保障物权完整性考虑，物权请求权并不适用诉讼时效。依据我国《民法总则》第196条的规定，不动产物权和登记的动产物权不适用诉讼时效，但对未登记的动产物权是否适用诉讼时效，该条并没有作出规定。笔者认为，动产物权即便未进行登记，也不应当适用诉讼时效。而不当得利返还请求权在性质上属于债权请求权，权利人的不当得利返还请求权应当受到诉讼时效的限制。

五、不当得利返还请求权与占有保护请求权

占有保护请求权又称为占有人的物上请求权、占有人的请求权、占有物上请求权、基于占有而发生的请求权。① 它是指占有人基于占有的事实而享有的、在占有受到侵夺或妨害的情况下享有的请求权。占有保护请求权和物权请求权都是物权法上特有的权利保护方法，两者共同构成广义上的物权请求权。占有可能基于本权，也可能非基于本权。即使是无权占有，它虽然不是一种权利，但仍是一种利益，而且是一种财产利益，应当受到保护。② 占有保护请求权的主体是占有人，无论占有人是否享有物权，其都享有此项权利。我国《物权法》第245条规定："占有的不动产或者动产被侵占的，占有人有权请求返还原物；对妨害占有的行为，占有人有权请求排除妨害或者消除危险；因侵占或者妨害造成损害的，占有人有权请求损害赔偿。"该条对占有保护请求权作出了规定。占有保护请求权是专门为保护占有而设定的请求权，占有保护请求权适用于三种情形，即侵夺占有、妨害占有、可能妨害占有。

在行为人侵夺占有的情形下，可能发生不当得利返还请求权与占有保护请求权的竞合。所谓侵夺占有，是指行为人违反占有人的意思，将占有物的全部或一部移转至自己控制，并使占有人全部或部分地丧失占有。例如，甲借用他人的一辆摩托

① 参见姚瑞光：《民法物权论》，424页，台北，自版，1988。

② 参见王泽鉴：《民法物权·占有》，258页，台北，自版，1995。

车，在驶入道路后被乙非法抢夺。在侵夺占有的情形下，占有人有权基于占有保护请求权请求行为人返还占有；同时，尽管占有在性质上属于一种事实，但占有对占有者也可以形成一种利益。正如王泽鉴先生所指出的："占有是一种利益，得为不当得利之客体。"[①] 占有作为一种法律上的利益，行为人侵夺他人占有也构成获利，并造成他人损害，应当成立不当得利。此时，即可发生不当得利返还请求权与占有保护请求权的竞合，权利人应当有权在两种请求权中作出选择。

虽然不当得利返还请求权与占有保护请求权之间可能发生竞合，但二者属于不同性质的请求权，存在明显区别，主要表现在：第一，权利人的举证负担不同。权利人如果选择主张行为人返还不当得利，则其应当证明自己遭受损害、行为人获利、行为人的获利欠缺法律上的原因，以及行为人获利与自己损害之间存在因果关系。如果权利人主张占有保护请求权，则其仅需要证明其对财产的占有被行为人非法侵夺即可。第二，效力不同。在权利人主张不当得利返还请求权时，其有权主张行为人返还不法获利，而在权利人主张占有保护请求权时，行为人应当将非法占有的原物返还给权利人，同时，依据《物权法》第244条的规定，如果权利人还有其他损失的，恶意占有人仍应当予以赔偿。第三，适用法律依据不同。不当得利返还请求权的法律依据是《民法总则》第122条，而占有保护请求权的法律依据是《物权法》第245条。

第四节　不当得利的成立

一、不当得利的成立概述

所谓不当得利的成立要件，是指具备哪些条件才可以产生不当得利之债。不当得利的成立要件可以区分为一般成立要件与特别成立要件。所谓一般成立要

① 王泽鉴：《民法物权·占有》，25页，台北，自版，1995。

件，是指所有类型不当得利之债的产生都必须具备的要件。所谓特别成立要件，是指构成特定类型的不当得利应当具备的条件。区分不同的构成要件，有助于细化不当得利的构成，对于准确适用这一制度具有重要意义。

不当得利请求权是由罗马法上个别诉权不断演化而形成的体系化的规则。从比较法上来看，关于是否应当依据统一的构成要件认定不当得利的成立，各国存在不同的做法，主要有三种观点。

一是“统一构成要件”说。此种观点认为，可以依据统一的标准认定是否构成不当得利。各种类型的不当得利都可以适用统一的标准予以判断，从而形成统一的规则。德国学者大多赞成应有概括性的不当得利返还要件。虽然法国法中没有规定不当得利的构成要件，但也有法国学者认为，构成不当得利需要具备行为人获利、受损人遭受损失以及获利与损失之间具有因果联系。① 因此，其仍然认为，应当依据统一的标准认定是否构成不当得利。一些国家的立法也明确了不当得利的统一构成要件。②

二是“非统一构成要件”说。此种观点认为，不当得利的类型复杂，难以通过统一的构成要件予以认定，而应当结合具体类型的不当得利（如非债清偿等）来确定其构成要件。也就是说，应当以发生原因的不同为标准对不当得利进行类型上的区分，并分别确定其构成要件。③ 例如，在法国法中，并不存在不当得利的统一构成要件，通常要区分非债清偿返还之诉与所得利益之诉，前者由立法规制，旨在返还不负有债务而作出的给付，后者则由司法创设，旨在返还欠缺原因的获利。

三是折中说。此种观点认为，不当得利存在统一的构成要件，但对特殊类型的不当得利而言，又有其具体的构成要件。从比较法上看，德国法实际上采取了折中的观点。一方面，《德国民法典》将不同类型的不当得利统一规定（第 812～822 条），这似乎是采纳了统一说的观点。即从总体上看，不当得利的构成要件应当

---

① Aubry and Rau, Cours de droit civil francais IV, § 441, p. 725 (4th ed. 1871).

② 参见《葡萄牙民法典》第 473 条；《希腊民法典》第 904 条。

③ 参见史尚宽：《债法总论》，76～83 页，北京，中国政法大学出版社，2000。

包括四个，即获得利益、获益无法律上原因、遭受损失，以及获益和受损之间存在因果关系。另一方面，德国判例和学说承认给付不当得利和非给付不当得利的类型区分，而且，在具体认定其构成要件时，承认其存在一定的差异。①《德国民法典》的相关规定又对部分类型不当得利的成立规定了特别构成要件，例如，依据《德国民法典》第814条的规定，在非债清偿的不当得利类型中，构成不当得利必须以给付人并非明知自己没有义务而作出给付、给付并非为满足道德上的义务以及不是为了满足礼仪方面的需要时，作出给付的一方才有权请求受领给付的一方返还不当得利。

应当看到，不当得利的类型复杂，难以都通过统一的标准判断是否构成不当得利。不当得利的发生原因不同，主要可以分为给付不当得利和非给付不当得利，与此相应，两种类型的不当得利在成立要件方面存在较大的差异。例如，在侵权型的不当得利中，行为人的行为造成了一定的损害；而在给付型不当得利中，虽然受害人也遭受了损害，但其并非因侵权行为所致，而通常存在一方的给付行为。正是因为这一原因，一些学者怀疑不当得利是否存在统一的构成要件。② 但笔者认为，不当得利应当具有统一的构成要件，主要理由在于：第一，此种观点具有立法依据。《民法总则》第122条规定："因他人没有法律根据，取得不当利益，受损失的人有权请求其返还不当利益。"依据这一规定，一方获利致他方损害，并且获利人的获利欠缺法律上的原因，即可构成不当得利。从上述规定可以看出，我国现行立法并没有依据不当得利发生原因的不同而对不当得利进行类型上的区分，这实际上采取了统一说的立场。可以说，我国法上采取概括性规定的做法，并没有列举各种不当得利的类型，在立法例上类似于德国法。第二，此种观点有利于限制法官的自由裁量权。如前所述，不当得利制度是基于衡平理念而产生的一项法律制度，在适用不当得利制度的过程中，为维护法律适用的安定性，应当尽量限制法官的自由裁量权，如果采取非统一说，则会给法官判

① 参见［德］梅迪库斯：《德国债法分论》，杜景林、卢谌译，521页，北京，法律出版社，2007。

② See Paolo Gallo, "Unjust Enrichment: A Comparative Analysis", *The American Journal of Comparative Law*, Vol. 40, No. 2 (Spring, 1992), pp. 431 - 465.

断不当得利的构成带来困难，也会不当扩大法官的自由裁量权，影响不当得利法律制度的适用。第三，此种观点有利于构建完整的不当得利法律制度的体系。不当得利返还请求权属于独立的债权请求权，这就需要统一不当得利的构成要件，构建完整的不当得利制度法律体系，各种类型的不当得利构成要件不统一，可能会影响不当得利制度体系的构建。

尽管未来民法典中应当规定不当得利的一般构成要件，但也应当看到一些特殊的不当得利类型有一些特殊的构成要件，法律也有必要对此作出特别规定。

二、不当得利的成立要件

（一）一方获得利益

不当得利是以一方获得利益为前提的。因为如果无人获得利益，也就不存在得利“当”与“不当”的问题。所谓获利，是因为一定的事实而导致其财产的增加或应当减少而不减少。[①] 不当得利返还义务是用来回复不当得利事件发生时当事人之间所应当具有的利益状态，因此，不当得利制度主要维护财产的静态利益。[②] 凡是因为一定的事实而获得利益，无论是事实行为还是法律行为，无论是受益人实施的行为还是由于受损人的过失，都可以引发不当得利的后果。具体而言，不当得利中的“获利”包括以下两种。

1. 积极的获利，即受益人在既有财产的基础上有所获得。通常来说，受利益都是受有财产利益。[③] 具体而言，一是取得财产权（如取得所有权或其他物权）或利用他人的资产而获得利益。尤其是在侵害知识产权的情形，利用他人的无形财产权获得利益，都属于积极获利。二是取得占有等利益。占有是一种事实，但占有的取得也构成一种利益。三是既有的财产权内容扩张或效力得到增强。例如，因添附

① 参见郑玉波：《民法债编总论》，92 页，北京，中国政法大学出版社，2004。

② 参见黄茂荣：《不当得利》，8 页，台北，植根法学，2011。

③ 按照温德夏特（Windscheid）的看法，不当得利中的受益包括以下类型：取得物之所有权、取得他人物上的权利、取得债权、取得物之占有、财产限制的解除、债务的免除。Bernhard Windscheid，Lehrbuch des Pandektenrechts，6. Aufl. Band 2，Frankfurt a. M. 1887，S. 621 f.

而导致所有权的客体范围增加。四是接受他人的服务或他人提供的一定工作。当然，在确定返还范围时，要妥当确定所提供的服务或工作的范围。[①]

2. 消极的获利，即受益人本应减少的财产而未减少。主要包括：一是本应支出的费用未支出。例如，耕牛的拾得人喂养他人的耕牛数月，耕牛的所有人因此而免于支出耕牛的饲料费。二是本应负担的债务未负担。三是本应在自己物上所设定的物权而未设定。四是财产权限制的解除。例如，房屋所有权上的抵押权消灭。五是因债务免除等原因导致责任减轻。债务本身是一种负担，免除债务也使得债务人获得利益。[②]《欧洲民法典草案》第7—3：101条规定，凡是使用他人的财产，都推定使用人获得了利益，而且在确定某人是否受有利益及利益的范围时，不考虑其取得利益之时或之后所遭受的损害。除了免除债务以外，包括债务的清偿等，都可以导致责任的减轻。

从比较法上看，获利判断标准存在主观标准和客观标准。一是主观标准，它是指从受益人的个人角度来判断其是否构成不当得利。也就是说，如果受损人证明受益人已经获得了客观利益，则受益人可以举证证明其并不想取得该利益。[③]如果该主张成立，则受益人的客观获利可以因此而贬值。例如，甲计划拆除其房屋，在其出国期间，其邻居乙对该房屋进行了维修，乙虽然能够证明甲客观上获得了利益，但甲可以主张，其本就打算拆除该房屋，因此并没有获利。二是客观标准，它是指从理性人的角度来判断行为人是否获利。也就是说，如果按照理性人的标准判断，受益人已经获得了利益，则可以认定获利的存在。例如，在前例中，按照理性人的标准，乙维修甲房屋的行为，在客观上能够使甲获得利益，因此，应认定甲获得了利益。笔者认为，原则上应当采客观标准，主要是因为客观标准容易操作，而且在一般情况下也符合双方当事人的利益。从比较法上来看，获利的认定越来越宽松，但是仍然要求获利必须可以以金钱来衡量。对于获利的范围以及计算的方法，应当由原告负担举证责任。由于不当得利法主要调整欠缺

---

① 参见［德］冯·巴尔等主编：《欧洲私法的原则、定义与示范规则：欧洲示范民法典草案》（第五卷至第七卷），王文胜等译，967页，北京，法律出版社，2014。

② 参见郑玉波：《民法债编总论》，92页，北京，中国政法大学出版社，2004。

③ See Peter Birks, *An Introduction to the law of Restitution*, Oxford University Press, 1989, p. 109.

法律原因的财产变动，因而，获利应当限于财产上的增加，不应当包括精神上的利益，而且精神上的利益在性质上也无法返还，很难通过不当得利法对其进行调整。例如，甲在街头未经乙的许可，偷拍乙的照片用于自己欣赏，并未进行商业利用，此时，甲所获得的精神愉悦不应属于不当得利中的“利益”范畴。

另外，不当得利返还请求权的成立，不以受领利益者有可归责事由为要件。只要无法律上原因而有财产利益在权利主体之间的移动，就应当成立不当得利返还请求权。[①]

（二）无法律上的原因

“不当”就是指没有法律上的原因。在不当得利中，受损人要求返还的利益必须是有合法基础的，如果损害是由受损人的违法行为造成的，法律将不对此种损害提供救济。具有法律上的原因，是受益人保有利益的权利基础，没有合法的权利基础就构成不当得利。例如，在施某伟诉徐某英不当得利一案中[②]，原告施某伟向被告徐某英支付 200 000 元，用于被告疏通关系使原告的亲属获得保释，被告以书面方式承诺若不成功将予以退款。后徐某英未能办成此事，原告要求其返还 200 000 元。法院认为：“不当得利之返还以受损人对该利益具有合法占有依据为前提，若基于非法之目的，则纵有实际损失，亦不属法律所保护之范畴，不能构成不当得利。本案当中，施某伟向徐某英给付 200 000 元时即抱有通过非合法途径保释张某娟之目的，该给付行为一经作出，施某伟便丧失对该款项的合法占有依据，因此其无权主张不当得利返还。”在该案中，法院实际上也认为，如果受损人的损失是因其违法行为造成的，则受损人无权向获利人请求返还。不当得利的成立以获利人所获利益欠缺法律上的原因为前提，但关于如何认定获利人的获利欠缺法律上的原因，存在两种不同的观点。

1. 统一说。持统一说学者的基本立场在于，虽然不当得利的类型繁多，但无法律上原因的认定标准应当是统一的。按照学者主张的不同，统一说又可以具

① 参见黄茂荣：《不当得利》，11 页，台北，植根法学，2011。

② 参见“施某伟诉徐某英不当得利案”，上海市第二中级人民法院（2009）沪二中民一（民）终字第 1221 号。

体分为以下四种理论。一是公平说。此种观点认为，无法律上原因应当解释为，受益人的得利违反公平理念。例如，德国学者 Friedrich Endemann 认为，不当得利之返还乃是基于公平（Billigkeit）的需要，即当事人之间财产利益关系的修正旨在符合公平观念，返还没有正当理由获得的利益是公平观念的要求。[①] 二是正义法说。此种观点认为，无法律上原因是指受益人的得利违反了社会正义。例如，德国学者 Stammler 将不当得利返还请求权的基础建立在所谓的正义法（richtiges Rechte）上。[②] 按照这一看法，正义法是指达成共同生活的法的基本观念，它与成文法存在区别。[③] 三是债的关系说。此种观点认为，无法律上原因就是受益欠缺债的关系基础。例如，Wilhelm Collatz 认为，如果受益人所获得的利益在性质上源于受损人的给付，且受损人对受益人作出给付的基础债的关系不存在或者消灭，则受益人的财产受益即为不当得利，此时受益人负有补偿受损人的义务。[④] 四是权利说。此种观点认为，受益是否构成不当得利，取决于受益人是否享有受益的权利，享有权利则不存在不当得利，不享有则成立不当得利。[⑤]

2. 区分说（Trennungslehre）。区分说的主张在温德夏特（Windscheid）的时代即已经出现。按照区分说，不当得利构成要件中“无法律上的原因”有多种类型，按照温德夏特的观点，应根据受益是否源于受损者（Benachtheiligte，即返还请求权人）的意思而确定。温德夏特认为，源于返还请求权人的意思而发生的不当得利主要包括三种类型。一是如果受益源于受损者的意思产生，那么可以初步认定，受益是正当的，当然，此种受益也可以成为不当得利。[⑥] 二是如果受

① Endemann, Friedrich, Lehrbuch des bürgerlichen Rechts, 6. Aufl., unveränd. Abdr. der 5. Aufl. Band 1: Einleitung; allgemeiner Theil; Recht der Schuldverhältnisse, Berlin 1899. S. 895.

② Rudolf Stammler, Zur Lehre von der ungerechtfertigten Bereicherung nach dem Bürgerlichen Gesetzbuch, Niemeyer, 1903.

③ 参见郑玉波：《民法债编总论》，96 页，北京，中国政法大学出版社，2004。

④ Wilhelm Collatz, Ungerechtfertigte Vermögensverschiebung, Berlin 1899, S. 40.

⑤ Hartmann, Der Bereicherungsanspruch des Bürgerlichen Gesetzbuchs, 224 ff.

⑥ 温德夏特认为，源于返还请求权人的意思而发生的不当得利包括以下几种类型：(1) 返还请求权人否认某种权利的存在；(2) 意思表示发出者有权撤回该意思表示，而意思表示发出者最终撤回了该意思表示；(3) 意思本身具有限制，该限制在特定情况下会发挥作用，没有受益时该意思即告失效。Bernhard Windscheid, Lehrbuch des Pandektenrechts, 6. Aufl. Band 2, Frankfurt a. M. 1887, S. 630 ff.

益并非源于受损者的意思产生，那么受益可能源于权利变动，也可能源于他人对物之占有的取得。[①] 三是当受益并非源于受损者的意思时，如果受益基于行为人的侵权行为产生，那么该受益可能构成不当得利。[②]

笔者认为，在无法律上原因的判断方面，应当采取区分说。主要原因在于：一方面，不当得利的类型日益复杂，难以依据统一的标准判断是否存在法律上原因，而且在纷繁复杂的不当得利类型中，通过类型化的方法对“不当”的原因进行明确列举，也有利于法官的操作。另一方面，在不同的“无法律上原因”之下，不当得利返还请求权的法律后果也是不同的。例如，在因侵权而导致不当得利的情形，为了预防此种侵权行为，返还的范围可以是侵权人的获利或者是受害人的损失。在区分说之下，无法律上原因应当区分不同情况予以认定。在给付型不当得利之中，无法律上原因就是不存在给付原因；而在非给付型不当得利之中，则必须就各种具体情形，依据公平的理念，分别予以认定。例如，受益人因第三人的行为而获利时，无法律上原因应当理解为受益人无受益权。再如，因意外事件而获利时，无法律上原因是指没有保有得利的权利。[③] 因此，“统一说”忽略了不同类型的不当得利返还请求权的效力差异。从总的发展趋势来看，区分说已经成为主流的学术观点。

按照区分说，不当得利构成要件中“无法律上的原因”通常包含以下情形。

第一，当事人之间不存在有效的合同关系。这主要是指如果合同无效、被撤销、不成立或被解除，受益人获利就不是基于有效的合同，不具有法律上的原因，从而构成不当得利。如果合同约定的条件没有成就，则已经作出的给付也缺乏法律上原因，从而构成不当得利。但如果基于有效的合同而履行债务，符合法律要求，则不会发生不当得利问题。

值得探讨的是，如果给付目的没有实现，是否可以请求不当得利返还呢？例如，某人将店面借给其侄子开店使用，后其侄子决定不再开店，而是将该店面转

---

① Bernhard Windscheid, Lehrbuch des Pandektenrechts, 6. Aufl. Band 2, Frankfurt a. M. 1887, S. 625 f.

② Bernhard Windscheid, Lehrbuch des Pandektenrechts, 6. Aufl. Band 2, Frankfurt a. M. 1887, S. 626.

③ 参见郑玉波：《民法债编总论》，97 页以下，北京，中国政法大学出版社，2004。

租。此时，给付的目的就没有实现，其可以依据不当得利请求侄子返还店面。

第二，不具有法律规定的原因。如果法律上规定了作为义务等，当事人因履行此种义务而遭受损害的，不得向受益人请求返还不当得利。例如，兄姐履行了扶养弟妹的义务，这属于法律义务，不能请求不当得利返还。

第三，无道德上的义务。法律上的原因也包括基于亲属关系等而产生的道德上的义务。在存在此种原因的情形下，也不构成不当得利。例如，丧偶女婿对岳父母的赡养，虽然没有法律上义务，但具有道德上的义务，因此，也不构成不当得利。在诉讼过程中，关于受益人获利是否具有法律上原因的举证责任，一般应当由受益人负担，即在受损人提出不当得利返还请求权时，受益人应当证明其获利具有法律上的原因。

第四，受损人并没有就其蒙受的不利表示同意。只要受损人表示同意并没有受到欺诈、胁迫等，其意思是真实、合法的，则此种同意的表示就可以成为“法律上原因”。而如果受损人没有此种表示，则可以构成不当得利。①

在此需要讨论的是，债务人清偿时效届满的债务或者提前清偿债务，债权人保有该给付利益是否具有法律上的原因，能否成立不当得利。一般认为，对诉讼时效届满的债务而言，诉讼时效届满只是使债务人产生不履行债务的抗辩，而不会消灭债权，因此，在债务人自愿作出履行的情形下，债权人仍有权基于其债权保有该给付利益，而不构成不当得利。在债务人提前清偿债务的情形，可以认为债务人抛弃了期限利益，但债务并非不存在，债权人受领给付，不能认为没有法律上原因。② 如果债务人因错误而提前清偿，则可以适用因错误导致的非债清偿的规则。

另外，在提前偿债的情形，还涉及是否可以请求利息的返还问题。对此，在比较法上有不同的做法。一是否定模式。按照《德国民法典》第 813 条第 2 款的规定，“附期日的债务被提前履行的，不得请求返还；不得请求偿还中间利息”。

---

① 参见［德］冯·巴尔等主编：《欧洲私法的原则、定义与示范规则：欧洲示范民法典草案》（第五卷至第七卷），王文胜等译，874 页，北京，法律出版社，2014。

② 参见王泽鉴：《不当得利》，113 页，北京，中国政法大学出版社，2002。

德国法还规定，提前受偿债务的人没有返还提前受偿期间利息的义务。在英美法中，对于提前偿债问题没有做特别规定。但是，此种情形基于法律对于错误的规定，返还请求权一般是被排除的。[①] 二是肯定模式。此种观点认为，提前还款人可以向受偿人索要提前还款期间的利息损失。意大利采此种模式。[②] 在瑞士法中，虽然法律没有明确规定，但一些学者建议承认对利息的返还请求权。《日本民法典》第706条规定："债务人就不在清偿期的债务提供了作为清偿的给付时，不能就其给付请求返还。但债务人的给付系因错误时，债权人须返还因此所得的利益。"笔者认为，肯定模式更值得赞同。债务人基于错误而提前偿债，不能请求返还其给付，由于债务人的债务因清偿行为而消灭，债权人也没有得利可言。[③] 但是，就债务实际履行至债务履行期届满期间的利息部分，债权人则构成得利，如果债务人存在错误，允许其请求返还利益，可以实现当事人之间的利益平衡。

（三）他方受到损害

1. 是否应当以他方当事人遭受损害为要件

所谓他方受到损害，是指一方当事人所遭受的财产上损失。由于不当得利制度关注的是受益人的获利返还，因而，其重点是受益人的获利问题。至于不当得利的成立是否应当以另一方当事人遭受损害为构成要件，始终存在如下两种不同的观点。

一是否定说。此种观点认为，遭受损害并不能作为不当得利的构成要件，该观点以德国学者 Markesinis 为代表，此种观点认为，在给付型不当得利中，被告的得利应当解释为能作为债的标的的任何事物，所以，在给付型不当得利的情形，被告的得利应当是因原告的给付而获得的。[④] 不当得利请求权的成立不应当以另一方当事人遭受损害为要件，因此无须考虑请求权人是否受损。因为不当得

① See Izhak Englard, *International Encyclopedia of Comparative Law*, Volume X, Chapter 5, J.C.B., Mohr (Paul Siebeck, Tübingen) (1988), p.15.

② 参见《意大利民法典》第1185条第2款第2句。

③ 参见王泽鉴：《不当得利》，113页，北京，中国政法大学出版社，2002。

④ 参见沈达明编著：《英美合同法引论》，28页，北京，对外贸易教育出版社，1993。

利只从获益人返还获利的角度来考察，所以，在认定受益人的获利和不当得利返还请求权的范围时，无须考虑请求权人的损害。[①]

二是肯定说。此种观点认为，被告的得利必须是在原告遭受损失的情况下获得的。此种观点以德国学者 Fikentscher 等为代表，其认为，在不当得利中受损人遭受的损失，与受益人获得的利益，二者如同一枚硬币的两面。《德国民法典》第 812 条也将请求权人遭受损失作为不当得利的成立要件，依据该条规定，不当得利返还请求权的成立以“他人蒙受损失”为构成要件。我国台湾地区“民法”也采纳了这一观点，即“一方当事人因他方当事人为给付而受利益，即为他方的损害”[②]。

关于不当得利的成立是否以请求权人遭受损害为要件，笔者赞成肯定说，即损害仍然应当作为不当得利的构成要件，主要原因在于：

第一，从我国现行立法和司法实践来看，其要求不当得利返还必须以一方受损为前提。《民法总则》第 122 条明确要求，不当得利请求权的适用以对方当事人遭受一定损失为前提。从我国司法实践来看，也已经接受了这一规则。例如，在纪某岗与王某等不当得利纠纷上诉案中[③]，法院认为，仅仅有一方受有财产上的利益，而未给他人带来任何损失，不构成不当得利。这里所说的损失，包括现有财产或利益的积极减少，也包括应增加而未增加的利益丧失。

第二，在一方获利的情况下，通常会给他方当事人造成损害，而且受益人的获利与他方当事人的损害之间一般具有一定的联系。例如，甲将某商场的店铺出租给乙。合同期满后，乙因为没有找好其他店铺，且因为其产品在该店铺的销路很好，拒不搬迁，在迟延搬迁的三个月内，乙获利 10 万元。而甲在合同期满前已将该店铺出租给丙，因乙没有返还店铺，导致甲无法将店铺交给丙，甲不仅无法获得丙的租金，而且还需要向丙承担 1 万元的违约责任。在该案中，乙所获得的 10 万元是否都属于不当得利中的获利呢？有一种观点认为，不应当将乙的 10

---

① MünchKomm/Schwab，§ 812，Rn. 5.

② 王泽鉴：《不当得利》，43 页，北京，中国政法大学出版社，2002。

③ 参见“纪某岗与王某等不当得利纠纷上诉案”，山东省青岛市中级人民法院（2010）青民五终字第 99 号。

万元获利全部认定为不当得利中的获利，因为乙的获利主要源于其经营行为，而非源于对甲的店铺的利用。笔者认为，乙的获利是在乙非法占有甲的店铺期间获得的，乙因非法占有甲店铺所获得的利益，应当与甲的损害之间具有因果联系，故应当认定为不当得利，这也有利于预防同类行为的发生。如果仅将乙的获利界定为对甲少付的租金，则等同于在乙非法利用甲的店铺期间强迫甲与乙订立店铺租赁合同，这显然是不妥当的。

第三，在一方获利而对方当事人并未遭受损害的情形下，当事人之间并不存在欠缺法律原因的财产变动，难以成立不当得利返还请求权。而且在一方获利并未造成他方当事人损害时，此种获利并不应受到法律的否定性评价，不存在返还的基础。从实践来看，一方获得利益损害侵害了对方权利，但受损一方可能难以证明其遭受了何种财产损失，此时，也应当认定构成不当得利。例如，甲在乙的房屋上擅自竖立广告牌，应当认定侵害了乙房屋的所有权，虽然该损害的具体数额难以确定，但仍应当认定乙遭受了一定的财产损失，可成立不当得利。再如，所有权人并没有利用或出租其房屋的意愿，而只是委托他人看管，但受托人却擅自将其出租并获得了高额的租金，在这种情况下，是否所有权人就没有损害呢？笔者认为，不当得利法中的损害不完全等同于损失，而且损害的认定和损害范围的确定是两个不同的问题。受托人未经委托人允许而对其房屋进行利用，本身已经构成对其所有权的侵害，应当认定委托人因此遭受了损害，其应当获得的房租收入即为损害。

第四，从比较法上来看，大多数国家认为，在构成不当得利时，不仅要求一方获得利益，而且要求另一方遭受了损害。获利和失利是两个基本的构成要件。[①] 例如，依据《德国民法典》第 812 条的规定，不当得利返还请求权的成立以“因他人的给付或以其他方式使他人蒙受损失而自己取得利益”为要件，这实际上也是将他方当事人遭受损害作为不当得利返还请求权的成立要件。普通法上所谓“以他人损害为代价”的表述，实际上也强调不当得利返还请求权以他方当

① 参见［德］冯·巴尔等主编：《欧洲私法的原则、定义与示范规则：欧洲示范民法典草案》（第五卷至第七卷），王文胜等译，986～987 页，北京，法律出版社，2014。

事人遭受损害作为成立要件。[①]

因此，笔者认为，不当得利返还请求权的成立应当以他方当事人遭受损害为要件，如果仅受益人获得了利益，而他方没有遭受损害，则不构成不当得利。

2. 他方损害的具体认定

所谓损害，通常是指权利人所遭受的人身或者财产上的不利益。《民法总则》第122条明确要求，不当得利请求权的适用以当事人遭受损失为前提。因此，该条中所规定的“损失”应当是指财产损失。就财产损失而言，其包括积极损失和消极损失两个方面。所谓积极损失，是指现有财产利益的减少；所谓消极损失，是指应该获得的财产而没有获得。其中既包括现存财产的减少，也包括应得利益的减少。笔者认为，将“损失”的概念限定为财产损失，可能不利于充分保障受损人的合法权益。例如，实践中经常出现行为人因不法侵害他人人身权益，或者行为人因积极利用他人人格权而获利的现象，将不当得利构成要件中的“损失”要件限定为财产损失，显然不利于充分救济受害人，也不利于发挥不当得利制度的预防功能。因此，应当对该条中“损失”的概念进行扩张理解，即在不当得利的构成要件中，一方当事人所遭受的损害不限于财产损失，也包括人身伤害，尤其是受害人所遭受的精神损害，这有利于充分保障受损人的合法权益。

损害通常应当由受损方举证证明，关于损害的具体认定方法，可以从如下几个方面考虑。

第一，应当对不当得利中的“损害”作宽泛解释。其不仅指金钱价值的减少，还包括使用、收益等潜在价值的减少。需要指出的是，不当得利构成要件中的“损害”，与侵权法中的“损害”不同。因为不当得利制度的功能并不限于填补损害，而在于调整欠缺法律原因的财产变动关系，此外，不当得利制度通过课以获利人返还获利的义务，也可以起到剥夺行为人不法获利的作用。受损人对于其损害的证明，无须精确到具体数额，只要能够证明有损害存在即可主张不当得利请求权，否则将提高不当得利制度的适用门槛，影响受损人不当得利返还请求

---

① See Paolo Gallo, “Unjust Enrichment: A Comparative Analysis”, *The American Journal of Comparative Law*, Vol. 40, No. 2 (Spring, 1992), pp. 431-465.

权的实现。

第二，损害应当与受益人的获利具有关联性。这就是说，受损方无须举证证明其损害与受益人的获利具有因果联系，但应当举证证明二者之间具有一定的联系。根据社会一般经验，如果受损人一方的损失与受益人一方的获利之间具有一定的关联性，即可以认定损害与受益人之间的获利之间具有关联性。

第三，因侵害人身权益获利的，可依法将其视为损害。依据《侵权责任法》第 20 条的规定，行为人侵害他人人身权益造成受害人财产损失的，如果该财产损失难以确定，即可将行为人因侵权所获利益视为受害人所遭受的财产损失。该规则只能适用于侵害他人人身权益的情形。例如，行为人未经许可对他人的肖像进行商业化利用，并因此获利的，此时，可以将行为人的获利视为受害人的损害。法律作出此种规定的主要原因在于，一方面，在侵害人身权益的情形下，由于人身权益具有无形性，受害人所遭受的损害往往难以认定。另一方面，在此类侵权中，需要对加害人的不法获利予以剥夺，从而实现法律的预防功能。

第四，凡是使用他人财产的，都可以认为他人已经遭受了损害。[①] 也就是说，只要行为人未经许可使用他人的财产，就可以推定权利人因此遭受了损害，这应当是不当得利返还请求权中"损害"认定的一般规则。此外，即便受损人因行为人利用其财产而获得了一定的利益，也不应当影响其损害的认定以及损害的具体范围。

第五，非法占有他人财产的情形。在行为人非法占有他人财产的情形下，按照占有本身就属于获利的原则，非法占有就视为获利，相对人也就遭受了损害。例如，占用他人门前的空地堆放杂物，虽然从经济上很难判断受损人究竟有多少损失，但该行为确实侵害了原告的使用权，而受益人从占有中获利，这一利益本来就应当归属于受损人。

（四）获利与受损之间具有因果关系

1. 因果关系应作为不当得利的构成要件

所谓获利与受损之间具有因果关系，是指一方获利是他方受损的原因，而他

① 参见《欧洲民法典草案》第 7—3：102 条。

方受损就是由一方获利所造成的，在受损和获利之间具有原因和结果之间的关联性。从比较法上来看，各国法律一般要求，在请求不当得利返还时，应当证明原告受损利益与被告获利之间的因果关系①，或者说，一方当事人无法律上的原因并通过“牺牲（at the expense of）”他人而得利。② 在法律上，应当将行为人获利与受害人受损之间具有因果关系作为不当得利返还请求权的成立要件，主要理由在于：一是有利于确定不当得利返还请求权中的受益人。只有借助因果关系的判断，才能确定具体的受益人，从而便于受损人提出请求。二是确定不当得利返还的正当性基础。如果受损人的损失与受益人的获利之间毫无因果关系，则受损人向获利人主张返还不当得利就欠缺合法性基础，也与公平原则不相符合，该请求权的正当性也将不复存在。三是有利于适当限制不当得利请求权的适用范围，避免滥诉。不当得利请求权的成立不需要当事人存在过错，与其他请求权相比，其更易于成立，因此，应当通过因果关系等方式对不当得利的适用范围进行必要的限制，否则可能导致法律对社会生活关系的过度侵入，也会引发过多的诉讼。四是确定不当得利返还的范围。由于不当得利制度的功能在于调整欠缺法律原因的财产变动关系，因而，受益人的返还范围应当限于“因受害人受损而获得的利益”，如果一方当事人的获利与对方当事人的损害之间并不存在因果关系，允许受损害的一方当事人请求获利人返还所获利益，可能会使受害人一方获得不当得利，对受益人也不公平，从这一意义上说，因果关系也是确定受益人返还范围的依据。

我国《民法总则》第122条规定：“因他人没有法律根据，取得不当利益，受损失的人有权请求其返还不当利益。”从该条文义来看，其实际上是要求受损失的一方当事人的损失是因他人没有法律根据取得不当利益而造成的，即要求损失和利益之间应当存在因果关系。我国司法实践也历来要求不当得利的构成以因果关系为要件。例如，在“赵某国诉贾某成不当得利案”中，二审法院认为，上

---

① See Paolo Gallo, “Unjust Enrichment: A Comparative Analysis”, *The American Journal of Comparative Law*, Vol. 40, No. 2 (Spring, 1992), p. 449.

② 参见［德］冯·巴尔等主编：《欧洲私法的原则、定义与示范规则：欧洲示范民法典草案》（第五卷至第七卷），王文胜等译，816页，北京，法律出版社，2014。

诉人获得利益与被上诉人遭受损失之间存在因果关系，但无合法根据，故构成不当得利。被上诉人主张上诉人返还，原审判令上诉人返还正确。[①] 这就是说，如果一方当事人的获益与对方当事人的损害之间没有因果关系，则无法成立不当得利返还请求权。

2. 应当采非直接因果关系说

关于不当得利中因果关系的认定问题，历来存在以下两种主张。一是直接因果关系说。此种观点认为，损害与获益必须是由同一行为或事实直接导致的。例如，德国学者 Oertmann 主张，在受益和受损之间必须存在直接关联（unmittelbare Beziehung），具有间接关联的受益不得通过不当得利法解决。[②] Enneccerus 和 Larenz 也采类似观点。[③] 二是非直接因果关系说。此种观点认为，所受损害与所获利益之间的因果联系不以直接牵连关系为限，即便是因为两个原因分别导致受损和获益，但只要这两个原因之间具有牵连关系，就可以认定损害与获益之间具有因果关系。[④] 例如，甲骗取乙的钱后，误以为其和丙之间存在债务关系，将骗取乙的钱用于清偿债务。在此情形下，乙可以向丙主张不当得利返还。英国法通说认为，若要证明“得利须以原告支出为代价”要件成立，原告就必须证明被告的得利来源于原告。[⑤]

笔者认为，在认定受益人的获利与受损人损害的因果关系时，应当采纳非直接因果关系说，即在不当得利构成要件中，损失与得利之间无须具有一一对应的直接因果关系，只要二者之间存在一定的关联性即可，主要理由在于：

第一，有利于减轻受害人的举证负担，即受损人一方只需要证明获利人的获利与其损害之间存在一定的关联性即可，而无须证明二者之间存在直接因果关系。

---

① 参见“赵某国诉贾某成不当得利案”，山东省青岛市中级人民法院（2010）青民五终字第 125 号。

② Paul Oertmann, Das Recht der Schuldverhältnisse, Berlin 1899, S. 539, Ungerechtfertigte Bereicherung, Vorbermerkungen, 2d.

③ Larenz, Schuldrecht, II Muenchen, § 62 II b (S. 377).

④ 参见郑玉波：《民法债编总论》，94 页，北京，中国政法大学出版社，2004。

⑤ See L. D. Smith, “Three Party Restitution: A Critique of Birks's Theory of Interceptive Subtraction”, *Oxford Journal of Legal Studies*, Vol. 11, 1991, p. 481.

第二，有利于剥夺行为人的不法获利。在一些情形下，获利人的获利可能大于受损人的损害，如果受损人只能请求获利人返还与其实际损失具有因果关系的获利，则获利人在返还该部分获利后，仍有可能获得其他利益，这就不利于剥夺行为人的不法获利。而采非直接因果关系说，对获利人的获利而言，只要其与受损人的损害具有一定的关联性，就可能被纳入返还的范围，因而采用非直接因果关系说显然更有利于剥夺行为人的不法获利。

第三，我国现行立法实际上也采纳了非直接因果关系说。从《民法总则》第122条的规定来看，并没有限定受益和受损之间必须具有直接因果关系，而且从我国的司法实践来看，非直接因果关系说也可以较好地解决因第三人介入而导致损害和获益的情况。例如，甲从乙处借钱，向丙进行非债清偿，而后甲因陷入破产而无力清偿乙的债务，此时，乙的受损与丙的获益分别来源于两个行为，如依直接因果关系说，乙无权向丙要求返还，而依非直接因果关系之观点，由于丙之获益与乙之损害，均与甲的行为存在牵连关系，因而乙仍有可能向丙主张不当得利返还。①

3. 因果关系的认定

虽然原则上应当依据非直接因果关系说判断获利人获利与受损人损害之间的因果关系，但不能据此认为，只要获利人的获利与受损人的损害之间存在一定的关系，即可认定二者之间存在因果关系。笔者认为，在一方无法律上原因获利，并导致他方因此受有损害时，应当依据公平理念，按照社会上一般的观念认定二者之间是否具有因果关系。② 也就是说，只要按照一般人的观念，可以认定获利人的获利与受损人的损害之间具有一定的关联性，即可认定二者之间具有因果关系。关联性是一种客观存在的事实，而非法律拟制的事实。但针对特殊情形的获利，法律也可以直接确定其存在因果关系。笔者认为，在如下情形下，法律可以直接认定受益人的获利与受损人的损害之间具有因果关系。

第一，受损人将其财产交付给受益人，如果以后合同被撤销或被认定为无

① 参见郑玉波：《民法债编总论》，94～95页，北京，中国政法大学出版社，2004。

② 参见郑玉波：《民法债编总论》，95页，北京，中国政法大学出版社，2004。

效，因为财产的交付使受损人受损，并导致受益人获利，可以认定获利和损害之间存在因果关系。

第二，受损人为受益人提供服务或从事某种工作。如果受损人提供的服务或从事某种工作并不存在法律上的原因（如合同被宣告无效），由于受损人因提供服务或者从事某种工作遭受一定的损害，并因而导致受益人获利，此时即可直接认定获利和损害之间存在因果关系。[①]

第三，受益人使用了受损人的财产，特别是在受益人侵害了受损人的权利或受法律保护的利益的情形，可以直接认定受益人的获利与受损人的损害之间存在因果关系。例如，受益人使用了他人享有著作权的作品，此时，就可以直接认定，受益人的获利与受损人的损害之间存在因果关系。从比较法上来看，某人擅自使用他人财产，均构成侵权，但也受不当得利法的调整。[②]

第四，因受损人的损害使受益人的某一财产增值。在此情形下，受损人常常因付出一定的财产而遭受损害，并导致受益人财产的增值，可以直接认定二者之间具有因果关系。例如，受益人的房屋因装修而增加了价值，而装修所使用的原材料属于受损人所有，此时即可认定受益人的获利与受损人的损害之间存在因果关系。

第五，受损人代受益人承担某项责任。例如，某公司员工在休假期间伤害他人，虽然并不属于执行职务，但公司为了自己的公正形象考虑，而替该工人支付了赔偿金。[③] 在此情形下，公司代该员工承担责任，应当在公司与员工之间成立不当得利。按照此种判断标准，获利人的获利与受损人的损害在数额上无须完全一致，且损害与获利在内容上并不要求完全相同。[④] 例如，擅自利用他人的阳台做广告、非法使用他人的肖像等，损害和获利并非一一对应的关系，但能够认定

---

① 参见［德］冯·巴尔等主编：《欧洲私法的原则、定义与示范规则：欧洲示范民法典草案》（第五卷至第七卷），王文胜等译，992 页，北京，法律出版社，2014。

② 参见［德］冯·巴尔等主编：《欧洲私法的原则、定义与示范规则：欧洲示范民法典草案》（第五卷至第七卷），王文胜等译，1000 页，北京，法律出版社，2014。

③ 参见《欧洲民法典草案》第 7—4：101 条。

④ 参见郑玉波：《民法债编总论》，94 页，北京，中国政法大学出版社，2004。

二者之间存在一定的关联性，就可以认定二者之间存在因果关系。而且一旦证明因果关系的存在，即便受益人的获利远远超出受损人的损害，受损人仍可请求受益人返还“全部所得利益”[①]，这有利于发挥不当得利制度预防不法行为的功能。

4. 第三人介入时的因果关系判断

所谓第三人介入，是指第三人的行为存在于获利和受损的过程之中。在实践中，因第三人的介入而导致获利的情形也时有发生。例如，甲擅自拿乙的涂料，为丙粉刷墙壁，乙请求丙返还不当得利。在该案中，乙并未向丙作出任何给付行为，而是因甲的行为导致丙获利，并使乙受损。在上述案例中，虽然乙并未向丙作出任何给付行为，但依照社会一般观念，丙获得的利益并无法律上的任何依据，已构成不当。但如果固守获益与受损之间必须具有直接因果关系，则因为乙的损害和丙的获益并非出自同一行为，二者间不具有直接因果关系，乙将无法从丙处要求返还不当得利。德国学者 Esser 总结了一系列第三人介入时的三角关系中的给付型不当得利，包括给付链（Leistungskette），利用第三人提出的给付（Leistung mittels eines Dritten）以及第三人自己提出的给付（Leistungen eines Dritten），表明第三人介入也可导致不当得利产生。[②]

如前所述，在不当得利的构成中，因果关系认定不宜采直接因果关系说，因为此种理论对于损害与获益之间因果关系的较高要求，可能使法律规范倾向于不承认间接获利。[③] 在第三人获利的情形，只要符合因果关系认定的一般理论，受益人仍然应当负有返还义务。当然，在第三人介入时，如果第三人和受益人之间存在正当的交易关系时，基于维护交易安全和交易效率的考虑，受损人原则上不能请求受益人返还不当得利。例如，在前述粉刷墙壁的案件中，如果甲和丙之间的合同是合法有效的，则乙不能向甲主张不当得利返还。此外，如果债务人是根

---

① Peter Birks，*Unjust Enrichment*，2nd，ed. Oxford University Press，2005，p. 64；Andrew Burrows，*The Law of Restitution*，3rd，ed. Oxford University Press. 2010，pp. 64 - 65.

② Josef Esser，Hans-Leo Weyers，Schuldrecht，Band Ⅱ，Besonderer Teil：Teilband 2，Müller (C. F. Jur.)，Heidelberg；Auflage：8. Aufl. (2000)，S. 46 ff.

③ Elle est susceptiblede fairen aitreI ‘idee quel’ actione st doneel orsqueI ‘enrichissementest contraire a I’equite”：Mazeaud，Leconsd e droitc ivil (6the d.，Parisl 978)，Vol. 2 (1)，at p. 806.

据利益第三人合同而履行其对第三人的义务，则不得请求返还。

第五节　给付型不当得利

一、给付型不当得利概述

所谓给付型不当得利，是指给付人在欠缺给付原因的情况下实施给付行为，导致受益人无法律原因而受有利益。此处所说的给付，是基于给付人的自愿，以增加受益人的财产为目的的财产转移行为。[①] 换言之，受益人所受的利益是基于给付人的意思所产生，至于受益人在获利时是否明知其获利属于不当得利，对受损人不当得利返还请求权的成立并无影响。例如，甲向乙购买地板用于房屋装修，价款 10 万元。甲请其好友丙向乙付款，丙通过信用卡向乙付款，结果丙误以为价款为 20 万元。在付款一年后，丙才知道自己多付了 10 万元，便请求乙返还多收取的价款，乙认为，丙并非合同当事人，无权请求其返还价款。在该案中，即便乙在接受丙的清偿时不知其多收取的 10 万元价款属于不当得利，丙仍有权依不当得利的规定请求乙返还多收取的价款。

不当得利产生的原因较多，类型也较为复杂。奥地利学者 Wilburg 在 1934 年提出了非统一说，并在此基础上区分给付型不当得利（Leistungskondiktion）和非给付型不当得利（Nichtleistungskondiktion），构建了不当得利的基本类型。[②] 受 Wilburg 理论的影响，德国学者 Caemmerer 进一步发展了不当得利理论[③]，其将《德国民法典》第 812 条所规定的不当得利分为四种类型，即给付型不当得利（Leistungskondiktion）、权益侵害型不当得利（Eingriffskondiktion）、

① 参见王泽鉴：《不当得利》，37 页，北京，中国政法大学出版社，2002。

② Walter Wilburg, Die Lehre von der ungerechtfertigten Bereicherung nach österreichischem und deutschem Recht, Kritik und Aufbau, Leuschner und Lubensky, 1934, S. 5 ff.

③ Ernst von Caemmerer, Bereicherung und unerlaubte Handlung, J. C. B. Mohr, 1954.

支出费用型不当得利（Verwendungskondiktion）和清偿债务型不当得利(Rueckgriffskondiktion)，后三种被统称为非给付型不当得利。给付型不当得利和非给付型不当得利也是德国学界的通说。在英美法中，虽然在很长时间内并没有形成统一的不当得利的一般性规则，但也有些学者尝试对不当得利返还请求权进行类型化。例如，英国学者 Birks 将不当得利分为“因原告财产的减少而得利”和“因向原告实施了错误行为而得利”这两类。[①] 这种分类与德国法上的给付型不当得利和非给付型不当得利的分类方式十分相似。

我国学者大多继受了 Wilburg 的分类方式，即将不当得利分为两种类型。一是给付型不当得利，它是指基于一方的给付行为而使另一方受利益[②]，但此种利益的获得没有法律根据。二是非给付型不当得利，它是指不当得利并非基于一方当事人的给付行为而产生[③]，其主要包括因受损失者自己的事实行为而造成的不当得利、因受益人实施的侵权行为而发生的不当得利和由第三人的行为以及自然事件等原因而发生的不当得利。从法律上看，两种不当得利都是指获利人获得利益没有法律依据，且在法律效果上都是获利人负有向受损人一方返还所获得利益的义务，但两者仍然存在以下几方面的区别。

第一，产生原因不同。给付型不当得利与非给付型不当得利的首要区别在于，受益人所获利益是否是基于受损人的给付行为产生。对给付型不当得利而言，获利人获得利益一般是基于受损人的给付行为而产生的，如非债清偿、清偿期前清偿等情形。而对非给付型不当得利而言，获利人获利并不是基于受损人的给付行为而产生的。产生非给付型不当得利的类型较多，既包括侵害行为，也包括代为清偿行为，还可能因自然事件所引发。[④] 因此，在给付型不当得利中，受损人通常只能依据不当得利请求权要求受益人返还利益。而在非给付型不当得利中，受损人除依据不当得利返还请求权向受益人提出请求外，还可以根据具体案

① See “An Introduction to the Law of Restitution”, ch. 1 and passim. See also his “The Condition of the English Law of Unjust Enrichment” [1992] *Ada Juridica* 1.

② 参见黄茂荣：《不当得利》，88 页，台北，植根法学，2011。

③ 参见黄茂荣：《不当得利》，92 页，台北，植根法学，2011。

④ 参见黄茂荣：《不当得利》，104 页，台北，植根法学，2011。

件情况，依据不当得利、无因管理或者侵权责任等获得救济。

第二，二者的价值目标不同。给付型不当得利一般是基于受损人一方的给付行为而产生，因而其主要目的在于纠正因给付行为而造成的财产错误变动。而非给付型不当得利的功能并不在于纠正因给付行为而造成的财产错误变动，而主要在于对受损人的利益予以保护。

第三，构成要件不同。虽然不当得利存在共同的构成要件，但这两类不当得利仍存在明显的差异。例如，在给付型不当得利中，要求受损人已经完成了给付，而在非给付型不当得利中，不可能要求完成给付的要件。另外，从一般情况来说，给付型不当得利与合同的联系更为密切，受损人往往是基于合同而作出了给付。

第四，利益返还范围不同。对给付型不当得利而言，由于其主要功能在于纠正因给付行为而造成的财产错误变动，因而，获利人应当以获利或受损中较少者为准进行返还。而对非给付型不当得利而言，为了实现不当得利制度防止不法行为的功能，在受损人一方不存在实际损失的情况下，一些国家法律将行为人的获利视为受损人的损害，按照这一标准，则受益人所须承担的返还义务范围，将可能大于受损人的实际损失。

二、给付型不当得利的特点

给付型不当得利主要具有如下特点。

第一，其最典型地反映了交互正义的要求。在给付型不当得利中，当事人的受益应当是基于合法的交易，如果交易被认定为无效或被撤销，则应当使利益状态回归到交易前的状态。[①] 给付型不当得利存在的基本依据是，凡是基于给付而使他人受益，必须要存在合法的给付目的。如果给付的目的自始不存在、目的不能实现或者目的消灭，财产变动就失去了法律上的原因，受领人应负有返还义

① Esser, Schuldrecht, Bd. 2-2, Heidelberg, 2000, S. 41.

务，从而恢复当事人之间的利益平衡。[①] 例如，汇款人将款项错误地汇至他人账户上，此时应成立给付型不当得利，收款人负有返还义务。

第二，获利是以给付行为为基础的。与非给付不当得利不同，给付不当得利的成立必须存在给付关系[②]，这是其最大的特点。给付以提供一定的财产为核心，但给付的形态较多，如交付财产、提供劳务，甚至不作为等，都可以成为给付的对象。严格地说，给付不限于合同履行，还包括单方的给付，以及不存在合同关系情形下的给付。

第三，给付一般需要依附于一个基础关系[③]，或者给付人误以为存在基础关系。当然，基础关系是否无效或者被撤销，也不影响不当得利的成立。例如，甲将其铺面出租给乙，租期为2年，乙利用该铺面售卖奶茶，但1年后，由于乙经营不善，在未取得甲同意的情形下，将该铺面转租给丙，租期1年，租金为4.8万元，丙按照要求一次性向乙支付了全部租金。后来，甲提出异议，认为乙转租该铺面未取得其同意，主张乙与丙之间的转租合同无效，并要求丙退出铺面。由于无法继续租赁该铺面，丙要求乙退还其所支付的租金。在该案中，因为乙的转租行为没有得到甲的同意，所以该转租无效。在合同无效之后，乙受领的转让费和租金构成不当得利，应当返还给丙。

第四，给付型不当得利中通常没有造成他人损害。在给付型不当得利的情形，给付人只是造成了自己的损害，通常只是导致受领人的财产增加，而不会导致受领人的损害。在因侵权而成立的不当得利的情形，侵权人大多会造成他人的损害。此外，在无法律上原因的判断方面，给付型不当得利主要依据给付目的是否存在而认定受益人的获利有无法律上原因，而主要不是依据给付行为的违法性等原因进行判断。给付型不当得利法的主要功能并不在于填补损害，而在于使受领人返还其无法律上原因而受的利益[④]，从而矫正给付当事人之间欠缺给付目的

---

① 参见王泽鉴：《不当得利》，28页，北京，中国政法大学出版社，2002。

② Esser, Schuldrecht, Bd. 2-2, Heidelberg, 2000, S. 42.

③ Hans Brox, Besonders Schuldrecht, München, 2007, S. 434.

④ 参见王泽鉴：《不当得利》，38页，北京，中国政法大学出版社，2002。

的财产变动。

三、给付型不当得利的构成要件

给付型不当得利的构成应当符合不当得利的一般构成要件，但给付型不当得利也有其自身的特殊性，因此，在其构成要件的认定上也存在特殊的规则。一般认为，给付型不当得利的构成要件包括以下几项。

1. 给付人作出了给付

构成给付型不当得利的前提是给付人已经作出了给付，此处所说的给付一般是指财产的移转，并且有使他人财产增值的意思和目的。[①] 构成给付型不当得利，要求此种给付行为必须已经完成，如果尚未完成，则受益人尚未受有利益，他方也未受有损害，则不构成不当得利。依据给付人作出给付是否有依据，可以将其分为两种情形。一是给付人基于债的关系的存在而作出给付，其在主观上往往都具有通过给付使债务消灭的目的。例如，给付人相信自己负有侵权责任，而作出了金钱赔偿。即便是基于自然债务而作出了履行，也不得基于不当得利请求返还。二是给付人并非基于债的关系而作出给付。例如，非债清偿就属于此种情形。给付人既可以是享有不当得利请求权的一方当事人，如在非债清偿的不当得利类型、基于情谊行为的不当得利等情形，享有不当得利返还请求权的一方当事人作出了给付行为。给付行为可以由给付人作出，也可以由第三人作出[②]，如甲从乙处盗窃了水泥，后甲将该水泥用于丙房屋的维修，此时，给付行为即由第三人作出。

2. 受益人因给付行为而获益

与一般的不当得利相同，在给付型不当得利中，受益人也获得了一定的利益[③]，但与一般的不当得利不同，其获利是基于他人的给付行为而获得。Palmer

---

① Hans Brox, Besonders Schuldrecht, München, 2007, S. 439.

② Hans Brox, Besonders Schuldrecht, München, 2007, S. 441. f.

③ Esser, Schuldrecht, Bd. 2 - 2, Heidelberg, 2000, S. 42.

认为：“利益一词具有两层含义，一是受益人财富的增长；二是要求的履行被实现了。”[①] 此种利益是因受领给付而获得的，而且此种利益不一定是具体的物质财产。[②] 通常来说，给付是指以履行债务为目的而实施的作为或不作为。受益人因给付行为而获益具体包括如下几种情况。

一是因给付而取得财产。此处所说的财产包括物权、债权、知识产权，以及各种财产利益。例如，一方误信债务存在而作出清偿行为，受领人仍然受领该给付的，则受领人即因该非债清偿而获得了利益。再如，因给付而取得对他人人格权进行商业化利用的权利，也属于此种。

二是因给付取得对财产的占有。占有虽然是一种事实，但占有本身是一种利益，也可成为不当得利返还的标的。例如，在非债清偿的情形，当事人之间并不存在债权债务关系，此时并不发生财产所有权的移转，受益人无法取得财产的所有权，而只是取得对标的财产的占有，此时仍构成不当得利。

三是债务的免除。虽然债务免除属于单方行为，但也属于给付型不当得利中的给付，由于债务免除可以减轻或者消灭债务人的负担，因而也可以成为不当得利中的获利。

四是给付劳务或提供服务。劳务或服务虽然很难衡量其经济价值，但其在法律上也属于利益的范畴，接受劳务或服务也可以认定为获得了利益。[③] 一旦确定接受劳务或服务者要返还不当得利，也应当通过参考市场价格等方式，将其折合成货币予以返还。

五是履行不作为义务。不作为虽然不需要行为人作出积极的给付，但其可以给权利人带来消极利益，此种利益也属于不当得利返还请求权中的获利。例如，甲软件公司曾经与乙签订劳动合同，约定乙在合同终止后仍负担竞业禁止的义务。如果乙履行了其竞业禁止义务后，因原劳动合同被认定为无效，则乙也可以基于该不作为义务的履行而请求不当得利返还。

---

① Palmer, *The Law of Restitution*, Aspen Publishers, 1978, pp. 44 - 45.

② Hans Brox, Besonders Schuldrecht, München, 2007, S. 438.

③ Hans Brox, Besonders Schuldrecht, München, 2007, S. 438.

3. 受益人获益无法律上原因

所谓无法律上原因，是指给付原因不存在，包括基础关系不存在、给付的目的不达或者无法实现等。此处所说的基础关系，主要是指作为给付基础的债的关系。例如，合同关系不存在，就属于典型的基础关系不存在的情形。所谓给付目的，是指当事人通过给付所要实现的目的。例如，如果当事人为实现一定的目的而订立赠与合同，如果该目的嗣后没有实现，则给付就构成无法律上原因。从实践来看，无法律上的原因可以具体分为如下几类情形。

第一，给付原因自始不存在或缺乏法律原因。例如，受损人在为给付时误以为存在给付原因[①]，其中最为典型的是非债清偿，即作出给付的一方往往误信有债务存在而向受益人实施给付行为，而财产给付的原因事实上并不存在。例如，甲错将乙的债务当作是自己的债务，而向丙进行清偿；再如，甲向乙偿还债务后，误以为没有清偿债务而再次向乙进行清偿等，均属此类。

第二，给付原因无效或被撤销。这主要是指当事人之间本来存在合同关系，一方基于有效合同而作出了给付，对方也已经受领，但因为合同关系被认定为不成立、无效或被撤销，导致受益人获益的原因消灭，从而构成不当得利。[②] 例如，作出悬赏广告的一方已经向对方支付了赏金，而悬赏广告因违法被宣告无效，则一方当事人受领的赏金即欠缺法律上的原因，构成不当得利。

应当指出的是，给付原因无效或者被撤销与非债清偿不同，因为给付人在此种情况下对于其与受益人之间存在债务关系并无认识错误，只是在其实施给付行为之时或之后，该法律关系被认定不能成立、被撤销或归于无效，从而产生使给付原因自始不存在的法律效果[③]；而在非债清偿的情形，作出给付的一方只是基于认识错误、误信债务存在而作出给付，而给付原因并不存在。

第三，给付行为所附条件不成就。所谓给付行为所附条件不成就，是指如果依据当事人的约定，必须条件成就，法律行为才能生效，而在条件成就前一方当

① Esser, Schuldrecht, Bd. 2-2, Heidelberg, 2000, S. 41.

② 参见郑玉波：《民法债编总论》，98页，北京，中国政法大学出版社，2004。

③ Hans Brox, Besonders Schuldrecht, München, 2007, S. 449.

事人就已经向对方作出了给付，而嗣后所附条件又没有成就。此种情形通常发生在附生效条件的合同关系之中。在给付行为所附条件不成就的情形下，受益人即欠缺保有该给付利益的原因，构成不当得利。例如，在附条件的法律行为的情形，一方当事人在条件成就前作出了给付，但后来条件并没有成就，则给付财产的目的不能实现，受领财产一方保有该财产即欠缺法律上的原因，构成不当得利。[①]

第四，给付目的落空（condictio ob rem）。所谓给付目的落空，是指给付人原来是基于特定的给付目的而作出了给付，但事后该目的终止，则受领财产的一方保有该给付利益即欠缺法律上的目的，构成不当得利。[②] 例如，甲将一笔钱放在医院，用于给乙治疗疾病，后乙因病重死亡，则属于给付目的落空，医院应将该笔费用返还给甲。

第五，给付目的消灭（condictio ob causam finitam）。所谓给付目的消灭，是原本存在给付目的，但嗣后该目的归于消灭。这主要存在于合同解除的情形。例如，出卖人基于买卖合同而交付了月饼若干箱，但因履行迟延构成根本违约，买受人解除该买卖合同，此时，买受人保有该月饼即欠缺法律上的原因，构成不当得利。

4. 给付人遭受损害

构成给付型不当得利，除受益人因给付行为受益外，还需要另一方当事人因给付而遭受损害。此处所说的损害，是指给付人因实施给付行为而使自己遭受的不利益。在瑞士法中，其表述为“由他人的财产而获得利益” (aus dem Vermögen eines anderen)；在德国法上，其表述为“由他人付出代价” (auf dessen Kosten)。

如何判断损害呢？给付人所遭受的损害，应当是给付人因实施给付行为而遭受的损害。此种损害既包括直接的损害，也包括间接的损害。例如，因交付财产导致受损一方财产的减少、因提供劳务导致受损人劳务的付出等，都属于直接的

---

① 参见王泽鉴：《不当得利》，55页，北京，中国政法大学出版社，2002。

② 参见王泽鉴：《不当得利》，56页，北京，中国政法大学出版社，2002。

损害。而因财产减少而无法清偿对他人的债务，从而承担了违约责任，则属于间接的损害。

5. 给付人受损和获益人受益之间具有因果关系

构成给付型不当得利，还要求给付人所受到的损害与受益人的获益之间存在因果关系，此种因果关系的认定并不要求二者之间具有直接的因果关系，只要受益和受损之间存在关联性，即可以认定因果关系的存在。例如，受领给付的人将其所受领的给付赠与第三人，则也可以认定第三人的受益与给付人的受损之间存在因果关系。

四、给付型不当得利的典型形态

（一）非债清偿

1. 非债清偿概述

所谓非债清偿（Condictio Indebiti，Leistung auf eine Nichtschuld），顾名思义，是指无债清偿，它是指没有法律上的债务而以清偿为目的向不享有债权的人作出的给付行为。[①] 非债清偿是给付型不当得利的典型形态。所谓“非债”就是指当事人不存在债权债务关系。例如，甲经乙的介绍购买丙的红木家具一套，价值 50 万元，约定一年后交货。在签订合同后，甲按照丙的要求付了 10 万元预付款，一年后，丙按照约定将红木家具交付给甲，甲忘记已经支付了 10 万元预付款，而委托乙向丙支付了 50 万元价款。付款后，甲想起已经支付过 10 万元预付款，要求丙返还多受领的价款，丙以红木家具已涨价为由拒绝返还，为此双方发生争议。在该案中，由于甲已经预先向丙支付了 10 万元预付款，后甲又向丙全额支付购买家具的款项，对于甲多支付的 10 万元价款而言，即构成非债清偿。引发“非债”清偿的原因很多，可能是基于误解，也可能是有意为之，但都可能

① Wolfgang Fikentscher，Walter de Gruyter，1997，S. 675，Rn 1070；Reinhard Ellger，Bereicherung durch Eingriff：das Konzept des Zuweisungsgehalts im Spannungsfeld von Ausschließlichkeitsrecht und Wettbewerbsfreiheit，Mohr Siebeck，2002，S. 188.

导致不当得利返还的法律后果。在非债清偿的情况下，由于一方基于错误向受领方履行根本不存在的债务，则获益一方所获利益欠缺法律上的原因，构成不当得利，如果给付的一方主观上并非明知债务不存在，则其有权基于不当得利要求受领人返还其接受的履行。

非债清偿是最古老的不当得利案型，早在罗马法中，非债清偿即已成为不当得利的主要形态。针对非债清偿，罗马法还专门设定了非债清偿之诉。乌尔比安在《论告示》第10编中指出，所谓不当得利，“不仅指清偿了那些根本不曾承担的债务，而且包括清偿了那些乃被永久性抗辩驳回的债务。因此，除明知享有抗辩仍为清偿外，在上述情况下均可请求返还”[①]。盖尤斯在其《法学阶梯》中提出了债因契约和私犯两类原因产生之后，又明确提出了错误给付的情形。他认为，“这种债看起来不是根据契约而成立的”，因此，应当单独作为一种类型。[②] 在后世各国民法典之中，基本上都继受了罗马法上的规则，但又存在不同的立法模式。

一是仅规定非债清偿，而不设定不当得利一般规则的模式。《法国民法典》在起草时，因深受罗马法的影响，在准合同中规定了非债清偿和无因管理两类情形，并专门对此种债作出规范。[③] 非债清偿主要规定在《法国民法典》第1376条和第1377条，其基本特征在于，清偿人因误解而作出了清偿，有权请求返还。由于《法国民法典》没有规定不当得利的一般条款，而仅仅规定了非债清偿，因而，非债清偿也可以被类推适用于其他不当得利情形。

二是既规定不当得利的一般规则，又对非债清偿作类型化规定的模式。《德国民法典》虽然没有专门对非债清偿作出规定，但该法第812条确立了不当得利的一般规则，这一规定同样适用于非债清偿。[④] 该法典第814条规定，“给付人已

---

① ［意］桑德罗·斯契巴尼：《契约之债与准契约之债》，丁玫译，305页，北京，中国政法大学出版社，1998。

② 参见［古罗马］盖尤斯：《法学阶梯》，黄风译，163页，北京，中国政法大学出版社，2008。

③ Larombiere, The'orie et pratique des obligations V, 601 (Paris 1857); Demolombre, Cours de Code Napol6on XXXXI, n. 48.

④ 《德国民法典》第812条规定：“无法律上的原因，因他人的给付或以其他方式使他人蒙受损失而自己取得利益的人，有义务向他人返还所取得的利益。即使法律上的原因后来消失，或依法律行为的内容而为的给付所欲达到的结果并未出现，该项义务也存在。”

知道自己没有义务给付，或给付满足道德上的义务或对礼仪所需做的考虑的，以履行债务为目的所为的给付不得被请求返还”。这是对明知的非债清偿的特殊规定。《瑞士债务法》确立不当得利的一般规则，同时，又在该法第 63 条以专门设置非债清偿条款的方式对其作出了规定。[①]

由此可见，非债清偿在大陆法系民法典之中，基本上都是作为不当得利的具体类型加以规定的。法律上规定非债清偿，不仅是基于历史的原因，而且是基于此种不当得利类型的特殊性。这些特殊性主要表现在：在非债清偿中，清偿人是通过自己的履行行为增加受益人的财产，且这种履行通常是清偿人基于特定目的有意识作出的。[②] 换言之，获益人的获利一般情况下是可归责于清偿人本人的。[③] 由于受益人受领该给付欠缺法律上的原因，因而仍然构成不当得利。但清偿人的主观状态可能对其不当得利返还请求权产生一定影响，也就是说，如果清偿人主观上明知其不存在债务而仍然作出清偿的，构成明知的非债清偿，此时清偿人无权请求受领人予以返还。从比较法上来看，各国依据诚信原则和维护法秩序稳定的考虑，一般排除了明知的非债清偿中受损人的返还请求权。

在非债清偿的情况下，给付人并不负有债务，此时能否将其清偿债务的行为视为对债务人的赠与呢？笔者认为，在非债清偿的情形下，不宜认定清偿人有赠与的意思，因为在非债清偿的情形，给付人并不具有赠与的意图，而且当事人之间也没有达成赠与的合意。

2. 非债清偿的构成要件

非债清偿作为一种特殊类型的不当得利，除应当符合不当得利的一般构成要件外，还应当具备以下构成要件。

（1）所清偿的债务不存在

在非债清偿的情形下，清偿人所清偿的债务不存在，具体又包括两类情形。

---

① 《瑞士债务法》第 63 条规定：“任何人自愿对不存在的债务进行清偿的，不得请求返还。但其能够证明是基于对债务的错误认识而清偿的除外。对已过诉讼时效的债务的清偿或者基于道德义务的债务履行，不得请求返还。”

② BGHZ 40，272，277；BGHZ 58，184，188.

③ BeckschKomm/ Wendehorst，§ 812，Rn. 37.

第一，债务自始不存在。所谓债务自始不存在，是指清偿人所要清偿的债务从来就不存在。债务自始不成立，既可能因当事人双方因各种原因未达成合意，也可能因未达到约定条件。此外，在债务部分消灭或不存在的情形下，也有发生非债清偿的可能。例如，共同债务中的债权人单独免除其中某一债务人的债务时，将发生在该债务人所负担份额内连带免除其他债务人的债务之法律效果，此时，如果其他债务人在不知情的情况下，对原债务进行了全额清偿，则其对于债务免除部分将构成非债清偿，并享有不当得利返还请求权。但对于被免除债务的债务人来说，在债权人免除其债务后，如果其仍然全额清偿原债务，则不能对免除部分主张不当得利返还，因为此时构成明知的非债清偿。如果先前存在债务，但债务人事后又作出清偿的，则仍构成债务自始不存在的非债清偿。例如，在前述预付款争议案中，对于甲预先清偿的 10 万元债务而言，由于甲已经作出了清偿，甲后来又清偿全部债务，则对甲后来的清偿行为而言，该 10 万元债务应当是自始不存在的，甲的行为构成债务自始不存在的非债清偿。

第二，债务嗣后不存在。所谓债务嗣后不存在，是指清偿人在清偿债务之后，该债务又被宣告无效、被撤销或被解除，导致受益人无法律原因而受有利益。在实践中，导致债务嗣后不存在的法律原因较多，而不同原因对于双方当事人也可能产生不同的法律影响。例如，甲与乙之间订立买卖合同，甲按照约定应当向乙支付价款，在价款支付后，该合同被撤销。虽然合同被宣告无效或者被撤销以后的返还问题，往往规定在合同无效或者撤销制度之中，但是，其仍然属于广义的非债清偿制度的一部分。

（2）清偿人以清偿债务为目的实施了清偿行为

这一要件包括三层含义。一是清偿人之所以对受益人作出给付，是为了履行其对受益人所负之债务，而不是因强制执行程序而履行债务。① 清偿人所偿还的债务，并不限于其自身债务，还可能包括为第三人清偿的情况，即清偿人为第三人清偿债务。在此种情况下，如果清偿人在清偿后发现产生第三人债务的合同已被撤销，那么其有权请求受益人返还不当得利。二是清偿人应已完成对受益人的

① 参见黄茂荣：《不当得利》，347 页，台北，植根法学，2011。

清偿行为，并因此使自己遭受损害，受益人利益有所增加。构成非债清偿的前提是清偿人已经完成了清偿行为，受益人获得了实际利益，并导致清偿人遭受损失。三是清偿人作出给付，受益人已经受领给付。

（3）清偿人不知道债务不存在

除明知的非债清偿之外，债务人必须在主观上并不知道债务不存在。导致债务人不知道债务不存在的原因是多种多样的，既可能源于债务人的误解，也可能出于债务人的错误，还可能是被他人欺诈等。换言之，构成非债清偿的前提是，清偿人在进行清偿时，在主观上并不知道债务不存在。如果清偿人明知其不负有债务而仍然予以清偿，则不得请求返还。

在非债清偿的情形中，即便清偿人存在错误，其也可以请求返还，除非清偿人明知其不负有债务而仍然作出履行。罗马法上曾认为，在非债清偿的情形，清偿人请求受领人返还不当得利时，原则上应当以其主观上有过错为要件，否则可能会被认定为是一种赠与。[①] 从比较法的发展趋势来看，各国大多认可，在非债清偿的情形，即便清偿人在作出清偿时主观上存在错误，其也有权请求受益人返还不当得利。[②] 但是，为了平衡债权人和清偿人的利益，如果因清偿人的错误导致债权人善意毁灭证书、抛弃担保或者因时效而丧失其债权时，则清偿人不能请求返还。[③]

在此需要讨论的是，在非债清偿中，如果获利人对所获利益并不存在过错，清偿人能否请求其返还不当得利。例如，在前述预付款争议案中，如果获利人知道甲支付了 10 万元预付款的事实，显然获利人应当返还。但是，如果获利人也不知道这一事实，受损人是否可以请求返还呢？笔者认为，只有清偿人在履行债务时明知债务不存在而仍然予以清偿的，才无权请求获利人返还不当得利，除此情形外，对获利人而言，即便其在受领时没有意识到其获利属于不当得利，也不影响受损一方的不当得利返还请求权。

---

① San Filippo，Condictio in debiti 28 (Milan 1943).

② See Paolo Gallo，"Unjust Enrichment：A Comparative Analysis"，*The American Journal of Comparative Law*，Vol. 40，No. 2 (Spring，1992)，pp. 431 - 465.

③ 参见《日本民法典》第 707 条；《澳门民法典》第 472 条。

3. 非债清偿的法律效果

关于非债清偿的法律效果，应当以清偿人在清偿时是否明知债务不存在为标准分别予以认定。在一般的非债清偿中，受益人受有利益，并致清偿人损害，且二者之间存在因果关系，构成不当得利，清偿人有权请求受益人返还不当得利。即使是无行为能力人或限制行为能力人作出非债清偿，清偿人的监护人也有权通过行使撤销权请求受领人返还利益。但在明知的非债清偿的情况下，清偿人不得请求受领人返还不当得利。例如，张某的侄子因欠债而被债权人追债，张某主动为侄子清偿了债务。如果张某明知其不负有债务而予以清偿，构成明知的非债清偿，此时，张某无权请求债权人返还不当得利，而只能基于无因管理等规定向其侄子追偿。

就返还的范围而言，对非债清偿而言，应当依据不当得利返还的一般规则确定其返还范围，即依据受益人的善意或者恶意而分别确定其返还范围：受益人为善意的，即应当返还其现存利益；受益人为恶意的，则应当返还其所受领的所有利益，即便不存在现存利益，受益人也应当对受损人返还其所受领的所有利益，同时，因恶意受益人的原因造成受损人损害的，受益人还应当予以赔偿。

（二）因第三人清偿而发生的不当得利

1. 因第三人清偿而发生的不当得利的概念

所谓因第三人清偿而发生的不当得利，是指因第三人无法律上原因代债务人清偿其债务，从而导致的不当得利。例如，甲委托乙负责装修房屋，乙以甲的名义与某装修公司丙订立装修合同。甲在向丙公司支付了装修费 10 万元后，便因公出国，但乙对此并不知情，装修完毕后，乙又向丙公司支付了 10 万元的装修费。第三人乙不知道甲已经向丙公司支付了 10 万元装修费，又向丙公司支付，已经构成第三人的非债清偿。此类情形本可归入非债清偿之中，但因为第三人清偿涉及原债的关系中的债权人和债务人，法律关系更为复杂，故有独立探讨的必要。

第三人清偿的发生原因很多，但是否构成不当得利，通常应当以是否存在法律上的原因作为判断的标准。如果存在法律上的原因，则不能请求返还。例如，第三人基于无因管理而代替债务人清偿，因该清偿使债务人的债务消灭，债务人从中获利，第三人有权请求债务人返还不当得利。但如果债务人与第三人之间存在委托关系，第三人基于此种委托关系而代为清偿债务，则债务人持有该利益具有法律上的原因，第三人不能请求不当得利返还。

2. 因第三人清偿而发生的不当得利的构成要件

（1）第三人作出了清偿

因第三人清偿而发生的不当得利，首先要求第三人作出了清偿。该清偿行为可能基于第三人代为清偿而发生，也可能是第三人清偿了原本不存在的债。因第三人清偿而产生不当得利的前提是第三人代债务人清偿债务。从比较法上看，各国民法一般允许第三人代为清偿。[①] 因为债务本身在绝大多数情况下并不具有人身专属性，可以由债务人以外的第三人代为清偿，而且由第三人代为清偿也有利于债权人债权的实现，因此，为了促进债权的实现，同时有效保护债务人的利益，只要债务人同意，且不违反法律规定和当事人的约定，在法律上不应当禁止第三人代为清偿。[②] 我国《合同法》第 65 条规定："当事人约定由第三人向债权人履行债务的，第三人不履行债务或者履行债务不符合约定，债务人应当向债权人承担违约责任。"该条实际上也允许第三人代债务人清偿债务。在第三人作出清偿后，就可能因无法定或者约定的原因而在合同当事人之间产生不当得利返还请求权。

（2）第三人的清偿无法律上原因

无法律上原因也可能由多种原因引起，既可能是第三人误解自己负有债务，也可能是因为债务人和债权人之间的基础关系不存在。通常来说，无法律上原因可以分为如下几类。

第一，第三人与债务人之间不存在基础法律关系。这就是说，第三人代为清

① 例如，《法国民法典》第 1236 条规定，债务可由任何利益相关人进行清偿。该条进一步规定，即使是非利益相关第三人也可偿还债务，但在此种情况下，他将不会承继债权人的债权。根据《德国民法典》第 267 条，债务人不必亲自履行债务，也可由第三人履行，对此无须债务人的同意。债务人有异议的，债权人可以拒绝受偿，但即便债务人事先提出异议，债权人仍可接受第三人的清偿。

② 参见郑玉波：《民法债编总论》，475 页，北京，中国政法大学出版社，2004。

偿时，其与债务人之间并不存在委托合同等基础法律关系。在第三人代为清偿后，债务人对债权人的债务因第三人的清偿而消灭，从而受有法律上的利益，应构成不当得利，第三人有权请求债务人返还不当得利。

第二，第三人与债权人之间不存在基础法律关系。例如，第三人与债权人之间的保证合同被撤销或者被宣告无效，即属于第三人与债权人之间不存在基础法律关系的情形。在第三人与债权人之间不存在基础法律关系的情形下，第三人因清偿而受有损害，债权人则因第三人清偿而受有利益，并且欠缺法律上的原因，构成不当得利，第三人有权请求债权人返还不当得利。

第三，债务人与债权人之间不存在基础法律关系。如果债务人基于利益第三人合同而向第三人给付，则不能请求不当得利返还。例如，甲向某商店乙购买一对价格昂贵的手镯，送给其女朋友丙。商店履行了其交付义务，将手镯交付于丙。后来，甲的父母认为甲并未成年，拒绝追认该合同。由于甲的父母拒绝追认合同，导致合同无效，第三人丙继续保留该手镯欠缺法律上的原因，商店乙有权请求其返还该不当得利。在债务人已经向第三人作出给付的情形下，如果该合同因债权人的过错被撤销，则第三人有权请求债权人赔偿其在受领该利益以及返还该利益过程中所遭受的损失。

（3）受益人因第三人的清偿而获益

在因第三人代为清偿而产生不当得利的情形，可能产生多种类型的不当得利，因不当得利的类型不同，受益人也不同。例如在第三人与债务人之间欠缺基础关系时，债务人因第三人的清偿行为而获利，债务人为此种不当得利关系中的受益人；而在债务人与债权人之间的基础关系不存在时，债权人因第三人的清偿而获利，债权人即为此种不当得利关系中的受益人。因此，从总体上看，在因第三人代为清偿而发生的不当得利中，受益人主要包括原债的关系中的债权人和债务人。

3. 因第三人清偿而发生的不当得利的效果

在第三人与债务人之间不存在基础法律关系的情形下，债务人因第三人的清偿而免除债务的负担，受有法律上的利益，并致第三人的损害，此时，第三人应当有权请求债务人返还不当得利。在第三人与债权人之间不存在基础法律关系的情形下，债权人受领第三人的清偿欠缺法律上的原因，构成不当得利，第三人应有权请求债权人返还该不当得利。在第三人不主张返还该不当得利的情形下，如果第三人的清偿行为有效，在第三人与债务人之间不存在基础法律关系的情形下，第三人有权请求债务人返还不当得利。在债务人与债权人之间不存在基础法律关系的情形下，第三人的清偿行为并未使债务人受有法律上的利益，债权人保有该受领利益也欠缺法律上的原因，构成不当得利，第三人有权请求债权人返还不当得利。

上述法律效果是因第三人代为清偿而产生不当得利的一般法律效果，讨论因第三人清偿而发生的不当得利的效果时，应当注意以下几种特殊情形。

第一，第三人代为清偿自然债务。例如，乙欠丙之债务已超过诉讼时效，但甲误以为该债务仍在诉讼时效期内，故代乙向丙作出清偿。此类债务虽然不再具有强制执行力，但债权人的债权并未因此消灭，因而在第三人代债务人向其进行清偿时，债权人仍然有权保有该清偿利益，并不构成不当得利，第三人也无权要求其返还。此时，第三人能否请求债务人返还不当得利呢？笔者认为，第三人代为清偿债务的行为虽然使债务人与债权人之间的债务关系消灭，而且第三人也因此遭受损失，但第三人无权请求债务人返还不当得利。因为在债务人与债权人之间的债务为自然债务的情形下，第三人的清偿行为虽然使该债务关系消灭，但并未使债务人受有额外利益，此时因债权人的债权仍然存在，因此有权受领该给付。因此，在第三人代为清偿自然债务的情形下，第三人无权请求债务人返还不当得利。

第二，第三人代为清偿不法原因债务。如果当事人之间的债权债务关系违反法律规定，而第三人从事了代债务人清偿该债务的行为，即构成代为清偿不法原因债务。例如，乙因赌博而欠丙一笔赌债，甲担心丙对乙不利，而代乙偿还了该笔赌债。由于不法原因债务并非真正意义上的债权债务关系，债务人依法并无清偿义务，一旦清偿，无论是债务人还是第三人，都不得向债权人主张返还不当得利。但问题在于，第三人清偿之后，能否请求债务人返还不当得利。笔者认为，在第三人代债务人清偿不法原因债务的情形下，虽然第三人因此遭受一定损失，但并未使债务人获得法律上的利益，因为对于不法原因债务而言，债务人无法律上的清偿义务，所以，第三人无权请求债务人返还不当得利。

第三，第三人非债清偿。第三人非债清偿，是指第三人误以为债务人与债权人之间存在债务，而该债务客观上并不存在的清偿。在第三人非债清偿的情形，在当事人之间能否产生不当得利请求权，值得探讨。例如，在前述“房屋装修案”中，甲已经向丙公司支付了房屋装修费，而乙对此并不知情，后乙又向丙公司支付了装修费，此种情形即构成第三人非债清偿。此时，第三人究竟应向债权人还是向债务人行使不当得利返还请求权，理论上存在一定的争议。笔者认为，第三人应当有权向债权人请求返还。因为在第三人非债清偿的情形下，债务人与债权人之间的债权债务关系并不存在，债权人受领以及保有该利益即欠缺法律上的原因，构成不当得利，第三人应当有权请求债权人返还该不当得利。但就第三人与债务人之间的关系而言，由于债务人与债权人之间并不存在债权债务关系，第三人的非债清偿行为并没有使债务人获利，因而，第三人无权请求债务人返还不当得利。①

如果第三人误以为债务人对债权人所负担的债务为其债务，并基于该错误的认识而向债权人清偿债务，此种情形具有特殊性。例如，甲误以为是自己的儿子将邻人丙的玻璃打破，而向丙进行赔偿，事后发现砸破玻璃是乙的儿子所为，此时，甲究竟应向债务人乙，还是向债权人丙主张利益返还呢？王泽鉴先生认为，在第三人误将他人债务当作自己的债务进行清偿的情形，由于第三人并没有为债务人偿还债务的意思，因而债务人的债务并不消灭，债权人受领第三人的清偿也不存在法律上的原因，因此应依不当得利进行返还。② 笔者认为，在第三人误将他人的债务当作自己的债务进行清偿的情形，第三人事后发现清偿错误，可以基于意思表示错误（对对方当事人认识错误）而撤销该清偿行为，此时，该清偿行为即失去法律效力，第三人有权请求债权人返还该不当得利。在第三人发现清偿

①② 参见王泽鉴：《不当得利》，108页，北京，中国政法大学出版社，2002。

错误而未撤销该清偿行为的，第三人可以主张其清偿行为对债务人构成误信管理，其有权向债务人追偿。

第六节　非给付型不当得利

一、非给付型不当得利的概念和特征

非给付型不当得利（Eingriffskondiktionen），是指受益人基于侵权行为、法律规定或自然事件等原因而获得利益。[①] 以非给付型不当得利的发生原因为标准，其大体可以分为侵害他人权益的不当得利、依据法律规定的不当得利以及因自然事件而产生的不当得利三种。[②] 例如，某小区住在顶层的业主甲未经乙（业主委员会）同意，擅自在楼顶的平台建造一个小型庭园，设计精美且放置了许多名贵的花卉，甲每天都要在该庭园中休息。两年后，乙发现该情况，要求甲及时拆除该庭园，并就已经使用的两年期间支付相应的使用费。在该案中，业主甲未经乙同意而在楼顶平台建造小型庭园，已经构成侵权行为，因此获得的利益即属于非给付型不当得利的情形。自罗马法创设不当得利诉权（condictio）以来，近代各国立法皆以给付型不当得利为出发点建立其不当得利体系。但现代民法逐渐承认，非给付型不当得利也是不当得利体系的重要组成部分，而且随着社会的发展，非给付型不当得利的类型也日益丰富，这对不当得利的理论基础及构成要件等，均产生了重要影响。[③] 概括而言，非给付型不当得利的特点主要表现在：

第一，受益人所获利益来自于给付行为以外的法律事实或者法律规定。非给付型不当得利与给付型不当得利的主要区别在于，对给付型不当得利而言，受益

① 参见王泽鉴：《不当得利》，30 页，北京，中国政法大学出版社，2002。

② Hans Brox，Besonders Schuldrecht，München，2007，S. 434.

③ 参见王泽鉴：《不当得利》，127 页，台北，自版，1990。

人获利主要是基于受损人有目的的给付行为，而对非给付型不当得利而言，受益人获利主要是基于给付行为以外的法律事实或者法律规定。在这些原因中，最典型的就是受益人实施的损人利己的侵权行为。在实践中，其表现形式多样，如擅自利用他人的阳台做广告、擅自利用他人的肖像制作宣传片、擅自转让他人的财产并从中获利等。当然，非给付型不当得利也可能因为自然事件而产生。例如，甲、乙两个村民的鱼塘相邻，因暴雨导致甲的鱼进入了乙的鱼塘并因而使一方获利并导致他方受损害，从而构成不当得利。

第二，受益人的获利往往是因为自己的行为所致。在给付型不当得利的情形，受益人的获利是因为他人的给付行为所致，主要是受损人基于一定的基础关系（如合同关系）对受益人作出给付，而嗣后该基础关系不复存在，从而导致受益人所受领的给付利益构成不当得利。而在非给付型不当得利中，受益人的获利往往不是基于受损人对其作出给付，而主要是基于自己的行为所致，如受益人因侵夺受损人财产而获利。也正是因为这一原因，非给付型不当得利返还请求权常常与侵权请求权发生竞合。在此类行为中，最为典型的就是“损人利己”的行为，即行为人因侵害他人权益而获利，由于受益人所获收益往往是以干涉或损害他人权益为代价的，而受益人实施的行为可能构成侵权行为。因而，受损人既可以根据不当得利返还请求权向受益人主张权利，也可以直接要求其承担侵权责任。值得注意的是，在我国司法实践中，许多法院都习惯于将此类案件直接作为侵权行为处理，而较少适用不当得利规则。笔者认为，不当得利返还请求权与侵权请求权在构成要件、法律效果等方面存在较大区别，而且两种请求权中当事人的举证责任负担也不同。如在不当得利返还请求权中，受损人即无须举证证明受益人存在过错。因此，在两种请求权竞合时，法院应当允许权利人依据实际情况自由选择依据何种请求权提出请求，即应当允许权利人在不当得利和侵权责任之间作出选择。

第三，引发非给付型不当得利的原因具有复杂性。此种类型的不当得利实际上是对给付型不当得利以外的其他不当得利形态的概括，非给付型不当得利可能是基于多种原因发生，有的是基于不法行为，有的是基于法律规定，有的是基于特别事件，因此，受益人受利益是否有法律上的原因，应依据其发生原因不同而分别判断受益人得否有权保有其所受利益。[①] 因此，在非给付型不当得利中，无法以不存在给付目的统一解释受益人获利欠缺法律上的原因。例如，在因侵权行为而导致不当得利的情形，无法律上原因可以因为侵权行为的违法性而得到解释，而在因自然事件而导致不当得利的情形，无法律上原因则无法通过违法性得到解释。

第四，对非给付型不当得利而言，其明显地表现出因牺牲他人而获利的特点。在非给付型不当得利中，受益人可能因侵害他人的权利而获利，构成不当得利，应当将其获利返还给受损人。[②] 行为人因侵害他人权益而获利，可能出现获利大于损害的情形。例如，某人使用他人闲置的机器获利，受损人所遭受的损害可能是轻微的，但这并不妨碍其请求返还获利。此时，课以受益人返还不当得利的义务，可以有效剥夺其获利。可见，非给付型不当得利除了具有调整不当财产变动的功能以外，还具有一定的预防不法行为发生的功能，即对此类不当得利而言，其重要功能是剥夺获利，预防非法行为。这实际上也扩张了不当得利制度的功能，即其制度功能不再限于调整欠缺法律原因的财产变动关系，其在很大程度上也具有预防侵权行为发生的功能。

二、非给付型不当得利的类型

依据发生原因的不同，非给付型不当得利可以分为以下几种类型。

（一）权益侵害型不当得利（Eingriffskondiktion）

所谓权益侵害型不当得利，是指受益人通过侵害他人权益而受有利益，由于此种受益欠缺法律上的原因，且造成他人损害，因而构成不当得利。在此类不当

① 参见王泽鉴：《不当得利》，28 页，北京，中国政法大学出版社，2002。

② 参见［德］冯·巴尔等主编：《欧洲私法的原则、定义与示范规则：欧洲示范民法典草案》（第五卷至第七卷），王文胜等译，987 页，北京，法律出版社，2014。

得利中，实施侵害行为的人可能是受益人，也可能是第三人。[①] 在此种类型的不当得利中，受益人因实施侵权行为受益，构成“损人利己”。例如，甲未经乙的许可而出租其房屋，甲的行为即构成侵权行为，甲因此获得的利益即构成不当得利。但此种类型的不当得利也可以基于受损人的行为或者第三人的行为而发生。Windscheid 指出，不当得利的行为并不一定必须由受益人实施，第三人也可以实施；只有在支出费用型不当得利中，行为人才必须是受益人本人。[②] 例如，甲在网上购买某商品且已经支付价款，乙窃取了甲的基本信息，并将其转让给丙，丙以甲的名义冒领该商品，此时，乙、丙的行为已构成侵权，甲不能要求撤销其与商家的合同，而可以通过不当得利来获得救济。此种情形属于因第三人的行为而导致的不当得利。

与其他非给付型不当得利相比较，权益侵害型不当得利的特殊性在于，其主要是基于侵权行为而发生的。因此，判断是否构成权益侵害型不当得利的关键在于，受益人是否侵害了对方的权益。构成侵害他人权益的不当得利应当具备以下条件：一是债务人得利，二是当事人之间不存在合法的给付，三是受益人的获利是基于对方当事人的损害，四是获利人的获利没有法律上的原因。[③]

关于侵害他人权益而获利为何欠缺法律上的原因，学说上有两种理论。

1. 违法性说。此种观点主要由德国学者 Schulz 所主张，其认为，侵害他人权益而获益之所以构成不当得利，是因为行为人的侵害行为具有不法性，导致其获得的利益无法律根据，因此，行为人负有返还的义务。[④]

2. 权益归属说。此种观点以 von Caemmerer 和 Wilburg 为代表，按照其观点，任何权利均有一定的利益内容，此种利益应归于权利人享有，该民事权益由

---

① Reinhard Ellger, Bereicherung durch Eingriff: das Konzept des Zuweisungsgehalts im Spannungsfeld von Ausschließlichkeitsrecht und Wettbewerbsfreiheit, Mohr Siebeck, 2002, S. 196 ff; Hans Brox, Besonders Schuldrecht, München, 2007, S. 460.

② Bernhard Windscheid, Lehrbuch des Pandektenrechts , 6. Aufl. Band 2 , Frankfurt a. M. 1887, S. 627.

③ Hans Brox, Besonders Schuldrecht, München, 2007, SS. 460 - 462.

④ 参见王泽鉴：《不当得利》，140 页，北京，中国政法大学出版社，2002。

受害人享有，行为人基于侵权行为获取他人利益即因不法原因改变了该权益归属，该权益变动欠缺法律上的原因，构成不当得利。[①] 在 von Caemmerer 提出权益归属说之前，德国主流的观点采违法性说，但普遍认为，违法性说不能合理说明谁有权获得非法取得的利益。目前德国学界的主流观点是采权益归属说。

这两种观点都有一定的合理性，其是从不同的角度对该利益变动所进行的考察，并可以说明行为人因侵权行为而获取的利益欠缺法律上的原因。但笔者认为，因侵害他人权益而获利应负返还义务的主要原因在于，其不符合自然正义的理念。罗马法学家 Pomponius 认为，根据自然法无人能够以他人的费用而使自己获利。自然法学派主张，损人利己违反了自然正义，从这一原则出发可见，任何人不得因其不法行为而获利，这是自然正义的基本原则，因此，损人利己的行为构成不当得利，根本原因在于其违反了自然正义的法则。

因侵害他人权益而发生的不当得利主要有如下几种。

第一，非法使用他人之物。此种行为是指受益人无法律上的权利依据而使用他人的物。例如，使用他人墙面做广告宣传。再如，租赁期届满后拒不返还租赁物，而对租赁物继续使用和收益等。在非法使用他人之物的情形下，通常可以直接认定行为人因使用他人之物而获得利益。此种形式的获利多种多样。例如，使用人通过使用他人的财产所获得的一切有形或无形的经济利益、因为使用他人财产而使行为人本应支付的费用未予支付、行为人本应减少的财产没有减少，均应视为获取收益。在非法使用他人之物的情形，返还义务的具体确定应当考虑受益人的主观心理状态：如果受益人是善意的，应当返还现存利益；而如果受益人是恶意的，即便其所获得的利益已经不存在，仍应当负担返还义务。

此外，在使用人占有物的情形，还应当返还该物的占有。在确定使用人返还所获利益的范围时，笔者认为，可以考虑将使用人在非法使用他人之物期间所应当支付的使用费作为获利予以返还。例如，在前述屋顶建庭园案中，小区屋顶在性质上属于业主共有，甲未经乙的许可而在屋顶建庭园，侵害了业主对该屋顶平台的共有权，如果乙以侵权请求权向甲提出请求，则只能请求甲及时拆除该屋顶

① 参见沈达明编著：《英美合同法引论》，34 页，北京，对外贸易教育出版社，1993。

庭园，恢复屋顶原状。但甲未经其他业主同意而使用该屋顶平台，造成其他业主损害，并因此获利，应构成不当得利。如果乙以不当得利返还请求权向甲提出请求，其有权要求甲将两年内使用屋顶平台的使用费作为其获利的数额。

第二，无权处分。无权处分是指在未经权利人同意的情况下，行为人擅自处分他人标的物的行为。由于无权处分人的行为已侵害他人权利，构成侵权行为，同时，如果行为人因该无权处分行为获利，并使原所有人遭受损失，而且处分人的获利并没有法律上原因，则构成不当得利。在因无权处分而发生不当得利的情形，权利人不当得利返还请求权的请求对象、请求内容等，可能因交易相对人是否构成善意取得而不同。从比较法上来看，善意取得也可能适用于无偿的无权处分。但依据我国《物权法》第 106 条的规定，善意取得以有偿交易为前提，所以，处分人实施了无偿的处分行为，则并不能使第三人善意取得物权。例如，如果甲将乙的收音机赠与丙，此时，丙并没有取得收音机的所有权。但是，丙占有该物并无法律上原因，从而构成占有不当得利。另外，由于甲并没有占有该物，因而，乙无法依据不当得利返还请求权向甲提出请求。

第三，非法出租。所谓非法出租，是指无租赁权或未经他人同意，而擅自出租他人财产，或在租赁关系消灭以后，拒不返还租赁物，而将租赁物出租给他人，从而获取租金。从性质上看，非法出租他人的财产与无权处分一样，均构成对他人财产权利的侵害，由此所获得的租金无法律上的原因，因而构成不当得利，行为人应向权利人负返还不当得利和赔偿损失的责任。在非法出租的情形，出租人获得了租金，则构成受益。如果出租人尚未获得租金，则其对于承租人的租金请求权，也构成受益。当然，在租赁关系存续期间内，承租人非法转租所获得的收益不应当构成不当得利。因为既然出租人与承租人之间具有合法的租赁关系，则依据合同的规定，承租人有权对租赁物进行使用收益，出租人对租赁物已不能行使使用收益权能。所以，承租人因违法转租而获取收益，并未致出租人重大损害，认定其构成不当得利，可能将使出租人获取双倍收益，显然有失公平。

第四，拒绝返还拾得的遗失物。所谓遗失物，是指他人丢失的动产。换言之，遗失物并不是无主物，也不是所有人抛弃的或因他人的侵害而丢失的物，而是因所有人不慎而丢失的动产。依据法律规定，任何人在拾得遗失物以后，依法负有将拾得的遗失物返还给所有人的义务，行为人在拾得遗失物后拒绝返还的，权利人有权基于不当得利返还请求权请求拾得人返还遗失物。[①] 当然，如果拾得人未将遗失物据为己有，此时，拾得人管理拾得物应当构成无因管理，而不应当构成不当得利。但如果拾得人在拾得遗失物后，公然地将拾得物据为己有，如拾得人明确对第三人表示拾得物是自己的财产，或在失主发现拾得物以后要求其返还时拒不返还，均属此类。此种情形可能构成不当得利返还请求权与侵权请求权的竞合。[②] 当然，一般情况下，对拒不返还拾得物的，从有利于平衡失主和拾得人利益的角度出发，首先应当依据不当得利的规则处理，而不应按侵权行为处理，因为按不当得利而不是按侵权处理，已经足以保护失主的利益，如果按侵权处理，权利人不仅有权请求拾得人返还遗失物，而且有权请求拾得人赔偿相关的损失，这实际上意味着应对拾得人予以制裁，显然不合理。但需要指出的是，在拾得人拒不返还遗失物的情形下，并不能一概排除权利人的侵权请求权。例如，在权利人依据不当得利返还请求权向拾得人提出请求时，如果拾得人拒不返还，而且故意造成拾得物损害的，此时即构成了恶意侵占、损害他人财产的侵权行为，在此情况下应当允许权利人请求拾得人承担侵权责任。

第五，侵害知识产权而获取利益。知识产权具有财产权的性质，其作为一种无形财产，在现代社会中具有越来越重要的价值。行为人侵害他人知识产权，如抄袭和非法复制他人有著作权的作品、非法使用他人商标或擅自制造并销售他人注册商标标识、未经专利权人许可而使用其专利等，均可能因此获得一定的经济利益，由于此种获利没有法律根据，行为人亦应负返还不当得利的责任。在侵害知识产权而获利的情形，按照侵权来处理也有利于对受害人的保护，即通过确认行为人的行为构成侵权，使其承担侵权责任，可以起到谴责行为人、预防损害发

---

① 《物权法》第109条规定："拾得遗失物，应当返还权利人。拾得人应当及时通知权利人领取，或者送交公安等有关部门。"

② 严格地说，在拾得遗失物的情形，可能构成不当得利返还请求权、侵权请求权与物上请求权的竞合，但从司法实践来看，主要适用的是不当得利返还请求权与侵权请求权的竞合，物上请求权的适用情形较为少见。

生的效果，但不能据此完全排除不当得利请求权的适用，因为与侵权请求权相比，受害人在主张不当得利返还请求权时，在对行为人主观过错、损害等方面的举证负担更轻，而且在行为人的获利较大的情形下，依据不当得利返还请求权，对受害人而言更为有利，也有利于发挥不当得利制度预防不法行为的功能。

第六，侵害人身权而获取利益。人身权以人身利益为内容，本身不具有财产因素，但人身权也和财产权有密切的联系，某些人格权的行使（如个人肖像权的许可使用），也会给权利人带来一定的经济利益，人格权商业化利用现象日益普遍。行为人侵害某些人身权，如假冒他人的姓名而获利、以营利为目的使用他人的肖像等，都可能使不法行为人获取一定的经济利益，此时可能构成不当得利返还请求权与侵权请求权的竞合。在侵害人身权而获取利益的情形，由于人身权益具有无形性，受害人往往难以证明其所遭受的实际损害，此时，如何确定不当得利返还的范围，值得考虑。笔者认为，可以借鉴我国《侵权责任法》第 20 条的规定，将侵权人获得的利益作为受害人的损失，从而准确确定不当得利的返还范围。[①] 例如，甲是一名著名影视明星，乙是一名经纪人，甲雇用其作为自己的经纪人。乙在工作中了解到了甲恋爱、婚姻等方面的诸多隐私，后由于甲对乙的工作不满，将乙解雇，乙找到某娱乐网站，提出可以将甲的相关私密信息一次性卖给该网站，该网站则付给乙 50 万元的费用。在网站即将将该私密信息在其网站公开时，被甲发现，甲请求法院制止该网站的发表行为，并请求乙返还 50 万元的获利。在该案中，乙未经甲的许可而将甲的私密信息出卖给某娱乐网站，该合同因违反公序良俗而应当被纳入无效合同的范畴。在该娱乐网站未请求乙返还相关费用时，乙的行为构成侵害权益型不当得利，甲也可以基于不当得利返还请求权请求乙返还相关获利。

在侵害权益型的不当得利中，还存在强迫得利（aufgedraengte Bereicherung）的情形。它是指违背权利人的意愿，而让不当得利人获得利益。例如，将他人的和

① 《侵权责任法》第 20 条规定："侵害他人人身权益造成财产损失的，按照被侵权人因此受到的损失赔偿；被侵权人的损失难以确定，侵权人因此获得利益的，按照其获得的利益赔偿；侵权人因此获得的利益难以确定，被侵权人和侵权人就赔偿数额协商不一致，向人民法院提起诉讼的，由人民法院根据实际情况确定赔偿数额。"

田玉擅自加工成九龙杯，其价值高于原玉的市场价值，但该加工并不符合权利人的意愿。关于强迫得利的返还，存在不同观点。一种观点认为，应当根据受益人的整体财产，并考虑其经济计划，以确定返还数额；另一种观点认为，应当根据获利财产的具体情况确定受益人的返还数额。[①] 在强迫得利的情形下，行为人不能因恶意而得利，也不能强迫权利人接受不当得利返还的结果，因此，在强迫得利的情形，应当赋予权利人一种选择权：在权利人选择接受所获得的利益时，其应当对行为人负担一定的不当得利返还义务；在权利人不愿意接受该获利时，则其有权请求行为人承担侵权责任。

（二）基于法律规定而发生的不当得利

基于法律规定而发生不当得利，是指受益人的获利是基于法律规定所产生的效果。因法律规定而发生的不当得利最为典型的是添附。所谓添附（accessio），是指不同所有人的物结合在一起而形成不可分离的物或具有新物性质的物。[②] 自罗马法以来，各国立法就将添附界定为取得所有权的方法，但添附也是不当得利发生的重要原因。在添附的情况下，依据法律规定，一方取得了添附物的所有权，其取得利益具有法律上的原因，但基于公平原则，取得添附利益的一方应当对受损的一方进行补偿。例如，甲乙同为某单位职工，住的都是单位公房，后来，该单位对公房作了一次大调整，将乙住的一套公房（两间平房带一个院子）重新分配给了甲，并为甲办理了房产证。因为乙在住该公房的时候，曾经对房屋进行了较为豪华的装修，所以，乙要求甲返还其装修费。因为双方没有达成协议，诉诸法院。在该案中，根据添附的规则，乙在甲的房屋上进行的装修因与房屋相附合，而成为房屋的一部分，乙对装修物的所有权将随之消灭。此时，甲因该添附事实而受有利益，虽然甲的获利是基于法律的规定而发生的，但不能据此认为，甲的获利具有法律上的原因，且其获利与乙的损害之间具有因果关系。事实上，甲的获利虽因法律规定而发生，但仍欠缺法律上的原因，应当构成不当得利，乙有权基于不当得利返还请求权向甲提出请求。

---

① 参见崔建远、韩世远、于敏：《债法》，201 页，北京，清华大学出版社，2010。

② 参见谢在全：《民法物权论》上册，505 页，台北，自版，2003。

在添附的情况下，一方当事人的物可能因为添附而成为另一方当事人之物的组成部分，其所有权不复存在，此时，受益人是否构成不当得利，理论上存在两种观点。

第一，否定说。此种观点认为，在添附的情况下，原物权人负有听任添附物由他人支配的义务，这在法律上有明确的规定。[①] 因此，获利人所获得的利益不能称为不当得利[②]，否则将会混淆不当得利制度的基本原则。

第二，肯定说。此种观点认为，受害人可以基于不当得利提出请求。例如，史尚宽先生认为，受益人的获利是否具有法律上的原因应从法律规定的目的加以考察，"因附合、混合、加工之所有权取得，法律上以一个物上不容有两个所有权之并存，亦不以其共有为适当，便宜上以之属于一方，并非以财产价值移转为目的，故仍许其发生不当得利之请求权"[③]。

笔者认为，在添附的情形下，仍可发生不当得利返还请求权，因为如果某人之物因添附制度而归另一方所有，那么获得添附物的当事人对因添附物价值增值所获之利益，并没有法律上的根据，属于不当得利，应向添附物的原所有权人返还该价值。法律上规定添附制度虽然"系于法的技术上谋取便宜，而不过于形式上使该权利归属于某人，实质上并不在乎使其受益"，此时，不能"径解为由法律规定即有法律原因"[④]。因此，不能将添附本身作为受益人获得利益的法律上的原因，否则，对另一方当事人有失公平。我国现行司法解释也承认了添附可发生不当得利返还请求权。《民法通则意见》第86条规定："非产权人在使用他人的财产上增添附属物，财产所有人同意增添，并就财产返还时附属物如何处理有约定的，按约定办理；没有约定又协商不成，能够拆除的，可以责令拆除，不能拆除的，也可以折价归财产所有人；造成财产所有人损失的，应当负赔偿责任。"该规定中所提到的"折价归财产所有人"，实际上就意味着承认了添附可以作为不当得利的发生原因之一。

---

① 参见《德国民法典》第951条。

② 参见苏永钦：《民法经济法论文集》(1)，282页，台北，自版，1988。

③ 史尚宽：《债法总论》，79页，台北，自版，1957。

④ 郑玉波：《民法债编总论》，101页，北京，中国政法大学出版社，2004。

在添附的情形，如果属于善意的添附，则应当适用不当得利制度的一般规则，确定受益人的返还范围。问题在于，在恶意添附的情形，如何确定受益人的返还义务。笔者认为，在恶意添附的情况下，表明行为人属于故意侵害他人的合法权益，民法不保护恶意，甚至要对恶意行为予以制裁，因此，恶意的一方当事人不应从添附行为中获利，毫无疑问，其基于添附所获得的利益都应当返还给受害人。此时，应当区分不同的情形，如果受害人一方愿意接受添附物，则其应当对恶意添附的一方当事人作出适当的补偿。如果其拒绝接受添附物，则不能强迫其接受被添附物，在该情形下，受害人有权请求行为人承担侵权责任或者拆除添附物，在拆除添附物较为困难，或者经济上不合理的情形下，受害人亦可要求行为人返还不当得利。例如，未经他人同意进行恶意装修，因装修发生的添附，尽管在客观上有可能使房屋的价值增值，但通常装修是与个人审美情趣和偏好相关联的，具有很强的主观性。如果房屋所有人有足够的理由认为装修的结果完全违背其意愿，不合其审美情趣和个人要求，甚至成为一种损害，在此情况下，所有权人有权基于其房屋所有权要求恶意的添附人拆除其装修材料，将其房屋恢复原状。

（三）因自然原因发生的不当得利

除实施一定的行为获利外，一些自然原因也可能成为不当得利的产生原因，因自然原因发生的不当得利，主要是指因自然原因的发生而导致一方受损、他方受益的情形。[①] 例如，因天降暴雨，导致甲的鱼池里的鱼都游到了乙的鱼池之中。再如，放飞出去的母鸽在他人的鸽舍之中下蛋。[②] 此种情况属于因自然原因而发生的不当得利，因为其与人的意志或行为无关。物的客观状态可能因自然力的作用而发生变化，而其法律归属也可能因此发生变动，例如，因物的位置发生变动可能导致其权属状态发生变动。此时，虽然不当得利的发生不可归责于任何一方当事人，但仍然需要通过不当得利制度平衡双方当事人之间的利益。

因自然原因发生的不当得利具有如下法律特征。一是其因人力以外的自然原

① 参见黄茂荣：《不当得利》，335 页，台北，植根法学，2011。

② 参见黄茂荣：《不当得利》，336 页，台北，植根法学，2011。

因所致。通常情况下，财产关系的变动是人的行为的结果，但在特殊情形下，即便没有人的行为，单纯因为自然原因也可能引发物的客观状态发生变化，从而可能成立不当得利。在因自然原因发生的不当得利的情形，当事人之间财产的变动是因当事人意志以外的原因而引发的。二是其法律关系相对简单。由于此种不当得利因人力之外的原因而发生，因而，其法律关系相对简单。例如，在不当得利的认定方面，当事人之间的财产变动较容易确定。再如，在不当得利的返还方面，由于此种不当得利的发生与人的行为无关，因而在返还范围的确定方面，一般也不需要考虑当事人是否存在过错。因此，因自然原因而发生不当得利的法律关系较为简单。

当然，与其他不当得利类型不同，在因自然原因而发生的不当得利的情形，受损人在主张不当得利返还时可能面临受益人是否获益以及获益多少等方面的举证困难，而且在判断是否构成不当得利时，可能需要考虑是否存在特定的生活习惯，而不能一概认定构成不当得利。

（四）间接得利

所谓间接得利，是指因为第三人的原因导致一方获有利益，而他方遭受了损害。此种情形通常是指获益人所获得之利益，来源于受损人与第三方之间的法律行为的情况。例如，在一个“误存现金案”中，原告李某准备购买某科技开发公司的软件一套，在一家银行办理汇款业务时，因银行的疏忽而将 3 万元现金误存到被告吴某的银行卡上。当日原告李某即与被告吴某联系，要求其退还误存的现金 3 万元，但被告吴某提出，其获利是因为银行的行为，只能由银行要求其返还，他和原告之间没有任何关系，原告无权要求其返还。在该案中，原告李某与某科技开发公司之间存在买卖合同关系，其委托银行付款，银行是该付款行为中的第三人，因为银行的错误付款导致了被告吴某获利，原告李某遭受了损害。间接获利具有如下特点。

第一，因为第三人的原因而引发。与其他类型的不当得利不同，间接得利通常是因第三人的原因而引发的，即因第三人的原因导致一方当事人获利，并致他人遭受损害。第三人的行为可能是给付行为，也可能是其他事实行为。

第二，受损人并没有直接对受益人作出给付行为。间接得利主要是因为第三人的原因导致在受益人与受损人之间发生财产变动，受益人与受损人之间通常并不存在给付行为。

第三，受益人和受损人之间事先不存在债权债务关系或基础关系。间接获利不同于第三人清偿，受益人和受损人之间并不存在基础关系，因此，引发了受损人能否向受益人主张不当得利返还的问题。例如，在上述"误存现金案"中，原告李某与被告吴某之间没有任何法律关系，只是因为银行的原因才导致被告获利，双方形成了不当得利返还关系。

在间接得利的情形中，获益人因第三人的行为而获利，此时，遭受损害的一方能否基于不当得利请求获益的一方返还其获益，对此，比较法上存在不同做法。

一是肯定说。此种观点认为，应当对间接得利中的受害人提供救济。例如，在 Boudier 案中，法国法肯定了间接得利中受损害一方对获益一方的不当得利返还请求权，地主有义务返还其所获得的不当得利。此后，法院说明该所有人的偿还义务只有在订立合同当事人无力清偿时才成立。在 Boudier 案后，法院均认为应对间接得利中的受害人给予救济。① 例如，孩子的父母雇佣一位老师来教孩子，如果父母不支付工资，这位老师可以要求孩子自己付款。②

二是否定说。此种观点认为，对间接得利中的受害人不得提供救济。德国学者一般认为，进入合同的一方当事人应该考虑到另一方无法清偿的风险。③ 普通法与德国法类似，一般也拒绝间接得利④，但在 Edson v. Poppe 案中，法官允许间接获利的受害人请求受益人返还不当得利。⑤ 有学者认为，即便获益人没有明确承诺对该获益付款，但如果其以其他方式对该收益表示同意的，则受损一方的返还请求权也可以成立。⑥

---

① P. Gallo，L'arricchimento senza cause，Ch. VIII，§ 2，Padova，1990.

② Pau，19 january 1852，D. P. 52，2，198；Montpellier，5 february，1969，D. P. 69，2，214.

③ P. Gallo，L'arricchimento senza causa，Ch. VIII，§ 4，Padova，1990.

④ P. Gallo，L'arricchimento senza cause，Ch. VIII，§ 2，Padova，1990.

⑤ Edson v. Poppe，24 S. D. 466，124 N. W. 441 (1910)；Fraser Lumber & MFG. Co. v. Laeyendecker，243 Wis. 25，9 N. W. 2d 97 (1943).

⑥ See Dawson，"The Self-Serving Intermeddler，" *Harv. L. R.* 1450 (1974).

我国现行立法虽然没有对于间接获利作出明确规定，但笔者认为，从不当得利制度的发展趋势来看，如果受益人的获利是以他人的代价而间接获利的，则受益人也应当对受损的一方给予补偿。我国法律有必要确认间接获利，通过不当得利制度对间接获利进行规范，并赋予受损人直接向受益人提出请求的权利，主要理由在于：一方面，如果受损人不能向受益人提出返还，而且第三人也不向受益人提出返还，则无法充分保护受损人。另一方面，如果要求受损人向第三人提出请求，再由第三人向受益人提出请求，则法律关系过于复杂，成本也较高。此外，在间接获利的情形，因为受益人是因为第三人的行为而获利，受益人对于获利并没有过错，因而，其可能既无法适用侵权责任制度，也无法适用合同无效后的返还制度，而间接获利的情形本质上属于财产关系的不当变动，应当被纳入不当得利法的调整范围。

不过，在实践中，认定是否构成间接得利应当区分不同情况。

一是考虑获利的原因。这就是说，需要考虑获利人的获利是否存在法律上的原因，此时主要考虑获利人和第三人之间是否存在正当的交易关系。如果存在此种正当的交易关系，也可能会排除不当得利返还请求权。间接得利型不当得利涉及交易安全与权利保护之间的关系，如果受益人与第三人之间存在正常的交易关系，则为了维护交易安全，而且受益人已经基于该正常的交易关系向第三人支付了合理的对价[①]，此时即应当否定受有损害的一方向受益人请求返还所获利益的权利。[②] 例如，甲委托乙装修房屋，乙从丙处购买装修材料。在装修完毕后，乙和丙之间的买卖装修材料的合同被宣告无效，但是甲乙之间的委托合同是有效的，此时，丙不能请求甲返还其获得的利益，否则交易安全和交易效率都会受到影响。

如果受益人与第三人之间并不存在正常的交易关系，则应当优先保护受有损害一方的权利，允许受损人基于不当得利返还请求权向受益人提出请求。例如，甲的水泥委托乙保管，后乙将该水泥用于丙的房屋的维修，该水泥因与丙的房屋

① P. Gallo，L'arricchimento senza causa，Ch. VIII，§ 4，Padova，1990.

② Civ.，28 February 1939，D. P. 1940，1，5，with an annotation of Ripert.

附合而成为该房屋的一部分，如果乙与丙之间存在房屋维修合同关系，则丙所受利益存在法律上的原因[①]，不构成不当得利；而如果乙与丙之间并不存在合同关系，乙误将水泥用于丙房屋的维修，则应当优先保护受损害一方的权利，肯定其不当得利返还请求权，如在上例中，甲对其水泥的所有权因添附而消灭的，则受益人丙应当适当补偿甲的损失。[②]

二是考虑受益人获利的程度与受损人遭受损害的程度。在判断间接获利能否构成不当得利时，还应当考虑受益人获利的程度。在间接得利的情形下，即便受益人与第三人之间存在正常的交易关系，如果受益人的获利较大，遭受损害的一方所遭受的损失较大而又无法从第三人处获得补救的，则受益人应当在其获益范围内适当补偿遭受损害一方的损失。

总之，在间接得利的情形下，应当综合考虑上述两种情况，来判断是否应当对受损一方的损失进行救济。

第七节　不当得利之债的效力

一、不当得利之债的效力主要是获利人负有返还义务

不当得利之债的主要效力是在当事人之间产生返还义务，一旦不当得利成立，受损人即享有不当得利返还请求权，其有权请求受益人返还所获得的利益。在不当得利返还请求权的法律关系中，权利人是受损人，义务人是受益人。

《民法总则》第 122 条规定："因他人没有法律根据，取得不当利益，受损失的人有权请求其返还不当利益。"依据该规定，不当得利的主要效力是在当事人

① 有学者认为，该法律上的原因为类推适用善意取得法律规则的结果。参见黄茂荣：《不当得利》，206～207 页，台北，植根法学，2011。

② 参见我国台湾地区"民法"第 816 条的规定。

之间产生返还义务，即受损的一方有权请求受益人返还其所受领的利益。例如，甲向乙购买一台机器，但一直未向乙支付20万元的价款。丙为甲的兄弟，丙为防止乙起诉甲，便向乙清偿了甲的欠款，但甲对此并不知情。一年半后，甲为清偿欠款又再次向乙支付了20万元。在该案中，丙已经向乙作出了清偿，乙接受丙的清偿后，甲、乙之间的债权债务关系已经因清偿而消灭，后甲又向乙进行清偿，此时构成非债清偿，乙保有甲所清偿的20万元即欠缺法律上的原因，构成不当得利，甲有权请求乙返还该不当得利。不当得利返还请求权在性质上属于债权请求权，仅在当事人之间产生法律效力，即受损人只能向受益人请求返还其所受领的不当得利；在效力方面，不当得利请求权与其他债权请求权的效力平等，即在受益人破产的情形下，受损一方的不当得利返还请求权在受偿顺位上与其他债权平等。

二、不当得利之债返还的具体内容

（一）返还对象

《民法通则意见》第131条规定："返还的不当利益，应当包括原物和原物所生的孳息。利用不当得利所取得的其他利益，扣除劳务管理费用后，应当予以收缴。"依据该规定，不当得利的返还对象包括受益人所受领的原物、原物所产生的孳息以及其他利益。不当得利返还请求权与返还原物等请求权的不同之处在于，只要受益人所获得的利益欠缺法律上的原因，且造成他人损害的，受益人都应当将所受利益返还，因此，其返还的对象并不仅限于原物。

具体而言，不当得利请求权返还的对象包括以下几类。

1. 原物返还

在构成不当得利的情形下，受损的一方有权请求受益人返还原物。关于原物返还的性质，在不同的物权变动模式中，获利人原物返还的义务也存在一定的差别。以德国法为代表的采物权行为理论的国家，认为标的物所有权的移转因物权行为发生，标的物物权变动的合同相对于作为基础合同的债权合同具有独立性与无因性，在当事人之间的债权合同被宣告无效或者被撤销等情形，物权变动仍可以发生，此时，出卖人有权请求买受人返还不当得利，而不当得利返还的对象是标的物的所有权。[①] 因此，不当得利法不仅保护债权人的一般财产利益，而且保护债权人请求返还特定物的利益。[②] 《德国民法典》之所以规定不当得利制度，很大程度上是因受到其物权行为理论的影响，按照物权行为理论，物权基于物权行为发生变动，即便当事人订立的债权合同无效，标的物所有权仍发生移转，出卖人无法基于所有权返还请求权向买受人提出请求，因此，有必要借助不当得利规则对出卖人提供救济。例如，一旦货物交付，即使合同无效，也不能以物权请求权要求返还[③]，此时，只能借助不当得利请求权要求返还原物。

然而，我国在物权变动方面主要采取债权形式主义，在此种物权变动模式下，如果当事人之间的合同被撤销或者被宣告无效，标的物的所有权无法发生变动，此时，出卖人既可以依据物权返还请求权请求买受人返还标的物，也可以请求买受人返还不当得利，出卖人可以在两种请求权中作出选择。需要指出的是，如果买受人将物再次转让给第三人，按照善意取得的规则，如果第三人在受让标的物时并非善意，此时，第三人无法取得标的物所有权，原权利人有权请求第三人返还该标的物的占有；如果第三人构成善意取得，则出卖人也丧失物的所有权，无权请求第三人返还不当得利。

2. 价额返还

所谓价额返还，是指在原物灭失或者出现其他不能返还原物的情形下，以及依其性质不能返还，则获利人应偿还价值。[④] 价额返还主要适用于原物不能返还的情形，如原物遭受毁损、灭失，或者依其性质等不能返还，如原物因附合、混合等原因难以返还。如果原物灭失或者获利人因原物而获有其他利益的，受损人

① See R. Zimmermann and J. du Plessis, "Basic Features of the German Law of Unjustified Enrichment", (1994) *Restitution Law Review* 14.

② 参见［德］冯·巴尔等主编：《欧洲私法的原则、定义与示范规则：欧洲示范民法典草案》(第五卷至第七卷)，王文胜等译，1058 页，北京，法律出版社，2014。

③ See Brice Dickson, "The Law of Restitution in the Federal Republic of Germany: A Comparison with English Law", (1987) 36 *I. C. L. Q.* 751.

④ 参见崔建远、韩世远、于敏：《债法》，199 页，北京，清华大学出版社，2010。

也有权请求获利人返还该利益，此种情况称为价额返还。[①]所谓获利人所获得的利益依其性质不能返还，主要是指获利人所获得的利益具有人身专属性、在经济上无法返还等情形，如获利人所获得的利益为受损人所提供的劳务，或者物的使用或者消费等。[②]广义上的价额返还具体包括以下几种情形。

（1）在原物灭失的情形下，如果受益人因此获得了代位物或者损害赔偿请求权，则受损人有权请求受益人返还该代位物或者移转该损害赔偿请求权。[③]例如，原物因保险事故灭失，获利人因此受有保险金的，或者原物被第三人损毁，获利人由第三人处获得的损害赔偿金等，受损人应当有权请求获利人返还该代位物，或者请求获利人移转其对第三人的损害赔偿请求权。[④]

如果某物虽然客观上可以返还，但经济上不合理的，也应当认为属于依其性质不能返还的情形。[⑤]例如，甲购买乙一台机器用于生产，后该买卖合同被撤销，乙有权请求甲返还该机器，如果甲已经将该机器投入生产，而且一旦停止生产，可能给甲造成巨大损失的，此时，也应当将其认定为依其性质不能返还的情形，在乙提出原物返还的请求时，甲可以主张价额返还。

（2）原物产生的孳息。《民法通则意见》第131条规定："返还的不当利益，应当包括原物和原物所生的孳息。"因此，在受益人占有原物期间，如果原物因此产生了孳息，则受损人也有权请求受益人返还该孳息。此处的孳息包括原物在获利人占有期间产生的天然孳息和法定孳息等。如果当事人之间的合同被撤销或者被宣告无效，则标的物的所有权仍归属于出卖人，其产生的孳息也应当归属于出卖人，受益人保有因原物而产生的孳息即欠缺法律上的原因，因此，受损人在向获利人请求返还不当得利时，除请求原物返还外，还有权请求获利人返还原物所产生的孳息。[⑥]

① 参见王泽鉴：《不当得利》，204页，北京，中国政法大学出版社，2002。

② 参见王泽鉴：《不当得利》，206页，北京，中国政法大学出版社，2002。

③ Hans Brox, Besonders Schuldrecht, München, 2007, S. 475.

④ 参见黄茂荣：《不当得利》，230页，台北，植根法学，2011。

⑤ Esser, Schuldrecht, Bd. 2-2, Heidelberg, 2000, S. 102.

⑥ 参见郑玉波：《民法债编总论》，107页，北京，中国政法大学出版社，2004。

(3) 获利人通过原物而获得的收益，主要是指获利人通过将原物出租等方式而获得的收益。按照通说，此时，受损人也有权请求获利人返还该利益。[①]

(4) 劳务的提供。如果当事人基于合同或者其他法律上的原因向他人提供劳务，一旦该法律上的原因嗣后不存在，则受益人应当向劳务的提供者返还不当得利。关于劳务价值的返还标准，可以比照当事人的约定或者劳务的市场价格确定价额返还的标准。

受损人在请求受益人返还原物时，也有权请求受益人返还原物的权利证书、权属证明等证明文件。关于价额返还的标准，可以比照物的市场价格予以确定。在此需要讨论的是，如果某人非法使用他人的商品、权利（如知识产权）而获益，在返还时，是否可以扣除与其付出的劳动相当的报酬。一般认为，在使用他人的商品、权利时，侵权人所付出的劳动也可以作为成本，适当给予补偿，否则，可能对使用他人商品或权利的人有不公平之虞。但是，这一补偿应当以使用他人商品或权利的人具有善意为限。

关于价额返还的计算时点，一种观点认为，应当以价额返还请求权成立时为准。[②] 即在所获利益依其性质不能返还的情形，其价额返还的时间计算点应当是不当得利请求权成立时；而在原物因其他事由不能返还的情形，以其不能返还的事由发生之时作为准据时点。[③] 另一种观点认为，应当以法庭辩论结束时为准。[④] 笔者赞同第一种观点，即在价额返还的情形，应当以不当得利请求权成立的时间作为计算时点，具体来说，主要理由在于：一方面，义务人所应返还的，既然是价额，在理论上就应当以价额返还义务成立时为准据时点。另一方面，原物在其返还义务发生时起至其不能返还期间的增值，应当包括在价额偿还请求权的范围之内。[⑤] 据此，价额返还的计算时点为其成立时间，即在受益人所获利益依其性质不能返还时，受损人的价额返还请求权成立，价额返还也以此为计算时点。基

---

① 参见王泽鉴：《不当得利》，204 页，北京，中国政法大学出版社，2002。

② MünchKomm/Lieb，§818，Rn. 56.

③ 参见王泽鉴：《不当得利》，209 页，北京，中国政法大学出版社，2002。

④ 参见黄立：《民法债编总论》，223 页，北京，中国政法大学出版社，2002。

⑤ 参见王泽鉴：《不当得利》，209 页，北京，中国政法大学出版社，2002。

于特殊替代的结果，受益人无须返还多得的利润，受益人只要将标的物在取得时的价额予以返还即可。例如，甲乙之间订立买卖合同，甲取得乙的名画一幅，合同订立时画的价值是100万元。三个月后，甲将该画以1 000万元卖出。按照这一观点，甲也仅应当返还100万元。[①]

（二）返还范围

1. 不当得利返还范围的确定

所谓不当得利的返还范围，是指在成立不当得利之后，受益人应当在何种范围内向受损人返还其所获利益。关于不当得利的返还范围，德国法曾经有观点认为，不当得利返还请求权指向的对象是受益人所获得的收益，即前后财产之间的差额，而且如果损害大于利益，则应当以利益为准，在利益大于损害时，则以损害为准。此种确定不当得利返还请求权的方式被称为“以财产为导向的观察方式”。但该观点目前已被学界主流观点所抛弃。[②] 笔者认为，一般情形下，只要受益人所获得的利益欠缺法律上的原因，并导致受损人损害的，受益人即应当将其所获利益返还给受损人。在返还范围的确定上，还涉及返还的价值确定。一般认为，对于无法原物返还的，受益人可以采取价额返还的方式返还其不当得利。而关于价额的计算，应当根据客观市场价值来确定，也就是说，应当依据在市场上任何第三人都愿意支付的价格来确定。如果是劳务，则要根据劳务的合理报酬来计算。[③]

在此需要讨论的是，合同价款是否应视为得利数额上限。在英美法中，在给付型不当得利中，返还是否以合同价款作为上限，对此，在理论上存在争议。一种观点认为，应当作出此种限制。英国库克法官认为，合同价款可以作为计算得利的一项“指导因素（a guide）”[④]。这一观点后被英国法院广泛认同。另一种观点则认为，虽然不当得利请求权的成立是以合同不存在或无效为前提的，但不

① 参见刘昭辰：《不当得利》，178页，台北，五南图书出版公司，2012。

② MünchKomm/Schwab，§ 818 Rn. 111ff.

③ 参见［德］冯·巴尔等主编：《欧洲私法的原则、定义与示范规则：欧洲示范民法典草案》（第五卷至第七卷），王文胜等译，1071页，北京，法律出版社，2014。

④ Taylor v. Motability Finance Ltd［2004］E. W. H. C. 2619 (Comm) para. 26.

当得利请求权与合同请求权仍是两个相互独立的请求权，因而不应在合同已经宣告无效后仍然援引合同条款来限制不当得利返还的数额。[①] 根据该理论，如果合同并非丧失法律效力，而只是不再具有强制力，那么合同价款仍有可能作为返还得利数额的上限。在比较法上，一般认为，在不当得利的返还中，只要获利人无正当理由获得的利益都应当返还，而不应当以合同价款作为最高返还标准。因为合同请求权与不当得利返还请求权是两种独立的债权请求权，应当按照不当得利返还请求权自身的规则确定不当得利的返还范围，而不应当引用合同条款对不当得利返还的数额进行限制。

2. 确定不当得利的返还范围应当考虑受益人的主观状态

关于确定不当得利返还范围时是否应当考虑受益人的主观状态，存在不同的观点。赞成说认为，在确定不当得利的返还范围时，应当考虑受益人的主观状态。此种观点以 Caemmerer 为代表，其认为，通常情况下，不当得利返还范围的确定不需要考虑受益人的主观状态，即“被拿走的利益应该如数奉还（Werthaftung）”，但在特殊情况下，如果受益人在主观方面存在恶意，则其应当负担更大范围的返还责任（Gewinnhaftung）。[②] 反对说认为，在确定不当得利的返还范围时不需要考虑受益人的主观状态。持此种观点的学者认为，在确定不当得利的返还范围时应当考虑多种因素，应当根据不同的要素（如商品、版权、劳动力、企业等）对获利的贡献进行公平的考量，并根据贡献进行分配，原则上不需要考虑受益人在主观上是否存在恶意。[③]

笔者认为，在确定不当得利的返还范围时，应当考虑受益人的主观状态，主要理由在于：一方面，不当得利制度除了调整当事人之间欠缺法律原因的财产变动关系外，还具有剥夺行为人不法获利、预防不法行为的功能。因此，在确定不当得利返还请求权的返还范围时，除需要考察受益人获利与受损人损害之间的关

① See Rover International Ltd v. Cannon Sales Ltd, No. 3, (1989) 1 *W. L. R.* 912, pp. 927 - 928.

② von Caemmerer, Bereicherung und unerlaubte Handlung, in: Gesammelte Schriften, Bd. I, S. 232, 235; Trimarchi, L'arricchimento senza causa Ch. II (1962).

③ Schultz, System der Rechte auf dem Eingriffserwerb, 105 AcP 1 (1909); Sacco, L'arricchimento ottenuto mediante fatto ingiusto (1959); Kellmann, Grundsatze der Gewinnhaftung 139 (1969).

联性外，还需要考察受益人的主观状态，在受益人为恶意时，课以其较重的返还义务，也有利于预防故意侵害他人合法权益的行为。另一方面，有利于平衡当事人之间的合法权益。在受益人是善意的情况下，受益人并不知道其所获利益欠缺法律上的原因，更无法预见其所获利益被请求返还时可能产生的后果，因此，其原则上只应当返还现存利益，否则可能会不当加重其负担；而在受益人为恶意的情况下，其明知自己的获利欠缺法律上的原因，课以其较重的返还义务也不会过分加重其负担。①

从比较法上来看，各国基本上都区分了受益人的善意与恶意而确定不同的返还范围。② 虽然我国《民法总则》第 122 条规定并没有区分受益人的善意与恶意而分别确定其返还范围，但《民法通则意见》的相关规定实际上区分了受益人的善意、恶意，并据此确定受益人的返还范围。③ 我国学界也一般认为，应当进行此种区分。④

3. 善意获利人的返还义务

所谓受益人为善意，是指受益人在取得利益时并不知道其取得利益无法律上原因。如果受益人主观上是善意的，则其返还范围应以所受利益为限；如果该利益已不存在，则无须进行返还。

如何判断现存利益，可从以下几个方面考虑。

第一，现存利益是指受益人被请求返还之日起还存在的利益。在此需要讨论的是，如何确定现存利益的判断时间点。一种观点认为，应当以受返还请求之时

---

① 参见史尚宽：《债法总论》，94 页，北京，中国政法大学出版社，2000。

② 例如，《德国民法典》第 818 条第 1 款规定："返还义务及于所收取的用益，以及受益人因所取得的权利或作为毁坏、损坏或侵夺所取得的标的之补偿而取得的利益。"该条第 2 款规定："返还因所取得的利益的性质而不可能，或受益人由于其他原因而不能返还的，受益人必须补偿价额。"第 4 款规定："自诉讼系属发生时起，受益人依一般规定负责任。"我国台湾地区"民法"第 182 条第 1 款规定："不当得利之受领人，不知无法律上之原因，而其所受之利益已不存在者，免负返还或偿还价额之责任。"

③ 例如，《民法通则意见》第 39 条规定："利害关系人隐瞒真实情况使他人被宣告死亡而取得其财产的，除应返还原物及孳息外，还应对造成的损失予以赔偿。"该条实际上也区分了受益人的善意、恶意，而分别确定其返还范围。

④ 参见江平主编：《民法学》，616 页，北京，中国政法大学出版社，2007。

为准；另一种观点认为，以提起返还请求之诉时为准。[①] 笔者认为，应当以受损人向受益人提出返还请求时作为界定现存利益的时间点。因为在受损人向受益人提出返还请求时，受益人已经得知其获利欠缺法律上的原因，按照该时间点确定现存利益的范围，并不会过分加重受益人的负担，同时，这也有利于促使受益人对其所受领的利益尽到保管义务，防止受损人损失的进一步扩大。

第二，考虑现存利益时，应当考虑受益人受利益的整体情况，如果原有利益不存在，但因此使受益人财产总数增加的，增加的部分应当属于现存利益。也就是说，无论原物的物质形态改变后现存的形态仍然存在，或者转化为新的形态，都属于现存利益。但是，如果受益人的受领利益已经完全丧失，而没有增加受益人的财产的，则不属于现存利益。因此，判断现存利益时，应当考察受益人的财产总额是否有所增加。[②]

第三，判断现存利益时，应当扣除受益人因信赖能够获得该利益而遭受的损失。受益人在利用其获利或者在返还获利的过程中遭受损害时，如果该损害是因该获利本身引发的，不是因受益人的原因造成的，则受益人有权扣除该部分损害，将剩余的利益返还给受损人[③]；如果该损害是因受益人的过错而发生的，则应当由受益人自行负担相关的损害。例如，甲将其手表出卖给乙，乙后与丙订立买卖合同，将该手表出卖与丙，但尚未交付，如果甲与乙之间的合同嗣后被宣告无效，则乙应当将该手表返还给甲，此时，乙因不能履行与丙的合同而承担的违约责任就是其信赖能够取得该手表而遭受的损失。在确定受益人现存利益的范围时，如果是因受损人的原因导致不当得利发生的，则受益人在返还现存利益时，可以将其因信赖能够获得该利益而遭受的损失予以扣除。

在受益人为善意的情形下，如果其所获利益的现存利益已经不存在，受损人向其提起不当得利返还之诉，则受益人可以以其所受利益不存在为由提出抗辩。

① 参见郑玉波：《民法债编总论》，109页，北京，中国政法大学出版社，2004。

② 参见孙森焱：《民法债编总论》上册，153页，北京，法律出版社，2006。

③ 参见《欧洲民法典草案》第7—5：104条。

4. 恶意获利人的返还义务

所谓恶意受益人，是指受益人在获得利益时，知道或者应当知道其获得的利益是无法律上原因的。例如，故意侵害他人获得利益，受益人主观上是明知的。再如，在死者遗留的物中存在明显不属于被继承人财产的物，而继承人仍然占有，此时，即可认定受益人受有利益时主观上是恶意的。关于获利人恶意的认定，有学者认为，获利人必须是对无法律上原因获利相关法律效果的明知，而不仅是对于无法律上原因获利这一事实的明知。例如，赌博者明知赌博的违法性，但是，不知道赌博合同因违反公序良俗而无效，因而仍然不是恶意的受益人。[①]笔者认为，构成不当得利中受益人的恶意，只需要受益人明知其获利无法律上的原因即可，而不需要受益人明知其行为的法律效果。

关于受益人恶意判断的时间，学理上常常区分两种情形。一是自始恶意，即受益人在获利时即知道其获利欠缺法律上的原因。受益人自始恶意的，其应该将从受领开始所获得的全部利益进行返还，且不论该利益是否仍然存在。同时，在向受损人进行返还时，应该附加利息，如果返还全部利益后仍有损失的，恶意受益人还应承担损害赔偿责任。此外，受益人因处分该利益或其他原因受到损害的，其仍然应对所受之全部利益进行返还。[②] 二是嗣后恶意，即受益人在受领时并不知道其无受领原因，而直到受领后的一段时间才知道其获利欠缺法律上的原因。受益人嗣后恶意的，如果在知道无受领原因前，所获利益就已经消失，则受领人不再负担返还义务，但如果其知道无受领原因以后，其所获利益仍存在的，则应当向受损人返还自其知道其获利欠缺法律上原因之时起的现存利益。[③] 从受益人知道其获利欠缺法律上的原因之日起，受益人应承担利息返还的责任，如果造成受损人损失的，受益人还应承担损害赔偿责任。[④] 比较法上也大多采纳了此

① 参见刘昭辰：《不当得利》，201页，台北，五南图书出版公司，2012。

② 参见《欧洲民法典草案》第7—5：104条。

③ 参见孙森焱：《民法债编总论》上册，157页，北京，法律出版社，2006。

④ 参见陈酉龙：《民法债编总论》，65页，台北，五南图书出版公司，2005。

种区分[①]，作出此种区分的主要原因在于，在受益人为恶意的情况下，其主观上具有可归责性，而且课以其较重的返还义务并不会不当加重其负担，因此，受益人只是在其具有恶意以后，才负担加重的责任。

恶意获益人的返还范围具体包括：

第一，在受益人恶意的情形，受益人所得的利益必须全部返回。关于不当得利中恶意受益人的返还义务，我国法并没有作出一般性的规定，而只是在个别情形下规定了恶意受益人的返还义务。例如，前述《民法通则意见》第39条对宣告死亡情形下恶意受益人的返还义务作出了规定。从学理上看，在受益人是恶意的情况下，不当得利的返还范围应当是其所获得的全部利益，而且即使其所获利益已不存在，仍应根据受损人遭受之损失对其进行返还。受益人返还的利益既包括受领时所获之利益，也包括该利益所生孳息。孳息包括天然孳息和法定孳息，孳息可以移转的，应当直接返还给受损人。如果孳息不能移转，则应当采取价额返还的方式。因此，较之于善意受益人，恶意受益人的返还义务应当更重。

第二，如果根据所得利益的性质（如所得利益为服务），或者因为其他原因（如第三人善意取得）无法返还原物，则受益人应当返还其价额。恶意受领人不能主张所受利益不存在，而免除其返还义务。[②] 例如，按照我国台湾地区“民法”第958条的规定，恶意占有人负有返还孳息的义务，其孳息如果已经被消费，或者因为占有人的过失而毁损灭失，或怠于收取，负有偿还孳息价金的义务。这就是说，恶意占有人不仅要返还所受利益，还要对受损人的可得利益进行赔偿。如果另有损害，受益人还必须赔偿此种损害。[③]

第三，如果恶意受益人所返还的利益不足以弥补受损人的损失时，则应根据该损失确定恶意受益人的赔偿范围。在受益人为恶意的情形，即使对方当事人没有遭受损害的，恶意受益人也仍应当负担返还的义务，这也体现了法律对恶意受

---

① 例如，《德国民法典》第819条第1款规定：“受益人在受益时知道法律上原因的欠缺，或后来知道欠缺的，自受益时或知悉时起负有返还义务，恰如返还请求权在此时已发生诉讼系属一样。”

② 参见王泽鉴：《不当得利》，189页，北京，北京大学出版社，2009。

③ 例如，《日本民法典》第704条规定：“恶意受益人，须于附加利益返还其所得利益。如另有损害时，负其赔偿责任。”

益人行为的否定。例如，行为人未经权利人许可而擅自改编他人小说、拍摄电影，此时，即难以认定小说著作权人的损失，但由于受益人主观上是恶意的，受益人仍应当负担返还不当得利的义务。当然，在确定返还范围时，也应当考虑受益人所支出的成本，正确评价行为人自身行为在其获利中的作用。[①] 例如，拍摄电影过程中支出的场地费、人工费等，此成本应当从返还范围中予以扣除。此外，在受益人是恶意的情况下，受益人明知无法律上的原因而获取相关利益，并且造成他人损害，实际上已经构成侵权，此时可能构成侵权损害赔偿请求权与不当得利返还请求权的竞合，应当允许受益人在两种请求权中进行选择。

如果受益人是未成年人，对受益人的恶意的判断应采特殊标准。一种观点认为，在受益人是未成年人时，其善意、恶意应当以其法定代理人的认知为准。[②] 另一种观点认为，应当区分给付型不当得利和非给付型不当得利。在给付型不当得利的情形，以法定代理人的认知为准；而在非给付型不当得利的情形，则应以未成年人的认知为准，但未成年人应当具有识别能力。[③] 还有一种观点认为，未成年人是否知道不予考虑，一概作为善意受领人对待。[④] 笔者认为，在未成年人不当得利的情形，应当注意未成年人权益的保护，因为未成年人因为年龄、智力发育状况等原因，可能难以准确判断客观情况，如果以未成年人本人为标准判断其是否存在恶意，可能会不当加重未成年人的责任，因此，在受益人为未成年人时，原则上应当以其法定代理人为标准判断其是否存在恶意。

由于不当得利之债的清偿主要采取赴偿主义，因而，不当得利返还一般应当在债权人所在地返还，而且，返还不当得利的费用一般由不当得利的受益人负担。[⑤]

（三）第三人的返还义务

如果受益人将其取得的利益，无偿转让给第三人，第三人也可能负有返还义

---

① 参见黄茂荣：《不当得利》，228页，台北，植根法学，2011。

② 参见刘昭辰：《不当得利》，202页，台北，五南图书出版公司，2012。

③ 参见黄立：《民法债编总论》，229页，北京，中国政法大学出版社，2002。

④ 参见王泽鉴：《未成年人与代理、无因管理及不当得利》，载王泽鉴：《民法学说与判例研究》，第5册，台北，自版，1986。

⑤ 参见郑玉波：《民法债编总论》，110页，北京，中国政法大学出版社，2004。

务。此处所说的第三人主要是指因受益人的行为而间接取得利益的人。在受益人将其所获得利益无偿让与第三人的情形下，第三人因此获得利益，并因而导致受损人的损害，构成不当得利，应当将其获利返还受损人。在受益人将其所获利益无偿让与第三人的情形下，由于第三人获得利益并没有支付对价，因而，课以其返还义务并不会不当加重其负担。① 但是，第三人的返还义务，应以其无偿取得的现存利益为限。

如果请求返还的对象是原物，而不是利益，则在确定第三人的返还义务时，涉及善意取得规则的适用。因此，在确定第三人的返还义务时，应当按照以下两个步骤进行。首先，应当考虑第三人在主观方面是善意还是恶意，如果第三人在接受受益人的给付时是恶意的，即第三人明知受益人的获利为不当得利时，此时不涉及交易安全的保护，而应当优先保护受损人的合法权益。第三人的获利不受法律保护，受损人有权请求第三人返还其所获利益，这也符合“法律不保护恶意”的基本原则。其次，在第三人为善意的情形下，应当考察第三人在获利时是否支付了合理的对价。在第三人为善意的情况下，如果第三人为获得该利益支付了合理的对价，且已经符合善意取得的构成要件，则第三人可以依据善意取得的规定，取得标的物所有权。此时，出于维护交易安全的目的，应当优先保护第三人的合法权益，受损人无权请求第三人返还不当得利，而只能请求受益人返还其所获得的合理对价。当然，在判断第三人所支付的对价是否合理时，由于其涉及受损人权利的保护，因而，确定价金是否与标的物的价值相当，原则上应当按照客观的标准进行判断。如果第三人支付的价金与标的物的价值明显不相当，则其无法取得标的物的所有权，原出卖人仍有权依据不当得利的规定请求第三人返还标的物。

三、诉讼时效的适用

不当得利返还中的诉讼时效适用 3 年的诉讼时效。《诉讼时效司法解释》第 8

① 参见孙森焱：《民法债编总论》上册，158 页，北京，法律出版社，2006。

条规定：“返还不当得利请求权的诉讼时效期间，从当事人一方知道或者应当知道不当得利事实及对方当事人之日起计算。”在不当得利的情况下，受益人负有返还其利益的义务。但是，遭受损失的一方只有明确知道不当得利的事实和返还义务人时，其才可能行使权利，此时才可能开始诉讼时效的起算。“当事人一方知道或者应当知道”包括两个方面。一是当事人一方知道或者应当知道不当得利事实。例如，张某遗失了其物品，被李某拾得，时隔两年后，张某才知道该物品被李某拾得。因此，诉讼时效应当从其知道物品被拾得之日起算。二是当事人一方知道或者应当知道对方当事人。所谓对方当事人，是指返还义务人，而不限于直接获得利益的人。例如，甲曾丢失了一件高档皮衣，后发现挂于他人的阳台，但不知道房屋的所有人或管理人，此时，诉讼时效应当自其知晓房屋所有人或管理人之日起算。

第八节 不当得利返还义务的排除

一、不当得利返还义务的排除的概念

所谓不当得利返还义务的排除，是指获利人的获利不构成不当得利，或者虽然构成不当得利，但依据法定的原因无须负担返还义务的情形。应当指出的是，就部分不当得利返还义务排除的情形而言，其并非完全排除受损人的不当得利返还请求权，而只是赋予受益人一种抗辩权。此时，受益人拒绝返还不当得利实际上属于提出抗辩。在排除不当得利返还义务的情形下，虽然构成不当得利，但接受给付的一方有权主张免除其不当得利返还义务，如基于不法原因的给付，明知的非债清偿以及基于道德方面的原因而作出的给付等。对于此种情形的不当得利返还义务的排除，需要受益人在一定期间内提出抗辩，法官无权主动援引。而且

返还义务人提出相关抗辩的，应当对此负担举证责任。[①]

当然，在特殊情形下，法官也可以主动援引不当得利返还义务的排除规则，即在出现排除不当得利返还请求权的情形，如果请求权人提出返还不当得利的请求时，法官可以主动援引不当得利返还请求权的排除，而无须受益人提出抗辩。此时是否构成有效抗辩，法院有权进行审查。

排除不当得利返还义务的情形主要包括基于不法原因的给付、明知的非债清偿以及基于情谊行为的给付等情形。

二、基于不法原因的给付

所谓基于不法原因的给付，是指给付人明知其给付是出于违法原因，但仍向受益人所作出的给付。实践中，行贿、从事商业贿赂、提供违法活动的经费、支付不法活动的经费（如考试舞弊）等，都属于此种情况。在一方向另一方作出给付之后，无权要求对方返还。当然，接受不法给付的一方可能因触犯刑法或行政法等而承担其他法律责任（如被有关机关追缴不法所得），但从民法的角度而言，基于不法原因而作出给付的一方当事人将在主张不当得利返还请求权时遇到法律障碍，由此也表现了公、私法之间的相互协调和配合。

在罗马法上，如果给付人的给付具有污辱性（turpitudo）时，虽无法律上的原因，法院也否认其诉权（condictio ob turpem causam）。所谓 turpitudo 是指违反传统的伦理观念，尤其是有悖于善良风俗。[②] 大陆法系国家民法大多对此作出了规定。例如，《德国民法典》第 817 条、《日本民法典》第 708 条、《瑞士债务法》第 66 条、我国台湾地区“民法”第 180 条第 4 项等，均否定了给付人对于受益人的返还请求权。还应当看到，英美法原则上也拒绝对不法原因的给付行为提供保护。例如，英国衡平法上也有“入衡平法庭者，须有洁净之手”的原则

① 参见王泽鉴：《不当得利》，110 页，北京，中国政法大学出版社，2002。

② 参见王泽鉴：《不当得利》，116～117 页，北京，中国政法大学出版社，2002。

（也称洁手原则）。[①] 因此，在基于不法原因的给付之后，作出给付的一方当事人无权请求对方当事人返还。

基于不法原因的给付之所以不得请求返还，许多学者认为，其属于自然债务的一种类型。也有学者提出不同意见，认为基于不法原因作出给付，在法律上本来就没有履行的义务。给付者之所以不能请求返还，是因为当事人不得主张自己不法行为的原则，与自然债务的性质截然不同。[②] 笔者认为，基于不法原因的给付不属于自然债务的范畴。给付者不能请求返还的主要原因在于给付行为具有不法性，法律对其不予保护，体现了法律对给付人实施不法行为的否定性评价。如果法律允许受损一方请求返还，将导致法律秩序的混乱。比较法上一般也都排除了基于不法原因作出给付时的不当得利返还请求权。例如，法国法上有“不容任何人援用其自己可耻的行为，而有所要求”的理论解释了对此种给付不予保护的理由。德国法曾采惩罚说观点，认为不法原因给付人之所以不得请求返还，是对从事不法行为的当事人的惩罚。近期，德国多数学者则主要采拒绝保护说，认为当事人因其违反法律禁止规定及有悖于公序良俗的行为，而将自己置于法律规范之外，故并无保护的必要。[③]

基于不法原因的给付，应当满足如下构成要件。

第一，一方作出了给付。这就是说，当事人一方对另一方作出了给付。这里所说的给付是基于给付者的意思，而进行的财产上的给与行为。[④] 例如，所有权的移转、债务的免除、签发支票等。不过，为了合理规范当事人的权益，构成不法原因的“给付”要求当事人应当已经完成了相关权利的移转，如所有权的移转已经完成。权利移转的程序尚未完成的，不构成不法原因的给付。[⑤]

第二，给付行为不合法。此处所说的“不合法”，是指给付的标的、内容等

① 参见郑玉波：《民法债编总论》，105页，北京，中国政法大学出版社，2004。

② 参见王伯琦：《论自然债务》，载郑玉波主编：《民法债编论文选辑》（上），490页，台北，五南图书出版公司。

③ 参见王泽鉴：《不当得利》，119页，北京，中国政法大学出版社，2002。

④ 参见郑玉波：《民法债编总论》，105页，北京，中国政法大学出版社，2004。

⑤ 参见王泽鉴：《不当得利》，121页，北京，中国政法大学出版社，2002。

违反了法律、法规的强制性规定，或者违反了公序良俗，从而不应受到法律的保护。其主要包括以下典型形态。一是给付行为违反法律的强制性规定。[①] 例如，某人为谋取职位而给他人一定的活动经费；再如，为使他人减刑而支付相关的活动费用。二是给付行为违反公序良俗。例如，已婚男子赵某包养某女刘某，双方订立包养合同，赵某向刘某支付相关的费用，后赵某要求刘某离婚，刘某拒绝，赵某提出解除包养合同，并要求刘某返还相关费用 200 万元。在该案中，赵某的给付行为即属于违反善良风俗的行为，虽然刘某构成不当得利，但赵某也无权请求其返还相关费用。因为如果允许赵某请求刘某返还不当得利，不仅不利于预防此类行为，而且不利于惩罚违反善良风俗的行为。

在此需要讨论的是，偿还赌债能否请求返还。从比较法上看，许多国家的法律都规定，对赌债所作出的清偿一般不得请求返还。[②] 因为赌债属于不道德的协议（pactum turpe）。笔者认为，赌债本身是不受法律保护的，即便个人因为赌博而欠“债”，该债原本就不应当清偿，在我国，赌博本身就是非法的，因赌博所产生的“债务”本身就是非法债务，不仅不会产生履行请求权，而且基于赌债而作出的给付可以被认为是基于不法原因作出的给付，给付人不能依据不当得利请求返还，但受益人也不能保有因给付而获得的利益，该利益应被公权力机关予以没收。因此，在偿还赌债之后，法律不对作出给付的一方当事人进行保护，一方面是为了维护社会秩序，另一方面也体现了法律对该行为的否定性评价。

第三，受益人获得了利益。受益人应当基于不合法的给付行为获得了利益。一是增加了受益人的财产。例如，甲为了能使其公司中标，而向主管评标的乙行贿 10 万元，但开标后甲的公司并没有中标，此种情形即属于基于不法原因的给付，甲的行为即增加了乙的财产。二是受益人接受他人的服务或者由他人为自己工作。例如，甲开设秘密赌场，请乙为其帮工，甲即因乙的帮工行为而获得了利益。三是受益人使用他人的财产。前例中，甲开设秘密赌场，如果甲租用丙的房

① 参见郑玉波：《民法债编总论》，105～106 页，北京，中国政法大学出版社，2004。

② See Izhak Englard, *International Encyclopedia of Comparative Law*, Volume X, Chapter 5, J. C. B., Mohr (Paul Siebeck, Tübingen) (1988), p. 15.

屋、家具等用于赌场的经营，即可认定甲因使用丙的财产而获得了利益。

当然，如果给付的不法原因仅存在于受益人一方的，受损一方并不存在不法原因，则仍应当肯定其不当得利返还请求权。例如，受益人采取欺诈手段骗取给付人的钱财。此时，受害人一方不存在不法原因，不法原因仅仅存在于受益人一方。因此，受害人仍然可以请求行骗者返还其给付。

三、明知的非债清偿

如前所述，所谓非债清偿，是指行为人无法律上的债务而以清偿债务为目的向他人为一定的给付。例如，甲、乙是亲属关系，甲得知乙欠丙10万元，为了防止丙对乙提起诉讼，甲便代乙清偿了该笔债务，在此情形下，甲明知其对丙不负担债务而仍然对丙作出清偿，构成明知的非债清偿，其无权请求丙返还不当得利，但其可以基于无因管理等规则向乙请求返还。非债清偿可以构成给付型不当得利，但在明知的非债清偿的情形下，作出给付的一方无权请求获利人返还不当得利。

从比较法上看，许多国家法律规定，在一方当事人明知其无法律上的债务而仍然向对方当事人为清偿的，无权向对方当事人请求返还。[①] 但关于明知的非债清偿不受法律保护的原因，存在不同观点，主要有如下几种。一是禁反言。此种观点认为，明知的非债清偿不得请求返还，这是出于禁止出尔反尔原则（venire contra factum proprium），即明知没有给付义务而作出给付，再请求返还，前后矛盾，有违诚信原则，所以，法律不允许清偿人请求返还。[②] 二是尊重给付人的意愿。在明知的非债清偿的情形，表明给付人自愿作出给付，按照私法自治原则，应当尊重其意愿。三是节省司法资源。在明知无债务而作出清偿的情况下，事后以诉讼的方法请求返还，将浪费司法资源[③]，因此，法律上对此种行为不予保护。笔者赞成禁反言的观点，即排除明知非债清偿情形下的不当得利返还请求

① 参见《德国民法典》第814条；《日本民法典》第705条。

② 参见王泽鉴：《不当得利》，114～115页，北京，中国政法大学出版社，2002。

③ 参见黄茂荣：《不当得利》，343页，台北，植根法学，2011。

权，主要是为了禁止出尔反尔的做法，维护诚信原则。

明知的非债清偿的构成要件包括如下几点。

第一，无债务存在。这就是说，在受领人和清偿人之间不存在债务。是否存在债务，应当以给付之时进行判断。也有学者认为，债务具有撤销原因，在撤销之前，债务仍然存在，但是一经撤销，债的关系溯及既往地失去其效力，债务自始不存在。[①] 所以，如果明知撤销原因存在而作出给付，也不得请求返还。[②]

第二，给付人明知无债务。此处所说的明知，是指清偿人在清偿时已经明确知道其债务不存在。[③] 构成“明知”必须是清偿人确切地知道其债务不存在，清偿人应当知道其不存在债务或者对其是否存在债务存有疑问等情形，都不属于此处所说的“明知”。有学者认为，对于有无债务，心存怀疑而作出给付的，如果事后证明确实没有债务，则原则上仍然应当允许其请求返还。[④] 笔者赞同此种观点，因为明知的非债清偿要求给付人必须确切知道其没有给付义务，在判断受损人是否明知时，应当考虑不论清偿人在清偿时的过失程度如何，都不影响其不当得利返还请求权的成立，因此，即使因重大过失而不知道自己不负有债务，也不构成明知的非债清偿。[⑤] 此外，清偿人的明知还包括对债的关系成立的形式要件不具备的明知。[⑥] 从证明责任的角度来看，受益人应当举证证明受损人是明知的。

第三，给付人以清偿债务为目的而作出给付。构成明知的非债清偿必须以给付人在作出给付时以清偿债务为目的，如果给付人在作出给付时是出于赠与目的，则并不构成明知的非债清偿。有学者认为，如果债务人在给付之际并不完全是出于清偿债务的目的，而是有所保留，则也不成立明知的非债清偿。[⑦] 笔者赞同此种观点，构成明知的非债清偿要求给付人在作出给付时明确表示以清偿债务为目的，否则无法成立明知的非债清偿。

---

① MünchKomm/Schwab，§ 814 Rn. 6.

② 参见王泽鉴：《不当得利》，115 页，北京，中国政法大学出版社，2002。

③ MünchKomm/Schwab，§ 814 Rn. 3.

④ 参见王泽鉴：《不当得利》，115 页，北京，中国政法大学出版社，2002。

⑤ 参见［德］梅迪库斯：《德国债法分论》，杜景林、卢谌译，538 页，北京，法律出版社，2007。

⑥ MünchKomm/Schwab，§ 814 Rn. 4.

⑦ 参见王泽鉴：《不当得利》，115 页，北京，中国政法大学出版社，2002。

需要指出的是，如果给付人不具有完全的行为能力，或者其给付是因为受欺诈、受强制或胁迫所致，其履行不属于自愿的履行。给付人仍然可以请求不当得利返还。[①]

四、基于情谊行为的给付

情谊行为是指施惠人并无受法律约束之意愿，而仅出于帮助、关爱他人之目的，而实施的有利于增进受惠人利益的无偿行为。[②] 为他人提供便利一方通常称为施惠人，接受他人提供便利一方通常称为受惠人。

基于情谊行为的给付不得要求返还，这是罗马法以来所通行的规则，罗马法没有为施惠人提供任何救济。中世纪时期，对善意增利者的救济开始得到承认。但现在各国判例和学说普遍认为，基于情谊行为而作出的给付，不得要求返还。[③] 例如，乙身体不好，甲答应经常陪乙散步，此种行为即属于情谊行为，即便甲后来反悔，不再陪乙散步，乙也无法请求甲承担法律责任。但甲为陪乙而支付的费用，也不得请求乙返还。笔者认为，基于情谊行为的给付不得要求返还，主要理由在于：

第一，情谊行为本质上属于法外空间，法律一般不对其进行调整。在构成情谊行为的情形下，当事人之间并没有形成民事法律关系，原则上处于“法外空间”。情谊行为当事人通常受道德、礼仪、习惯等规范，情谊行为并非法律规范的对象。[④] 情谊关系和债的关系不同，债的关系具有法律拘束力，而情谊关系属于一种施惠关系，并不能在当事人之间产生法律拘束力，即便当事人因此发生纠纷，也不属于法律规范的范畴。情谊行为和民事法律行为的本质区别在于情谊行为的施惠者不具有受法律拘束的意思或者说不具有缔结法律关系的意图。[⑤] 当事

① 参见［德］冯·巴尔等主编：《欧洲私法的原则、定义与示范规则：欧洲示范民法典草案》（第五卷至第七卷），王文胜等译，945页，北京，法律出版社，2014。

② 参见王雷：《论情谊行为与民事法律行为的区分》，载《清华法学》，2013（6）。

③ 参见《德国民法典》第294条；《法国民法典》第1150条。

④ 参见谢鸿飞：《论创设法律关系的意图：法律介入社会生活的限度》，载《环球法律评论》，2012（3）。

⑤ 参见王雷：《论情谊行为与民事法律行为的区分》，载《清华法学》，2013（6）。

人实施情谊行为往往基于友情等其他感情的考虑，并不具有将自己的情谊行为置于法律调整之下的主观意思。所以，情谊行为本身不能直接产生某种民事法律关系。在情谊关系中，即便施惠人一方爽约，其也无须承担法律责任。如在长途旅行中，当事人约定一方应当在某一时刻叫醒对方，此时，双方当事人没有形成一定的法律关系，爽约一方对对方不承担法律责任。

第二，在情谊行为中，受惠一方所获得的利益很难认定为法律上的利益。在情谊行为中，虽然施惠的一方在实施情谊行为时可能会向受惠的一方进行一定的给付，但很难认定受惠人因此受有法律上的利益。情谊行为本身并不属于法律规范的范畴之内，当事人之间的关系原则上并不受法律的调整，因此，受惠人因情谊行为而受领的利益也很难被认定为法律上的利益，施惠的一方也不得请求受惠的一方返还不当得利。

需要指出的是，施惠人在从事情谊行为的过程中可能具有一定的利己考虑，如为了获得他人的良好评价、取得社会的认可等，但这些利己的考虑仅属于施惠人内心的动机，并不构成法律上的权利义务。如施惠人是出于排解寂寞的考虑而同意他人免费搭车，此种利己考虑也并不妨碍情谊行为的成立，而车主的内心考虑与搭车人之间不构成利益交换，因而也并不构成法律意义上的对价。

第三，情谊行为一般具有利他性。情谊行为大多发生在亲友等关系密切的社会成员之间，当事人往往基于友情、感情等作出给付，其主观性较强，法律很难对其进行评价。同时，从长期的角度观察，情谊行为往往具有互助性质，一方对另一方作出给付以后，另一方也很可能在将来作出类似的给付。施惠的一方实施施惠行为的目的即在于使受惠的一方无偿保有该利益，因此，施惠的一方不得请求受惠的一方返还不当得利。当然，也不能完全基于有偿或者无偿来判断某一关系属于情谊行为还是债的关系，因为有的债的关系也具有无偿性，如无偿委托、赠与合同等。①

① 判断某一关系属于情谊行为还是债的关系，主要应当依据当事人作出该行为时的意图进行判断，即如果当事人作出该行为时并不具有受该行为拘束的意思，并没有成立法律关系的意图时，即应当将该行为认定为情谊行为。参见黄立：《民法债编总论》，17页，北京，中国政法大学出版社，2002。

情谊行为具有无偿性，其常常与赠与行为发生混淆，但基于情谊行为的给付与基于赠与合同而作出的给付不同。赠与合同属于法律行为，当事人应当就赠与达成合意，而且在当事人之间形成赠与法律关系；而在情谊行为的情形下，当事人之间并没有成立法律关系的意图，也没有受法律拘束的意思。在基于赠与合同而作出给付的情况下，受赠人保有受领利益具有法律上的原因，即因存在赠与合同，从而不构成不当得利。而对基于情谊行为作出的给付而言，受惠一方所获得的利益很难认定为法律上的利益，不存在是否构成不当得利的问题。此外，在赠与合同被撤销后，赠与人有权请求受赠人返还不当得利，而在情谊行为中，即便施惠的一方事后反悔，其也无权请求受惠的一方返还其所受领的利益。

第三编
非典型之债

第十章

自然债务

第一节　自然债务概述

一、自然债务的概念与特征

自然债务，是指欠缺强制执行效力的债务。这一概念起源于罗马法的obligations naturales[①]，各国法律普遍承认这一制度，我国立法和司法实践也承认了自然债务。自然债务的典型形态包括两种。一是超过时效的债务，二是道德债务。1992年的《荷兰民法典》首次在自然债务中明确规定了道德债务。该法典第六编第1条规定："有下列情形的债为自然之债：（1）因法律或者法律行为丧失可强制执行性；（2）一方对另一方负有不可推卸的道德义务，尽管在法律上不可强制执行，但按照一般观念应认为另一方有权获得该项给付的履行。"从该规定来

① Pierre Cornioley，Naturalis obligation (1964).

看，其不仅明确了道德债务属于自然债务，而且明确了其不可强制执行以及在履行之后不能请求返还的特点。但我国法律并没有对道德债务作出规定。笔者认为，自然债务仅限于欠缺强制执行力的债务。一般债务都具有强制执行力，但在某些情况下，依据法律规定，也可能产生无强制执行力的债务，如超过诉讼时效的债务。

自然债务并不意味着不存在债务，只不过，此种债务不得诉请强制执行。自然债务的特征主要有以下几点。

1. 具备债的一般属性和特点。自然债务在性质上仍然属于债的类型，其一般由合法的债转化而来。例如，波蒂埃认为，自然债务属于不完整的债务，它是从正常的债务转化来的残缺之债。从这一意义上说，自然债务与纯粹的社会、道德、宗教义务不同，其仍然发生在平等的主体之间。自然债务中的债权人仍享有诉请履行的效力和保持力，债权人可以基于其享有的债权请求对方当事人为给付行为，而且在对方当事人清偿债务的情形下，债权人有权保有该清偿利益，并不构成不当得利。例如，乙公司对甲所负担的债务因超过三年诉讼时效而成为自然债务，甲的债权虽然欠缺强制执行的效力，但甲仍可请求乙履行，并且在乙清偿债务后，甲仍有权保有该受领利益，而不构成不当得利。自然债务不同于违法的债务，如赌债。违法的债务并不是自然债务，因为当事人设立此种债的行为因违反法律的强制性规定或公序良俗而应当认定为无效，所以，当事人之间并不存在债的关系。严格地说，当事人之间清偿赌债的行为，性质上是不法原因的给付，属于不当得利的范畴。而自然债务虽然欠缺强制执行力，但仍属于债的范畴。从比较法上来看，许多国家将赌债视为自然债务。[①] 笔者认为，赌债本身在内容上具有不法性，清偿赌债在性质上是不法给付，而不是履行自然债务，因此，不宜适用自然债务的规定。

2. 欠缺强制执行力。债通常具有强制执行的效力，自然债务在性质上虽然属于债的类型，但并不具有强制执行力，即在债权人诉请债务人清偿债务时，法

① 参见［德］冯·巴尔等主编：《欧洲私法的原则、定义与示范规则：欧洲示范民法典草案》（第五卷至第七卷），王文胜等译，952～954 页，北京，法律出版社，2014。

院不得强制债务人清偿债务。正如有学者所言，对自然债务而言，法院可能判决债权人享有债权，但并不能付诸执行。[①] 在自然债务中，如果自然债权构成主动债权，则在符合抵销的情形下，债权人不得主张抵销，否则，即变相地赋予自然债务强制执行的效力。[②] 当然，如果自然债权属于被动债权，则允许抵销，此时，在债务人选择抵销自然债权时，等同于自愿清偿债务。由于强制执行力的缺失构成对债权人权利的一种限制，此种限制原则上应当以法律的明确规定为限，否则，债的关系当事人应当严格按照债的要求履行债务。因此，自然债务通常是由法律明确规定的。

3. 自然债务仍可以履行，而且债权人享有受领权。自然债务虽然欠缺强制执行力，债权人不能通过强制执行的方式实现其债权，但其债权仍然具有保持力。也就是说，在债务人自愿作出履行时，债权人仍有权受领，并保有该受领利益，而不构成不当得利。[③] 不过，自然债务的履行应当是债务人的自愿履行，如果履行自然债务是因为债权人采取欺诈、胁迫等方式促使债务人履行的，债务人也可以请求返还。[④]

对自然债务而言，债权人的债权虽然不具有强制执行的效力，但债务人所作出的清偿承诺可以成为强制执行的依据。关于债务人履行自然债务承诺的性质，主要具有两种观点，一是赠与说，此种观点认为，在自然债务中，债务人承诺履行债务的行为构成对债权人的赠与，债权人的债权因此具有强制执行力。二是授予权利说。此种观点认为，债务人承诺履行自然债务的行为实际上授予了债权人请求强制执行的权利。[⑤] 笔者认为，债务人允诺履行自然债务的行为并不构成赠与，因为赠与在性质上属于合同，需要双方当事人就赠与达成合意，如果将债务人的允诺认定为赠与，则在债权人接受赠与前，债务人可以随时撤销其赠与的意

---

① 参见李永军：《自然之债源流考评》，载《中国法学》，2011（6）。

② 参见［日］我妻荣：《新订债权总论》，王燚译，63页，北京，中国法制出版社，2008。

③ 参见林诚二：《民法债编总论》，12页，北京，中国人民大学出版社，2003。

④ 参见［德］冯·巴尔等主编：《欧洲私法的原则、定义与示范规则：欧洲示范民法典草案》（第五卷至第七卷），王文胜等译，952页，北京，法律出版社，2014。

⑤ 参见李永军：《自然之债源流考评》，载《中国法学》，2011（6）。

思表示，而且债务人可以随时撤销赠与，这显然不利于保护债权人的利益。而授予权利说也未能解释债务人允诺赋予债权人强制执行权利的原因。实际上，从私法自治的角度考虑，对自然债务而言，在债权人请求债务人履行债务时，债务人享有一定的抗辩权，此种利益属于债务人的利益，债务人所作出的履行债务的允诺可以视为债务人对该利益的抛弃，债权人也因此享有强制执行的权利。

二、自然债务制度的发展

自然债务产生于罗马法。在古典罗马法时期，自然债务原系指罗马市民法中，未践行一定严格方式之契约，因其不存在诉权而无从受裁判上之保护，故唯有依债权人的自助行为或相对人的自愿履行。[①] 在早期罗马法中，自然债务的概念与行为能力的欠缺是联系在一起的。如果在契约关系中，一方当事人是奴隶、未成年人和女人，则因为此类合同产生的义务并不属于债的范畴，因为它们并不具有强制执行效力。[②] 至罗马帝国时代，狄奥多悉二世（Theodosius）曾经对消灭时效作出了概括的规定，将消灭时效扩展适用于一切“对人之诉”“对物之诉”之中。因此，超过了消灭时效期间的债务，在罗马法上称为自然债务，此类债务成为自然债务的典型形态。在罗马法中，除了超过时效的债务外，因其他原因产生的债的效力不完整，也构成自然债务。[③]

1804 年的《法国民法典》深受罗马法影响，对自然之债作出了规定，其第 1235 条对债的清偿作出了规定，依据该条第 2 款的规定，对自然债务而言，如果债务人已经自愿作出了清偿，则债务人不得请求返还。从法国的司法实践来看，法国法上的自然债务首先是指超过诉讼时效的债务，除此之外，还包括发生在亲属领域和继承领域的一些债务。在司法实践中，法院将因非法原因而产生的

---

① Pierre Cornioley，Naturalis obligation（1964）.

② See Reinhard Zimmermann，*The Law of Obligations*：*Roman Foundations of the Civilian Tradition*，Oxford University Press，1990，p. 7.

③ David Deroussin，Histoire du droit des obligations，Paris ：Economica，2007，p. 62.

债务排除在自然债务的范畴之外。[①]《法国民法典》虽然对自然债务作出了规定，但《法国民法典》并没有对自然债务的概念进行界定。不过，法国司法判例对自然债务的概念作出了界定，认为在一般情况下，在行为人对他人作出给付时，如果行为人不是出于赠与的意图，而是为了完成某种良心上与荣誉上的强制性义务，或者出于感激而履行某种强制性义务时，都可能构成自然债务。[②]

在德国法上，自然债务也被称为不完全债务、道德债务或不附责任的债务。《德国民法典》并没有直接对自然之债作出规定。一般而言，债权具有诉请履行力、执行力、自力实现性、处分权能和保持力等权能，但自然债务不具备上述全部权能。[③] 学者一般将自然之债纳入不完全债权中进行讨论。《德国民法典》虽然没有对自然债务作出规定，但关于债的效力、不当得利以及婚姻媒介的相关规定实际上是针对自然债务的规定。例如，《德国民法典》第 214 条关于消灭时效效力的规定，第 656 条关于婚姻居间报酬的规定，以及第 762 条关于“赌债”的规定等。对于上述债而言，债权人的债权并不具有债权的全部权能，如超过诉讼时效的债权虽欠缺强制执行力，但一旦债务人作出了给付，债权人仍有权保有该给付利益，并不构成不当得利，债务人不得请求债权人返还。[④]

在英国法上，自然债务是受衡平法调整的，在 Bize v. Dickason 案中，曼斯菲尔德法官（Lord Mansfield CJ）提出，“普通法不会强使给付，但衡平法与良心却会要求给付的，若果然给付，不得再依取得或受到金钱的返还之诉寻求救济”[⑤]。这就是说，自然债务在英国法上，主要是为了弥补普通法的不足，而依据公平观念而确定的制度。1980 年，英国颁布《时效法》，依据该法的规定，就超过时效的债务，一旦清偿，不得以诸如对时效抗辩的认识错误之类的理由为基础而主张返还。

最高人民法院 1997 年 4 月 16 日发布的（1997）4 号批复中指出：“根据《民

① 参见《法国民法典》下册，罗结珍译，949 页，北京，法律出版社，2005。

② 参见《法国民法典》下册，罗结珍译，950 页，北京，法律出版社，2005。

③ 参见［德］梅迪库斯：《德国债法总论》，杜景林等译，16～19 页，北京，法律出版社，2004。

④ 参见［德］梅迪库斯：《德国债法总论》，杜景林等译，20 页，北京，法律出版社，2004。

⑤ Bize v. Dickason (1786) 1 T. R. 285 at 286 - 287, 99 ER 1097, 1098.

法通则》第九十条规定的精神，对超过诉讼时效期间，当事人双方就原债务达成还款协议的，应当依法予以保护。”依据这一规定，如果某一债权超过诉讼时效期间，债务人自愿清偿的，债权人仍有权保有该履行利益，这实际上是对此类自然债务效力作出的规定。《诉讼时效司法解释》相关条款也对超过诉讼时效的债务的效力作出了规定。[①]《民法总则》第192条第2款规定：“诉讼时效期间届满后，义务人同意履行的，不得以诉讼时效期间届满为由抗辩；义务人已自愿履行的，不得请求返还。”该条虽然没有明确使用“自然债务”的概念，但其所规定的实际上就是自然债务。

在法律上，承认自然债务的概念具有一定的意义。一方面，其可以督促债权人及时主张权利，并对债务人提供时效保护。对债权人而言，一旦诉讼时效超过，债权人虽然有权对债务人提出请求，但债务人一旦提出抗辩，则债权将难以实现。因此，肯定自然债务的概念，有利于督促债权人及时行使权利；同时，在诉讼时效超过的情形下，债务人可以以此对抗债权人的请求权，这也可以对债务人提供时效保护。另一方面，承认自然债务的概念，也有利于弥补债的效力的不足。如果缺乏自然债务的概念，则一旦诉讼时效经过，即便债务人自愿履行，债权人也无权保有该受领利益，这显然不利于保护债权人的利益。而且对债务人而言，其履行债务也将缺乏法律上的原因，因此，在诉讼时效经过的情况下一概否定债的效力，也不一定完全符合债务人的意愿。[②] 因此，在债的效力与时效制度之间存在需要法律调整的领域，即在法律债务的诉讼时效经过之后，既不应全面维持法律债务的效力，也不应当全面否定法律债务的效力，这就需要通过自然债务法律制度解决这一问题。

① 参见《诉讼时效司法解释》第22条。

② 参见王明锁、魏磊杰：《论自然债务》，载《法学论坛》，2005（1）。

第二节 诉讼时效届满后的债务

一、诉讼时效届满后的债务的概念与效力

时效届满后的债务是指债务虽然仍有效存在、但诉讼时效已经届满的情形。诉讼时效届满后的债务属于自然债务的重要类型。为了维护法律秩序，督促权利人及时行使权利，法律设置了诉讼时效制度，对债的效力进行规制。与除斥期间的法律效力不同，诉讼时效届满并不导致债权完全消灭，而只使其强制执行效力失效。具体来说，诉讼时效届满后的债务具有如下效力。

第一，债务本身不消灭。债务诉讼时效届满后，债务人虽然因此享有一定的时效利益，但其债务仍存在，如果债务人自愿履行债务，债权人也可以接受给付并保有该给付利益，而不构成不当得利。从对债权人的角度看，诉讼时效届满后，债权人的实体权利并不消灭，而只是效力减弱，即债权已经转化为一种自然权利，只要债务人援引时效抗辩权，则债权人的权利将难以实现。当然，在时效届满以后，债权的受领权能并没有减弱。因此，债权人仍然可以受领债务人的给付，债务人不得以债权人构成不当得利为由请求返还。同时，诉讼时效期间届满，债权人的诉权也不消灭，其仍然可以基于其程序意义上的诉权向法院提起诉讼，而且只要符合起诉的条件，法院就应当受理，而不得直接以时效期间届满为由驳回起诉或不予受理。

第二，债务人产生抗辩权。《民法总则》第 192 条第 1 款规定："诉讼时效期间届满的，义务人可以提出不履行义务的抗辩。"依据这一规定，时效届满的主要效果是使债务人产生拒绝履行的抗辩权。这就是说，从债务人的角度来说，在时效届满之后，其享有拒绝履行的抗辩权。也就是说，如果债权人提出请求，债务人有权拒绝，法院也不得强制债务人必须履行其义务。对于债务人来说，其援

引时效抗辩权，将导致其债务转化为自然债务，从而产生时效利益，这种利益本质上也是一种民事权益，应当依据私法自治原则由当事人自愿行使。

依据《民法总则》第193条的规定，时效届满以后，法院不应当主动依据职权审查时效是否已经届满，无论是在起诉阶段，还是在诉讼过程中，法院都不能主动援引时效规定。但一旦债务人提出时效的抗辩，无论是在正式答辩中提出，还是在法庭辩论中提出，都将视为债务人主张时效利益。但如果当事人没有提出诉讼时效的抗辩，应当认为其抛弃了时效利益。[①]

第三，债务人同意履行或自愿履行。依据《民法总则》第192条第2款规定，“诉讼时效期间届满后，义务人同意履行的，不得以诉讼时效期间届满为由抗辩；义务人已自愿履行的，不得请求返还”。因此，诉讼时效届满后，债务人已经同意履行的，不得再提出抗辩。同时，如果债务人已经自愿履行的，也不得请求返还。

二、诉讼时效届满后债务人抛弃其时效利益

（一）诉讼时效届满后时效利益抛弃的概念和特征

所谓诉讼时效届满后时效利益的抛弃，是指债务人在诉讼时效届满以后，以明示或默示的方式，放弃其诉讼时效利益。从民法上说，法律关于时效的规定属于强制性规定，当事人不能通过约定变更法定的时效期限，也不得预先抛弃未来所享有的时效利益。但是在时效届满后，债务人可以诉讼时效届满为由对抗债权人的请求权，此时，债务人的时效利益主要体现为债务人个人的财产利益，按照民法的自愿原则，法律对任何当事人处分其个人利益且不妨害社会公共利益的行为，均应承认其有效。既然诉讼时效届满后，债务人享有的时效利益是一种财产利益，且已经为债务人所取得，因而也可以抛弃。诉讼时效利益的抛弃有如下特征。

第一，抛弃的对象是债务人因诉讼时效届满而享有的时效利益，而不是实际

① 参见洪逊欣：《中国民法总则》，367页，台北，三民书局，1992。

占有的财产。也正因为如此，债务人必须知道诉讼时效已经届满，其获有时效利益。

第二，抛弃时效利益是一种事后处分的行为。所谓事后处分，是指债务人获得时效利益以后，才对其进行的处分。法律并不禁止当事人事后抛弃诉讼时效利益，毕竟此种利益仅属于当事人的私人利益。这就是说，在时效期间届满后，当事人可以就已经取得的时效利益加以处分。

第三，时效利益抛弃属于单方处分行为，应适用意思表示的一般规定，因此，抛弃者须有行为能力和处分能力。债务人抛弃其时效利益，只要作出单方的意思表示即可，无须获得相对方同意。但此种行为为需要相对人受领的单方行为，所以要在到达相对人时才生效力。当然，按照私法自治原则，当事人也可以事后通过合同约定的方式抛弃其诉讼时效利益。

第四，时效利益抛弃的方式是多样的，债务人可以单方的意思表示，也可以以协议的方式抛弃时效利益。如时效届满后，双方达成协议同意履行债务，即构成债务人对时效利益的抛弃。

（二）诉讼时效届满后诉讼时效利益抛弃的方式

抛弃诉讼时效利益有如下几种表现方式。

1. 债务人实际履行债务

诉讼时效期间届满后，如果债务人实际履行了债务，则债权人仍有权受领，而不构成不当得利。此时，债务人也无权请求债权人返还该给付利益。对此，《民法总则》第192条第2款规定：“义务人已自愿履行的，不得请求返还。”即使债务人因错误而不知道时效届满，也不能以“重大误解”为由主张撤销。从法律上看，债务人自愿履行，可以认为是以默示的方式抛弃了时效利益。

2. 债务人同意履行债务

《民法总则》第192条第2款规定：“诉讼时效期间届满后，义务人同意履行的，不得以诉讼时效期间届满为由抗辩。”依据这一规定，债务人一旦同意履行，就不能再主张时效利益。债务人同意履行包括两种情形。一是双方达成履行债务的协议。时效届满后，如果双方达成了履行债务的协议，也可以视为义务人放弃了时效利益。从法律上看，双方达成书面协议实际上是一项和解协议，形成了一个新的合同。虽然时效届满以后，相关债务已转化为自然债务，但不能否认债务纠纷的存在。通过双方达成协议，由债务人继续承担全部或一部分债务，此项债务已非自然债务，乃是一种新债务，如果债务人不履行其债务，法院可以强制执行。二是债务人单方允诺履行债务。诉讼时效届满以后，如果债务人单方承诺愿意承担全部或部分债务，亦可导致时效利益抛弃。例如，在三年时效届满以后，债权人向债务人发出拖欠债务的本金、利息的通知，债务人在该通知上盖章，表示承认该债务。既然法律允许时效利益的事后抛弃，则债务人当然可以通过单方允诺的方式作出。从实践来看，我国法院的一些判决也认可债务人单方允诺抛弃时效利益会对其本身产生相应的拘束力。①

（三）债务人抛弃时效利益的法律效果

债务人抛弃其时效利益以后，就使其负有的义务又恢复了原来的效力，尤其是恢复了可以申请法院强制执行的效力。此时，债务人并没有负担新的义务，而只是使原有义务的效力增强。因此，一旦债务人抛弃诉讼时效利益，则民事义务的时效期间应当重新计算。确切地说，从抛弃之日起，诉讼时效重新计算。“时效完成之利益一经抛弃，即回复时效完成前之状态，债务人不得再以时效业经完成拒绝给付。惟得援用时效利益抛弃后重行起算新时效利益。”②

① 参见“重庆某银行诉罗某某等金融借款合同纠纷案”，重庆市奉节县人民法院（2011）奉法民初字第1806号民事判决书。

② 王泽鉴：《民法总则》，432页，北京，北京大学出版社，2009。

第十一章 悬赏广告

第一节 悬赏广告概述

一、悬赏广告的概念和特征

所谓悬赏广告，是指悬赏人以广告的形式声明对完成悬赏广告中规定的特定行为的人，给付广告中约定报酬的行为。[①] 通常，悬赏人在其刊登的各种寻人、寻物启事中提出，如帮助寻找到某人或完成某事，将支付若干报酬。悬赏广告自古有之，传说皋陶立法，“悬赏设罚，异是非，明好恶”（陆贾《新语·道基》。）商鞅变法时，城门立柱，悬赏五十金，成为千古流传的故事。《盐铁论·除狭》中说：“悬赏以待功，序爵以俟贤。”在现代社会，悬赏广告在报纸、网络中比比皆是，用途十分广泛。我国《合同法》虽未明确针对悬赏广告作出规定，但其第

① 参见王家福主编：《民法债权》，285页，北京，法律出版社，1991。

15条也可适用于悬赏广告。《合同法司法解释二》第3条规定："悬赏人以公开方式声明对完成一定行为的人支付报酬，完成特定行为的人请求悬赏人支付报酬的，人民法院依法予以支持。但悬赏有合同法第五十二条规定情形的除外。"这就在法律上确认了悬赏广告的效力。

悬赏广告具有如下特征。

第一，悬赏广告是以广告的方式所作出的意思表示。悬赏广告属于意思表示的一种。无论是单方行为说，还是合同说，都认为悬赏广告是悬赏人向不特定的多数人所作出的意思表示。悬赏人在悬赏广告中对相对人的资格等条件所设置的限制条件，并不影响其意思表示的性质。至于悬赏人作出意思表示的方式、时间、地点等都不影响悬赏广告的认定。但悬赏广告与一般的意思表示不同，它是采取"广而告之"的方式。也就是说，悬赏广告是面向不特定的相对人作出的意思表示，是对社会公众作出的承诺（public commitment）。此种广告可以通过网络、纸质媒体等予以发布。

第二，悬赏广告是以对完成特定行为的人给予报酬为内容的意思表示。悬赏是针对完成特定的行为作出的，其在内容上并没有限制，凡是合法的行为，无论是事实行为，还是法律行为，都可以作为悬赏广告的对象。① 悬赏广告中的报酬类型有多种，其既可以是给付一定的金钱，也可以是给付一定的财产或其他奖励。也就是说，只要相对人完成了特定的行为，悬赏人就应当按照其允诺负担给付报酬的义务，相对人是否具备相应的行为能力等，原则上并不影响悬赏人给付报酬的义务。即便相对人没有见到广告，但其实施了悬赏广告中的行为，其也有权请求获得悬赏广告所承诺的利益。

第三，悬赏广告是一项单方法律行为。虽然关于悬赏广告的性质存在争议，但一般认为，悬赏广告在性质上属于一项单方法律行为，其成立并不需要悬赏人与相对人就悬赏广告的内容达成合意，因此，相对人完成特定行为在性质上也不构成承诺。悬赏广告一经发出，便产生相应的法律效力。

第四，悬赏广告是独立的债的发生原因。悬赏人一般会在悬赏广告中对实施

① 参见孙森焱：《民法债编总论》上册，66页，北京，法律出版社，2006。

一定行为的人允诺支付一定的报酬，这也使其负担了一定的债务。[①] 即在行为人完成悬赏人在悬赏广告中所声明的特定行为后，其就有权按照悬赏广告的约定请求悬赏人支付一定的报酬，而且悬赏广告与合同不同，即便完成特定行为的行为人不具备相应的行为能力，也不影响其报酬请求权，从这一意义上说，悬赏广告也是独立的债的发生原因。

二、悬赏广告的性质

悬赏广告并非罗马法和日耳曼普通法中的法律制度，而是 17 世纪潘得克顿学派的观点在现代发展的结果。[②] 关于悬赏广告的性质，存在以下三种观点。

第一，单方行为说。此种观点认为，悬赏广告性质上属于单方行为，属于没有相对人的单方意思表示（einseitige，nicht empfangsbedürftige Willenserklärung）。[③] 悬赏广告设立了一项有利于他人的债权，只要他人实施了悬赏广告所要求的行为或者实现了悬赏广告所要求的结果即可。完成了悬赏广告所要求的行为或实现了悬赏广告所要求的结果的人，即使其本身为未成年人，或即使不知道悬赏广告本身存在，也可以要求悬赏广告的发出者向其支付报酬。

第二，要约说。此种观点认为，悬赏广告为一种要约，在性质上属于对不特定多数人发出的要约，只要行为人完成悬赏广告所声明的行为，即构成对该要约的承诺，即在当事人之间形成悬赏合同，完成行为人享有报酬请求权。[④]《欧洲合同法原则》（PECL）认为，悬赏广告为要约，但无须承诺的单方允诺也同样可以成立合同。[⑤]

第三，要约邀请说。此种观点认为，悬赏广告在性质上属于要约邀请（或称

---

① 参见郑玉波：《民法债编总论》，54 页，北京，中国政法大学出版社，2004。

② MünchKomm/ Seiler，§ 657，Rn. 1.

③ Beck'scher Online-Kommentar BGB/Kotzian-Marggraf，§ 657，Rn. 2.

④ 参见郑玉波：《民法债编总论》，61 页，台北，三民书局，1988。

⑤ PECL Article 2：107 – Promises binding without acceptance A promise which is intended to be legally binding without acceptanceis binding.

为要约引诱）。[1] 此种观点认为，在悬赏广告中，悬赏人发布悬赏广告的行为在性质上属于向不特定的人发出要约邀请，行为人完成悬赏广告中所声明的行为在性质上属于要约。此种观点显然不利于对悬赏人作出拘束，有违诚信原则，因而在比较法上极少被采用。

我国司法实践一般认为，悬赏广告在性质上属于悬赏人向社会不特定的人发出的要约，行为人一旦完成悬赏广告中的指定行为，即构成对悬赏人的承诺，双方就形成了债权债务关系。《合同法司法解释二》第3条规定："悬赏人以公开方式声明对完成一定行为的人支付报酬，完成特定行为的人请求悬赏人支付报酬的，人民法院依法予以支持。但悬赏有合同法第五十二条规定情形的除外。"从该规定似乎可以看出，悬赏广告也可以成立合同，而不需要采取要约承诺的方式。而《民事案由规定》也将"悬赏广告纠纷"纳入"合同纠纷"中。在司法实践中，一些案例认为悬赏广告可以成立合同。例如，在李某诉朱某华、李某华悬赏广告酬金纠纷中，天津市中级人民法院认为："被上诉人辩称'寻包启示'许诺给付报酬不是真实意思表示；事后反悔，拒绝给付李某15 000元酬金，有违《民法通则》第四条规定的诚实信用原则，是错误的。李某的上诉理由成立，应予支持。"[2] 从该裁判可以看出，在悬赏广告中，行为人只要完成悬赏广告所声明的行为，即可请求悬赏人支付相应的报酬，而并不要求行为人必须具备行为能力和知道悬赏广告的存在。

从理论上讲，《合同法司法解释二》第3条只是确认"完成特定行为的人请求悬赏人支付报酬的，人民法院依法予以支持"，而没有明确指明悬赏广告的性质，即没有明确悬赏广告是双方当事人的合同，还是认为其是悬赏人的单方允诺。所以还不能够简单地认为该条就已经将悬赏广告纳入合同的范畴。就法理而言，笔者认为，从维护当事人的利益和交易安全的角度出发，应当将悬赏广告界定为单方行为而非合同，其原因在于：

第一，采单方法律行为说，只要悬赏人发出了悬赏广告，不需要他人作出同

---

① 转引自郑玉波：《民法债编总论》，53页，北京，中国政法大学出版社，2004。

② 《最高人民法院公报》，1996（1）。

意即能发生法律效力，悬赏人就应当受到广告的拘束。这样，一方面，如果某人不知道悬赏人发出了悬赏广告，而完成了广告中所指定的行为，该人仍能取得对悬赏人的报酬请求权，而悬赏人不得以该人不知广告内容为由拒绝支付报酬。[①]例如，《德国民法典》第657条规定："通过公开的通告，对完成某行为，特别是对产生结果悬赏的人，有向完成行为的人给付报酬的义务，即使行为人完成行为时，未考虑到此悬赏广告者，亦同。"另一方面，由于悬赏人实施的是单方法律行为，所以其应受该行为的拘束，悬赏广告一经发出则不得随意撤销。而采纳契约说，则将悬赏人发出悬赏广告视为要约行为，这样悬赏人可以在相对人作出正式承诺前撤回或撤销其要约或变更要约内容，这显然对相对人不利。

第二，采单方法律行为说，使限制行为能力人、无行为能力人在完成广告所指定的行为以后，也可以对悬赏人享有报酬请求权。但若采用契约说，那么限制行为能力人和无行为能力人即使完成了广告所指定的行为，也将因为其无订约能力，从而无承诺的资格，不能在他们与悬赏人之间成立合同，当然也就不能对悬赏人享有报酬请求权，这就不利于保护限制行为能力人和无行为能力人的利益。[②]

第三，如果将悬赏广告视为单独行为，那么任何人完成广告中所指定的行为都将是一种事实行为，而非具有法律意义的承诺行为。这样，只要相对人完成了广告指定的行为即享有报酬请求权，而不必准确地判定在什么情况下存在有效的承诺以及承诺的时间等问题，从而可以极大地减轻相对人在请求悬赏人支付报酬时的举证负担。

第四，如果采用契约说，将会产生非常复杂的问题，即在相对人完成指定行为以后能否适用同时履行抗辩问题。按契约说，相对人完成广告指定行为即已作出承诺，双方成立合同关系，这样一方不按合同的规定支付报酬已构成违约，而另一方有权拒绝交付完成指定行为的成果。例如，某人拾得他人钱物后，如依据契约说，拾得人有权提出对方如果不支付报酬将拒绝返还，但此种做法显然不妥当。《物权法》第112条规定："权利人领取遗失物时，应当向拾得人或者有关部

---

①② 参见王泽鉴：《债法原理》，2版，257页，北京，北京大学出版社，2013。

门支付保管遗失物等支出的必要费用。”据此，拾得人有义务将遗失物返还给失主，因为遗失物不是无主财产，而是失主的财产。失主并不因为遗失其物而丧失对该物的所有权，而拾得人也不因拾得该物而取得对该物的所有权。拾得人不得以所有权人未支付报酬为由而拒绝返还遗失物，否则将构成侵权行为。因此，在拾得遗失物的情形，无法适用合同关系的同时履行抗辩权。[①] 总之，笔者认为，悬赏广告应当作为单方法律行为来对待。

值得注意的是，如果悬赏人拒不履行其诺言，相对人应采取合法补救措施，而不得采取非法的手段维护其利益。一方面，悬赏人实施广告行为以后，应对完成指定行为的人负有依广告内容支付报酬的义务。如果悬赏人拒不支付，相对人可以请求法院强制执行。另一方面，如果相对人因为信赖悬赏人会依广告内容支付报酬，而为完成指定行为支付了一定的费用或遭受了一定的损失，在悬赏人不支付酬金的情况下，相对人可以依法要求悬赏人赔偿其损失。

三、悬赏广告的构成要件

1. 必须以广告的方式对不特定人作出

所谓广告，就是广而告之，它是指商品经营者或者服务提供者承担费用、通过一定的媒介和形式发布的信息。悬赏广告既可以以张贴告示方式，或在橱窗、路牌、霓虹灯等刊登告示方式，也可以通过报纸、网络等媒体刊载，或者通过电台、广播等发布信息，只要能够使不特定的人知晓相关的信息，都可以作为广告的形式。

悬赏广告中，悬赏人必须以广告的方式对不特定人作出，因此与要约原则上必须针对特定的人发出是不一样的。悬赏广告虽然是针对不特定人发出，该特定人可以是所有人，也可以是一定范围内的不特定的人（例如在微信朋友圈中发布悬赏信息）。如果只是对特定主体发出的，即便相对人是多人，该行为也不属于

① 有一种观点认为，此种情形拾得人可以享有留置权，但是，笔者认为，留置权的享有应当不与其负有的主要义务相冲突，返还遗失物是拾得人的主要义务。

悬赏广告，而属于对特定人发出的要约。当然，悬赏人可以对悬赏广告的相对人作出限制。例如，如果悬赏人在悬赏广告中声明，只有特定年龄段或者特定区域内的行为人完成悬赏广告声明的行为，才可向其请求支付报酬，则该约定也具有法律效力。

2. 必须声明给付报酬

所谓悬赏广告中的“悬赏”，是指悬赏广告中所声明给付的报酬，所以，给付报酬乃悬赏广告的题中之意，悬赏人可以在悬赏广告中声明报酬的种类、数额以及支付方式等。具体而言，各种报酬支付方式如金钱、名誉、财物等，只要不违反法律规定，均可作为悬赏报酬。至于是否在广告中说明报酬数额，以及以何种方式进行支付，也均可依广告发布者之意思决定。如果悬赏人在悬赏广告中声明对完成特定行为的相对人支付报酬，但没有明确具体的报酬数额，则在行为人完成悬赏广告声明的行为时，仍有权请求悬赏人支付相应的报酬，当事人可以就报酬的具体数额进行协商，协商不一致的，可以由法院进行裁定。法院在裁定时，可以参考行为人完成特定行为的时间、成本、所完成工作成果的归属等因素，确定悬赏人应当支付的报酬数额。

3. 报酬给付对象必须是完成一定行为之人

完成悬赏广告规定的行为，是广告发布人发布该广告的最终目标，至于该行为的内容和类型，则只要不违反法律规定及社会公共利益即可。① 然而，悬赏广告中约定之行为，应是一种客观的行为，而非一种状态。例如，在评奖开始前发布广告，对获得劳模称号之人给予奖励，其性质就属于悬赏广告；但如果是在评奖结束后发布声明，奖励获奖之人，因为获奖已成为一种状态，则该广告在性质上应为一种赠与要约，而非悬赏广告。② 例如，甲在某网站发布一则公告，声称：“本人是野生松鼠爱好者，如果有人能够在十日内在泰山拍到野生松鼠照片，本人将给予其报酬 2 000 元。”三日后，乙在泰山拍摄到一张野生松鼠的照片，并将该照片上传到甲刊登公告的网站，但甲提出，无法证明该照片是在泰山拍摄

① 参见孙森焱：《民法债编总论》上册，66 页，北京，法律出版社，2006。

② 参见陈酉龙：《民法债编总论》，37～38 页，台北，五南图书出版公司，2005。

的，因此拒绝支付报酬，双方为此发生争议。在该案中，只要乙能够证明其照片是在泰山拍摄的，就等于完成了甲悬赏广告所声明的行为，乙也就应当有权请求甲支付所声明的报酬。

4. 悬赏广告的内容具有合法性和确定性

所谓合法性，是指悬赏广告的内容不得违反法律的强制性规定，不得损害公共利益和他人的合法权益。《合同法司法解释二》第3条规定：“悬赏人以公开方式声明对完成一定行为的人支付报酬，完成特定行为的人请求悬赏人支付报酬的，人民法院依法予以支持。但悬赏有合同法第五十二条规定情形的除外。”依据该条规定，悬赏广告必须符合《合同法》第52条所规定的条件，悬赏广告的合法性主要表现在以下方面。一是悬赏广告不得违反法律的禁止性规定，例如，不得悬赏从事贩卖枪支、毒品等法律禁止流通的物品。二是不得损害社会公共利益和违反公序良俗。例如，在网上发布悬赏广告，声明对敢于在公共场所跳色情舞蹈的人将给予一定报酬，该悬赏广告就违反了公序良俗。三是不得损害他人的合法权益。例如，不得以透露他人的家庭住址等基本信息以及要求搜集他人的隐私等作为悬赏广告的内容。悬赏广告内容不合法的，即使成立，也是无效的。

所谓确定性，是指悬赏广告的内容必须能够确定，否则悬赏广告无法有效成立。确定性是悬赏广告作为一项法律行为的基本要求，即当事人作出悬赏广告的意思表示的内容必须清晰、明确。例如，在网上发布悬赏广告，声明对发明永动机的人将给予巨额报酬，显然该内容不具有确定性。

第二节 悬赏广告的效力

一、悬赏广告生效的时间

悬赏广告究竟从何时开始生效，存在两种学说。采契约说的观点认为，悬赏广告必须完成要约和承诺才能成立，所以，相对人完成了指定的行为，并最先通知悬赏人，就在双方之间成立合同。也有观点认为，相对人的通知就是作出承诺，但即使相对人没有作出通知，只要完成了悬赏广告所声明的行为，就可以在当事人之间成立契约。采单方行为说的观点则认为，悬赏广告是悬赏人作出的意思表示，一旦发出，即可发生法律效力，悬赏人应当受到该意思表示的拘束，不得任意撤销该意思表示。而且行为人只要完成了特定的行为，就可以请求悬赏人给付报酬。笔者认为，悬赏广告在性质上属于单方法律行为，悬赏人一旦发布悬赏广告，该悬赏广告即发生法律效力，悬赏人也应当受到该意思表示的拘束，不得任意撤销或改变该悬赏广告。

二、悬赏广告的效力

在悬赏广告生效之后，产生如下效力。

1. 悬赏人不得随意撤销或改变悬赏广告的内容。悬赏广告的撤销是悬赏人使广告失去其效力的意思表示。原则上，悬赏广告一旦发出，即发生法律效力，也开始对悬赏人产生法律拘束力，悬赏人不得随意撤销其意思表示。广告人在悬赏广告所确定的行为完成以前，可以撤销其意思表示，但是，撤销意思方式必须以与广告发布相同的方法进行。例如，在省级报纸上发布悬赏广告，事后要撤销该广告，也应当在同等级的报纸上发布。但是，在如下情况下不能撤销悬赏广告。一是广告发布后，相对人已经完成了其行为。二是广告人在悬赏广告中承诺不撤销该广告的。[①] 三是广告本身确定了其有效期。如果广告中规定了行为人应当在特定期限内完成一定的行为，则悬赏人在该期限内不得撤销其意思表示；如果不存在上述情形，则悬赏广告原则上是可以撤销的。

如果悬赏广告被撤销，则其自始不发生效力。在悬赏广告被撤销之前，相对人为实施该特定行为而遭受一定损失的，可以请求悬赏人赔偿损失。例如，在广告人发布了寻找宠物的广告后，相对人信赖该广告的有效，并为寻找该宠物支付

① 参见《德国民法典》第658条；《日本民法典》第530条。

了合理的寻找费用，对此费用，广告人应当补偿。

2. 悬赏人负有按照其允诺支付报酬的义务。悬赏广告一旦生效，悬赏人就负有对任何完成悬赏广告所声明的行为的人给付报酬的义务。悬赏人变更、撤销其悬赏广告应当在相对人完成特定的行为之前，否则，对于善意的相对人，也要承担一定的赔偿责任。例如，甲的一只宠物狗丢失，甲苦苦找寻 3 天仍未发现，便在其小区发布告示，声称任何人如果能够帮忙找到其宠物狗，便支付 2 万元报酬。过了两天后，甲又感觉悬赏报酬过高，便又发布一告示，将 2 万元报酬修改为 1 万元。后乙找到小狗，其将小狗送还甲，并请求甲向其支付 2 万元报酬。甲认为，其已经将报酬数额降到了 1 万元，乙无权请求其支付 2 万元。双方为此发生争议。在该案中，判断甲是否应当按照修改前的公告支付报酬，关键在于判断甲修改悬赏公告前，乙是否已经完成了寻找宠物狗的行为，如果乙已经完成了该行为，则甲应当按照之前的悬赏广告向乙支付 2 万元报酬。

3. 完成特定行为的相对人享有报酬请求权。相对人首先必须完成特定的行为，此处所说的行为只能是广告所指定的行为。如果广告中确定了完成特定行为的时间，则这一时间要求也构成对相对人完成特定行为的限制。即便完成悬赏广告指定行为的人并不知道广告的存在，其也应当有权请求发布悬赏广告的人支付报酬。不过，没有在广告要求的特定时间内完成特定行为的人，不能请求支付报酬。

如果数人都完成了特定行为，则应当认定谁最先完成了该行为。例如，某人发出悬赏广告，声称如果有人游过某港湾，就奖励现金若干。后来，先后有数人都游过了该港湾，则应当根据广告的内容，确定是否要根据先后顺序确定报酬。如果广告中没有明确先后顺序的，则应当向数人支付。而数人分别且同时完成，原则上应当平均分配报酬。① 如果数人共同完成某项行为，则数人共同享有报酬请求权。② 此外，完成指定行为的人开始实施行为时，没有必要通知悬赏人。依据单方行为说理论，即使不知道广告的存在而完成了指定行为的人，也享有债权。

① 参见［日］我妻荣：《债权各论》上卷，徐慧译，71 页，北京，中国法制出版社，2008。

② 参见《德国民法典》第 660 条。

三、完成悬赏广告声明行为后所获得的利益的归属

相对人完成悬赏广告所声明的行为时，可能产生一定的利益，例如，悬赏人在悬赏广告中声明，对于在一定期间内完成某工作成果的人，将给予一定的报酬。此时，该工作成果应归属于悬赏人还是属于完成该工作成果的行为人，存在疑问。笔者认为，如果悬赏人在悬赏广告中声明，行为人应当将完成悬赏广告中特定行为的工作成果移转给悬赏人，则行为人要获得悬赏广告中声明的报酬，其应当将该工作成果移转给悬赏人。如果悬赏人在悬赏广告中并未约定该工作成果的归属，原则上应当作不利于悬赏人的解释①，即如果悬赏广告中没有约定该利益归属的，其原则上应当归属于完成悬赏广告的行为人，此时，完成悬赏广告的行为人无须移转该工作成果，也可以请求悬赏人支付相应的报酬。

第三节 优等悬赏广告

一、优等悬赏广告概述

所谓优等悬赏广告，是指悬赏人表明，相对人完成一定的行为之后，必须在一定的期间内通知，并且经过评定确定为优等的才给予报酬的悬赏广告。例如，公司发出公告，面向社会征集广告语，同时声明，在三个月内完成广告语，并经评定为一、二、三等奖的人，才支付报酬。优等悬赏广告是悬赏广告的一种，除具备悬赏广告的一般特征外，优等悬赏广告还具有如下特点。一是悬赏人一般需要在悬赏广告中作出期限限制。对一般的悬赏广告而言，悬赏人可以设定广告有效期限，也可以不设定该期限，但在优等悬赏广告中，由于悬赏者需要最后对应

① 参见黄茂荣：《债法总论》，248 页，北京，中国政法大学出版社，2003。

征者评定优等顺序，并支付报酬，因而，悬赏人需要明确悬赏广告的有效期限。例如，A公司在某网站上发布悬赏广告，邀请书法爱好者在15日之内向公司投递原创书法一份，并声明将在悬赏广告截止日期后对参选作品进行遴选，对前三名优秀的书法作品作者予以500元至1 000元不等的奖励，甲、乙、丙的书法作品后被评选为前三名。在该案中，A公司在发布悬赏广告时，应当在悬赏广告中载明悬赏广告的有效期间。二是行为人要获得悬赏广告声明的报酬，需要向悬赏人作出应征行为，并接受悬赏人的筛选。一般的悬赏广告中，只要行为人完成悬赏广告所声明的行为，不论其事先是否知道悬赏广告的存在，其都有权请求悬赏人支付相应的报酬。与一般的悬赏广告一样，优等悬赏广告在性质上也属于单方法律行为，悬赏人发出悬赏通知后，即应受到该意思表示的拘束。但与一般的悬赏广告不同，即便行为人完成悬赏人所声明的行为，其也并非当然有权请求悬赏人支付相应的报酬，而必须接受悬赏人的筛选，并按照悬赏人所确定的优等顺序获得相应的报酬。

如前所述，悬赏广告属于单方法律行为，根据单方法律行为的一般规则，其不得附条件与义务，那么优等悬赏广告是否违反了这一规则呢？笔者认为，优等悬赏广告中广告内容实现的条件比一般悬赏广告的条件更为严格，也就是说，优等悬赏广告对优等的确定是其重要内容，而不是悬赏广告本身所附的条件或者义务，因此不能认为，其改变了悬赏广告单方法律行为的性质。

二、优等悬赏广告的效力

在优等悬赏广告中，行为人的应征通知应当在悬赏人指定的期限内到达悬赏人。由于在优等悬赏广告中，悬赏人需要对各个应征者进行必要的筛选，并据此确定相应的优等顺序。因而，行为人的应征通知应当在悬赏人指定的期限内到达悬赏人，否则将无法进入悬赏人的筛选范围，也无法请求悬赏人支付相应的报酬。例如，在前述书法悬赏广告案中，甲、乙、丙应当在悬赏广告声明的期间内向A公司提交相关的书法作品，否则将丧失参与遴选的权利，因此遭受的损失也无权请求A公司赔偿。但在悬赏人确定应征者的优等顺序后，应当按照悬赏广告的约定支付相应的报酬。

问题在于，在应征者完成悬赏广告所声明的行为或者提供了相应的工作成果后，如果悬赏人长期未确定相关的优等顺序，此时，应征者是否有权请求悬赏人及时确定相关的优等顺序。笔者认为，优等悬赏广告是广告人为了实现一定的目的而发出的，为了减轻应征者的负担，保护其合理预期，优等悬赏广告的发出者有义务及时确定优等次序。当然，如果应征者没有达到优等悬赏广告的条件，广告发出者也应当及时公告，并有权撤销该优等悬赏广告。

此外，与一般的悬赏广告相同，如果悬赏人没有在悬赏广告中声明相关的工作成果归其所有，则应征者所提供的工作成果应当归应征者本人所有。

第十二章

法定补偿义务

第一节 法定补偿义务概述

一、法定补偿义务的概念与特征

所谓法定补偿义务，是指义务人依据法律规定应向受害人所负担的补偿义务。在民法上，经常采用“补偿”一词。例如，《物权法》第 42 条所规定的征收补偿；《侵权责任法》第 87 条所规定的高空抛物致人损害的补偿。在行政法中，大量地采用了法定补偿概念，例如，国家因公共利益的需要而撤回行政许可后对当事人给予的补偿。[①]《民法总则》第 183 条规定：“因保护他人民事权益使自己受到损害的，由侵权人承担民事责任，受益人可以给予适当补偿。没有侵权人、侵权人逃逸或者无力承担民事责任，受害人请求补偿的，受益人应当给予适当补

① 参见《行政许可法》第 8 条。

偿。”该条对见义勇为情形下受益人的补偿义务作出了规定，这也是对我国立法和司法经验的总结。在债法上，“补偿”一词主要适用于侵权法领域，但正如我们后文将要讨论的，法定补偿义务和侵权损害赔偿仍然是存在区别的，应该作为一种独立的债的发生原因。法定补偿义务的特征主要在于：

第一，补偿义务具有法定性。这就是说，法定补偿义务必须依法产生，因此，法定补偿义务与约定补偿义务存在明显的区别。补偿请求权并非来自于当事人之间的合同约定和交易习惯，而是基于法律的直接规定。[①] 从民法的调整方式来看，法定补偿义务属于法定主义的调整方式的运用。应当说，法律设置适当补偿义务目的在于对不幸的事故采用损失分担的做法分配风险，通过这一机制，给受害人提供救济。因为我国仍然属于发展中国家，社会救助、社会保障等制度尚不健全，而大量的事故又难以通过侵权损害赔偿予以救济，所以，有必要借助法定补偿义务制度，以达到救济受害人的目的，这是产生法定补偿义务制度的主要原因。当然，除了这一目的之外，还存在其他的政策考量，如维护公共安全、保障社会秩序等。

第二，法定补偿义务的基础主要是公平原则。在债法上，法定补偿的情形很多，其法理基础如何，值得探究。笔者认为，法定补偿义务的基础主要是公平原则。“法律是善和衡平的艺术”（Jus est ars boni et aequi）。在各种危险责任的事故中，受害人相对于行为人而言，大多是弱者，法律不能为了满足过错、因果关系等技术上的要求，而使无辜的受害人投诉无门，否则，其结果只能是表面上看起来是公平的，实质上却明显不公。无论是见义勇为中的补偿、紧急避险中的补偿，还是相邻关系中的补偿，其无不体现了公平的理念。尤其是法律在规定补偿义务时，往往以“适当补偿”来加以限制，这其实也体现了要考虑个案的具体情事而公平确定补偿数额的要求。

第三，法定补偿义务不同于完全赔偿。在侵权损害赔偿的情形下，应当坚持完全赔偿原则，“无损害则无赔偿”，而法定补偿义务则不考虑主观过错等因素。所以，在完全赔偿的情形，法官的自由裁量权受到较多的限制。而在法定补偿义

① 参见王轶：《作为债之独立类型的法定补偿义务》，载《法学研究》，2014（2）。

务的情形，法律往往只是要求“适当”地补偿，从而授权法官考量各种因素确定补偿数额，以实现个案的公平合理，因此法官享有较大的自由裁量权。例如，张某建造的房屋的主体结构已经基本完成，即将“上梁”。按照当地习俗，“上梁”为喜庆之日，邻居李某为了表示庆贺，也前来帮忙上梁，但一不小心，在抬一根房梁时，脚下打滑摔倒，被房梁砸伤。李某为此花费医药费一万余元，且留下脚疾。李某要求张某赔偿。张某认为，他本没有请李某，而且李某不仅没有帮上忙，还因为受伤而“冲了喜”，因此拒绝赔偿。双方为此发生纠纷。在该案中，毕竟李某提供帮助时，张某并没有拒绝，可以认定其已经接受了帮工。另外，李某提供帮助也使张某受益，而且，只要张某接受就推定其受益，并不考虑实际上受益的大小。依据《人身损害赔偿司法解释》第 14 条第 1 款的规定，张某应当承担补偿责任。虽然该解释采用了“赔偿责任”的表述，但其性质上应当属于补偿。张某承担责任并非基于其过错，而是基于公平原则而承担补偿义务，且张某不应当承担完全赔偿责任，而仅仅是适当补偿李某的损失。

二、法定补偿义务是独立的债的发生原因

关于法定补偿义务的性质，学术界存在以下不同的观点。一是公平责任说。此种观点认为，法定补偿义务在性质上应当属于公平责任，例如，在见义勇为的情形下，在受益人人身、财产安全面临危险时，见义勇为者对受益人提供救助，使受益人免受危险，并使自身遭受损害，基于公平的理念，受益人应当适当补偿见义勇为者的损害，此种补偿义务在性质上应当属于公平责任的范畴。① 二是无因管理说。此种观点认为，法定补偿义务在性质上属于无因管理之债的范畴，例如，见义勇为者的行为在性质上应当属于管理他人事务的行为，受益人作为被管理人，应当赔偿见义勇为者所遭受的损失。② 三是特定条件下的损失分担说。此种观点认为，法定补偿义务在性质上属于特定条件下的损失分担，只有符合法律

① 参见汪渊智：《侵权责任法学》，59 页，北京，法律出版社，2008。

② 参见张金海：《公平责任考辨》，载《中外法学》，2011 (4)。

规定的条件，才能使受益人负担补偿义务。[①]

笔者认为，法定补偿义务在整个债的请求权体系中应当属于独立的请求权类型，其主要功能在于分担损失。也就是说，法定补偿请求权既不同于侵权请求权，也不同于合同请求权。从我国现行立法规定来看，法定补偿义务的发生领域较广，在发生原因、补偿范围等方面具有特殊性，无法被其他债的关系所涵盖，其应当属于独立的债的发生原因。应当指出的是，法定补偿义务在性质上并不是一种责任，而是一种债的关系，只有在义务人不履行其法定补偿义务的情形下，才应当承担相应的法律责任。

（一）法定补偿义务与侵权损害赔偿之债

我国《侵权责任法》在多种情形下规定了法定补偿义务，具体而言，主要包括如下情形。一是见义勇为中受益人的补偿义务。《侵权责任法》第 23 条规定："因防止、制止他人民事权益被侵害而使自己受到损害的，由侵权人承担责任。侵权人逃逸或者无力承担责任，被侵权人请求补偿的，受益人应当给予适当补偿。"二是紧急避险中的受益人补偿义务。《侵权责任法》第 31 条规定："因紧急避险造成损害的，由引起险情发生的人承担责任。如果危险是由自然原因引起的，紧急避险人不承担责任或者给予适当补偿。紧急避险采取措施不当或者超过必要的限度，造成不应有的损害的，紧急避险人应当承担适当的责任。"三是暂时无意识者造成他人损害的补偿义务。《侵权责任法》第 33 条第 1 款规定："完全民事行为能力人对自己的行为暂时没有意识或者失去控制造成他人损害有过错的，应当承担侵权责任；没有过错的，根据行为人的经济状况对受害人适当补偿。"四是高空抛物、坠物时的补偿义务。《侵权责任法》第 87 条规定："从建筑物中抛掷物品或者从建筑物上坠落的物品造成他人损害，难以确定具体侵权人的，除能够证明自己不是侵权人的外，由可能加害的建筑物使用人给予补偿。"问题在于，上述法定补偿义务的规则在性质上是否属于侵权损害赔偿之债，抑或属于独立的债的发生原因。笔者认为，《侵权责任法》所规定的上述法定补偿义

① 参见佟柔主编：《中国民法》，307～308 页，北京，法律出版社，1990。

务与侵权损害赔偿之债之间存在一定的相似性，二者都是基于侵权行为而发生的，同时，二者都是由法律直接规定的财产给付关系，但二者之间也存在明显的区别，具体表现为：

第一，法定补偿义务可能与侵权损害赔偿之债并存。可以说，在此种案件中，有可能存在双重关系：一是侵权人和受害人之间的关系，二是受益人和受害人之间的关系。即便受益人向受害人作出了补偿，也不能否定侵权关系的存在，更不能因此而免除侵权人的责任。

第二，法定补偿义务并不完全考虑行为人是否违反了义务。法定补偿义务虽然规定在侵权法中，但其都是基于特殊原因而产生的，如加害人不明、加害人无过错等，此时，需要给予受害人救济，从而体现公平的要求。所以，在这些情况下，法定补偿义务并不完全以违反义务为前提。例如，在高空抛物致人损害的情形，可能致害的建筑物使用人并不确定，更谈不上违反了注意义务，但法律从救济受害人考虑，也要求其承担补偿义务。因此，该项制度的功能并不是制裁，而是救济。正是从这个意义上说，补偿义务与侵权责任存在区别①，因为任何侵权责任都是以行为人违反了义务为前提的，所以，法定补偿义务也被有些学者称为《侵权责任法》中的非侵权责任。②

第三，法定补偿义务主要是公平原则的具体体现。从该义务产生原因来看，之所以要规定法定补偿义务，也是基于公平的考量，避免当事人一方单独承受损失从而违背人们的法感情。另外，法定补偿义务授予法官考量案件情形，尤其是当事人双方的各种因素，而酌定补偿数额。侵权责任的设定虽然也考虑了公平的因素，但是，其主要是从私法自治原则考虑，是因自由意志的滥用而产生的责任，这明显不同于法定补偿义务。

第四，法定补偿义务在范围上不同于侵权损害赔偿之债。侵权损害赔偿之债采完全赔偿原则，这在德国法上也被称为“要么全赔、要么不赔”的原则（das Alles-oder-Nichts Prinzip），也就是说，只要符合了侵权责任的构成要件，就应

① 参见王轶：《作为债之独立类型的法定补偿义务》，载《法学研究》，2014（2）。

② 参见张谷：《论〈侵权责任法〉上的非真正侵权责任》，载《暨南学报》（哲学社会科学版），2010（3）。

当以损害的大小为标准确定责任范围。而法定补偿义务虽然也要考虑实际损害的大小，但是，其并不是要贯彻“填平原则”，而是以个案判断为基础，确定适当的补偿数额。

（二）法定补偿义务与公平责任

关于公平责任，我国《侵权责任法》第24条规定：“受害人和行为人对损害的发生都没有过错的，可以根据实际情况，由双方分担损失。”有学者认为，该条所规定的公平责任与前述法定补偿义务性质相同，产生同样的债权请求权。应当看到，受益人的补偿义务是一项与侵权责任法上的公平责任有密切联系的制度，二者都是一种损失分担机制，都强调对特定受害人的补偿，“意外的损失都要通过损失分担制度得以弥补，借此实现社会的公平正义”①。损失分担需要寻找一个“深口袋”（deeper pocket），即有能力分散损害之人，从而有利于损害的分散，这也凸显了损害赔偿集体化的发展趋势。② 不论是法定补偿义务，还是公平责任，在损害发生后，法官都不应当过多地注重行为的可归责性，而应当考虑行为人和受害人两者之间由谁分担这个损失更为公平、更为合理，因此，二者都属于损失的分担机制，但二者仍然存在一定的区别，主要体现为：

第一，法定补偿义务的适用范围是非常宽泛的，不仅适用于侵权领域，在物权法和其他法律领域都有其适用空间。而公平责任只是侵权法规定的责任类型，属于侵权责任的范畴。

第二，法定补偿义务的具体确定要考量的因素是多种多样的，并非主要以当事人的经济状况为主，其功能具有多样性，并不完全是为了对受害人进行补偿。例如，在见义勇为的情形下，受益人负担补偿义务主要是为了鼓励见义勇为行为。而公平责任的具体确定主要应当考量当事人双方的经济状况，依据公平考虑而对无辜的受害人给予适当补偿。正是在这个意义上，日本学者小口彦太说，其属于“富生义务”的范畴。德国学者克茨也说，法律上的公平责任规则属于“百

---

① André Tunc, *International Encyclopedia of Comparative Law*, Vol 6., Torts, Introduction, J. C. B. Mohr (Paul Siebeck) Tübingen, 1974. p. 181.

② 参见王泽鉴：《侵权行为法》，第1册，8页，北京，中国政法大学出版社，2001。

万富翁条款"[①]。另外，公平责任具有社会法的特点，其以生存权理念为基础，而法定补偿义务的产生原因是多样的，难以以生存权的理念对之进行全部解释。

第三，法定补偿义务不适用于直接加害人对于受害人的补偿。例如，在见义勇为的情况下，受益人虽然负担补偿义务，但其并没有实施侵害他人的行为。而公平责任是直接加害人对于受害人的补偿。例如，在我国《侵权责任法》中，被监护人造成他人损害的责任，就应当属于公平责任，而不属于法定补偿义务的范畴。

正是因为上述原因，笔者认为，法定补偿义务不能归入侵权损害赔偿之债的范畴，而应当属于独立的债的关系。

（三）法定补偿义务与无因管理之债

法定补偿义务与无因管理之债也存在一定的关联，因为补偿义务人都有可能因他人的行为而受益，而且二者都并未事先取得他人的同意。有学者主张，应当将《侵权责任法》所规定的各种补偿义务归入无因管理的范畴。[②] 但笔者认为，法定补偿义务不同于无因管理之债，二者的主要区别在于：

第一，适用前提条件不同。法定补偿义务的适用一般存在加害行为，而且只有在加害人无法承担责任的情形下才能适用。例如，依据《民法总则》第 183 条的规定，在见义勇为的情形下，原则上应当由侵权人承担责任，只有在受害人无法从侵权人处获得救济时，才有可能产生受益人的法定补偿义务。而无因管理的适用则不需要上述条件，仅仅是事务的管理行为即可产生无因管理之债，而不以发生加害行为或者受害人无法从加害人处获得救济为必要。

第二，补偿或者返还的范围不同。对法定补偿义务而言，其主要补偿受害人所遭受的损害，受害人无权请求相关的费用支出。而对无因管理而言，管理人可以请求本人返还的范围较为广泛，管理人进行事务管理支出的费用、遭受的损失等，都可以请求本人返还，其返还范围要大于受益人法定补偿义务的范围。同

---

① Koetz/Wagner，Deliktsrecht，9. Aufl.，Luchterhand，2001，S. 130.

② 参见高圣平主编：《中华人民共和国侵权责任法立法争点、立法例及经典案例》，297 页以下，北京，北京大学出版社，2010。

时，补偿或者返还的标准也不相同。在法定补偿义务的情形，义务人仅负有适当补偿他人损害的义务。例如，在见义勇为的情形下，受益人所承担的仅仅是适当补偿的义务，并不需要对受害人遭受的全部损害承担补偿义务。而对无因管理而言，管理人有权请求本人返还所有的合理费用。除非在不适法的无因管理的情形，被管理人才在受益范围内补偿。无因管理之债的适用范围是明确的，即没有法定义务和约定义务而管理他人事务的情形。所以，无因管理是对互助行为的法律规制，而法定补偿义务并不具有这一功能。

第三，对无因管理而言，管理人一般是无法律上的原因而管理本人的事务，因此，在管理人与本人之间并不存在法定或者约定的义务。而对法定补偿义务而言，即便受益人与受害人之间事先存在法定或者约定的义务，受益人的法定补偿义务仍然可以成立。

虽然法定补偿义务与无因管理存在上述区别，但二者仍可发生竞合。例如，在见义勇为的情形下，见义勇为者为了避免受益人遭受损害而实施见义勇为行为，具有为受益人管理事务的意思，应当成立无因管理。在法定补偿义务与无因管理发生竞合的情况下，权利人可以在法定补偿义务与无因管理这两种请求权中作出选择。例如，在“郑某阁诉张某等见义勇为补偿案”[①] 中，法院认为，张某林对张某溺水实施的救助行为系没有法定或者约定义务的无因管理行为，同时，按照《民法通则》的规定，张某及法定代理人应对张某林因此而付出生命代价给其亲属造成的损失承担赔偿责任。也就是说，原告也有权基于《民法通则》关于见义勇为的相关规则向被告提出请求。因此，如果出现《侵权责任法》第 23 条的情形，因防止、制止他人民事权益被侵害而使自己受到损害的，应当允许受害人在该条规定与无因管理规定之间作出选择。

① 河南省南阳市中级人民法院（2004）南民一终字第 75 号民事判决书。该案的案情为：2003 年 7 月 19 日下午，被告张某与本村周某军、周某等人一起到淅川县城西边灌河洗澡。下午 19 时许，被告张某落入深水中，张某大呼“救命”，原告年届 60 岁的丈夫张某林闻声即去救助，在救助中自己不幸溺水死亡，张某则被推到浅水处得救。事后月余，张某的父亲张某业到原告郑某阁家表示谢意。后来受害人之妻在法院提起诉讼，要求被告对其进行经济补偿。法院判决认为，被告张某在本判决生效之日起 10 日内，一次性补偿原告郑某阁人民币 18 000 元。

（四）法定补偿义务与实施情谊行为过程中产生的侵权损害赔偿之债

情谊行为是指施惠人并无受法律约束之意愿，而仅是出于帮助、关爱他人之目的，而实施的有利于增进受惠人利益的无偿行为。但是，在实施情谊行为的过程中，也可能涉及法定补偿义务。例如，在受害人遭受侵害时，因见义勇为导致自己遭受伤害。有学者认为见义勇为属于情谊行为[①]，因为见义勇为的行为人在实施见义勇为的行为时，一般是出于道德原因而实施，而且在实施见义勇为行为时并没有考虑报酬，也没有受法律拘束的意思，在这一点上其与情谊行为具有共同性。[②] 但实际上，情谊行为之债与见义勇为行为中受益人的法定补偿义务有所不同，主要表现在：

第一，是否有法律的明确规定不同。法律对于因实施情谊行为引发的侵权责任没有明确具体的规定，而我国《侵权责任法》第 23 条、《民法总则》第 183 条对见义勇为行为中的法定债之关系有明确规定。

第二，受益人所负担债务的性质不同。因实施情谊行为而导致侵权时，施惠人对受惠人应当承担侵权损害赔偿。而在见义勇为行为的法定补偿义务中，受益人并非侵权人，其承担补偿责任并不是因为其有过错，而是基于对损害的分担。因为在受益人负补偿义务的情况下，受益人虽然受益，但并没有违反任何义务，所以，不能使受益人承担法律责任，而只能使其承担补偿义务。因此，见义勇为的行为人在因保护国家、集体和他人的合法权益而遭受损害的情况下，如果不能从侵权人那里获得赔偿或者获得足够的赔偿，则见义勇为者可以请求受益人给予适当的补偿，从而适当分担损失。可以说，见义勇为行为中受益人的法定补偿义务属于特定条件下的损失分担。

第三，致害原因不同。因实施情谊行为而引发的侵权责任是因为施惠人在从事情谊行为过程中的侵权行为（包括作为或者不作为）所致。而见义勇为行为中受益人的补偿义务主要是因为救助者和被救助者之外的第三人侵权行为所致，在

---

① 参见佟柔主编：《中国民法》，470～471 页，北京，法律出版社，1990。

② 参见王雷：《民法学视野中的情谊行为》，169 页，北京，北京大学出版社，2014。

特殊情况下也可能由于自然原因导致救助者的损害。[1]

第四，是否存在债务人的事后追偿权不同。施惠者基于其作为或不作为而对受惠者承担侵权责任，此时原则上并不存在施惠者和受惠者之外的第三人作为侵权行为人，也就不存在施惠者对第三人的事后追偿权。而在见义勇为者不能从侵权人那里获得足够的补偿的情况下，因其行为而受益的人应当对其进行适当的补偿，受益人履行法定补偿义务之后便取得对侵权行为人的追偿权。

第二节　受益人补偿义务概述

一、受益人补偿义务的概念和性质

受益人补偿义务，是指为了避免他人民事权益遭受侵害、而因此使自己遭受损失的人，有权依法请求受益人给予补偿。《民法总则》第183条规定："因保护他人民事权益使自己受到损害的，由侵权人承担民事责任，受益人可以给予适当补偿。没有侵权人、侵权人逃逸或者无力承担民事责任，受害人请求补偿的，受益人应当给予适当补偿。"该条对见义勇为情形下受益人的补偿义务作出了规定，也是对我国立法和司法经验的总结。例如，在"樊某某等与马某等身体权、生命权、健康权纠纷案"中，受害人因为帮助被告清理地下室积水而触电身亡，法院认为，实际受益人应对原告进行适当补偿。[2] 再如，甲长年在外经商，其通过家政公司聘请保姆乙，帮助其料理家务。某日，小偷丙偷偷潜入甲的家中行窃，被乙发现。乙大声呼叫，丙将乙刺伤并逃逸。乙在医院经抢救脱险，花费医药费50万元。后来，公安机关抓获了丙。丙被判刑后，因没有任何财产，所以，无力赔偿乙的损害。在该案中，乙为制止犯罪行为而遭受损害，甲应当对该保姆遭

① 参见王雷：《见义勇为行为中的民法学问题研究》，载《法学家》，2012（5）。

② 参见山西省高级人民法院（2014）晋民申字第964号民事裁定书。

受的损害负补偿义务。通过规定补偿义务，有利于鼓励人们实施见义勇为的行为，这对于发扬扶危济困的道德风尚、弘扬正气不无作用。

受益人补偿义务具有如下特点。

第一，受益人补偿义务是一种特殊的债。在受益人补偿义务案件中，受益人和见义勇为者之间产生了债的关系，即受益人负有对见义勇为者进行适当补偿的债务。此种债务难以归入传统的债的关系之中，应属于特殊的债的关系。一方面，它的补偿范围和标准比较模糊，受益人只需要向见义勇为者进行适当补偿。在这一点上，它和传统债的关系之间存在一定的差异。另一方面，其主要是基于法律的规定而产生，很难用合同、侵权、无因管理和不当得利等传统债的发生原因加以概括。

第二，受益人补偿义务主要发生在侵权关系之中。也就是说，因为侵权行为而导致受害人的损害，而侵权人又逃逸或者无力承担责任，如果侵权人完全可以支付受益人的赔偿金，此时，并无必要要求受益人补偿。只有在侵权人不能赔偿或者不能完全赔偿时，才应当由受益人承担补偿义务。正是从这个意义上说，受益人的补偿义务属于辅助性的救济方式，它以侵权人不能完全赔偿受害人的损失为前提。其原因在于，见义勇为者是为了防止、制止受益人的民事权益遭受损失，要求受益人对该损失予以补偿并非不当。

第三，它是受益人向受害人所作的补偿。如前所述，受害人所遭受的损害，应当由侵权人予以赔偿。但是，因为侵权人逃逸或者无力承担责任，故应当由受益人对受害人给予补偿。不过，既然是一种补偿，其就是基于个案的各种因素而进行考量所确定的赔偿。

二、受益人补偿义务的构成要件

受益人补偿义务的构成要件包括如下几项。

第一，必须实施了防止、制止他人民事权益被侵害的行为。根据《民法总则》第 183 条的规定，受益人的补偿义务履行的前提是，被侵权人实施了保护他人民事权益的行为，此种行为大多是“见义勇为”的行为。此处所说的“他人”不仅指自然人，也包括法人和非法人组织；不仅指个人，还包括国家、集体。任何人从事的维护国家、集体或者他人的合法权益的行为，都是法律上应当鼓励的见义勇为行为。如果行为人实施某种行为时，主观上并没有为他人谋利的意思，但客观上有利于他人，也可以适用该规定。

第二，必须是被侵权人因保护他人民事权益而使自己遭受了损害。这就是说，一方面，受害人必须实施了保护他人民事权益的行为；另一方面，受害人必须因此种行为而使自己遭受了损害，实施见义勇为行为和受害人遭受损害之间应当具有因果联系。如果受害人虽然从事了某种见义勇为的行为，但损害并非因为此种见义勇为的行为所致，而是因其他原因造成的，或者完全是因自身的过错造成的，也不能请求受益人予以补偿。

第三，没有侵权人、侵权人逃逸或者无力承担责任。这就是说，对被侵权人遭受的损害而言，先应当是由侵权人承担赔偿责任，毕竟侵害人是直接不法行为人，因此，从责任承担的顺序来看，受害人应当先向侵权人请求赔偿。但出现了下述情况，则受害人无法请求侵权人赔偿：一是没有侵权人。没有侵权人主要是指因自然原因等导致受益人处于危险状况，受害人因见义勇为而遭受损害。例如，因刮台风使受益人的房屋处于危险状况，受害人为加固房屋而被倒塌的房屋砸伤，此种情况就属于没有侵权人的情形。二是侵权人逃逸。这就是说，侵权人在实施侵权行为以后，无法找到行为人。所谓逃逸，是指侵权人为躲避责任而逃离，不知去向。[①] 在某些情况下，也可能是不能确定侵权人。例如为制止犯罪遭受伤害，未能找到犯罪行为人。三是侵权人无力承担民事责任。这就是说，侵权人虽然能够找到，但是，其没有足够的赔偿能力或者完全没有能力赔偿。在上述情形下，受害人有权请求受益人在受益范围内对受害人的损害予以适当补偿。侵权人逃逸或者无力承担责任的举证责任，应当由被侵权人负担。总之，只有在受害人不能向侵权人请求赔偿时，才能要求受益人给予适当补偿。

---

① 参见奚晓明主编：《〈中华人民共和国侵权责任法〉条文理解与适用》，178页，北京，人民法院出版社，2010。

第四，受害人向受益人请求补偿。受益人承担补偿责任的前提是，被侵权人向其提出了请求，因为在发生补偿责任的情况下，受益人本身是第二位的责任人。被侵权人遭受了损害以后，其先应当向侵权人请求损害赔偿。只有在侵权人逃逸或者无力赔偿时，才能请求受益人补偿。当然，即使在被侵权人没有向受益人请求补偿的前提下，受益人自愿给予补偿，法律也并不禁止。

此外，受益人作出补偿的前提是受益人因受害人实施见义勇为的行为而获得利益。对于受益可以从两个方面来理解：从积极的方面来理解，是指因为见义勇为行为的实施使其财产利益得以增加；从消极方面来讲，见义勇为行为的实施使其人身利益或财产利益得以维护或没有遭受损失。为了鼓励见义勇为行为，笔者认为，对于“受益”也应当作宽松的解释。例如，甲见乙在殴打丙而见义勇为，以至于被打成重伤，但丙未能因此幸免。本案中，虽然丙遭受了损害，但是，如果没有甲的行为，丙可能遭受更大损害，因此，甲的行为依然应当视为是使丙受益的行为。

第三节　法定补偿义务的确定

一、法定补偿义务的确定概述

法定补偿义务不同于赔偿，其仅仅是适当补偿，而非完全赔偿。何为“适当”？“适当”是一个弹性的概念，或者说不确定概念，它需要结合个案的具体情况，通过赋予法官自由裁量权，来确定其具体数额。这就是说，该条给予了法官一定的自由裁量权，允许其根据具体案情来确定补偿的数额。一般来说，判断补偿是否适当主要应当考虑如下因素。一是被侵权人遭受的损失。一般而言，被侵权人的损失越重，就越应当增加补偿的数额。特殊情况下，即使受益人受益不多，但是受害人遭受的损害重大，也应当在受益的范围内适当增加补偿数额。二是当事人双方的经济状况。作为一种公平责任，其仍然应当考虑双方的经济状况，尤其是受益人的经济状况。三是受益人的受益范围。一般来说，受益人获得的利益越多，其应给予的补偿也就相应增加。当然，受益人给予的“适当”补偿也不意味着当然排除了完全的补偿。例如，在前述保姆被小偷刺伤案中，如果受害人乙因见义勇为的行为而导致其身体受到伤害，而且受害人因此生活非常困难，而受益人甲不仅因见义勇为的行为获得了较大的利益，而且经济条件优越，在此情况下，法官也可以判定受益人对受害人进行完全的补偿。

应当指出的是，受益人的补偿义务不同于损害赔偿，损害赔偿应当坚持完全赔偿原则，而受益人的补偿义务则只需要进行适当的补偿，而非完全赔偿。在法定补偿义务的情形下，法官必须要基于公平的观念确定受益人补偿的数额。在确定法定补偿义务中受益人的补偿范围时，法官不能不顾任何客观因素，而仅凭自己的公平观念随意确定补偿的范围，否则可能导致法官滥用其自由裁量权，影响司法裁判的公正性和可预期性。因此，许多国家的法律规定，法官在适用公平责任时，必须考虑一些客观因素，这种规定实际上是对法官的自由裁量权的限制，此种做法值得借鉴。

二、适当补偿要考虑的因素

在受益人补偿的情形下，受益人应当给予适当补偿。这就是说，法律赋予法官一定的自由裁量权，允许其根据具体案情来确定补偿的数额。一般而言，法官在行使其自由裁量权确定受益人的补偿数额时，主要应当考虑如下因素。

一是受害人遭受的损失。由于补偿义务本身就是对受害人损失予以救济的制度，因而，受害人遭受损失的程度将直接影响受益人补偿义务的范围，一般而言，受害人的损失越大，受益人的补偿义务也就越大。在特殊情况下，即便受益人受益不多，但受害人遭受的损害很大，也应当在受益的范围内适当增加补偿数额。

二是当事人双方的经济状况。当事人双方的经济状况也会对受益人补偿义务的范围产生影响。法官在确定受益人补偿义务的范围时，应当充分考虑双方当事人的经济状况，如果受益人无力补偿，则不能苛求；对受害人而言，如果其经济条件非常优越，也可能不必对其进行补偿。如果当事人双方或一方投保了商业保险，也可以成为确定补偿义务的考量因素。另外，社会保障、社会救助等社会法上的救济，也可以成为确定补偿义务的考量因素，毕竟补偿义务在一定程度上发挥了替代社会法的功能，如果受害人可以通过社会法获得救济，就应当适当减轻补偿义务人的义务。

三是受益人的受益范围。一般来说，受益人获得的利益越多，其给予的补偿也应相应增加。问题在于，受益人补偿的范围是否限于其受益的范围呢?《人身损害赔偿司法解释》第 15 条中规定："赔偿权利人请求受益人在受益范围内予以适当补偿的，人民法院应予支持。"可见，该司法解释明确限定了补偿的范围，即必须在受益范围之内。人民法院在确定受益人补偿的范围时，应当将整个补偿的数额限定在受益的范围内。笔者认为，仅考虑受益范围是不够的，虽然在某些情况下，受益人所获利益较少，但被侵权人遭受的损害较大，受益人又有较强的经济能力，因此补偿数额未尝不可以超出其受益范围。

四是侵权人的赔偿数额。依据《侵权责任法》第 23 条的规定，受益人补偿的成立以受害人无法从直接侵权人处获得救济为条件。受益人的补偿义务具有后位性的特点，如果侵权人承担了完全的赔偿，受益人就不必再承担补偿义务。而侵权人赔偿的数额大小，也应当作为确定受益人补偿义务的考量因素。

五是受害人对于损害发生是否具有过失。在见义勇为的情况下，受害人也可能对于损害的发生具有过失。此时，受益人补偿义务也可以在一定程度上得到减轻。

六是受益人对于侵权行为的发生是否具有过失。在特殊情况下，受益人也可能对于侵权行为的发生具有过失。例如，某超市的店主因为过失没有将门窗关好，导致小偷进入该超市行窃，受害人见义勇为被小偷刺伤。在此种情形下，超市的店主就应当负有较大的补偿义务，这在一定程度上体现了对其过失的否定性评价。

此外，受益人补偿义务与侵权人应承担的责任之间的关系如何，如前所述，受益人补偿义务与侵权人责任之间存在顺位关系。如果通过侵权人承担责任已经完全赔偿了受害人的损失，则受益人不必承担补偿义务。这是民法上禁止受害人不当获利规则的要求。也就是说，受害人不能获得重复的赔偿。

三、关于补偿义务人向真正行为人追偿的问题

在受益人作出补偿后，能否向直接行为人进行追偿呢？在法定补偿义务的情形，因为大多因侵权行为而产生，侵权人是造成损害的直接原因。也就是说，在侵权人和受害人之间是存在侵权损害赔偿之债的关系的。即便受益人向受害人作出了补偿，也不能否定侵权关系的存在，更不能因此而免除侵权人的责任。

事实上，在受益人负担补偿义务的情形，可能出现两种情形：一是受害人已经先向侵权人主张赔偿，在其主张无法实现时，才能向受益人请求补偿；二是受害人直接向受益人主张补偿，并获得了补偿。问题在于，补偿义务人负担了补偿义务之后，其是否可以向直接侵权人主张追偿。笔者认为，按照不真正连带债务的一般法理，法定补偿义务和侵权损害赔偿之债之间形成了不真正连带债务，而且，两者之间存在阶层上的区分。换言之，直接侵权人属于终局责任人，因此，法定补偿义务人承担了补偿义务之后，享有向该终局责任人追偿的权利。

第十三章

获利返还之债

第一节　获利返还之债概述

一、获利返还之债的概念和特征

所谓获利返还（Gewinnherausgabe），是指在行为人因侵害他人权益而获利的情形下，受害人有权请求行为人返还因此所获得的利益。① 早在罗马法中，就确立了“禁止非法获利”的原则，这是罗马法法谚“任何人不得因他人不法行为获利”（neminem cum alterius detrimento et iniuria fieri locopletiorem）的具体体现。现代社会，各种侵害权益的表现形态十分复杂，尤其是针对一些无形财产的损害以及人格权的侵害，有的损害容易证明，有的损害则无法证明，这也使传统

① 也有学者将其称为利润返还或者利润剥夺。参见朱岩：《“利润剥夺”的请求权基础》，载《法商研究》，2011（3）。

的财产损害赔偿方法显得捉襟见肘。在行为人侵害他人权益所获利益远大于受害人所遭受的实际损害时，无论受害人按照侵权请求权提出请求，还是依据合同请求权提出请求，或者是请求不当得利返还，都难以解决此种问题。因为这一原因，《侵权责任法》第20条规定："侵害他人人身权益造成财产损失的，按照被侵权人因此受到的损失赔偿；被侵权人的损失难以确定，侵权人因此获得利益的，按照其获得的利益赔偿；侵权人因此获得的利益难以确定，被侵权人和侵权人就赔偿数额协商不一致，向人民法院提起诉讼的，由人民法院根据实际情况确定赔偿数额。"该条规定了获利返还请求权，创设了"获利视为损害"的规则，这一方面有利于缓解受害人证明其客观上遭受财产损害的困难；另一方面，将行为人的获利视为受害人的损害，也可以有效剥夺行为人的非法获利。

获利返还之债的特征表现在：

第一，获利返还之债是指一方因侵害他人权益而获得利益。获利返还，顾名思义，是指行为人应当将获得的收益返还给受害人，从而剥夺行为人的非法获利。这就意味着，一方面，行为人实施的行为本身具有违法性，如果行为人的行为是合法的，则其获得的收益应当受到法律保护。这种行为常常体现为行为人未经许可擅自利用他人权利。另一方面，行为人从这种不法行为中获得了利益。例如，甲为餐厅，乙为某知名演艺人员，甲在未经乙同意的情形下，在其店门口使用乙及其儿子的照片做广告宣传，并配有乙经常使用的广告词作为宣传语。甲在挂出该广告牌后的1个月内，店面营业额增加了近10万元。乙知情后，以甲侵害了其与其儿子的肖像权为由，请求甲按照获利赔偿其10万元损失。而甲则主张，其虽然利用了乙的肖像，但并没有给乙造成实际损失，不应当承担损害赔偿责任。双方为此发生纠纷。在该案中，甲未经乙的行为利用其肖像的行为做广告，由此所获得的利益就属于非法获利。

第二，获利返还之债是指一方侵害他人权益，使另一方遭受了损害。在获利返还的情形下，行为人通常实施了侵害他人权利的行为，构成了侵权。因为这一原因，在学理上，常常将获利返还与"受益型侵权"联系在一起，或认为，其属于受益权侵权的特殊法律后果。[①] 应当看到，获利返还与侵权之间存在密切的联系，在许多情形，都是因为侵权行为而导致侵权人的获利，从而有必要使侵权人返还获利。但笔者认为，获利返还之债与“受益型侵权”是不同的概念。一方面，获利人的获利并非直接源于其侵权行为，对他人权益的积极利用行为，也是其获利的重要原因。另一方面，获利返还的适用范围不限于侵权，在合同领域也可能适用。例如，在一物二卖的情形下，如果违约方的获利较大，则在确定非违约方的损害范围时，即可考虑违约方的获利数额，从而剥夺其获利。而受益型侵权的适用范围仅限于侵权。

第三，获利返还之债在性质上属于法定之债，因为它是基于法律规定而产生的，而不是基于当事人的约定而产生。当然，获利返还之债只是非典型之债，毕竟从获利返还的产生来看，其源自于近几十年因侵害知识产权或人格权而使侵权人获得较大利益的现实。获利返还之债仍然是需要不断发展与完善的，还无法与经过长期发展而形成的成熟的典型之债相比。

在比较法上，获利返还制度也为一些国家的判例和学说所认可，该制度在英美法中被称为剥夺性赔偿（disgorge or strip the gain）。[②] 美国《返还法重述（第二次）》最初似乎原则上承认了利润剥夺的一般原则，在其标题为“基于侵权而获利”的部分，其阐述了一个基本的原则，即任何人不得基于自己的过错，以他人的利益为代价而获取利益。但评论者一般认为，该条并不是对获利返还一般规则所作出的规定，而只是在特定情形下允许获利返还。[③] 该重述以专节的形式对“基于错误行为而获利”作出了规定，赋予受损害的一方当事人有权请求对方当事人返还因违反合同而获得的利益。

在大陆法系其他国家，也对获利返还的问题作出了规范。德国法最早在知识

① 参见杨彪：《受益型侵权行为研究——兼论损害赔偿法的晚近发展》，载《法商研究》，2009（5）。

② See R. B. Grantham and C. E. F. Rickett, “Disgorgement for Unjust Enrichment” *Cambridge Law Journal*, 2003. Vol 62. no. 1; J Edelman, *Gain-based Damages: Contract, Tort, Equity and Intellectual Property*, Hard Publishing, Oxford, 2002.

③ See E. Allan Farnsworth, “Your Loss or My Gain? The Dilemma of the Disgorgement Principle in Breach of Contract”, *Yale Law Journal May*, 1985, p. 94.

产权法中借助不当得利制度解决获利返还的问题。例如，在1870年《德国著作权法》中，就规定了在无过错侵害著作权的情况下，损害赔偿的责任范围最高可以达到侵害人的得利范围。[①]《瑞士民法典》第28条a款明确规定，在人格权遭受损害时的获利返还请求权。有学者认为，这就暗示了一种间接的获利返还（indirekte Gewinnabschöpfung）的可能性。[②] 不过，《瑞士民法典》中的获利返还也仅仅限于财产利益的返还，而不适用于人格利益的侵害。近几十年来，有些国家的立法和判例也已经开始针对获利返还作出规定，例如，《荷兰民法典》第6.104条规定："由于侵权行为或债不履行对他人承担责任的人，因其侵权行为或债不履行获得利益的，法院经另一方请求可以将利益数额或者其中一部分计入损害。"

在《侵权责任法》颁布之前，我国已有法律也对获利返还请求权作出了规定。例如，依据《专利法》第65条第1款的规定，在行为人侵害他人专利权的情形下，权利人有权请求行为人赔偿其实际损失；权利人实际损失难以确定的，可以按照侵权人的获利确定行为人的赔偿数额；如果权利人的损失或者侵权人获得的利益均难以确定的，则可以参照该专利许可使用费的倍数合理确定。最高人民法院《关于审理专利纠纷案件适用法律问题的若干规定》（法释〔2001〕21号，2015年修改）第20条作出了更为详细的规定。[③]《商标法》第63条也作出了类似的规定。[④] 我国《公司法》第148条第2款规定，董事、高级管理人员违反其对于公司的忠实义务时，其"所得的收入应当归公司所有"。该规定也可以解释为是对获利返还的规定。2009年的《侵权责任法》正是在总结《专利法》

---

① 参见朱岩：《"利润剥夺"的请求权基础》，载《法商研究》，2011（3）。

② Schmid, Geschäftsführung ohne Auftrag, Rn. 917 ff.

③ 该条第1款规定："人民法院依照专利法第五十七条第一款的规定追究侵权人的赔偿责任时，可以根据权利人的请求，按照权利人因被侵权所受到的损失或者侵权人因侵权所获得的利益确定赔偿数额。"该条第2款、第3款还对如何认定侵权人的获利作出了详细规定。

④ 该条规定："侵犯商标专用权的赔偿数额，按照权利人因被侵权所受到的实际损失确定；实际损失难以确定的，可以按照侵权人因侵权所获得的利益确定；权利人的损失或者侵权人获得的利益难以确定的，参照该商标许可使用费的倍数合理确定。对恶意侵犯商标专用权，情节严重的，可以在按照上述方法确定数额的一倍以上三倍以下确定赔偿数额。赔偿数额应当包括权利人为制止侵权行为所支付的合理开支。"

《商标法》等立法经验的基础上，于第 20 条对获利返还作出了规定。

二、获利返还之债的构成要件

获利返还存在广义和狭义两种。从广义上理解，因违反合同而获得利益、致他人损害，也可以请求获利返还。例如，在一物二卖的情形下，第一买受人可以请求出卖人返还其获得的利益。从狭义上理解，获利返还则是因为一方实施了积极利用他人权益的行为而获得了利益的返还。鉴于广义上的获利返还过于宽泛，所以，本书仍然主张采用狭义的获利返还的概念，因此，获利返还之债的构成要件如下。

第一，必须一方获利。此种债的类型的主要特点在于，一方获得了利益，获利的主要表现形态是：一是获得利润，即行为人因实施侵权行为而增加了收益，这也是此类侵权导致获利返还的主要原因。二是减少相关费用的支出，即获利人未经权利人同意而擅自对他人的权益进行利用，除可能获得相关的利润外，还可能因此减少了相关的费用支出，这也属于获利的范畴。

第二，一方获利一般是因积极利用他人权益而获利。如果行为人并没有积极利用他人的权利，而只是通过侵权获利，在此情形下，可以依据《侵权责任法》第 20 条向行为人提出请求。例如，行为人在网络上披露明星隐私，并因此获得利益，此时，受害人只能基于侵权请求权向行为人提出请求，而无法适用获利返还请求权。尤其是在知识产权侵权中，由于知识产权是一种无形财产，只有在利用中才能实现其价值，而且行为人的获利一般是积极利用知识产权的结果，正是基于这一原因，侵权人侵害知识产权的目的，不是公开知识产权，而是通过积极利用知识产权而获得利益。

第三，另一方权益遭受侵害。权益本身具有无形性和易受侵害性，但权益在遭受侵害后，可能产生实际的损害后果，也可能不产生相应的损害后果。在获利返还的情况下，其主要对受害人提供救济，因此，其常常伴随受害人损害的发生。当然，这种损害在实践中难以证明。例如，知识产权的权利人自己可能并不对其知识产权进行利用，因而难以证明其损害的数额，而只能证明对方因利用其知识产权而获得了多少利益，或者因此节省了多少费用。需要注意的是，在获利返还之债中，受害人具体遭受了多大的损害，并不是法律考量的因素，这也是获利返还之债与侵权责任的区别所在。

第四，损害难以确定。从《侵权责任法》第20条规定来看，获利返还请求权适用的前提条件之一，是受害人的损害难以确定。此处的损害难以确定应当是指受害人客观上虽然遭受了一定的损害，但损害的数额难以确定。在前述擅自使用他人肖像获利案中，甲虽然擅自利用了乙的肖像，但由于肖像权的客体具有无形性，乙很难证明其遭受了何种实质损害，更难以证明其损害的具体数额。

三、获利返还之债的类型

依据我国《侵权责任法》第20条和知识产权法的相关规定，获利返还之债主要适用于侵害人身权益以及知识产权领域。虽然获利返还之债不同于侵权之债，其在性质上属于独立的债的类型，但获利返还之债通常是因侵权行为而产生，但不同的侵权形态可能导致获利返还之债具有不同的特征，总体而言，获利返还之债主要发生在以下情形。

一是侵害人格权。因为人格权的利用，尤其是标表性人格权的利用，往往可以产生较大的商业价值，所以，行为人往往通过侵害他人人格权而获益。例如，肖像权本身具有一定的利用价值和商业价值，能够体现一定的商业价值，不论名人还是普通人，其肖像都具有一定的财产价值，只是在程度上存在一定的区别。在审判实践中，不少案例也证实了这一点。例如，在崔永元诉北京华麟企业有限公司侵害肖像权、名誉权案中，法院认为："《实话实说》是全国知名的栏目，原告是著名的节目主持人。被告主持的《该不该减肥》节目，虽然未提及相关企业名称和产品，但使用由原告主持的该节目做广告，势必会提高广告收视率。因此，被告使用名牌栏目和知名主持人的名人效应，提高产品知名度，创造销售利润的主观目的是明确的。且该行为未经原告同意，已经构成了对原告肖像权的侵害。”①

二是侵害知识产权。在智力成果和工商业标志等之上形成的知识产权，其本身就是法律给予权利人的一种“垄断性保护”，侵害知识产权可以导致本应支出的许可使用费免于支出，或者可以使侵权人更好地销售其商品。例如，在衣念（上海）时装贸易有限公司诉浙江淘宝网络有限公司、杜某发侵害商标权纠纷上诉案中，杜某发在淘宝网上销售的服装上的卡通小熊图案与衣念公司的注册商标高度近似，衣念公司起诉到法院，要求赔偿衣念公司经济损失及合理费用 84 900 元，并登报道歉。②

三是侵害其他合法权益。除了上述民事权益以外，侵权人侵害他人的人格利益、无形财产利益等，也可能适用获利返还请求权。例如，擅自利用他人特有的经营方法、商业秘密等，权利人往往难以证明其损害，而行为人可能因此获得较大利益，此时，也有可能适用获利返还请求权。

第二节　获利返还之债属于独立的债的类型

一、获利返还属于独立的债的类型

获利返还是否应当作为独立的债的发生原因，这在很大程度上取决于其与侵权之债之间的关系。在美国法中，常常将获利赔偿分为返还性（restitution）的损害赔偿与剥夺性（disgorgement）的损害赔偿。③ 由此也表明，获利返还也不

① “崔永元与北京华麟企业有限公司侵害肖像权、名誉权案”，北京市朝阳区人民法院（1999）朝民初字第 4247 号民事判决书。

② 参见上海市第一中级人民法院（2011）沪一中民五（知）终字第 40 号民事判决书。

③ See R. B. Grantham and C. E. F. Rickett, “Disgorgement for Unjust Enrichment” *Cambridge Law Journal*, 2003. Vol 62. no. 1. J Edelman, *Gain-based Damages: Contract, Tort, Equity and Intellectual Property*, Hard Publishing, Oxford, 2002.

完全等同于一般的侵权行为。在德国法上，获利返还并不属于独立的请求权基础，而只是受害人财产损失数额的计算方式，而且其主要适用于侵害人身权益的情形，主要原因在于，由于在侵害人身权益造成财产损失的情形，受害人的财产损失数额往往难以确定，因而有必要对受害人进行倾斜保护，减轻受害人对其损害数额的举证责任，从这一意义上说，行为人的获利只是确定受害人财产损失具体数额的方式，而非独立的请求权类型。[1] 在我国，学界关于《侵权责任法》第20条所规定的获利返还规则是否属于独立的债的类型，存在不同的观点，笔者认为，获利返还在性质上属于独立的债的类型，主要理由在于：

第一，给付内容具有特殊性。债的给付是指债权人请求债务人为一定行为或不为一定行为。在获利返还之债中，债权人可以请求债务人返还其因侵权而获得的利益。当然，债权人在提出请求时，其需要证明债务人因侵权行为而获利，并证明债务人获利的具体数额，否则将难以适用获利返还请求权。但债权人在主张获利返还时，其并不需要证明其自身客观上遭受了多大的损害，即不需要证明其财产损失的具体数额。

第二，债的客体具有特殊性。依据《侵权责任法》第20条的规定，获利返还是因为行为人侵害了权利人的人身权益，造成财产损失，所以，侵害的客体应当是人身权益，包括人身权、知识产权以及其他人身权益遭受侵害。这是因为，在现代社会，随着知识产权在财产中的价值日益凸显，侵害人格权进行商业化利用现象也越来越多，因此，在侵害知识产权和人格权的情况下，可能难以证明受害人遭受的损害，但能够举证证明行为人获得的利益。在此情形下，传统的损害赔偿规则和不当得利返还规则，都显得捉襟见肘，因此有必要在侵权损害赔偿和不当得利返还之外另行设计一套请求权制度，即获利返还制度，从而剥夺行为人获利，并对受害人的损失进行赔偿。正是在这一背景之下，获利返还作为一种独立的请求权应运而生。

第三，债的功能具有特殊性。获利返还在功能上既具有补偿受害人的功能，同时也具有剥夺行为人获利的功能，这双重功能决定了其与侵权和不当得利存在

---

① Tobias Helms, Gewinnherausgabe als haftungsrechtliches Problem, Tübingen, 2007, S. 213 ff.

一定差别。一方面，侵权损害赔偿坚持完全赔偿原则，但按照禁止得利原则(Bereicherungsverbot)，受害人不能因损害赔偿而获得超过其损害的利益。也就是说，侵权损害赔偿主要从受害人角度考虑，核心功能在于损害填补，而不是剥夺行为人的获利。另一方面，就不当得利返还请求权而言，其核心功能在于调整欠缺法律关系的财产变动，其虽然具有剥夺行为人获利的功能，但并不过多考虑受损人的损害，而获利返还请求权则兼具剥夺行为人获利与填补受害人损害的双重功能。另外，获利返还之债也具有一定的预防功能。例如，就知识产权侵权的获利返还而言，获利返还的数额可能会超过虚拟的授权许可费的数额。①

需要指出的是，在受害人主张获利返还请求权后，其损害通常能够得到完全填补，因为在符合获利返还请求权的适用条件时，行为人的获利一般大于受害人的损害，此时，受害人应无权再主张侵权损害赔偿。但在特殊情形下，仍应当肯定受害人一方的损害赔偿请求权。试举“擅自使用他人专利获利案”为例，在该案中，甲公司对某实用新型享有专利权，乙公司未经甲公司同意，擅自在其产品中使用相关的产品技术，获得巨额利益，也因此影响了甲公司相关产品的市场占有率。甲公司将乙公司所使用的实用新型专利技术与甲公司的专利技术进行对比，发现乙公司侵权产品完全覆盖了甲公司专利权的全部技术特征。甲公司诉至法院，请求乙公司承担侵权责任，并请求乙公司返还所获利的利润。而乙公司虽然答应赔偿甲公司的损失，但拒绝返还全部获利。在该案中，如果乙公司的行为给甲公司造成了严重损害，而甲公司依据获利返还请求权请求乙公司返还所获利益仍然难以填补其损害的，则应当允许甲公司再请求乙公司承担损害赔偿责任。在此情形下，完全以获利返还替代损害赔偿，可能不利于对受害人进行充分的救济。获利返还请求权与侵权请求权属于两种独立的请求权，当事人原则上可以选择行使，但权利人选择依据获利返还请求权主张权利时，如果获利人的获利确实无法完全填补受损害一方当事人的损害的，则仍应当允许受害人请求获利人一方承担损害赔偿责任。

① Dreier/Schulze, UrhG, § 97, Rn. 66.

二、获利返还请求权与侵权请求权的区别

从比较法上来看，有些国家的法律认为，在获利返还的情形，应当直接适用侵权请求权。例如，根据法国法，在确定受害人有权获得的赔偿金数额时，应当考虑违法者通过非法手段已经获得的利润。[①] 尽管我国《侵权责任法》第20条规定了在侵害人身权益的情形下，如果受害人难以证明其财产损失数额，可以请求行为人返还因侵权行为而获得的利益。关于该条的性质，学者仍存在争议，一种观点认为，该条所规定的获利返还请求权属于独立的请求权基础[②]；另一种观点则认为，该条所规定的获利返还只是侵害人身权益财产损失数额的一种计算方式。[③] 还有学者认为，该条所规定的获利返还应当属于典型的受益型侵权的法律后果，行为人的获利应当是受害人损害的一种替代方式，因为在侵害人身权益的情形，受害人往往难以证明其所遭受的损害后果，而只能证明行为人的获利，因此，可以将行为人的获利视为受害人所遭受的损害，此时，行为人的获利成为受害人证明其损害存在的一种替代方式。

笔者认为，获利返还虽然规定在《侵权责任法》第20条之中，但其在性质上并不属于侵权请求权，而应当属于独立的请求权类型，其与侵权请求权的主要区别在于：

第一，适用范围不同。侵权请求权仅适用于侵权，而获利返还请求权的适用范围并不限于侵权。例如，在一物数卖的情形下，从预防违约的角度来看，应当剥夺出卖人的额外利润。[④] 如果不采用剥夺利润的方式，则无法阻止出卖人的机会主义行为。在比较法上，获利返还制度也为一些国家判例和学说所认可，该制

① 参见［德］冯·巴尔等主编：《欧洲私法的原则、定义与示范规则：欧洲示范民法典草案》（第五卷至第七卷），王文胜等译，723页，北京，法律出版社，2014。

② 参见朱岩：《“利润剥夺”的请求权基础》，载《法商研究》，2011（3）。

③ 参见奚晓明主编：《〈中华人民共和国侵权责任法〉条文理解与适用》，154～157页，北京，人民法院出版社，2010。

④ See Ingeborg Schwenzer, Pascal Hachem, Christ Opher Kee, *Global Sales and Contract Law*, Oxford University Press, 2012, p. 582.

度在英美法中被称为剥夺性赔偿（*disgorgeorstripthegain*）。[①] 在英国的一个合同纠纷中，法官认为，“被告不应当保留任何从违约行为中获得的利益”[②]。在一些案件中，法官还根据受托人义务理论（fiduciary-duty-basedtheory）解释此问题，认为如果受益人的获利是基于第三人的不法行为，即便受益人对该情形不了解，其仍应当负担返还义务。[③] 美国《返还法重述（第二次）》以专节的形式对“基于错误行为而获利”作出了规定，赋予受损害的一方当事人有权请求对方当事人返还因违反合同而获得的利益。

第二，功能不同。侵权损害赔偿的主要功能是救济受害人，其以完全赔偿为原则，旨在填补受害人的损害，使其恢复到如同损害没有发生的情形。侵权损害赔偿虽然也有损害预防的功能，但其主要功能在于填补受害人的损害，即原则上受害人遭受了多少损害，就有权请求行为人承担多大的损害赔偿责任。而获利返还之债主要是为了剥夺获利，在获利返还中，行为人所获得的利益可能远远大于相对人的损害，如果一概将获利返还视为侵权请求权，则受害人一方所获得的给付利益可能大于其损害，这可能使受害人在其损害之外获得了额外的利益，因此，获利返还旨在剥夺行为人的非法获利。[④] 这也使剥夺获利同时具有惩罚与损害预防的功能。

第三，构成要件不同。获利返还请求权的适用仅要求因侵害权益而获利，而并不要求证明实际损害的发生。而在侵权损害赔偿之债中，受害人应当证明其遭受了确定的损害，受害人既需要证明其客观上遭受了一定的财产损害，又需要证明其财产损害的具体数额，否则将难以获得救济。另外，对获利返还请求权而言，获利数额的确定可能需要综合考虑市场行情、市场价格等因素，而侵权损害

---

① See R. B. Grantham and C. E. F. Rickett, “Disgorgement for Unjust Enrichment”; *Cambridge Law Journal*, 2003. Vol 62. no. 1; JEdelman, *Gain-based Damages*: *Contract*, *Tort*, *Equity and Intellectual-Property*, HardPublishing, Oxford, 2002.

② Attoney-Generalv. Blake, [2001] 1AC268 (HL).

③ See Brownv. New York Life Ins. Co., 58F. Supp. 252 (D. Or. 1944).

④ See Ingeborg Schwenzer, Pascal Hachem, Christ Opher Kee, *Global Sales and Contract Law*, Oxford University Press, 2012, p. 581.

赔偿之债贯彻损害填补原则，一般不需要过多考虑上述因素。

第四，法律后果不同。由于获利返还之债的主要功能在于剥夺行为人的获利，因而，在获利返还之债中，获利人需要将其获利返还给受害人，获利人所返还的获利可能大于受害人所遭受的实际损失。而侵权损害赔偿的功能则主要在于填补受害人的损害，即通过受害人的实际损害确定损害赔偿范围，而且在确定侵权损害赔偿的范围时，要遵循禁止受害人获利的原则，受害人不能取得超过其损害范围的利益。

以前述"擅自使用他人专利获利案"为例，如果甲依据侵权请求权对乙提出请求，其需要举证证明其因乙的行为而遭受了实际损害，并且需要证明其所遭受的实际损害数额。在该案中，甲的市场份额虽然受到一定影响，但难以证明实际损害的具体数额，此时，甲将难以获得救济。而且即便甲能够证明其遭受的实际损害数额，但该损害数额也可能远小于乙的获利，如果仅赔偿该损失，也难以有效剥夺乙的获利。而如果甲主张获利返还，其应当有权请求乙返还其不法获利。

三、获利返还请求权与不当得利返还请求权的区别

顾名思义，"获利返还"就是要将利益返还给受损的人。这是否意味着，获利返还将成为不当得利返还的一种类型呢？有德国学者主张借助不当得利法解决获利返还的问题。但也有不少学者认为，获利返还责任是加重的得利责任（Bereicherungshaftung），无法完全运用不当得利的规则进行调整，因此，应当确立新的统一的获利返还制度。[①] 在奥地利，通说认为，此种情形可以构成不当得利请求权与侵权请求权的竞合。如果受害人的损失和获益相等，则可以请求损害赔偿；但如果没有利益损失，则只能根据不当得利请求返还。[②] 我国有学者主张，如果被侵权人没有损失，或者虽有损失但无法证明，此时的获利返还在性质上并

① Wagner，Neue Perspektiven im Schadensersatzrecht，Gutachten für den 66. Deutschen Juristentag，Bd. Ⅰ，München 2006，S. 66 ff.

② 参见［德］冯·巴尔等主编：《欧洲私法的原则、定义与示范规则：欧洲示范民法典草案》（第五卷至第七卷），王文胜等译，725页，北京，法律出版社，2014。

不属于侵权损害赔偿请求权，因为侵权人的获利并不等于被侵权人的损失，因此，这种建立在侵权人的获利基础上的赔偿实际上已非侵权损害赔偿，而是权益侵害型不当得利（Eingriffskondiktion）之返还。[①]

获利返还中，返还义务人通常获得较高的利益，此种利益可能远高于受害人所遭受的实际损害。据此，有学者认为，将其作为不当得利返还请求权是顺理成章的。按照史尚宽先生的看法，所谓损失不仅指财产的贬损，还包括应当增加的财产没有增加，获利就属于这种类型，即所谓的消极损害，如通过非法使用他人的知识产权而获得巨大利益。[②] 孙森焱教授认为，如果依据社会一般观念，受损人所遭受的损害属于获利人所获得利益的结果，则该项利益应当属于不当得利的返还范围。[③] 但笔者认为，获利返还请求权与不当得利返还请求权之间存在明显的区别，表现在：

第一，返还的范围不同。对获利返还而言，在确定获利人的返还范围时，需要考虑市场价格、行为人所付出的成本等因素，考虑利用他人权益对于行为人获得利益的贡献。而在不当得利返还的情形，其需要考虑获利人的获利与受损人的损害之间的关系，而且，在确定获利人的返还范围时，还需要考察获利人的主观因素。此外，获利返还通常涉及经营行为，而不当得利返还通常不涉及经营行为。[④]

第二，损害的证明责任不同。不当得利虽然是以受益人的得利为中心构建的，但其构成要件之一是受损人遭受实际损害。因此，受损人请求不当得利返还，应当证明自己遭受了损害。而在获利返还之债中，受害人请求获利返还并不需要证明自己的实际损害数额。

第三，因果关系的证明责任不同。在不当得利之债中，获利人的获利与受损人的损害之间具有因果关系，即获利人的获利与受损人的损害之间具有因果关联，受损人的损害“因”获利人的获利而发生。而在获利返还之债中，获利人的

---

① 参见程啸：《侵权责任法》，2版，689页，北京，法律出版社，2015。

② 参见史尚宽：《债法总论》，91页，北京，中国政法大学出版社，2000。

③ 参见孙森焱：《民法债编总论》上册，152页，北京，法律出版社，2006。

④ Wandtke/Bullinger/Wolff, Urheberrecht, § 97, Rn. 66.

获利与受损人的损害之间可能并没有直接关联。在获利返还之债中，获利人的获利往往是基于获利人本人积极利用受损人权益的行为而产生的，而不是受害人权益被侵害的直接结果，因此，受害人应当证明获利与利用自己的权益之间的因果关系。从实践来看，对获利返还请求权而言，即便受害人能够证明其遭受了损害，但也难以证明其损害与相对人的获利之间存在因果关系。

第四，获利人主观心理状态对返还范围的影响不同。虽然在不当得利返还请求权与获利返还请求权中，获利人的主观状态都对其返还范围会产生一定的影响，但影响的方式和程度不同。在不当得利返还请求权中，善意的获利人仅需要返还"现存利益"，而恶意的获利人则要返还其所获得的全部利益，甚至包括利息。因此，获利人的主观状态会对其返还义务的范围等产生影响，而且影响的程度较大。而在获利返还请求权中，原则上应当根据侵害人身权益等获得的利益确定行为人获利返还的范围，即通过判断受害人合法权益在行为人获利中的作用，并最终确定行为人获利返还的范围。当然，获利人的主观状态对获利返还的范围也会产生一定程度的影响，但与不当得利返还请求权中获利人的返还义务相比，获利人主观状态对返还范围的影响较小。

四、获利返还请求权与无因管理请求权的区别

获利返还请求权与普通的无因管理请求权是存在明显区别的。在普通的无因管理的情形，管理人都具有为他人管理事务的意思；而在获利返还的情形，侵权人缺少此种为他人管理事务的意思。因此，获利返还的案件无法适用普通的无因管理制度。

在比较法上，也有通过不法的无因管理解决获利返还问题的立法例。所谓不法的无因管理，是指管理人明知是他人事务，而故意当成自己的事务加以管理。[①] 例如，《德国民法典》第 687 条第 2 款就专门规定了不法的无因管理。德国学者一般认为，这一规定可以适用于获利剥夺的案件。德国的主流观点认为，获

① 参见黄立：《民法债编总论》，183 页，北京，中国政法大学出版社，2002。

利返还的请求权基础是不真正无因管理，其主要理由在于，二者在规范基础上具有一致性。[①] 我国台湾地区“民法”第177条第2款也有类似的规定。

从我国现行法的规定来看，并没有对不法无因管理制度作出规定。笔者认为，从立法论的角度考虑，不必承认不法的无因管理制度，而应当认可独立的获利返还之债。事实上，不法的无因管理很难纳入无因管理制度的体系，因为不法的无因管理是不以为他人管理事务的意思为前提的，其本质上属于侵权行为，一般受到法律的负面评价，这与普通的无因管理存在较大的差异。另外，通过不法无因管理制度来实现获利剥夺，还必须经过被侵害人追认侵权人的侵权行为，这不仅不利于实现对侵权行为的否定性评价，而且难以为受害人所接受。此外，从制度功能来看，普通的无因管理旨在鼓励人们之间的互助行为，而不法无因管理是为了实现获利的剥夺，实现对侵权行为的预防，因此，不法无因管理在功能目的上与普通的无因管理存在本质区别。而通过承认独立的获利返还之债，可以避免因在无因管理制度中引入不法的无因管理而导致的体系冲突。笔者认为，从总体上看，获利返还请求权与不法无因管理之间存在区别，主要表现在：

第一，虽然对不法无因管理而言，行为人明知是他人的事务而为自己的利益对该事务进行管理，构成对他人私人事务的不当干涉，实际上已经构成侵权行为，但管理人主要是对自己的事务进行管理，一般不存在对本人合法权益的积极利用行为。而在获利返还请求权中，获利人的获利一般是源于对受害人合法权益的积极利用行为，而不是对受害人事务的管理。

第二，从构成要件来看，不法的无因管理的成立主要包括：无法律或合同上义务、管理他人事务以及明知是他人的事务而作为自己的事务进行管理。而获利返还请求权的成立与其存在极大差异，主要包括非法利用他人权益以及因此而获得利益。

第三，从法律效果上看，不法无因管理实际上属于侵权行为，本人有权基于侵权请求权向不法无因管理人提出请求，但在管理人的获利大于本人的损失时，

---

① 参见［德］冯·巴尔等主编：《欧洲私法的原则、定义与示范规则：欧洲示范民法典草案》（第五卷至第七卷），王文胜等译，724页，北京，法律出版社，2014。

本人将无法基于侵权请求权剥夺不法无因管理人的获利。如果本人主张适用无因管理的规则对不法无因管理人提出请求，则在其请求不法无因管理人返还因此获得的利益后，也应当向管理人偿还管理人因管理行为而支出的费用。而在获利返还请求权中，受害人有权请求获利人返还因利用其合法权益而获得的利益，并不存在管理费用返还等问题。

当然，二者之间仍然可能发生竞合。例如，在“擅自使用他人专利获利案”中，甲公司主张乙公司赔偿实际损失时，该损失数额可能远低于乙公司的获利，此时，甲公司应当有权主张乙公司的行为构成无因管理，并主张乙公司返还相应获利。此时，即构成二者的竞合，应当允许权利人作出选择。

第三节　获利返还之债的效力

获利返还之债的效力主要是在当事人之间产生一种给付义务，即受损害的一方当事人有权请求获利人返还因其行为所获得的利益。

（一）受害人有权请求行为人返还获利

获利返还之债中，获利应当是获利人因积极利用他人权益而获得的利益。如前所述，获利返还之债中的获利与不当得利之债中的获利存在区别，获利返还中的获利主要是“利润”，这就意味着，并非行为人利用他人权益取得的一切利益都应当返还。在确定要返还的“利润”时，应当准确界定因利用他人权益而取得的利益，需要区分不同要素（如利用他人的人格权、市场营销手段等）对于最终获利的影响，尤其要将行为人支出的成本扣除。而在不当得利返还之债中，获利的界定往往比较简单，并不需要如此复杂的操作。

当然，在获利返还之债中，应当准确认定行为人是否因侵害他人合法权益而获利，虽然行为人没有因利用他人的合法权益而获得积极的经营收益，但如果行为人因此减少了相应的广告费用支出的，也应当认定行为人因此获利。例如，甲是某影视明星，乙是一家化妆品公司。乙没有经过甲的同意，擅自将甲的肖像用在自己化妆品的宣传广告中。但该化妆品推销上市后，经营状况一直不佳。甲得知自己的肖像被乙擅自利用，要求乙赔偿其经济利益，但乙主张，其经营状况一直不佳，并没有因此获得经济利益，拒绝了甲的请求，双方因此发生争议。在该案中，判断乙是否因利用甲的肖像而获利，不能完全依据乙是否因利用甲的肖像而使其经营利润增加。事实上，如果乙通过协商的方式利用甲的肖像，将因此支付一定的许可使用费，乙因为擅自利用甲的肖像而减少了相应广告费的支出，也应当认定乙因此获利，甲有权请求乙返还因此获得的利益。

当然，获利返还之债中获利人的获利应当是能够准确认定的。在此需要讨论的是，在获利返还之债中，应当由哪一方当事人负担获利的举证责任。笔者认为，在获利返还纠纷中，获利的初步举证责任应当由受损害的一方当事人负担，但具体获利数额则应当由获利人一方负担，主要理由在于：

按照举证责任的一般规则，受损害一方当事人提出获利返还的请求时，原则上应当由受损害的一方当事人负担举证责任，即受损害的一方当事人应当举证证明获利人因利用其权益而获得了利益，如果其无法证明对方当事人因此获利，则其获利返还请求权即难以成立。但获利的具体数额原则上则应当由获利人负担举证责任。另外，从保障受害人权益的角度考虑，毕竟受害人很难知悉行为人究竟获利多少，存在信息不对称的问题。因为在获利返还纠纷中，受损害一方当事人可能没有对其权益进行利用，甚至没有利用其权益的意愿，因此，其价值大小以及在获利人获利中的作用大小往往难以确定，而且受害人对获利人的经营活动一般也不了解，由受损害的一方当事人负担获利人获利具体数额的举证责任，则受损害的一方当事人可能因举证困难而难以获得救济。据此，德国学者瓦格纳教授主张，受害人应当享有请求行为人公布获利账目的权利。[①] 笔者认为，此种观点具有合理性。因此，获利人获利具体数额的举证责任原则上应当由获利人一方负担。当然，如果受损害的一方当事人认为获利人的举证存在问题，也可以提出，获利人也应当及时纠正。此外，如果受损害的一方当事人能够证明获利人一方获

---

① Wagner，Neue Perspektiven im Schadensersatzrecht，Gutachten für den 66. Deutschen Juristentag，Bd. Ⅰ，München 2006，S. A95.

利的具体数额时，也应当允许受损害一方当事人进行举证。如果获利人无法证明其因利用他人权益而获利的具体数额，则应当向受损害的一方当事人返还全部获利。

（二）受害人有权请求获利人返还其因侵害他人权益而获得的利益

在获利返还的情形下，受害人有权请求获利人返还其因侵害他人权益而获得的利益，一方面，获利返还本质上是要剥夺行为人的非法获利，即剥夺行为人因侵害他人合法权益而获得的利益。另一方面，获利返还并不是要剥夺行为人的所有获利，而是剥夺与侵害他人权益具有因果关系的获利。因此，并非所有的获利都在返还的范围之内，毕竟获利人对获利的产生也付出了一定的劳务等，因此，受损害一方当事人在依据获利返还请求权向对方当事人提出请求时，应当将该请求权的范围限于获利人因不法侵害他人权益而获得的利益，而不应当返还所有获利。我国现行立法也采纳了同样的做法。例如，在侵害人格权的获利返还中，依据《侵权责任法》第 20 条的规定，在被侵权人的损失难以确定的情形下，受害人只能请求侵权人返还因侵权行为所获得的利益，而不能请求行为人返还所有获利。在此即需要准确认定，受损害一方的权益在获利人获利中的具体作用，并依据因果关系准确界定获利返还的范围。

获利返还的确定应当根据具体情形、考虑多种因素予以确定，而不应当认为，只要是行为人所获得的利益，受害人都有权请求返还。德国学者 Schultz 认为，应该根据不同考量要素（商品、版权、劳动力、企业等）对获利的贡献进行公平的分割，并根据贡献进行分配。[①] 其提出在确立获利返还的问题上，法官应当综合考虑多种因素，对行为人的获利进行分析，总体而言，在确定行为人应当返还的获利时，主要应当考虑如下因素。

一是受害人合法权益在行为人获利中的作用。依据《侵权责任法》第 20 条的规定，受害人原则上只能够请求行为人返还因侵权行为所获得的利益，如果将获利返还的范围及于行为人的全部获利，对行为人也是不公平的。因此，在确定

① Schultz，"System der Rechte auf dem Eingriffserwerb，" 105 AcP 1 (1909)；Sacco，L'arricchimento ottenuto mediante fatto ingiusto (1959)；Kellmann，Grundsatze der Gewinnhaftung 139 (1969) .

获利返还中行为人的获利时，应当判断受害人合法权益在行为人获利中的具体作用，借助于因果关系的相关规则，确定受害人可以请求行为人返还的获利数额。例如，有学者认为，就侵害人格权益时加害人的获利而言，其是指加害人基于受害人人格权益中的财产价值而获得的利益。[①] 例如，以他人的肖像做广告，对产品的促销究竟有多大的作用，应当综合考量上述因素加以判断。

二是行为人的主观状态。原则上，在获利返还请求权中，一般应当依据受害人合法权益在行为人获利中的作用，来最终确定行为人获利的范围和数额，但行为人的主观状态在获利返还数额的确定方面仍具有一定的意义。如果返还义务人在主观上是善意的，则可以适当减轻其返还义务，而如果在返还义务中行为人主观上是恶意的，则可以适当增加行为人返还的数额。

三是受害人合法权益价值的增减。行为人未经许可而利用他人的合法权益获利时，可能导致该合法权益价值的增加或者减少，在确定获利返还的数额时，应当考虑这一情况。例如，行为人未经许可而将他人的肖像用于产品的广告宣传，可能影响受害人的社会声誉，从而降低其肖像的经济效用，此时，可以适当增加行为人返还获利的数额。但问题在于，如果行为人的利用行为导致受害人合法权益价值增加的，行为人能否主张适用损益相抵规则，适当减少其获利返还数额呢？笔者认为，在此情形下，不应当允许行为人主张适用损益相抵规则，因为受害人合法权益价值的增加应当是行为人侵权行为的一种反射性结果，如果允许行为人主张损益相抵，可能不利于对受害人的充分救济，也不利于剥夺行为人的不法获利，影响获利返还制度功能的实现。

① 参见孙良国：《人身权侵权获益赔偿的构成要件及其适用》，载《法学》，2009（12）。

第四编

债的效力

第十四章

债的履行

第一节　债的履行概述

一、债的履行的概念和特征

债的履行，是指实现债的内容的行为。[①] 它是债务人依据法律和债的规定所为的特定行为。如前所述，债是一种发生在当事人之间的请求关系，债权人对债务人享有提出给付请求权，债务人受此拘束。[②] 按照债的要求，债务人应当向债权人作出一定的给付，这也是债权人实现其债权的基本方式。债的履行就是由债务人按照债的内容所为的给付，是债的效力的当然内容，也是债的拘束力的重要体现。

① 参见郑玉波：《民法债编总论》，248页，北京，中国政法大学出版社，2004。

② MünchKomm/Ernst，Einleitung des Recht der Schuldverhältnisse，Rn. 10.

债的履行既包括债务人履行债务的行为，也包括债权人相关的受领行为。债的履行是债务人所应负担的义务，债权人依据法律规定而负有的接受和受领的义务，只是一种不真正义务。[①] 债的履行虽然主要是债务人的行为，但依据法律规定和当事人约定，同时为了保障债的目的的实现，债权人也应当负有一定的合作、协力等义务。具体而言，债的履行具有如下几个特点。

第一，债的履行以实现债为目的。债务履行具有目的性的特点，即要实现债权人的债权。债的履行只是指债务人应严格按照法律规定和当事人约定履行其债务，并通过履行使债权得到实现，并最终消灭债务。债权不同于其他权利之处就在于，其是一种请求权，即请求特定的债务人作出给付的权利。债权能否实现，取决于债务人是否作出了给付。一旦债务人履行了债务，就将导致债的关系消灭。例如，在租赁合同中，当事人订立合同的目的是一方（出租人）获得租金，另一方（承租人）获得对租赁物的使用收益权，如果承租人严重拖欠租金，或者只是交付了极少部分租金，则出租人订立合同的目的并不能实现。如果出租人交付的房屋并不能使承租人正常使用或收益，则承租人订立合同的目的也没有实现。

第二，债的履行是依据法律规定或合同约定而实现债的行为。债的履行的具体形态是多样的，如交付约定的标的物、完成约定的工作并交付工作成果、提供约定的服务等。给付可以是积极的作为，也可以消极的不作为，如禁止将书稿再交给其他出版社出版，或禁止将某项权利再转让给他人等。如果给付是消极的不作为，债务人只要不实施特定的行为，就认为是履行了债务，而不需要积极的给付行为。履行可以是一次性完成的，也可以是逐步地完成，在后一种情况下，给付是一个动态的过程。也就是说，并不一定通过一次性的给付使债权得到实现。而无论采取何种方式履行债务，都必须是依据法律规定和当事人约定而作出的行为。

---

① 在德国法上，债权人迟延是不真正义务的违反。我国学者的论述，参见齐晓琨：《解读〈德国民法典〉中的债权人迟延制度》，载《南京大学学报》（哲学·人文科学·社会科学），2010（2）；韩世远：《合同法总论》，2版，386页，北京，法律出版社，2008。

债的履行是依据法律规定或合同约定所作的履行，具体来说，一是必须符合法律规定。法律规定不仅包括对债的内容的明确规定（如法定之债中，法律关于当事人请求权的范围、履行方式等的规定），而且包括依据诚信原则所产生的附随义务的履行。债务履行必须符合诚信原则的要求。随着债法的发展，债务的内容也随之发展，债务人义务的来源也呈现多元化的趋势，其不仅来源于当事人的约定，而且依据法律规定和诚信原则，债务人也可能负担相关的义务。如果债务人未能履行这些义务，造成债权人损害，也应当承担违约责任。二是必须依据当事人的约定履行。这主要表现在，在合同之债中，债务首先必须依据合同的约定履行，只有在合同没有就债务的履行作出约定时，才能依据法律规定确定具体的履行。三是应当依据诚信原则，履行协作、忠实、关照等附随义务。

债务人作出履行，必须符合法律规定和当事人约定，任何不符合法定和约定的给付，都构成债务不履行，从而可能承担债务不履行的责任。例如，某演员甲与乙（某影视经纪公司）签约，由乙负责对甲进行包装、宣传，并负责代甲联系相关演出，甲则应当在演出后按照片酬的一定比例向乙支付经纪费用。合同订立后，乙为了对甲进行炒作，未经甲的同意擅自在网络上泄露甲的绯闻和个人隐私，甲极不满意，认为乙侵害了其隐私权，主张解除该合同，并拒绝支付相关的经纪费用，而乙则认为，其在网络上泄露甲的绯闻和隐私是为了对甲进行宣传的需要，是履行债务的行为，遂诉请甲按照约定支付经纪费用。在该案中，乙未经甲的同意而擅自在网络上泄露甲的绯闻和个人隐私，虽然是为了履行经纪合同，但其行为侵害了甲的隐私权，在性质上属于侵权行为，已经超出债务履行行为的合理范畴。此外，债务人履行合同也必须按照合同约定的方式履行债务，在该案中，虽然当事人在合同中约定，乙可以对甲进行一定的包装、宣传，但乙泄露甲的绯闻和隐私已经超出了合理的包装、宣传的范畴，超出了双方约定的履行债务的合理方式。因此，乙的行为不构成债务履行。

第三，债的履行是债务人的自愿行为。履行是债务人自觉依据法律规定和当事人约定而实施的行为，而不是在其不履行的情况下，由法院强制其实施的行为。债务履行实际上由债务人按照债的要求向债权人为一定的给付，给付

(Leistung) 一般是指有意识、有目的地增加他人的财产。[①] 债务履行不同于债务不履行的责任，主要原因在于，债务履行在性质上是债务人的一种自愿行为，而不是法律强制债务人所为的行为。在民法上，债务人到期不履行债务或者履行有瑕疵，则债权人有权请求债务人继续履行债务，以及承担修理、替换、重作等法律责任。此种责任似乎也是一种履行，因为这一原因，一些德国学者通常将给付义务区分为原给付义务（也称为第一次给付义务）和次给付义务（也称为第二次给付义务）。前者是指债务人应履行的合同义务，后者是指债务人因迟延履行、不履行等而发生的损害赔偿义务等。[②] 笔者不赞成此种看法。如前所述，债务与责任是不同的法律概念，债务履行是一种自愿行为，其是债务人有意识地增加债权人的财产，给予债权人一定的财产利益（Zuwendung），即债务人必须基于自己的意思对其财产所作出的处分，并因而增加债权人的财产。因此，受领人自行取走给付标的的，不构成履行。而债务不履行的责任（如继续履行等），虽然在内容上与债的履行是一致的，但其本质上不同于债务的履行，而是债务不履行的一种转化责任，债务人不履行的责任由国家强制力保障实现，这与债务履行依赖债务人的自愿存在本质区别。

二、给付和履行

在大陆法债法理论中，给付是债的标的，也是实现债权目的的手段。给付一般应当具有合法性、可能性、确定性。民法通常依给付的确定方法而将债权分为特定之债、种类之债、金钱之债、利息之债、选择之债等。然而我国《合同法》没有采纳给付的概念，而只是采用了履行的概念。从学理上说，履行（Erfüllung）和给付(Leistung) 的概念常常是可以相互替代的，两者都可能是指债务人依据合同的规定为一定行为。德语中的 Leistung 一词也有履行（Performance）的含义。依据《朗根沙特百科词典》对“Leistung”一词的解释，它既可以指履行行为（Performance），

① BGHZ 40，272，277.

② Larenz，Lehrbuch des Schuldrechts，AT，14. Aufl. Muenchen，1987，S. 8 f.

又可以指“完成、取得，即履行的结果”(Accomplishment，Achievement or Attainment)①。但严格地说，履行与给付也存在一些区别，主要表现在：

第一，给付是债的标的，“债之标的，谓构成债的关系之内容之债务人行为，即债权人所得为请求及债务人所应实行者是也。自债务人方面言之，则为给付”②。而履行主要强调债的实现的行为或过程。例如，我国《合同法》并没有采用给付的概念，而是采纳了“履行”一词，也就是说，履行主要是《合同法》中采纳的概念。

第二，给付与履行的区别还在于两者对于债的观察角度不同。郑玉波教授指出：“清偿与履行及给付三语，乃一事之三面，由债之消灭上言之，谓之清偿；由债之效力上言之，谓之履行；由债务人之行为上言之，谓之给付，名词虽殊，其事一也。”③ 给付主要是从静态的角度观察债务人的履行行为及履行结果；而履行侧重从动态的角度揭示对义务的实现过程，如果履行需要多次完成，则履行是不断、逐步地消灭债的行为。“履行并非指债务人之给付行为，履行重结果，给付仅系履行之手段，必使债权人实际获得给付结果，才能谓之履行。”④ 此种观点不无道理。

第三，通常意义上，给付是一方当事人的单方面行为，债权人的履行行为不称为给付，而称为受领行为。但是履行的概念则不限于债务人的行为，债权人的行为也称为履行行为。在双务合同中，不仅一方当事人负有履行义务，另外一方当事人也负有履行义务，只要合同没有规定履行顺序，则双方必须同时履行。⑤给付的概念中通常不涉及给付的顺序以及以对方给付为条件的问题。但履行则主张双方当事人的协助与配合，如果双方负有同时履行义务的，一方不履行义务，则对方当事人有权行使同时履行抗辩权，拒绝作出履行；一方负有先履行合同的

① Langenscheidts Enzyklopaedisches Woerterbuch，Teil 2，München Langenscheidts，3 Auflage，1983，S. 1010.

② 史尚宽：《债法总论》，231 页，北京，中国政法大学出版社，2000。

③ 郑玉波：《民法债编总则》，469 页，北京，中国政法大学出版社，2004。

④ 林诚二：《民法理论与问题研究》，216 页，北京，中国政法大学出版社，2000。

⑤ 参见［美］E. 艾伦·范思沃斯：《美国合同法》，葛云松、丁春艳译，559 页，北京，中国政法大学出版社，2004。

义务，如果其不履行，则负有后履行义务的一方当事人有权行使先履行抗辩权。[①]

三、债的履行的性质

债的履行的性质主要是指履行行为本身的性质，对债的履行行为的性质认定不同，在对债的履行效果的认定方面可能也会存在一定的差异。例如，如果将债的履行行为认定为合同，则必须要债务人与债权人就债务的履行形成合意，履行人的行为能力则可能对履行行为本身的效力产生影响；而如果将债务履行行为认定为一项事实行为，则债务的履行不需要债务人与债权人就债的履行行为本身达成合意，债务人行为能力的欠缺一般也不会影响履行行为的效力。具体来说，关于债的履行行为的性质，主要存在以下几种不同观点。

（一）合同说（Vertragstheorie）

此种观点认为，债的履行是一种合意行为，债务人提出给付的行为在性质上为要约，债权人受领该给付在性质上为承诺。[②] 债的履行需要债权人与债务人达成清偿合同（Erfüllungsvertrag），债务人单方面履行债务的行为无法发生债务履行的效果，只有通过当事人就债务履行达成合意，债的关系才能归于消灭。[③] 按照此种观点，受领人也必须具有完全的民事行为能力，如果无行为能力人或限制行为能力人受领，必须取得其法定代理人的同意，如此才能通过履行来消灭债之关系。[④] 该说盛行于19世纪晚期，曾经是德国普通法时代以及《德国民法典》颁布初期的通说。

该说强调受领人也必须具有完全的民事行为能力，不无道理，但该说认为，债务的履行必须就债务的履行达成合意，此种看法值得商榷。因为在债的履行过程中，当事人通常并不会就债的履行达成合意，债的履行并不存在意思表示的发

---

① 参见《合同法》第66、67条。

② 参见黄立：《民法债编总论》，649页，北京，中国政法大学出版社，2002。

③ Beckhaus, Die Rechtsnatur der Erfüllung, Mohr Siebeck, 2013, S. 6.

④ Wolfgang Fikentscher und Andreas Heinemann, Schuldrecht, Gruyter, 1997, S. 191, Rn. 268.

出和受领，所谓履行合意很大程度上只是学者拟制的结果。此外，虽然在法律上应当对债权人受领债务的履行有一定的要求，但并没有要求债权人必须具有完全的民事行为能力。因此，该说已经为当今学界所抛弃。[①]

（二）受限制的合同说（beschränkte Vertragstheorie）或修正的合同说（modifizierte Vertragstheorie）

此种观点认为，债务的履行原则上并不需要债务人与债权人就债务的履行达成合意，只有在债务履行需要移转标的物所有权或者让与债权的情形下，当事人之间才可能就标的物的移转达成合意。[②] 债务人仅仅提供劳务，只需要债务人提出事实上的给付或者债务人单方具有清偿之意思（Erfüllungswillen）即可，无须当事人达成履行债务的合意。[③] 但如果移转动产所有权，则需要当事人就债务的履行达成合意。[④] 虽然此种观点较之于合同说更为客观，但其仍然认为，在特殊情形下，当事人仍需就债的履行达成合意，这与客观实际情况并不相符。因为在债务履行过程中，即便存在给付行为，当事人也无须就债务履行达成合意。同时，此种观点与德国法上的物权行为理论相适应，其认为，在债务履行涉及标的物移转时，当事人之间需要订立物权合同，而我国《物权法》并没有采纳物权行为理论，债务人为履行债务而交付标的物的行为在性质上属于一项事实行为，并不需要当事人就标的物所有权的移转订立独立的物权合同，因此，“受限制的合同说”也与我国的现行立法不相符合。

（三）单方法律行为说（Theorie des einseitigen Rechtsgeschäfts）

该说将债务履行行为理解为单方法律行为，而非合同或双方法律行为，从而清偿的效果不会因债权人拒绝的意思表示而落空，只要债务人具有清偿债务的意思即可。[⑤] 此种观点仍然以法律行为的路径来解释债务履行行为，其主张债务的

---

① Gernhuber, Die Erfüllung und ihre Surrogate, § 5 II 3, S. 105.

② Harm Peter Westermann, Peter Bydlinski und Ralph Weber, BGB-Schuldrecht Allgemeiner Teil, C. F. Müller, 2013, 2013, S. 378, Rn. 19/6.

③ Gernhuber, a. a. O., § 5 II 4, S. 106.

④ Schlechtriem, a. a. O.; Fikentscher, a. a. O., Rn. 269.

⑤ Gernhuber, a. a. O., § 5 II 5, S. 106 f.; Beckhaus, a. a. O., S. 41.

履行在性质上属于单方法律行为，债权人的意思（尤其是拒绝受领）不会影响清偿的效果，其在一定程度上有利于强化对债务人的保护。但此种观点仍然通过法律行为的路径解释债务履行行为，因此，与前述观点一样，其不符合债务清偿的客观实际情况。

（四）准法律行为说

该说认为，清偿在性质上是单方行为，但其并不属于法律行为的范畴，而是准法律行为。[①] 该学说认为，只要债务人在事实上提出给付，并且按照确定的形式实施清偿行为，清偿的效果即可发生。[②] 当然，清偿目的确定并非法律行为意义上的意思表示，而是准法律行为，从而可以准用意思表示的规定。按照这一观点，债务履行只需要债务人单方的履行行为即可产生清偿的效果[③]，这虽然有利于保护债务人的利益，但该说忽略了债的履行中债权人需要受领债务人的给付，因此，该说可能不利于保护债权人的利益。

（五）事实行为说（Theorie der realen Leistungsbewirkung）

此种观点认为，许多清偿行为只是事实行为，如劳务给付等，所以，不宜将其认定为一项清偿合同。此种观点认为，与合同说相比，将清偿行为认定为一项事实行为，有利于保护债务人的利益。因为在采清偿合同的观点之下，消灭债务必须有债权人以债的消灭为目的的受领的意思表示，否则难以发生债务履行的效果，而事实给付履行说仅仅要求债务人按照规定作出了履行，就可以消灭债务。[④] 按照事实行为说，只要债务人客观上进行了给付，原则上就能发生债务履行的效果。[⑤] 该说是目前德国学界的通说。

笔者赞同事实行为说。债务履行行为在性质上并非法律行为，因为债务履行本身并不以意思表示为要件，债务人在债务履行过程中既没有作出意思表示，当事人也没有就债务履行达成合意，尤其是因为我国没有采纳物权行为理论，标的

---

① Beckhaus，a. a. O.，S. 51.

② Thomale，a. a. O.，S. 11.

③ Schlechtriem，a. a. O.

④ 参见黄立：《民法债编总论》，650页，北京，中国政法大学出版社，2002。

⑤ Beckhaus，a. a. O.，S. 31.

物所有权移转的依据是当事人之间订立的合同，债务人只需要依据法律或者合同约定履行债务即可，而无须在履行前再与债权人达成履行债务的合意。采纳事实行为说的意义主要在于：一方面，虽然我国法律对合同的订立要求当事人有行为能力，但在债务履行时并没有要求债务履行人具有行为能力。更何况，从实践来看，债务履行的情形非常复杂，不宜将债的履行人限于完全行为能力人。另一方面，采纳事实行为说，有利于兼顾债务人与债权人利益的保护，即债务人履行债务时不需要与债权人就债务履行达成合意，只要债权人接受给付，即可发生债务履行的效果；同时，采纳事实行为说也有利于保护债权人的利益，因为即便债权人接受债务人给付时不具备相应的行为能力，也有权受领相关的给付，而不构成不当得利。当然，在特殊情况下，当事人在债务履行过程中也可能作出一定的意思表示，但该意思表示并非债务履行的构成要件。例如，以签发票据的形式履行金钱债务，此种行为虽然涉及法律行为，但其并非债务履行的构成要件。

第二节 债务履行的原则

一、债务履行原则概述

债务人应当按照债的要求履行其债务，在债务履行过程中，为平衡债务人与债权人之间的关系，规范债务人履行债务的行为，保障债的履行结果的实现，债的双方当事人在债务履行过程中应当遵循一定的原则，主要原因在于：

第一，有利于规范债务人履行债务的行为，从而保障债的履行结果的实现。例如，在无因管理中，管理人应当按照善良管理人的要求履行其义务，这也是诚实信用原则的重要体现；再如，在合同履行过程中，债务人也应当按照诚实信用原则的要求履行其债务，如果债权人受领给付需要一定的准备时间，则按照诚实信用原则的要求，债务人在履行债务时应当提前通知债权人，给债权人必要的准备时间，否则债权人有权拒绝受领给付，且无须承担受领迟延的责任。

第二，有利于保障债的履行结果的实现。债的履行结果的实现需要债务人与债权人之间的协力，任何一方当事人不遵循债务履行的原则，都可能影响债的履行结果的圆满实现。例如，在合同履行过程中，基于诚实信用原则，在主给付义务与从给付义务之外，当事人还应当负担一定的附随义务，如债务人对履行标的应当履行适当包装的义务，否则，如果标的因包装不善而发生毁损、灭失的，债务人即应承担相应的不利后果；而债权人基于诚实信用原则的要求，也应当负担一定的不真正义务，如果债权人未尽到此种义务造成自身损失的，即应当自行负担相应的损失。

第三，有利于强化当事人之间的相互协作，平衡双方当事人之间的利益。现代债法，特别是合同法发展的重要趋势是强化当事人之间的协作关系，强化当事人在可期待的范围内负有相互协作的义务，此种义务既来自于诚信原则，也是公平交易的必然要求。[①] 在市场经济社会，交易中的协作关系是保障债权实现的重要基础。例如，就合同之债而言，合同的双方当事人都不应辜负对方的合理期待，合同的任何一方都必须尊重另一方的利益。正是因为合同所作的交易不是一种零和游戏，而是一种互赢的关系，所以，依据诚信原则，合同当事人负有协作、协力的义务。[②] 因此，要求债的关系当事人在履行债务的过程中遵循一定的原则，既是规范债务履行行为、保障债的履行结果实现的需要，也是平衡债的关系当事人之间利益的需要。

债的履行的原则应当适用于各种债的类型，不论是诚实信用原则、全面履行原则，还是适当履行原则，都应当适用于所有债的履行的情形。例如，在非债清偿的不当得利之债中，在受损的一方请求获利的一方返还所受领的利益时，按照诚实信用原则的要求，获利一方返还所受利益应当在适当的时间、按照适当的方式进行，否则造成受损的一方当事人损害的，即应当承担相应的损害赔偿责任。

---

① 参见［德］冯·巴尔等主编：《欧洲私法的原则、定义与示范规则：欧洲示范民法典草案》（第一卷至第三卷），高圣平等译，595页，北京，法律出版社，2014。

② 参见郑强：《合同法诚实信用原则价值研究——经济与道德的视角》，载《中国法学》，1999（4）。

而在获利人返还不当得利时，按照诚实信用原则的要求，受损的一方也应当及时受领，否则造成获利一方返还获利的费用增加的，受损的一方也应当予以赔偿。再如，在无因管理之债中，按照诚实信用原则的要求，管理人在管理行为开始时，应当及时通知本人，而且在管理行为进行过程中，应当及时向本人报告事务管理的具体情况。

二、债的履行原则

（一）诚实信用原则

诚实信用（Bona Fide）原则，是指民事主体应当诚实守信，以善意的方式行使权利和履行义务，而不得滥用权利损害他人的合法权益。[①] 该原则常常被称为民法特别是债法中的最高指导原则，甚至有人将其称为“帝王规则”（König Lehre）[②]。自罗马法以来，诚信原则的发展经历了如下几个发展阶段：即从仅适用于特殊情形扩大为一项适用于合同法的原则，从作为合同法的一项原则成为一项债法基本原则，从作为债法的一项原则到作为民法的基本原则。20 世纪以来，诚信原则在大陆法系国家民法中得到迅速发展。1907 年的《瑞士民法典》最早突破了诚信原则仅适用于债法的德国法模式，而将其作为民法的一项基本原则加以规定。该法第 2 条规定：“任何人都必须诚实信用地行使其权利，并履行其义务”，这就将诚信原则的适用由单纯约束义务人扩张至对权利人的行为予以规范。

我国社会传统上深受儒家思想影响，历来崇尚诚实守信的道德伦理观念，诚实信用成为人们的行为准则。“信者，言之有实也。”[③] “诚者自然，信是用力，诚是理，信是心，诚是天道，信是人道，诚是以命言，信是以性言，诚是以道言，信是以德言”[④]，言必行、行必果及诚实守信是我国传统道德的重要组成部

① 诚实信用，拉丁文表达为 Bona Fide，在法文中为 Bonne Foi，在英文中为 Good Faith。英文直译为“善意”，在德文中表达为“忠诚和相信（Treu und Glauben）”，在日本法中称为“信义诚实”原则。

② ［日］森田三男：《债权法总论》，28 页，东京，学阳书房，1978。

③ 朱熹：《论语集注》。

④ 胡广等撰：《性理大全·诚篇》。

分。在我国商业习惯中，也历来将诚实守信、童叟无欺作为重要的商业道德。我国1986年颁布的《民法通则》第4条及《民法总则》第7条关于民事活动应当遵循诚实信用原则的规定，是对我国传统道德及商业道德习惯在法律上的确认。《合同法》第6条规定："当事人行使权利、履行义务应当遵循诚实信用原则。"这表明，诚信原则是债法的一项基本原则。

诚实信用原则在性质上属于法律原则，其主要功能在于解释法律、填补法律漏洞，一般并不能直接作为裁判的规则。例如，我国《合同法》第125条规定："当事人对合同条款的理解有争议的，应当按照……诚实信用原则，确定该条款的真实意思。"第60条规定："当事人应当遵循诚实信用原则，根据合同的性质、目的和交易习惯履行通知、协助、保密等义务。"可见，我国《合同法》也十分强调依循诚信原则解释合同。诚信原则作为合同解释规则实际上是要求法官将自己作为一个诚实守信的当事人来判断、理解合同的内容和条款的含义。依据《合同法》第125条第1款，诚信原则在弥补合同漏洞方面具有重要作用。所谓合同漏洞，是指当事人在合同中对于合同条款没有约定或者约定不明确的现象。[①] 例如，甲乙之间订立了一份购买黄沙合同，合同约定甲购买乙黄沙30车，每吨价300元。合同订立一个月以后，由乙送货，货到付款。此后，黄沙价格开始上涨，乙不愿如数供货，便在交货期到来后，安排2辆（其中一辆是借用外单位车）"130"型货车，装了2车黄沙（每车装载2吨），送到甲处，并要求以"130"型车为标准，计算交货数量。甲认为，合同规定交货数量为30车，但应以"东风牌"大卡车作为计算标准，每车装载4吨，共120吨。为此，双方发生争议，协商未果，甲遂向法院起诉，要求乙承担违约责任。在该案中，关于黄沙数量的计算标准，即因当事人约定不明而产生合同漏洞。在交易过程中，尽管当事人可能经过了周密的考虑，也无法避免此类合同漏洞。因为社会和市场的变化是当事人很难预料的，也不太可能都预先在合同中全面作出妥当的安排。在出现合同漏洞之后，通过诚信原则就可以弥补合同存在的缺陷。但是，依据诚信原则填补合同漏洞，应当是在法律规定的其他方法不能适用时才能适用。我国《合同

① 参见《合同法》第61、139、141、154、156、159、160、161条等。

法》第61条和第62条规定了合同漏洞填补的方法，只有无法适用这两条规定时，才应依据诚信原则填补合同漏洞。依据诚信原则填补合同漏洞，要求法官将自己作为一个诚实守信的当事人来判断、理解合同的内容和条款的含义，尤其需要平衡当事人双方的利益，公平合理地确定合同内容。

在债务履行过程中，诚实信用原则在特定情形下也可以直接发挥具体行为规则的功能。在比较法上，诚信原则被广泛作为具体规则加以运用。例如，《美国统一商法典》第二章“买卖”中有13个条款对具体的交易行为明文规定了“善意”或“诚信”的要求。① 我国《合同法》已将诚信原则具体化为诚信义务，此种义务具有强行性，当事人不得通过约定排除诚信义务的承担，违反此种义务将构成违约。诚信原则并不是法律对当事人行为的一般性的号召，而是要求当事人必须遵守的强行性规则。具体而言，诚信原则在《合同法》中要求当事人应依善意的方式行使债权和履行债务，不得规避法律和合同规定。在合同的订立、履行甚至在合同履行后，该原则都要求当事人遵循体现了伦理道德要求的诚实、守信、善意等规则，从而保障合同义务正确、适当的履行，这就为民事主体从事民事活动提供了基本的行为模式与标准。在当事人违反因诚信原则所产生的附随义务的情形下，应当承担相应的违约责任。诚信原则概括地表达了对一切合同关系的诚实信用要求，为合同关系的建立、存在和顺利完成指明了基本而最为重要的要求；离开诚信原则的要求，一切合同关系的订立、履行和达到缔约人的目的均无从谈起。②

在合同订立以后尚未履行以前，当事人双方都应当依据诚实应用原则，严守诺言，认真做好各种履约准备。如果一方在履约前因经营不善造成严重亏损，或者存在其他法定情况，另一方可以依据法律的规定，暂时中止合同的履行，并要求对方提供履约担保。但是另一方在行使中止权时应严格遵循诚实信用原则及法律规定的条件，不能因为对方支付能力上出现暂时的或并不严重的困难，便借故

① 《美国统一商法典》，第2～305条第2款规定：如果买卖合同规定货物的价格由卖方（或买方）确定，那么该方应“善意地”决定该价格。

② 参见郑强：《合同法诚实信用原则研究》，140页，北京，法律出版社，2000。

中止合同履行。

在债务履行中，当事人应当遵循诚实信用原则。具体而言，表现在如下几个方面。

第一，在履行时间方面，按照诚实信用原则的要求，债务人应当在合理的期限内履行。就合同之债中，债务人原则上应当按照约定的期限履行其债务，债权人不得请求债务人提前履行债务。此种期限利益虽归属于债务人[①]，但债务人可以放弃该期限利益，提前清偿债务，按照诚实信用原则的要求，如果债权人受领债务人的给付需要作出一定准备的，则债务人在作出给付时需要提前通知债权人。例如，债务人向债权人交付一批货物，债权人需要一定时间准备仓库，如果债务人提前清偿债务，则应当提前一段时间通知债权人，给债权人准备仓库预留充分的准备时间。就法定之债而言，债务人也应当按照诚实信用原则的要求，在合理的期间内履行其债务，例如，在无因管理之债中，管理人应当按照诚实信用原则的要求，在合理的期间内及时管理事务。

第二，在履行地点方面，债务人也应当按照诚实信用原则的要求，选择合适的履行地点。例如，债务人在债权人婚礼现场，返还其所借的丧服，即属于违反诚实信用的履行行为。[②] 按照诚实信用原则的要求，债权人也不得选择不合理的履行地点，否则，债务人有权拒绝，因此增加的履行费用，也应当由债权人负担。例如，在不当得利之债中，当事人在同一个城市，获利人原则上只需在同城返还财产即可，如果受损的一方要求获利人前往另一个遥远的城市交付，即有违诚实信用原则，获利人有权拒绝。获利人按照其要求履行的，因此增加的履行费用也应当由债权人负担。

第三，在履行方式方面，债务人在履行债务的过程中，按照诚实信用原则的要求，应当选择适当的债务履行方式，因债务人履行方式不当造成债权人损失的，债务人应当承担相应的损害赔偿责任。例如，在买卖合同中，甲购买乙的一面墙镜，如果当事人没有在合同中就镜子的包装方式达成合意，则依据诚实信用

①② 参见郑玉波：《民法债编总论》，249页，北京，中国政法大学出版社，2004。

原则和该买卖合同的目的，乙应当采用妥当的方式对该镜子进行包装，防止其损毁，如果乙未尽到该义务，即构成债务不履行，应当承担相应的违约责任。

第四，在履行内容方面，按照完全履行的要求，债务人原则上应当一次清偿所负全部债务，但如果债没有规定须一次清偿，债务人所负债务必须多次清偿，而且多次清偿也不会对债权人的利益造成重大不利影响时，则债权人应当允许债务人分批、多次履行的请求，如果债权人予以拒绝，要求债务人一次履行全部债务，即属有违诚实信用原则。[①]

第五，债的关系当事人应当负担保护、保密等附随义务，以保障债的目的的全面实现。例如，在合同之债中，基于诚实信用原则，当事人应当负担一定的附随义务，即当事人除了按照法律规定和合同约定履行义务外，还应履行依诚信原则所产生的各种附随义务，如应当负担一定的忠实、照顾、保护、保密等义务。而且在法律和合同规定的义务内容不明确或欠缺规定的情况下，当事人应依据诚信原则履行义务。应当指出的是，在合同的履行过程中，当事人先应当依据合同的约定和法律的规定履行义务，只有在不能依据合同约定和法律规定的情况下，才能依据诚信原则履行义务。此外，不论当事人是否约定，附随义务都自动成为合同的内容，在违反附随义务的情况下，当事人也要承担违约责任。

第六，债的当事人应当负有相互协作的义务。如果债务人负担某项债务，其债务的履行，债权人在可合理期待的范围内应当负有协作的义务，该项义务的履行也有利于保障债权的有效实现。在债务人按照债的规定履行债务的情形下，基于诚实信用原则的要求，债权人应当及时受领债务人的给付，因债权人未及时受领给付造成自己损害的，债权人应当自行负担相应的不利后果；因债权人未及时受领造成债务人履行费用增加的，债务人有权请求债权人予以赔偿。

此外，在合同约定不完善的情形下，诚实信用原则可以起到填补合同漏洞、完善合同内容的作用。在债务履行过程中，债务人应当按照诚实信用原则的要求履行债务。例如，在前述购买黄沙纠纷案中，按诚实信用原则的要求，当事人对交货数量规定不明确的情况下，应当按照诚实信用这一商业道德来确定合理的交

① 参见郑玉波：《民法债编总论》，250页，北京，中国政法大学出版社，2004。

货数量，如果当事人在合同中约定的30车黄沙未确定明确的计量标准，那么乙就应当按诚实信用原则考虑合理的计量标准。而在本案中，乙履行债务的行为显然有违诚实信用原则的要求，因为一方面，乙在订约以后，鉴于黄沙价格已经上涨，曾要求甲减少供货数量，当此要求被拒绝以后，乙便以合同没有规定明确的计算标准为由，以“130”型货车送货，实际上乙的目的在于减少交货数量。另一方面，乙明知按当地的交易习惯，以车为计量单位的，车的含义通常是指“东风牌”大卡车。而乙给他人送货也主要是以“东风牌”大卡车送货，显然乙以“130”型车送货既可以达到少交货的目的，又不至于被甲抓住违约的把柄，然而乙的行为的确是与诚信原则相背离的。

（二）完全履行原则

债的完全履行原则，是指债务人应当按照法律规定和当事人约定，按照债的目的和数量全面履行其债务，以保障债权人债权的实现。例如，在合同之债中，《合同法》第60条第1款规定，“当事人应当按照约定全面履行自己的义务”，依据这一规定，债务人应当按照合同的约定交付标的物、提供劳务或完成约定的工作并交付工作成果，这就确定了合同之债的全面履行原则。再如，在无因管理之债中，就管理人的债务而言，管理人应当按照善良管理人的标准，全面履行管理人的职责，在管理事务开始时，应当对本人进行通知，在管理活动进行中，应当及时向本人报告管理事务的情况；在管理活动结束后，还应当向本人交付管理事务的成果，并履行相应的计算义务，以全面保障本人的利益。具体来说，债务全面履行的原则主要包括如下几个方面的内容。

1. 债务人应当严格按照债的目的履行债务。完全履行原则首先强调债务人必须按照债的目的全面履行义务，即债务人应当按照法律规定、当事人约定或者债权人的要求履行债务。例如，就合同之债而言，债务人必须按照合同规定的履行主体、标的、时间、地点以及方式等履行其义务，而且债务人在履行质量、数量、履行方法、地点等方面都必须符合法律的规定，否则均可构成违约。除合同之债外，在其他法定之债中，债务人也应当全面履行其债务。例如，在不当得利之债中，在受损的一方向其提出返还不当得利的请求时，获利人应当及时将所获得的不当得利返还给受损的一方，如果因该获利而获得其他利益，也应当将所获利益一并返还给受损人。

2. 债务履行的数量符合法律或者债的规定的要求。与适当履行原则不同，全面履行原则的重点之一在于，其强调在数量方面符合法律或者债的规定的要求。债的履行的数量是债的关系的重要内容，例如，在合同之债中，当事人应当在合同中对债的履行数量作出约定，否则可能导致合同之债无法成立。如果当事人没有在合同中对债的履行数量作出约定，则应当按照《合同法》第 61 条的规定确定债务履行的数量，即当事人可以通过达成补充协议的方式确定债务履行的数量，当事人无法达成补充协议的，则应当按照合同有关条款或者交易习惯确定。

在债务人未按照债务履行的数量履行债务的，构成部分履行。当然，如果债务人交付的标的物只是数量上轻微不足，依据诚信原则，债权人不应拒绝。例如，应当交付 1 000 千克苹果，一次不能凑齐，而只能交付 950 千克，债权人并不因此而遭受损失的，则其拒绝受领有悖于诚实信用原则。如果债务人支付数量不足，但数量甚微，对债权人未造成明显损害，债权人不得拒绝接受并援引同时履行抗辩的规定拒付货款。如果债务人交付的数量超过约定的数量，而债权人返还超额部分并不困难，也不得拒绝债务人的履行。

3. 在债务履行过程中，未经对方当事人的同意，债的一方当事人无正当理由原则上不得变更债的内容和履行方式等，否则即应承担债务不履行责任。例如，在非债清偿的不当得利之债中，获利人受领相对人的给付欠缺法律上的原因，构成不当得利，应当将该利益返还给受损的一方，在返还时，原则上应当返还原物，在能够返还原物的情形下，获利人应当将原物返还给相对人，而不得主张对受损人进行等额补偿。再如，在合同之债中，全面履行原则意味着任何一方当事人，未经对方同意不得随意变更合同，否则构成违约，应当承担违约责任；在合同生效后，除具备法定和约定解除事由外，任何一方当事人都不得任意解除合同，而且即使一方当事人享有解除权，其也必须在规定的期限内行使，超过了规定的期限行使解除权则不产生合同解除的效果。

虽然完全履行原则和诚信原则存在一定的交叉，但从广义上理解，完全履行原则也是诚实信用原则的直接体现，“重合同、守信用”“言必信、行必果”，这是中华民族传统道德的重要组成部分，也是社会主义商业道德的主要内容。但二者仍存在一定的区别。完全履行原则主要是指债务人应当依照法律规定和当事人约定履行债务，而诚信原则则还包括当事人没有约定和法律没有规定的情形。此外，诚信原则也可适用于债的关系发生之前，而完全履行原则仅适用于债的关系成立之后、债务履行过程中。

（三）适当履行原则

适当履行，是指债务人应当按照法律和债规定的质量标准或适当的方式履行。适当履行与全面履行的区别在于，全面履行主要强调债务人履行债的数量和期限符合法律和债的规定，而适当履行则主要是指债务人履行债务的质量符合法律和债的规定，或者以适当的方式履行债务。全面履行与部分履行、履行迟延的概念相对应，适当履行的概念则与瑕疵履行的概念相对应，即如果债务人交付的标的物或者提供的服务存在瑕疵，则不符合适当履行原则。具体来说，适当履行原则体现在如下方面。

第一，债的履行的主体适当。债的履行主体适当既包括履行债务的主体适当，也包括接受债务履行的主体适当。债务履行的主体一般限于债务人，接受债务履行的主体是债权人，代理人代理债务人作出履行或者代理债权人接受履行的，债的履行主体仍然是债务人和债权人。除法律另有规定或者当事人另有约定的以外，债务人不得向债权人之外的第三人履行债务，否则即有违适当履行原则。

第二，债的履行的标的应当适当，即债务人所交付的标的物或者提供的服务应当符合法律或者债的规定。债务人所交付的标的物或者提供的服务不符合法律规定或者债的规定，即有违适当履行原则，其具体包括瑕疵给付与加害给付两种情形。一是瑕疵给付，又称瑕疵履行，是指债务人所作出的给付存在瑕疵。瑕疵包括质量等方面的瑕疵。在不适当履行的情况下，如果质量不符合约定的，则债务人应当承担修理、更换、重作、退货、减少价款或者报酬等债务不履行的责任。二是加害给付，是指因债务人的不适当履行造成债权人的履行利益以外的其他损失。例如，给付腐败的水果或者有传染病的家畜、修脸时刮掉眼眉、包办酒席致食客中毒等均属此列。[①] 在加害给付的情况下，不仅造成债权人履行利益的损失，而且还造成债权人履行利益之外的其他人身、财产损失。上述两种情况都属于债的履行标的不适当的情形。

第三，履行债务的方式适当。履行债务的方式适当，主要是指履行债务的方式应当符合法律规定和债的规定。债务履行的方式适当，是指在履行方法确定方面，应当考虑法律规定、合同约定以及债的目的等因素。债务人对于履行方式有多种选择的，应当选择对债权人最为有利的方式。此外，在债的履行过程中，债的当事人应当尽到适当的注意、保护义务，以恰当的方法履行债务。例如，甲聘请画家乙到家中绘一幅壁画，乙为作壁画需要对墙面进行一定的清理，但乙在清理墙面时因粗心大意将甲的壁灯砸倒，摔在地上毁损，造成甲 2 万元的损失。在此情形下，因乙履行方式不恰当，造成甲的损害，乙应当对甲承担债务不履行的责任。

第三节　债务履行的主体

一、债务履行主体是债务人

债务履行的主体原则上是债务人。由于债的关系在性质上具有相对性，在债的关系中，债务人以外的第三人并不负有债务，因而，债务的履行主体原则上仅限于债务人，债权人也不能向债务人以外的第三人主张权利。此处所说的债务人既可能是单个的债务人，也可能是多数债务人。例如，在连带债务的情形，数个连带债务人都是履行的主体。如前所述，履行债务的行为在性质上属于事实行为，因此，债务人履行债务时，并不要求债务人具有完全的民事行为能力。

① 参见王泽鉴：《民法学说与判例研究》，第 4 册，718 页，台北，自版，1986。

二、债务履行辅助人

（一）债务履行辅助人的概念和特征

债务履行辅助人，是指债的关系当事人之外辅助债务人履行债务的人。在现代社会，由于社会分工的发展，个人由于时间、精力、专业技能等方面的不足，许多事情不可能事必躬亲，往往需要他人行为的协助。就债务的履行而言，借助于债务履行辅助人，可以弥补债务人在时间、空间和专业技能上的缺陷，从而便利债务的履行。债务履行辅助人包括使用人、法定代理人等，债务履行辅助人的特征在于：

第一，履行辅助人是根据债务人的意思而在事实上履行债务的人。这就是说，履行辅助人必须是债务人选择的，即由债务人选择适当的人帮助债务人履行债务。在债务人选择了债务履行辅助人之后，通常要与履行辅助人之间订立委托合同，如委托某人代送信件、委托某人运送行李等。在特殊情形下，履行辅助人是直接依据法律规定而产生的，例如，法定代理人为维护被代理人的利益而参与交易活动。通常情形下，由于债务履行辅助人是由债务人选择的，因而，在因债务履行辅助人的行为导致债权人损失的，应当由债务人承担相关的不利后果。如果第三人未取得债务人同意，而介入债的履行，则是一种干涉他人事务的行为，因此造成的损失则不应由债务人负担，而应当由该第三人独立承担责任。

第二，债务履行辅助人要依据债务人的意愿和指示履行债务。债务人选择债务履行辅助人通常会考虑到，债务履行辅助人有足够的辅助履行的能力帮助其履行债务，债务履行辅助人应当按照债务人的意愿履行债务，债务人才能够控制债务履行辅助人的行为，债务人才应对履行结果负责。如果债务履行辅助人超越债务人的指示履行债务，则在债务人和债务履行辅助人之间发生债务履行辅助人对债务人的违约问题，但因此造成债权人损失的，仍应当由债务人承担。因此，债务人利用履行辅助人履行债务时，应当与自己履行负担同样的责任。①

第三，履行辅助人必须在事实上从事了辅助履行债务的行为。也就是说，履行辅助人所从事的行为，是帮助债务人履行债务，而不是为自己履行债务，或者从事其他性质的行为②，否则不属于履行辅助行为。

（二）债务履行辅助人的履行行为

如前所述，债务履行辅助人是基于债务人的意志，代债务人向债权人履行债务，因此，因债务履行辅助人不履行债务造成债权人损失的，应当由债务人向债权人承担债务不履行的责任。债务人对债务履行辅助人履行行为的效果应承担法定担保义务。主要原因在于，一方面，债务履行辅助人履行债务的行为本质上是代债务人履行债务，而且债务履行辅助人履行债务一般受债务人的指示。③ 对债权人而言，债务人借助债务履行辅助人履行债务只是其履行债务的一种方式，在债务履行辅助人不履行债务或者不完全履行债务的情形下，实质上等同于债务人没有履行债务或者没有完全履行债务。另一方面，债务人借助于债务履行辅助人履行债务，因而获得了一定的利益，应由其负担因而产生的风险，这也符合公平原则。因此，在债务履行辅助人不履行债务或者不完全履行债务时，应当由债务人承担相应的债务不履行的责任。

在债务履行辅助人不履行债务或者履行债务不符合约定的情形下，债务人向债权人承担债务不履行责任，是否应以债务履行辅助人履行债务时具有过失或者债务人本人具有过失为要件呢？就合同之债而言，我国《合同法》对违约责任采严格责任，即不论债务人主观上是否存在过错，只要发生债务不履行的情形，债务人即应当向债权人承担违约责任，而债务履行辅助人的履行行为实质上等同于债务人履行债务的行为，因此，只要发生债务履行辅助人不履行债务或者不完全履行债务的行为，不论债务履行辅助人主观上是否存在过错，债务人都应当向债权人承担债务不履行的责任。《合同法》第 65 条规定，“当事人约定由第三人向债权人履行债务的，第三人不履行债务或者履行债务不符合约定，债务人应当向

---

①② 参见［日］我妻荣：《新订债权总论》，王燚译，98 页，北京，中国法制出版社，2008。

③ 参见黄立：《民法债编总论》，437 页，北京，中国政法大学出版社，2002。

债权人承担违约责任。”该条规定实际上也采取了同样的立场。在其他债的关系中，虽然债务人承担债务不履行的责任可能需要债务人主观上具有过错，但由于债务人应当对债务履行辅助人履行债务的效果承担法定担保责任，一旦债务履行辅助人未按照债务的要求履行债务的，债务人即应当承担该行为的不利后果，此种担保责任的承担不以债务履行辅助人本人具有过错为必要。例如，在无因管理之债中，管理人向本人承担债务不履行的责任以其未尽到善良管理人的注意义务为条件，但就债务履行辅助人而言，一旦其造成本人损失，不论其是否存在过错，管理人都应当对本人承担债务不履行的责任。

在因第三人的原因导致债务不履行的情形下，准确认定该第三人是否属于债务履行辅助人，对于正确认定债务不履行的责任具有重要意义。第三人在履行债务的过程中造成债权人损害的情形下，如因加害给付造成债权人的损害，而该第三人又不属于债务人的债务履行辅助人，则债权人无权请求债务人承担债务不履行的责任。但如果该第三人为债务人的债务履行辅助人，则债务人应当对其行为承担法定担保义务，债务履行辅助人在债务履行过程中造成债权人损害的，应当由债务人对债权人承担债务不履行的责任。例如，甲购买苹果电脑一台，因出现程序故障，便请乙维修。乙因有事不能前往，在甲与乙电话商谈过程中，恰好乙的朋友丙站在旁边，丙在未经乙同意的情况下，与甲联系，主动要求为甲维修电脑。后丙在维修过程中弄巧成拙，导致甲的电脑出现更大的故障。甲认为，丙属于乙的工作人员，其履行不适当应由乙负责，因而请求乙承担赔偿责任。在该案中，丙未经乙的同意为甲维修电脑，并不属于乙的债务履行辅助人，而应当属于第三人，在丙造成甲的损害的情形下，甲无权请求乙承担债务不履行的责任。对债务人来说，如果第三人的履行行为没有经过债务人的允许，债务人也就很难预知和约束第三人的实际履行活动，也就是说，很难通过事前的安排降低第三人履行的风险，在此情形下，即便要求债务人对第三人的行为承担责任，也无法提高第三人履行的质量或者降低第三人的损害风险。但是对债务履行辅助人而言，情况则不同，毕竟债务人对债务履行辅助人的行为有较为充分的信息和较强的控制力，其能够更好地指导、控制债务履行辅助人的行为。

三、第三人代为清偿

（一）第三人代为清偿概述

债务人以外的第三人代债务人履行，称为第三人代为清偿。此处所说的第三人是指债务人及债务履行辅助人以外的人。第三人代为清偿，或基于债务人的委托，或基于其本身的赠与意思，或基于第三人对债务人的无因管理。由第三人清偿，有利于债权人的权利实现。债权人要满足其债权，没有必要限于债务人本人作出履行，只要该履行行为能够使债权获得实现即可。由于债务在绝大多数情况下并不具有专属性，可以由第三人代为清偿，因而，为了促进债权的实现，同时有效保护债务人的利益，只要债权人同意，且不违反法律规定和当事人的约定，可以由第三人代为清偿。①

严格地说，第三人代为清偿与代为清偿在法律上是有区别的，代为清偿一般是指有利害关系的第三人的代为清偿，而第三人代为清偿则涵括所有的第三人清偿。考虑到利害关系的概念较为模糊，尤其是在第三人代为清偿的情形下，第三人与债务人之间都可能存在利害关系，在第三人代为清偿的情形，只需要在特定情形下规定债权人是否有权拒绝即可，而无须使用代为清偿的概念，因此，笔者认为，可使用第三人代为清偿概括所有类型的代为清偿的类型。

在第三人未按照约定向债权人履行清偿义务的，原则上应当由债务人对债权人承担违约责任。但例外情况下也可能由第三人对债权人承担未及时清偿的责任。例如，甲从淘宝网上的一家网购企业乙处订购了 10 部 iPod，价款 3 万元，双方约定，在货到后由丙（某获得支付牌照的企业）向乙支付价款。但因为丙网站出现了技术故障，未能及时将货款支付给乙，乙请求甲承担迟延付款的责任。甲认为，其已经将货款交付给丙，履行了支付货款的义务，应当由丙负担违约责任。在该案中，双方既然选定了由第三方支付机构向乙支付价款，丙作为第三方支付机构，其不仅是价款支付机构，而且具有一定的担保功能，即丙应当担保甲

① 参见郑玉波：《民法债编总论》，475 页，北京，中国政法大学出版社，2004。

价款的支付，只要甲将价款支付给丙，其就已经履行了支付价款的义务，在丙未及时对乙履行支付价款的义务时，应当由丙对乙承担迟延支付的责任。

一般情况下，由于第三人清偿并不会损害债权人的利益，因而，在第三人代为履行时，债权人原则上不得拒绝，但在如下情况下，债务只应当由债务人本人履行，而不得由债务人之外的第三人代为履行。

一是依据法律规定不得由第三人清偿。在特定情形下，法律会对债的履行主体进行一定的限制，规定只能由债务人本人履行，而不能由债务人之外的第三人代为履行。例如，《合同法》第 272 条第 3 款规定："建设工程主体结构的施工必须由承包人自行完成。"这就是法律规定的不得由第三人清偿的情形。由于承包人在建造工程方面存在一定的资质限制，而且此种资质直接关系到建设工程的质量，因而，为保障建设工程的质量，法律规定建设工程的主体结构必须由承包人自行完成，而不得转包他人。

二是依据合同约定不得由第三人清偿。除法律规定的情形外，当事人还可以约定债务必须由债务人本人履行，而不得由第三人代为履行，按照私法自治原则，此种约定具有法律效力。例如，当事人约定，承揽工作必须由承揽人完成，则不得由第三人完成。[①]

三是依据债的性质不能由第三人清偿。某些类型的债具有人身专属性，如以提供劳务为内容的债，债权人选择债务人承担债务可能是基于对其特有的资质、能力的信赖，由第三人代为履行可能会影响债的目的的实现，因此，对此类债务而言，原则上应当由债务人本人履行债务，而不得由第三人代为履行。例如，聘请明星表演或者聘请名师讲座应当由债务人亲自履行，而不能由第三人代为履行。[②]

四是债务人对第三人的清偿提出异议。在第三人代为清偿前，如果债务人对第三人代为清偿提出异议的，则不应当由第三人清偿。因为按照私法自治原则，如果债务人不愿意和第三人之间形成法律关系，其自然可以对第三人的清偿提出

① 参见郑玉波：《民法债编总论》，475 页，北京，中国政法大学出版社，2004。

② 参见孙森焱：《民法债编总论》，837 页，北京，法律出版社，2006。

异议。在此情况下，债务也不能由第三人代为清偿。[①]

五是债权人有正当理由拒绝第三人清偿的。由于第三人代为清偿一般并不会损害债权人的利益，因而只要第三人代为清偿符合债的规定，能够使债权获得实现，并不损害债权人的利益，则债权人原则上不得拒绝。但债权人有正当理由的，也可以表示拒绝。例如，在债权人认为第三人清偿将导致其经营计划被打乱，并因此遭受损失的情形，此时，债权人即可拒绝第三人清偿。

在此，应当对第三人代为清偿与保证人为履行保证责任而作出的清偿进行区分。在这两种法律关系中，虽然作出清偿的主体都并非主债务人，且都可发生清偿的法律效果，然而，二者之间存在一定区别，表现在：在第三人代为清偿中，第三人所清偿的债务是债务人的债务，第三人在清偿后，可以基于无因管理等规则向债务人请求偿还。而在保证合同的情形，虽然保证人的清偿也可使主债务人与债权人之间债的关系消灭，但保证人向债权人进行清偿本质上并不是清偿债务人的债务，而是履行其基于保证合同而产生的义务。

（二）基于合同关系的清偿与第三人自愿清偿

在第三人代为清偿中，应当区分两种情况。一是合同约定第三人有清偿义务，则必须要征得第三人的同意，按照合同当事人不得为第三人设定义务的基本规则，如果未征得第三人同意，则合同当事人为第三人设定义务的行为是无效的，第三人也不负有清偿的义务。但在征得第三人同意后，合同一旦生效，就对第三人产生拘束力，如果第三人未对债权人作出清偿，则仍应由债务人对债权人承担债务不履行的责任。

二是第三人自愿清偿。所谓第三人自愿清偿，即合同并没有约定由第三人向债权人作出履行，而第三人自愿作出清偿。关于第三人自愿履行的性质，在学理上存在不同的看法。有人认为第三人自愿履行是一种赠与行为，也有人认为是一种无因管理行为。笔者认为，第三人自愿清偿他人的债务，虽然对债务人可能以赠与为目的，但赠与需要达成合意，而第三人和债务人之间常常无此合意。所

① 参见林诚二：《民法债编总论》，527页，北京，中国人民大学出版社，2003。

以，只要债务人和第三人之间没有委托关系，就应当被视为无因管理。

第三人自愿清偿与合同当事人通过其约定为第三人设定履行义务不同，二者的区别主要体现为：一方面，对债权人而言，如果其与债务人达成协议由第三人履行，则在第三人作出履行时，债权人不得拒绝受领，而在合同没有约定的情形下，如果该债务在性质上不适合由第三人履行，则在第三人自愿代为清偿时，债权人有权予以拒绝。另一方面，如果债权人与债务人约定由第三人履行，则债务人无权拒绝第三人向债权人的履行；而在第三人自愿代为履行的情形下，债务人事先提出异议的，此时，第三人不得代为履行。此外，在合同约定由第三人履行的情况下，债务人可以依据合同的约定督促第三人作出履行，而在第三人自愿清偿的情形下，债务人无权要求强制第三人履行债务。

（三）第三人代为清偿的效力

在第三人代为清偿的情形下，可以产生如下法律效力。

第一，对债权人的效力。第三人代为清偿，债权人无正当理由不能拒绝。但如果第三人代为清偿以后，债务人向债权人提出，第三人的代为清偿是在其不知道的情况下作出的，债务人在得知第三人实际作出履行的情况以后，不同意第三人作出履行，要求债权人向第三人返还财产，此种要求是否应得到支持呢？笔者认为，第三人一旦作出履行就发生效力，债权人与债务人之间债的关系即因此消灭。当然，如果债务人在第三人作出履行之前提出异议，则法律上应当允许，此时，债权人可以拒绝第三人的清偿。

第二，对债务人的效力。第三人代为清偿之后，应当及时通知债务人，以免债务人因不知第三人的清偿而进行重复清偿。第三人代为清偿与债务人清偿一样，会发生债的消灭的后果。债务人对债权人享有的抗辩权、抵销权等，都可以对第三人主张。① 例如，债务已经超过诉讼时效，第三人不知晓而清偿，在发生追偿关系时，债务人也可以向第三人主张时效利益。

第三，第三人的追偿权。在第三人作出清偿以后，是否可以对债务人产生追偿权，要根据第三人和债务人之间的法律关系来确定。第三人为债务人进行清

① 参见孙森焱：《民法债编总论》，842 页，北京，法律出版社，2006。

偿，有的是基于债务人的委托，有的是因为事务管理，也有的是出于赠与目的。在前两种情况下，第三人对于债务人取得偿还委任事务处理费用请求权，或偿还事务管理费用请求权的求偿权。但如果第三人是基于赠与而作出的履行，则不享有求偿权。[①] 关于第三人追偿权的基础，在学理上有债权买卖说、拟制让与说、赔偿请求权说和债权移转说几种主张[②]，笔者认为，第三人对债务人的追偿权是一种法定的权利，第三人一旦代债务人作出清偿，即可依法享有追偿权。

四、履行受领人

（一）履行受领人的概念

所谓履行受领人，即接受履行的人。由于债务人的履行通常是向债权人作出的，因而，履行受领人一般是债权人，但债权人也可以委托他人或者指定辅助受领人受领债务人的给付。由于履行行为是事实行为，因而无行为能力人或限制行为能力人，也可以作为履行受领人。[③] 例如，甲向乙偿还10万元欠款，乙指派其未成年的儿子丙接受清偿，后丙在未经乙同意的情形下将该款项娱乐消费，乙以丙未成年为由主张受领无效。此种情形下，由于法律没有对受领人的行为能力作出规定，并不要求受领人具有完全的民事行为能力，即便丙是未成年人，甲的清偿行为也是有效的。由于接受债务人的履行是债权人的一项权利，按照私法自治原则，债权人可以放弃受领，此时，债务人可以通过提存等方式消灭债务。当然，如果债权已经出质，或者债权人已被宣告破产，则债权人不得作为合法受领人。[④]

如果债务人没有向债权人或者其指定的人履行债务，而是向无受领权的第三人履行债务，则该履行行为原则上不发生债务履行的效果。但在如下情况下，即便债务人向无受领权的第三人作出履行，其也可产生清偿的效果。

---

① 参见黄立：《民法债编总论》，656页，北京，中国政法大学出版社，2002。

② 以上观点请参见孙森焱：《民法债编总论》，840页，北京，法律出版社，2006。

③ 参见黄立：《民法债编总论》，660页，北京，中国政法大学出版社，2002。

④ 参见郑玉波：《民法债编总论》，470页，北京，中国政法大学出版社，2004。

第一，受领人的受领经过债权人的追认或其后取得受领权。在债务人向无受领权的第三人履行债务后，如果债权人事后追认受领人的受领行为，则该受领行为仍然有效；同时，如果无受领权的第三人事后取得受领权，则债务人的履行行为也可发生效力，但以受领人事后取得的债权数额为限。[①]

第二，受领人为债权的准占有人。所谓债权的准占有人，是指某人虽然不是债权人，但其事实上已经按照自己的意思行使债权，而且按照一般的交易观念，足以使人相信其为债权人的人。[②] 债务人向债权的准占有人作出履行的，出于维护交易安全的需要，此种清偿也可发生效力。但如果第三人持有的权利凭证是伪造的，则该受领不应受到保护。[③] 从比较法上看，有的国家和地区的民法典已经对此作出了规定[④]，我国民法也应当承认向债权的准占有人作出清偿的法律效力。

第三，债权客观上已经获得了清偿。债务人向无受领权的第三人作出履行时，该履行行为原则上不发生债务履行的效果，但如果该第三人接受债务人的给付之后，又将其所受领的给付利益返还给债权人的，债权人受领的，则其债权已经得到实现，此时，也应当认为该债务的清偿具有法律效力。[⑤] 这既有利于债权的实现，也有利于简化当事人之间的法律关系，减少当事人之间因相互返还财产而增加的交易费用。

债权人是当然的债权受领人，但债权人也可以委托或者指示第三人受领债务人的给付，第三人作为受领权人主要包括以下情形。一是被债权人授予受领权的代理人、管理人也有权受领债权。按照私法自治原则，债权人可以授权他人代为受领。[⑥] 例如，债权人特别委托某人在异地代其收取债权。二是合同当事人双方约定了受领给付的第三人，该第三人当然也具有受领的权利。三是破产管理人。如果债权人已进入破产程序，则债权人不能亲自受领其债权，而必须由其破产管

① 参见孙森焱：《民法债编总论》，837 页，北京，法律出版社，2006。

② 参见史尚宽：《债法总论》，734 页，北京，中国政法大学出版社，2000。

③ 参见［日］於保不二雄：《日本民法债权总论》，庄胜荣校订，337 页，台北，五南图书出版公司，1998。

④ 参见《法国民法典》第 1240 条；我国台湾地区“民法”第 310 条的规定。

⑤ 参见孙森焱：《民法债编总论》，850 页，北京，法律出版社，2006。

⑥ 参见郑玉波：《民法债编总论》，471 页，北京，中国政法大学出版社，2004。

理人受领。四是在债的保全诉讼中的代位权人。如果债权人提起代位之诉，依据法律规定的条件行使代位权的人对债务人的债权也有受领的权限。五是债权的准占有人。未经债权人授权的第三人，以债权人的名义受领债权，债务人有合理的理由相信其享有受领权，构成表见受领，该受领也是有效的。

（二）第三人代债权人接受履行与第三人利益合同

所谓第三人代债权人接受履行，是指第三人基于债权人的委托或者基于其他原因而代债权人接受债务人的履行。所谓第三人利益合同，是指合同当事人约定由一方向合同关系外第三人为给付，该第三人即因此取得直接请求给付权利的合同。在此需要对第三人代债权人接受履行与利益第三人合同进行必要的区分。在这两种法律关系中，在债务人作出履行时，第三人都有权进行受领，在债务人不履行债务时，由于两种法律关系中的第三人都不属于债的关系当事人，因而都无权请求债务人承担债务不履行的责任。但两种法律关系存在本质区别，主要表现在：

第一，第三人是否享有独立的权利不同。在第三人代债权人接受履行的情况下，债的当事人并没有为第三人设定独立的权利，也未使第三人享有受领债务人给付的权利，债务人对第三人也并未负担债务。① 所谓由第三人代债权人接受履行，是指第三人作为债权人的辅助人，帮助债权人接受债务人的履行，债的关系当事人仍然是原债权人和债务人，第三人只是债权人的辅助人，其并不享有独立的请求权。但在利益第三人的合同中，该合同中的第三人享有独立的请求权，即第三人一旦由当事人指定成为利他合同中的第三人，其就享有独立的请求权。也就是说，一旦债务人没有向第三人履行或履行不适当，那么第三人有权以自己的名义直接向债务人提出请求。

第二，性质不同。在第三人代债权人接受履行的情况下，当事人之间约定由债务人向第三人作出履行，其本质上只是当事人对债的履行方式的约定，如果第

① 参见黄建荣：《第三人利益契约类型之探讨》（上），载《法律评论》，第55卷，第12期，17页；另参见史尚宽：《债法总论》，615页，北京，中国政法大学出版社，2000；戴修瓒：《民法债篇总论》，306页，台北，三民书局，1993。

三人拒绝受领，债务人仍然应当向债权人作出履行。而在利益第三人的合同中，该合同中的第三人享有独立的请求权，第三人享有的受益权是受合同当事人指定的，该合同的订立，事先无须通知或征得第三人的同意。合同一经成立，该第三人如不拒绝，便可独立享受权利。所以，利益第三人的合同并不只是改变了债务人履行债务的方式，而是为第三人创设了独立的请求权。

第三，在第三人代债权人接受履行的情况下，债务人仅对债权人负有义务，对第三人并不负担债务，债务人不履行其债务时应向债权人承担债务不履行的责任，第三人无权请求债务人履行或请求债务人承担债务不履行的责任。在第三人代债权人接受履行的情况下，第三人并不因此成为独立的债的关系的当事人，其只是代替债权人接受债务人的履行。[①] 而在利益第三人合同中，当事人在合同中为第三人创设了独立的权利，债务人对第三人负担一定的债务。

此外，在诉讼过程中，代债权人接受履行的第三人与利益第三人合同中的第三人的诉讼地位也不相同，前者一般是无独立请求权的第三人。例如，《合同法司法解释二》第16条规定："人民法院根据具体案情可以将合同法第六十四条、第六十五条规定的第三人列为无独立请求权的第三人，但不得依职权将其列为该合同诉讼案件的被告或者有独立请求权的第三人。"但在利益第三人的合同中，第三人有权请求债务人履行债务，在合同诉讼中，此处的第三人在性质上应当属于有独立请求权的第三人。

（三）第三人代为接受履行的效力

有受领权的第三人代债权人接受债务人的履行，或者虽无受领权，但在特殊情形下仍可发生债的清偿的效果。这主要是指如下三种情形。一是债权人事后追认第三人受领债务人履行的行为，二是无受领权的第三人事后取得了接受债务人履行的权利，三是代债权人接受履行的第三人为债权的准占有人。[②] 在第三人代为接受履行后，债权人应当依债务人的请求为其出具收据并签字。清偿人对于受领清偿人，也可以请求其出具相关的受领证明，或者交还相关的权利凭证。

---

① 参见李开国：《民法基本问题研究》，209页，北京，法律出版社，1997。

② 参见郑玉波：《民法债编总论》，472页，北京，中国政法大学出版社，2004。

第四节　债的履行标的

一、债的履行标的概述

所谓履行标的，是指债权、债务所指向的特定行为，即债务人应当按照债的要求向债权人为一定行为或者不为一定行为。债务人应当依照全面履行原则、诚实信用原则以及适当履行原则，全面、准确、适当地履行债务，否则即可能对债权人承担债务不履行的责任。例如，在合同之债中，如果双方当事人在合同中约定必须交付特定物，则债务人不得以交付其他标的物替代履行。① 如果标的物确实因为意外毁损灭失，则债务人仍然应当对债权人承担债务不履行的责任。从总体上看，债务人在履行债务时，债的标的应当符合如下几个方面的要求。

第一，债的标的是特定的行为。债的标的通常称为给付，它是债权、债务所指向的对象，即债务人应当按照债的要求向债权人为一定行为或者不为一定行为。作为债的标的的给付是债务人依据债的关系而应当为的作为、不作为甚至是单纯的容忍。② 作为债的标的的给付应当具有特定性，否则可能导致债的关系无法成立。例如，在合同之债中，债务人应当按照合同约定向债权人为一定的给付，这就要求当事人在合同中对标的物的质量、数量、价格等作出明确约定，当事人未对上述事项作出约定的，则应当按照交易习惯等确定，如果仍无法确定上述内容的，则债的关系可能因给付的不确定而无法有效成立。

第二，债的标的必须是依据法律规定或者当事人约定而作出的行为。“债即法锁”，债务人应当按照债的要求履行债务，但部分履行不损害债权人利益的除外。债务人既不能擅自变更债的内容，也不能以其他的物代替债所要求的物作出

① 参见黄立：《民法债编总论》，666页，北京，中国政法大学出版社，2002。

② MünchKomm/ Bachmann，§ 241，Rn. 19.

履行，或以新债务来清偿旧债务。需要交付标的物的，债务人应当按照法律规定和当事人的约定交付标的物，债务人所交付的标的物不符合债的要求的，债权人有权拒绝，并请求债务人承担债务不履行的责任。例如，当事人约定以一等品质的物交付，则债务人不能以次充好，以二等品质的物来替代。依据债的规定应当一次履行的，债务人不得分次履行。债务人按照债的要求应当向债权人提供一定劳务的，则债务人原则上应当亲自履行；如果债的标的是支付金钱，则原则上不发生履行不能的问题，债务人也不能援引不可抗力作为免责事由。

第三，债的标的必须具有合法性、可能性以及确定性。[①] 债的关系受到法律保护，这就要求作为债的标的的给付具有合法性、可能性以及确定性，否则可能导致债的关系无法成立。此外，作为债的标的的给付原则上限于财产性给付。

在此需要讨论的是，债务人在履行债务时能否过度清偿。如债务人应当向债权人交付大米 50 吨，但债务人在履行债务时多交付 10 吨，此时，债权人能否拒绝债务人的给付呢？我国台湾地区有学者认为，在债务人过度清偿的情形，如果债务人所作出的给付超过部分过多，则债权人可以拒绝受领给付，债权人受领给付的，其负有返还超过部分的给付的义务。[②] 笔者认为，在债务人过度清偿的情形，应当依据诚信原则判断债权人是否有权拒绝受领，只要受领清偿无害于债权人，则债权人应当受领，并应将多受领的给付利益返还债务人。当然，债权人有权请求债务人偿还因受领和返还多受领的标的物而支出的必要费用，如保管费等。但在过度清偿的情形，如果债权人受领标的物会过度增加其负担，而拒绝受领也不会使债务人陷于重大不利的状态，则依据诚信原则，债权人有权拒绝债务人的过度清偿行为。

二、代物清偿（Leistung an Erfuellung Statt）

（一）代物清偿概述

代物清偿，是指当事人约定由债务人以其他的给付代替原定给付，债权人予

---

① 参见郑玉波：《民法债编总论》，194 页，北京，中国政法大学出版社，2004。

② 参见孙森焱：《民法债编总论》，399 页，北京，法律出版社，2006。

以受领，从而使债的关系消灭。[①] 在法律上，债务人原则上应依债的标的履行债务，不得以其他标的代替，但如果债务人确实无法按照原来约定的标的作出履行，经双方当事人同意的，债务人也可以代物清偿。例如，某开发商与某购房人达成合意，以同等面积的三居室房屋一套，代替原来约定的两居室房屋交付，此种合意也是合法有效的。从比较法上看，德国、日本民法以及我国台湾地区“民法”都将代物清偿认定为债的消灭原因之一。[②] 虽然我国《合同法》并没有对代物清偿制度作出明确规定，但我国司法实践实际上已经承认了代物清偿的概念，例如，在“广西临桂县城市信用社诉中国农业银行神农架林区支行等欠款担保合同纠纷案”中，最高人民法院（2001）民二终字第179号判决认为，本案当事人签订的以物抵债协议合法有效。从总体上看，代物清偿具有如下法律特征。

第一，代物清偿的成立需要双方当事人达成代物清偿的合意。债的关系一旦成立，当事人应当受到债的关系的拘束，债务人应当严格按照债的要求履行债务，但按照合同自由原则，当事人可以自由约定债的履行方式，由此决定了，当事人可以通过代为清偿的合意来代替原债务的履行。这种合意具有两种方式。一是双方在债的关系生效后，约定以他种给付代替原定给付。债务人主张代物清偿时，应当得到债权人的同意，双方必须就代物清偿达成合意。二是债务人实际作出替代履行是代物清偿协议的成立要件，债权人予以接受的，债权债务关系随之消灭。当然，代物清偿协议在性质上属于实践性合同（Realvertrag）[③]，当事人仅达成代物清偿的合意，并不能发生代物清偿的法律效果，必须由债务人提出给付并经债权人受领后，代物清偿才能成立。

第二，债务人以他种给付代替原定给付。这就是说，在代物清偿中，债务人依据变更给付的约定，以他种给付代替原定给付对债权人作出清偿。但债务人所交付的其他给付必须合法、确定，不能以法律禁止或者限制流通的物代为交付，也不能以不能确定的给付代替原有交付，否则，可能导致当事人之间的代物清偿

---

① 参见史尚宽：《债法总论》，814页，北京，中国政法大学出版社，2000。

② 参见《德国民法典》第364、365条；《日本民法典》第482条；我国台湾地区“民法”第319条。

③ Planck/Sieber，§ 364，Rn. 1；Enneccerus/Lehmann，§ 65，2.

关系无法成立。[①]

第三，债务人必须作出现实的给付。从比较法上看，许多国家判例学说认为，代物清偿协议性质上为实践性合同。[②]这就是说，代物清偿的成立以债务人作出现实的给付为条件，如果当事人只是就代物清偿作出了约定，而债务人并没有作出现实的给付的，则不成立代物清偿，也不发生债务清偿的法律效果。[③]我国司法实践也采纳了代物清偿为实践合同的观点。例如，在“成都市国土资源局武侯分局与招商（蛇口）成都房地产开发有限责任公司等纠纷案”中[④]，最高人民法院认为：“成都港招公司与招商局公司双方协议以土地作价清偿的约定构成了代物清偿法律关系。依据民法基本原理，代物清偿作为清偿债务的方法之一，是以他种给付代替原定给付的清偿，以债权人等有受领权的人现实地受领给付为生效条件，在新债务未履行前，原债务并不消灭，当新债务履行后，原债务同时消灭。”在该案中，最高人民法院也将代物清偿协议理解为一种实践性合同，即代物清偿的成立以债务人实际作出替代履行为要件，债务人没有实际作出替代履行的，代物清偿协议不成立，原债务并不消灭。所以，代物清偿在性质上是要物合同，当事人在达成代物清偿协议后必须作出实际履行，代物清偿才能发生效力。这也使得代物清偿协议在性质上不同于债的变更协议，债的变更协议在性质上属于诺成性合同，即只要债务人和债权人就债的关系的变更达成合意，债的变更协议即可成立，债务人提出替代履行并非债的变更的成立要件，而是债的变更的内容。

第四，代物清偿可导致债的关系消灭。从性质上来看，代物清偿实际上是一种债的履行方式。即代物清偿一旦成立，即产生一种新的债的履行方式，通过采取代物清偿的方式，当事人以新的给付代替原有给付作出履行，并导致债的关系因此消灭。在代物清偿的情形下，虽然债务人以他种给付代替原定给付，但如果

---

① 参见孙森焱：《民法债编总论》，854页，北京，法律出版社，2006。

② MünchKomm/Fetzer，§ 364，Rn. 1.

③ 参见郑玉波：《民法债编总论》，484页，北京，中国政法大学出版社，2004。

④ 参见最高人民法院（2011）民提字第210号民事判决书。

债权人受领的，则应当发生债务清偿的效果。[①]

在此需要对代物清偿与债的变更进行必要的区分。债的变更，是指债的部分内容发生了变化，如债的关系当事人、债的标的、债的履行方式等发生变化，都属于广义债的变更的范畴。而在代物清偿中，债的标的实际上也发生了变化，因此，有德国学者将代物清偿理解为债的变更的特殊形式。[②] 但笔者认为，代物清偿与债的变更不同，二者的区别主要表现在：一方面，对债的变更而言，只要当事人就债的相关内容变更达成合意即可，债务人一般并不需要立即作出清偿；而对代物清偿而言，债务人必须按照变更的给付向债权人作出清偿，如果当事人仅就代物清偿作出了约定，债务人并没有作出清偿的，则无法成立代物清偿。另一方面，二者的法律效果不同，代物清偿的法律效力是使债的关系消灭，而债的变更则只是使债的主体、标的等发生变化，并不产生消灭债的关系的法律效果。而与此相对应，债的变更一般是以债务人和债权人之间达成合意为成立要件的，无须债务的实际履行。债务人的实际履行实际上是债的变更所规定的义务，而非变更成立的要件。

（二）代物清偿协议的性质

关于代物清偿协议性质的认识，学理上众说纷纭，主要有如下几种观点。

1. 变更债务协议说。此种观点认为，代物清偿协议在性质上属于一种合同，但此种合同主要产生债务变更的效力。也就是说，在代物清偿中，一方当事人将原定给付变更为他种给付，而且一旦代物清偿契约成立，债务人即应当按照变更后的给付履行债务。此外，在代物清偿中，原有债的关系之同一性不因代物清偿而改变，因此，应当按照原有的债的关系认定债的关系中出现的瑕疵问题，以及原有的债务是否因代物清偿而消灭等。[③]

2. 债务更新（Novation）协议说。此种观点认为，代物清偿协议在性质上属于债务更新协议，即当事人约定以一项新的债消灭旧的债务关系。[④]

---

① 参见郑玉波：《民法债编总论》，484页，北京，中国政法大学出版社，2004。

② Gernhuber, Die Erfüllung und ihre Surrogate, 1994, § 10, 3; Soergel/Schreiber, § 364, Rn. 1.

③ 参见陈自强：《无因债权契约论》，413页，台北，学林文化事业有限公司，1998。

④ 日本旧民法财产编第416条即采纳此观点，认为代物清偿后原债权因更改而消灭，他种给付系清偿因更改而成立之新债务。但日本现行民法受德国民法的影响，不再将代物清偿认定为债的更新。参见陈自强：《无因债权契约论》，381页，台北，学林文化事业有限公司，1998。

3. 要物合同说（Realvertrag）。德国学者大多认为，代物清偿是一种要物合同，也就是说，只有清偿人现实地提出替代给付，并经清偿受领人现实受领，才发生代物清偿的效力。如果清偿人没有现实地提出替代给付，则即便当事人就代物清偿达成了合意，也不成立代物清偿，当事人仍然应履行原合同。[①] 我国学者也大多采这一观点。[②]

笔者认为，应当将代物清偿的性质界定为一项要物合同。如前所述，代物清偿在性质上不同于债的变更，由于代物清偿会发生债务清偿的效果，因而，必须债务人现实地提出给付，并且经债权人受领，才有可能成立代物清偿。如果当事人就代物清偿达成合意，但债务人并没有作出现实的清偿，此时不应当成立代物清偿，但可能发生债的变更，毕竟当事人约定以他种给付代替原定给付。

代物清偿也不同于债务更新，主要理由在于：一方面，代物清偿在性质上属于债的清偿的方式，并没有从根本上改变原债的关系；而在债务更新的情形，当事人约定以新的债权债务关系代替原债权债务关系，新的债的关系与原债的关系不再具有同一性。另一方面，在债务更新的情形下，虽然当事人通过成立新的债的关系的形式消灭原有的债的关系，但并不要求债务人立即作出现实的给付；而代物清偿在性质上属于要物合同，债务人未作出现实的给付并经债权人受领的，代物清偿不发生效力。此外，代物清偿一旦成立，当事人之间的债权债务关系即因此消灭，而不会在当事人之间产生新的债权债务关系。而在债务更新中，虽然当事人之间原有的债权债务关系因更新而消灭，但在当事人之间成立新的债权债务关系。

有学者认为，代物清偿在性质上属于债权人与债务人就原有债务的清偿达成了约定。[③] 笔者认为，此种观点并不妥当。如果当事人仅就代物清偿达成合意，但债务人并没有作出现实给付的，则当事人就代物清偿所达成的合意并不发生法

① Joachim Gernhuber：Die Erfüllung und ihre Surrogate. 2. Auflage. Mohr Siebeck，Tübingen 1994，S. 185.

② 参见崔建远：《合同法》，4 版，128 页，北京，法律出版社，2007；郑玉波，《民法债编总论》，484 页，北京，中国政法大学出版社，2004。

③ Bamberger/Roth/Dennhardt，§ 364，Rn. 2.

律效力，而可能仅构成代物清偿契约的预约。[①] 因此，要物合同能够准确地概括代物清偿的法律特征。例如，甲乙双方是多年的生意伙伴，双方完成一笔布料交易后，甲拖欠乙的10万元价款未清偿。后双方达成协议，甲将其门前的两棵大枣树充抵10万元的欠款。但在乙派人移走枣树时，甲提出，园林局不同意移除枣树，拒绝乙移走枣树。乙则提出，甲既然同意以枣树抵债，那么甲就有义务向其交付枣树，如果甲不能向其交付枣树，即应当向其承担违约责任。在该案中，双方当事人之间实际上已经形成了代物清偿的协议，即甲以向乙交付两棵枣树代替清偿10万元的债务。由于代物清偿在性质上属于要物合同，因而，只有甲将两棵枣树交付给乙，并且乙受领后，代物清偿才能发生效力。在该案中，由于甲未能及时向园林局申报，导致枣树无法交付，此时，双方达成的代物清偿协议即不成立，甲仍有义务向乙清偿10万元的欠款。

代物清偿可以发生清偿的效果，因此，应当将代物清偿置于清偿制度之中。我国《合同法》虽然没有规定代物清偿为合同之债消灭的原因，但《合同法》承认了合同自由原则，依据这一原则，当事人可以通过约定的方式变更和终止合同，因此，当事人可以通过达成代物清偿协议并具体给付的方式终止合同关系，如果当事人约定，债务人以他种给付代替原定给付进行清偿时，而债权人对此予以受领时，即可消灭原有的债的关系。

（三）代物清偿的构成要件

从民法理论上来看，代物清偿的成立需要符合以下要件。

1. 必须存在有效的债权。代物清偿的目的是要通过新的给付代替原定给付，从而消灭债的关系，因此，代物清偿的成立应当以存在有效的债权为要件。在欠缺有效债权的情形下，即便当事人误以为存在债的关系，并在事实上进行了代物清偿，也难以成立代物清偿，因为代物清偿在性质上属于债的消灭的一种方式，在欠缺有效的债的关系的情形下，无法成立代物清偿。

在此需要讨论的是，在欠缺有效债权的情形下，如果当事人达成了代物清偿

---

① 参见黄立：《民法债编总论》，670页，北京，中国政法大学出版社，2002。

协议，此时，该协议的法律效力如何。笔者认为，代物清偿在性质上属于要物合同，在债务人按照代物清偿协议向债权人作出给付后，债务人事后发现不存在有效的债权，其可以以意思表示错误为由撤销该代物清偿合同，并请求相对人返还其所受领的利益。换言之，如果受领人受领的利益为金钱，则作出给付的一方当事人可以依据不当得利返还请求权请求受领人返还所受领的利益；如果受领人所受领的利益为物，则作出给付的一方当事人有权基于物权请求权或者不当得利返还请求权向受领人提出请求。在作出给付的一方当事人未撤销代物清偿合同的，则作出给付的一方有权依据非债清偿的规则请求受领人返还不当得利。

2. 必须债务人以他种给付代替原定给付而作出清偿。代物清偿有狭义和广义两种理解。从广义上理解，凡是以不同于原定给付的其他给付作出清偿，都可以是代物清偿。[①] 从狭义上理解，代物清偿主要是指以其他物的给付代替原物的给付而作出履行。学界大多采广义说。例如，当事人在合同成立后，又约定以交付一笔财物代替原合同约定，在当事人受领给付后，即可发生代物清偿的效力。笔者赞同广义说，因为代物清偿只是强调以他种给付代替原定给付，而并不强调给付的必须是物。给付包括财产的交付、权利的移转、劳务的提供等。例如，以一辆桑塔纳轿车代替 10 万元债务的给付。即使同为物的给付，如物的种类不同，也可成立代物清偿。但如果新的给付与原定给付差异极小，在质上和量上都与原定给付没有根本区别，则可将新的义务的履行视为对原合同的清偿，而不构成代物清偿。[②] 需要指出的是，“他种给付”必须是合法的，如果违反法律禁止性规定和公序良俗，也不能产生代物清偿的法律效果。

在代物清偿中，有时原定给付与他种给付在价值上可能是不同的，是否可以实行代物清偿呢？笔者认为，按照私法自治原则，只要当事人就代物清偿达成合意并实际履行的，即可发生代物清偿的效果。当然，如果新的给付与原定给付在价值上存在差别，为平衡债权人与债务人之间的利益，当事人在达成代物清偿的

① 参见郑玉波：《民法债编总论》，484 页，北京，中国政法大学出版社，2004。

② 参见黄立：《民法债编总论》，671 页，北京，中国政法大学出版社，2002。

合意时，应当允许对于原定给付与代替给付的价值差额的处理予以约定。[①] 如果当事人之间达成协议就差额部分进行处理，债务人还应依据约定一并履行他种给付少于原定给付的差额，或者债权人应退回他种给付超出原定给付的差额，债务人应当将他种给付与价值差额一并履行或者债权人于受领给付的同时退回他种给付高于原定给付的差额时，才可发生代物清偿的效果，即消灭当事人之间债的关系。如果当事人没有就新旧两种给付的差额作出约定，则无论代替给付与原定给付之间价值有无差别，在代物清偿成立时，都可发生债的关系消灭的效果。[②]

需要指出的是，在代物清偿的情况下，必须要实际作出履行，如果当事人只是达成了合意，而并没有实际履行，则构成代物清偿的预约，而并非真正的代物清偿。

3. 必须要当事人之间达成代物清偿合意。债的关系成立后，即对双方当事人产生拘束力，债务人应当按照债的要求履行债务，而不得擅自变更债的履行方式，清偿人未经受领人同意而擅自变更给付内容的，不发生代物清偿的效力。但按照私法自治原则，如果双方当事人就代物清偿达成了合意，则法律也应当认可这一合意的效力。由于代物清偿在性质上属于合同[③]，因而，代物清偿的成立与效力等，原则上应当适用合同成立及效力等民法总则和合同法总则的内容。一般而言，在代物清偿中，双方的合意应该在履行完成前达成，但如果已经作出了部分履行，当事人也可以就尚未履行的部分达成代物清偿协议。当然，代物清偿协议不能违反法律规定，否则不能发生代物清偿的效力。例如，当事人在设定抵押权和质权时，约定以抵押物和质押物代物清偿，该种合意即可能因违反法律关于流质契约和流抵押契约的禁止性规定而无效。

4. 债权人实际受领了清偿人所作出的给付。由于代物清偿在性质上属于要物合同，因而，只有债权人实际受领了清偿人所作出的给付，代物清偿才能发生法律效力。从实践来看，一些当事人订立以物抵债合同，仅有合意而并未实际交

① 参见孙森焱：《民法债编总论》，855页，北京，法律出版社，2006。

② 参见王家福主编：《民法债权》，197～198页，北京，法律出版社，1991。

③ 参见史尚宽：《债法总论》，814页，北京，中国政法大学出版社，2000。

付抵债之物。[①] 由于代物清偿协议在性质上属于要物行为，即便当事人达成了代物清偿的合意，但如果没有发生实际的给付和受领，代物清偿也不能发生法律效力，此时，债权人仍有权请求债务人作出原定给付。

（四）代物清偿的效力

代物清偿一旦成立，即发生如下法律效力。

1. 债的关系消灭。在代物清偿中，清偿人以新的给付代替原定给付，在受领人接受清偿人所提出的给付时，债的关系即因代物清偿而消灭，从这一意义上说，代物清偿发生与清偿相同的法律效果，即不论是主义务还是从义务都归于消灭，即使替代履行的价值高于或低于原有履行，在没有特别约定的情况下，债权人也无须对此予以补偿。[②] 在连带债务、不可分债务中，某一债务人所为的代物清偿，可以使其他债务人一同免责。

笔者认为，代物清偿虽然可以发生与清偿相同的法律效果，即导致债的关系消灭，但二者仍然属于不同的概念，不宜将二者等同。从总体上看，代物清偿与清偿存在如下区别。第一，从法律性质上看，清偿是一种事实行为，而代物清偿是一种法律行为。由于清偿在性质上属于事实行为，并不要求清偿人具有完全的民事行为能力，同时，虽然债务人在作出清偿时，债权人需要履行一定的受领等义务，但清偿主要是从债务人的角度对债的履行所进行的观察，其在性质上属于单方行为。而代物清偿在性质上属于要物合同[③]，代物清偿的成立需要债权人与债务人就代物清偿达成合意，其在性质上属于双方法律行为，债务人与债权人都应当具有相应的行为能力。当然，在债的关系中，如果债务人单方提出他种给付，以代替原定给付，债权人接受的，也可以认定当事人之间债的关系因此消灭，此时也可认定在当事人之间成立代物清偿的关系。第二，代物清偿与清偿的效力并非完全一致。代物清偿虽然能够发生清偿的法律效果，但由于代物清偿在性质上属于合同，其可以成为撤销权的行使对象，而清偿在性质上属于事实行

① 参见崔建远、韩世远、于敏：《债法》，49页，北京，清华大学出版社，2010。

② MünchKomm/Fetzer，§ 364，Rn. 5.

③ 参见史尚宽：《债法总论》，814页，北京，中国政法大学出版社，2000。

为，无法成为撤销权的行使对象。第三，代物清偿的债务人与清偿关系中清偿人的瑕疵担保责任不同。代物清偿在性质上属于合同，在债务人基于代物清偿而作出的给付存在瑕疵（如所交付的物有瑕疵，或者所移转的权利并非债务人的权利）时，则债务人应当依据代物清偿协议对债权人负担瑕疵担保责任。当然，在原债务基于无偿合同而产生时，尤其是基于赠与合同而发生的情况下，赠与人代物清偿时，因其原本不负瑕疵担保责任，所以就代替给付也不应负瑕疵担保责任。① 在清偿关系中，如果债务人所交付的标的物存在瑕疵，债务人应当对债务人承担债务不履行的责任，或者依据原合同关系负担瑕疵担保责任。第四，清偿既可以是有偿的，也可以是无偿的，特别是在第三人代为清偿的情况下，清偿行为大多是无偿的。但代物清偿在性质上一般应当是有偿的，在代物清偿协议中，双方实际上是约定以一种给付代替另一种给付，债权人接受他种给付时，当事人之间债的关系因此而消灭，但债权人获得了新的对价，因此代物清偿为有偿合同。②

2. 担保权消灭。由于代物清偿一旦成立，即发生债务清偿的效果，此时，第三人对该债务提供担保的，该担保债务也随着代物清偿的成立而消灭。也就是说，如果在债务人的债务上存在担保物权或者保证，则在债务人作出代物清偿时，该债务之上的担保物权或者保证债务也随之消灭。③

3. 债务人的瑕疵担保责任。在代物清偿后，债务人所交付的标的物或者权利将由债权人享有，但如果债务人所交付的物存在瑕疵，或者所移转的权利为他人所有，则债务人仍然要承担相应的瑕疵担保责任，如物的瑕疵担保责任、权利瑕疵担保责任等。当然，与一般的清偿关系不同，在代物清偿的情形下，债务人承担瑕疵担保责任的基础是代物清偿合同，即在代物清偿的情形，如果清偿人所交付的物或者移转的权利存在瑕疵，清偿人应当依据代物清偿合同对受领人负担瑕疵担保责任。

---

① 参见郑玉波：《论代物清偿与瑕疵担保》，载《法律评论》，第 40 卷，第 10 期。

② 参见史尚宽：《债法总论》，815 页，北京，中国政法大学出版社，2000。

③ 参见郑玉波：《民法债编总论》，484 页，北京，中国政法大学出版社，2004。

4. 债的履行方式的变更。关于代物清偿的法律效果，存在两种看法。一是债的变更说，此种观点认为，代物清偿只是使债的关系发生变更，原债的关系仍然有效。二是债的更新说，此种观点认为，在代物清偿的情形，原债的关系因代物清偿而消灭，新的债的关系产生。笔者认为，这两种观点都值得商榷。如前所述，代物清偿不同于债的变更，但其在性质上也不同于债的更新，因为在代物清偿的情形，虽然代物清偿在性质上是合同，但其并没有改变原债的关系，因此，代物清偿并不会发生债的更新的效力。从性质上来看，代物清偿实际上是一种债的履行方式的变化，即代物清偿一旦成立，即发生债的清偿的法律效果。

此外，在代物清偿的情形，当事人只是就债的标的变更达成了合意，而不涉及履行期限，所以，原债的关系中确定的履行期限不受影响。

第五节　债务履行的时间和地点

一、债务履行的时间

（一）概述

债务履行的时间，也称为清偿期，即债务人依据债的规定应当作出履行的时间。通常来说，如果当事人明确约定了债务履行的期限，则债务人应当在该期间内履行债务，在此情形下，债权人无须在履行期限到来前对债务人进行催告，债务人没有在约定的期间内履行债务，则构成履行迟延。如果当事人没有约定，可以依据法律特别规定确定履行时间。如果依据法律或合同等仍然无法确定履行时间的，则债权人可以随时请求清偿，债务人也可以随时提出清偿，当然，在此情形下，债权人请求债务人履行时，应当给予债务人合理的准备时间。

在法律上，应当区分定期债务和非定期债务。所谓定期债务，是指依据当事人约定、法律规定或债的性质，必须在特定时间内履行的债务。所谓非定期债务，是指依据当事人约定或法律规定，未能确定特定的履行时间。此种债务也要求当事人在合理期限内履行。在长期合同中，由于当事人之间形成了不定期的关系，当事人应当定期、不定期地作出多次履行。如果一方作出履行，另一方接受的，即可在当事人之间成立债的关系。只要任何一方没有通知解除，一方当事人作出履行，另一方就可以接受。在此种类型的债的关系中，如果一方当事人需要解除合同，其应当提前通知对方当事人，以保护对方当事人的合理预期。

（二）提前清偿

在合同履行期确定以后，债务人原则上应当按期限履行，但是债务人是否可提前履行，这就涉及期限利益。所谓期限利益，是指当事人因期限的存续而享有的利益。在没有特别约定的情况下，期限利益一般属于债务人，按照私法自治原则，债务人可以通过提前履行，处分自己的期限利益。提前履行是否应在法律上认可，对此存在不同的观点。从比较法上的规定来看，只要提前履行不损害债权人的利益，债权人都不能拒绝接受履行。具体而言：

第一，债务人可以提前履行。这是因为期限利益一般属于债务人，此种利益又属于可以自由处分的利益，债务人可以抛弃此种利益。债务人抛弃其期限利益并不构成违约，法律一般肯定该行为的效力，即使是在定期债务中，提前履行一般也应当许可。

第二，提前履行不得损害债权人的利益。债务人提前履行可能不合理地损害债权人的利益时，债权人才有权拒绝债务人的提前清偿。在许多商事交易中，提前履行在特殊情形下也可能给债权人造成不合理的损害。[①] 此时，债权人有权拒绝债务人提前履行，主要理由在于：一是债务人的提前履行会造成债权人的损害。例如，因为债权人尚未建好仓库，需要委托他人保管货物，提前履行可能使债权人负担过高的保管费用，此时，债权人即有权拒绝债务人的提前履行。二是此种损害是不合理的。此种损害客观存在，而不是债权人单纯主观上的想法，例

① 《欧洲合同法原则》第 7：103 条规定："1. 当事一方可拒绝在履行期限到来之前的提前履行，除非接受履行并没有不合理地损害了他的利益。2. 当事一方接受另一方的提前履行并不影响合同规定的他自己履行合同义务的时间。"《国际商事合同通则》第 6.1.5 条也规定："债权人可以拒绝接受提前履行，除非债权人这样做无合法利益。"

如，债权人以债务人提前履行会打乱其经营计划、安排为由拒绝债务人的提前履行，但无法举证证明此种损害的，则债权人不得拒绝债务人的提前履行。此外，如果当事人双方约定期限利益归债权人享有，则债务人不得随意提前清偿。例如，银行为了收取利息而放贷，并特别约定不得提前还贷。此时，期限利益即归银行享有，借款人不得提前清偿，否则银行有权拒绝债务人的提前履行。

（三）分期清偿

在履行期确定以后，如果当事人没有约定分期履行，则债务人不得分期清偿。这就是说，在债没有特别约定的情况下，债务人应当一次清偿的，不能擅自分期清偿，否则，构成对义务的违反。对于债务人分数次履行的，债权人有权予以拒绝。但如果分期履行不损害债权人利益，也未给债权人造成不便，而债务人确有正当理由需要分期履行，依据诚信原则，债权人应当同意债务人作出分期履行，此时，债权人拒绝债务人分期履行的，法院可以在不损害债权人利益的前提下，根据债务人的请求允许债务人分期清偿。但是，因分期清偿给债权人带来的负担，应当由债务人予以补偿。

二、债务履行的地点

债务履行的地点，也称为清偿地或给付地，它是指债务人作出履行的地点。在法律上，一般依据以下方式确定债务履行的地点。一是合同对债务履行地作出约定的，应当依据合同确定。例如，银行与当事人约定必须在银行的营业地履行，则应当依据该约定确定债务履行地点。二是法律对债务履行地有特别规定的，依据法律规定确定履行地。例如，针对票据的支付，法律往往规定了债务履行的地点。三是依据债的性质确定。例如，承揽应当在承揽人所在地履行，而雇佣一般在雇主所在地履行。四是法律的一般性规定。在比较法上，如果无法依据前述规则确定履行地，则究竟是在债权人所在地履行，还是在债务人所在地履行，各国依据其传统、习惯等确定不同的规则。

《合同法》第 62 条第 3 项规定："履行地点不明确，给付货币的，在接受货币一方所在地履行；交付不动产的，在不动产所在地履行；其他标的，在履行义务一方所在地履行。”依据这一规定，对合同之债而言，按照私法自治原则，先应当依据当事人的约定确定债务履行的地点，在当事人未对债务履行地点作出约定的情形下，依据《合同法》第 62 条的规定，应当依据以下原则确定债务履行的地点。

第一，给付货币的，履行地为接受货币一方所在地。货币结算主要通过银行转账来完成，通常交付货币的一方需要通过银行将需要支付的货款打入接受货币一方的开户行，而其开户行一般在接受货币一方所在地。

第二，交付不动产的，履行地应为不动产所在地。不动产是特定物，当事人在订约时就必须要确定具体的不动产所在地。因此，涉及不动产的交付，应当在不动产所在地履行。

第三，交付其他标的物的履行地。其他标的，在履行义务一方所在地履行。其他标的包括动产、票据、有价证券等，交付这种标的物的合同，如果履行地点不明确，则应当按照本条的规定，在履行义务的一方当事人所在地履行，将该方当事人所在地确定为履行地。

在交付其他标的物的情形下，应当考虑区分往取主义或赴偿主义，从而确定不同的债务履行地。具体而言：一是往取债务，它是指债权人应当到债务人所在地请求债务人履行债务，并接受债务人的给付，以实现其债权。对往取债务而言，一般应当由债权人负担运输标的物的费用。二是赴偿债务，它是指债务人应当将标的物送至债权人所在地，以履行其债务。赴偿债务的特殊性在于，其履行地是债权人所在地。[①] 而且，因为债务人要“赴偿”，所以，债务人应当负担运输标的物的费用。《合同法》第 62 条第 3 项规定：“其他的标的，在履行义务一方所在地履行。”该规定是否是关于往取债务的规定，存在不同的看法。笔者认为，《合同法》针对不同的履行标的规定了不同的履行地，应当依据具体情况分别判断债务履行地。例如，就货币、不动产之外的其他标的物的履行而言，依据《合同法》的规定，除当事人另有约定外，其履行地为债务人所在地。此时，因

① 参见郑玉波：《民法债编总论》，489 页，北京，中国政法大学出版社，2004。

运输标的物而产生的费用，除当事人另有约定外，原则上应当由债权人负担。

如果依据《合同法》的上述规定仍不能确定履行地点的，则应当依据诚信原则加以确定。如金钱消费借贷之债权人与债务人约定于任何地点皆可清偿，两人一起旅行，途中遭遇强盗，如债权人于此时要求清偿，解释上即违反诚信原则。①

在法律上区分不同的情形而确定债务履行地，有利于为填补合同漏洞、弥补当事人的意思提供法律依据，从而减少相关纠纷的发生。按照私法自治原则，债务履行地原则上由当事人自由约定，但在当事人未约定债务履行地的，则可能因此发生相关的法律纠纷，法律依据标的物性质的不同，规定不同的债务履行地，对于弥补当事人的合意、填补合同漏洞具有重要意义。

三、履行方法

所谓履行方法，是指债的履行的具体方式。例如，当事人因购买货物而需要支付价款，可以采取现金支付的方式，也可以采取银行转账的方式或者签发票据的方式。在实践中，债的履行可能有多种方式，债务人可以作出选择。但依据适当履行原则，在法律没有特别规定，合同又没有特别约定的情况下，债务人应选择对债权人有利的方式履行。依据《合同法》第 62 条，履行方式不明确的，按照有利于实现合同目的的方式履行。这就是说，债务人在确定履行方式的时候，应当选择最有利于实现当事人缔约目的的方式。比如，债权人要求自己支付费用送货上门，债务人应当选择一种费用相对低廉的运输方式履行。

四、履行费用

所谓债务履行费用，是指因清偿债务所必须支出的费用。例如，因交付货物而支出的运输费。既然债务履行是由债务人作出的，所以债务履行的费用原则上应当由债务人负担。但如果当事人对债务履行的费用作出了特别约定，或者法律

---

① 参见林诚二：《民法债编总论——体系化解说》（下），12 页，台北，瑞兴图书股份有限公司，2001。

对债务履行的费用作出了特别规定时，则应当依据当事人的约定或者法律规定确定债务履行费用的负担。

在债务履行过程中，如果因债权人的原因导致债务履行费用增加的，则原则上应当由债权人负担该增加的履行费用。例如，在债务履行前，债权人变更了住所，导致债务人的履行费用增加的，则应当由债权人承担增加的费用。在债权人受领迟延时，因此增加的债务履行费用应当由债权人负担。再如，因债权发生移转，债务人要向新债权人履行债务，此时，就增加的履行费用，债务人有权请求债权人负担。在因债权人原因导致债务履行费用增加的，债务人有权请求债权人偿还，或者从其债务数额中扣除。[①] 但应当注意的是，债权人对债务人所负担的该增加费用的偿还义务与债务人的债务之间并不属于对待给付的关系，债权人不履行该偿还义务的，债务人不得主张同时履行抗辩权。

第六节　清偿抵充

一、清偿抵充的概念

所谓清偿抵充（德语 Anrechnung der Zahlung，英语 Imputation of payment），是指一人负担数宗债务，而给付的种类相同，如果清偿人提出的给付不足以清偿全部债务额时，应由清偿人在清偿时指定其抵充的债务。[②] 例如，甲乙之间因业务往来，甲拖欠乙 1 500 万元的价款。双方后来达成和解协议，甲分三次清偿所负债务，三年内还清，在清偿时，甲应当对所欠价款清偿 5%的利息。半年后，甲筹集了 1 000 万元，向乙作出了清偿，甲提出应当以该款全部充抵本金，剩余的 500 万元两年后清偿。但乙认为，应当先将该款项充抵利息，剩余的

① 参见郑玉波：《民法债编总论》，493 页，北京，中国政法大学出版社，2004。

② 参见史尚宽：《债法总论》，752 页，台北，自版，1978。

款项才能充抵本金。双方为此发生争议。在该案中，甲所交付的 1 000 万元款项究竟应当优先清偿主债务还是利息债务，这就涉及清偿抵充制度的适用问题。

清偿抵充的概念可以溯及至罗马法，罗马法不仅规定了清偿抵充的概念，而且还确立了清偿抵充的规则。① 罗马法的规定对大陆法系民法产生了重大影响。《法国民法典》第 1253 条、《德国民法典》第 366 条、《日本民法典》第 488 条确立了抵充的顺序与规则。从大陆法系国家民法的基本规则来看，其对于清偿抵充采私法自治原则，当事人的约定具有优先效力。具体来说：一是有约定，依据当事人的约定。二是在没有约定的情况下，按照债务人的指定来确定。三是按照法律规定的顺序进行抵充。②

我国《合同法》对清偿抵充并未作出规定，但《担保法司法解释》第 64 条规定，债务履行期满，债务人不履行债务致使抵押物被人民法院扣押的，抵押权人收取抵押物的孳息按照下列顺序清偿：(1) 收取孳息的费用；(2) 主债权的利息；(3) 主债权。《合同法司法解释二》第 20 条规定："债务人的给付不足以清偿其对同一债权人所负的数笔相同种类的全部债务，应当优先抵充已到期的债务；几项债务均到期的，优先抵充对债权人缺乏担保或者担保数额最少的债务；担保数额相同的，优先抵充债务负担较重的债务；负担相同的，按照债务到期的先后顺序抵充；到期时间相同的，按比例抵充。但是，债权人与债务人对清偿的债务或者清偿抵充顺序有约定的除外。"由此可见，我国上述司法解释已经正式确立了清偿抵充制度。建立清偿抵充制度的意义主要在于：一方面，在清偿人作出的履行不足以清偿全部债务额时，如果没有抵充制度，则无法确定哪一笔债务因受到清偿而消灭。而不同债务的消灭对债务人的利益有不同的影响，这就有必要通过抵充制度确立债务清偿的顺序。另一方面，确立法定的清偿抵充规则，有利于解决当事人之间的争议。

清偿抵充与抵销之间具有一定的类似性，它们都能够导致债的消灭，且都可

① 参见周枏：《罗马法原论》下册，904 页，北京，商务印书馆，2004。

② 参见《法国民法典》第 1253 条；《德国民法典》第 366 条；《瑞士债务法》第 86 条；我国台湾地区"民法"第 321 条。

能涉及数宗债务。但是，两者之间存在明显区别，表现在：一方面，构成要件不同。抵销要求双方互负债务，而清偿抵充则以同一债务人对同一债权人负有数宗给付种类相同的债务为前提。另一方面，法律效力不同。抵销是债的消灭原因，而抵充只有在符合了清偿的要件时才能发生债的消灭的后果。此外，在债的关系消灭方面，抵销具有溯及力，其效力自抵销适状发生之日起产生，而抵充并不具有这一法律效果。

二、清偿抵充的条件

清偿抵充必须具备如下几个条件。

1. 一个债务人对同一债权人负担多项债务（Mehrheit von Schuldverhaeltnisse）。① 具体而言，第一，清偿抵充的债务人应当是同一债务人。这就是说，只有在同一债务人负担多项债务时，才有可能发生清偿抵充的问题，如果是多个债务人对同一债权人负担多项债务，则各个债务人应当分别清偿其债务，从而不发生抵充问题。② 第二，清偿抵充的债权人应当是同一债权人。如果债务人对不同债权人负担多项债务，则原则上应当按照债权平等原则，分别对各个债权人作出清偿，而不发生清偿抵充的问题。第三，清偿抵充的成立以债务人负担多项债务为条件。如果债务人只是对债权人负担一项债务，债务人应当按照债的要求清偿该债务，如果不能完全清偿，则可能产生部分履行的问题，而无法成立清偿抵充。③ 当然，债务人所负担的多项债务既可能是同时产生的，也可能因债务承担等原因而发生。

值得探讨的是，如果债务人对债权人负担一项债务，但当事人约定通过数次给付的方式履行债务的，此时能否成立清偿抵充呢？对此，比较法上的观点并不完全一致。《日本民法典》承认此种情形下也可以成立清偿抵充。④ 我国也有学

① MünchKomm/Fetzer，§ 366，Rn. 2.

② 参见孙森焱：《民法债编总论》，868 页，北京，法律出版社，2006。

③ 参见史尚宽：《债法总论》，793 页，北京，中国政法大学出版社，2000。

④ 《日本民法典》第 490 条规定："为清偿同一债务而实行数个给付，而清偿人的给付不足以消灭全部债务时，准用前二条的规定。"

者赞成此种规定。[①] 但笔者认为，如果债务人只对债权人负担一项债务，承认债务人的数次清偿之间成立清偿抵充并不具有实际意义，因为即便是数次给付，但其属于同一债务的分次履行，在利息、担保等方面，并无差异，因此，没有必要适用清偿抵充制度。

2. 债务人负担的债务给付的种类相同。所谓给付的种类相同，是指债务人所负担的给付义务应当属于同一种类，即债务人所负担的数项债务都是交付同一性质的财产或者提供同类劳务。[②] 如果债务人所负担的债务种类不同，则债务人应当严格按照债的要求履行债务，而不存在清偿抵充的问题。例如，在同一合同关系中，债务人既要交付某个标的物，也要提供某项劳务，则债务人应当严格按照合同的约定履行债务，因两项债务种类不同，不能够以交付标的物清偿提供劳务之债。[③]

3. 清偿人提出的给付不足以清偿全部债务。[④] 也就是说，只有在债务人所提供的给付无法清偿全部债务时，才有必要由债务人确定其所作出的给付用于清偿哪一项债务。如果债务人的给付可以清偿全部债务，则债权人的各项债权都能够实现，此时就没有必要再确立对各个债权的清偿顺序。

只有符合上述条件时，在债务人作出给付时，才能由清偿人在清偿时指定其抵充的债务，或者依据法律的规定进行抵充。

三、清偿抵充的形式

清偿抵充具有三种形式。

1. 约定抵充。约定抵充是指当事人就抵充的方法达成合意。依据合同自由原则，“有约定从约定”，约定抵充应当优先于指定抵充和法定抵充。约定抵充既可以在清偿前约定，也可以在清偿时进行。例如，乙欠甲借款、货款各 1 万元，

---

① 参见齐云：《抵充制度的起源、术语及体系研究》，载《政治与法律》，2008（12）。

② MünchKomm/Fetzer，§ 366，Rn. 4.

③ 参见史尚宽：《债法总论》，793 页，北京，中国政法大学出版社，2000。

④ MünchKomm/Fetzer，§ 366，Rn. 1.

均已届期，乙向甲清偿 8 000 元，双方约定该笔给付用于抵充借款，则从其约定。我国《合同法司法解释二》第 20 条承认了约定抵充优先的规则。由此可见，在当事人另有约定的情况下，原则上应尊重当事人的约定，在当事人没有就清偿抵充作出约定的情形下，才适用法定的抵充规则。①

2. 指定抵充。它是指当事人一方以其单方意思确定债务人的清偿应抵充的债务。② 对于指定抵充，许多国家的法律以及一些国际公约都对其作出了规定。例如，《法国民法典》第 1253 条、《德国民法典》第 366 条、《瑞士债务法》第 86 条、我国台湾地区“民法”第 321 条等，都规定了指定抵充。《国际商事合同通则》第 6.1.12 条也对其作出了规定。③ 笔者认为，在当事人没有就清偿抵充的顺序作出约定的情形下，债务人应当享有指定抵充的权利，因为债务人所作出的给付究竟清偿何种债务，应当由其自由决定，这不仅符合私法自治原则，而且有利于简化法律关系。④ 但按照私法自治原则，当事人也可以约定由债权人享有指定权，即由债权人来指定清偿何种债务。⑤ 在当事人没有约定的情形下，指定权应当归属于债务人。指定权的行使，在性质上是一种不要式的单方行为，属于准法律行为，其与意思通知类似，即只要债务人对债权人作出清偿抵充的意思表示，其就可以发生清偿抵充的法律效果。⑥

清偿抵充中指定权的行使具有如下特征。第一，指定权的主体为清偿人，这就是说，不论是债务人还是第三人，只要其作出了清偿，其就可以享有指定权，即享有确定其清偿何种债务的权利，这也是私法自治原则的重要体现，清偿人之外的第三人原则上无权指定。第二，指定权的行使时间为清偿前或者清偿时，即

---

① MünchKomm/Fetzer，§ 366，Rn. 7.

② Bamberger/Roth/Dennhardt，§ 366，Rn. 1.

③ 《国际商事合同通则》第 6.1.12 条规定：“(1) 对同一债权人负有多项付款义务的债务人，可在付款时指明该款项所偿还的债务。但是，该款项应首先偿付任何费用，其次为应付利息，最后为本金。(2) 如果债务人未做指定，则债权人可在支付后的合理时间内向债务人声明该款项所偿还的债务，但是该笔债务必须是到期的，并且是无争议的。”

④ 参见郑玉波：《民法债编总论》，495 页，北京，中国政法大学出版社，2004。

⑤ MünchKomm/Fetzer，§ 366，Rn. 8.

⑥ MünchKomm/Fetzer，§ 366，Rn. 9 f.

清偿人应当在清偿债务前或者清偿债务时行使其指定权，否则，即应当按照法定抵充的规则确定其抵充的债务。而且指定权一旦行使，清偿人即应当受到拘束。第三，清偿人指定抵充的方法应当以意思表示的方式向债权人作出。[①] 即清偿人应当向债权人表示其所作出的给付用于清偿哪项债务。第四，指定抵充不得损害债权人的利益。债务人指定抵充时，不得滥用其权利。例如，要求先抵充本金，再抵充利息，这就可能导致债权人的利息债权不能得到清偿，必然给债权人带来损害。因为如果本金债权没有得到清偿，其还可以继续产生利息。[②]

3. 法定抵充。法定抵充是指在当事人未约定抵充或作出指定抵充时，应该依据法律规定的顺序和方法，对债务进行抵充。从比较法上来看，各国法律大多对法定抵充作出了明确规定。原则上，当债权人和债务人之间具有约定的，从其约定；没有约定的，应尊重债务人的指定。[③] 在债务人不行使指定权时，才适用法定抵充的规定。

四、法定抵充的顺序

在当事人没有就抵充顺序作出规定的，则应当按照法定规则确定相关的抵充顺序，依据我国《合同法司法解释二》第 20 条、第 21 条的规定，法定抵充的顺序如下。

第一，如果到期的债务和未到期的债务并存，应当先抵充已届清偿期的债务。[④] 依据《合同法司法解释二》第 20 条的规定，如果债务人对同一债权人负担多项债务，有的债务已经到期，有的债务未届清偿期的，在此情形下，先应当抵充已届清偿期的债务。从比较法上来看，许多国家的法律都采纳这一规则。[⑤] 这

① 参见孙森焱：《民法债编总论》，870 页，北京，法律出版社，2006。

② 参见陈建勋：《论债的清偿抵充》，载《人民司法》，2001（11）。

③ MünchKomm/Fetzer，§ 366，Rn. 12.

④ MünchKomm/Fetzer，§ 366，Rn. 13.

⑤ 参见《德国民法典》第 366 条；《日本民法典》第 489 条。

样做既符合当事人的本意，又有利于债务人。① 因为抵充已经到期的债务，既有利于减少债务人承担债务不履行责任的风险，也有利于债权人债权的实现。

第二，债务均已届清偿期或者均未届清偿期的，先抵充无担保或担保最少的债务（geringere Sicherheit）。② 依据《合同法司法解释二》第 20 条的规定，如果债务人对同一债权人负担数项债务，且数个债务都已届清偿期，或者都未届清偿期的，则优先抵充对债权人缺乏担保或者担保数额最少的债务。采纳该规则的主要原因在于：已经有担保的债权或者担保较多的债权，其不能清偿的风险要小于没有担保或者担保较少的债权，因此，从保障债权人利益的角度出发，应当优先抵充没有担保或者担保较少的债权。③

第三，担保相等的，先抵充债务人因清偿而获益最多的债务，或债务人负担最重的债务（groessere Laestigkeit）④；获益相等的，先抵充最先到期的债务。《合同法司法解释二》第 20 条规定："担保数额相同的，优先抵充债务负担较重的债务；负担相同的，按照债务到期的先后顺序抵充。"该规定确立了两项规则。一是担保数额相同的，优先抵充债务负担较重的债务。例如，连带债务和个人债务相比较，对债务人而言，个人债务的负担显然要重于连带债务，因此，先抵充个人债务，对债务人而言更为有利。对债权人而言，在连带债务中，债权人还可以请求其他连带债务人清偿，因此，在债务人清偿债务时，以其给付优先抵充其个人债务，也有利于债权人债权的实现。⑤ 再如，如果债务人对同一债权人所负担的两项债务的担保数额相同，但如果其中一项债务的违约责任较重，则应当优先抵充该债务。⑥ 二是负担相同的，按照债务到期的先后顺序抵充。因为债务已经到期，且担保相同，所以，债务人因清偿所获得的利益没有差别，此时应按照债务到期的顺序，先到期的债务优先抵充。从价值取向上来说，这是为了优先保

---

① 参见孙森焱：《民法债编总论》，871 页，北京，法律出版社，2006。

② MünchKomm/Fetzer，§ 366，Rn. 14.

③ 参见［日］於保不二雄：《日本债权总论》，庄胜荣校订，350 页，台北，五南图书出版公司，1998。

④ MünchKomm/Fetzer，§ 366，Rn. 14.

⑤ 参见孙森焱：《民法债编总论》，871 页，北京，法律出版社，2006。

⑥ 参见史尚宽：《债法总论》，797 页，北京，中国政法大学出版社，2000。

护债权人，以防止有的债权因时效经过而无法获得清偿。

第四，数个债务担保相同，且到期时间相同的，应按比例抵充。[①] 所谓担保相同，是指数个债务都设置担保，而且各个担保的类型、数额、效力等相同，或者数个债务都未设置担保。所谓到期时间相同，是指各个债务的清偿时间相同。在各个债务担保相同且到期时间相同的情况下，此时将无法确定各个债权的优先抵充顺序，只能按照公平原则，按照比例对各个债权进行抵充。

第五，在没有特别约定时，按照法定的抵充顺序抵充。例如，利息之债与本金之债并存的，先抵充利息之债，后抵充本金之债；再如，费用之债与利息之债、本金之债并存的，按照国际通行做法，先应抵充费用之债。[②] 我国现行立法也采取了同样的做法，根据《合同法司法解释二》第 21 条的规定，在涉及支付利息和费用的情况下，如果债务人所作出的给付不足以清偿全部债务时，并且当事人没有约定的，人民法院应当按照下列顺序抵充：一是实现债权的有关费用，包括保管费用、诉讼费用、执行费用等。因为实现债权的费用与本金和利息债权相比，其无法实现的风险较大，因而应当优先抵充。二是利息。利息包括法定利息和约定利息。利息是债权人预期的收益，所以，应当先于本金而抵充。[③] 三是主债权。只有在费用债权与利息债权都已经得到抵充的情形下，才能将债务人的给付用于抵充主债权。例如，在前述清偿抵充纠纷案中，由于甲向乙所作出的给付不能清偿全部债务，而且当事人没有在合同中对抵充的顺序作出约定，此时，依据上述规定，在甲向乙清偿 1 000 万元时，先应当将该款项用于抵充利息，剩余款项才能用于抵充主债权。

---

① MünchKomm/Fetzer，§ 366，Rn. 16.

② 参见《国际商事合同通则》第 6.1.12 条；《日本民法典》第 489 条；《德国民法典》第 366 条。

③ 参见郑玉波：《民法债编总论》，498 页，北京，中国政法大学出版社，2004。

第十五章

债的移转

第一节　债的移转概述

一、债的移转的概念

债的移转是指在不改变债的内容的情况下，债的主体发生变化。按照债的移转对象的不同，债的移转可以分为债权让与（Forderungsübertragung/Abtretung）、债务承担（Schuldübernahme）以及债权债务的概括转让（Vertragsübernahme）三种形态。[①] 我国现行立法并未对债的移转规则作出一般性规定，而只是在《合同法》中对合同的转让作出了规定。《合同法》关于合同之债移转的规则在总体上也可以适用于其他债的关系。

在现代市场经济社会，债权和债务的移转是重要的交易方式，其不仅促进了

① Fikentscher/Heinemann，Schuldrecht，11. Aufl.，De Gruyter，2017，Rn. 715.

交易的发展和财富的增长，而且成为重要的融资手段。范思沃斯指出："绝大多数的合同权利都可以自由让与，如果法律状况与此相反，那么，我们的信用经济将无法存在。"[①] 实践中，市场主体可能基于投资需要或者产业升级等原因而移转其债权或债务，这也是市场主体调整其经营策略的重要选择。市场主体也可能发生合并、分立、解散等变化，从而依法发生债的移转。尤其应当看到，债的移转促进了资产的证券化，也为金融的创新提供了前提和基础。

债的移转具有如下特点。

1. 移转的对象是债权或者债务。债的关系成立后，按照私法自治原则，只要不违反法律的规定或者当事人的约定，债的当事人可以将其债权或者债务移转给第三人，由第三人取得债权或者债务。根据移转的对象不同，债的移转包括三种类型。一是债权让与，即债权人将其债权让与给他人，由受让人取代其债权人的地位。[②] 二是债务承担，即由新债务人代替原债务人，承担原债务人的债务。[③] 三是债权债务的概括移转，即债权债务一并移转，债权债务的概括移转又称为债权债务的概括承受。[④] 但无论采取何种形式，债的移转的对象都是债权或债务。

2. 债的移转导致债的主体发生变更。无论是债权移转、债务移转，还是债权债务的概括移转，都将导致债的当事人发生变化，即债权人、债务人的更换(Gläubiger—und Schuldnerwechsel)。债的移转不同于债的变更，债的变更只是使债的内容发生变化，而不会改变债的主体。

3. 债的移转是不改变债的内容的情况下，使债的主体发生变化。债的移转是在不改变债的内容的前提下使债的主体发生变化。债的内容的变更则属于狭义的债的变更或债的更新。[⑤] 债的移转不同于债的变更，其并不会改变债的内容，债权和债务的内容不因移转而发生变化。

---

① ［美］E. 艾伦·范思沃斯：《美国合同法》，葛云松、丁春艳译，699 页，北京，中国政法大学出版社，2004。

② Jacob Joussen, Schuldrecht I, Allgemeiner Teil, 3. Aufl., 2015, Kohlhammer, Rn. 1239.

③ Weiler, Schuldrecht, Allgemeiner Teil, 3. Aufl., 2016, Nomos, § 36, Rn. 4.

④ 参见郑玉波：《民法债编总论》，431 页，北京，中国政法大学出版社，2004。

⑤ 参见郑玉波：《民法债编总论》，429 页，北京，中国政法大学出版社，2004。

4. 债的移转可以基于当事人的约定或者法律规定而发生。[①] 债的移转一般基于当事人的约定产生，即在债成立后，当事人可以通过约定的方式移转其债权、债务。除当事人约定外，法律法规也在特定情形下规定了债的法定移转。例如，基于企业的合并、分立而发生的债权债务移转，即在企业合并、分立的情形下，原企业的债权、债务关系由合并或者分立后的企业享有和承担。再如，在继承的情形下，被继承人的债权、债务也由继承人概括承受。

债的移转的前提是当事人之间存在合法有效的债的关系。不论是债权让与、债务承担，还是债权债务的概括移转，都应当以当事人之间存在合法有效的债的关系为前提。如果当事人之间的债的关系无效，则无法产生债的移转的效果。因此，债权让与必须以当事人之间存在债权为前提。[②] 例如，甲与乙订立钢材买卖合同，甲将请求乙支付价款的权利转让给丙，后如果甲乙之间的合同关系被撤销，此时，甲对乙的债权无效，丙也无法取得有效的债权。

二、债的移转与债的变更

（一）债的变更的概念和特征

如前所述，广义的债的变更包括债的内容和主体发生变化。所谓狭义的债的变更，仅指债的内容的非实质性变更，它是指在保持债的主体不变的情况下，债的内容发生非实质性变化，债的内容的变更包括量的变更和质的变更，量的变更是指给付数量的增减，而质的变更则是指因给付不能等原因而使债权转变为损害赔偿请求权。[③]

债的关系一旦成立，即产生法律拘束力，当事人应当严格按照债的内容主张债权、履行债务，任何一方当事人非依法律规定或当事人约定，不得随意变更债的内容。但在债的关系成立后，如果客观情况发生变化，当事人也可能通过约定

① Vgl. Jacob Joussen, Schuldrecht I, Allgemeiner Teil, 3. Aufl., 2015, Kohlhammer, Rn. 1240 ff.

② Vgl. Hirsch, Schuldrecht, Allgemeiner Teil, Nomos, 2017, Rn. 1143.

③ 参见郑玉波：《民法债编总论》，429 页，北京，中国政法大学出版社，2004。

或依法律规定变更债的内容。例如，就合同之债而言，合同关系成立后，合同履行的客观情况可能发生变化，如合同需要提前履行、合同标的物数量需要减少、合同价款需要调整等，当事人可能通过约定变更合同内容，在法律规定的特别情形下，一方当事人也可能请求人民法院或者仲裁机构变更合同内容。因此，我国《合同法》在第五章（合同的变更和转让）以专章的形式对合同的变更和转让作出了规定。债的变更具有如下特点。

第一，债的主体不变，而债的内容发生了变化。债的变更不同于债的移转，在债的变更的情形下，债的主体并没有发生变化。债的变更实际上是在原债的基础上对债的内容进行修改、补充。例如，合同之债成立后，标的物的数量发生轻微变化（如将买卖苹果的数量1000斤改为950斤），此种情形即应当属于债的变更，

第二，债的变更必须是债的内容发生非实质性的变更。所谓非实质性变更，是指在保持债的关系同一性的前提下，债的内容所发生的轻微变化。一般认为，债的变更是指债的关系在不失其同一性的前提下所发生的债的客体的变化。① 如果债的内容发生了实质性变化，将改变债的关系的同一性，则将构成债的更新，此时，债的关系将失去同一性，债的抗辩关系、债的担保关系等也将随之变化。这就需要区分债的内容的实质性变化与非实质性变化。债的变更是债的内容的非实质性变化，即在保留原债的实质内容不变的基础上，对债的内容作出修改和补充。债的变更使原债的关系在变更的范围内消灭，而变更之外的债权债务关系仍继续生效。在界定债的内容的实质性变更与非实质性变更时，应依当事人的意思和一般交易观念加以确定，正如史尚宽先生所指出的："何为重要部分，应依当事人之意思及一般交易之观念定之。依一般社会见解，因给付之变更已失债之同一性者，可认为有更改。"② 例如，就合同之债而言，依据《合同法司法解释二》第1条规定，合同标的的改变、履行数量的巨大变化、价款的重大变化、合同性质的变更等，均属于合同内容的实质性变更。

---

① 参见郑玉波：《民法债编总论》，429～430页，北京，中国政法大学出版社，2004。

② 史尚宽：《债法总论》，832页，北京，中国政法大学出版社，2000。

第三，除法律另有规定外，债的变更必须基于当事人的约定而发生。债的变更应当有正当的理由，也就是说，债的关系一旦成立，债的当事人即应当按照债的要求行使债权、履行债务，非依法律规定或合同约定，任何一方不得单方面变更债的关系。例如，就合同之债而言，合同关系一旦成立，当事人双方即应当严格按照合同约定履行债务，任何一方未经过对方同意，无正当理由不得擅自变更合同内容，否则可能构成违约。在合同履行过程中，因各种情况的变更，当事人也可能需要对合同的内容作出调整，按照合同自由原则，只要双方当事人同意，也可以对合同的内容进行变更，即通过在原合同的基础上达成新的协议，对合同的内容作出变更。当然，除当事人约定外，基于法律规定的原因，也可使债的关系发生变更。例如，就合同之债而言，在符合情势变更的情况下，依据《合同法司法解释二》第 26 条的规定，当事人可以主张变更或解除合同。

（二）债的移转与债的变更的联系和区别

债的变更与债的移转具有许多相似性，表现在：一方面，两者都发生了债的变化。也就是说，债的移转与债的变更都使债的关系发生了一定程度的变化，不过债的移转是债的主体发生变化，而债的变更则是债的内容发生变化。另一方面，二者都保持了债的关系的同一性。也就是说，不论是债的主体的变化，还是债的内容的变化，都没有改变债的关系的性质。债的移转因不导致债的内容的变化，因而并不会改变债的关系的同一性，正如史尚宽所指出的，“债之移转者，债之关系不失其同一性，而改变其主体之谓也”①。而债的变更也只是导致债的内容的非实质性变化，所以并不改变债的关系的同一性。此外，债的移转与债的变更都主要是通过当事人之间的合意完成的。虽然债的移转与债的变更都可因法律规定而发生，但从实践来看，债的移转和变更主要是基于当事人的约定而发生的。正是因为上述原因，传统大陆法系国家大多在债的一般规定中对债的移转和变更作出规定。

虽然债的移转与债的变更存在上述关联，但二者属于不同的债法制度，罗马法早期的观点曾经认为，债的转让也就是一种主体的变更，由于债的当事人是不

---

① 史尚宽：《债法总论》，703 页，北京，中国政法大学出版社，2000。

可变更的，变更任何一方当事人，都会使债的关系失去同一性，因而债是不能转让的。[①] 但现代债法一般都区分债的变更与债的移转。二者的区别主要体现为：

第一，是否发生主体变更不同。债的移转涉及债的主体的变更，而不涉及债的内容的变化。也就是说，债的移转是在保持债的内容不变的基础上，使债的主体发生变化，一般表现为第三人代替原债权人或者债务人，也可能是第三人加入债的关系之中，作为当事人一方而存在，但无论何种形式的主体变更，都不涉及债的内容的变化问题。而债的变更则限于债的内容的变化，并不涉及债的主体的变化。当然，在债的关系移转后，新的债的关系当事人通过约定变更债的内容，仍可产生债的变更的效力。

第二，存在两个合同关系不同。债的变更因不会发生主体变化，因此，只存在一个合同关系，变更后的合同与原合同仍然是一个法律关系。但在债的转让的情形下，存在原合同和转让债权或债务的合同，从而形成了两个不同的法律关系。

第三，适用的情形不同。虽然债的变更与债的移转都可以依据当事人约定或者法定规定而发生，但二者发生的法定原因存在一定区别：债的变更的法定原因通常是债的履行的客观情况出现重大变化，如情势变更。而债的移转的法定原因通常是债的当事人因为法律规定的原因而发生变化，如企业的合并、分立等。

三、债的移转的原因

债的移转既可以基于当事人的约定而发生，也可以基于法律规定而发生。按照私法自治原则，债的关系成立后，除法律特别规定或当事人特别约定债的关系不得移转外，债的当事人可以通过约定移转债的关系。当然，当事人也可以基于单方行为移转债的关系，例如，通过捐赠和捐助行为而使债的关系发生移转。

除通过当事人约定或者单方行为而移转债的关系外，基于法律规定的原因，

① 参见陈朝璧：《罗马法原理》，203页，北京，法律出版社，2006。

也可以使债的关系发生移转。例如，被继承人死亡的情形下，继承人即概括承受被继承人的债权债务关系。再如，依据《合同法》第229条的规定，“租赁物在租赁期间发生所有权变动的，不影响租赁合同的效力”，即所谓“买卖不破租赁”，在该条规定的情形下，租赁物新的所有权人也将概括承受原所有权人在租赁合同中的债权债务关系，这也是基于法律规定而发生的债的移转。

第二节 债权让与

一、债权让与的概念和特征

所谓债权让与，也称为债权转让，是指债权人依法将其债权全部或部分地转让给第三人。债权让与的典型形态是合同权利的转让，《合同法》第79条规定：“债权人可以将合同的权利全部或者部分转让给第三人。”该条对合同权利的转让作出了规定，这是关于合同权利转让的规定。严格地说，合同权利转让，乃是债权转让的一种形式，也可以说是其主要的形式。但债权转让与合同权利的转让也存在一定的区别。债权转让除了合同债权以外，还包括因为侵权而发生的侵权责任之债的转让和因为不当得利而发生的不当得利之债的转让等。在债权让与中，转让债权的人称为让与人或者转让人，受让债权的人称为受让人。债权让与主要具有如下特点。

第一，债权让与的对象是债权。[①] 债权转让不同于债务承担，其仅转让了债权。债权是一种财产权，因而可作为转让的标的。[②] 虽然债权是相对权，但其也具有财产价值，并且原则上并非专属性权利，因此，其可以作为转让的标的。债权让与的典型形式是合同债权的让与，但债权让与的对象又不限于合同债权，例

① Hirsch, Schuldrecht, Allgemeiner Teil, Nomos, 2017, Rn. 1137.

② Weiler, Schuldrecht, Allgemeiner Teil, 3. Aufl., 2016, Nomos, § 37, Rn. 2.

如，因侵权而产生的损害赔偿之债、因不当得利而产生的债权，或者基于法院判决而产生的请求权，以及未来的权利等，都可以成为债权让与的对象。[①] 当然，作为债权让与对象的债权应当是有效的债权，无效的债权无法成为让与的对象。

第二，债权让与将使债权主体发生变化，原则上并不引起原债权内容的变更。[②] 这就是说，一方面，债权让与将导致受让人代替原债权人而成为新的债权人。[③] 如果是债权全部让与，则受让人将完全取代转让人的地位，而成为债权人；如果是部分转让，则受让人将加入债的关系，与转让人共同享有债权，从而成立多数人之债。另一方面，债权让与不改变债的内容。债权让与与债的变更的重要区别就在于，其并不改变债的内容。债权让与的当事人是债权人和第三人，债务人并非债权让与关系的当事人。在债权让与的情形下，尽管债权人应当及时通知债务人，但债务人并不是债权让与的当事人。债权让与旨在使原债权全部或者部分转移给第三人，因此，受让人所取得的债权并不会超出原债权的范围。如果受让人希望变更原债的内容，则应当在债权让与完成后，由受让人与债务人通过协商变更债的内容，此时将构成债的变更。

第三，债权让与一般是通过债权让与协议实现的。债权让与涉及两种关系：一是债权人与债务人之间的债的关系，二是债权让与合同关系。债权让与合同作为转让人与受让人之间的合同关系，完全可由当事人在不违背法律和社会公共利益的前提下自由约定。这两种关系虽然密切联系，但仍属于不同的法律关系。债权让与协议以存在有效的债权为前提。如果作为债权让与对象的债权是无效债权，则债权让与协议也应当是无效的。如果债权人根本不享有对债务人的任何债权，债权人不得实施转让债权的行为，否则受让人有权主张转让行为无效，并有权要求转让人承担由此造成的损失。例如，就合同债权的让与而言，如果产生债权的基础合同不成立、无效或者被撤销，则该债权将无效，受让人也可据此主张转让合同无效。当然，债权让与还可能因法律规定而直接发生，如因企业合并、

① 参见张玉卿主编：《国际商事合同通则》，647页，北京，中国商务出版社，2005。

② Hirsch，Schuldrecht，Allgemeiner Teil，Nomos，2017，Rn. 1148.

③ MünchKomm/Roth，BGB § 398，Rn. 1.

分立或者因继承等原因而发生。

第四，债权转让既可以是全部转让，也可以是部分转让。在权利全部转让时，受让人将完全取代转让人的地位而成为合同当事人。在权利部分转让情况下，受让人作为第三人将加入原债的关系之中，与原债权人共同享有债权。不论采取何种方式转让，都不得因权利的转让而增加债务人的负担，否则，应由转让人或者受让人承担费用和损失。

债权让与不同于有价证券的转让。所谓有价证券，是指表示一定的权利，权利人行使权利必须持有证券，原则上不得离开证券而行使权利的一种证券。[①] 有价证券通常为权利凭证，它既可以作为物权的客体，也可以作为债权的客体。随着市场经济的发展，为了加速债权的流转，适应投资的流动化、交易的快捷化，民法中债权的证券化也得到了极大的发展。债权可以通过有形的证券和票据表现出来，而且由于票据无因性的确立，也进一步确立了债权的可流动性和安全性。从广义上理解，债权的转让也包括了有价证券的转让。但债权让与不同于有价证券的转让，二者的区别主要体现为：一方面，债权让与的对象是债权，而有价证券的转让对象是一种证券化的权利，在性质上两者并不相同。另一方面，一些特殊的有价证券的转让，如记名股票等必须经过登记才能够生效，而债权让与通常并不需要登记。实际上，由于债权的持有通常不具备足够的权利外观，因而，与动产不同，债权通常不存在善意取得的问题。[②] 然而，如果债权本身为有价证券记载和表彰，具有足够的权利外观，有价证券证明债权的存在和债权人的权属，那么，债权当然也可能通过有价证券的善意取得而发生转让。[③]

还应指出的是，债权让与也不同于股权转让。股权转让主要是指有限责任公司的股东将其股权让与他人的行为。股权转让在性质上是否属于债权让与并适用

---

① 参见谢怀栻：《票据法概论》，3页，北京，法律出版社，1990。有价证券的定义，最初由德国学者布伦纳（Brunner）于19世纪末期提出，他认为“有价证券乃表彰私权之证券，其利用——主要指权利之行使而言，但权利之移转亦包括之——以证券之持有为必要者也”。转引自郑玉波：《民商法问题研究》（四），144页，台北，自版，1985。

② Jacob Joussen，Schuldrecht I，Allgemeiner Teil，3. Aufl.，2015，Kohlhammer，Rn. 1259.

③ Fikentscher/Heinemann，Schuldrecht，11. Aufl.，De Gruyter，2017，Rn. 723.

债权让与的一般规则，在法律上值得探讨。笔者认为，股权在性质上不同于债权，其具有成员权的特点，因此，应当区分股权的转让与债权让与。股权转让应当适用《公司法》《证券法》《中外合资经营企业法》《中外合作经营企业法》等法律所规定的程序，而不应适用民法关于债权让与的规则。

二、债权让与的要件

债权让与的要件可以从积极要件和消极要件两方面去理解。所谓积极要件是指当事人要转让债权时必须满足的条件，而消极要件是指当事人转让债权的限制条件。

（一）债权让与的积极要件

第一，转让人必须享有合法有效的债权。① 债权转让的前提是转让人所享有的债权必须是合法有效的，这就是说，一方面，债权必须有效存在，且属于转让人的债权，转让人也应当享有处分债权的权限②，这是该债权能够被让与的基本前提。例如，在"北京地鑫房地产开发有限公司与中国华融资管管理公司北京办事处等借款担保合同纠纷案"中，最高人民法院认为，只要债权转让不违反法律的强制性规定，虽然《金融资产管理公司条例》对相关债权的转让进行了一定限制，但该限制并不当然导致该债权转让合同无效。③ 当然，如果被转让的债权无效，如产生债权的合同不存在或者无效，或者已经被解除，此种情况下所发生的债权让与行为应当是无效的，同时转让人应对善意的受让人所遭受的损失承担损害赔偿责任。另一方面，债权人必须享有债权④，如果让与人转让的是他人的债权，将构成无权处分，我国司法实践一般认定此种合同为无效合同。例如，在

---

① Hirsch, Schuldrecht, Allgemeiner Teil, Nomos, 2017, Rn. 1143; Weiler, Schuldrecht, Allgemeiner Teil, 3. Aufl., 2016, Nomos, § 37, Rn. 7; Jacob Joussen, Schuldrecht I, Allgemeiner Teil, 3. Aufl., 2015, Kohlhammer, Rn. 1257.

② MünchKomm/Roth, BGB § 398, Rn. 27.

③ 参见最高人民法院（2003）民二终字第14号民事判决书。

④ Fikentscher/Heinemann, Schuldrecht, 11. Aufl., De Gruyter, 2017, Rn. 722.

“安徽省皖北矿务局百善煤矿与深圳市深发贸易有限公司等借款合同纠纷案”中，最高人民法院认为，在签订债权让与合同前，如果债权人已经将其债权部分或者全部让与第三方，则应当认定在后的债权让与合同无效。[①]

还应当指出，转让的债权应当具有可让与性，否则无法转让。[②] 债权让与的前提是债权具有可让与性（Abtretbarkeit/Übertragbarkeit）或财产性[③]，也就是说，债权本身可以作为一种财产进入市场进行交易。如果债权本身具有高度人身性或者债权严重依赖于债权人和债务人之间的信赖关系，那么，这一债权可能无法转让。此外，如果债权人和债务人事先约定债权无法转让，则债权人也无权转让其债权。由于债权可以转让，所以当事人可以通过合同处分债权[④]，这意味着，债权让与必须遵循确定性原则（Bestimmtheitsgrundsatz/Spezialitätsprinzip），即让与的债权已经特定化、具有确定性。[⑤] 允许债权转让是合同自由原则的重要体现。

第二，让与人与受让人之间必须达成合法的转让协议。在债权让与的情形下，让与人应当与受让人之间达成合法的债权让与协议。当事人转让债权的意思表示必须明确、真实，否则不发生债权让与的效力。例如，在“中国第一重型机械集团公司与昆明钢铁集团有限责任公司其他合同纠纷案”中，最高人民法院认为：“只有在债权转让的意思表示明确、真实的情况下，才能确定转让后新的债权人和原债务人之间所形成的新的法律关系的具体内容，对于原债务人而言，其履行义务才有了合法的依据。否则，应当推定债权未转让。”[⑥] 债权转让协议必须合法，如果债权让与协议因被确认无效或撤销，或者已经发生了解除，则不能产生债权让与的效果。例如，债权让与协议因违反法律、行政法规的强制性规定，或者违反公序良俗，而被宣告无效，则无法产生债权让与的效力。

债权让与协议是一种不要式的行为。这就是说，债权转让除法律特别规定

---

① 参见最高人民法院（2003）民二再字第1号民事判决书。

② 参见［德］冯·巴尔等主编：《欧洲私法的原则、定义与示范规则：欧洲示范民法典草案》（第五卷至第七卷），王文胜等译，892页，北京，法律出版社，2014。

③ MünchKomm/Roth，BGB § 398，Rn. 62.

④ MünchKomm/Roth，BGB § 398，Rn. 13.

⑤ Fikentscher/Heinemann，Schuldrecht，11. Aufl.，De Gruyter，2017，Rn. 722.

⑥ 最高人民法院（2006）民二终字第20号民事判决书。

外，可采取口头形式或书面形式。但法律法规对债权转让有特别规定的，应依法律规定。《合同法》第 87 条规定："法律、行政法规规定转让权利或者转移义务应当办理批准、登记等手续的，依照其规定。"例如，预售商品房买卖需要办理登记手续，因此发生此类权利转让也必须办理登记手续。

第三，债权让与应当符合法律规定的程序。债权转让应当符合法律规定的程序。针对特殊类型的合同，法律也可能规定了特殊的程序，此时，债权转让应当符合法律规定的程序。例如，《合同法》第 87 条规定："法律、行政法规规定转让权利或者转移义务应当办理批准、登记等手续的，依照其规定。"如果法律有特别规定，也应当遵循该规定。

第四，债权让与必须通知债务人（Abtretungsanzeige）。我国《合同法》第 80 条规定："债权人转让权利的，应当通知债务人。未经通知，该转让对债务人不发生效力。"依据该条规定，在债权让与的情形下，债权人应当通知债务人，但从该条规定来看，在债权人未通知债务人的情形下，仍可发生债权让与的效力，该债权让与只是对债务人不发生效力。

（二）债权让与的消极要件

所谓消极要件是指当事人在债权让与时不能够违背的条件，如果当事人出现这些情况，有可能会导致债权让与协议相对无效，甚至绝对无效。概括而言，下列债权不允许转让。

1. 在性质上不能转让的债权。作为债权让与对象的债权应当具有可让与性，如果债权本身不具有可让与性，则不得成为债权让与的对象。一是具有个人信任关系的债权[①]，此类债权具有高度人身性（die höchstpersönliche Natur der Forderung），不能成为债权让与的对象。[②] 例如，雇佣人对受雇人的债权、委任人对受托人的债权等。在这些债的关系中，当事人双方均存在一种特殊的信赖关系，强调要由一方亲自履行[③]，如果一方不能亲自履行，常常会使另一方当事人的利

---

① MünchKomm/Roth, BGB § 399, Rn. 26.

② MünchKomm/Roth, BGB § 398, Rn. 62.

③ 参见王家福主编：《民法债权》，74 页，北京，法律出版社，1991。

益受到损害。二是从权利。从权利也不得单独让与。从权利是指附随于主权利的权利。如因担保产生的权利，相对于主债权而言是从权利。根据民法的一般原理，从权利随主权利的移转而移转，随主权利的消灭而消灭，主权利无效，从权利亦将无效，因此，从权利不得与主权利相分离而单独转让。① 例如，保证债权是担保债权而存在的从权利，如果与主债权发生分离，则担保的性质也将丧失，因此，保证债权是不得单独转让的。

2. 法律规定禁止转让的债权。法律规定禁止转让的债权不能自由转让。② 例如，《担保法》第 61 条规定："最高额抵押的主合同债权不得转让。"再如，根据《文物保护法》的规定，文物的收购和经营应当由专门机关进行，禁止私自倒卖文物，因此，有关文物转让的债权一般也不得转让。另外，根据《民法通则》第 91 条的规定，依照法律规定应由国家批准的合同，当事人在转让权利义务时，必须经过原批准机关批准；如原批准机关对权利的转让不予批准，则权利的转让无效。

3. 根据当事人的约定而不得转让的权利。除法律规定对其限制以外，当事人也可以明确约定禁止转让债权，此种约定属于禁止转让的特别约定（pactum de non cedendo）。③ 禁止让与特约一般发生在债权让与的情形，因为债务的移转需要经债权人同意，因此，即使当事人事先没有对禁止转让的事项达成协议，债务人转让债务时，如果债权人认为债务转让对其不利，也可以拒绝债务人转让债务。因此，对债务转让而言，没有必要规定禁止转让的特约。债权让与协议应当采用明示的方式，而不得通过默示的方式让与债权。④

各国法律大多允许当事人设置禁止让与特约。按照德国学界的观点，债权禁止让与特约具有绝对效力，违反禁止让与特约的债权让与合同（处分行为）不生效力，但是债务人可以事后追认，从而变更之前的禁止转让特约，使债权让与合

① MünchKomm/Roth, BGB § 401, Rn. 1 ff.

② Vgl. Weiler, Schuldrecht, Allgemeiner Teil, 3. Aufl., 2016, Nomos, § 37, Rn. 12.

③ Fikentscher/Heinemann, Schuldrecht, 11. Aufl., De Gruyter, 2017, Rn. 725.

④ 参见黄立：《民法债编总论》，614 页，北京，中国政法大学出版社，2002。

同向未来（ex nunc）发生效力。[①] 笔者认为，禁止让与特约涉及两种利益冲突。一是对合同自由和债务人利益的保护，债务人可能不愿意向第三人履行债务，或者因为受让人可能被兼并或者其他原因，会额外增加债务人履行债务的负担。二是对财产的流通性的保护，因为债权属于财产权，允许债权让与，有利于财产的流通。为平衡两者的关系[②]，《国际商事合同通则》第919条和《欧洲合同法原则》第11：301条区分了金钱债权和非金钱债权，对金钱债权的让与，二者限制较少，而对非金钱债权的让与则限制较多，因为金钱债务的履行方式简单，债权让与一般不会增加债务人履行债务的负担。按照合同自由原则，当事人从自身利益考虑确实认为债权让与对其不利时，完全可以约定禁止转让债权，只要该约定不违背法律强制性、禁止性规定和社会公益，该约定即具有约束力。由此可见，对于当事人禁止转让的特约，法律应当承认其效力。[③] 关于禁止让与特约的效力，笔者认为，在当事人之间存在禁止让与特约的情形下，债权人仍然进行债权让与，此时应当区分受让人是否为善意，以确定能否发生债权让与的效果：如果受让人明知当事人之间存在禁止让与特约，而仍然与债权人订立转让债权的协议，这表明其主观上是恶意的，则其无法取得债权；但如果受让人是善意的，即不知道当事人存在禁止转让的特约，则应当保护受让人的利益，认定受让人可以取得该债权。[④] 当然，对债务人来说，如果其要对受让人拒绝作出履行，则应当举证证明受让人具有恶意，否则不得提出抗辩。[⑤]

三、债权人必须及时对债务人作出债权让与的通知

（一）不同立法例

债权让与通常涉及两种关系：一是债权人与债务人之间的债的关系，二是债

① Weiler, Schuldrecht, Allgemeiner Teil, 3. Aufl., 2016, Nomos, § 37, Rn. 14.

② 参见［德］冯·巴尔等主编：《欧洲私法的原则、定义与示范规则：欧洲示范民法典草案》（第五卷至第七卷），王文胜等译，901页，北京，法律出版社，2014。

③ MünchKomm/Roth, BGB § 398, Rn. 62.

④ 参见崔建远主编：《新合同法原理与案例评释》，395页，长春，吉林大学出版社，1999。

⑤ 参见史尚宽：《债法总论》，716～717页，北京，中国政法大学出版社，2000。

权让与合同关系。债权让与协议本质上是转让人与受让人之间的合同关系，完全可由当事人在不违背法律和社会公共利益的前提下自由约定，从尊重债权人权利、鼓励交易出发，应当允许债权人在不违反法律和公共利益的前提下自由转让其债权。因此，从比较法上看，债权转让一般不要求取得债务人的同意。① 但债权让与也涉及债务人的利益，从维护债务人的利益出发，应对权利转让作出适当限制，即转让应征得债务人同意或通知债务人。关于债权让与是否需要通知债务人或者需要债务人同意，存在三种不同的立法例。

一是自由主义。此种观点认为，债权人转让其债权依原债权人与新债权人的合同即可转让，不必征得债务人的同意，也不必通知债务人。然而，债权人若未通知债务人，债务人有可能不知道债权已发生转让，在此情况下，债务人仍向原债权人作出清偿，则债务仍发生清偿的效果；如果债务人已经知道债权发生转让，则无论其是从何种途径获悉的，都不应向债权人履行义务，否则不能解除其债务。② 德国法采取了这一规则，因为债权人的通知仅仅涉及债务人抗辩的行使，从而保护债务人的利益③，而美国法实际上也承认合同权利的转让无须经过债务人同意。④

二是债务人同意主义。此种观点认为，债权让与必须经债务人的同意才能生效。如果债权人转让权利没有取得债务人同意，则此种权利转让对债务人不产生效力，债务人依照原合同规定向债权人作出履行，债权人不得拒绝，而作为受让的第三人，向债务人请求履行其债务，债务人有权予以拒绝。我国《民法通则》采取了此种立场，该法第 91 条规定："合同一方将合同的权利、义务全部或者部分转让给第三人的，应当取得另一方的同意，并不得牟利。"

三是通知主义。此种观点认为，债权让与并不需要债务人同意，但为兼顾债务人的利益，债权让与应当对其作出通知。债权人转让其债权虽不必征得债务人

---

① 参见［德］冯·巴尔等主编：《欧洲私法的原则、定义与示范规则：欧洲示范民法典草案》（第五卷至第七卷），王文胜等译，889 页，北京，法律出版社，2014。

② 参见周林彬主编：《比较合同法》，293 页，兰州，兰州大学出版社，1989。

③ BeckOK/Rohe，BGB § 409，Rn. 1；MünchKomm/Roth，BGB § 409，Rn. 1.

④ 参见沈达明编著：《英美合同法引论》，196 页，北京，对外贸易教育出版社，1993。

的同意，但必须作出债权转让的通知以后，债权转让合同才对其发生效力。受让人也只有在收到债权人关于转让的通知后，才能享有受让人的权利。[①] 我国台湾地区民法采取此种立法例。[②]

上述三种立法例各有利弊，我国《合同法》第80条规定："债权人转让权利的，应当通知债务人。未经通知，该转让对债务人不发生效力。"可见，我国《合同法》采纳了通知主义。通知主义的立法例要求债权人将权利让与的事实及时通知债务人，使债务人及时了解让与的事实，避免因债务人对债权转让毫不知情遭受损害及各种费用损失，从而避免了自由主义立法例的弊端，注重了对债务人的保护。同时，此种制度因对债权人自由处分其权利的行为未作出实质性限制，尊重了债权人处分其债权的自由，也有利于鼓励债权转让和促进流通，符合市场经济发展的需要。

（二）关于通知的主体

《合同法》第80条规定："债权人转让权利的，应当通知债务人。未经通知，该转让对债务人不发生效力。"依据该条规定，债权让与通知的主体应当是让与人（即原债权人）。与此类似，《德国民法典》第409条也只规定了原债权人的通知，但问题在于，受让人（即新债权人）能否成为债权让与通知的主体。例如，新的债权人持有原债权人出具的债权转让凭证并将其出示给债务人，能否产生通知的效力呢？对此存在两种观点。一是肯定说。此种观点认为，受让人也可成为债权让与通知的主体，当然，从保护债务人的角度出发，受让人为债权让与通知时，其应当提供债权让与合同、让与公证书等证明材料，否则债务人有权拒绝向受让人履行债务。[③] 二是否定说。此种观点认为，受让人无法成为债权让与的通知人，如果允许受让人对债务人作出通知，则债务人还需要对受让人所提供的相关证明材料进行审核，这会不当增加债务人的负担。[④] 笔者认为，如果债权让与

① 参见周林彬主编：《比较合同法》，293页，兰州，兰州大学出版社，1989。

② 我国台湾地区"民法"第297条规定："债权之让与非经让与人或受让人通知债务人，对于债务人不生效力。但法律另有规定者，不在此限。"

③ 参见韩海光、崔建远：《论债权让与和对抗要件》，载《政治与法律》，2003（6）。

④ 参见李永军：《合同法》，373页，北京，法律出版社，2010。

的受让人能够证明债权让与的事实，则其也应当有权对债务人作出通知。而且在受让人作出通知时，债务人可以向让与人核实债权让与的事实，这并不会过分加重债务人的负担。此外，如果让与人在让与债权后丧失行为能力，其将无法对债务人作出通知，此时，在受让人能够证明债权让与事实的情形下，一概禁止其作出通知，显然有失妥当。[①]

（三）通知的方式

关于债权让与通知的方式，我国现行立法并没有作出规定，一般认为，通知可以采取口头的形式，也可以采取书面的形式。[②] 当然，如果当事人对事后作出通知发生异议，则应当由让与人对其是否已作出通知承担举证责任。例如，在"重庆渝开发股份有限公司与西南经济区协作大厦重庆股份有限公司等借款纠纷上诉案"中，最高人民法院认为："《合同法》虽未对通知的方式作出具体规定，但作为债权转让的通知，只要以能在一定范围内达到公知要求的形式作出明确的债权转让的意思表示，即应认定该方式具有通知效力。"[③] 此外，债权让与的通知既可以采取个别通知的形式，也可以采用公告的方式作出通知，具体采取何种方式，应当根据债权让与的具体情形予以认定。例如，最高人民法院《关于审理涉及金融资产管理公司收购、管理、处置国有银行不良贷款形成的资产的案件适用法律若干问题的规定》第6条规定："金融资产管理公司受让国有银行债权后，原债权银行在全国或者省级有影响的报纸上发布债权转让公告或通知的，人民法院可以认定债权人履行了《中华人民共和国合同法》第八十条第一款规定的通知义务。"当然，为了能够让债务人知晓债权让与的事实，一般应当采用个别通知的方式，因为法律并未对公告通知形式作出规定，当事人容易就公告的时间、地点等产生分歧。

问题在于，债权转让能否以诉讼形式通知。有观点认为，在债务人缺乏诚实信用甚至为故意拖延债务履行的情况下，就有可能设置障碍，债权人通知以后，

① 参见张玉卿主编：《国际商事合同通则》，673页，北京，中国商务出版社，2005。

② MünchKommBGB/Roth/Kieninger，BGB § 409（2016）Rn. 7.

③ 最高人民法院（2003）民二终字第49号民事裁定书。

很难证明自己已经尽了通知义务，此时，应当允许债权人在诉讼中通过举出债权转让的有效证据来通知对方，从而实现自己的权利。[①] 笔者认为，以诉讼形式作出通知是不妥当的，因为我国《合同法》第 88 条并没有将诉讼作为债权让与通知的形式，而且在发生诉讼的情况下，当事人之间已经发生了争议，此时再作出通知为时已晚且没有必要。因此，如果当事人在诉讼前并未作出通知，则应认为未完成通知程序。

（四）通知的对象

债权人应当向债务人或债务人的受领辅助人作出通知。如果转让人向其他人发出转让通知，即使债务人已经知道，该转让对债务人也不发生效力。债权人作出转让权利的通知到达债务人以后，则债权转让已经实际生效，债权让与的通知必须实际到达债务人，作出债权让与的通知主要是为了保护债务人。

依据《合同法》第 80 条第 2 款的规定，“债权人转让权利的通知不得撤销，但经受让人同意的除外”，因此，一方面，债权人不得撤销该通知。否则，债权转让将使已经转让的权利处于不稳定的状态，因为既然债权的转让不需要通过债务人的同意，所以一旦向债务人作出债权转让的通知，则债权转让也已经生效，当然让与人不能再撤销其通知。因为撤销就意味着原债权人仍然要求债务人向其履行，这显然不符合债权让与的目的，将造成交易的不稳定和混乱，损害受让人的利益。[②] 另一方面，如果债务人同意也可以撤销转让的通知。债权转让的通知对债务人产生重要的效力，对债务人的利益影响较大。如果债权人可以任意撤销通知，对债务人不利。因此，为了保护债务人的利益，除非得到债务人的同意，不得撤销该债权转让的通知。

（五）通知的效力

在债权让与中，通知债务人并不是债权让与的条件[③]，是否通知不影响债权让与的效力，即一旦当事人之间达成债权让与协议，该协议就在当事人之间发生

① 参见陈丛蓉、张旭琳：《债权转让能否以诉讼形式通知》，载《人民法院报》，2002－02－21。

② 参见董灵：《合同的履行、转让与终止》，142 页，北京，中国法制出版社，1999。

③ MünchKommBGB/Roth/Kieninger，BGB § 409（2016）Rn. 8.

效力，债权已经发生移转，任何一方违反协议，应当负相应的违约责任。所以，转让人不得以没有通知而否认债权转让的效力。笔者认为，在债权让与中，通知债务人能够产生如下效力。

一是债权让与对债务人发生效力。债权让与协议一旦生效，即能产生债权让与的效力，但如果没有通知债务人，则该债权转让协议对债务人不产生效力，易言之，该债权转让协议只能在债权人和受让人之间产生拘束力，而不能对债务人产生效力，债务人无须向受让人履行债务。例如，在“北京金丰国际企业家俱乐部有限公司与吉林省合浦投资咨询有限公司、长春市中麒物资经销有限公司债权转让合同纠纷案”中，最高人民法院认为：“债权人转让权利的，应当通知债务人。未经通知，该转让对债务人不发生效力。故此种情况下，对债务人而言，享有债权的仍然是原债权人。”[①] 可见，债权让与通知具有保护债务人的作用，一旦通知，对债务人而言就确定了债权的归属，债务人可以依据通知清偿债务，债务人根据通知清偿债务以后即可免责。

二是债务人可以根据通知行使抗辩权。《合同法》第 82 条规定：“债务人接到债权转让通知后，债务人对让与人的抗辩，可以向受让人主张。”依据该条规定，在合同债权转让后，债务人对原债权人享有的抗辩权，仍可对受让人主张。[②] 这些抗辩权包括，债权不成立的抗辩、产生债权的合同被撤销或者被宣告无效的抗辩、合同债权已经因履行或者清偿等原因而消灭的抗辩等。此外，债务人对原债权人所享有的同时履行抗辩权、不安抗辩权、后履行抗辩权等，对此类抗辩，债务人仍可对受让人主张。需要指出的是，依据该规定，在没有通知债务人前，债务人仅能向原债权人主张上述抗辩权，即便债务人已经知道债权让与的事实，但在其收到债权让与的通知前，也不能向受让人主张。

三是债务人可以根据通知行使抵销权。[③]《合同法》第 83 条规定：“债务人接到债权转让通知时，债务人对让与人享有债权，并且债务人的债权先于转让的债

---

① 最高人民法院（2006）民二终字第 219 号民事判决书。

② Vgl. Weiler, Schuldrecht, Allgemeiner Teil, 3. Aufl., 2016, Nomos, § 37, Rn. 22 ff.

③ Vgl. Weiler, Schuldrecht, Allgemeiner Teil, 3. Aufl., 2016, Nomos, § 37, Rn. 28 ff.; Jacob Joussen, Schuldrecht I, Allgemeiner Teil, 3. Aufl., 2015, Kohlhammer, Rn. 1289 ff.

权到期或者同时到期的，债务人可以向受让人主张抵销。”依据该条规定，在债务人收到债权让与的通知后，债务人主张抵销时，首先应当满足《合同法》第99条所规定的抵销的一般要件[①]，并且需要符合《合同法》第83条的规定。一方面，债务人必须对让与人享有债权，如果该债权已经被宣告无效，或者该债权的诉讼时效届满，债务人均不得主张抵销。另一方面，债务人的债权先于转让的债权到期或者同时到期，如果债务人的债权后于转让债权到期，债务人则不得主张抵销，否则会损害其债务人（即债权受让人）的期限利益。

四是可能产生表见让与的效力。所谓表见让与，是指让与人已经对债务人作出了债权让与的通知，但事后让与并未发生，或者债权让与合同事后被宣告无效或者被撤销，而债务人已经向受让人作出了履行，受让人已经接受该履行。[②] 根据德国判例学说，在表见让与的情形下，不论债务人是否明知债权让与不发生效力，其所作出的履行都能够产生债务履行的效力。[③] 笔者认为，在表见让与的情形下，应当区分债务人善意与恶意而分别认定其效力：如果债务人明知债权让与没有发生，此时，即便让与人对其作出了债权让与的通知，其仍应当向让与人履行债务，其向受让人履行债务的，不应当发生债务履行的效力；如果债务人不知道未发生债权让与的情形下，则应当保护债务人的合理信赖，此时，债务人的履行行为应当产生债务履行的效力，在此情形下，就让与人与受让人之间的法律关系而言，受让人保有相关的利益欠缺法律上的原因，让与人应当有权请求受让人返还该利益。

四、债权连续让与时受让人优先权的确定

在实践中，经常发生让与人就同一债权连续向两个或者两个以上的受让人作出让与的情形。在债权二重让与（Mehrfachabtretung）的情况下，尽管受让人也可以要求转让人承担违约责任、赔偿损失，但受让人获得债权的目的不能实

①② 参见朱广新：《合同法总则》，326页，北京，中国人民大学出版社，2008。

③ 参见［德］梅迪库斯：《德国债法总论》，杜景林、卢谌译，561页，北京，法律出版社，2004。

现，此种做法也不能完全保护受让人的利益，因此，问题的关键在于，在债权二重让与的情况下，哪一个受让人的利益能获得保护，或者能从债务人处得到优先受偿，即成为理论和实务重点考量的问题。

在大陆法系承认物权行为的国家和地区，一般将债权让与视为准物权契约，债权转让行为系一种处分行为，可发生类似物权变动的效力。债权人一旦作出了有效的让与，就不得再就同一债权为有效让与。[①] 在此种规制模式下，对于债权的二重让与，不发生优先权的问题，只有第一受让人能得到法律保护[②]，合法地受让债权。而债权人在对第二受让人为让与时，本身已无债权，属自始客观不能履行。即使债务人已现实地向第二受让人为履行，由于其无取得该债权的合法根据而构成不当得利，第一受让人可请求其予以返还。在不承认物权行为的国家和地区，大多采纳通知决定优先保护的规则。此种方式可称为“通知在先、权利在先”的规则。[③] 例如，《意大利民法典》第1265条规定，“如果同一个债权作为数个转让的标的被转让给数个人，则被考虑的是首先通知给债务人的转让，或者按照确定的时间被债务人最先接受的转让，即使它是后发生的。”即以让与通知到达债务人的时间及债务人最先接受的转让的双重标准来确定优先权，但主要以让与通知的先后来确定优先权。

《国际商事合同通则》第9.1.11条采用通知优先规则，即确认了先通知者的优先权（Priority of first notice）。向债务人首先发出通知的受让人，将获得该债权。依据《欧洲民法典草案》第3—5：121条的规定，如果任何一方均未作出转让通知，则适用“先发生的权利优先”规则，但如果债权人已经通知债务人，其将债权让与给某一受让人，则该受让人优先取得该债权。[④] 因此，从比较法的发展趋势来看，通知优先规则是确定受让人取得债权优先顺序的标准。

① 参见梅仲协：《民法要义》，286页，北京，中国政法大学出版社，1998；史尚宽：《债法总论》，708页，北京，中国政法大学出版社，2000。

② BeckOK/Rohe，BGB § 398，Rn. 6，71；MünchKomm/Roth，BGB § 398，Rn. 27.

③ 参见《意大利民法典》第1265条。

④ 参见［德］冯·巴尔等主编：《欧洲私法的原则、定义与示范规则：欧洲示范民法典草案》（第五卷至第七卷），王文胜等译，939页，北京，法律出版社，2014。

我国《合同法》并没有对债权二重让与的优先保护规则作出规定，这就对实践中解决此类纠纷造成了困难。由于我国不承认物权行为理论，对债权让与自无作准物权契约对待的必要。笔者认为，与物权转让不同，债权让与并不需要现实交付，只要当事人的债权让与合同生效，债权让与效力即可发生。因此，在债权多重让与的情形下，原则上应当按照债权让与的先后顺序确定优先顺序。还应当看到，通知本身不是债权让与的生效要件，而只是对债务人发生效力的要件，因此，在债权多重让与的情形下，不应当适用“通知在先、权利在先”的规则，而应适用“先发生的权利优先”（qui prior est tempore potior est jure）规则，债权让与合同仅依当事人的意思表示即可发生效力，因此，债权让与合同一旦生效，债权让与即发生效力。[①] 因此，在债权多重让与的情形下，仅第一个受让人可取得债权，让与人后续的让与行为不能发生债权让与的效力。如果债权人违反债权转让协议拒绝转让债权，或将债权再次转让给他人，受让人有权要求其承担违约责任。在债权多重转让的情况下，通知不是债权转让的生效要件，不能以通知作为债权是否转让以及向哪一个受让人转让的一个标准。债权转让的通知仅具有对抗债务人和第三人的效力。另外，考虑到法律不保护恶意的原则，此处所说的债务人和第三人应当限于善意的债务人和第三人。

五、债权的部分让与

部分让与（Teilabtretung）是指让与人仅将对债务人的部分债权让与给某一受让人，或者让与人将对债务人的债权分别让与给若干受让人。[②] 在部分让与的场合，受让人加入债的关系中，与让与人共享债权，或者若干个受让人一起对债务人共享债权。各国立法都确认了债权的部分让与规则。我国《合同法》第79条规定，“债权人可以将合同的权利全部或者部分转让给第三人”，这就确认了合同债权的部分让与。

---

① 参见韩世远：《合同法总论》，2版，546页，北京，法律出版社，2008。

② MünchKomm/Roth，BGB § 398，Rn. 63.

与全部转让不同，债权的部分转让可能会增加债务人履行债务的负担，因为债务人需要向两个以上的债权人履行债务。例如，如果债权人将其债权进行多次部分转让，这无疑会增加债务人履行债务的负担。从鼓励交易的角度出发，法律虽然允许债权人进行多次部分转让，但债权人多次部分转让不能不当增加债务人履行债务的负担和风险。[①] 如果因债权人部分转让债权增加债务人履行债务的负担，则因此增加的费用应当由债权人负担。问题在于，关于该费用的负担，应当由债务人在履行债务后向债权人追偿，还是应当允许债务人在履行债务时自行扣除所增加的履行费用。笔者认为，在债权人部分让与增加债务人债务履行负担的情形下，债务人应当在履行完各项债务以后向原债权人或受让人追偿，而不应当允许债务人在履行各项债务时自行扣除履行费用。

在此需要讨论的是，非金钱债权能否部分让与。一般而言，非金钱债权的部分让与会遇到两个障碍，即债务是否可以分割，以及部分让与是否会增加债务人的负担。[②] 如果债务本身是不可分割的，则难以进行部分让与，即便对金钱债权而言，一旦债权人将其各个债权打包进行整体转让，则各个债权就具有不可分割性，不得再进行部分让与。例如，在"沈阳银胜天成投资管理有限公司与中国华融资产管理公司沈阳办事处债权转让合同纠纷案"中，最高人民法院认为："银行不良金融债权以资产包形式整体出售转让的，资产包内各不良金融债权的可回收比例各不相同，而资产包一旦形成，即具有不可分割性。因此，资产包整体买进后，如需解除合同，也必须整体解除，将资产包整体返还。"[③] 同时，与债权的整体转让不同，在债权部分让与的情形下，债务人需要向多个债权人作出履行，这可能增加债务人履行债务的成本。[④] 笔者认为，对非金钱债权而言，只要可以分割，都可以部分转让，但如果因此导致债务人履行费用的增加，则应当由

---

① 参见［美］E. 艾伦·范思沃斯：《美国合同法》，葛云松、丁春艳译，709页，北京，中国政法大学出版社，2004。

② MünchKomm/Roth, BGB § 398, Rn. 64.

③ 最高人民法院（2009）民提字第125号民事判决书。

④ 参见［美］A. L. 科宾：《科宾论合同》（下），王卫国等译，316～317页，北京，中国大百科全书出版社，1998。

债权人负担该费用，因为债权让与并不需要债务人同意，而且因债权部分让与所增加的履行费用是因债权部分让与而导致的，所以，为了维护债务人的利益，因转让增加的费用不应当由债务人承担，而应当由受让人或债权人承担。

六、债权让与的法律效力

（一）债权让与的对内效力

所谓债权让与的对内效力，是指债权让与在转让双方，即转让人（原债权人）和受让人（新债权人）之间发生的法律效力。此种效力具体表现在：

第一，债权由让与人转让给受让人。[①] 如果是全部转让，则受让人将作为新债权人而成为债的关系的主体，转让人将脱离原债的关系，由受让人取代其地位。如果是债权部分让与（Teilabtretung），则受让人将加入债的关系，成为债权人。[②]

第二，在转让债权时，从属于主债权的从权利，如抵押权、利息债权、定金债权、违约金债权及损害赔偿请求权等也将随主权利的移转而发生移转。[③] 关于合同债权的转让，我国《合同法》第81条规定："债权人转让权利的，受让人取得与债权有关的从权利，但该从权利专属于债权人自身的除外。"从权利具有附属性，主权利移转，从权利也应当发生移转，因此，在债权让与的情形下，附属于该债权的从权利也应当发生移转（Übergang von Neben-und Vorzugsrechten）。[④] 例如，债权人对保证人所享有的保证债权即属于附属于主债权的从权利，在主债权让与的情形下，保证债权也应当发生移转，《担保法》第22条规定："保证期间，债权人依法将主债权转让给第三人的，保证人在原保证担保的范围内继续承担保证责任。保证合同另有约定的，按照约定。"可见，保证债权将随主债权的移转而移转。利息之债也属于从属性债权，也应当随主债权的移转而移转。例

① Weiler, Schuldrecht, Allgemeiner Teil, 3. Aufl., 2016, Nomos, § 37, Rn. 16.

② MücnhKomm/Roth, BGB § 398, Rn. 1, 62, 93.

③ MücnhKomm/Roth, BGB § 401, Rn. 1.

④ Jacob Joussen, Schuldrecht I, Allgemeiner Teil, 3. Aufl., 2015, Kohlhammer, Rn. 1275.

如，在“福州商贸大厦筹备处与福建佳盛投资发展有限公司借款合同纠纷案”中，最高人民法院认为，银行利息在性质上属于法定孳息，属于主债权的收益，除法律有特别规定或当事人有特别约定外，取得孳息的权利也应当随之移转。①

第三，转让人应保证其转让的权利有效存在且不存在权利瑕疵。这就是说，转让人应保证其转让的权利不存在瑕疵，此种保证通常称为权利瑕疵担保。如果在权利转让以后，因权利存在瑕疵而给受让人造成损失的，转让人应当向受让人承担损害赔偿责任。当然，转让人在转让权利时，已经明确告知受让人权利有瑕疵，则受让人受让权利时未提出异议，在受让以后无权要求赔偿。

第四，在债权让与后，让与人应当向受让人移交主张债权的一些证明文件，如债权证书和合同往来信函等其他相关文件。如果债权存在担保的，则让与人也应当将相关的担保证明文件移交受让人，以保障受让人债权的顺利实现。②

第五，让与人的权利瑕疵担保义务。在债权让与的情形下，让与人应对受让人负担权利瑕疵担保义务，即让与人应当保证其所让与的债权是合法有效的，而且应当保证任何第三人不得对该债权主张权利。课以让与人权利瑕疵担保义务有利于保护受让人的利益，维护交易安全和秩序。比较法上大多肯定了让与人的权利瑕疵担保义务。③ 让与人担保义务的内容通常包括：一是担保所让与的权利是现实存在的、合法有效的。二是该债权此前没有转让给其他受让人，并且不会有第三人向受让人主张权利。三是担保所让与的债权之上并不存在在先权利，即该债权之上没有设定质押或者其他权利担保。④ 四是让与人应当向受让人披露债权让与的所有信息。当然，如果让与人在让与债权时已经对受让人披露了相关内容，如所让与的债权之上存在权利负担的，受让人仍愿意受让债权的，则让与人

---

① 参见最高人民法院（2005）民二终字第147号民事判决书。

② 参见朱广新：《合同法总则》，320页，北京，中国人民大学出版社，2008。

③ 《国际商事合同通则》第9.1.15条、《欧洲民法典草案》第3—5：112条等，均对让与人的担保义务作出了规定。

④ 参见［德］冯·巴尔等主编：《欧洲私法的原则、定义与示范规则：欧洲示范民法典草案》，高圣平等译，912页，北京，法律出版社，2014。

不再负担上述担保义务。[①] 如果让与人违反了上述权利瑕疵担保义务，应构成违约，受让人有权请求让与人承担违约责任。如果让与人违反上述担保义务，造成受让人的合同目的无法实现，如无法取得债权，则受让人应有权解除债权让与合同，并请求让与人承担违约责任。

（二）债权让与的对外效力

所谓债权让与的对外效力，是指债权转让对原债的关系当事人以外的人的效力。债权让与在生效以后针对债务人产生如下效力。

第一，债务人不得再向转让人即原债权人履行债务。如果债务人仍然向原债权人履行债务，则不构成债务的履行。如果债务人向原债权人履行，造成受让人损害，债务人应负损害赔偿的责任，同时因原债权人接受此种履行，已构成不当得利，则受让人和债务人均可请求其返还。

第二，受让人不仅取得债权人转让的债权，而且取得了与债权有关的从权利。[②] 我国《合同法》第 81 条对合同债权让与中的从权利移转规则作出了规定："债权人转让权利的，受让人取得与债权有关的从权利，但该从权利专属于债权人自身的除外。"据此可见，受让人在取得主债权的同时也取得了与主债权有关的从权利，如债权的抵押权、质权、保证以及违约金债权、损害赔偿请求权、利息债权等。因为从权利是附属于主权利的，不得与主权利发生分离而单独移转。主权利转让，从权利也要发生转让。然而，如果从权利是专属于债权人自身的，与债权人是不可分离的，则该从权利不应当随主权利发生移转。

第三，债务人的抗辩权。债务人在债权让与时就已经享有的对抗原债权人的抗辩，并不因债权让与而消灭。[③] 在债权让与之后，债务人对原债权人所享有的抗辩，如时效完成的抗辩、债权业已消灭的抗辩、债权从未发生的抗辩、债权无效的抗辩等，仍然可以对抗受让人即新的债权人。例如，在"新疆维吾尔自治区

① 参见张玉卿主编：《国际商事合同通则 2010》，691 页，北京，中国商务出版社，2012。

② Weiler，Schuldrecht，Allgemeiner Teil，3. Aufl.，2016，Nomos，§ 37，Rn. 18；Jacob Joussen，Schuldrecht I，Allgemeiner Teil，3. Aufl.，2015，Kohlhammer，Rn. 1275.

③ MünchKomm/Roth，BGB § 404，Rn. 1.

投资公司与新疆宏景投资有限责任公司债权转让合同纠纷案”中，最高人民法院认为，债权让与后，债务人可以对受让人主张其对原债权人的抗辩，因此，“宏景公司作为债权受让人有权行使原债权人德隆公司的债权权利，投资公司亦可将针对原债权人德隆公司的抗辩理由及于宏景公司，故德隆公司是否参加本案并不影响事实的认定”。

第四，债务人的抵销权。在债权让与的情形下，当债务人接到债权转让通知时，债务人对让与人即原债权人也享有到期债权的，债务人也可以向受让人主张抵销。我国《合同法》对合同债权让与情形下债务人的抵销权作出了规定，该法第 83 条规定：“债务人接到债权转让通知时，债务人对让与人享有债权，并且债务人的债权先于转让的债权到期或者同时到期的，债务人可以向受让人主张抵销。”据此可见，既然债务人对原债权人享有到期债权，而原债权人的债权已经转让给新的债权人，因此债务人已不可能向原债权人主张抵销，而只能向新的债权人主张抵销。确认债务人的抵销权，也是为了充分保护债务人的利益。但债务人向受让人主张抵销，必须要对原债权人享有债权且该债权必须是到期的债权，即该债权先于转让的债权到期或者同时到期。例如，转让的债权是 10 月 1 日到期，债务人的债权必须在此之前到期或者在 10 月 1 日到期。债务人行使抵销权时，应当以通知的方式告知受让人，该通知自到达受让人时生效。债务人在对债权人取得债权的同时已经知道债权人将转让债权的，则债务人依据诚信原则，不应当向受让人主张抵销。

债权转让性质上属于处分债权的行为，也可能适用善意取得的规则。例如，某银行将债权打包转让给另一个金融公司，但在转让时将其他人的债权也一并打包转让，此时，如果相对人是善意的，即可能依据善意取得的规定取得该债权。当然，我国《物权法》第 106 条仅规定了所有权和其他物权的善意取得，而没有规定债权的善意取得，但在债权让与中，也有必要通过善意取得制度对受让人进行保护，因此，此时应当可以类推适用《物权法》第 106 条的规定对受让人进行保护。

第三节　债务承担

一、债务承担的概念和特征

债务的移转具有广义、狭义两种含义。广义的债务移转包括两种情况。一是债务承担，即基于债权人或债务人与第三人之间达成协议，将债务移转给第三人承担。例如，债务人与债权人约定由第三人取代债务人的地位成为债的当事人，并向债权人履行债务。二是第三人代替债务人履行债务（Erfüllungsübernahme）。即第三人并未与债权人、债务人达成转让债务的协议，而是基于和债务人之间的合同约定，自愿代替债务人向债权人履行债务。[①] 在这种情况下，第三人本身不是债务人[②]，债权人并不对第三人享有权利，不得直接要求第三人对自己履行，而只能继续要求债务人履行。[③] 第三人代替债务人一般不会给债权人造成损害或增加费用，因此，按照私法自治原则，在第三人代替债务人履行债务时，只要不违反法律规定和当事人约定，这种履行在法律上应该是有效的。但严格地说，第三人代替债务人履行并不属于债务移转，从狭义上理解，债务移转仅限于债务承担。

债务承担与债权让与都属于债的移转的范畴，二者都会导致债的主体发生变化，但二者仍存在一定区别：一方面，从价值理念上看，债权让与将促进债权的流通和对债务人的保护并重，即债权让与的制度目的之一是促进债权的流转，当然，债权让与也不得不当加重债务人履行债务的风险和负担；因为债权让与不得损害债务人利益，乃是比较法上的一项基本原则。[④] 而债务承担则主要是为了保

① Weiler，Schuldrecht，Allgemeiner Teil，3. Aufl.，2016，Nomos，§ 36，Rn. 9.

② Hirsch，Schuldrecht，Allgemeiner Teil，Nomos，2017，Rn. 1228.

③ Jacob Joussen，Schuldrecht I，Allgemeiner Teil，3. Aufl.，2015，Kohlhammer，Rn. 1313.

④ See Koerz，Rights of Third Parties，p. 97.

护债权人[①]，即债务人移转债务不得增加债权人债权实现的风险，因此，在债务人与第三人订立债务承担的协议时，需要经过债权人的同意，否则不产生债务承担的法律效果。另一方面，二者转让的对象不同，对当事人利益的影响不同，因此二者的构成要件也存在差别。债权让与一般不会不当加重债务人履行债务的风险和负担，因此，债权让与一般不需要经过债务人同意；而债务承担则可能增加债权人债权实现的风险，因此，债务承担应当经债权人同意。[②]

债务承担主要具有如下特点。

第一，债务承担并没有改变债的内容，而是使债务人发生变化。[③] 债务承担实际上包括以下几种情况，即原债务人退出而由第三人替代，或原债务人不退出而新债务人加入，或者原债务人不退出而作为债务的担保人出现。在债务承担的情形下，从属于原债务的特定债务如利息等，也随同主债务而移转于承担人。

第二，移转的对象是债务而不是债权。由于债务承担移转的对象是债务，债务不是一种可以由债务人处分的财产，而是一种负担的转让，所以债务的移转必须取得债权人的同意。一般来说，当事人所转让的债务必须在转让时已经有效成立，对于不存在的债务或已履行的债务，即使当事人之间已订立转让协议，也不应发生债务承担的效果。[④]

第三，债务移转可以是全部移转，也可以是部分移转（Schuldbeitritt）。[⑤] 例如，在“帕特龙公司与周某某等第三人代物清偿合同纠纷案”中，法院认为，“周某某作为完全行为能力人和车辆所有权人在协议上签字，即表明其同意以自己的车辆为振环公司抵偿债务，其应当承担违反协议的法律后果，即在车辆价值范围内就振环公司债务承担清偿责任”，周某某应当在6万元范围内对振环公司

---

① 参见朱广新：《合同法总则》，328页，北京，中国人民大学出版社，2008。

② Hirsch, Schuldrecht, Allgemeiner Teil, Nomos, 2017, Rn. 1206; Jacob Joussen, Schuldrecht I, Allgemeiner Teil, 3. Aufl., 2015, Kohlhammer, Rn. 1308.

③ Hirsch, Schuldrecht, Allgemeiner Teil, Nomos, 2017, Rn. 1224.

④ 参见史尚宽：《债法总论》，742页，北京，中国政法大学出版社，2000。

⑤ Weiler, Schuldrecht, Allgemeiner Teil, 3. Aufl., 2016, Nomos, § 36, Rn. 6.

所欠帕特龙公司债务承担清偿责任。[①] 该案即属于债务承担人在一定范围内承担债务。当然，无论是何种移转，合同债务的移转都必须要求债务是确定的且具有可移转性，如果债务必须由债务人亲自履行，则债务不得转移，否则不发生移转的效力。

第四，无论是债权人与第三人之间约定债务移转，还是债务人与第三人之间约定债务移转，债务的移转必须符合法定的形式要件。法律、行政法规规定应当办理批准、登记等手续的，应依法办理这些手续。

二、债务承担与第三人代为履行

债务承担与第三人代为履行之间存在一定的相似之处，即均由债务人之外的人实际履行债务，在该第三人的履行符合债的要求时，均可使债权债务关系消灭。但债务承担与第三人代债务人履行之间存在以下明显的区别。

第一，在债务承担情况下，债务人和债权人将与第三人达成转让债务的协议。但无论债权人还是债务人与第三人达成移转债务的协议，都要取得对方的同意，否则债务移转不生效。但在第三人代为履行的情形下，债的主体并没有发生变化，即便债务人与第三人达成代为履行债务的协议[②]，债权人也不得直接向第三人请求履行债务。[③] 从这个意义上讲，在第三人代为履行的情形下，债务并没有真正在法律上发生移转。

第二，在债务承担中，承担人将成为债的关系当事人，如果是债务的全部转让则第三人将完全代替债务人的地位，债务人将退出原债的关系。即使是部分转让，第三人也将加入债的关系成为债务人。[④] 但是在第三人代替债务人履行债务的情况下，第三人只是履行主体而不是债的当事人。对于债权人来说，其只能将

---

① 参见《人民司法·案例》，2013（18）。

② Weiler，Schuldrecht，Allgemeiner Teil，3. Aufl.，2016，Nomos，§ 36，Rn. 9.

③ Hirsch，Schuldrecht，Allgemeiner Teil，Nomos，2017，Rn. 1228 f.

④ Jacob Joussen，Schuldrecht I，Allgemeiner Teil，3. Aufl.，2015，Kohlhammer，Rn. 1337.

第三人作为债务履行的辅助人而不能将其作为债务人对待。① 例如，在“宁夏金泰实业有限公司与宁夏基荣实业发展有限公司联营合同纠纷上诉案”中，最高人民法院认为，虽然当事人在合同中使用了债务转让的字样，但该条款本质上仍属于第三人代为履行债务，并没有使合同关系当事人发生变化，因此，该案仍属于第三人代为履行，在第三人没有履行债务或者没有全面履行时，债权人只能向原债务人主张，而不能向第三人主张。②

第三，由于在债务承担的情况下，第三人已经成为债的关系当事人，如果其未能依照债的要求履行债务，债权人可直接请求其履行义务和承担违约责任。如果第三人已完全代替债务人的地位，那么债权人也不能再要求债务人履行债务或承担责任。而在第三人代替履行时，对第三人的履行不适当的行为，债务人应承担债不履行的民事责任，债权人也只能向债务人而不能向第三人请求承担责任。③ 例如，在“李某甲与付某某债务转移合同纠纷上诉案”中，法院认为，第三人答应债务人的借款由其偿还，当时写了借条，约定 1 个月归还欠款，并在借条上注明“由李某甲 2012 年 4 月 7 日借付某某现金贰拾万元借据无效，此借款由弟弟李某乙归还清”。此行为应构成债务承担，而不是第三人代为履行。④ 因此，在免责的债务承担的情形下，债权人不得再请求原债务人履行债务。

三、债务承担的构成要件

债务承担应当符合如下构成要件。

一是存在有效的债务，且债务必须确定。构成债务承担应当以存在有效的债务为前提，如果当事人所移转的债务无效，则无法发生债务承担的效果。⑤ 例如，就合同之债而言，如果产生债务的合同不成立、无效或者被撤销，则债务也

① Jacob Joussen, Schuldrecht I, Allgemeiner Teil, 3. Aufl., 2015, Kohlhammer, Rn. 1313.

② 参见最高人民法院（2005）民二终字第 35 号民事判决书。

③ MünchKomm/Bydlinski, Vor. § 414, Rn. 25.

④ 参见甘肃省庆阳地区中级人民法院（2013）庆中民终字第 360 号民事判决书。

⑤ 参见史尚宽：《债法总论》，742 页，北京，中国政法大学出版社，2000。

无法产生，即便当事人订立债务移转的合同，也无法产生债务承担的效果。债务承担既可以是全部移转，也可以是部分移转。无论是何种移转，合同债务的移转都要求债务是确定的且具有可移转性。例如，必须由债务人亲自履行的债务不得转移，否则不发生移转的效力。

二是应当取得债权人的同意。在免责的债务承担的情形下，债务承担人将取代原债务人对债权人负担债务，原债务人将退出债的关系，由于债务承担人能否有效履行债务，并不确定，因此，从保护债权人的角度出发，债务承担应当经债权人同意。[①] 但对并存的债务承担而言，债务承担人加入债的关系，与债务人共同对债权人负担债务，这原则上并不会增加债权人债权无法实现的风险，因此，传统大陆法系一般认为，并存的债务承担并不需要经过债权人的同意。但从比较法的发展趋势来看，一种流行的观点认为，不论是免责的债务承担，还是并存的债务承担，均需要经债权人同意。例如，从《欧洲民法典草案》第 3—5：203 条与《国际商事合同通则》第 9.2.3 条规定来看，其并没有区分免责的债务承担与并存的债务承担，债务承担都应当经债权人同意。我国《合同法》第 84 条规定："债务人将合同的义务全部或者部分转移给第三人的，应当经债权人同意。"从该条规定来看，该条也没有区分免责的债务承担与并存的债务承担，而一概要求债务承担应当经债权人同意。

三是当事人应当就债务承担达成协议。[②] 除法律特别规定之外，债务承担需要当事人意思表示一致，即需要当事人就债务承担达成协议。当然，债务承担并不一定需要债权人与债务人达成合意，债务人与债务承担人、债权人与债务承担人以及债权人、债务人、债务承担人共同达成协议等，都可实现债务承担。[③] 当然，在债务人与债务承担人达成债务承担协议的情形，该协议需要经债权人同意才能发生债务承担的效力。

---

① Weiler, Schuldrecht, Allgemeiner Teil, 3. Aufl., 2016, Nomos, § 38, Rn. 1.

② Hirsch, Schuldrecht, Allgemeiner Teil, Nomos, 2017, Rn. 1209, 1215.

③ Jacob Joussen, Schuldrecht I, Allgemeiner Teil, 3. Aufl., 2015, Kohlhammer, Rn. 1316, 1319.

四、债务承担的三种形态

（一）免责的债务承担

所谓免责的债务承担（befreiende Schuldübernahme），是指债权人或者债务人与第三人之间达成转让债务的协议，由第三人取代原债务人承担全部债务。[①] 在债务全部移转的情况下，原债务人已经脱离了原来的债的关系，新的债务人代替了其地位，由于原债务人不再履行债务，因而，学者通常将此种债务移转称为免责的债务承担。《合同法》对合同债务免责的债务承担作出了规定，该法第84条规定：“债务人将合同的义务全部或部分转移给第三人的，应当经债权人同意。”依据该条规定，凡是全部移转合同义务的，是全部的免责债务承担；凡是部分移转合同义务的，属于部分的免责债务承担。债务承担通常通过当事人之间订立合同的方式进行，债务承担协议也是合同的一种类型，承担人无论以何种原因承担债务，都不影响债务移转的效力。

由于任何人不得单方为他人设定义务，因而，免责的债务承担协议一般需要有第三人（即债务承担人）参与订立，据此，免责的债务承担主要有以下两种成立方式，即债权人与第三人之间订立协议和债务人与第三人之间订立协议。[②]

1. 债权人与第三人之间的协议

债权人与第三人之间可以订立承担债务的协议，该协议一旦成立便生效。第三人作为承担人将取代原债务人，原债务人被免除其债务。[③] 当然，如果此种协议被宣告无效或被撤销，则第三人不负清偿债务的义务，而仍应由原债务人履行债务。[④]

在此需要讨论的是，债权人与第三人之间订立债务承担协议是否需要取得债务人的同意，对此存在不同的观点。一种观点认为，免责的债务承担实际上是对

---

① Jacob Joussen, Schuldrecht I, Allgemeiner Teil, 3. Aufl., 2015, Kohlhammer, Rn. 1306.

② MünchKomm/Bydlinski, Vor. § 414, Rn. 3.

③ MünchKomm/Bydlinski, Vor. § 414, Rn. 1.

④ 参见周林彬主编：《比较合同法》，301页，兰州，兰州大学出版社，1989。

债权的处分，因此，免责债务承担的合同只要经债权人承认即可生效，无须征得债务人的同意。即使债务人对第三人清偿有异议，但只要债权人同意，债务承担可以发生效力。[①] 德国法实际上持这一立场。据此，由于债务人基于债务承担并未蒙受不利，故债务承担无须征得债务人同意。[②] 另一种观点认为，债权人与第三人订立债务承担协议可能会损害债务人的利益，在债务人未表示同意的情况下，便转让债务，可能容易发生各种纠纷，为明确责任，减少纠纷，应当将债务人同意作为合同的生效要件。[③]

笔者认为，如果债权人与第三人订立债务承担协议，在绝大多数情况下，此种转让是符合债务人利益的，债务人不会反对，但在特殊情况下，此种转让也可能不完全符合债务人的利益和意志。因此，从充分保护债务人利益考虑，经过债务人的同意才能生效也有一定的合理性。当然，即便债权人与第三人所订立的债务承担协议未经债务人同意，也不应一概否定该协议的效力，而应当区分以下情形分别认定其效力。

第一，如果在该协议达成以后，第三人已实际作出履行，代债务人清偿了债务，而债务人知道此种情况后，并没有表示异议，则该履行行为是有效的，债务的转让也已经实际发生了效力，第三人与债权人不得再以合同的方式恢复原债务人的债务，债权人也不得要求原债务人继续履行。即使债务人事后表示拒绝，也不应当影响债务转让的效力。

第二，如果该协议达成以后，第三人并没有实际作出履行，则债务人有权基于正当的理由主张该协议无效。正当理由具体包括：一是该协议最终将会给债务人造成损害；二是债权人和债务人之间的债务本身是不确定的，第三人不必代债务人作出履行；三是由于债权人也构成违约等原因，债务人享有对债权人的履行抗辩权，第三人不得放弃其可以享有的债务人对债权人的抗辩权。一旦这些理由成立，也可以影响债权人和第三人之间协议的效力。

① 参见王家福主编：《民法债权》，244页，北京，法律出版社，1991。

② Weiler, Schuldrecht, Allgemeiner Teil, 3. Aufl., 2016, Nomos, § 38, Rn. 6; Hirsch, Schuldrecht, Allgemeiner Teil, Nomos, 2017, Rn. 1210.

③ 参见董灵：《合同的履行、转让与终止》，156页，北京，中国法制出版社，1999。

第三，如果在该协议达成以后，债务人对于该协议的达成甚至协议的实际履行完全不知情，也可以以协议将损害其利益为由提出抗辩。例如，根据买卖合同规定，甲应向乙交付一批钢材，但在合同生效后，乙与第三人丙订立转让债务的合同，由丙代替债务人交付钢材，从而造成甲的钢材积压，资金被占用，造成重大损失。[①]

由此可见，在某些情况下，第三人承担债务的协议并不完全符合债务人的利益。债权人与第三人之间的转让债务的协议，如果债务人有正当理由提出异议，债务人仍然应向债权人清偿债务。

2. 债务人与第三人之间订立协议

债务人与第三人之间也可以订立转让债务的协议。此种协议一旦成立并生效，债务人将不再成为债的当事人，而由第三人代替其在债中的地位。[②] 但债务人与第三人订立转让债务的协议，必须经过债权人的同意（Genehmigung），否则债务的转让不能生效。[③] 换言之，这一合同的效力取决于债权人的同意。[④] 例如，“中国工商银行股份有限公司三门峡车站支行与三门峡天元铝业股份有限公司、三门峡天元铝业集团有限公司借款担保合同纠纷案”中，最高人民法院认为，债务人天元集团公司与第三人天元股份公司订立的债务承担协议未经债权人三门峡车站支行的同意，因此，该债务承担协议不能产生债务转移的效力。[⑤]

关于债务人与第三人之间的债务承担合同在法律上的性质，有为第三人利益订立的合同说、债务人作为债权人的代理人为第三人订立的合同说、要约说（Angebotstheorie）以及债权处分说（Verfügungstheorie）等不同观点[⑥]，笔者认为，债务人与第三人签订债务承担协议，并不是一种债权处分行为，因为债务人是转让其债务，并非处理债权人的债权，债务承担直接关系到债权人权利的实

---

① Vgl. MünchKomm/Bydlinski，§ 414，Rn. 6.

② MünchKomm/Bydlinski，Vor. § 414，Rn. 1.

③ MünchKomm/Bydlinski，§ 415，Rn. 6.

④ Hirsch，Schuldrecht，Allgemeiner Teil，Nomos，2017，Rn. 1218 f.

⑤ 参见最高人民法院（2008）民二终字第 81 号民事判决书。

⑥ 各种观点详见史尚宽：《债法总论》，746 页，北京，中国政法大学出版社，2000；MünchKomm/Bydlinski，§ 415，Rn. 1 - 2.

现，为保护债权人的债权，债务承担应当经债权人同意，否则无法产生债务承担的效力，原债务人仍负有向债权人履行的义务，债权人有权拒绝第三人向其作出的履行，同时也有权追究债务人迟延履行或不履行的责任。因此，债务承担合同在性质上并不属于债权处分行为。债务承担合同在性质上是第三人自愿承担债务的协议，其可以适用合同效力的相关法律规则。当然，该协议要产生债务承担的效果，还必须经债权人同意。[①] 债权人的同意可以采取明示或默示的方式[②]，如果债权人未明确表示同意，但其已经将第三人作为其债务人并请求其履行，可以推定债权人已经同意债务的转让。如果债权人在债务人作出债务转让的通知以后，迟迟不作答复，且不能根据客观的情况推定其已经同意，则债务人可向债权人规定一个合理期限，要求其在此期限内作出答复。[③]

（二）并存的债务承担

1. 并存的债务承担概念

并存的债务承担，又称为债务加入（Schuldbeitritt），它是和免责的债务承担即债务人变更（Schuldnerwechsel）相对应的概念，是指原债务人并没有脱离债的关系，而由第三人加入债的关系，并与债务人共同向同一债权人承担债务。[④] 并存的债务承担导致债务人的增加（Vermehrung der Schuldner）。我国现行立法并没有规定并存的债务承担。例如，就合同之债而言，从《合同法》第84条规定的文义来看，该条主要是针对免责的债务承担作出的规定，因为在并存的债务承担中，原则上并不要求债权人同意。但该条也没有否定并存的债务承担。按照私法自治原则，当事人应有权自由约定债务承担的方式，即当事人可以约定，第三人加入债的关系，与债务人共同负担债务。事实上，我国司法实践已经认可了并存的债务承担。例如，在“中远公司诉香港美通公司、天津美通公司拖欠海运费、港杂费纠纷案”中，最高人民法院认为：“天津美通公司只是以第

① MünchKomm/Bydlinski，§ 415，Rn. 15.

② MünchKomm/Bydlinski，§ 415，Rn. 12.

③ MünchKomm/Bydlinski，§ 415，Rn. 14.

④ Jacob Joussen，Schuldrecht I，Allgemeiner Teil，3. Aufl.，2015，Kohlhammer，Rn. 1337；MünchKomm/Bydlinski，Vor. § 414，Rn. 10.

三人身份加入香港美通公司与原集装箱公司的债权债务关系中，与香港美通公司共同承担着债务。香港美通公司与天津美通公司之间形成的是连带关系，互为连带债务人。本案是并存的债务承担，不是免责的债务承担，香港美通公司不能因《还款计划》上刘彬的签名而脱离债务关系。”[①]

无论是大陆法国家还是英美法国家，实际上均承认并存的债务承担制度，它与履行承担和免责的债务承担一起，构成了由第三人履行债务的不同效力样态的完整制度类型。但关于并存的债务承担与保证的关系，大陆法国家一般会对二者进行区分，英美法国家将与并存的债务承担类似的承担（assumption）视为一种保证关系。[②] 笔者认为，并存的债务承担不同于连带保证。与连带保证一样，虽然各个债务人都要对债权人负连带责任，但它与连带保证不同。一方面，在连带保证中，债务人与保证人的责任是不同的，保证债务具有从属性，在并存的债务承担中，原债务人和债务承担人都是合同当事人，而在保证关系中，保证人并非主合同的当事人。在并存的债务承担中，各债务人都承担清偿责任，不具有从属性。另一方面，保证有保证期间的限制，而并存的债务承担并无期限的限制。此外，保证必须采用书面形式，而并存的债务承担是非要式的。总之，不能以并存的债务承担适用连带保证的规则。我国司法实践也对二者进行了严格区分，例如，在“信达公司石家庄办事处与中阿公司等借款担保合同纠纷案”中，最高人民法院认为：“判断一个行为究竟是保证，还是并存的债务承担，应根据具体情况确定。如承担人承担债务的意思表示中有较为明显的保证含义，可以认定为保证；如果没有，则应当从保护债权人利益的立法目的出发，认定为并存的债务承担。”[③]

并存的债务承担具有如下特点。

第一，原债务关系内容不发生改变且仍然有效。[④] 在并存的债务承担的情况

---

① 《最高人民法院公报》，2002（4）。

② E. Allan. Farnsworth，*Contracts*（Second Edition），Little Brown & Co Law & Business，1990，pp. 832－833.

③ 最高人民法院（2005）民二终字第200号民事判决书。

④ MünchKomm/Bydlinski，Vor. § 414，Rn. 10.

下，原债务关系仍然存在，并没有消灭，原债务人仍然应当对债权人承担清偿责任。[①] 如果原债务自始无效或被撤销，则并存的债务承担也是无效的。

第二，新的承担人加入债务关系，与原债务人共负债务。在并存的债务承担情况下，承担人与原债务人为连带债务人，在债权人与原债务人无特别约定的情况下，各债务人共同地对债权人负连带责任。[②] 例如，在"山西城财焦化集团有限公司、孝义市城财焦化集团有限公司诉山西省乡镇企业焦炭供销有限责任公司合作合同纠纷案"中，最高人民法院认为，在第三人与债权人签订债务承担协议时，第三人与原债务人对该债务承担连带清偿责任。当然，如果原债务人与第三人是母子公司，则第三人仅对其所承担的债务与原债务人承担连带责任，对原债务人的其他债务，第三人无须承担连带责任。[③] 在并存的债务承担的情况下，原债务仍然存在，又有新的债务人加入进来承担债务，使原债务的履行进一步得到保障。

第三，并存的债务承担形成连带债务。这就是说，原债务人和新债务人要对债权人负担连带债务（Gesamtschuld）。[④] 在并存的债务承担发生之后，原债务人和新加入的债务人应当向债权人共同负责。虽然各债务人之间可能达成债务分担的内部约定，但该约定对债权人无拘束力。正是因为原债务人和新债务人要对债权人负担连带债务，所以学理上一般认为，并存的债务承担无须债权人同意。据此也有学者认为，我国《合同法》第 84 条要求债务承担均需要债权人同意，实际上是对免责的债务承担所作出的规定，而没有规定并存的债务承担。[⑤] 但笔者认为，《合同法》第 84 条实际上借鉴《国际商事合同通则》的经验，要求并存的债务承担也需要取得债权人的同意，符合立法的发展趋势，因此，不能根据我国《合同法》第 84 条的规定认为我国现行立法没有规定并存的债务承担。事实

① 参见［日］我妻荣：《新订债权总论》，王燚译，509 页，北京，中国法制出版社，2008。

② 参见史尚宽：《债法总论》，753 页，北京，中国政法大学出版社，2000。

③ 参见最高人民法院（2005）民二终字第 155 号民事判决书。

④ Jacob Joussen, Schuldrecht I, Allgemeiner Teil, 3. Aufl., 2015, Kohlhammer, Rn. 1337.

⑤ 参见岳业鹏：《中国法语境下的并存的债务承担制度》，载《北京科技大学学报》（社会科学版），2011（1）。

上，并存的债务承担之所以也需要取得债权人同意，因为对并存的债务承担而言，即便债务承担人与债务人共同对债权人负担债务，但债权人可能并不希望债务承担人加入债的关系；更何况，债务承担人与债务人共同对债权人负担债务对债权人而言也并非当然有利，因为债务承担人履行债务也可能给债权人带来诸多不便，尤其是债务承担人出现合并、分立的情形，可能会额外增加债权人受领给付的负担。因此，从尊重债权人意愿的角度出发，即便是并存的债务承担，也应当经债权人同意。

在并存的债务承担中，原债务人和债务承担人对债权人承担债务的形态如何有不同的观点。一是连带债务说，此种观点认为，两者对债权人承担连带债务。① 德国学界持这一观点，即并存的债务承担原则上是由原债务人和新加入的债务人承担连带债务，例外情况下承担按份债务。② 二是不真正连带债务说，此种观点认为，两者对债权人承担的是不真正连带债务。③ 笔者认为，对并存的债务承担而言，债务承担人与债务人共同对债权人负担债务，债权人既可以请求债务人承担人履行债务，也可以请求债务人履行债务，还可以请求二者共同履行债务，因此，连带债务说更值得赞同。④

在此需要讨论的是，并存的债务承担究竟是产生一种新的债的关系，还是原债务关系的延续。有观点认为，并存的债务承担虽然是以原债务的存在为前提的，但新的债务人的加入使原债务关系从单一之债变成多数人之债，这实际上产生了一个新的债务关系。⑤ 但笔者认为，并存的债务承担并不属于债务变更，因为并存的债务承担并没有导致原债务内容发生变化，而只是债务承担人加入债的关系，与原债务人共同负担债务，从这个意义上说，并存的债务承担是一种债务

---

① 参见郑玉波：《民法债编总论》，455页，北京，中国政法大学出版社，2004。

② Hirsch, Schuldrecht, Allgemeiner Teil, Nomos, 2017, Rn. 1296 f.

③ 邱聪智、林诚二、孙森焱皆持不真正连带债务说。参见林诚二：《民法债编总论》，514页，北京，中国人民大学出版社，2003；［日］我妻荣：《新订债权总论》，王燚译，509页，北京，中国法制出版社，2008。

④ MünchKomm/Bydlinski, § 421, Rn. 35.

⑤ 参见岳业鹏：《中国法语境下的并存的债务承担制度》，载《北京科技大学学报》（社会科学版），2011（1）。

移转。

2. 并存的债务承担与第三人代为清偿

并存的债务承担与第三人代为清偿也有一定的相似性，即都可能由第三人替代债务人清偿了债务，债务因第三人的清偿行为而消灭，因此，两者在司法实践中可能难以区分。[①] 但是，两者属于不同的制度，存在较大的差异，具体表现为：一方面，第三人的法律地位不同。在并存的债务承担的情况下，债务人将部分债务转移给承担人但并不退出其与债权人之间的债的关系，承担人依其与债务人的债务承担合同，加入债的关系与原债务人共同对债权人承担债务。第三人成为债务人，并与原债务人一起对债权人承担连带债务。而在第三人代为清偿的情形，第三人并非债务人，而只是与债务的清偿之间存在利害关系的人（如合伙人、保证人等）。另一方面，第三人清偿后的法律后果不同。在并存的债务承担的情况下，第三人与原债务人之间的关系，按照他们之间法律关系的性质处理。例如，两者有约定的，可以按照约定处理。而在第三人代为清偿的情况下，第三人清偿后发生法定的债权移转。还要看到，因为第三人的法律地位不同，在债权人是否享有对其的请求权方面也存在差异。在并存的债务承担的情况下，债权人可以直接向第三人请求履行；而在第三人代为清偿的情况下，债权人并不享有请求第三人履行债务的权利。在实践中，认定一项债务清偿协议是并存的债务承担还是第三人代为履行，需要法官依据法律行为的解释规则来探明。

3. 并存的债务承担的成立方式

并存的债务承担可以通过以下方式成立。

第一，债务人和第三人之间达成协议。如果债务人与第三人之间达成协议[②]，由第三人加入债的关系，共同对债权人承担连带责任，是否需要征得债权人的同意呢？从比较法来看，一般认为，由于原债务人并未脱离债的关系，且对债权人仍然要承担全部的清偿责任，所以这种债的承担只能对债权人有利，而丝毫不会影响到债权人的利益，因而，无须取得债权人的同意。据此，在并存的债

① Hirsch, Schuldrecht, Allgemeiner Teil, Nomos, 2017, Rn. 1301.

② BeckOK/Rohe, BGB § 415, Rn. 40.

务承担的情况下，无须债权人同意，即可成立。[1] 正如史尚宽先生所说："依承担人与债务人间之契约为之者，则有为第三人（债权人）契约之存在，无须债权人之同意直接取得请求给付之权。"[2] 笔者认为，虽然立法要求取得债权人同意，但从学理上看，并存的债务承担的成立不需要取得债权人的同意。在民法上，债务的承担可区分为免责的债务承担与并存的债务承担，很大程度上就是因为在是否需要取得债权人的同意方面不同。因为在免责的债务承担时，有原债务人的退出和替换问题，所以必须以债权人的同意为要件。而在并存的债务承担的情况下，不发生债务人的退出问题，而只有新债务人的加入，且新债务人与原债务人之间对债权人负连带责任，这就类似于连带责任保证，不会对债权人的利益产生不利影响。因此，并存的债务承担的设立对债权人并无任何不利，在一般情况下，无须经债权人同意。[3] 然而，在特殊情况下，如果债权人有确切的理由证明第三人的加入可能对债权人明显不利，也可以提出异议。[4] 例如，债权人与第三人之间具有某种特殊的利害关系，债权人不愿意第三人加入债的关系。如果债权人拒绝第三人作为债务人，则第三人只能作为债务履行的辅助人。但即便该协议为债权人拒绝，其仍然在债务人与第三人之间产生效力。[5]

第二，债权人与第三人之间就债务的移转达成协议。债权人和第三人达成债务转让的协议的情况下，债务人并不知情，此种转让对债务人是否产生效力呢？笔者认为，在并存的债务承担的情况下，在第三人加入时，原债务人并没有脱离债的关系，其完全可以向债权人主动提出清偿债务。问题在于，在债权人与第三人之间就债务的移转达成协议时，债务人是否有权对第三人的加入提出异议。在一般情况下，第三人自愿为债务人履行债务，对债务人是有利的。但债务人应当有权对第三人的加入提出异议。[6] 理由在于，一方面，从尊重债务人的意志自由出发，在债务

---

① BeckOK/Rohe，BGB § 415，Rn. 40.

② 史尚宽：《债法总论》，752 页，北京，中国政法大学出版社，2000。

③ 参见余延满：《合同法原论》，474 页，武汉，武汉大学出版社，1999。

④ BeckOK/Rohe，BGB § 415，Rn. 40.

⑤ 参见史尚宽：《债法总论》，744 页，北京，中国政法大学出版社，2000。

⑥ BeckOK/Rohe，BGB § 415，Rn. 40.

人认为第三人的履行不符合其意志的情况下，其应有权对第三人的履行提出异议。另一方面，由于债务人本人可能不愿意第三人取得求偿权，而成为债务人的债权人，所以，应该允许债务人提出异议。如果债务人没有明确表示异议，或者明知第三人代替作出履行而不作出异议，则应当认为并存的债务承担有效。

第三，债权人与债务人之间就债务的移转达成协议。债务承担一般不可能在债权人和债务人之间达成，如果没有第三人的参与，仅仅是在债权人和债务人之间达成转让债务的协议，实际上是为第三人设定义务，该约定是否有效，取决于第三人是否承认，如果第三人拒绝承认，则该约定无效，如果第三人同意债权人和债务人为其设定的义务，则该协议有效。

第四，债权人、债务人与第三人之间共同达成移转债务的协议。如果在债权人、债务人与第三人之间共同达成协议，则不仅表明在债务人和第三人之间完成了转让债务的合意，而且该合意获得了债权人的同意，这就可以一次性完成债务移转的程序，有利于解决债务移转中的纠纷。

在此需要讨论的是，如果第三人单方允诺愿意为债务人清偿债务，此时能否产生并存的债务承担的效力。笔者认为，第三人单方允诺不能发生并存的债务承担的效力，因为并存的债务承担，作为一种债务移转的方式必须要取得债权人的同意，即使第三人的单方允诺有利于债权人，但如果债权人不愿意接受第三人的履行，坚持要求原债务人作出履行，则仍然不产生并存的债务承担的效果。在此情况下，债权人只能向原债务人请求履行。

（三）担保式的并存的债务承担

所谓担保式的并存的债务承担，是指原债务人的债务移转给债务承担人，而原债务人作为债务承担人履行债务的担保人，仍然负有担保义务。《欧洲民法典草案》第3—5：206条规定了担保式的并存的债务承担制度（其称为不完全的债务承担），其内容是："第三人可以与债权人和原债务人达成协议而不完全替代成为债务人，原债务人仍为债务人以防止新债务人不适当履行债务"。其主要特点在于：第一，原债务人在新债务人加入之后，原来的债务人并没有退出，而是作为主债务履行的担保人而继续在债的关系中存在。第二，原债务人作为担保人是第二顺位的债务人，其享有先诉抗辩权，只有在新债务人不能够清偿债务或者不能够完全清偿债务时，债权人才能够向其要求债务清偿。第三，原债务人的债务未免除时，为该债务的履行所提供的任何人的担保或物的担保不因该债务承担受到影响。

担保式的并存的债务承担不仅可以保护原债权人的利益，保证债权的实现，而且避免了原债务人的退出可能会对原债权债务关系造成的不利影响。毕竟相对于原先的债权债务关系而言，新的债务人虽然加入，但原债务人仍作为担保人存在。此种债务承担和完全的债务承担相比，对债权人潜在的危险性并不大，因为原先的债务人仍然被限制在合同关系之中，原债务人已经从债务人变成了第二顺位的担保人。[①] 因此，这一方式是有利于保护债权的。

五、债务承担的效力

（一）债务承担人负有清偿债务的义务

无论是免责的债务承担还是并存的债务承担，债务承担人都对债权人负有履行义务，只不过在免责债务承担的情况下，债务发生全部移转，债务承担人将代替原债务人的地位而成为当事人，原债务人将不再作为债的一方当事人。[②] 在债务承担的情形下，债务承担人应当向债权人履行债务，否则可能需要承担债务不履行的责任。例如，在“杨某某与李某某、马某某债务转移合同纠纷案”中，法院认为：“被告马某某作为具有完全民事行为能力人，以自己的名义给原告杨某某丈夫贾某某出具承诺自愿承担赔偿义务，事实清楚，是真实意思表示。应认定原告与被告马某某之间存在合法有效债权债务关系，被告马某某应依约履行赔偿义务。对原告杨某某要求被告马某某承担赔偿义务的请求予以支持。”[③] 如果债务承担人不履行或不适当履行债务，债权人只能请求债务承担人承担债务不履行

① Christian von Bar、Eric Clive, *Principles, Definitions and Model, Rules of European Private Law* (Volume I), Sellier European Law Publishers 2009 , p. 1097.

② Weiler, Schuldrecht, Allgemeiner Teil, 3. Aufl., 2016, § 38, Rn. 11.

③ 河南省栾川县人民法院（2013）栾民初字第806号民事判决书。

的责任，而不能向原债务人提出请求。对于并存的债务承担而言，无论多少新的债务人加入，原债务人和新加入的债务人都要对债权人承担连带责任。[①] 原债务人与债务承担人之间承担的债务份额应依移转协议确定，但该协议在性质上属于当事人之间的内部关系，不影响原债务人与债务承担人对债权人应负的连带责任。

需要指出的是，在并存债务承担的情形下，债务人与债务承担人应当对债权人承担连带责任。按照私法自治原则，当事人也可以约定对债权人承担按份责任。[②] 例如，债务人欠债权人 1 000 万元，将债务划分为 4 份，原债务人承担 1 份，新加入三个债务人各承担 1/4。由于在一起承担债务以后，每个人承担的债务仅限于 250 万元，而不再是 1 000 万元，因而，任何一个债务人不履行债务都将使债权人的债权不能得到实现，由于此种方式使债权人债权的保障受到影响，所以此种债务承担必须要取得债权人的同意。但是，严格地说，此种情形并非并存的债务承担，而是免责的债务承担。

（二）债务承担人可以主张原债务人对债权人的抗辩

《合同法》第 85 条规定："债务人转移义务的，新债务人可以主张原债务人对债权人的抗辩。"该条虽然是就合同之债所作出的规定，但其也应当适用于其他债的关系。据此，在债务承担的情形，原债务人基于原债的关系而享有的对抗债权人的抗辩事由，债务承担人可以用来对抗债权人。所谓债务人基于原债的关系而享有的对抗债权人的抗辩事由，是指原债务人就其与债权人之间的法律关系，而可以对债权人主张的抗辩事由。[③] 它主要包括债权无效的事由（如合同无效）、债权强制执行力消灭的事由（如超过诉讼时效）、拒绝给付的事由（如同时履行抗辩权）等。[④] 例如，甲将向乙支付价金的债务移转给丙，而乙尚未交付标的物，在此情形下，甲应当对乙享有同时履行抗辩权，在甲将其支付价金的债务

---

① Hirsch, Schuldrecht, Allgemeiner Teil, Nomos, 2017, Rn. 1296.

② Hirsch, Schuldrecht, Allgemeiner Teil, Nomos, 2017, Rn. 1297.

③ Weiler, Schuldrecht, Allgemeiner Teil, 3. Aufl., 2016, § 38, Rn. 12; Jacob Joussen, Schuldrecht I, Allgemeiner Teil, 3. Aufl., 2015, Kohlhammer, Rn. 1332.

④ 参见郑玉波：《民法债编总论》，452 页，北京，中国政法大学出版社，2004。

转让给丙后，丙也应当有权对乙主张同时履行抗辩权。

（三）从债务的移转

《合同法》第 86 条规定："债务人转移义务的，新债务人应当承担与主债务有关的从债务，但该从债务专属于原债务人自身的除外。"据此，合同义务移转后，从债务也相应地发生移转，该条规定原则上也可以适用于其他债的关系。因为从债务与主债务是密切联系在一起的，不能与主债务相互分离而单独存在。因此，当主债务发生移转以后，从债务也要发生转移，债务承担人应当承担与主债务有关的从债务。[①] 例如，附随于主债务的利息债务等，因债务移转将移转给新的债务人，债务承担人应当向债权人承担这些从债务。但原第三人向债权人所提供的担保，在债务承担的情形下，若担保人未明确表示继续承担担保责任，则担保责任将因债务移转而消灭。[②]《担保法》第 23 条规定："保证期间，债权人许可债务人转让债务的，应当取得保证人书面同意，保证人对未经其同意转让的债务，不再承担保证责任。"当然，该条应当仅适用于免责的债务承担的情形。值得注意的是，主债务移转后，专属于原债务人自身的从债务（如特许经营资格的延续）不得移转。

第四节 债权债务的概括移转

一、债权债务概括移转的概念和特征

所谓债权债务的概括移转（Vertragsübernahme），是指债的一方当事人将其债权债务一并移转给第三人，由第三人概括地继受这些债权债务。[③] 据此，债权

① Weiler, Schuldrecht, Allgemeiner Teil, 3. Aufl., 2016, § 38, Rn. 15; Jacob Joussen, Schuldrecht I, Allgemeiner Teil, 3. Aufl., 2015, Kohlhammer, Rn. 1334 ff.

② Vgl. Jacob Joussen, Schuldrecht I, Allgemeiner Teil, 3. Aufl., 2015, Kohlhammer, Rn. 1335.

③ MünchKomm/Bydlinski, Vor. § 414, Rn. 7.

债务的概括移转实际上是由债的关系之外的第三人代替原来的债的一方当事人，取得后者的全部权利义务。[①] 我国《合同法》对合同债权债务的概括移转作出了规定，该法第88条规定："当事人一方经对方同意，可以将自己在合同中的权利和义务一并转让给第三人。"如果法律、行政法规规定转让权利或者转让义务应当办理批准、登记手续的，则债权债务概括移转应依照其规定。在债权债务概括移转的情形，与原债务人利益不可分离的解除权和撤销权等，也将因为概括的权利和义务的移转而移转给第三人。[②]

债权债务的概括移转具有如下法律特征。

第一，发生原因具有特殊性。债权债务的概括移转既可以依据当事人的合意而发生（如当事人通过合同概括移转债权债务），也可以基于法律规定而发生（如因企业合并、分立而发生的债权债务的概括移转）。[③]

第二，转让的对象具有概括性。债权债务的概括移转包括债权让与和债务承担。债权债务的概括移转不同于前述债权让与和债务承担，而是概括地移转债权债务。[④] 在债的一方当事人与第三人达成概括移转权利义务的协议后，必须经另一方当事人同意后方可生效，因为概括移转权利义务包括了义务的移转，故必须取得合同另一方的同意。[⑤] 在取得另一方同意之后，承担人将完全代替原债的当事人一方的地位，原债的当事人的一方将完全退出债的关系。在债权债务的概括移转之后，如果概括承担人不履行债务，则另一方当事人有权请求其承担债务不履行责任。

第三，原债消灭与新债产生。在债务承担的情形，债的关系可能保持不变，而在债权债务概括移转的情形，由第三人取代债的一方当事人的地位，享有其债权，负担其债务，这实际上已经消灭原债的关系，产生了新的债的关系。

第四，主要适用于当事人互负债权债务的情形。就合同之债而言，其主要适

---

① Hirsch, Schuldrecht, Allgemeiner Teil, Nomos, 2017, Rn. 1229.

② 参见王家福主编：《民法债权》，87页，北京，法律出版社，1991。

③ Weiler, Schuldrecht, Allgemeiner Teil, 3. Aufl., 2016, § 36, Rn. 2.

④ Jacob Joussen, Schuldrecht I, Allgemeiner Teil, 3. Aufl., 2015, Kohlhammer, Rn. 1312.

⑤ Weiler, Schuldrecht, Allgemeiner Teil, 3. Aufl., 2016, § 36, Rn. 2.

用于双务合同，因为只有双务合同中的当事人一方才可以转让此种权利和义务；在单务合同中，由于一方当事人可能仅享有权利或仅承担义务，因而不能出让全部的权利义务，故单务合同一般不发生合同权利义务概括移转的问题。

二、债权债务概括移转的类型

（一）基于当事人的意思而发生的债权债务的概括移转

按照私法自治原则[①]，当事人可以约定由第三人取代一方当事人的地位，从而实现债权债务的概括移转，即一方当事人与第三人之间订立合同，并经债的对方当事人同意，由第三人承担债的一方当事人在债的关系中的债权和债务。例如，在房屋租赁合同签订之后，承租人经出租人的同意，将承租人的地位全部转让给第三人，承租人不再成为合同当事人，而由第三人取代其在合同中的地位。第三人不仅要承担承租人所负的债务（如交付租金），而且要享有承租人所享有的权利（如使用房屋）。

基于当事人的意思而发生的债权债务概括移转不同于债的更新。虽然债权债务的概括移转与债的更新都使原债的关系消灭，但二者之间存在一定的区别，表现在：债的更新发生在债的当事人之间，不涉及债的主体的变化；而债权债务的概括移转则使债的主体发生变化。

（二）基于法律规定而发生的债权债务的概括移转

除依据当事人的意思而发生外，债权债务的概括移转也可能基于法律的规定而发生，基于法律规定而发生的债权债务的概括移转主要有以下几种。

1. 企业合并。企业合并是指两个以上的企业合并在一起成立一个新的企业，由新的企业承担原先的债权债务，或者一个企业被撤销之后，将其债权债务一并移转给另一个企业。对此，《合同法》第 90 条规定："当事人订立合同后合并的，由合并后的法人或者其他组织行使合同权利，履行合同义务。"该规定也应当适用于其他债权债务概括移转的情形。在实践中，企业合并常常采取吸收合并和新

① Jacob Joussen, Schuldrecht I, Allgemeiner Teil, 3. Aufl., 2015, Kohlhammer, Rn. 1311.

设合并两种方式[1]，但都会引起债权债务的概括移转。例如，在“甘肃皇台酿造（集团）有限责任公司与史某、北京皇台商贸有限责任公司互易合同纠纷案”中，最高人民法院认为，“无论从企业工商登记的设权性还是宣示性，均可以认定建昊投资与建昊实业之间存在法律上的承继关系。因此，建昊投资有权向甘肃皇台主张履行《易货协议》中的义务”。由于主体上的承继关系，变更前企业的合同权利义务一并概括移转给变更后的企业。[2] 企业合并后，被合并企业应当在法定期限内书面通知债权人，无法通知的，应当依法进行公告。如果债权人在法定期限内主张债权，合并企业能够清偿债务的，应当及时清偿；不能清偿债务的，则应当提供相应的担保。

2. 企业分立。所谓企业分立，是指依照法定程序，将原企业分离为两个或两个以上新企业。企业的分立引起的债权债务移转，是指在撤销一个企业的基础上，成立一个或数个新的企业，被撤销企业的债权债务移转给新的企业承担。《民法通则》第 44 条第 2 款规定：“企业法人分立、合并，它的权利义务由变更后的法人享有和承担。”依据该条规定，如果由一个企业分立为数个企业的，由分立后的企业概括承受原企业的债权债务。当然，如果债权人和债务人另有约定，则可以不适用上述规定。实践中，因企业的分立引起的债权、债务纠纷很多，必须严格依据法律规定确定承担人应负的债务和责任。企业的分立、合并必须严格依据法律法规的规定办理登记、公告等手续。

3. 企业的改制。所谓企业的改制，是指企业依据公司法的有关规定，采取由法人、其他经济组织或自然人投资入股或股份转让，将企业改造为有限责任公司或者股份有限公司。企业改制后，原企业的债权债务应当概括移转给改制后所设立的公司承担，在改制过程中，企业可能会与某些债权人达成清偿债务的协议，但该协议不得损害其他债权人的利益。

4. 企业整体转让。所谓企业整体转让，是指企业出资人将企业作为一项整

---

① 吸收合并是指一个或多个企业法人归并到一个现存的企业法人中去，新设合并是指两个或两个以上的企业法人合并为一个新的企业法人。

② 参见最高人民法院（2007）民二终字第 139 号民事判决书。

体的财产转让给他人，在转让企业财产的同时，也将企业的债权债务概括地一并转让。[①] 企业整体转让与股权转让不同，股权转让只是股东的更换，而企业的主体资格不变，现代公司法通过法人的独立人格严格区分公司资产与股东股权。如果是股权的转让，则不会涉及公司债权、债务的承担问题，因为该债权债务的主体是公司，与股东的股权分属不同主体，且股东对公司的债务依法只在出资范围内承担有限责任，所以股权转让不发生债权债务的概括移转。但如果企业作为一项整体财产转让给他人时，则可能发生债权债务的概括移转。

5. 营业转让。营业转让是商法上的概念，它是指概括转让包括财物、权利等由事实关系组织起来的营业财产。[②] 营业转让一般不发生债权债务的概括移转，因为此种转让只是企业资产或者分支机构的转让，不涉及债的主体的变化，而债权债务的概括移转将使债的主体发生变化。债权债务概括移转的主要内容是转让债权和债务，而营业转让的主要内容是转让企业的资产，其一般不涉及债权、债务的移转。但在营业转让中，有一种承担债务式的方式与债权债务的概括移转类似，即在资产与债务等价的情况下，兼并方以承担被兼并方债务为条件接收其资产，这种方式实际上是以一方当事人承担债务为接收营业资产的对价而实现的营业转让[③]，在此种营业转让中，原企业的财产和经营转让给新的企业，但原企业可能继续存在，新企业也并不沿用转让经营的企业的名称，受让人在吸收他人的财产和营业的同时，也要概括承受他人的债权债务。就合同之债而言，《合同法》虽然在第 88 至 90 条对合同权利与义务的概括转让和由于主体合并、分立导致的债权债务概括转让作出了明文规定，但并没有规定营业转让情形下合同权利和义务的概括移转。笔者认为，此种类型的营业转让符合一定条件也可以

---

① Hirsch, Schuldrecht, Allgemeiner Teil, Nomos, 2017, Rn. 1230.

② 参见李黎明、于颖：《商法教程》，45 页，北京，首都经济贸易大学出版社，2002。

③ 例如，《德国民法典》第 419 条规定："依契约承受他人财产者，该他人之债权人，于原债务人之转让仍继续外，得对于承受人，自契约订立时起，主张其时业已成立之请求权。承受人之责任以所承受之财产之现状及依契约归属于承受人之请求权为限。"日本修正后的《商法典》第 28 条规定："营业之受让人，虽不续用让与人之商号，而以承担因让与人营业所生之债务之旨为公告时，债权人对于受让人得为清偿之请求。"

成为合同权利和义务概括移转的原因。

6. 继承。在被继承人死亡以后，被继承人的遗产（包括债权）在转让给继承人继承的同时，继承人也应当概括继承被继承人的债务。当然，对被继承人的债务应当在被继承的遗产的范围内予以清偿。《继承法》第 33 条规定："继承遗产应当清偿被继承人依法应当缴纳的税款和债务，缴纳税款和清偿债务以他的遗产实际价值为限。超过遗产实际价值部分，继承人自愿偿还的不在此限。"依据该条规定，继承人在继承遗产时，也应当承受被继承人的债务。由于被继承人的债权在性质上属于遗产的范畴，应当由继承人继承，因而，继承也可以产生债权债务概括移转的效力。

7. "买卖不破租赁"。所谓买卖不破租赁，是指在租赁期间，租赁物的所有权发生变动，但并不导致租赁关系的解除。[①]《合同法》第 229 条规定："租赁物在租赁期间发生所有权变动的，不影响租赁合同的效力。"该条确立了买卖不破租赁的规则。从该条规定来看，买卖不破租赁的效果是"不影响租赁合同的效力"，所谓不影响租赁合同的效力是指原租赁合同仍然有效，对承租人来说，既不需要终止原租赁关系，也无须订立新的租赁合同而成为新的租赁合同的承租人。可见，"买卖不破租赁"也可以发生合同权利和义务概括移转的效力，即租赁物新的所有人应当概括承受原所有人在租赁合同中的权利和义务，在承租人和租赁物的新所有人之间，原有租赁合同关系继续有效。

三、债权债务概括移转的效力

债权债务概括移转将使债的当事人发生变化，即由第三人取代债的一方当事人的地位，享有债权、负担债务。[②] 例如，在"甘肃宝徽实业集团有限公司诉中信国安黄金有限责任公司股权转让纠纷案"中，法院认为，"建新公司与国安公司先后签订的股权转让协议书、补充协议、补偿协议均系缔约双方真实意思表

① Fikentscher/Heinemann，Schuldrecht，11. Aufl.，De Gruyter，2017，Rn. 759.

② Hirsch，Schuldrecht，Allgemeiner Teil，Nomos，2017，Rn. 1229.

示，内容未违反法律、行政法规的禁止性规定，且因 2007 年 4 月 21 日鸿远公司股东会决议使股权转让协议符合了该协议第三条约定的生效条件，故上述协议应为有效协议”。“建新公司、国安公司、宝徽公司三方在备忘录中一致同意建新公司将其在股权转让的全部相关协议中的权利义务转由宝徽公司承继符合法律规定，本案所涉股权转让相关协议主体应为宝徽公司与国安公司。”[①]《合同法》第 79 条、第 81 条至第 83 条、第 85 条至第 87 条以及第 89 条对合同之债的债权债务概括移转作出了规定，这些规定一般也可以适用于其他类型的债权债务概括移转的情形。

上述规定的内容具体包括：一是根据债和合同性质不得转让的权利、按照当事人约定不得转让的权利、依照法律规定不得转让的权利，此类权利不得因债权债务的概括移转而转让；二是如果某些从权利专属于债权人，则受让人无法因合同权利义务的概括移转而享有该从权利；三是债务人对原债权人所享有的抗辩权，仍可以对抗受让人；四是如果债务人对让与人享有债权且符合抵销的条件，则债务人可以向受让人主张抵销；五是新债务人可以主张原债务人对债权人的抗辩；六是新债务人应当承担与主债务有关的从债务，但该从债务专属于原债务人自身的除外；七是法律、行政法规规定转让权利或者转让义务应当办理批准、登记手续的，应依照其规定。

① 甘肃省高级人民法院（2013）甘民二初字第 15 号民事判决书。

第十六章 债的担保

第一节 债的担保概述

一、债的担保的概念和特征

债的担保可以分为广义和狭义两种，广义上的债的担保包括债的一般担保和债的特别担保，它是指依据法律规定或当事人约定而担保债务人履行债务的各项法律制度的总称。从这个意义上理解，债的担保不仅包括人的担保、物的担保，还包括债的保全、信用证、并存的债务承担等。狭义上的债的担保是指法律为保证特定债权人的债权实现而确立的、以第三人的信用或特定财产担保债务的履行，以保障债权实现的法律制度。狭义上的债的担保仅指债的特别担保，不包括以债务人的一般财产所作的担保。通常所说的债的担保，主要是指狭义的债的担保。①

① 参见郭明瑞：《担保法》，1～2页，北京，法律出版社，2010。

市场经济是信用经济，而担保物权制度则是保障债权的实现、维护市场信用的重要制度。“为了债权的担保而奋斗是市场经济的必然现象。”[①] 随着交易的发展，为了充分地保护债权、促进资金融通、防范金融风险，就需要充分发挥债的担保制度的作用。担保本身可以产生债或物权的关系，但担保设立的目的就是要扩大责任财产或在特定财产上产生优先受偿权，从而降低债权风险，强化债权信用，保障债的实现。

概括而言，债的担保具有如下特征。

第一，它以实现债权为目的。债的担保是为了保障债的实现而设立的。债是发生在特定当事人之间的权利义务关系，债权能否实现取决于债务人是否有偿债能力，因而需要在法律上确立债的担保制度，以扩充债务人的偿债能力。债的担保从属于债权人的债权，否则不属于债的担保的范畴。例如，在“中国工商银行哈尔滨市和平支行诉高某担保合同纠纷案”中，法院认为，本案“担保合同”所指向的“主合同”，约定的不是平等主体之间的债权债务，而是企业内部的管理工作。“担保”的内容不是要实现债权人的债权，所以不属于担保合同。[②]

第二，它以第三人信用或特定财产来保障债权。债的担保以特定财产或第三人信用来保障债权。具体而言，担保物权须以债务人或第三人的特定财产为担保财产，而保证是以第三人的信用作为债权实现的保障。就此而言，债的担保不同于债的保全，债的保全实质上仍然以债务人的一般财产来担保债权实现，债的保全属于债的一般担保，是为了担保债务人的全部债权人的利益，它不能给特定的债权人以特别的实现债权的保障。[③] 例如，在债权人撤销权中，要实行“入库规则”，所有的债权人要平等地通过第三人的履行来受偿。

第三，它包括人的担保、物的担保和金钱担保等类型。从总体上看，债的担保主要包括人的担保（即保证）、物的担保（即担保物权）以及金钱担保（如定金、押金等）。此外，随着经济社会的发展，债的担保方式也日益多元化，一些

---

① 王泽鉴：《动产担保制度与经济发展》，载梁慧星主编：《民商法论丛》，第 2 卷，97 页，北京，法律出版社，1994。

② 参见《最高人民法院公报》，2001 (5)。

③ 参见郭明瑞：《担保法》，2 页，北京，法律出版社，2010。

非典型担保（如让与担保）也大量产生。

第四，它是融资的重要手段。在现代社会，融资成为经济发展的重要内容。债的担保作为融资的手段，有助于解决企业的融资问题，尤其是中小微企业的融资难题，因此，它对于实现融资便利、促进经济繁荣具有重要意义。随着经济社会的发展，债的担保方式日益丰富多样，从而满足不同类型的交易的需要。仅以保证为例，就先后出现了一般保证、连带责任保证、最高额保证、独立保证、共同保证等类型。

二、债的担保的社会功能

我国债的担保制度是随着改革开放和市场经济制度的建立和完善而逐步建立起来的。中华人民共和国成立后，因为实行高度集中的计划经济体制，金融业实行严格的国家垄断，在这种背景下，担保制度难以生存和发展。但随着改革开放的推行和商品经济的发展，银行逐渐开展信贷担保业务，因而1986年的《民法通则》第89条规定了几种典型的担保形式，包括抵押和保证等。但是，《民法通则》并没有承认抵押权为担保物权，而认为其属于债权的范畴。在市场经济体制下，担保物权的地位和作用日益突出，法律对担保制度作出全面而详细的规范越显重要。有鉴于此，我国于1995年颁布了《担保法》。《担保法》实际上是将各种担保类型统一规定，对担保制度进行了重大完善，起到了为市场经济“保驾护航”的作用。但是，由于《担保法》制定之时，我国担保制度在理论上还不够成熟，担保的实践也还不尽丰富，所以，《担保法》并没有明确承认抵押权、质权、留置权等担保物权的物权性质，且担保制度的内容和体系也不够完善。例如，《担保法》第35条规定，抵押人所担保的债权，不得超出其抵押物的价值。这就在一定程度上限制了超额抵押和重复抵押，不利于担保财产的最大化利用。[1] 为了适应我国市场经济改革和发展的需要，进一步促进融资，我国《物权法》对担保物权制度作了更为科学合理的规定，进一步完善了担保物权制度。

---

① 参见何志：《担保法审判实务研究》，242页，北京，人民法院出版社，2002。

债的担保的功能主要表现在如下几个方面。

第一，保障债权的实现。债务人的责任财产虽然可以起到担保债权实现的功能，但它不断变化，一旦不足以清偿债务，就可能危及债权的实现。为保障债权的实现，应当尽可能地设置担保，有担保的债权比没有担保的债权更有实现的可能。担保越充分，债权的实现就越有保障，因此，担保越发达，就越能够有效保障债权的实现。

第二，有利于刺激信用，促进经济的发展。债的担保能够有效保障债权的实现，因此，在交易时，如果债务人能够为其债务的履行提供充足的担保，则债权人将不必对债务人的履约能力进行过于细致的考察，这也有利于降低交易当事人的审核成本，提高交易效率。随着市场经济的发展，担保制度的重要性进一步突出。基于担保在担保债权的实现、保障金融安全、促进资金融通方面的重要功能，各国的担保制度都经历了一些新的发展和变化。

第三，保障交易安全。如前所述，债务人的责任财产是债权人实现债权的重要担保，而担保制度的发展，则可以在债务人的责任财产之外，借助第三人的财产或者信用对债权的实现提供担保，这实际上是增加了债的担保的财产范围，或者是债务人以其自身财产提供担保，但赋予债权人就债务人特定财产优先受偿的效力，这显然更有利于保障债权的实现。

第二节 债的担保的分类

一、典型担保与非典型担保

依据法律上是否作出了类型化处理，担保可以区分为典型担保和非典型担保。典型担保是指法律上明确规定的、其主要功能为担保的担保方式。例如，依据《物权法》《担保法》的规定，抵押、质押、留置、保证、定金都属于典型担保。非典型担保是指在法律上虽有规定或习惯上虽然存在，但尚未被立法明确规定为担保方式，且尚未定型化的担保。① 非典型担保分为两种情形。一种情形是指法律上尚未予以类型化，在实务上还不具有典型意义的担保方式，如让与担保、所有权保留等。另一种情形是指虽有担保作用，但法律未明确规定为担保方式或者其主要功能并不在于担保的担保方式，如违约金。② 典型担保与非典型担保的主要区别在于：

第一，是否由法律作出类型化规定不同。典型担保都是由法律作出类型化规定的担保，尤其是对于担保物权而言，不仅其类型由法律规定，而且其条件、适用范围等都必须由法律规定。而非典型担保通常都是通过合同约定的③，法律可能对其作出了规定，但并没有作出类型化的规定。

第二，担保权利的性质不同。典型担保或者是物权，或者是债权。而非典型担保可能并非物权或债权，很难将其简单地归入到哪一种财产权类型。如让与担保在性质上就不属于物权，也不属于债权。

第三，适用范围不同。一般来说，典型担保的适用范围更为广泛，非典型担保的适用范围虽然在不断扩张，但其适用范围仍然有限。从担保制度的历史发展来看，典型担保一般是从非典型担保发展而来的，在非典型担保的适用范围不断扩张后，其才能逐步受到法律特别规定，从而发展成为典型担保。

二、约定担保与法定担保

依据担保的设定方式不同，担保可以区分为约定担保与法定担保。所谓约定担保，是指基于当事人双方的约定而确立的担保。约定担保主要包括保证、抵押、质押、定金。约定担保是私法自治的体现，基于当事人的意思设定担保，并确定担保的效力。所谓法定担保，是指基于法律的直接规定而产生的担保。例

① 参见田土城等主编：《担保制度比较研究》，33页，开封，河南大学出版社，2001。

② 参见郭明瑞：《担保法》，8～9页，北京，法律出版社，2010。

③ 参见陈本寒主编：《担保法通论》，61页，武汉，武汉大学出版社，1998。

如，留置权、建设工程价款优先受偿权等。法定担保的产生、效力等都是基于法律的直接规定。[①] 约定担保与法定担保的区别主要体现为：

第一，设定条件不同。约定担保是当事人在法律规定的担保方式范围内，基于其意思而设定的担保，而法定担保的设立则是基于法律的直接规定，而不需要当事人就担保的设立达成合意。法定担保的成立条件是由法律直接规定的，只要具备法律规定的条件，不需要当事人约定即可产生。

第二，功能不同。约定担保是为了实现债权，并具有促进融资的功能。而法定担保除了保障债权实现的目的以外，往往是为了实现特定的法政策目标。例如，《合同法》第 286 条确立的建设工程价款优先受偿权，是为了保障建设工程承包人的利益，以及农民工的权益等。

第三，是否需要办理登记不同。就约定的担保而言，如果要产生对抗第三人的效力或者优先效力，通常需要进行登记。而法定担保因为是基于法律直接规定而产生的，因而其往往不需要办理登记。

三、物的担保与人的担保

物的担保即担保物权，它是指在特定财产上依法设定的担保。除法律另有规定外，担保物权人在债务人不履行到期债务或者发生当事人约定的实现担保物权的情形时，依法享有就担保财产优先受偿的权利。所谓人的担保，是指自然人、法人以及非法人组织以其自身的一般责任财产或信用担保债务的履行的一种担保制度。人的担保最早起源于古代的"人质"，即债务人以人身作为保证。但近现代意义上的人的担保，主要是指以第三人的信用以及全部财产作为债权实现的担保。人的担保和物的担保都是债的特别担保的类型，都具有担保债的实现的功能，但两者具有明显的区别，主要表现为：

第一，标的不同。人的担保通常以第三人的一般责任财产及信用财产作担保，或者说是以债务人不履行债务时的第三人的全部财产作担保；而物的担保则

① 参见郭明瑞：《担保法》，9 页，北京，法律出版社，2010。

是以特定的财产作担保，包括动产、不动产和权利等。

第二，主体不同。人的担保的主体只能是债务人以外的第三人，债务人本身不能作为人的担保的主体，因为债务人在承担债务以后，理所当然应当以其全部财产作担保。而物的担保的主体可以是第三人也可以是债务人，债务人完全可以在自己的财产之上设立物的担保。①

第三，法律效力不同。人的担保本质上仍然是一种合同关系，其产生的是一种债权，不具有优先受偿性，债权人所享有的对保证人的此种请求权仍然属于债权，不能优先于一般债权。而物的担保产生的是一种物权，具有优先受偿性。

在实践中，物的担保与人的担保可能发生并存，这种并存是指同一债权之上既有人的担保又有物的担保。例如，甲向乙银行借款 5 000 万元，先以其价值 2 000 万元的房屋一栋作抵押，又以第三人丙作保证人。在甲不能清偿其债务的情况下，是否应当先实现抵押权呢？《物权法》第 176 条在总结我国立法和司法实践经验的基础上，对人保与物保并存时的债权实现顺序作出了规定，该条确立了如下规则。第一，如果债务人自己提供物的担保的，债权人应当先就该物的担保实现债权。第二，如果由第三人提供物的担保，且又有保证时，债权人应当平等地对待物上担保人和保证人，不存在所谓“物保优先于人保”的问题。第三，物上担保人或保证人在承担担保责任之后，有权向债务人追偿。

四、本担保与反担保

所谓本担保，是指以保障主债权的实现为目的而设定的担保。一般所说的担保都是指本担保。所谓反担保，是指为保障债务人之外的担保人将来承担担保责任后对债务人的追偿权的实现而设定的担保。我国《担保法》和《物权法》都对反担保作出了规定。本担保和反担保并不存在本质的差异，而且在担保的类型、设立条件、效力等方面，基本上是相同的，但二者也存在一定的区别，主要体现如下。

---

① 参见陈本寒：《担保法通论》，59 页，武汉，武汉大学出版社，1998。

第一，设立的目的不同。本担保的设立是为了担保主债权的实现。而反担保的设立是为了使担保人的追偿权得以实现，其宗旨在于保障担保人的追偿权。[1]

第二，设立的条件不同。构成有效的反担保，除了具备本担保之外，还应当要求主债权和本担保都合法有效。本担保是由债务人或债务人以外的第三人提供的。[2] 而债务人充当反担保人时，只能提供物的担保，不能将保证作为反担保的形式。

第三，从属性上的区别。由于反担保设立的目的就是保障本担保人追偿权的实现，因而，反担保的成立应当以存在本担保为前提，本担保不成立，反担保也就不成立。[3] 当然，依据《担保法司法解释》第 9 条的规定，反担保在效力上也具有一定的独立性，其效力并不完全依附于本担保。此外，当事人可以在反担保合同中约定，反担保合同的效力可以独立于本担保合同的效力，此种约定也是有效的。[4]

第四，适用范围不同。本担保的适用范围要远远大于反担保的适用范围。《担保法司法解释》将可以设定反担保的本担保限定为保证、抵押或者质押。这就是说，在留置等法定担保物权中，不可能产生反担保，反担保只能在约定担保中才能产生。

第三节　债的担保的具体方式

一、保证

（一）保证的概念和特征

保证又称人的担保，是一种与物的担保相对应的债权担保形式。“保”字由

① 参见刘保玉、吕文江主编：《债权担保制度与研究》，66 页，北京，中国民主法制出版社，2000。

② 参见陈本寒：《担保法通论》，58 页，武汉，武汉大学出版社，1998。

③ 参见李国光主编：《担保法新释新解与适用》，31 页，北京，新华出版社，2001。

④ 参见陈本寒：《担保法通论》，58 页，武汉，武汉大学出版社，1998。

“人”和“呆”二字组成，这实际上也意味着保证人要为他人的债务无偿承担责任，它主要是基于信任关系而产生的。① 与其他担保方式相比较，保证具有以下几个特征。

1. 保证属于人的担保。它并不是在特定的物上设立的担保，不产生担保物权，而只是产生债权关系。保证合同生效后，债权人不能直接支配保证人的特定财产，而只能在债务人不履行债务时，请求保证人以其责任财产履行债务或承担保证责任。

2. 保证是以保证人的一般财产担保他人债务的履行。保证属于人的担保，因此，保证人要以自己的一般财产承担保证责任，也就是说，保证责任原则上及于保证人的全部财产，并不局限于某种或某类特定的财产。

3. 保证是主债务人以外的第三人与债权人之间达成的协议。在保证关系中，保证人只能由第三人而不能由主债务人担任，因为债务人的财产本来就是履行债务的责任财产，债务人自己提供保证并不能增强其履行债务的能力。因此，保证人必须是第三人。同时，保证是第三人和债权人之间达成的协议。例如，在“中国信达资产管理公司石家庄办事处与中国—阿拉伯化肥有限公司、河北省冀州市中意玻璃钢厂借款担保合同纠纷案”中，法院认为：“保证人的变更需要建立在债权人同意的基础上，即使债务人或第三人为债权人另外提供相应的担保，而债权人表示接受担保的，除债权人和保证人之间有消灭保证责任的意思表示外，保证责任并不免除。”②

4. 保证责任表现为保证人代为履行债务或者承担债务不履行的法律责任。依据《担保法》第6条的规定，保证责任实际上包括两种，一是代为履行，即在主债务人不履行债务时，保证人代主债务人履行其债务；二是承担债务不履行的责任，即因为主债务人不履行债务而产生的责任，由保证人承担。

（二）保证合同的属性

1. 从属性。保证合同的从属性，是指保证合同的成立、效力等均从属于主

① 参见郑玉波：《民法债编各论》，821页，台北，三民书局，1981。

② 最高人民法院（2005）民二终字第200号民事判决书。

合同。具体来说，保证合同的从属性体现在以下几方面。一是成立上的从属性。保证合同随主合同的产生而产生，主合同不成立，则保证合同也不成立。二是效力上的从属性。保证合同的效力应当从属于主合同的效力。主合同无效或者被撤销，保证合同也失去效力。三是范围上的从属性。保证责任的范围取决于主合同债务，并应当从属于主债务的范围。保证人承担的债务不应超过或重于主债务人所承担的债务范围。四是抗辩上的从属性。债务人享有的对债权人的有效抗辩，保证人也可以享有。依据《担保法》第 20 条的规定，即使债务人放弃其对债权人的抗辩权，保证人仍然可行使该抗辩权。五是移转上的从属性。依据《担保法》第 22 条的规定，保证债务附属于主债权，随主债权的移转而移转。六是消灭上的从属性。这就是说，主合同所设立的债权消灭，保证合同也相应地失去效力。主合同债务因清偿、债权人免除、混同、抵销等原因消灭的，保证债务将也不复存在，保证人的保证责任自然随之消灭。①

2. 单务性、无偿性。一方面，在保证合同中，保证人只是负有在债务人不履行债务时的履行义务，而债权人并不因此向保证人负有对待给付的义务。另一方面，在保证合同中，保证人为确保债权人的债权得以实现而向其提供担保，债权人在接受该保证时，并不需要支付相应的对价。②

3. 要式性。所谓保证合同的要式性，是指保证合同必须依据法律规定的形式订立。《担保法》第 13 条规定："保证人与债权人应当以书面形式订立保证合同。"法律要求保证合同必须采用书面形式，主要是因为保证人所承担的责任具有无偿性、单务性，可能给保证人带来极大的风险，所以采取书面形式可以督促保证人谨慎订立保证合同。同时，法律要求采取书面形式，也是为了避免纠纷。

（三）保证的分类

1. 一般保证和连带责任保证

根据保证人承担责任的不同，保证可以分为一般保证和连带责任保证。根据《担保法》第 17 条第 1 款的规定，一般保证是指当事人在保证合同中约定在债务

① 参见高圣平：《担保法论》，86 页，北京，法律出版社，2009。

② "保"之所以由"人""呆"二字组成，很大程度上就是因为保证合同是无偿合同。

人不能履行债务时由保证人承担保证责任的保证。连带责任保证是指保证人与主债务人对主债务的履行承担连带责任的保证。[①] 在连带责任保证中，主债务人逾期未履行债务时，债权人可以向主债务人或者保证人主张权利，要求其履行债务或者承担损害赔偿责任。保证人与主债务人居于连带债务人的地位。依据《担保法》第19条的规定，如果当事人要设立一般保证，只能通过明确约定的方式。在当事人没有约定保证方式或者对保证方式约定不明的情形，不能成立一般保证，只能构成连带责任保证。一般保证中，保证人享有先诉抗辩权，保证人与债务人对债务的清偿有顺序之分，债务人为第一顺序，而保证人处于第二顺序。而在连带责任保证中，保证人与债务人承担连带责任，保证人不享有先诉抗辩权。

2. 一人保证与共同保证

根据保证人人数的不同，保证合同可以分为一人保证与共同保证。所谓一人保证，是指仅存在单一保证人的保证。[②] 所谓共同保证，是指存在两个或者两个以上保证人的保证。《担保法司法解释》第19条和第20条分别对这两种保证类型作了规定。二者的区别表现在：一是是否存在内部责任份额不同。在一人保证中，不存在内部责任份额的划分，而共同保证中，存在内部责任份额的划分问题。在共同保证中，根据保证人承担保证责任方式的不同，又可以将其分为连带共同保证和按份共同保证。连带共同保证是指各保证人对债务的履行承担连带保证责任的保证。按份共同保证是指各保证人仅依其约定的份额对债务的履行承担保证责任的保证。二是是否存在内部追偿不同。在一人保证中，保证人承担保证责任之后，只能向债务人追偿。而在共同保证中，如果是连带保证，则还可能存在保证人之间内部的追偿问题。

3. 普通保证和最高额保证

普通保证是指保证人仅为债务人与债权人之间已经存在的某一特定债权提供保证担保。最高额保证是指债权人与保证人之间约定，在最高债权额限度内由保证人对未来连续发生的债权作担保。普通保证是保证的典型形态，而最高额保证

① 参见最高人民法院民二庭编著：《担保法新释新解与适用》，82页，北京，新华出版社，2001。

② 参见高圣平：《担保法新问题与判解研究》，137页，北京，人民法院出版社，2001。

是当事人约定的特殊形态。普通保证所担保的债权额没有最高额的限制，而最高额保证约定了保证债权的最高数额，该最高数额也是保证人应当承担的保证责任的限额，在该限额之内的债权，都属于保证人保证责任的范围。普通保证并没有设定以债权特定化为目的的期限。而最高额保证所担保的债权具有不确定性，其要通过设定期限的方式确定被担保的债权。

4. 部分保证与全部保证

根据保证人承担责任范围的不同，保证可分为部分保证与全部保证。部分保证也称为限额保证[①]，它是指当事人在保证合同中明确约定了保证责任范围的保证。在部分保证中，保证人仅在约定的保证责任范围内承担保证责任，保证责任不应超过主债务人所应承担的责任范围。全部保证也称全额保证或无限保证，它是指保证人对债务人的全部债务提供担保，当债务人不履行债务时，保证人对债务人的全部债务承担保证责任的保证。[②] 部分保证是保证的特殊形态，而全部保证是一般形态。在当事人没有特别约定时，应当推定当事人负有全部保证责任。

5. 定期保证和不定期保证

依据保证合同是否有一定的存续期限，保证可以分为定期保证与不定期保证。定期保证是指保证合同中明确约定了保证期间的保证。不定期保证是指当事人没有约定保证期间的保证。[③] 在定期保证中，当事人所约定的保证期间是保证人承担保证责任的期间，一旦该期限经过，而债权人仍未向保证人请求承担保证责任的，保证人不再承担保证责任。保证期间的约定实际上是对保证责任的限定，该约定既可以保障债务的及时履行，也有利于保护保证人的利益，便于其尽早摆脱期限不确定的保证责任的承担。而在不定期保证中，保证人所承担的保证责任则并无期限限制。

6. 从属保证与独立保证

按照保证合同与主债权债务合同之间的关系，保证可分为从属保证与独立保证。从属保证是指从属于主债务合同的保证合同，即具有从属性的保证。独立保

① 参见高圣平：《担保法新问题与判解研究》，137 页，北京，人民法院出版社，2001。

②③ 参见最高人民法院民二庭编著：《担保法新释新解与适用》，83 页，北京，新华出版社，2001。

证是指通过当事人之间的特别约定而与主债务合同之间没有从属关系的保证。[①]在独立保证中，主合同无效或被撤销并不导致独立保证的效力丧失，同时，独立保证人也无权主张主债务人对债权人的抗辩事由。

（四）保证合同的成立和生效

1. 保证合同的成立

保证合同的成立是指保证人与债权人之间就保证合同的主要条款达成合意。保证合同通常需要经过要约、承诺的阶段才能达成，但并不需要均以明示的意思表示作出。保证合同的成立一般应当具备下列要件。(1) 当事人适格。保证合同必须是在保证人和债权人之间订立的。如果债权人未在保证合同上签字，则该协议可能只是委托保证，或者补偿协议，而不是保证合同。[②] 保证人必须具备完全的民事行为能力，无行为能力人不能为他人提供保证；限制行为能力人只有经过其法定代理人同意，才能为他人提供保证。(2) 当事人就保证的主要条款达成合意。合同的成立必须就合同的主要条款达成合意，具体而言，一是保证人具有提供保证的意思。由于保证合同是单务合同，因而，保证人需要作出愿意提供保证的意思表示。[③] 保证意思是指保证人愿意以自己的财产担保某一债务的意思表示。二是应当明确被担保的债权。这就是说，在保证合同中，必须要载明担保的对象，即保证合同的标的。如果被担保的债权种类和数额都没有确定，担保的范围就会漫无边际，也无法确定保证人所应承担的责任。(3) 具备书面形式。保证合同属于要式合同，必须具备法律规定的形式。《担保法》第 13 条规定："保证人与债权人应当以书面形式订立保证合同。"该条所规定的书面形式应当属于合同成立要件，如果没有采取书面形式，应当认定保证合同不成立。

2. 保证合同的生效

当事人就保证合同的主要条款达成合意之后，只要其在内容和形式上不违反法律、行政法规的强制性规定，当事人意思表示真实，保证合同即生效。具体而

---

① 参见曹士兵：《中国担保诸问题的解决与展望》，22 页，北京，中国法制出版社，2001。

② 参见程啸：《保证合同研究》，62 页，北京，法律出版社，2006。

③ 参见陈本寒主编：《担保法通论》，76 页，武汉，武汉大学出版社，1998。

言，保证合同的生效要件包括如下几点。一是主体合格。作为保证人的自然人必须具备完全民事行为能力，同时，作为保证人的法人或非法人组织，必须具备提供保证的资格。例如，国家机关不得为他人提供担保，除非经过国务院批准，为使用外国政府或国际经济组织的贷款或转贷的，才可以订立保证合同。违反法律规定提供保证的，当事人所订立的保证合同无效。二是意思表示真实。意思表示真实是指当事人所作出的订立保证合同的意思表示是真实的，不存在受欺诈、受胁迫、重大误解等情形。保证人提供保证的意思表示不真实，将影响保证合同的效力。例如，在“北京国际信托投资公司诉韩俄式大酒楼有限公司、华北电力成套设备公司借款合同纠纷上诉案”中，法院认为：“本案涉及的担保合同关系，无论从当事人的意思表示，还是从担保形式和担保约定的内容上看，都是不真实的，且违背我国担保法律制度，因此该担保应认定为无效。”[①] 三是内容合法。内容合法是指保证合同的内容不违反法律的强制性规定和公序良俗。我国相关的法律法规都对保证合同作出了特殊规定，保证合同必须符合这些规定的要求。例如，《担保法司法解释》第 6 条所列举的事项都属于法律的强制性规定[②]，保证合同的内容违反这些规定，将导致合同无效。

（五）保证担保的范围

保证担保的范围是指保证责任所担保的债权范围。在保证合同中，即使明确了被担保的债权，也并不意味着就已经确定了保证所担保的债权范围。关于保证担保的债权范围，《担保法》第 21 条第 1 款规定：“保证担保的范围包括主债权及利息、违约金、损害赔偿金和实现债权的费用。保证合同另有约定的，按照约定。”依据该条规定，保证担保的债权范围一般包括主债权及利息、违约金、损害赔偿金和实现债权的费用。当然，该条关于保证担保范围的规定属于任意性规

---

① 《最高人民法院公报》，1994（4）。

② 例如，《担保法司法解释》第 6 条规定：“有下列情形之一的，对外担保合同无效：（一）未经国家有关主管部门批准或者登记对外担保的；（二）未经国家有关主管部门批准或者登记，为境外机构向境内债权人提供担保的；（三）为外商投资企业注册资本、外商投资企业中的外方投资部分的对外债务提供担保的；（四）无权经营外汇担保业务的金融机构、无外汇收入的非金融性质的企业法人提供外汇担保的；（五）主合同变更或者债权人将对外担保合同项下的权利转让，未经担保人同意和国家有关主管部门批准的，担保人不再承担担保责任。但法律、法规另有规定的除外。”

定，当事人可以自由约定保证责任的范围，只有在当事人没有特别约定的情况下，才能依据法律规定来确定保证责任的范围。此处所说当事人的约定应当限于保证合同的约定，如果保证人只是向主债务人表示仅承担部分债务的担保责任，而在保证合同中仍然约定由保证人对全部债务承担保证责任，此种情形不属于当事人就保证责任的范围达成了特别约定，保证人仍然应当依照保证合同的约定承担全部保证责任。

（六）保证的效力

1. 对主债权人的效力

保证合同是主债权人和保证人之间的合同，一旦保证合同生效，在主债务人不能清偿债务的情况下，主债权人可依据法律和合同规定请求保证人承担保证责任。保证合同订立的目的就是使主债权获得担保，因此，主债权人享有的最重要的权利就是请求保证人承担保证责任。关于保证人应承担的责任范围，《担保法司法解释》第 13 条规定："保证合同中约定保证人代为履行非金钱债务的，如果保证人不能实际代为履行，对债权人因此造成的损失，保证人应当承担赔偿责任。"因此，在主债务人届期不履行债务时，债权人可以请求保证人承担的保证责任主要包括：一是债权人可以请求保证人承担代为履行的责任；二是债权人可以请求保证人承担违约损害赔偿责任。当然，债权人请求权的行使因保证的方式不同而存在差异。在一般保证中，主债权人应当先向主债务人请求履行债务，只有主债务不能履行时，才能向保证人请求履行。而在连带责任保证中，债务人不履行债务时，债权人既可以向主债务人请求履行，也可以向保证人请求履行。

由于保证合同是单务合同、无偿合同，所以主债权人在保证合同中虽享有权利，但不负有对待给付义务。当然，主债权人也可能负有一定的义务，这些义务主要是依据诚信原则所产生的附随义务。例如，保证人在承担保证责任时，主债权人应当负有协助、配合的义务，如应当及时提供账户、履行地址等信息，以便使保证人能够及时履行其保证责任。

2. 对保证人的效力

由于保证合同是单务合同，所以保证合同对保证人的效力首先体现为保证人对主债权人负有承担保证责任的义务。具体而言，在主债务履行期限届满后，债务人不履行债务或不能履行债务时，债权人有权请求保证人代为履行债务或承担违约损害赔偿等保证责任。在一般保证中，只有在债务人不能履行债务的情况下，保证人才应承担保证责任。但是在连带责任保证中，保证人有义务对被担保的债务负连带责任。

保证合同对保证人的效力还体现在保证人享有一定的权利，这些权利主要包括：

（1）保证人的抗辩权

所谓抗辩权，是指对抗债权人请求的权利。依据保证合同，债权人享有请求保证人承担保证责任的权利，而保证人依据法律规定和合同约定也享有对抗债权人请求的抗辩权。保证人所享有的抗辩权主要有如下几种。

一是先诉抗辩权。先诉抗辩权也称检索抗辩权或顺序利益抗辩权，它是指在债权人要求保证人代为履行时，保证人可要求债权人先就主债务人的财产诉请强制执行，只有在主债务人的财产不足以清偿债务时，保证人才应负保证责任。如果债权人未先要求主债务人履行，而直接要求保证人代为履行时，保证人有权对此予以拒绝。[①]《担保法》第 17 条第 2 款规定：“一般保证的保证人在主合同纠纷未经审判或者仲裁，并就债务人财产依法强制执行仍不能履行债务前，对债权人可以拒绝承担保证责任。”该条规定了一般保证中保证人的先诉抗辩权。

二是催告抗辩权。所谓催告抗辩权，是指债权人请求保证人履行债务时，保证人可以要求债权人先向债务人作出催告，要求债务人履行主债务。例如，甲向乙借款，由丙提供保证，在该借款到期后，乙在并没有催告甲履行的情况下就直接请求丙偿还欠款。如果赋予丙催告抗辩权，丙通过行使该权利有权拒绝履行。

① 参见程啸：《保证合同研究》，262 页，北京，法律出版社，2006。

催告抗辩权制度起源于罗马法，并为大陆法系许多国家所继受。[①] 但我国《担保法》和《担保法司法解释》中未对此作出规定。

三是保证人享有主债务人所享有的抗辩权。在主债权人请求保证人承担保证责任时，保证人有权主张主债务人对债权人享有的各项抗辩权，这也是保证从属性的重要体现。《担保法》第 20 条规定："一般保证和连带责任保证的保证人享有债务人的抗辩权。债务人放弃对债务的抗辩权的，保证人仍有权抗辩。"依据这一规定，凡是主债务人所享有的抗辩权，保证人都能够主张，这些抗辩权包括：主合同未生效的抗辩、主合同无效的抗辩、主合同已经终止的抗辩、主合同已过诉讼时效的抗辩、抵销抗辩，以及主债务人享有的各类抗辩权（包括同时履行抗辩权、不安抗辩权和后履行抗辩权等）。

（2）保证人的追偿权

所谓保证人的追偿权，是指保证人履行债务之后，有权向主债务人请求返还。《担保法》第 31 条规定："保证人承担保证责任后，有权向债务人追偿。"法律作出此种规定的原因在于，毕竟保证人对债权人承担保证责任是代主债务人履行债务，保证人为了主债务人的利益而遭受了损失，从公平和等价交换原则出发，应当赋予保证人向主债务人追偿的权利。一般而言，保证人行使追偿权应当具备如下条件。

第一，保证人已向债权人承担了保证责任。保证人所清偿的债务并非自己的债务，而是代主债务人承担的债务，因此，在保证人向债权人清偿债务或者承担保证责任后，其有权向主债务人追偿。[②]

第二，债务人因保证人承担保证责任而全部或部分免责。这就是说，在保证人清偿债务以后，债务人对债权人的债务因此而全部或部分消灭。保证人必须履行了主债务人全部或者部分债务，如果债务不是因保证人的履行而消灭，而是因

① 例如，《日本民法典》第 402 条规定："债权人请求保证人履行债务时，保证人可以请求先向主债务人进行催告。但主债务人受破产宣告或去向不明时，不在此限。"

② 参见程啸：《保证合同研究》，288 页，北京，法律出版社，2006。

主债务人履行、不可抗力，或者因债权人免除的，保证人都不应当享有求偿权。[①]

第三，保证人未放弃追偿权。追偿权是保证人享有的权利，保证人对该权利享有处分权，可以放弃行使。因此，在保证人代主债务人清偿债务之后，只要其没有放弃追偿的权利（如表示不再行使追偿权），则依据法律规定享有追偿的权利。

第四，追偿权的范围不应当超过主债权的范围。《担保法司法解释》第43条规定："保证人自行履行保证责任时，其实际清偿额大于主债权范围的，保证人只能在主债权范围内对债务人行使追偿权。"依据这一规定，保证人行使追偿权的范围应当以主债权为限，只能在主债权范围内主张追偿权，即使实际清偿额大于主债权的范围，保证人也只能在主债权的范围内主张清偿。[②] 在许多情况下，保证人承担保证责任的范围可能大于主债权，因为保证人除清偿主债权外，还需要就利息、违约金、损害赔偿金等承担保证责任。该司法解释限制了保证人追偿权的范围，在一定程度上有利于保护债务人，但该规则不当加重了保证人的负担。笔者认为，保证人行使追偿权的范围应当以其实际清偿的债权数额为限，这也符合《担保法》第31条的本意。

追偿权既可以通过诉讼的方式行使，也可以直接向主债务人主张。一般而言，保证人追偿权应当在保证人清偿债务之后行使，但如果债务人已经因资不抵债进入破产程序，在此情形下，如果待保证人承担保证责任之后再去行使求偿权，必将导致追偿权无法实现。为了避免保证人履行保证责任之后无法实现追偿权的风险，法律上特别规定了追偿权的预先行使制度。《担保法》第32条规定："人民法院受理债务人破产案件后，债权人未申报债权的，保证人可以参加破产财产分配，预先行使追偿权。"这就确认了保证人预先行使追偿权的条件，从而能够充分保护保证人的利益，减轻保证人的风险。[③]

---

① 参见郭明瑞：《担保法》，46页，北京，法律出版社，2010。

② 参见高圣平：《担保法论》，160页，北京，法律出版社，2009。

③ 参见程啸：《保证合同研究》，261页，北京，法律出版社，2006。

（七）保证责任

1. 代为履行责任

在主债务人不履行债务的情况下，保证人有义务代为履行。但代为履行责任的承担又取决于保证责任的范围。在我国，保证责任的范围主要取决于保证合同的约定或者法律的规定。保证合同是确定保证责任范围的重要依据，只有在当事人没有就保证责任的范围作出约定时，才应依据法律规定确定保证责任的范围。依据《担保法》第 21 条的规定，在当事人没有对保证责任的范围作出约定时，保证的范围主要包括如下内容：主债权及利息、违约金、损害赔偿金和实现债权的费用。

2. 代为承担债务不履行的损害赔偿责任

在主债务人不履行债务造成债权人损害的情况下，保证人也应当承担相应的损害赔偿责任。因此，除当事人明确约定保证责任的范围，或者特别约定排除就债务不履行的损害赔偿承担保证责任外，债务不履行的损害赔偿都应当属于保证责任的范围。但从保证责任的从属性来看，保证责任的范围原则上不应当超过主债务的范围。因为一方面，保证的目的在于担保主债权的实现，因此，只要主债权获得实现，则保证的目的已经达到，保证人无须再承担保证责任，否则，不仅过分加重了保证人的负担，而且使债权人获得了额外的利益，显然是不妥当的。另一方面，保证责任在发生、消灭和范围等方面都具有从属性。这就意味着，保证人所承担的保证责任应以主债务的范围为限，其不得超过主债务的范围。据此，即使当事人约定的保证责任范围超过法定范围，基于保证责任的从属性，保证人的责任范围也应当限于法定范围，超出法定范围的部分无效。① 此外，还应当看到，法律所规定的保证责任范围，实际上是保证人责任的最高限额，虽然保证人承担多少保证责任取决于其意思自由，但如果允许当事人通过约定而加重保证责任，无疑会不合理地加重保证人的负担，不利于保护保证人的利益。

在债务人擅自扩大债务范围的情形下，保证责任的范围是否随之扩大呢？保证合同成立后，如果未经保证人的同意，债务人扩大其债务范围（如原来未附利

---

① 参见田土城等主编：《担保制度比较研究》，118 页，开封，河南大学出版社，2001。

息的借贷债务变为附利息的债务)，保证人的保证责任范围不能因此而扩大，这是因为保证责任虽附随于主债务，但又具有相对独立性。即使推定保证人就全部债务承担保证责任，也只能推定保证人仅就保证合同订立时的全部债务承担保证责任。

3. 保证责任的减轻和消灭

由于保证责任具有从属性，保证人所应承担的保证责任的大小取决于主债务人债务的大小，因而，在保证合同成立以后，主合同的当事人不能随意加重保证人的责任。保证人的责任可能因以下原因免除或者消灭。

(1) 主债务消灭

由于保证责任具有从属性，所以主债务因某种原因而消灭的，则保证人的保证责任也随之消灭。问题在于，债权人免除主债务人部分债务的，保证人的保证责任是否随之免除。笔者认为，对此，可以区分两种情形分别确定其法律后果。一是当事人没有约定保证责任范围。例如，保证人约定为债务人的全部债务承担保证责任，如果根据主债务人与债权人的协议，债权人免除了主债务人的部分债务，致使主债务减少时，保证责任也将随之减少。[①] 二是当事人约定了保证责任的范围，但由于债权人免除主债务人债务，主债务人的债务范围小于约定的保证责任范围，在此情况下，保证人应当在免除后的债务范围内承担保证责任。例如，保证人与债权人约定就主债务人的100万元债务承担有限保证，即只对其中50万元债务承担保证责任，如果债权人免除主债务人60万元债务，则保证人只应当在40万元债务内承担保证责任；如果债权人免除主债务人40万元债务，则保证人仍应当承担50万元的保证责任。

(2) 保证人与债权人约定免除或减轻其保证责任

保证合同订立后，债权人对保证人享有一定的担保利益，按照私法自治原则，债权人有权放弃其担保利益。因此，债权人可以与保证人约定免除或者减轻其保证责任。债权人与保证人约定免除其保证责任的，保证人即不再负担保证责任。如果双方约定减轻保证人的保证责任，则应当允许其作出此种约定。减轻保

① 参见蔡青峰:《关于保证责任的几个问题》，载《法学》，1995 (7)。

证责任可以采取多种形式，如当事人约定将全部保证改为部分保证，或者将连带责任保证改为一般保证等。[①] 问题在于，此种约定是否需要取得债务人的同意。笔者认为，债权人与保证人之间约定减轻保证人的保证责任不需要得到债务人同意。因为债务人不是担保合同的当事人，且保证合同本身就是单务、无偿的合同，保证人保证责任的减轻也不会对债务人的责任产生不利影响。在减轻保证人的保证责任之后，债务人仍然要承担原有的债务。但如果保证人与债权人达成的减轻保证责任的协议，违反了保证人与主债务人之间的保证委托合同，则保证人可能要承担相应的违约责任。

（3）主债务转让未经保证人书面同意

一般来说，债权转让不会影响到保证责任的承担，因为任何新的债权人承受债权之后，保证人都应当对新的债权人承担保证责任，因此，一般不需要保证人书面同意。但在债务承担的情形下，则可能对保证人的责任产生影响，因而，《担保法》第23条规定："保证期间，债权人许可债务人转让债务的，应当取得保证人书面同意，保证人对未经其同意转让的债务，不再承担保证责任。"依据这一规定，主债务的转让如果未经保证人的书面同意，保证人不再承担保证责任。作出此种规定的主要原因在于：一方面，在主债务转让的情形，新的债务人的清偿能力将直接影响保证人保证责任的承担。即便新的债务人具有清偿能力，如果其不履行债务、甚至逃避债务，保证人都应承担保证责任。另一方面，保证人一般是基于其与债务人之间的信任关系而提供保证担保的，但其与新债务人之间通常并不存在信任关系，因此，债务人移转债务应当得到保证人的书面同意。例如，在"云南金运商务有限公司等与云南省国际信托投资公司借款合同纠纷案"中，法院认为，在债务人金运公司对债权人云南国投的债务部分由第三人重庆财富公司承担后，担保人昆明国投所承担的担保之债也应相应减免。[②]

需要指出的是，《担保法》第23条规定的"转让债务"应当解释为免责的债务承担，而不包括并存的债务承担，因为在并存的债务承担的情形，原债务人仍

① 参见陈本寒主编：《担保法通论》，94页，武汉，武汉大学出版社，1998。

② 参见最高人民法院（2001）民二终字第2号民事判决书。

然负担债务，而且第三人作为连带债务人共同负担该债务，这不仅不会损害保证人的权益，而且可以使保证人的责任减轻。

此外，对合同之债而言，依据《担保法》第24条的规定，主合同当事人变更主合同的，也应当取得保证人的书面同意，否则，保证人不再承担保证责任。该规定在一定程度上有利于保护保证人的利益，并有利于防止债务人与债权人合谋损害保证人的利益，其也体现了保证的从属性。但是，对于合同的变更和转让，应当区分不同的情形：如果主合同变更减轻了债务人的债务，则无论保证人是否同意，保证人仍应当承担保证责任，但只需对变更后的合同债务承担保证责任。如果主合同变更加重了债务人的债务，且若此种变更得到保证人同意的，保证人应当对变更后的合同债务承担保证责任；未得到保证人同意的，保证人仍应当承担保证责任，但保证人可主张对加重的部分不承担保证责任。① 例如，在“中国东方资产管理公司西安办事处与宝鸡卷烟厂、陕西省宝鸡氮肥厂破产管理人借款担保合同纠纷案”中，法院认为：“债权人与债务人在主合同中约定的借款数额少于《不可撤销担保书》中承诺的数额，这种变化虽未经保证人同意，但其结果减轻了债务人及保证人的债务，该项变化不能够成为保证人免责的条件，保证人仍应当对变更后的合同承担保证责任。”②

（4）保证期间经过

保证期间是法定的或约定的保证责任的存续期间，债权人应该在保证期限内请求保证人承担保证责任，保证人也仅在该期限内负担保证责任。保证期间届满，保证人的责任也归于消灭。

此外，保证合同因解除、终止等原因，也可导致保证责任的消灭。

（八）保证期间与诉讼时效

1. 保证期间

（1）保证期间的概念和特征

所谓保证期间，是指由保证合同的当事人之间约定，或者依法律规定由保证

---

① 参见郭明瑞：《关于保证人保证责任的几个问题》，载《法制与社会发展》，1996（3）。

② 最高人民法院（2009）民二终字第34号民事判决书。

人承担保证责任的期限。《担保法》第25条规定："一般保证的保证人与债权人未约定保证期间的，保证期间为主债务履行期届满之日起六个月。"这是法律关于保证期间的明确规定。法律上规定保证期间的意义在于：一是限制保证人的责任。保证期间确定了保证人承担责任的期限，这不仅有利于明确保证人的责任范围，而且有助于合理限制保证人的责任，避免保证人无限期地承担责任。二是督促主债权人行使权利。保证期间直接关系到保证责任的承担，即保证人只需在保证期间内负保证责任，而债权人也只能在保证期间内请求保证人承担保证责任。如果债权人没有在保证期间内主张权利，则保证人不再承担保证责任。①

保证期间是保证责任的存续期间，该期间一般由当事人在保证合同中作出约定。在当事人没有特别约定的情况下，则应适用法律的规定。② 例如，《担保法》第25条对此就作了明确规定。但法律关于保证期间的规定属于任意性规定，保证期间也可以由当事人通过特别约定确定，在当事人没有约定或约定不明时，才适用法律规定的保证期间。③

保证合同的当事人可以就保证期间作出约定，只要此种约定不违反法律的强制性规定，该约定就是有效的，其应当成为保证合同的重要组成部分。按照保证合同的从属性规则，保证合同以担保主债务的履行为目的，保证期间的设定不得违背这一目的。《担保法司法解释》第32条规定："保证合同约定的保证期间早于或者等于主债务履行期限的，视为没有约定，保证期间为主债务履行期届满之日起六个月。保证合同约定保证人承担保证责任直至主债务本息还清时为止等类似内容的，视为约定不明，保证期间为主债务履行期届满之日起二年。"因此，如果当事人之间约定的保证期间早于或者等于主债务履行期限的，视为没有约定。因为按照此种约定，保证人开始承担保证责任的时间要早于主债务人履行债务的时间，这违反了保证责任的从属性规则，也违背了当事人订立保证合同的目的。④

① 参见奚晓明、曹士兵、金剑锋：《担保法司法解释中的几个重要问题》，载《人民司法》，2001（1）。

② 参见于玉：《简论最高额保证的保证期间》，载《法学杂志》，2000（3）。

③ 参见高晓莹、杨明刚：《论保证期间》，载《湖南大学学报》（社会科学版），2011（2）。

④ 参见程啸：《保证合同研究》，504页，北京，法律出版社，2006。

依据《担保法司法解释》第31条的规定，保证期间不因任何事由发生中断、中止、延长的法律后果。因为司法解释起草者认为保证期间在性质上属于除斥期间，其期限具有不变性，保证期间不因任何事由发生中止、中断。在保证期间内，债权人不行使权利则会导致保证责任的免除，保证债权归于消灭。① 此种观点不无道理，但笔者认为，保证期间并不属于除斥期间：一方面，从规范性质来看，除斥期间属于法律的强制性规定，不得由当事人改变。而保证期间以约定为原则，法定为例外②，其是可以由当事人自由约定的。同时，在合同有效期间内，当事人也可以对保证期间进行变更。另一方面，从适用对象来看，除斥期间的适用对象主要为形成权，而保证期间主要适用于请求权，即适用于债权人请求保证人承担保证责任的请求权。

（2）保证期间的类型

当事人原则上可以对保证期间作出特别约定，但在当事人没有就保证期间作出特别约定的情况下，应当依据法律规定确定保证期间。我国《担保法》规定了以下几种保证期间。

第一，一般保证中的保证期间。《担保法》第25条规定："一般保证的保证人与债权人未约定保证期间的，保证期间为主债务履行期届满之日起六个月。"由此可见，一般保证中的保证期间为6个月。虽然在主债务人不履行主债务时，债权人才能请求保证人承担保证责任，债权人请求主债务人履行债务通常需要花费一定的时间（如需要寻找主债务人），寻找保证人也可能花费一定的时间，但保证期间有其特定的制度功能，即督促债权人及时主张债权。债权人在保证期间内向主债务人或者保证人主张权利后，保证期间的制度功能已经实现，如果保证人或主债务人拒绝承担责任的，主债权人可以通过诉讼的方式寻求救济，此时，只要未过诉讼时效，债权人仍可请求保证人承担保证责任。

第二，连带责任保证中的保证期间。对于连带责任的保证，《担保法》第26条规定："连带责任保证的保证人与债权人未约定保证期间的，债权人有权自主

① 参见曹士兵：《中国担保诸问题的解决与展望》，133页，北京，中国法制出版社，2001。

② 参见高圣平：《担保法论》，114页，北京，法律出版社，2009。

债务履行期届满之日起六个月内要求保证人承担保证责任。”依据这一规定，连带保证的保证期间为主债务履行期限届满之日起 6 个月，在该期间内，债权人可以随时请求保证人承担保证责任。

（3）保证期间的起算点

保证期间的起算点是指保证期间从何时开始起算。依据《担保法》第 25 条的规定，保证期间从主债务履行期届满之日开始计算。因为保证合同成立与保证责任的实际发生之间存在一段时间差距。保证合同成立以后，债权人尚不能请求保证人承担保证责任。只有在主债务到期以后，债务人不履行债务时，债权人才有权请求保证人承担保证责任。但如果当事人对保证期间的起算作出了约定，则应当尊重当事人的约定，当事人未作出约定的，则保证期间自主债务履行期限届满之日起算。

（4）保证期间届满的法律效果

保证期间届满的法律效果是指在保证期间内，如果债权人没有向保证人或者主债务人主张权利，将导致保证责任消灭，债权人无权再请求保证人承担保证责任。但保证期间届满要产生此种效果，其前提是债权人没有在该期间内请求保证人承担保证责任。在此需要区分一般保证和连带责任保证。对于一般保证而言，由于保证人依法享有先诉抗辩权，因而，在合同约定的保证期间内或者没有约定时在主债务届满后 6 个月内债权人不向主债务人提起诉讼或者申请仲裁，则保证人的保证责任免除。而对于连带责任保证而言，《担保法》第 26 条第 2 款规定：“在合同约定的保证期间和前款规定的保证期间，债权人未要求保证人承担保证责任的，保证人免除保证责任。”因为在连带责任保证中，在主债务履行期间届满后，债权人可以直接请求保证人承担保证责任，保证人也必须承担保证责任，因而在连带责任保证期间以内，债权人未对保证人提出请求，保证期间经过的，保证责任将发生消灭。①

正是因为保证期间届满将导致保证责任消灭，因而尽管主债务依然存在，但债权人只能向主债务人请求清偿债务，而不能向保证人请求承担保证责任。由此

① 参见高圣平：《保证合同重点疑点难点问题判解研究》，277 页，北京，人民法院出版社，2005。

可见，保证期间和时效的区别在于，保证期间的届满会导致权利本身的消灭，而不只是导致抗辩权的产生，无论是一般保证还是连带责任保证，保证期间的经过都发生保证责任消灭的后果。[①] 而时效届满的后果仅仅是义务人可以据此提出抗辩。

因为保证期间届满发生权利消灭的后果，所以不必当事人主张，法院就应当依据职权主动进行审查。当然，当事人也可以提交相关的证明材料，以证明保证期间已经届满。[②]

2. 保证债务的诉讼时效

(1) 保证债务诉讼时效的概念和特征

保证债务的诉讼时效是指在债权人请求保证人履行保证债务方面，债权人请求法院强制执行的时效期间。依据《担保法司法解释》第 34 条的规定，保证债务适用一般诉讼时效，该时效期间为 3 年。在《担保法》中确认保证债务的诉讼时效的意义在于，债权人在保证期间内向主债务人或保证人主张权利后，保证期间即失去意义，保证人不能够主张保证期间抗辩，但在此情况下，保证债务也不能一直存续，否则将使保证人承担过重的责任，因此，法律上确认保证债务可适用一般的诉讼时效。例如，甲为乙的债务提供保证，双方约定该保证为一般保证。在法定的 6 个月内，债权人丙向乙主张了债权。乙拒绝履行，丙就在法院提起诉讼，该诉讼经过 3 年，对乙的财产强制执行，仍然无法获得清偿。此时，虽然总的期限过了 3 年 6 个月，但是，丙对保证人甲的诉讼时效仍未开始起算，而应从经强制执行而无法获得清偿之日起算。在担保法中确认保证债务的诉讼时效的意义在于，虽然已经经过了保证期间，但是，因为保证债务的诉讼时效没有经过，则只要债权人在保证期间内对债务人提起诉讼，其就仍然有权向保证人主张权利。因此，保证债务的诉讼时效制度有利于对债权人提供保护。

由于保证期间和保证债务诉讼时效的设立，保证人享有两种期限利益。一是保证期间利益；二是时效利益。如果债权人未在保证期间内向主债务人或保证人

---

① 参见《北京市高级人民法院审理民商事案件若干问题的解答（之三）》。

② 参见上海市高级人民法院民二庭《关于审理担保、票据等民商事纠纷案件若干问题的处理意见》。

主张权利，保证人可以主张免责。但如果债权人在保证期间内主张了权利，在此后3年内未向保证人要求承担保证责任，则诉讼时效届满，保证人也可行使保证合同时效抗辩权而无须承担责任。① 保证期间与保证合同诉讼时效虽然都是权利行使的期限，但二者存在如下区别。

第一，是否可以由当事人自由约定不同。保证期间既可以是约定的，也可以是法定的，如果当事人约定了保证期间，则该约定期间为保证期间，将优先于法定期间而适用；而诉讼时效是法定的，当事人不能另行作出约定。

第二，期限长短不同。诉讼时效期间一般是3年，而法定保证期间是6个月，当事人也可以自由约定保证期间。保证期间过长，对保证人也是极为不利的。保证期间短于时效期间，可以督促债权人向保证人及时主张权利，否则，保证人将被免除责任，这显然对保证人是有利的。

第三，期限是否可以变更不同。诉讼时效可能因为法定事由的存在而出现中止、中断的情形，而保证期间原则上不因特别事由的出现而改变。《担保法司法解释》第31条规定："保证期间不因任何事由发生中断、中止、延长的法律后果。"因此，保证期间是不变期间。②

第四，起算点不同。一般保证的债权人在保证期间届满前对债务人提起诉讼或者申请仲裁的，从判决或者仲裁裁决生效之日起，开始计算保证合同的诉讼时效。连带责任保证的债权人在保证期间届满前要求保证人承担保证责任的，从债权人要求保证人承担保证责任之日起，开始计算保证合同的诉讼时效。③ 可见，诉讼时效期间从债权人请求保证人承担保证责任，而保证人拒绝或因其他原因不承担保证责任时起算。依据《担保法》第25、26条的规定，法定保证期间自主债务履行期届满之日开始计算。

第五，期限届满的后果不同。保证期间届满，债权人在该保证期间内未主张权利，保证责任消灭；而诉讼时效届满，如果债权人向保证人提出承担保证责任

① 参见曹士兵：《中国担保法诸问题的解决与展望》，139页，北京，中国法制出版社，2001。

② 参见曹士兵：《中国担保法诸问题的解决与展望》，137页，北京，中国法制出版社，2001。

③ 参见《担保法司法解释》第34条。

的请求，保证人有权提出时效抗辩。因为法律没有特别的规定，所以保证合同的诉讼时效应当适用一般诉讼时效期间，即3年诉讼时效。

（2）保证债务诉讼时效的起算

保证债务诉讼时效的起算应当区分一般保证与连带责任保证，对一般保证而言，由于保证人享有先诉抗辩权，在主合同纠纷未经审判或者仲裁，并就债务人财产依法强制执行仍不能履行债务前，保证人有权拒绝债权人要求其承担保证责任的请求。因此，其诉讼时效应当从判决或仲裁裁决生效之日起计算。[①] 而连带责任保证的诉讼时效则从债权人要求保证人承担保证责任之日起，即开始计算保证合同的诉讼时效，而不是自起诉或仲裁之日起算。例如，甲、乙双方未约定一般保证，在债务到期以后，债权人甲向债务人丙主张债权。由于此种保证是连带责任保证，自其主张时起，诉讼时效开始计算。只要经过了3年时间，债权人甲就不得再请求保证人乙承担保证责任。法律作出此种规定的主要原因在于，在连带责任保证中，在债务履行期限届满，主债务人不能清偿债务的，债权人可以直接请求保证人承担保证责任，因此，在连带责任保证中，一旦债权人在保证期间内请求保证人承担保证责任的，保证期间便失去意义，保证合同的诉讼时效也开始起算。[②]

关于保证债务诉讼时效的中断，《担保法司法解释》第36条第1款规定："一般保证中，主债务诉讼时效中断，保证债务诉讼时效中断；连带责任保证中，主债务诉讼时效中断，保证债务诉讼时效不中断。"依据这一规定，在一般保证中，通常在保证债务的诉讼时效进行过程中，保证期间已经开始起算。但由于一般保证中，保证合同的诉讼时效自主债务纠纷的判决或者仲裁生效之日起开始计算，因而，如果债权人未在保证期间内提起诉讼或仲裁，保证人不再承担保证责任，保证合同的诉讼时效就不会开始起算。[③] 在连带责任保证中，保证债务的诉讼时效并不随主债务诉讼时效的中断而中断。这主要是因为，连带责任保证中，

① 参见最高人民法院民二庭编著：《担保法新释新解与适用》，288页，北京，新华出版社，2001。

② 参见程啸：《保证合同研究》，555页，北京，法律出版社，2006。

③ 参见程啸：《保证合同研究》，553页，北京，法律出版社，2006。

保证人并不享有先诉抗辩权，在主债务人届期未清偿债务时，债权人有权请求保证人承担保证责任，因此，主债务的诉讼时效并不会对保证责任的诉讼时效产生影响，即使主债务诉讼时效中断，债权人仍可以向连带责任保证人主张保证责任。因此，主债务诉讼时效的中断并不导致连带责任保证诉讼时效的中断。①

（3）保证债务诉讼时效届满的效果

保证债务诉讼时效届满后，保证人享有时效经过抗辩权，在债权人请求其承担保证责任时，其有权提出抗辩并拒绝履行。② 当然，保证人可以抛弃该时效利益。《担保法司法解释》第35条规定："保证人对已经超过诉讼时效期间的债务承担保证责任或者提供保证的，又以超过诉讼时效为由抗辩的，人民法院不予支持。"

二、定金

（一）定金的概念和特征

所谓定金，是指合同双方当事人约定的，为保证合同的履行，由一方预先向对方给付的一定数量的货币或其他代替物。《合同法》第115条规定："当事人可以依照《中华人民共和国担保法》约定一方向对方给付定金作为债权的担保。债务人履行债务后，定金应当抵作价款或者收回。给付定金的一方不履行约定的债务的，无权要求返还定金；收受定金的一方不履行约定的债务的，应当双倍返还定金。"这就对定金作出了规定，定金具有如下法律特征。

第一，定金的标的物为金钱或其他可替代物。定金的标的物通常是金钱，但当事人也可以其他可替代物作为其标的。例如，以粮食、食油等作为定金的标的。关于定金的标的物是否限于可替代物，学者对此看法不一。一般认为，为减少各种不必要的纠纷，定金主要应以金钱为标的，作为定金标的的物必须是可替

① 参见李国光：《在全国民事审判工作会议上的讲话（2000年10月28日）》，载最高人民法院民事审判第二庭编：《民商审判资料选读》（2001年第1辑），5页，北京，人民法院出版社，2001。

② 参见古锡麟等：《适用诉讼时效制度若干问题研究》，载《人民司法》，2004（5）。

代物，不可替代物因为是独特的，在一方违约后难以实行双倍返还，即使可以折合为现金，折合的标准也很难掌握。因此，定金的标的物应当限于金钱或者其他可替代物。

第二，定金是预先交付的。定金条款是一种从合同，定金合同是一种不要式合同[①]，同时，即使当事人就定金的设立已经达成了协议，但如果没有实际交付定金，则定金没有成立。[②] 因此，定金合同是一种实践合同而非诺成合同。正是因为定金是预先交付的，因而才能对合同的履行起到担保作用。如果合同已经履行完毕或者在履行期限到来后一方已出现违约，则不宜再使用定金形式。

第三，定金的目的之一是担保合同债务的履行。定金有利于督促双方当事人自觉履行合同，定金罚则是对违约行为的惩罚，即给付定金的一方如果不履行合同将无权请求返还定金，而接受定金的一方不履行合同将双倍返还定金，从这一意义上说，定金也可以对合同的履行起到担保作用。而且定金罚则是在当事人违约的情形下适用的，因此，定金责任在性质上也属于违约责任的一种形式，定金罚则也体现了对违约行为的一种惩罚。

定金的交付将在当事人之间产生定金合同关系，该合同是当事人设立定金时所达成的协议。定金合同既可以在合同的主文中载明，也可以单独设立。无论采取何种形式，都要求当事人就设立定金问题达成一致协议。定金合同属于实践合同，其以定金的交付作为合同的成立条件。由于定金合同是为了担保主合同的履行而产生的从合同，所以它必须以主合同的成立和生效为前提条件。主合同无效或被撤销，也将影响定金合同的效力。

（二）定金的种类

一般认为，定金主要有如下五种。

一是立约定金。所谓立约定金，是指当事人为保证以后正式订立合同而专门交付的定金。我国《担保法司法解释》第 115 条确认了立约定金。此种定金不是合同成立的要件，也不是为了证明合同的成立而产生的，而只是为了保证当事人

① 参见胡长清：《中国民法债编总论》，359 页，台北，自版，1964。

② 参见郑玉波：《民法债编总论》，335 页，台北，自版，1990。

在以后订立合同。在交付定金以后，如果一方不愿意与另一方订立合同，就应当接受定金罚则的制裁。

二是证约定金，即为证明合同关系成立而设立的定金。它是指当事人在订立合同时为证明合同已经成立，防止一方以合同未成立为由违约而专门设立的定金。[①] 证约定金不是指当事人为保证以后正式订立合同而专门设立的定金，而只是为了证明合同关系的存在。证约定金的主要功能在于证明合同的成立，其并不是合同成立的条件。[②]

三是成约定金。所谓成约定金，是以定金的交付作为主合同成立的要件，也就是说，合同是否成立完全取决于定金是否交付，如果一方当事人不交付定金，则主合同不能成立。我国《担保法司法解释》第116条规定："当事人约定以交付定金作为主合同成立或者生效要件的，给付定金的一方未支付定金，但主合同已经履行或者已经履行主要部分的，不影响主合同的成立或者生效。"这就在法律上确认了成约定金。

四是解约定金，即当事人为保留单方解除主合同的权利而交付的定金。一方在交付解约定金以后可以放弃定金而解除合同，而接受定金的一方如果愿意加倍退还定金也可以解除合同。此种定金最大的特点在于，通过定金的放弃和加倍返还而给予了当事人解除合同的权利或机会。《担保法司法解释》第117条规定："定金交付后，交付定金的一方可以按照合同的约定以丧失定金为代价而解除主合同，收受定金的一方可以双倍返还定金为代价而解除主合同。对解除主合同后责任的处理，适用《中华人民共和国合同法》的规定。"这就在法律上确认了解约定金。解约定金必须要由当事人在合同中特别约定。

五是违约定金。违约定金是实践中广泛采用的一种定金。此种定金是指在接受定金以后，一方当事人不履行主合同应按照定金罚则予以制裁。《担保法》第89条规定："当事人可以约定一方向对方给付定金作为债权的担保。债务人履行债务后，定金应当抵作价款或者收回。给付定金的一方不履行约定的债务的，无

① 参见何孝元：《民法债编总论》，194页，台北，自版，1977。

② 参见史尚宽：《债法总论》，491、494页，台北，自版，1964。

权要求返还定金；收受定金的一方不履行约定的债务的，应当双倍返还定金。”《合同法》第115条也有类似规定。[①] 这些规定都是关于违约定金的规定。违约定金是一种法定的定金，且是定金的典型形态。一般来说，如果当事人在合同中没有特别指明定金的类型，则应当认为当事人约定的定金为违约定金。就违约定金来说，由于其在一定意义上具有预付违约金的性质，与违约金在目的、性质、功能等方面具有共同性，因而两者一般不能并用。

上述五种定金方式各有特点，我国《担保法司法解释》已经确认了立约定金、成约定金和解约定金，《民法通则》第89条第3款、《担保法》第89条以及《合同法》第115条也已经承认了违约定金。从现行法律来看，并没有明确承认证约定金。从合同自由原则考虑，如果当事人约定了证约定金，也应当予以认可。我国法律允许当事人自由约定各种形式的定金，这既是合同自由的必然要求，也是符合市场经济的需要的。在实践中，当事人完全可以从交易本身的实际需要出发，选择各种不同的定金形式。

（三）定金的性质

1. 定金具有担保作用。我国《担保法》在关于担保的形式中专门规定了定金，《担保法》第89条也明确规定，“当事人可以约定一方向对方给付定金作为债权的担保”。这就确认了定金的担保功能。定金合同作为一种从合同，其设立的主要目的在于担保主合同债务的履行，但定金的担保仅产生债权而不产生物权，当事人设立定金只是在他们之间产生定金合同关系，此种担保仅为债权性的担保，而不属于物权性的担保。定金担保是通过定金罚则来实现的。没有定金罚则，定金难以发挥担保作用，在这一点上它与违约金有相似性，而与保证、抵押、留置等担保形式是完全不同的。定金主要具有惩罚性，而不具有补偿性，只要一方当事人不履行合同，无论是否给对方造成损失，对方都有权要求违约方承担定金责任。基于定金罚则的惩罚性，定金具有较强的担保功能。

---

① 《合同法》第115条规定：“当事人可以依照《中华人民共和国担保法》约定一方向对方给付定金作为债权的担保。债务人履行债务后，定金应当抵作价款或者收回。给付定金的一方不履行约定的债务的，无权要求返还定金；收受定金的一方不履行约定的债务的，应当双倍返还定金。”

2. 定金也属于违约责任承担方式。关于定金是否可以作为一种责任形式，理论上有不同看法。笔者认为，定金既可以作为担保方式也可以作为责任形式运用，因为我国现行法律所规定的定金典型形态是违约定金。定金罚则是针对不履行合同所设定的，所以在当事人设立了违约定金的情况下，任何一方不履行合同都将承担定金责任。尤其是，《合同法》在第七章关于违约责任的规定中，对定金作出了明确规定，表明《合同法》是将定金责任作为违约责任的形式对待的。同时，定金制裁与其他责任形式如违约金和损害赔偿是不同的，它是独立于其他责任形式的一种制裁措施，和其他责任形式一样可以针对不同的违约行为而适用。当然，定金能够作为责任形式运用主要是针对违约定金而言的。其他形式的定金能否作为责任形式，则需要根据具体情形加以认定。

（四）定金的效力

1. 立约定金的效力

尽管立约定金的设定旨在为交付定金方保留在一定期限内订约的权利，而用意不在惩罚有过错的行为，但为督促当事人按照事先约定订约，立约定金也应当适用定金罚则，即在当事人没有特别约定的情况下，给付定金的一方拒绝订约的，无权请求受领定金的一方返还定金，受领定金的一方拒绝订约的，应当根据定金的罚则，向交付一方作出双倍返还。

2. 证约定金的效力

证约定金的效力仅在于证明合同成立，不适用定金罚则。因此，证约定金也不同于解约定金，因为在一方接受证约定金时，主合同已经成立，即使当事人一方违反合同，也不能根据证约定金而实行双倍返还。在主合同履行以后，证约定金应当全部返还。

3. 成约定金的效力

成约定金的效力是，定金的交付使主合同成立，不交付则主合同不成立，也不适用定金罚则。在主合同履行以后，成约定金应当全部返还。

4. 解约定金的效力

在合同设定解约定金的情况下，当事人可以在定金条款中规定交付定金一方可以抛弃定金而解除合同。这样定金的设定就为一方保留了解除权。如果当事人没有特别约定，那么，哪一方当事人应当享有解约权呢？学者一般认为，无论是交付定金一方还是接受定金一方都有解约权。笔者认为，此种观点值得赞同，也就是说，在当事人设定解约定金的情况下，实际上双方都享有解除权。交付定金的一方要解除合同，将要丧失定金；而接受定金一方要解除合同，则必须双倍返还定金。因为接受定金方已经占有了对方交付的定金，实际享有了一定的利益，因而其行使解约权要付出更大的代价。

5. 违约定金的效力

在合同设定违约定金以后，如果债务人履行了债务，定金应当抵作价款或者返还。给付定金的一方不履行约定的债务的，无权要求返还定金；收受定金的一方不履行约定的债务的，应当双倍返还定金。根据我国现行法律关于定金责任的规定，定金责任主要适用于不履行合同的行为，但对于不完全履行合同的情况，是否适用定金罚则则不清晰。笔者认为，既然定金责任应当适用于不履行行为，则其也应适用于不完全履行合同行为。但是对于不完全履行行为来说，只有在这些违约行为构成根本违约，使当事人缔约目的不能达到的情况下才能适用定金责任。一方出现轻微违约就适用定金罚则，将给违约一方强加极为沉重的经济负担，也不利于其继续履行合同，并且与诚实信用原则相悖。所以只有在一方不履行合同，或者不完全履行合同的行为构成根本违约，使非违约一方基于合同所产生的期待利益丧失，订立合同的目的不能达到时，才可适用定金罚则。

问题在于，在当事人设定了违约定金以后，如果当事人一方丧失或者双倍返还定金，是否可以不再承担违约损害赔偿责任。笔者认为，当事人在合同履行完毕以前，并不因为其丧失或者双倍返还定金而可以保留履行或者不履行合同，甚至终止合同的权利。例如，一方在交付定金以后，发现继续履约对其不利，则其能否主张以抛弃定金为代价而不履行合同呢？笔者认为，此种主张难以成立，因为一方面，在我国，违约定金并不是损害赔偿的预定。一方丧失或者双倍返还定金，并不是违约后的损害赔偿的最高数额。在违约方承担定金责任以后，当事人还有其他损失的，违约方还应当赔偿其他损失。另一方面，违约定金的设定，也没有为任何一方保留履行或者不履行合同的权利。此外，一方违约后，非违约方有权选择主张合同违约责任形式，在其主张继续履行等责任形式时，违约方不得以应承担定金责任为由提出抗辩。

三、担保物权

所谓担保物权，是指担保物权人在债务人不履行到期债务或者发生当事人约定的实现担保物权的情形时，依法享有的就担保财产优先受偿的权利。换言之，担保物权是指为了担保债权的实现，由债务人或第三人提供特定的物或者权利作为担保物而设定的限定物权。担保物权主要包括如下几种类型。一是抵押权。抵押权是指债权人对于债务人或者第三人不移转占有而提供担保的财产，在债务人不履行债务或出现当事人约定的其他实现抵押权的情形时，依法享有的就担保财产变价并优先受偿的权利。二是质权。它是指债务人或第三人将其财产移交给债权人占有，以其作为债权担保的担保物权。在债务人不履行债务或出现当事人约定的实现质权的情形时，债权人可以依法以其占有的债务人或第三人提供担保的财产变价优先受偿。① 在质押中，权利人为质权人，提供财产担保的人为出质人，出质人可以是债务人自己，也可以是债务人以外的第三人。出质人为第三人时，在学理上称为物上担保人。出质人为债权担保所提供的财产称为质物。质押包括动产质押和权利质押两种类型。三是留置权。所谓留置权，是指在债权债务关系中，债权人依法事先合法占有了债务人的动产，在债务人不履行到期债务时，债权人有权依法留置该财产，并可以将该留置的动产折价或者以拍卖、变卖所获得的价款优先受偿的权利。留置他人财产的债权人是留置权人，而被留置财产的人，称为债务人，留置的财产称为留置物，留置权在性质上为法定担保

① 参见郭明瑞、杨立新：《担保法新论》，186页，长春，吉林人民出版社，1996。此外，我国台湾地区谢在全先生、史尚宽先生，日本近江幸治先生等均作类似定义。参见［日］近江幸治：《担保物权法》，祝娅等译，65页，北京，法律出版社，2000。

物权。

除上述债的担保方式外，法律上还存在一些非典型担保，非典型担保还可以分为两大类，一是在人的担保方面存在抵销、并存的债务承担，违约金也具有此种功能。二是在物的担保方面存在动产让与担保、所有权保留、融资租赁等方式。

第四节　债的担保的设立和效力

一、债的担保的设立

（一）担保的生效

因法定担保和约定担保的不同，其产生方式也不同。就法定担保而言，只要符合法律规定的条件，就可以产生相应的法定担保。而就约定的担保而言，则需要基于当事人的意思设立担保。在担保的设立中，担保人可以是债务人自己，也可以是第三人。第三人既可能是基于债务人的委托而提供担保，也可能是为了债务人的利益主动提供担保。如果第三人受债务人委托提供担保，则在债务人与该第三人之间存在内部的委托关系，而担保关系只是在债权人和第三人之间发生。而且债务人与第三人之间的内部关系原则上不影响债权人与第三人之间的外部关系。

就约定担保而言，担保合同必须符合法律行为的生效要件。通常来说，约定担保的设立应当订立担保合同，担保合同必须要依据《物权法》《担保法》及《合同法》的相关规定订立，而且必须满足合同的有效要件，具体来说：

第一，担保人适格。担保合同的当事人主要是担保人和债权人，担保人可以是债务人，也可以是第三人。如果第三人提供担保，其既可以是信用担保（如保证），也可以是以特定的财产提供担保（如抵押、质押等）。但担保人提供担保，必须具有民事行为能力，而且具有符合法律规定的担保人资格。[①] 如果法律规定不能作为担保人的，就不得作为担保人。例如，依据我国《担保法》的规定，国家机关一般不得作为保证人。

第二，意思表示真实。担保的意思表示不仅要形成合意，而且任何一方的意思表示都应当是真实的，不应因为欺诈、胁迫等原因而订立合同。在订立担保合同时，如果当事人的意思表示有瑕疵，则可能影响担保合同的效力。除此之外，还应当在合同中准确认定当事人是否有订立担保合同的意思。例如，在"广东省佛山市人民政府与交通银行香港分行担保纠纷案"中，法院认为，佛山市政府从向香港交行出具的书面文件上，到实际的行动上，从未有过承担保证责任或代所属企业还款的意思表示，其向香港交行出具的《承诺函》并不构成我国担保法意义上的保证。[②] 同时，依据《担保法》第 30 条的规定，如果主合同当事人双方串通，骗取保证人提供保证，或者主合同债权人采取欺诈、胁迫等手段，使保证人在违背真实意思的情况下提供保证的，保证人不承担民事责任。在符合该条规定的情形下，保证人提供担保实际上是受到了欺诈，依据《民法总则》《合同法》的规定，保证人有权主张撤销保证合同，此时，保证人将不再承担保证责任。

第三，内容合法。此处所说的内容合法，是指担保合同的内容不违反法律法规的强制性规定和公序良俗，内容违反法律强制性规定或公序良俗的担保合同无效。例如，当事人以法律禁止担保的财产作为担保物权的客体，此种担保即属于无效担保。

第四，形式合法。如果法律法规对于担保合同有形式要件的要求，则应当满足其形式要件。考虑到担保合同对于当事人利益影响甚大，为避免当事人之间发生纠纷，法律规定担保合同为要式合同。例如，法律规定以房地产设定抵押，必须采取书面形式，如果没有满足法律规定的形式要件，则担保也可能无法生效。

需要指出的是，根据《物权法》第 15 条的规定，担保合同的生效原则上不以登记为前提，因为登记可能是担保物权设立的条件，而并非担保合同的生效

① 参见郭明瑞：《担保法》，13 页，北京，法律出版社，2010。

② 参见最高人民法院（2004）民四终字第 5 号民事判决书。

要件。

（二）担保合同的无效及其后果

担保合同的无效可以区分为两种类型。一是主合同无效而导致担保合同无效。担保合同具有从属性，因此，如果主合同无效，则担保合同也归于无效。《担保法》第5条第1款规定："担保合同是主合同的从合同，主合同无效，担保合同无效。担保合同另有约定的，按照约定。"这就意味着，除非法律另有特别规定，担保合同都应当适用效力上的从属性规则。① 因主合同无效而导致担保合同无效的，担保人不再承担担保责任，但是，其可能要承担其他的民事责任。二是主合同有效，但担保合同无效。在主合同有效的情形，担保合同也可能因为其自身的原因而无效。虽然担保合同是从合同，但其毕竟也是独立的合同，也可以因自身的原因而导致无效。例如，担保合同可能因当事人主体不适格、当事人意思表示瑕疵或者担保合同的内容违反法律、行政法规的强制性规定和公序良俗而无效。例如，《物权法》第184条规定，土地所有权等财产不得抵押。如果担保合同违反这一强制性规定，则担保合同无效。

在担保合同无效之后，也会产生一定的法律效果，此时需要区分担保合同无效的原因，分别认定其效力。

一是在因主合同无效而导致担保合同无效时，依据《担保法司法解释》第8条的规定，如果担保人对于主合同无效无过错，主合同无效是因债务人和债权人的过错造成的，此时，应当由主合同的当事人承担责任。但如果担保人有过错，担保人也应承担相应的责任。例如，在"江苏志元置业有限公司诉上海懿卿投资管理有限公司等企业借贷纠纷案"中，法院认为："借贷合同无效，担保合同也无效。由于原告与被告江某某对于担保合同无效都存在过错，因此作为保证人的被告江某某，应向债权人即原告承担赔偿责任，但承担责任部分不应超过债务人即被告懿卿公司不能清偿部分的三分之一。"②

---

① 最高人民法院在对上海市高级人民法院《关于是否可直接判令保证单位履行债务的复函》（1991年10月19日，法（经）函〔1991〕129号）中指出，"保证合同虽具有相对的独立性，但它终究从属于主合同，主合同的效力决定保证合同的效力"。

② 上海市奉贤区人民法院（2013）奉民二（商）初字第2149号民事判决书。

二是主合同有效，但担保合同无效。《担保法司法解释》第7条对此种情形作出了规定："主合同有效而担保合同无效，债权人无过错的，担保人与债务人对主合同债权人的经济损失，承担连带赔偿责任；债权人、担保人有过错的，担保人承担民事责任的部分，不应超过债务人不能清偿部分的二分之一。"该条通过区分债权人对于担保合同的无效是否有过错而确定了不同的法律后果。如果债权人无过错，则担保人与债务人对主合同债权人的损失应当承担赔偿责任；如果债权人、担保人有过错的，则担保人承担民事责任的部分不应超过债务人不能清偿部分的1/2。例如，在"农银财务有限公司与广东三星企业（集团）公司车桥股份有限公司担保合同纠纷案"中，法院认为，担保人三星车桥公司和债权人农银公司未经内地外汇管理部门批准提供和接受担保，对担保合同的无效均具有过错，根据《担保法司法解释》第7条的规定，在主合同有效而担保合同无效的情形下，担保人三星车桥公司应对债务人俊兴公司不能清偿部分的1/2向债权人农银公司承担赔偿责任。①

另外，担保人因无效担保合同而承担了赔偿责任以后，仍然享有追偿权。《担保法司法解释》第9条规定："担保人因无效担保合同向债权人承担赔偿责任后，可以向债务人追偿，或者在承担赔偿责任的范围内，要求有过错的反担保人承担赔偿责任。"担保人的追偿权的产生并非基于担保合同，而是基于法律的特别规定。

二、债的担保的效力

所谓债的担保的效力，是指担保有效设立后所产生的法律效果。担保的种类很多，不同类型的担保其效力也不完全相同。当然，债的担保也具有一些共同的效力。

（一）担保对于担保人的效力

对于担保人而言，其应当基于法律规定或合同约定而承担担保责任。在债务

① 参见最高人民法院（2004）民四终字第23号民事判决书。

人未按照约定履行其债务的情形下，担保人即应当按照法律规定或者当事人约定承担担保责任。总体而言，如果担保人是以其一般财产进行担保（如保证），则应当对债务人负担无限责任；而如果担保人以其特定财产进行担保（如抵押权、质权），则担保人仅以其特定财产为限承担担保责任。在担保人未按照法律规定或者当事人约定承担担保责任的情形下，债权人可以就担保人的一般财产或特定财产申请法院强制执行。

担保人在承担担保责任后，其有权基于当事人约定或者法律规定向主债务人追偿。[①] 在多人提供担保的情况下（如连带共同保证），担保人承担担保责任后，其有权依据法律或合同约定向其他担保人追偿。

（二）担保对于债权人的效力

债权人因担保而取得了担保权，此种担保权可以是物权，也可以是债权。在担保法律关系中，债权人就担保所取得的权利取决于担保的具体类型。例如，在设定抵押权的情形，债权人就取得了担保物权；而在订立保证合同的情形，债权人则取得了债权。如果是人的担保，债权人只能就担保人的一般财产主张权利；而如果是物的担保，债权人可以就担保人提供的特定财产行使权利，如行使优先受偿权。在担保法律关系中，债权人取得一定的担保利益，按照私法自治原则，债权人有权全部或部分放弃其担保利益。例如，在保证合同中，债权人可以放弃其对保证人所享有的权利，此时，即便债务人未按照约定履行债务，债权人也无权再请求保证人承担保证责任。

（三）担保对于被担保人的效力

被担保人是指主债务人，担保的设定并不会免除或减轻主债务人原本负担的债务。如果担保人和被担保人之间为了担保的设立而订立了合同，则被担保人应当依据该合同负担相应的合同义务。例如，甲向乙银行贷款，银行要求丙公司提供保证。而甲与丙之间为此订立了合同，约定了甲要为此向丙支付报酬，则甲还应当负担报酬支付义务。在担保法律关系中，主债务人一般是最终的责任人。

---

① 参见郭明瑞：《担保法》，17 页，北京，法律出版社，2010。

第十七章

债的保全

第一节　债的保全概述

一、债的保全的概念和特点

所谓债的保全，是指法律为防止因债务人的财产不当减少或不增加而给债权人的债权造成损害，允许债权人行使撤销权或代位权，以保护其债权的制度。例如，在"杭州萧山国贸大厦有限公司与天津市港龙国际海运有限公司、广东发展银行股份有限公司上海分行债权人代位权纠纷案"中，关于债权人能否行使债权人代位权，法院认为，由于次债务人（港龙公司）未能举证证明其履行了《委托贷款合同》项下的还款义务，而债务人（亚财同星公司）已经被上海市有关工商管理部门吊销营业执照，至今未能对该笔债权主张权利，给债权人（萧山国贸公司）的合法权益造成了损害。本案中，债务人对次债务人所享有的债权为金钱债权，不属于专属债权，债权人有权基于《合同法》及《合同法司法解释一》的规定行使债权人代位权。[①] 再如，债务人在债务履行期限届满前，以明显不合理的低价转让其财产，并因此影响债权人债权的实现，此时，债权人应有权行使撤销权，以保全其债权。债的保全制度是大陆法系国家特有的制度。

所谓债权人代位权，是指因债务人怠于行使其到期债权，对债权人造成损害的，债权人可以向人民法院请求以自己的名义代位行使债务人的债权的制度。所谓债权人撤销权，是指因债务人放弃其到期债权、实施无偿或低价处分财产的行为而有害于债权人的债权，债权人可以依法请求法院撤销债务人实施的行为。债权人撤销权的主要目的是防止债务人责任财产的不当减少。例如，债务人在债务履行期限届满前，以不合理的低价转让其财产，导致无法履行其债务，这就可能影响债权人债权的实现，此时，债权人即有权通过行使撤销权的方式保全其债权。而债权人代位权的主要目的是防止债务人责任财产应当增加而不增加的情形出现，即在债务人怠于行使其到期债权的情形下，债权人即有权代位行使债务人的债权，以保全其债权。它们共同构成了债的保全制度的基本内容。

债的保全的特点主要在于：

第一，它是债的关系相对性的例外。债的关系具有相对性，仅在特定的债权人与债务人之间发生效力，一般而言，债权人仅能请求特定的债务人履行债务，债务人也仅能向特定的债权人履行债务，否则不发生债的履行的效力。但在债的保全的情形下，债权人可以直接对债务人之外的第三人提出请求，这显然在一定程度上突破了债的关系相对性的原则。法律为保护债权人的债权，允许债权人享有并行使代位权或撤销权。这两种权利的行使都会对第三人产生效力，这种现象可以看作是债的相对性规则的例外。

第二，它主要发生在债的关系存续期间。也就是说，一方面，债的保全以债的关系有效为前提，如果债的关系被宣告无效或者被撤销，则不存在有效的债权，债权人也无权采取相关的保全措施。另一方面，债的保全措施应当在债的履行期间实施，即在债的履行期间，如果债务人实施了影响债权人债权实现的行为，债权人即有权依法保全其债权。

---

① 参见最高人民法院（2014）民四终字第 31 号民事判决书。

第三，它的目的是维持债务人的责任财产。债的保全主要是为了防止债务人责任财产的不当减少或者恢复债务人的责任财产。只要债务人实施了不当处分其财产的行为且有害于债权人的债权时，债权人就可以采取保全措施。应予指出的是，债权人的代位权和撤销权在性质上并不属于独立的权利，而属于债权的法定权能。

第四，它的基本方式包括两种，即债权人的代位权和撤销权。这两种方式都旨在通过防止债务人的财产不当减少或恢复债务人的财产，从而保障债权人的权利实现。只要债务人实施了不当处分其财产的行为而有害于债权人的债权，债权人就可以采取保全措施。因此，债的保全的主要功能即在于防止债务人从事危及债权人债权的行为，保障债权人权利的顺利实现，从而维护交易安全。当然，需要指出的是，债权人的代位权与撤销权在性质上并不属于独立的权利类型，而是债权的重要权能，是债权保全效力的重要内容。同时，债权人代位权与撤销权在性质上也是债权的法定权能，即不论当事人是否约定此种权能，债权人均依法享有此种权利。

二、债的保全与其他保障债权形式的区别

（一）债的保全与债的担保

在债的关系生效以后，债务人的所有财产，除对于特定的债权人设有担保物权以外，都应当用来作为对债权的一般担保。也就是说，债务人的全部财产应作为其清偿债务和承担责任的财产。责任财产不仅为某一债权人的担保，而且应成为全体债权人的共同担保。可见，责任财产的增减对债权的实现关系十分重大。而债的保全的主要功能即在于维持债务人的责任财产，防止债务人责任财产的不当减少。可见，债的保全在功能上与债的担保类似。虽然债的保全与债的担保存在密切关联，但二者属于不同的债权保障制度，其区别主要体现为：

第一，二者的成立时间不同。债的担保一般设定在债的关系成立之时，或在债务履行之前就已确定。担保一旦成立，担保权人就可以根据法律规定或合同约

定占有担保人提供的财物，或对担保的财产享有优先受偿的权利，或者将第三人的财产纳入责任财产的范围，这就为债务的履行或债权的实现提供了比较现实的物质基础。因此，它极有利于督促债务人履行债务。但债的保全不同于债的担保，在债的保全的情形下，债权人不像担保权人那样能够实际掌握、控制实现其债权的财产，也不能对第三人享有优先受偿的权利，因此，对债权的保障作用不如担保方式那样明显。

第二，债的担保通常必须是在债务人不履行债务的情况下，担保权人才能行使其担保权；而债的保全的适用并不以债务人不履行债务为前提，即只要债务人实施了严重影响其履行债务的行为，符合债权保全条件的，债权人都可以采取债权保全措施。

（二）债的保全与民事诉讼中的财产保全

民事诉讼中的财产保全是指人民法院在案件受理前或诉讼过程中，为了保证判决的执行，或避免财产遭受损失而对当事人的财产和争议的标的物采取查封、扣押、冻结等措施。《民事诉讼法》第100条规定，“人民法院对于可能因当事人一方的行为或者其他原因，使判决难以执行或者造成当事人其他损害的案件，根据对方当事人的申请，可以裁定对其财产进行保全”。所谓“当事人一方的行为”是指一方当事人基于恶意将其财产或争执的标的物出卖、挥霍、毁损、转移、隐匿等。所谓“其他原因”是指由于客观原因，使争议的财产不能保存或因标的物的自身属性而腐烂、变质、毁损，从而使标的物降低或失去价值，造成将来的判决不能执行。可见，民事诉讼上的财产保全与债的保全一样，都是为了防止作为承担民事责任基础的财产的不正当减少，从而增强债务人履行债务和承担责任的财产能力。笔者认为，虽然债的保全与民事诉讼中的财产保全都是为了保障特定主体履行债务，防止其责任财产的转移或者减少，但二者存在一定区别。

第一，民事诉讼中的财产保全是程序法即民事诉讼法所规定的措施，而债的保全则是实体法所规定的制度。民事诉讼中的财产保全是程序法所规定的措施，一般需要由当事人提出申请，而债的保全是实体法中的制度，它是通过债权人行使代位权、撤销权而实现的，不存在申请的问题。

第二，诉讼上的财产保全的方法通常包括查封、扣押、冻结存款等措施；而债的保全只是通过债权人行使代位权、撤销权措施而实现的。

第三，诉讼上的财产保全若是诉前保全，则只能由当事人提出申请，若是诉讼中的财产保全，则一般需要由当事人提出申请，但在特殊情况下，法院亦可主动采取诉讼保全措施，而债的保全则必须完全根据债权人的请求由法院决定是否采取。

第四，诉讼中的保全不发生财产变动关系，而债的保全则可以使当事人之间的财产关系发生变动。例如，在债权人行使代位权时，债权人有权直接向次债务人提出请求，此时，即可能使当事人之间的财产关系发生变动。

（三）债的保全制度与强制执行制度

债的保全制度与强制执行制度的联系十分密切。在法国民法中，代位权制度设立的目的是弥补其民事执行制度的不足。[①] 然而，在德国、瑞士的法制下，由于强制执行制度较为发达，破产程序十分完备，如果债务人怠于行使权利，债权人可以依据强制执行制度申请法院就债务人的债权予以强制执行，从而可以达到与代位权的行使相同的效果，这就没有必要在实体法上另外设立代位权制度。所以这两个国家的法律迄今为止并没有规定代位权制度。[②] 笔者认为，在债务人怠于行使权利的情况下，债权人虽然可以通过强制执行程序，申请法院强制执行债务人的债权，但是应当看到，代位权与强制执行制度是不同的。一方面，代位权的行使并不是请求法院强制执行已经生效的判决和裁定，而只是在于保全债务人的财产，代位权的行使不在于恢复债务人的责任财产，而在于有效地增加债务人的责任财产，使债权能够得到清偿。另一方面，代位权本质上是一种实体法上的权利，而不是一种程序法的权利，也就是说，它是债权的一项特殊的权能，并且以债权的有效存在为前提，而强制执行本质上仍然是程序法上的内容。此外，从我国实际情况来看，在债务人怠于行使权利的情况下，通过实体法中代位权制度

① 参见段匡：《日本债权人代位权的运用》，载梁慧星主编：《民商法论丛》第16卷，527页，香港，金桥文化出版（香港）有限公司，2000。

② 参见黄立：《民法债编总论》，471页，北京，中国政法大学出版社，2002。

而不是通过程序法来保障债权人的权利是必要的。因为在实体法中可以为代位权的行使设立一系列明确的条件，并且在代位权诉讼中，债务人和次债务人都可以提出有效的抗辩，这就可以使三者之间的关系得到正确的处理。然而，在单纯由债权人申请强制执行债务人债权的情况下，如果不能事先确定债权人与债务人之间的债务关系，以及债务人与次债务人之间的关系，则未必能够协调债权人、债务人和次债务人三者之间的关系。

第二节　债权人的代位权

一、债权人代位权的概念和特点

债权人的代位权是指因债务人怠于行使其到期债权，对债权人造成损害的，债权人可以向人民法院请求以自己的名义代位行使债务人债权的权利。例如，甲欠乙 100 万元，丙欠甲 50 万元，甲在其债权到期后，一直不行使对丙的债权，致使其无力清偿对乙的债务，则乙可代位行使甲的权利，督促丙履行其对甲的债务。

关于代位权制度的起源，学者见解并不一致。据许多学者考证，代位权制度起源于古代的日耳曼法，在日耳曼时期曾有一种观点认为，债权人由于对债务人财产的变动有着利害关系，在契约上就体现为像概括性继承人那样可以行使债务人契约上的权利。代位权制度在民法中的正式确认始于 1804 年的《法国民法典》[①]，该法典在确认合同仅在当事人之间发生效力的原则以后，于第 1166 条规定："但是，债权人得行使其债务人的一切权利与诉权，专与人身相关的权利除外。"代位权在法国民法理念中又被称为"斜线诉权（actionoblique）"或"间接

① 参见段匡：《日本债权人代位权的运用》，载梁慧星主编：《民商法论丛》第 16 卷，526 页，香港，金桥文化出版（香港）有限公司，2000。

诉权（actiondirecte）”，它是与直接诉权相对应的，本质上仍然是一种诉讼上的权利。[①] 故一些学者将代位权称为代位诉权（Actionsubrogation）。法国法上的代位权制度对其他大陆法系国家产生了一定的影响，并为这些国家所借鉴。[②] 在我国《合同法》起草过程中，恰逢“三角债”成为一个社会问题，为了强化对债权人的保护，维护市场经济秩序，《合同法》也在借鉴大陆法系关于合同保全的经验的基础上，确认了代位权制度。

代位权作为债权的法定权能，其并不是一种与物权、债权等权利相对应的民事权利，而是一种依附于债权的权利。这种依附性表现在，代位权随着债权的产生而产生，随着债权的转移而转移，随着债权的消灭而消灭，代位权无法与债权相分离。在法律上不可能存在无债权的代位权，或不以债权的有效存在为前提的代位权。法律设立代位权的根本目的就在于保障债权的实现。由于债权人代位权只是债权的一项权能，因而其本质上仍然是债权，而不是物权。代位权的附属性也决定了代位权与债务人之间的追偿权是不同的。所谓追偿权，通常是指某个负有连带责任的债务人代其他债务人偿还了全部债务，有权要求其他负有连带义务的债务人偿付其应当承担的份额。追偿权并不是债权的固有权能，而只是因为债务人代其他债务人履行义务而产生的权利，因此，其不同于债权人的代位权。

债权人代位权作为债权的一项法定权能，其主要具有如下特点。

第一，代位权针对的是债务人的消极不行使权利的行为，即怠于行使权利的行为。代位权的行使是为了保持债务人的财产，即旨在对责任财产采取法律措施予以保持，其不同于债权人的撤销权。债权人撤销权的行使旨在恢复债务人的财产，防止因责任财产的不当减少而给债务人造成损害。债权人代位权一般是在债权人与债务人之间的债务已经到期的情况下而行使的，因此，债权人行使代位权以后，如果没有其他人向债务人主张权利，债权人可以直接获得该财产。但是，

① 例如，《日本民法典》第423条明确确认了代位权制度，与法国民法规定所不同的是，代位权虽被称作间接诉权或代位诉权，但是它不是作为诉讼法上的权利，而是实体法上的权利。此外，《意大利民法典》第2900条以及我国台湾地区“民法”第242条也确认了代位权制度。

② 参见段匡：《日本债权人代位权的运用》，载梁慧星主编：《民商法论丛》第16卷，527页，香港，金桥文化出版（香港）有限公司，2000。

债权人行使撤销权可能是在债权人与债务人之间的债务尚未到期的情况下而行使的。债权人行使撤销权以后，第三人向债务人返还了财产，该财产不能直接交付给债权人，而应当由法院代为保管，待债务到期以后，再交付给债权人。

第二，代位权是债权人向人民法院请求以自己的名义代位行使债务人的债权。代位权是债权人向次债务人而不是向债务人提出请求，这就不同于债权人向债务人以及债务人向次债务人提出的请求。例如，在上述的欠款案例中，乙在法院起诉请求丙向其清偿对甲的债务；而甲也同时起诉丙请求其清偿对其所欠的债务。在这两个诉讼中，前一个诉讼属于代位权诉讼，后一个诉讼属于一般的债务诉讼。在代位权诉讼中，债权人是以自己的名义行使债务人的债权的，它在内容上并不是对债务人和第三人的请求权，而是债权人所享有的一项法定权利。

第三，代位权必须通过诉讼的方式行使。例如，就合同债权的保全而言，《合同法》第73条严格要求债权人行使代位权必须要在法院提起诉讼，请求法院保全其债权，而不能通过诉讼外的请求方式来行使代位权。此种规定有利于防止当事人以保全债权为名，采用不正当的手段抢夺债务人的财产，影响社会生活的安定。[①] 当然，尽管《合同法》第73条规定代位权的行使必须向人民法院请求，通过诉讼的方式行使，然而代位权实际上并不是一种诉权，也不是程序法上的权利，它是由实体法所规定的由债权人所享有的一种债权的权能，是依附于债权人的债权。债权人代位权的行使可以有效消除因债务人怠于行使其债权而给债权人造成的损害。而且代位权是为了保全债权而代替债务人行使权利，并不是扣押债务人的财产或就收取的债务人的财产而优先受偿，因而它也不是诉讼上的权利，而是一项实体权利。

第四，债权人的代位权是一种权利而不是义务。代位权是债权人所享有的一项法定权利，其有权决定是否行使。如果债权人不行使代位权，债权人仍然可以向债务人及其保证人提出请求。

关于代位权的性质，理论上有不同的看法。笔者认为，代位权作为一种债权

---

① 参见［日］於保不二雄：《债权总论》，162页，东京，有斐阁，1979。《法国民法典》第1166条也规定债权人的代位权只能通过诉讼的方式行使。

的权能，既不是债权的请求权，也不是形成权，实际上是债权人依据法律规定享有的以保全自己债权为目的的一项权利。[①] 由于此种权利必须通过提起诉讼才能行使，因而它又是一种特殊的实体法上的权利。债权人行使代位权时，可以基于自己的行为使债权人与次债务人之间产生一种代位的法律关系，在这一点上，与形成权有类似之处，但代位权在性质上属于债权的一项权能，而非独立的权利类型，因此，其不同于形成权。

二、代位权的客体

所谓代位权的客体，是指代位权行使的对象，也就是说，债权人的代位权应当针对债务人的哪一些权利行使，对此在学理上也值得探讨。从比较法的角度来看，可代位行使的权利十分广泛，凡“属于债务人的权利”均可以成为代位权的客体。[②] 关于哪些债权可以成为代位行使的对象，学者存在两种不同观点。一是扩张说。此种观点认为，应当尽量扩张可代位行使的权利的范围，除债权外，物权、物上请求权、形成权、诉讼法上的权利以及公法上的权利等，都应当可以代位行使。[③] 二是限制说。此种观点认为，债权人代位权在一定程度上突破了债的关系相对性的原则，且有过多干预债务人事务之嫌，因此，应当限制可代位行使的权利的范围。[④] 例如，我妻荣教授认为，被保全的债权是广义的请求权，包括物权请求权在内，只要适合代位保全即可。[⑤] 我国也有许多学者认为，应当采用目的性扩张的方法解释我国《合同法》第 73 条所规定的到期债权，扩张债权人可代位行使的债务人对于第三人的权利的范围。

笔者认为，扩大代位权行使的客体范围，对保障债权人的权利固然十分有

① 参见崔建远主编：《合同法》，126 页，北京，法律出版社，1998。

② 例如，《法国民法典》第 1166 条规定，债权人得行使债务人的一切权利和诉权。参见崔建远主编：《合同法》，126 页，北京，法律出版社，1998。

③ 参见申卫星：《合同保全制度三论》，载《中国法学》，2000 (2)。

④ 参见曹守晔：《代位权的解释与适用》，载《法律适用》，2000 (3)；谢鸿飞：《合同法学的新发展》，315 页，北京，中国社会科学出版社，2014。

⑤ 参见［日］我妻荣：《新订债权总论》，王燚译，147 页，北京，中国法制出版社，2008。

利，但由于代位权已突破了传统的债的关系相对性的规则，对第三人已经产生了约束力，因而应明确限制这一制度的适用范围，尤其是在代位权行使的客体方面，必须要有严格的限制。如果任意扩大代位权的适用范围，将会对债的关系相对性的规则以及基于此规则所产生的各项债的制度都构成威胁，甚至影响物权制度。因此，不宜对代位权的客体作扩张解释，而应将代位权的客体原则上限于债权。在合同法中，作为代位权的客体应当符合如下条件。

1. 代位权的客体是债权而不是所有权。代位权的客体只是债权，所有权以及所有物的返还请求权不应当成为代位权的客体，因为我国目前没有规定消灭时效制度，所有权未及时行使，并不因此丧失所有权，财产所有权作为债务人的责任财产，不会因债务人怠于行使所有权导致债权人的损害，根本没必要通过代位权的行使来实现其债权。对债权人而言，其享有的债权人代位权仍然是债权的一种权能，而不具有对抗第三人的效力，因此，债权人不能请求第三人返还其占有的债务人的财产，否则将会使债权具有物权的效力。[①] 同样，对他物权而言，即便债务人怠于行使权利，也不会导致他物权的消灭，所以，债权人没有必要行使代位权。当然，鉴于我国《物权法》第 202 条规定了抵押权的行使期间，因此，在债务人怠于行使抵押权的情形下，将可能造成抵押权消灭，债权人从保存权利出发，可以代位行使债务人的担保物权。

2. 作为代位权客体的债权必须合法。也就是说，债务人对次债务人的债权应当合法，因为只有合法的债权债务关系才能受到法律的保护，如果债务人本身享有的权利不合法，债权人自然不得代位行使此种不受法律保护的权利。如果债务人对次债务人的债权因诉讼时效经过而转化为自然债权，债权人虽然有权代位行使该债权，但次债务人应当有权对债权人提出时效抗辩。

3. 作为代位权客体的债权主要是具有金钱给付内容的到期债权。关于合同债权，《合同法司法解释一》第 13 条规定："合同法第七十三条规定的'债务人怠于行使其到期债权，对债权人造成损害的'，是指债务人不履行其对债权人的

① 在设定取得时效以后，物上请求权可否代位，值得研究。例如，未及时行使对于他人的返还请求权，可能导致请求权的消灭，对债权人也会造成损害。

到期债务，又不以诉讼方式或者仲裁方式向其债务人主张其享有的具有金钱给付内容的到期债权，致使债权人的到期债权未能实现。”可见，最高人民法院的解释实际上将代位权的客体限定在“具有金钱给付内容的到期债权”。此种解释具有合理性，因为将债权人代位权的客体主要限定在具有金钱给付内容的到期债权，不仅使代位权制度在内容上比较容易确定，而且较之于其他债务更容易清偿。如果将代位权的客体扩大到非金钱之债，则法院在处理代位权诉讼时将会遇到极大的困难。例如，甲欠乙 10 万元的债务未清偿，而丙应当向甲交付 10 台电脑而未交付，甲也未向丙及时主张权利，如果乙要向丙行使代位权，则即使在丙交付 10 台电脑后，该电脑如何转换成金钱、如何评估其价值，也是十分困难的。

4. 作为代位权客体的债权，必须是债权人可以代位行使的债权。依据法律规定、当事人约定或者债权的性质不宜由债权人代位行使的债权，无法成为代位权的客体。在此需要讨论的是，代位权的客体范围能否扩张到实体权利以外的其他权利。从原则上说，代位权设立的目的旨在保障债权而并不在于保障诉权，在例外的情况下因债务人不行使申请强制执行等诉讼上的权利，将会造成其责任财产的减少，在此情况下债权人可以行使代位权。但一般来说，诉权是不能代位行使的。如果债务人和他人发生民事纠纷，债务人在法院提起诉讼，债权人不能以此为由而行使代位权，否则不符合设立代位权制度的目的。更何况债务人在提起诉讼以后未必能够胜诉，所以其不提起诉讼本身并不会必然对债权人造成损害。

三、债权人代位权行使的条件

《合同法司法解释一》第 11 条规定：“债权人依照合同法第七十三条的规定提起代位权诉讼，应当符合下列条件：（一）债权人对债务人的债权合法；（二）债务人怠于行使其到期债权，对债权人造成损害；（三）债务人的债权已到期；（四）债务人的债权不是专属于债务人自身的债权。”该条虽然是对合同之债作出的规定，但其也应当可以适用于其他债的关系。笔者认为，上述规定中的第二个要件可以包括第三个要件，因为债务人怠于行使其到期债权，本身意味着债务人的债权已经到期。据此，债权人代位权的行使条件如下。

(一) 债权人对债务人的债权合法、确定

1. 债权合法。所谓债权人对债务人的债权合法，是指债权人与债务人之间必须有合法的债权债务的存在，如果债权人对债务人不享有合法的债权，当然代位权不存在合法的基础。如果债权债务关系并不成立，或者具有无效或可撤销的因素而应当被宣告无效或者被撤销，或者债权债务关系已经被解除，或者债权人和债务人之间的债权是一种自然债权，则债权人并不应当享有代位权。违法的债权不受法律的保护，如果债权人明知自己与债务人之间的债权关系是一种不受法律保护的非法债权（如因赌博产生的债权债务等），仍然基于代位权向次债务人提出请求，这本身是不合法的。

2. 债权确定。所谓债权必须确定，是指债务人对于债权的存在以及内容并没有异议，或者该债权已经成为法院和仲裁机构裁判后所确定的债权。[①] 此处所说的债权必须确定，主要是指债权人与债务人之间的债权必须确定，否则，债权人无权行使代位权。至于债务人与次债务人之间的债权关系是否确定，则不必考虑。例如，在“世纪证券有限责任公司、南昌市人民政府与中房集团南昌房地产开发总公司欠款代位权纠纷案”中，法院认为：“由于中房公司对南昌市政府是否享有到期债权的事实并不确定，故世纪证券对南昌市政府提起的代位权诉讼不能成立。”[②]

关于债权确定，应当区分债权人和债务人之间的债的关系以及债务人与次债务人之间的债的关系，此处的债权确定主要是针对前者而言的，后者则不一定要求债权确定。因为在前一种关系中，如果债权不确定，债权人便向次债务人提出请求，则有可能产生两方面的问题：一是次债务人可能很难知道债权人与债务人之间的债的情况，而难以提出抗辩；二是即使债务人加入诉讼并向债权人提出抗辩，如果抗辩成立并导致债权人不能提出请求，对次债务人也有可能造成损害。

① 参见王闯：《对最高人民法院关于适用〈中华人民共和国合同法〉若干问题的解释（一）的若干理解》，载《判解研究》，第1辑，102页，北京，人民法院出版社，2000。

② 最高人民法院（2006）民二终字第188号民事判决书。

因为在确定债权之前，只涉及债权人和债务人之间的纠纷，不必使次债务人参与诉讼，只有在债权人对债务人的债权确定了以后，因为债务人怠于行使其自身的债权，债权人才应当向次债务人提出请求。但是债权人行使代位权并不要求在债务人与次债务人之间债的关系必须确定，因为即使他们之间的债的关系并不确定，在债权人提出请求以后，次债务人也可以主动地提出抗辩。更何况，债务人和次债务人之间的关系是否确定，对债权人来说也是很难确切了解的，债权人可能只知道在债务人与次债务人之间存在债的关系，但未必一定了解该债权的具体数额，如果要求其必须在此种债的关系确定之后才行使代位权，必然使债权人很难行使代位权。

（二）债务人怠于行使其到期债权

债权人行使代位权要求债务人的债权已经到期，否则，不存在债务人怠于行使的问题。如何判断怠于行使，对此，《合同法司法解释一》第 13 条规定："合同法第七十三条规定的'债务人怠于行使其到期债权，对债权人造成损害的'，是指债务人不履行其对债权人的到期债务，又不以诉讼方式或者仲裁方式向其债务人主张其享有的具有金钱给付内容的到期债权，致使债权人的到期债权未能实现。"笔者认为，该条虽然是就合同之债所作出的规定，但应当可以适用于所有类型的债的关系。因此，"怠于行使"是指债务人能够通过诉讼或仲裁的方式向其债务人主张权利，但一直未向其主张权利。此种标准是一种客观、明确的标准，能够用来准确判断是否构成怠于行使，因为债务人是否通过诉讼或仲裁以外的方式向其债务人主张了权利，对此债权人常常很难举证。即便债权人能够举证，债务人也能轻易地证明其曾经向其债务人提出过请求，从而不构成怠于行使债权。

判断债务人是否怠于行使权利，还必须要求债务人及时行使权利。所谓未及时行使权利，是指债务人的债权到期以后，债务人不存在任何行使权利的障碍而未能在合理期限内主张权利。具体来说，第一，在债权到期以后，债务人不存在行使权利的障碍，其完全有能力由自己或通过其代理人去行使权利。第二，必须是在合理期限内，没有及时主张权利。合理期限应当根据交易惯例等具体判断。

第三，债务人在合理期限内怠于行使权利无正当理由。例如，如果在债权到期以后，次债务人确有正当理由需要迟延履行，债务人也可以与次债务人达成协议推迟履行。在此情况下，债务人未能及时主张权利也不构成怠于行使。债务人可以因为生病、出国等原因不能及时行使债权，并不构成怠于行使，在此情况下，债权人可以要求债务人委托他人代理其收取债权，如果债务人拒绝委托，则构成怠于行使。

（三）债务人怠于行使权利的行为已经对债权人造成损害

债务人怠于行使权利的行为还必须对债权人造成损害，债权人才能行使代位权。如何理解对债权人造成损害，学术界存在不同观点。笔者认为，对于给债权人造成损害，应当作较为严格的解释。代位权的行使毕竟已突破了合同的相对性规则，会直接影响到第三人的权利和利益。如果将“对债权人造成损害”作宽泛的解释，必然导致代位权行使的要件过于宽泛，使债权人非常容易行使代位权，这将会使合同相对性规则受到非常严重的冲击。宽泛的解释虽然有可能加强对债权人的保护，但可能不利于对债务人和第三人的保护，也不利于对交易秩序的维护。因此，所谓“对债权人造成损害”，应当从如下三个方面来判断。

第一，债权人对债务人的债权已经到期。债权到期可以说是判断债务人怠于行使权利给债权人造成损害的第一个标准。由于债权人必须在自己的债权到期以后，才能确定债务人的行为是否有害于其债权，尤其是债权人的债权尚未到期，债权人不能对债务人提出实际请求，当然也不应行使代位权，要求第三人清偿债务。因此，债权人必须在自己的债权到期以后才能行使代位权。

第二，债务人构成迟延履行。这就是说，在债权人对债务人的债权到期以后，债务人没有及时清偿债务，已经构成迟延，在此情况下，仍怠于行使其对第三人的权利，造成其没有财产或没有足够的财产用来清偿对债权人的债务，这就从客观上对债权人造成了损害。当然，以债务人履行构成迟延作为债务人怠于行使权利给债权人造成损害的另一个标准，也应当有某些例外。例如，债务人的债权即将因时效届满而使债务人难以主张权利，在此情况下，债权人为了中断时效，不需要等到债务人履行迟延就可以行使代位权。再如，在次债务人破产时，为债务人申报债权也不需要等到债务人构成迟延。因为这些行为都是保存债权的行为，债权人从事这些行为的目的在于防止债务人权利的变更或消灭，而非代位请求第三人向债务人履行义务，故可不受此要件的限制。①

第三，债务人因怠于行使自己对次债务人的权利，造成自己无力清偿对债权人的债务。这就是说，在怠于行使自己的债权与不能清偿自己的债务之间具有一定的因果联系。因为一方面，债务人怠于行使其权利使其不能及时清偿债务，或者在履行迟延的情况下，不具有足够的资产使其清偿债务，已经在客观上给债权人造成了损害。另一方面，债务人怠于行使对次债务人的权利，造成自己无力清偿对债权人的债务，本身表明债务人是具有过错的，即主观上具有一种不愿清偿对债权人的债务的故意或者过失。

（四）债权人对债务人的债权已经到期

在代位权行使的情况下，债权人对债务人的债权必须到期②，这也是代位权与撤销权在构成要件上的区别所在。债权人代位权与债权人撤销权之所以存在此种区别，主要原因在于：一方面，债权人代位权针对的是债务人消极损害债权的行为，除保存行为外，债权人应在履行期届满后方可行使代位权，而撤销权针对的是债务人积极损害债权的行为，若不及时行使撤销权，等债权期限届满时，将无法补救。③ 另一方面，代位权针对的是债务人怠于行使权利的行为，但在债权人对债务人债权未到期的情况下，债权人很难确定债务人是否具有足够的责任财产来清偿债务。然而，撤销权针对的是债务人处分财产的行为，此种行为将直接导致债务人的责任财产减少，所以即使在债权人对债务人债权未到期的情况下，债权人也应当有权行使债权人撤销权。还要看到，即使在债权人对债务人的债权未到期的情况下，债权人行使撤销权，也不会给债务人造成损害，因为当第三人返还财产以后，该项财产应当由法院代为保管，等到债权到期以后才能交付给债权人，所以也不会剥夺债务人的期限利益。

① 参见最高人民法院经济审判庭编著：《合同法解释与适用》上册，314 页，北京，新华出版社，1999。

② 参见［日］我妻荣：《新订债权总论》，王燚译，148 页，北京，中国法制出版社，2008。

③ 参见申卫星：《论债权人撤销权的构成》，载《法制与社会发展》，2000（2）。

当然，这并不是说在任何情况下，债权都必须到期以后，债权人才能够行使代位权。在特殊情况下，债权人出于保存债务人权利之目的，也可以在债权未到期时主张代位权。我国台湾地区大多数学者认为，专为保存债务人权利的行为，如中断时效、申请登记、申报破产债权等，都可以代位行使，无须要求债务人限于迟延。[①]《合同法》颁布以后，许多学者也持此种观点，认为抵销抗辩、中断时效、破产债权之申报、不动产之移转登记、保存登记、变更登记、更正登记及涂销登记请求权以及其他土地返还请求权、电话名义变更请求权、遗产继承登记请求权，都可以由债权人代位行使。[②] 笔者认为，专为保存债务人权利的代位，必须是确有必要的，如不及时行使代位权，将导致债务人权利丧失。所以，在法律上有必要允许债权人代位实施保存行为，主要是因为如果债权人必须等到履行期届满以后才能主张代位权，则可能会使债权人的权利丧失，而一旦出现这种情况，等履行期届满后再行使代位权已经没有任何意义了。[③]

（五）债务人的债权不是专属于债务人自身的债权

依据《合同法》第73条的规定，债权人代位行使的权利必须是非专属于债务人的权利。由此可见，代位权的客体必须是非专属于债务人的债权。什么是专属于债务人的权利，学者对此解释不一，有人认为专属于债务人自身的权利是指法律规定不得让与或不得继承的权利。[④] 也有人认为专属于债务人的权利包括财产继承权、离婚时的财产请求权、抚养费请求权、人身侵害的损害赔偿请求权、不得强制执行的权利以及不得让与的权利。[⑤] 还有人认为“主要指须由债务人亲自行使方能产生法律效力的权利，如养老金、慰抚金、退休金、执行程序中的所保留的生活必需品，等等”[⑥]。《合同法司法解释一》第12条将“专属于债务人自

① 参见史尚宽：《债法总论》，467页，北京，中国政法大学出版社，2000。

② 参见韩世远：《合同法总论》，335页，北京，法律出版社，2011。

③ 实务界也有学者认为，不宜将代位权的适用扩张至债权人的保存行为。参见王闯：《对最高人民法院〈关于适用中华人民共和国合同法〉若干问题的解释（一）的若干理解》，载《判解研究》，第1辑，109页，北京，人民法院出版社，2000。

④ 参见刘家琛主编：《合同法新制度的理解与适用》，122页，北京，人民法院出版社，1999。

⑤ 参见张广兴：《债法总论》，200页，北京，法律出版社，1997。

⑥ 谢晓尧等：《新合同法要义》，186页，广州，广东旅游出版社，1999。

身的债权”解释为“基于扶养关系、抚养关系、赡养关系、继承关系产生的给付请求权和劳动报酬、退休金、养老金、抚恤金、安置费、人寿保险、人身伤害赔偿请求权等权利”。据此可见，专属于债务人本身的不能由债权人代位行使的权利包括如下情形。

第一，基于人格关系产生的利益以及人身伤害的损害赔偿。例如，某人将债务人打伤，债务人对侵害人享有损害赔偿请求权，由于该权利具有人身属性，债务人怠于行使该权利，债权人不能行使代位权。

第二，基于身份关系产生的利益，如基于扶养关系、抚养关系、赡养关系、继承关系等产生的给付请求权。

第三，基于劳动关系产生的利益，如退休金、劳动报酬、养老金、抚恤金等，但某人向他人提供一定的劳务以后，对方未支付一定的费用，该项债权可以由债权人代位行使。

第四，保险金。此处的保险金主要是指人寿保险金，因为人身保险同人的身体具有密切的联系，所以不能成为代位权的客体。至于在财产保险合同中，保险人在保险事故发生后在保险责任范围内，对被保险人所遭受的损失承担的赔偿责任，可以成为代位权的客体。

第五，其他不得扣押的权利，如劳动报酬、养老金、退休金、救济金、抚恤金以及执行程序中所保留的生活必需品等。这些权利直接关系到有关公民的基本生活和生存的问题，不能强制执行，当然也不能作为代位权的客体。[①]

值得注意的是，此处所说的不能成为代位权客体的债权指的是非专属于债务人自身的债权，但债权人对债务人享有的债权，即使是专属于债权人自身的债权，也不影响债权人行使其代位权。例如，甲被乙打伤，经过法院判决，乙应向甲赔偿5万元。但乙一直未清偿该笔债务。乙对丙也享有10万元的债权，乙也不及时提出请求，在此情况下，即使甲对乙享有的债权是专属于甲的债权，甲也可以对丙行使代位权。

---

① 参见王闯：《对最高人民法院〈关于适用中华人民共和国合同法〉若干问题的解释（一）的若干理解》，载《判解研究》，第1辑，105页，北京，人民法院出版社，2000。

四、代位权诉讼的主体

关于代位权诉讼的主体，《合同法》第 73 条规定：“因债务人怠于行使其到期债权，对债权人造成损害的，债权人可以向人民法院请求以自己的名义代位行使债务人的债权。”该条对合同之债的代位权诉讼作出了规定，其也应当适用于其他债的关系。依据该条规定，代位权的行使必须通过诉讼的方式进行，因此，债权人的代位权具有代位诉权的性质。在债权人提起代位权诉讼以后，首先需要确定诉讼当事人。根据上述规定，由于债权人行使代位权必须要以自己的名义提起诉讼，所以代位权诉讼的原告只能是债权人。

依据《合同法司法解释一》第 16 条的规定，代位权诉讼中的被告应当是次债务人，债务人不宜作为代位权诉讼的被告，因为代位权诉讼虽然是因债务人不履行债务而引起的，但其所解决的不是债权人和债务人之间的债务纠纷问题，而是债权人和次债务人之间因代位权的行使而产生的关系问题。将债务人作为被告，将难以体现出代位权关系的性质和特点。由于债权人代位权只是针对次债务人而行使，其主要解决债权人与次债务人因代位权行使而产生的相关纠纷，因而，该诉讼应当以次债务人为被告。

在债权人代位权诉讼中，关于债务人的地位，《合同法司法解释二》第 16 条规定：“人民法院根据具体案情可以将合同法第六十四条、第六十五条规定的第三人列为无独立请求权的第三人，但不得依职权将其列为该合同诉讼案件的被告或者有独立请求权的第三人。”可见，债务人的诉讼地位应当为第三人，而且是无独立请求权的第三人。因为尽管债权人行使代位权并不是直接针对债务人提出请求，但是代位权诉讼又必然要涉及债务人，由于代位权行使的前提是债权人对债务人享有到期债权，这就决定了在代位权诉讼中必然要涉及债务人。

五、代位权的行使范围和费用负担

（一）代位权的行使范围

依据《合同法》第73条的规定，代位权的行使范围以债权人的债权为限。该条虽然是就合同之债所作出的规定，但其也应当可以适用于其他债的关系。问题在于，如何理解“以债权人的债权为限”，笔者认为，其包括如下含义。

第一，某一债权人行使代位权，只能以自身的债权为基础，不能以未行使代位权的全体债权人的债权为保全的范围。由于债权人是以自己的名义和为自身的利益提起诉讼，故其只能以自己的债权为基础提出请求。更何况，行使代位权的债权人并没有获得其他债权人的授权，其以其他债权人的债权为基础行使权利是毫无法律根据的。如果债权人不知道债务人的其他债权人，更不可能知道债权的数额。在这种情况下，债权人不可能为其他债权人的利益而提起代位权诉讼。如果允许债权人代位权的范围扩大到全体债权人的债权，这事实上是不可能做到的，也将会导致债权人不当干涉债务人的行为。据此，笔者认为，各债权人都有权依代位权起诉，债权人代位权的行使范围仅以作为原告的债权人的债权为限，不包括其他未行使代位权的债权人所享有的债权。

第二，债权人在行使代位权时，其代位行使的债权数额应与其债权数额大致相等。当然，要求债权的数额绝对一致是非常困难的。因为即使两个债权是确定的，但债权人代位行使债务人的债权不可能在内容上恰好符合其债权的数额，而债权人也不能将该行为的内容进行分割。如果其代位请求的数额高于其对债务人的数额，只要在合理的范围内也应当允许。因为债权人提起代位诉讼之后，法院将首先就该债权是否合法、确定进行审理，同时需要审查代位权的条件是否具备。一旦符合代位权的条件，即使债权人代位请求的数额高于债权人对债务人享有的债权数额，法官也可以在支持债权人的代位请求的同时，只要求次债务人向债权人作出部分清偿，另一部分则直接向债务人作出清偿。

因此，笔者认为，《合同法》第73条所规定的“代位权的行使范围以债权人的债权为限”是指债权人在提起代位诉讼时，应尽可能使其代位请求的债权数额与其对债务人享有的债权数额大致相等。如果债务人享有多项债权，债权人代位行使其中一项债权便可以使其债权得到清偿的，债权人便只能针对一项债权行使代位权。

（二）代位权的费用负担

在债权人行使代位权以后，涉及行使代位权费用的承担。《合同法》第73条第2款中规定：“债权人行使代位权的必要费用，由债务人负担。”该条规定也可以适用于其他债的关系。依据该条规定，债权人行使代位权的费用应当由债务人负担，主要理由在于：债权人行使代位权只是债的保全的一种措施，债权人在行使代位权的过程中形成的费用，可以视为是债务人清偿债务过程中的费用，此种费用本来是应当由债务人支出的，因此，将这种费用从债务人的财产中扣除是合理的。

值得注意的是，依据《合同法司法解释一》第19条的规定，在代位权诉讼中，债权人胜诉的，诉讼费由次债务人负担，从实现的债权中优先支付。由于债务人不是作为诉讼中的被告出现的，所以由债务人承担该费用也存在不合理之处。但笔者认为，最终应由债务人承担费用。因为代位权行使的原因是债务人怠于行使其到期债权，可以说，次债务人不能向债务人及时作出清偿以及债务人不能及时清偿对债权人的债务，主要的过错在于债务人而不在于次债务人。最终将诉讼费确定由次债务人而不是由债务人来承担，对次债务人是不公平的。

六、代位权行使的效力

（一）代位权行使效力的理论

在债权人行使代位权之后，因行使代位权取得的财产应当如何分配，在理论上存在很大的争议，主要有如下几种观点。

一是“入库原则”说。此种观点认为，代位权行使的效果应归于债务人，行使代位权取得的财产应先加入债务人的责任财产，然后再依债的清偿规则清偿债权人的债权，这一规则被称为“入库原则”[①]。

二是债权人平均分配说。此种观点认为，代位权属于债权的范畴，因代位权的行使所获得的财产应当在债务人的债权人之间平均分配，这样在次债务人清偿债务以后该财产应当由法院进行保管。法院应当通知债务人的债权人申报债权，在确定所有的债权人以后，才能按债权的比例进行分配。

三是代位权人优先受偿说。此种观点认为，谁行使代位权所获得的财产，就应当归属于谁，因此，代位权的行使将产生一种优先受偿的效力。日本有学者主张，债权人对于债务人责任财产的全部，享有一种“包括的担保物权”，该担保物权是实体法上的权利，其效力类似一般优先债权，代位权应是债权人为自己的利益所独立行使的权利，即债权人一经行使代位权，对于因次债务人的清偿而归属于债务人的利益，享有优先受偿权。[②]

关于合同债权代位权的行使效果，我国《合同法司法解释一》第 20 条规定：“债权人向次债务人提起的代位权诉讼经人民法院审理后认定代位权成立的，由次债务人向债权人履行清偿义务，债权人与债务人、债务人与次债务人之间相应的债权债务关系即予消灭。”可见，最高人民法院的司法解释实际上采纳了此种观点。[③] 对此，有学者评论道，该司法解释突破了传统民法上的代位权理论，其重大突破表现在，代位权行使的结果并不归属于债务人，而是在债务人所负债额的限度内，直接归属于债权人。这方面的突破可谓是我国立法和司法实践上的独

---

① 该说为我国学界通说。参见孔祥俊：《合同法教程》，319 页，北京，中国人民公安大学出版社，1999；彭万林主编：《民法学》，579 页，北京，中国政法大学出版社，1999。

② 参见［日］我妻荣：《新订债权总论》，王燚译，151 页，北京，中国法制出版社，2008。

③ 当然，也有学者认为，代位权在性质上不是担保物权，而是债权的一种权能，它不具有物权的优先性，因此，代位权人行使代位权不能优先受偿。如果在债权人行使代位权时，已经有人对债务人提起诉讼甚至已经获得胜诉的判决，仍然必须由次债务人向行使代位权的债权人履行清偿义务，对于债务人的其他债权人也是不公平的。笔者认为，在债权人行使代位权时，如果没有其他的债权人对债务人主张权利，也没有其他债权人行使代位权，则该债权人不必通知债务人的其他债权人，可以将通过行使代位权所获得的财产全部取走，用来清偿对自己的债务。如果有其他债权人提起诉讼，则在执行时应当按照债权的比例平均分配。

特做法，而且使法院在实际适用该制度时非常便利。[①] 笔者认为，最高人民法院上述司法解释规定具有合理性，因为一方面，此种方式具有较强的可操作性，任何债权人只要主动向法院主张权利，就能够得到相应的保护，且此种保护也是符合债权保护的基本精神的。另一方面，此种方案有利于鼓励债权人积极地保护自己的债权。债权人作为自己利益的最佳判断者，应当根据自身情况去选择提起诉讼的成本和败诉的风险，并获取通过积极诉讼活动而取得的利益。因此，允许次债务人直接向债权人履行债务，有利于减少诉讼环节，实现诉讼经济，符合效率原则，而且有利于鼓励债权人提起代位权诉讼。[②] 此外，如果将代位权人行使代位权后所取得的财产完全在债务人的全体债权人之间平均分配，对代位权人也是不公平的。因为，在某一债权人行使代位权之后，如果允许全体债权人"免费搭车"，共享代位债权人提起代位权诉讼的成果，对积极行使代位权的债权人有欠公允，还将使代位权制度对债权人的激励因素丧失殆尽。[③] 但此种观点实际上赋予了行使代位权的债权人以优先受偿的效力，有学者认为，这种做法有违债权平等原则，因而是否妥当，还有待于进一步探讨。

（二）代位权行使的效力

1. 对债权人的效力

代位权的行使主体是债权人，债务人的各个债权人在符合法律规定的条件下均可以行使代位权。当然，如果一个债权人已就某项债权行使了代位权，而其他债权人也以该项债权行使代位权，则法院应当将多个代位诉讼合并审理。[④] 在债权人行使代位权时，法院需要确定是否已经有人对次债务人提起诉讼并已经获得胜诉的判决。如果已有获得胜诉的判决，则应当将该财产在胜诉的债权人与代位权人之间平均分配。但由于债权人在提起代位权诉讼时，债务人并没有进入破产程序，所以，也不必要求债务人的债权人申报债权，如果在债权人提起代位权诉

① 参见王闯：《对最高人民法院〈关于适用中华人民共和国合同法〉若干问题的解释（一）的若干理解》，载《判解研究》，第1辑，111页，北京，人民法院出版社，2000。

② 参见谢鸿飞：《合同法学的新发展》，320页，北京，中国社会科学出版社，2014。

③ 参见曹守晔：《代位权的解释与适用》，载《法律适用》，2000（3）。

④ 参见崔建远主编：《合同法》，4版，147页，北京，法律出版社，2007。

讼时，没有人对次债务人提起诉讼或者已经获得胜诉的判决，则通过代位权行使所获得的财产，应当由行使代位权的债权人获得。剩余的财产应当交给债务人，作为债务人的一般责任财产。

2. 对债务人的效力

代位权行使的直接效果应归属于债务人。由于债权人只是代替债务人行使权利，因而债权人代替债务人行使权利所获得的一切利益均归属于债务人。但由于债务人已经怠于行使债权，因而在债权人提起代位诉讼以后，依法院的裁判，次债务人应直接向债权人履行①，如果在扣除债务人对债权人的债权数额以后有剩余的，应返还给债务人。

在行使代位权过程中，债务人能否继续向次债务人提出请求呢？有观点认为，在债权人提起代位权诉讼以后，债务人也向法院提起诉讼要求次债务人向其作出清偿，由此已经表明债务人的行为不再是怠于行使权利，从而否定了代位权的构成要件。笔者认为，债务人向法院提起诉讼要求次债务人向其作出清偿，不能终止代位诉讼的进行。债权人之所以提起代位诉讼，乃是因为债务人怠于行使权利的结果。一旦代位诉讼开始，则意味着由原来的债权人和债务人之间的关系、债务人和次债务人之间的关系转化为债权人与次债务人之间的代位诉讼关系，债务人可以继续向其债务人提出请求，但首先应满足债权人的代位请求。因为如果首先满足债务人的请求，则次债务人在向债务人作出履行以后，债务人可能不将此财产用于清偿，这样债权人行使代位权的目的将会完全落空。当然，在债务人提出请求以后，法院也可以将两个诉讼合并审理，但首先应当满足债权人的请求。

如果债务人的某项权利被债权人所代位行使，则债务人对该权利是否可作出处分，学者有两种不同的观点。一种观点认为，代位权的行使并非强制执行，代位权行使以后，债务人的处分权不因此而受限制。另一种观点认为，代位权行使后，债务人的处分权如果不受限制，债务人仍可抛弃、让与其权利，则代位权制度形同虚设。笔者认为，一旦法院通过裁判允许债权人行使代位权，则债务人不能就其被债权人代位行使的权利作出处分，也不得妨碍债权人行使代位权，否

① 参见［日］我妻荣：《新订债权总论》，王燚译，153页，北京，中国法制出版社，2008。

则，代位权根本不能得到行使，债权更得不到保障。

3. 对次债务人的效力

债权人一旦行使代位权，将发生债权人和次债务人之间的代位诉讼关系，次债务人应作为被告参与诉讼，而不得以其与债权人之间无合同关系为由，拒绝参与诉讼或以此为由提出抗辩。其可以针对债权人不具备行使代位权的条件提出抗辩，但代位请求一旦成立，次债务人便应当依据法院的裁判向债权人作出履行。

此外，债权人提起代位权诉讼后，应当导致债权人的债权和债务人的债权诉讼时效发生中断。依据《民法总则》第 195 条的规定，“权利人向义务人提出履行请求”的，将导致诉讼时效中断，在债权人提起代位权诉讼后，意味着债权人向债务人主张权利，应当导致债权人的债权诉讼时效发生中断；同时，虽然债权人是以自己的名义向次债务人提起诉讼，但其所主张的是债务人的债权，因此，也导致债务人债权的诉讼时效中断。对此，《诉讼时效司法解释》第 18 条规定：“债权人提起代位权诉讼的，应当认定对债权人的债权和债务人的债权均发生诉讼时效中断的效力。”

在代位权行使的情况下，债权人向次债务人主张权利，次债务人可以享有如下三种抗辩。一是以代位权成立要件欠缺为由提出抗辩以对抗债权人。例如，如果债务人并未怠于行使其到期债权，或者未对债权人造成损害，或者债务人的债权是专属于债务人自身的债权，等等，在此情形下，债权人在向次债务人提起代位权诉讼时，次债务人有权提出抗辩，拒绝债权人的请求。二是可以根据其对债务人的抗辩，对抗债权人的请求。依据《合同法司法解释一》第 18 条规定，在代位权诉讼中，次债务人对债务人的抗辩，可以向债权人主张。一般而言，次债务人享有的抗辩包括：权利不发生或消灭之抗辩、债权未到期或抵销的抗辩、保证人的先诉抗辩、同时履行抗辩权、债务免除的抗辩、权利瑕疵的抗辩等。三是以债务人对抗债权人的理由来提出抗辩，如认为债权人向债务人提出请求的时效已经届满等。由于债务人对于债权人的抗辩也可以有效地对抗债权人，如果债权人所享有的债权不成立或者已经被宣告无效等，可以用来否定代位权的成立，因而次债务人可以以此向债权人主张。

第三节　债权人的撤销权

一、撤销权的概念和特征

债权人的撤销权，是指因债务人实施减少其财产的行为对债权人造成损害的，债权人可以请求人民法院撤销该行为的权利。由于撤销权的行使必须依一定的诉讼程序进行，也就是说，行使撤销权必须由债权人向法院起诉，由法院作出撤销债务人行为的判决才能发生撤销的效果。

一般认为，撤销权制度起源于罗马法的废罢诉权制度，该制度对后世的民法产生了重大影响，许多大陆法国家的民法都采纳了这一制度。一般而言，大陆法系国家法律中的债权人撤销权制度主要包括两种。一是破产法上的撤销权，即由商法或者单独的破产法所规定的撤销权。二是破产外的撤销权制度，即由民法或债法所规定的撤销权。例如，《法国商法典》第 424 条规定了破产上的撤销权，《法国民法典》中也规定了破产外的撤销权制度，即债权人可以以自己的名义对债务人用欺诈手段侵害其权利的行为提出控告，以保全自己的债权。德国 1994 年的《破产法》（Insolvenzordnung/InsO）第 129 条以下规定了破产撤销权（Insolvenzanfechtung），同时，在 1994 年《支付不能程序以外的债务人法律行为撤销法》（AnfG）中也规定了一般的债权人撤销权。《日本民法典》第 242 条规定，债权人知道债务人加损害于其债权时，可以请求法院取消该债务人的行为。一旦发生撤销，对全体债权人的利益都要产生效力。2004 年的《日本破产法》第 160 条至第 170 条也规定了撤销权。我国台湾地区“民法”第 244、245 条也对债权人撤销权作出了专门规定。

长期以来，我国民法中不存在债和合同的保全制度。从实践来看，由于缺乏债的撤销权制度，导致在债务人随意处分财产、隐匿资产、逃避债务等情况下，债权人也不能通过行使撤销权而保全其债权，这对债权人是极为不利的。我国《合同法》为强化对债权人的保护，设立了债的保全制度，从而填补了长期以来在债的保全制度规定方面的空白，对于充分保护债权具有重要意义。

撤销权具有如下特点。

第一，具有法定性。撤销权作为债权的一项权能，是由法律规定所产生的，但它并不是一项与物权、债权相对应的独立的民事权利，而只是附属于债权的实体权利。这就是说，一方面，撤销权必须依附于债权而存在，不得与债权相分离而进行处分。当债权转让时，撤销权也随之发生转让；当债权消灭时，撤销权也随之消灭。另一方面，撤销权作为债权的一项权能，其在本质上仍然属于债权，而不能产生物权的效力。

第二，它针对的是债务人不当处分财产的积极行为。债权人通过行使撤销权旨在恢复债务人的财产①，从而维持债务人的责任财产，最终发挥保障债权实现的作用。与代位权所针对的债务人消极不行使权利的情况不同，撤销权针对的是积极的作为行为，这些行为主要是指《合同法》第 74 条所规定的债务人放弃其到期债权、实施无偿或低价处分财产的行为。《合同法司法解释二》第 18 条规定，“债务人放弃其未到期的债权或者放弃债权担保，或者恶意延长到期债权的履行期，对债权人造成损害”的，债权人也可以撤销。

第三，它是一种具有综合性特点的权利。撤销权作为债权法上的权利，兼有请求权和形成权的特点。一方面，债权人行使撤销权，可请求因债务人的行为而获得利益的第三人返还财产，从而恢复债务人的责任财产。另一方面，撤销权的行使又以撤销债务人与第三人的民事行为为内容。当然，撤销权在性质上属于债权保全的权能，而不属于独立的权利类型，其行使和存续依附于债权，不得与债权分离而进行处分，当债权转让时，撤销权亦随之转让，当债权消灭时，撤销权也随之消灭。

第四，它必须通过诉讼的方式行使，由于行使撤销权必须由债权人向法院起诉，由法院作出撤销债务人行为的判决才能发生撤销的效果，因而，债权人撤销

① 参见［日］我妻荣：《新订债权总论》，王燚译，154 页，北京，中国法制出版社，2008。

权又兼具实体性权利和程序性权利的特点。例如，在“深圳市蒲公堂信息咨询服务有限公司与深圳市南山区投资管理公司、深圳市科汇通投资控股有限公司撤销权纠纷案”中，最高人民法院认为，债权人的撤销权是兼具实体权利和程序权利双重性质的民事权利，债权人未在法定期间内行使撤销权，既可消灭实体权利，亦可消灭程序权利。①

第五，撤销权可以对第三人产生效力。根据债的相对性，债的关系仅在当事人之间产生法律效力，然而，在特殊情况下，因债务人与第三人实施一定的行为致使债务人用来承担责任的财产减少或不增加，从而使债权人的债权难以实现。法律为保护债权人的债权，允许债权人享有并行使撤销权。可见，撤销权是债的对外效力的体现。

二、撤销权制度和相关制度的区别

（一）撤销权和代位权

债权人的撤销权和代位权一样，都使债权能够产生对第三人的效力。这两种权利的行使都涉及了债的关系以外的第三人，并对第三人产生了法律上的拘束力。可以说，债的保全是债的对外效力的体现。撤销权与代位权都是法定的债权权能，属于债的保全内容，且必须附随于债权而存在。然而，代位权和撤销权又是有区别的，主要表现在：

第一，两者针对的对象不同。代位权针对的是债务人不行使债权的消极行为，通过行使代位权旨在保持债务人的财产，而撤销权针对的是债务人不当处分财产的积极行为，行使撤销权旨在恢复债务人的财产。② 如果债务人与第三人达成无期限地推迟债务履行的协议，债务人并没有完全处分其财产，也就是说其债权仍然存在，债务人只是推迟主张债权的时间，从这一点来说，实际上是怠于行使债权，因而针对此种情况行使代位权比较合适。

① 参见最高人民法院（2007）民二终字第32号民事裁定书。

② 参见［日］我妻荣：《新订债权总论》，王燚译，154页，北京，中国法制出版社，2008。

第二，两者的构成要件不同。代位权和撤销权各自具有不同的行使要件。例如，代位权的行使要求债务人必须怠于行使其到期债权，且债权人对债务人的债权必须到期，而撤销权的行使不需要具备这些要件。[①]

第三，两者在效果上不同。例如，债权人行使代位权，一般是在债权人与债务人之间的债务已经到期的情况下，而行使该项权利的，因此，债权人行使代位权以后，如果没有其他人向债务人主张权利，债权人可以直接获得该财产。但是，债权人行使撤销权可能是在债权人与债务人之间的债务尚未到期的情况下行使的。所以债权人行使撤销权以后，第三人向债务人返还了财产，该财产不能直接交付给债权人，而应当由法院代为保管，待债务到期以后，再交付给债权人。[②]

（二）撤销权制度与合同的撤销制度

撤销权与可撤销合同中一方当事人所享有的撤销权也存在区别，虽然二者在名称上以及在宣布撤销的后果上具有相似之处，两种撤销权的行使都会导致民事法律行为自始不发生效力。但二者属于不同的法律制度，债的保全中的撤销权属于债的保全制度的范畴，而可撤销合同中的撤销权则属于合同效力制度的范畴，二者的主要区别在于：

第一，主体不同。可撤销合同中的撤销权人，一般是意思表示不真实的人或受害人。而在债的保全制度中，撤销权的主体是债权人。

第二，合同撤销制度设立的目的是贯彻意思自治原则，使撤销权人针对意思表示不真实的行为请求撤销，从而实现撤销权人的意志和利益。而债权人撤销权制度是法律为了保全债权人的利益，防止债务人的财产不当减少所设立的一种措施，并不在于保障当事人实现其真实的意思。

第三，从效力上来看，在合同撤销制度中，撤销只是在当事人之间发生的，所以撤销权的行使只是在当事人之间发生效力。而就债权人撤销权而言，撤销权的行使突破了债的相对性原则，将对第三人发生效力。

---

① 参见李永军、易军：《合同法》，310页，北京，中国法制出版社，2009。

② 参见韩世远：《债权人撤销权研究》，载《比较法研究》，2004（3）。

三、撤销权行使的条件

（一）债权人对债务人必须享有合法有效的债权

债权人对债务人享有合法有效的债权是撤销权行使的前提要件。[①] 这就是说，一方面，当债权人行使撤销权时，债权人的债权已经有效成立，且不具有无效或可撤销的因素。因为从本质上说，撤销权是依附于债权的一项权能，如果债权并不存在或者应被撤销或宣告无效，则撤销权也不应当存在。另一方面，债权必须在债务人处分行为发生之前就已有效存在。如果在债务人从事处分财产的行为时，债权尚未成立，就不能认为债务人处分财产的行为给债权人的债权造成了损害，对此行为当然不能行使撤销权。

债权人对债务人享有的债权主要是以金钱给付为标的的债权[②]，对非以金钱给付为标的的债权（例如以劳务为内容的债权、以特定物为标的的债权等），如果债务人不当处分其财产，一般不直接影响这些债务的履行，债权人也无必要行使撤销权。[③] 笔者认为，这一观点不无道理，一般情况下，债权人对债务人享有的债权应当是以财产给付为目的的债权，对不作为的债权或者以劳务为标的的债权不能行使撤销权。

需要探讨的是，债权人行使撤销权是否以其债权已到期为条件。有学者认为，债权人行使撤销权不应以其债权已经到期为条件，因为债务人的财产为全部债权之共同担保，该共同担保无论债权之清偿期届至与否，均为全体债权人之利益而存在，在债务人不当处分其财产时，不论债务是否已届清偿期，都会给债权人造成损害，故债权人于债权清偿期未届至时，也应当可以行使债权人撤销

① MünchKomm/Kirchhof，AnfG，§2，Rn. 12.

② MünchKomm/Kirchhof，AnfG，§2，Rn. 13.

③ 参见张龙文：《债权人撤销权之研究》，载郑玉波主编：《民法债编论文选辑》中，814页，台北，五南图书出版公司，1984。

权。[①] 笔者赞成此种观点，因为债权人撤销权的主要功能在于恢复债务人的责任财产，以保障其债权的实现，只要债务人出现不当减少其责任财产的行为，不论债权是否已经到期，债权人都应有权行使撤销权。[②] 还应当看到，即使债权人的债权未到期，债权人行使撤销权也不会给债务人造成损害，因为当第三人返还财产以后，债权人并不能直接就该财产受偿，而必须等其债权到期后才能获得清偿，因此，其不会剥夺债务人的期限利益。

（二）债务人实施了一定的有害于债权的行为

从客观要件上说，必须是债务人实施了一定的有害于债权的行为，才能使债权人行使撤销权。这一要件可以分为三个部分。

1. 债务人实施了一定的处分财产的行为

作为债权人撤销权之标的的“行为”在范围上如何界定，各国立法的规定并不一致。德国《债权人撤销法》第 1 条规定，得撤销之行为须为“法律的行为”，即能够发生法律上效果、导致债务人财产减少的行为[③]，《日本民法典》第 424 条则明定为债务人所为之“法律行为”[④]。在学说上，有些学者认为撤销的对象仅限于债务人实施的法律行为；也有学者认为不限于法律行为，还应包括诉讼中的承认债务、和解以及其他能够产生法律效果的行为。但处分行为必须在处分当时损害债权人，至于以后因为物价上涨等因素而并未实际造成损害，则不予考虑。[⑤] 笔者同意后一种观点。因为撤销权的行使，目的在于恢复债务人的责任财产，只要债务人处分财产的行为减少了债务人的责任财产，严重损害了债权人的债权，债权人就有权予以撤销。此处所说的“处分”仅限于法律上的处分，事实上的处分行为（如对财产加以改造、毁损等行为），无法撤销。[⑥] 法律上的处分，

① 参见吴博文：《合同法中表见代理与债的保全制度研究》，中国政法大学法律研究所 1999 年博士论文，209 页。

② 参见戴修瓒：《民法债编总论》，204 页，台北，自版，1978。

③ MünchKomm/Kirchhof，AnfG，§1，Rn. 4f.

④ 吴博文：《合同法中表见代理与债的保全制度研究》，中国政法大学法律研究所 1999 年博士论文，176 页。

⑤ 参见［日］我妻荣：《新订债权总论》，王燚译，165 页，北京，中国法制出版社，2008。

⑥ 参见韩世远：《合同法总论》，406 页，北京，法律出版社，2004。

包括转让财产、抛弃财产、免除债务、在财产上设定抵押等行为。[①] 在实践中，处分财产的行为大多是转让财产或将一定财产利益给第三人。债务人所实施的身份行为，如结婚、离婚、收养等，虽然可能导致债务人责任财产的减少，但债权人也不得撤销，否则将会不当干预债务人的私人生活，不当妨碍债务人的人格自由。[②]

根据我国《合同法》第 74 条以及《合同法司法解释二》第 18 条的规定，可以撤销的行为如下。

第一，放弃其债权。无论债务人放弃到期债权，还是未到期债权，债权人都有权请求撤销。通常，放弃债权主要是指放弃已经到期的债权。《合同法司法解释二》第 18 条规定："债务人放弃其未到期的债权或者放弃债权担保，或者恶意延长到期债权的履行期，对债权人造成损害，债权人依照合同法第七十四条的规定提起撤销权诉讼的，人民法院应当支持。"根据这一解释，放弃未到期债权的行为也可以撤销。

第二，无偿转让财产，这主要是指将财产赠与他人。[③] 当然，此处所说的赠与是指赠与已经实际生效，如果债务人与第三人只是达成了一般的赠与合同，还没有交付赠与物，则债权人不得请求撤销。

第三，以明显不合理的低价转让财产或以明显不合理的高价购买他人的财产。《合同法》第 74 条规定，债务人以明显不合理的低价转让财产的，对债权人造成损害，则债权人可依法请求法院撤销该转让行为。但如何判断构成"明显不合理的低价"呢？依据《合同法司法解释二》第 19 条的规定，判断是否构成"明显不合理的低价"主要应当考虑如下因素。一是应当以交易当地一般经营者为标准。也就是说，既不能以交易当事人为标准，也不能以法官自身的判断为标准，而应以一般经营者为标准。二是参考交易当时交易地的物价部门指导价或者市场交易价，结合其他相关因素综合考虑予以确认。三是通过转让价格与指导价

① 参见王泽鉴：《民法学说与判例研究》，第 4 册，129 页，台北，自版，1979。

② 参见韩世远：《合同法总论》，406 页，北京，法律出版社，2004。

③ MünchKomm/Kirchhof，AnfG，§4，Rn. 31f.

或交易价的比较来确定。此外，如果债务人以明显不合理的高价购买他人财产，也是一种转移财产行为，应当允许撤销。《合同法司法解释二》第19条第3款规定："债务人以明显不合理的高价收购他人财产，人民法院可以根据债权人的申请，参照合同法第七十四条的规定予以撤销。"

第四，放弃债权担保。根据《合同法司法解释二》第18条的规定，债务人放弃债权担保，债权人可以行使撤销权。例如，债务人放弃次债务人在其财产上设立的抵押权，或者在抵押权到期之后不行使抵押权。虽然债务人放弃其债权担保的行为表面上不会减少债务人的责任财产，但在债务人放弃其债权担保后，其对次债务人的债权即降格为未受担保的债权，该债权不获清偿危险程度增加，这也会影响债权人债权的实现，因此，债权人可以行使撤销权，撤销债务人放弃其债权担保的行为。

第五，恶意延长到期债权的履行期。根据《合同法司法解释二》第18条，债务人恶意延长到期债务的履行期，使其债权获清偿的时间延长，进而影响到债权人债权的实现，债权人也可行使撤销权。例如，债务人与第三人达成协议，约定无期限地延长第三人向债务人的还款期限，使其债权形同虚设。当然，如果债务人延长的期限没有超过债权人债权的履行期，在此情形下，债务人延长次债务人的债务履行期限，不会影响债权人的期限利益，也不会影响债权人债权的实现，因此，债权人无权撤销债务人的行为。

还有一些债务人实施的特殊行为，债权人不能行使撤销权。一是事实行为，如债务人将标的物毁损灭失。由于该行为不属于法律上的处分行为，且并不涉及第三人，因而债权人不能行使撤销权。二是债务人拒绝接受赠与、拒绝从事一定的行为而获得利益或无偿为他人提供劳务。这些行为虽然没有使债务人的财产增加，甚至使债务人能够得到的财产没有得到，但并没有使债务人现有的财产减少，所以债权人不能行使撤销权。三是身份行为，如收养子女、抛弃继承权等。虽然这些行为也会使债务人的财产减少，但债权人对此也不能撤销。[1] 四是提供

① 参见姚辉：《论债权人撤销权》，载《法律科学》，1990（3）。

劳务的行为。[①] 债务人向他人提供一定的劳务，而没有获取一定的报酬，虽然也会使债务人应该得到的财产而没有得到，甚至在提供劳务的过程中，债务人可能会支付一定的费用，但对债务人提供劳务的行为不得撤销。[②] 五是债务人在财产上设立负担的行为，如将其财产出租给他人或在财产上为他人设立负担。[③] 此时需要分析这种负担行为是否会减少债务人的财产。如果出租等行为会使债务人获得一定的租金，则不能认为该行为损害债权。

2. 债务人处分财产的行为已经发生法律效力

债权人之所以要行使撤销权，乃是因为债务人处分财产的行为已经生效，财产将要或已经发生了转移。如果债务人的行为并没有成立和生效，或者属于法律上应被宣告无效的行为（如债务人与第三人恶意串通隐匿财产），或该行为已经被宣告无效等，都不必由债权人行使撤销权。对债务人与第三人实施的无效行为，债权人可基于无效制度请求法院予以干预，宣告该行为无效。如果债务人与第三人以损害债权人为目的，恶意串通，且客观上此种行为侵害了债权人的债权，债权人应有权对该第三人提起侵害债权之诉。当然，债务人的处分行为必须在债权发生之后，所以债务人虽然从事了一定的处分行为，但该行为发生在其与债权人的债务成立之前的，债权人也不能行使撤销权。

3. 债务人处分财产的行为已经或将要严重损害债权

债务人处分财产的行为将明显有害于债权，债权人才能行使撤销权。[④] 所谓明显有害，是指债务人在实施处分财产行为后，已不具有足够的资产清偿对债权人的债务。如果债务人仍然有一定的资产清偿债务，则不能认为债务人的行为有害于债权。关于如何判断有害于债权，判例学说上存在几种不同的观点。笔者认为，只要债务人在实施处分财产的行为以后，已不具有清偿债务的足够资产，即可认为该行为严重有害于债权。如果在实施该行为以后，债务人仍有足够的资产

① 参见申卫星：《论债权人撤销权的构成》，载《法制与社会发展》，2000（2）。

② MünchKomm/Kirchhof，AnfG，§1，Rn. 83.

③ MünchKomm/Kirchhof，AnfG，§1，Rn. 141ff.，155.

④ MünchKomm/Kirchhof，AnfG，§1，Rn. 67ff.

清偿债务，则不能认为债务人的行为严重有害于债权。在此情况下，债权人也无权干涉债务人的处分行为。如何判断“足够”，就要看债务人实施了处分行为以后，其现有的资产是否仍能清偿债务；如果资产少于债务，则可认为该行为有害于债权。

判断债务人的行为是否有害于债权，还必须要确定债务人的行为与其资产少于债务的后果之间是否存在因果联系。例如，在“中国工商银行蒙阴县支行与山东省蒙阴棉纺织有限公司、山东恒昌集团股份有限公司撤销财产转让合同纠纷案”中，最高人民法院认为，关于债务人以不合理的低价转让财产的行为是否会对债权人债权的实现造成重大影响，“债权人应承担举证责任，证明债务人与第三人之间构成以明显不合理的低价转让资产，且应证明经过该资产转让行为，债务人已无力以其资产承担相应债务”[①]。这就是说，债务人没有足够的资产来清偿债务，是因为债务人从事处分财产的行为导致的。如果在债务人实施该行为时，债务人具有足够的资产来清偿债务，但以后由于物价上涨等原因而造成债务人不具有足够的财产来清偿债务，则不能认为债务人的行为有害于债权人的债权。

（三）主观要件：债务人与第三人具有恶意

主观要件应为债务人与第三人具有恶意。对此应当区分债务人的恶意和第三人的恶意而分别确定。

1. 债务人的恶意

《合同法》第 74 条规定“债务人以明显不合理的低价转让财产，对债权人造成损害，并且受让人知道该情形的”，其中只是提到了受让人的恶意问题，并没有提到债务人的恶意。债权人在行使撤销权时，是否需要举证证明债务人具有恶意，在理论上存在不同的看法。一种观点认为，《合同法》第 74 条并没有提到债务人的恶意，如果要求债权人举证证明债务人的恶意问题，对债权人未免过于苛刻。例如，在“中国水利电力对外公司与被申请人上海福岷围垦疏浚有限公司、龙湾港集团上海实业有限责任公司、海南龙湾港疏浚集团有限公司撤销权纠纷

① 最高人民法院（2005）民二终字第 172 号民事判决书。

案”中，最高人民法院认为，撤销权的行使不以债务人主观上存在恶意为成立条件。[①] 另一种观点认为，《合同法》第74条实际上已经包含了债务人的恶意问题，因为既然要求第三人具有恶意，则更应当要求债务人具有恶意。如果债务人是善意的，则债权人行使撤销权是毫无必要的。笔者认为，从《合同法》第74条的规定来看，其实际上只是要求债权人应当证明债务人在从事低价转让行为时，明知转让的价格属于明显不合理的低价，且客观上有害于债权，至于债务人主观上是否具有损害债权的恶意，则债权人不必就此举证，这就极大地减轻了债权人对债务人恶意的举证负担。所以债务人在低价转让财产时，明知其是以不合理的低价转让，即足以认定其恶意实施了转让财产的行为。从司法实践来看，也采纳了债务人恶意的推定规则，即如果债权人能够证明债务人存在以不合理的低价转让财产的事实，则可推定债务人具有恶意。[②] 一般来说，认定债务人的恶意应以其实施行为之时为准。如果在实施一定行为时并无恶意，而在以后才具有恶意，该行为也不应予以撤销。[③]

2. 第三人的恶意

第三人实际上包括两种情况，一是与债务人发生交易行为的相对人，二是由该相对人处取得权利和利益的人。此类人在法国法中称为转得人，德国法中称为权利转受人，我国学者一般将其称为转得人。[④]

《合同法》第74条要求债权人在针对债务人低价转让财产的行为行使撤销权时，必须要举证证明受让人主观上具有恶意。关于受让人恶意的内容，学术界有两种不同的观点：一种观点认为，受让人只需要知道债务人是以明显不合理的低价转让，便构成恶意；另一种观点认为，受让人不仅要知道债务人以明显不合理的低价转让，而且要知道此种行为对债权人造成损害，才构成恶意，即受让人知

---

① 参见最高人民法院（2009）民二提字第58号民事判决书。

② 参见“国家开发银行与沈阳高压开关有限责任公司、新东北电气（沈阳）高压开关有限公司、新东北电气（沈阳）高压隔离开关有限公司、沈阳北富机械制造有限公司等借款合同、撤销权纠纷案”，最高人民法院（2008）民二终字第23号民事判决书。

③ 参见王家福主编：《民法债权》，185页，北京，法律出版社，1991。

④ 参见姚辉：《论债权人撤销权》，载《法律科学》，1990（3）。

道债务人还有其他债权人存在，债务人的行为会对其他债权人带来不利，至于受让人是否与债务人一样具有诈害债权人的意图，则不必考虑。①

笔者认为，要求债权人举证证明受让人在取得一定财产或获取一定的财产利益时，已经知道债务人所实施的处分财产的行为有害于债权人的债权，这对债权人来说是十分困难的。因为债权本身具有非公开性，债权没有公示，很难推定受让人完全知道债权人和债务人之间的债权和债务的内容。所以受让人的恶意不应当包括已经明知债务人以明显不合理的低价转让、对债权人造成损害的内容。只要债权人能够举证证明受让人知道债务人的转让行为是以明显不合理的低价转让，便可以认为受让人与债务人实施一定的民事行为时具有恶意。至于受让人是否具有故意损害债权人的意图，或是否曾与债务人恶意串通，在确定受让人的恶意时不必考虑。

需要指出，对“明显不合理的低价”的判断，应当根据当时当地市场的价格来判断，明显不合理意味着转让的价格与市场价格相比较差距较大，任何一个合理的商人在此情况下都会认为该价格过低，据此将有合理的理由认为这种交易不是一种正当的交易。如果转让的价格与市场价格相差不大，则不能认为属于“明显的不合理的低价转让”。另外，要证明受让人的恶意，还要证明转让的价款是明显不合理的低价，受让人应当知道但债权人没有必要举证证明受让人知道债务人负有何种债务以及对谁负有债务。例如，在“福建金石制油有限公司等与瑞士嘉吉国际公司恶意串通纠纷上诉案”中，最高人民法院认为，在行使撤销权的情况下，债权人只需要举证证明“债务人无偿转让财产”或者“债务人以明显不合理的低价转让财产对债权人造成损害，且受让人知道该情形”，其中只要债权人能够举证证明“受让人知道债务人的转让行为是以明显不合理的低价”就足以认定受让人知道会因此对债权人造成损害。②

---

① MünchKomm/Kirchhof，AnfG，§3，Rn. 28ff.

② 参见最高人民法院（2012）民四终字第1号民事判决书。

四、撤销之诉的主体

撤销之诉的原告是撤销权人，即因债务人的不当处分财产的行为而使债权受到损害的债权人。撤销权的行使必须由享有撤销权的债权人以自己的名义，向法院提起诉讼，请求法院撤销债务人不当处分财产的行为，如果债权人为多数人，可以共同享有并行使撤销权。如果某一个债权人向债务人提出撤销之诉以后，其他债权人也针对同一债务人提起了撤销之诉，则应适用《合同法司法解释一》第25条第2款的规定："两个或者两个以上债权人以同一债务人为被告，就同一标的提起撤销权诉讼的，人民法院可以合并审理。"但是，如果只是一个债权人提起了撤销之诉，其他债权人并未提起撤销之诉，而只是请求债务人清偿债务或承担违约责任，则尽管在这些诉讼中被告相同，但由于诉讼标的和诉讼性质不同，因而不能合并审理。

撤销之诉的被告是债务人。《合同法司法解释一》第24条规定："债权人依照合同法第七十四条的规定提起撤销权诉讼时只以债务人为被告，未将受益人或者受让人列为第三人的，人民法院可以追加该受益人或者受让人为第三人。"从该条规定来看，撤销之诉的被告为债务人，受让人并不能作为撤销之诉的被告，而只能作为诉讼中的第三人。如果受让人将标的物转让给第三人，该第三人即为转得人。笔者认为，撤销之诉原则上只能及于受让人，而不应及于转得人，因为转得人本身是不确定的，不仅包括直接承受人即第一转得人，次承受人也包含在内，允许债权人向转得人提出请求，实际上是赋予了债权一定的追及权，这与债权相对权的性质是不相符合的，因此，我国《合同法》第74条只允许撤销权的效力可以及于受让人，而并没有允许其效力及于受让人以外的转得人。

五、撤销权行使的范围

根据我国《合同法》第74条，撤销权的行使范围以债权人的债权为限。此处所说的“债权人”是指全体债务人的债权人，还是仅指行使撤销权的债权人，学理上存在争论。主要有如下两种观点。一是全体债权人说。此种观点认为，撤销权的行使范围应当以全体债权人的债权为限。这就是说，由于撤销权设立的目的在于保全所有一般债权，因而对于债务人所处分的全部财产，债权人中的任何一人行使撤销权时，其行使的范围应以保全全体一般债权的总财产额为限①，而不是以行使撤销权的债权人所享有的债权额为限，但对于债务人超出全体一般债权的保全范围的处分行为，应在全体一般债权的总财产额限度内，分割行使。二是特定债权人说。此种观点认为，债权人在行使撤销权时，其撤销的范围仅以保全行使撤销权的债权人的债权为限，而不能以保全全体债权人的债权为限。②

笔者认为，撤销权设立的目的并不在于保全全体债权人之债权，因此，撤销权的行使范围应当以行使撤销权的债权人的债权范围为限。一般情况下，债权人行使撤销权时，并不知道债务人的其他债权人，也无法得知各债权人债权的总额，如果允许债权人撤销权的范围扩大到全体债权人的债权，那么撤销权的范围将会过于宽泛，这可能导致债权人不当干涉债务人的行为。因此，不论债权人是否知道债务人的其他债权人及其债权数额，债权人行使撤销权只能以其自身的债权数额为限，这就是《合同法》第 74 条规定的撤销权的行使范围“以债权人的债权为限”所应有的含义。具体而言：

第一，某一债权人行使撤销权，只能以自身的债权为基础，不能以未行使撤销权的全体债权人的债权为保全的范围。

第二，各债权人都有权依撤销权起诉，其请求范围仅限于各自债权的保全范围，债权人的撤销权的行使范围仅以作为原告的债权人的债权为限，不包括其他未行使撤销权的债权人所享有的债权。根据《合同法司法解释一》第 25 条第 2 款的规定，数个债权人以同一债务人为被告，就同一标的提起撤销权诉讼的，人民法院可以合并审理。当数个债权人遭受同一债务人行为侵害时，各个债权人都可以主张撤销。各个债权的数额的总和，属于债权人保全的范围。对于超出这些

---

① 参见［日］我妻荣：《新订债权总论》，王燚译，174 页，北京，中国法制出版社，2008。

② 参见崔建远主编：《合同法》，165 页，北京，法律出版社，2010。

数额的部分，债权人也不应当行使撤销权。

第三，债权人在行使撤销权时，其请求撤销的数额必须与其债权数额相一致。应当指出的是，撤销的范围原则上应仅及于债权保全的范围，对债务人不当处分财产的行为超出债权保全的必要的部分，不应发生撤销的效力，否则将不当地干涉债务人正当行为的自由。例如，债务人分别从事多项处分财产的行为，如果撤销其中一项即足以保全债权，就不应当对其他的处分财产行为特别是交易行为也提出撤销。债权人只要能够举证证明债务人的行为有害于债权，且符合撤销权行使要件，就可以行使撤销权。但是如果债权人的债权数额与其请求撤销的行为的数额不符，则即使债权数额低于该行为中的数额，债权人也可以请求撤销该行为。例如，甲对乙享有的债权是 10 万元，而乙低价转让了 15 万元的财产，由于此种行为不宜分割，所以甲也可以就 15 万元行使撤销权。

六、撤销权行使的效力

（一）对债务人的效力

债务人的行为一旦被撤销，则该行为自始无效。所谓“自始无效”，是指一经撤销，债务人放弃债权或转让财产的行为从一开始就不发生效力，而且债权人一旦行使撤销权，债务人与第三人之间的行为即自始无效，如果是单方的免除债务，一经撤销，视为债务自始没有被免除；如果是转让财产，即使受让人已经通过登记取得了该财产的所有权，则转让行为被撤销以后，应当撤销登记。如果是以设定他物权为标的，一旦撤销，也自始视为未设定；如果是转让债权，则撤销以后，债权将复归于债务人。如果债务人已与他人达成买卖合同但尚未交付财产，则该合同将因被撤销而自始无效。债务人的行为一经宣告无效，应当是整个行为无效，而不应当限于债权人所保全的债权范围。

问题在于，在债权人提起撤销之诉时，债权人与债务人之间的债务可能并没有到期，如果在撤销之后，债务人和受让人直接向债权人交付财产以清偿债务人的债权，则势必会剥夺债务人的履行利益。一般认为，在此情况下，可以将财产暂时交给法院代为保管，待债务到期以后，再交付给债权人。当然，如果债务已经到期，就可以以该财产直接向债权人作出清偿。

（二）对其他债权人的效力

某个债权人行使撤销权以后，对债务人和受让人所返还的财产是否能够优先受偿，在各国和有关地区的法律规定中并不完全相同。对此有两种不同观点。一是肯定说。此种观点认为，司法解释已经承认了代位权人有权就次债务人的给付优先受偿，因此，也应当承认行使撤销权的债权人的优先受偿权，二者宜共进退。[①] 如果撤销权人不能优先受偿，则其他债权人必将坐享其成，势必挫伤债权人行使撤销权的积极性，甚至使该制度形同虚设。[②] 二是否定说。此种观点认为，债权人行使撤销权所获得的利益应当归全体债权人共享，相关的财产应当作为全体债权人的一般担保，行使撤销权的债权人并不享有优先受偿权。[③]

笔者赞成否定说，理由主要在于：一方面，债权人撤销权与代位权不同，债权人代位权的功能在于防止债务人责任财产可增加而不增加的现象，而债权人撤销权的功能则在于防止债务人责任财产的积极减少；而且债权人在行使代位权时，其可以以自己的名义直接向次债务人提出履行债务的请求，因此，其可以享有优先受偿权，而债权人在行使撤销权时，其只是撤销债务人不当减少责任财产的行为，并没有请求债务人或其相对人向其履行债务，其行使撤销权的后果只是使相关的财产归入债务人的责任财产，作为全体债权人的共同担保，全体债权人对这些财产应平等受偿。因此，其不享有优先受偿权。另一方面，从我国现行立法来看，《合同法司法解释一》仅规定了代位权人的优先受偿权，但没有规定行使撤销权的债权人的优先受偿权，因此，我国现行立法并没有肯定行使撤销权的债权人的优先受偿权。

从法律上说，在撤销债务人的行为以后，某一债权人取回了一定的财产或利益，应作为债务人的全体债权人的共同担保，各个债权人对这些财产都应当平等

① 参见谢鸿飞：《合同法学的新发展》，338页，北京，中国社会科学出版社，2014。

② 参见李向前：《论债权人的撤销权》，载《当代法学》，2002（5）。

③ 参见李永军：《合同法》，452页，北京，法律出版社，2010。

受偿。但问题在于，在债权人行使撤销权以后，债权人根本不知道其他债权人存在，而法院也没有必要发出公告要求债务人的其他债权人申报债权，因为这样做将会使债务人事实上进入了破产程序。所以，笔者认为，在债权人行使撤销权时，如果没有其他的债权人对债务人提起撤销权诉讼，则该债权人不必通知债务人的其他债权人，在债权人的债权已到履行期时，可以将通过行使撤销权所获得的财产直接用来清偿对自己的债务。在债权人的债权未到履行期时，可以由法院代管。如果有其他债权人提起诉讼，且已获得胜诉的判决，则表明债权已确定，在执行时应当按照债权的比例平均分配。

（三）对于受让人（受益人）的效力

由于债务人放弃债权或转让财产的行为既可能是单方行为，也可能是双方行为，所以，债务人单方放弃债权时，可能存在受益人，而在债务人移转财产时，则存在受让人。在债务人不当处分财产的行为被撤销后，如果财产已经为受让人（受益人）占有或受益的，其应向债务人返还财产和收益，如果原物不能返还则应折价赔偿。受让人从债务人那里获得一定的利益，在转让行为撤销以后，则应当根据不当得利返还给债务人。如果占有标的物的，也负有返还标的物的义务。如果撤销不能对受让人生效，则在撤销以后，债权人不能请求受让人返还财产，债权人撤销的目的便没有达到，这样不利于保护债权人的利益。

当然，并不是在任何情况下，都应当返还原物。如果原物不能返还，也可以采用补偿原则。例如，乙欠甲 100 万元，乙将其价值 100 万元的房屋以 20 万元的价格转让给丙。如果丙已经将该房屋占有并进行了装修，而且已作商店使用，则不宜返还，丙可以对该财产的实际价值与转让价格的差额作出补偿。如果丙将该房屋又以 30 万元的价格转让给丁，也可以由丙、丁进行补偿。如果受让人在取得财产时出于善意且支付了一定的代价，那么本来就不应撤销债务人与受让人之间的民事行为，因而也不发生返还问题。

七、撤销权行使的期限

撤销权必须在一定的期限内行使，《合同法》第 75 条规定："撤销权自债权人知道或者应当知道撤销事由之日起一年内行使。自债务人的行为发生之日起五年内没有行使撤销权的，该撤销权消灭。”该条实际上规定了两类期限：一是关于1年的规定，属于诉讼时效的规定，可以适用时效的中止、中断、延长。二是关于5年的规定，其在性质上类似于除斥期间，不适用时效的中止、中断、延长。例如，在“深圳市蒲公堂信息咨询服务有限公司与深圳市南山区投资管理公司、深圳市科汇通投资控股有限公司撤销权纠纷案”中，最高人民法院认为：“债权人撤销权的五年行使期间在性质上类似于除斥期间，因此债权人撤销权属于一种实体权利，债权人未在法律规定的行权期间内行使，便发生消灭实体权利的效果。”[①] 由此可见，该期限实际上是撤销权行使的固定期限，无论在该期限内出现何种情况，只要债权人未在该期限内行使权利，其撤销权都将消灭。法律之所以将其规定为类似于除斥期间的效果，使其不发生中止、中断或延长，其目的是维持权利秩序的稳定，防止出现第三人的权利长期处于不能确定的状态，以维护交易安全。

关于1年的时效期限的起算问题，《合同法》第75条规定自债权人知道或者应当知道撤销事由之日起1年内行使，也就是要从知道或者应当知道撤销的事由之日起算。此处所说的撤销事由应当是指符合撤销权行使要件的行为，如果只符合一个要件而不具备全部要件，仍不能认为知道或应当知道该事由。例如，在“中国工商银行蒙阴县支行与山东省蒙阴棉纺织有限公司、山东恒昌集团股份有限公司撤销财产转让合同纠纷案”中，最高人民法院认为：“在撤销权法定期间的起算问题上应作出有利于积极主张权利的债权人的解释，其知道或应当知道撤销事由之日应为人民法院告知其可以提起撤销权之诉的判决作出之日。”[②]

债权人行使撤销权，其效力依判决的确定而产生，并对债权人、债务人、相对人或受益人均产生效力。同时，一经撤销即从行为发生时失去效力，因此，撤销可以发生溯及既往的效果。

① 最高人民法院（2007）民二终字第32号民事裁定书。

② 最高人民法院（2006）民二终字第218号民事裁定书。

第十八章 债务不履行及其责任

第一节 债务不履行概述

一、债务不履行的概念

债务不履行是指债务人无正当理由，而没有按照债的本旨作出给付，以满足债权。[①] 在德国法上，债务不履行被称为履行障碍（Leistungsstörung）。债权具有请求力与保持力，债权人有权基于其债权请求债务人履行债务，在债务人作出给付后，债权人也有权保有该给付利益，而不构成不当得利。债务人应当按照债的要求全面履行债务，债务人没有履行、没有按时履行或按照约定履行的，构成债务不履行[②]，债权人有权请求债务人承担债务不履行的责任。

① 参见［日］我妻荣：《新订债权总论》，王燚译，87页，北京，中国法制出版社，2008。

② Weiler，Schuldrecht，Allgemeiner Teil，3. Aufl.，2016，Nomos，§ 17，Rn. 1.

传统大陆法系国家的民法典大多在债法总则中规定了债务不履行的责任，并适用于各类债不履行的行为。从总体上来看，债务不履行责任可以适用于各种债的类型，具体表现为：第一，合同之债的债务不履行。合同之债是约定之债，合同债务的不履行具体表现为不履行、不完全履行等，不完全履行又包括了瑕疵履行、迟延履行、部分履行等形态。各种合同债务不履行的行为，都可以适用债务不履行的一般规则。第二，缔约过失之债的债务不履行。缔约过失之债的不履行，与合同债务的不履行类似。在德国法上，缔约过失之债被称为准合同之债，因此，其债务不履行的责任也与合同债务不履行类似。第三，不当得利之债的债务不履行。一方无法律上原因而获得利益，获利一方应担负担返还义务。但受益人如果不履行其义务，就应当承担债务不履行的责任。如果受益人部分返还或返还有瑕疵，同样构成债的不完全履行。第四，无因管理之债的债务不履行。无法律或约定的义务而管理他人事务，构成无因管理，被管理人因此负有特定的债务。如果被管理人没有完全履行其债务（如费用的支付等），也可以构成债务不履行。第五，侵权之债。侵权行为发生之后，就在行为人和受害人之间产生了侵权之债。如果侵权人主动履行损害赔偿义务，则不会产生侵权损害赔偿责任。但在债务确定之后，也可能会发生债务不履行的责任问题。

从实践来看，债务不履行的责任主要适用于违约责任形态，但并不意味着债务不履行的规则就完全不适用于其他债的类型。因此，债务不履行责任的规则仍然具有普遍适用的价值，应当置于债法总则之中加以规定。但确实应当看到，每一种债都有其特殊性，很难通过抽象的、一般的债务不履行规则予以解决。债法总则中确立了债务不履行规则之后，还有必要在合同法、侵权法等之中确立违约和侵权等责任的特殊规则。例如，就侵权责任而言，我国《侵权责任法》第15条规定了8种责任形式，这些责任很难都归入债务不履行责任之中。尤其其中的一些责任不具有财产给付内容，很难纳入一般的债务不履行责任之中。因此，20世纪以来，特别是自第二次世界大战以来，大陆法系国家的债法模式出现了一些新的变化。例如，1992年的《荷兰民法典》尝试将传统大陆法系的债法一分为三，侵权法和合同法各自成为独立的一编，创建了新型的“分层式”的民法典体系。尤其是就侵权责任法而言，已经出现了越来越明显的与债法分离而相对独立的趋势。我国《合同法》和《侵权责任法》的颁布，也标志着其相对独立，由此，违约责任和侵权责任也与债务不履行责任出现了相对分离的趋势，但损害赔偿的相关规则仍然可以适用于违约责任和侵权责任。

二、债务不履行的具体形态

就债务不履行的形态而言，传统大陆法系国家主要规定了拒绝履行、履行迟延、履行不能和不完全履行四大类。[①] 德国在债法现代化法改革后将债务不履行形态分为两大类，即给付义务不履行、附随义务不履行。前者包括给付不能、给付迟延和不良给付（Schlechtleistung）；后者则是指违反《德国民法典》第 241 条第 2 款规定的照顾义务。[②] 但我国现行立法未承认履行不能的债务不履行形态，主要原因在于：一方面，因可归责于债务人的事由而致全部履行不能，债务人若不能继续履行义务，则发生债不履行的责任，债务人虽被免除履行原债务的义务，但要承担债不履行的责任。在此情况下，债务人的行为已构成不履行。另一方面，因可归责于债务人的事由而造成一时不能，如果在不能原因除去以后，债务人仍能履行债务的，构成履行迟延，债务人应负迟延履行的责任。除非此时履行因对债权人已无利益而为债权人所拒绝，则债务人仍不能被免除其履行义务，此种情况属于债务迟延履行的范围。因此，履行不能原则上不能成为独立的形态。依据我国现行法律规定，债务不履行的形态主要有如下几种。

（一）拒绝履行

所谓拒绝履行，是指履行期限到来之后，债务人无正当理由拒绝履行债务的行为。我国台湾地区学者认为，债务人拒绝履行，不仅未为给付，而且并无给付

① 参见郑玉波：《民法债编总论》，265 页以下，台北，三民书局，1986。

② Joussen, Schuldrecht I, Allgemeiner Teil, 3. Aufl., 2015, Kohlhammer, Rn. 278 ff.; Weiler, Schuldrecht, Allgemeiner Teil, 3. Aufl., 2016, Nomos, § 17, Rn. 7 ff.; Fikentscher/Heinemann, Schuldrecht, 11. Aufl., De Gruyter, 2017, Rn. 369 ff.

的意思，故与所谓“债务人已为给付，但其给付不合乎债的本质”的不完全给付不同。[①] 给付拒绝是债务人无正当理由对债权人表示不为给付的意思。[②] 总之，拒绝履行均指在履行期限到来之时，债务人无故不履行债务，从而构成典型的债务不履行行为。

在拒绝履行的情况下，债务人首先必须负有债务，这种债务必须是客观存在的。如果是自然债务或者一方误认为是债务，而实际上并不存在，或合同已被宣告无效或者撤销，那么，债务人在债权人提出履行的要求时有权予以拒绝。同时，在履行期到来之后，债务人拒不履行其应负的债务，就构成拒绝履行。在拒绝履行的情形，债权人有权要求其继续履行，或承担其他债务不履行的责任。

（二）履行迟延

履行迟延有两种含义，广义上的履行迟延包括给付迟延（债务人迟延）和受领迟延（债权人迟延）[③]；而狭义的履行迟延则单指债务人的迟延。学者大多采纳狭义的概念。履行迟延是在履行期限到来时不作出履行。所谓履行期限，是指债务人向债权人履行义务和债权人接受债务人履行的时间。履行期限明确的，当事人应按确定的期限履行；履行期限不明确的，按照法律规定，债务人可以随时向债权人履行义务，债权人可以随时要求债务人履行义务，但应当给对方必要的准备时间。在履行期到来时，债务人无正当理由不履行债务，即构成履行迟延。

履行迟延不同于拒绝履行。许多学者认为，拒绝履行与履行迟延是相同的形态，因为拒绝履行后，也会发生履行迟延的结果。德国法之所以否认拒绝履行为一种违约形态，其理论根据是，拒绝履行可以包括在迟延履行之中。因此，在履行期到来之后，债务人拒绝履行，债权人可以根据其已构成迟延履行而追究债务人的责任。笔者认为，这种观点虽有一定道理，但仍有值得商榷之处。

首先，从债务人的意思来看，二者是有区别的。拒绝履行在许多情况下都存在当事人拒绝履行债务的意思表示，或者虽无明确的意思表示，但由于债务人的

---

① 参见刘孔中：《积极侵害债权之研究》，载《法学丛刊》，第121期，77页。

② 参见史尚宽：《债法总论》，392页，北京，中国政法大学出版社，2000。

③ Fikentscher/Heinemann，Schuldrecht，11. Aufl.，De Gruyter，2017，Rn. 386.

过错而根本不能履行债务；而在迟延履行的情况下，债务人并没有明确表示不履行债务。当然，迟延履行发生以后也可能因债务人明确表示拒绝履行而转化为拒绝履行。

其次，在拒绝履行的情况下，债务人不仅在履行期到来之后没有作出任何履行，而且不会作出任何履行；而在迟延履行的情况下，债务人不仅是有可能继续履行的，而且有时当事人可能会作出一定的履行。当然，这种履行最终违反了履行期限的规定。

最后，从补救方式上看，二者是有区别的。例如，就合同的拒绝履行而言，其是一种公然毁约的行为，因此，在发生拒绝履行之后，债权人应有权行使解除权，并要求债务人承担违约责任，债权人也应采取各种措施避免损失的扩大；在迟延履行的情况下，如果合同规定的期限并不直接影响到合同目的的实现，而且迟延并未给非违约方造成较大的损失，则非违约方一般不能解除合同。

关于迟延履行的判断是否要经过催告，各国法上有不同的做法。在我国，应依据是否有履行期限的规定而分别认定。在有期限的情况下，期限的到来本身就意味着其已经迟延，此即所谓“期限代人催告（dies interpellat pro homine）”。但对于未定履行期限的，则需要债权人进行催告作出履行，此时才能确定债务的履行期限。《德国民法典》第 286 条第 1 款规定了需要经过催告的迟延，第 2 款规定了无须催告的迟延。按照这一规定，原则上，债权人主张迟延履行的损害赔偿（Verzögerungsschäden）的，应当向债务人发出催告。① 在我国《合同法》中，凡是规定履行期限的债务，构成迟延不必经过催告，因为债务人在履行期限到来时不履行债务，明显违背了合同关于履行期限的规定。经催告才履行，也不利于督促债务人自觉履行义务，但在因迟延导致合同解除的情况下，考虑到解除将会消灭合同关系，因而《合同法》第 94 条第 3 项规定，“当事人一方迟延履行主要债务，经催告后在合理期限内仍未履行”，其可以解除合同。如果在迟延履行的情况下，非违约方要解除合同，则必须先进行催告。

在迟延履行的情况下，债务人不仅要继续履行，而且要赔偿迟延期间债权人

① Weiler, Schuldrecht, Allgemeiner Teil, 3. Aufl., 2016, Nomos, § 25, Rn. 7.

的损失。[1] 如果债务人违反的是合同债务，只有在履行迟延构成根本违约的情况下，非违约方才能解除合同。依据《合同法》第 117 条第 1 款的规定："当事人迟延履行后发生不可抗力的，不能免除责任。"这就意味着，迟延履行合同债务，债务人要承担更大的风险。在迟延期间，即便发生了不可抗力，债务人也要承担责任。该规定也应当可以适用于其他债的关系。

（三）不适当履行

所谓不适当履行，是指债务人虽然履行了债务，但其履行不符合债的规定。《合同法》第 107 条规定："当事人一方不履行合同义务或者履行合同义务不符合约定的，应当承担继续履行、采取补救措施或者赔偿损失等违约责任。"此处所说的"履行合同义务不符合约定的"主要是指不适当履行。

在不适当履行的情形，当事人已经作出了履行。不适当履行不同于不履行，因为在不适当履行的情况下，债务人已经实际履行了其债务，只是因为履行存在瑕疵，因而并不能导致完全履行的效果。具体来说，不适当履行包括如下情形。一是质量不符合规定。[2] 二是履行地点不符合规定。例如，应当在甲地交付，而将货物置于乙地。三是履行方式不符合规定。例如，应当一次履行而分期履行，应当以人民币支付而以美元支付。四是包装不符合规定。例如，应当采用集装箱运输，而采取散运的方式。五是加害给付。在加害给付的情况下，标的物的瑕疵导致债权人固有利益的侵害。例如，因交付的汽车发生自燃，导致买受人的车库受损等。

不适当履行可以分为两类。一是瑕疵履行。它主要包括交付的产品或提供的服务不符合质量规定的标准，或者产品在规格、包装方面不符合标准，或者不具备应当具备的使用性能。根据学者的一般观点，瑕疵履行的后果是导致减少或者丧失该履行本身的价值或效用，其所侵害的是债权人对于正确履行所能取得的利益，即履行利益（Äquivalenzinteresse，Erfüllungsinteresse）。这种损害被称为瑕疵损害

① 参见朱广新：《合同法总则》，420 页，北京，中国人民大学出版社，2008。

② Vgl. Joussen，Schuldrecht I，Allgemeiner Teil，3. Aufl.，2015，Kohlhammer，Rn. 645；Hirsch，Schuldrecht，Allgemeiner Teil，10. Aufl.，2017，Nomos，Rn. 772.

(Mangelschaden)。[①] 二是加害给付。它是指因债务人不适当履行造成债权人履行利益以外的其他损害。加害给付作为一种特殊的违约形态，表现在债务人不仅实施了不符合债的规定的履行行为，而且此种履行侵害了债权人履行利益以外的其他权益，即固有利益（Integritätsinteresse），对此种利益的损害，德国学者称之为附带损害（Begleitschäden）或瑕疵结果损害（Mangelfolgeschäden），即履行利益以外的损害。[②] 加害给付与瑕疵给付是相对应的概念，这两种债务不履行形态都属于质量不符合规定，但瑕疵给付侵害的是债权人的履行利益，致使该给付本身的价值或效用减少乃至丧失；而加害给付所侵害的是履行利益以外的其他权益。所谓履行利益以外的其他利益，学理上又称为固有利益或维持利益，是指债权人享有的不受债务人和其他人侵害的现有财产和人身利益。此处所称的现有财产是指履行标的物以外的财产，或称为履行利益以外的财产利益。例如，在“贾某某诉北京国际气雾剂有限公司等人身损害赔偿案”中，煤气罐爆炸造成了受害人的人身伤害。[③] 该案即属于加害给付的情形。在法律后果方面，瑕疵给付仅仅导致债务不履行责任的承担，而加害给付则会导致违约责任和侵权责任的竞合。

在不适当履行的情况下，质量不符合约定的，先应当按照当事人的约定承担债务不履行的责任。例如，当事人事先专门对不适当履行行为规定了违约和违约损害赔偿条款，则非违约方先应当依据这些条款的规定而要求对方承担责任。如果当事人对在不适当履行情况下的责任没有约定或者约定不明确，当事人事后又不能达成补充协议，也不能按照合同有关条款或者交易习惯确定承担责任的方式，则应当由受害人依法选择法定的各种补救方式，包括要求违约方承担修理、更换、重作、退货、减少价款或者报酬等责任。在合同责任中，不适当履行具有特殊的救济方式。例如，《合同法》第 111 条规定：“质量不符合约定的，应当按照当事人的约定承担违约责任。对违约责任没有约定或者约定不明确，依照本法第六十一条的规定仍不能确定的，受损害方根据标的的性质以及损失的大小，可

---

①② Weiler, Schuldrecht, Allgemeiner Teil, 3. Aufl., 2016, Nomos, § 21, Rn. 11; Fikentscher/Heinemann, Schuldrecht, 11. Aufl., De Gruyter, 2017, Rn. 500.

③ 参见北京市海淀区人民法院（1995）海民初字第 5287 号民事判决书。

以合理选择要求对方承担修理、更换、重作、退货、减少价款或者报酬等违约责任。”

（四）部分履行

所谓部分履行（Teilleistungen），是指债务人仅仅履行其部分债务。严格地说，部分履行也可以包括在不适当履行的概念之中，但如果将不适当履行仅仅限定为质量不符合约定，则不适当履行不包括部分履行。换言之，量上的部分履行（quantitative Teilleistungen）与质上的部分履行（qualitative Teilleistungen）不同，后者属于不适当履行（Schlechtleistungen）的范畴。[①] 对合同之债而言，《合同法》第166条第2款规定：“出卖人不交付其中一批标的物或者交付不符合约定，致使今后其他各批标的物的交付不能实现合同目的的，买受人可以就该批以及今后其他各批标的物解除。”该条虽然仅是针对买卖合同所作的规定，但是，可以解释为，合同法认可了部分履行是债务不履行的一种形态。在某些情况下，数量的短缺也可能引起质量问题，或者说数量的短缺本身就是质量问题，如供应煤气不足，使买受人不能正常使用，或者交付的布匹不够，致使买受人不能制作衣服等，但在绝大多数情况下，数量不足和质量不合格是有区别的。

部分履行仅发生在可分之债的情形。不可分给付不得进行部分履行，而可分给付依据法律规定或合同约定可以分别履行。因此，如果法律和合同没有特别的规定，对可分义务也可以分别履行。不可分之债变为可分之债后，各债权人只能就自己的部分请求履行，各债务人亦只就其负担部分履行债务。[②]

原则上债务人必须按照约定的数量履行，而不能部分履行。但是在部分履行的情况下，如果债务人交付的标的物只是数量上轻微的不足，依据诚信原则，债权人不应拒绝。《合同法》第72条规定：“债权人可以拒绝债务人部分履行债务，但部分履行不损害债权人利益的除外。债务人部分履行债务给债权人增加的费用，由债务人负担。”例如，应当交付1 000千克苹果，一次不能凑齐，而只能交付950千克，债权人并不因此而遭受损失的，则其拒绝受领有悖诚实信用原

① Weiler, Schuldrecht, Allgemeiner Teil, 3. Aufl., 2016, Nomos, § 26, Rn. 35.

② 参见黄立：《民法债编总论》，589页，北京，中国政法大学出版社，2002。

则。如果债务人支付数量不足，但数量甚微，对债权人未造成明显损害，债权人不得拒绝接受并援引同时履行抗辩的规定拒付货款。部分履行也属于债务不履行的形态，债务人仍然应当承担债务不履行的责任，债权人有权请求债务人补交；如果补交以后构成履行迟延的，债务人应负履行迟延责任。

第二节　债务不履行责任的构成要件

债的类型不同，债务不履行的构成要件也存在差别。例如，就违约责任而言，我国《合同法》第107条确立其为严格责任，因此，其具有特殊的构成要件。但各种债务不履行也有一些共同的构成要件，具体而言包括如下两项。

一、债务人未按照债的要求履行债务

在比较法上，一些国家的法律将违反义务作为债务不履行责任的构成要件。例如，在德国2002年债法修订之后，其债务不履行责任的核心要件是义务违反(Pflichtverletzung)。[①] 借鉴这一概念，债务不履行责任的要件之一就是义务违反，也就是说，债务人未按照债的要求履行债务。具体来说，债务人的义务违反包括前述各种形态，即拒绝履行、迟延履行、不适当履行、部分履行。

通常来说，义务违反都是债务人自己违反了义务。但在债法上，债务履行辅助人（Erfüllungsgehilfe）的行为也被视为债务人的行为。因此，债务履行辅助人违反了义务，也应当视为债务人违反了义务。[②] 例如，在“许某等诉徐州市圣亚国际旅行社有限公司人身损害赔偿纠纷案”中，法院认为，在旅游服务合同中，旅行中的景点安排由旅行社接洽第三人给付，除非旅客与该第三人之间存在

① Weiler, Schuldrecht, Allgemeiner Teil, 3. Aufl., 2016, Nomos, § 19, Rn. 6; Fikentscher/Heinemann, Schuldrecht, 11. Aufl., De Gruyter, 2017, Rn. 357.

② Joussen, Schuldrecht I, Allgemeiner Teil, 3. Aufl., 2015, Kohlhammer, Rn. 322.

合同关系，否则，该第三人即属于旅行社的债务履行辅助人，如果因该第三人的行为导致旅客损害，则应当由旅行社承担债务不履行的责任。[①] 当然，债务人在承担债务不履行责任后，其有权依据其与债务履行辅助人之间的内部关系向债务履行辅助人追偿。[②]

二、不具备法定或约定的免责事由

债务不履行责任的另一个构成要件是，不具备法定或约定的免责事由。法定的免责事由就是由法律直接规定的免责事由。例如，法律一般规定不可抗力是免责事由。从法定的免责事由的范围来看，侵权责任中法定的免责事由的范围比违约责任要宽泛得多。《侵权责任法》第三章所规定的“不承担责任和减轻责任的情形”包括不可抗力、受害人故意、第三人原因、正当防卫、紧急避险等。而在违约责任中，法定的免责事由主要限于不可抗力，当然，不可抗力对违约方责任的影响应视具体情况而定。由于合同法的主要功能在于鼓励交易，因而需要对免责事由作严格限定，我国《合同法》仅承认不可抗力为免责事由，甚至排除了意外事故作为免责事由的可能性，完全符合我国市场经济发展的需要。

约定的免责事由是指债权人和债务人事先约定的免责事由。从违约责任来看，约定的免责事由主要是免责条款。《合同法》第107条规定：“当事人一方不履行合同义务或者履行合同义务不符合约定的，应当承担继续履行、采取补救措施或者赔偿损失等违约责任。”可见，我国合同法将严格责任作为一般的归责原则，因此，其并不以过错为要件，只要出现了违约行为，而违约方不能证明存在免责事由，就应当承担违约责任。因此，合同当事人要控制其风险，有必要事先约定免责事由。当然，当事人约定的免责事由，还要受到立法和司法的控制。例如，《合同法》第53条规定：“合同中的下列免责条款无效：（一）造成对方人身

① 参见《最高人民法院公报》，2012（6）。相同案例还有“焦某与江苏省中山国际旅行社有限公司、第三人中国康辉南京国际旅行社有限责任公司旅游侵权纠纷案”，载《最高人民法院公报》，2012（11）。

② Dieter Medicus，Gesetzliche Schuldverhaeltnisse，S. 4.

伤害的；（二）因故意或者重大过失造成对方财产损失的。”这就是通过立法的方式实现的对免责条款的控制。

第三节　债务不履行的责任

一、债务不履行的责任形式

在债务人不履行债务的情况下，债权人有权请求其承担责任。债务不履行的责任是指债务人不履行债务或不完全履行债务而应当承担的法律上的不利后果。正是借助此种责任，才能督促债务人履行债务，使债权得以实现。债务的履行具有自愿性，但债务不履行责任的承担具有强制性。借助于债务不履行责任，才能保障债务的全面履行。

债务不履行责任不同于债的当事人违反不真正义务的责任。不真正义务(Obliegenheiten)，是指针对该义务，相对人通常不得请求履行，违反该义务也不产生损害赔偿责任，而仅仅使义务人自己承受不利后果的义务。[①] 例如，债务人违反了照顾自己利益的义务，导致自己的损害。再如，在债务人作出给付以后，债权人无正当理由未及时受领。这些都违反了不真正义务。但是，此种义务违反所产生的后果，与债务不履行的责任是不同的。主要表现在：债务人违反不真正义务，只是使自己负担相应的不利后果，并不会产生相应的法律责任。[②] 也就是说，不真正义务虽然是一种法律规定的义务，但它和通常所说的法律的强制性义务是有区别的。所以，受害人照顾自身权益的义务是一种不真正义务，违反此种义务的后果是对受害人产生不利益，导致其不能获得赔偿或减少赔偿，但并不产生对他人的损害赔偿责任问题。同时，从是否可以请求履行的角度来看，此

① 参见王泽鉴：《债法原理》，2版，88页，北京，北京大学出版社，2013。

② 参见［德］梅迪库斯：《德国债法总论》，杜景林等译，514页以下，北京，法律出版社，2004。

种义务不具有可请求履行性。在债的关系中，虽然不真正义务是债务人所负担的一项法定义务，但债权人无权请求债务人履行。

由于债的类型繁多，因而债务不履行的责任形式也各不相同。例如，违约金责任仅适用于合同之债，而精神损害赔偿责任又仅适用于侵权之债。但是，对于绝大多数债来说，具有一些共通的债务不履行的责任形式。具体来说，主要包括如下几种。

（一）继续履行

继续履行也称为实际履行、强制履行，它是指在债务人不履行其债务时，债权人有权要求其依据债的规定继续履行债务。《合同法》第 107 条规定：“当事人一方不履行合同义务或者履行合同义务不符合约定的，应当承担继续履行……等违约责任。”《合同法》第 109 条和第 111 条针对金钱债务和非金钱债务两种情况中的实际履行问题分别作出了规定。所以，在合同责任中，继续履行是首要的补救方式。除了合同之债以外，其他债的继续履行也具有重要意义。例如，在不当得利之债中，如果受益人不返还其所获得的利益，其返还义务就也应当转化为继续履行。可见，继续履行作为债务不履行的责任具有其独特意义。

从表面上看，继续履行仍然是继续履行原来的债务，但它实际上已与自愿的履行债务在性质上有所不同。这不仅表现在继续履行通常是在履行期到来后债务人没有履行时发生的，更重要的是继续履行债务与当事人自愿履行债务在性质上是有区别的。在前一种情况下，由于债务的履行是借助国家强制力实行的，这种债务履行不仅是对当事人的责任，而且是对国家的责任。在继续履行的情况下，不论债务人是否愿意，只要存在继续履行的可能就要履行义务。而在后一种情况下，当事人只是按债的规定履行了其义务，履行过程本身还没有借助于司法的强制，当事人并没有实际地承担对国家的责任。

继续履行必须在法律上或者事实上能够履行，一方面，如果在法律上不能履行，债权人也不能请求继续履行。[1] 例如，对于提供个人服务等具有人身性的合同，在法律上不能采取实际履行。如果采取实际履行措施，则将对个人实施某种

---

① Vgl. Fikentscher/Heinemann, Schuldrecht, 11. Aufl., De Gruyter, 2017, Rn. 392.

人身强制，这与我国宪法和法律关于公民的人身自由不受侵害的规定是相违背的。[①] 另一方面，继续履行也必须在事实上能够履行，例如，合同的标的物是特定物并已遭受毁损灭失，在此情况下，强制债务人履行义务也是不可能的。当然，此处所说的事实上的不可能，是指履行的标的客观不能或永久不能，如果债务人采取一定的行为或作出一定的努力仍可以履行合同，或者合同只是部分不能履行或暂时不能履行，则表明合同仍可以实际履行。此外，如果债务的标的不适于强制履行或者履行费用过高，债权人也不能请求继续履行，这种情况被称为经济上不能（wirtschaftliche Unmöglichkeit，wirtschaftliche Unzumutbarkeit）。[②] 例如，债务人应交付一枚戒指，结果不慎掉入湖中，虽然客观上可以继续履行，但履行成本过高，因此，也不能要求债务人继续履行。

（二）损害赔偿

损害赔偿是指因债务人不履行或不完全履行债务，给对方造成损失，依法或根据合同约定应承担的赔偿责任。损害赔偿是债务不履行责任的最典型形态，通常来说，损害赔偿本身也是一种债务。因债务人不履行债务而使债权人遭受损害，当事人之间的原债务就转化为损害赔偿的债权债务关系。原债权人作为受害人有权请求债务人赔偿损害，原债务人作为加害人有义务赔偿因其不履行债务给债权人造成的损害。

损害赔偿的样态（modalities）是指采用何种方式赔偿损害。对此，各国民事立法形成了三种不同的模式。第一种模式以回复原状为主，金钱赔偿为辅。德国法采用这种模式，即回复原状赔偿主义（Grundsatz der Naturalrestitution）。[③] 此种模式认为，除法律另有规定或当事人另有约定外，应当以回复原状作为损害赔偿的首选方法。所谓回复原状，是指恢复损害事件发生以前的状态。[④] 第二种模式以金钱赔偿作为损害赔偿的方法。英美法主要采此种模式，这是因为在英美

① 参见刘廷华：《论实际履行的适用与限制的法经济学依据》，载《北方法学》，2010（6）。

② Vgl. Fikentscher/Heinemann, Schuldrecht, 11. Aufl., De Gruyter, 2017, Rn. 398.

③ Hirsch, Schuldrecht, Allgemeiner Teil, 10. Aufl., 2017, Nomos, Rn. 870.

④ 参见《德国民法典》第249条；我国台湾地区“民法”第213条。

法上采取替代性救济的方式，即给予金钱赔偿，而不是实际履行。如果通过金钱赔偿能够达到合同履行的目的，不必要求实际履行。[①]《日本民法典》第417条规定："无另外意思表示时，损害赔偿以金钱定其数额。"第三种模式是折中式，它是指既可以是回复原状，又可以是金钱赔偿，究竟采取哪一种方式，则由法院根据违约方的过错程度以及其他具体情况来决定，《瑞士债务法》采取此模式。从我国现行立法规定来看，并没有明确究竟是以回复原状为原则，还是以金钱赔偿为原则。由于损害赔偿的目的在于弥补受害人遭受的全部损失，因而无论采取何种方式，都要填补损害，这就需要通过金钱赔偿的办法来解决。在我国合同法中，金钱赔偿的适用范围十分宽泛，根据《合同法》第113条的规定，凡是因为违约造成非违约方损失的，非违约方都有权要求赔偿损失，尤其是《合同法》第107条将救济的方式交由当事人选择（但法律另有特别规定的除外）。因此，受害人可以选择回复原状或金钱赔偿，法官应当尊重受害人的选择，当然，受害人选择权的行使也应当遵循诚实信用原则。

损害赔偿以完全赔偿（Grundsatz der Totalreparation）为原则[②]，所谓完全赔偿，就是要行为人赔偿受害人所遭受的全部损失，即通过损害赔偿使受害人恢复到损害没有发生时的状态。按照完全赔偿原则，行为人不仅要赔偿受害人实际遭受的损失，还要赔偿受害人可得利益的损失。在损害赔偿的范围确定方面，应当以相当因果关系说为基础，赔偿所受损害（Positiver Schaden）和所失利益（Entgangener Gewinn）。[③] 当然，完全赔偿还意味着受害人不能因此而获利。如果受害人负有减轻损害的义务，按照完全赔偿原则，其应当采取合理措施，否则，其赔偿数额应当酌情减少。[④] 另外，在违约损害赔偿中，原则上不考虑违约方的主观过错，损害赔偿的数额以非违约方实际遭受的损失为计算标准。一方违

---

① See Farnsworth, "Damages and Specific Relief", 27 *American Journal of Comparative Law* (1979), pp. 247-253.

② Staudinger-Schiemann, BGB § 249 (2005), Rn. 3

③ Schwenzer, Schweizerisches Obligationsrecht, Allgemeiner Teil,, Bern, 2009, N. 14.13.

④ 参见［德］U. 马格努斯：《侵权法的统一：损害与损害赔偿》，谢鸿飞译，44页，北京，法律出版社，2009。

反合同，对方不仅会遭受财产的损失，而且会遭受可得利益的损失，这些损失都应得到补偿。只有赔偿全部损失，才能在经济上相当于合同得到正常履行情况下的同等收益，由此才能督促当事人有效地履行合同。当然，债权人遭受的损害必须是实际的、可以确定的损害，臆想的、假定的损害或不能确定的损害是不能获得赔偿的。

（三）采取补救措施

补救措施有广义和狭义两种含义。广义的补救措施是指对违约采取的各种责任形式。换言之，是指违约发生以后，非违约方为维护其利益而采取的补救措施，包括请求实际履行、损害赔偿、支付违约金等。[①] 狭义的补救措施，是指在一方不适当履行的情况下，受损害方根据标的的性质以及损失的大小而要求对方承担的针对不适当履行而采取的特殊的补救措施，包括修理、更换、重作、退货、减少价款或者报酬等形式。这些形式在合同法中是与损害赔偿、支付违约金等方式相并列的违约责任。[②] 我国《合同法》第 107 条所说的“补救措施”主要是从狭义上理解的。在这些方式中，修理、更换、重作方式的运用可以实现实际履行的目的。对一些特殊的债的关系而言，其也存在一些特有的补救措施。例如，在合同之债中，在债务人违约的情形下，债权人可以通过减少价金、解除合同等补救措施，减少自己的损害。

上述各种责任形式可以单独适用，也可以同时并用，但同时并用的前提是各种责任形式之间不存在相互排斥、冲突的现象，尤其是不因这种并用而使债务人承担双重赔偿，不当加重债务人的负担，或者使债权人获得不应有的利益。

二、过失相抵与损益相抵

（一）过失相抵

所谓过失相抵，是指非违约方对损害的发生或扩大也存在过错，从而应减轻

① 参见刘家琛主编：《合同法新制度的理解与适用》，第一辑，408 页，北京，人民法院出版社，1999。

② 参见《合同法》第 107 条、第 111 条。

违约方责任的制度。自罗马法以来，该规则就为各国法制所采用，但该制度在各国、各地区的民法理论中有不同的称谓，一些大陆法系国家和我国台湾地区称之为"过失相抵（compensatioculpae，culpacompensation，Mitverschulden）"，但日本民法则称之为"过失相杀"。过失相抵的法理依据主要在于，非违约方的过错与其损失的发生或扩大之间具有因果关系，从因果关系角度来看，受害人的过错是损害发生或扩大的部分原因，发挥了一定作用，因而应当按照其作用力不同来减轻或免除行为人的责任。通过过失相抵制度，对本身具有过错的受害人减少或者不予赔偿，就能有效地督促其对自身利益的维护，从而避免损害的发生。①

过失相抵规则的适用应当符合如下构成要件。一是一方当事人因对方当事人不履行债务或不完全履行债务而遭受损害。过失相抵规则主要是一种损失分担规则，如果当事人一方并未遭受损害，则无法适用过失相抵规则。二是遭受损害的当事人对损害的发生或者扩大也具有过错。也就是说，不履行或者不完全履行债务的一方导致了损害的发生，但遭受损害的一方当事人对损害的发生也具有一定的作用，或者其过错导致损失的扩大。例如，买受人购买了出卖人的患有传染病的牛，在其知道该牛具有传染病的情况后，未将其隔离，致使自己其他的牛被传染，买受人即对损失的扩大具有过错。三是遭受损害的一方当事人的过错与损害的发生或者扩大之间具有因果关系。这就是说，损害的发生是由于一方当事人不履行或者不完全履行债务所引起的，但非违约方的过错行为对损害的发生或者扩大也起到一定的作用。

过失相抵的结果是导致债务人责任的减轻。严格地说，过失相抵并非指赔偿权利人的过失与赔偿义务人的过失相互抵销，因为过失本身是不能抵销的，所谓"相抵"，不过是一种形容之语，在双方对损害的发生互有过失时，并不能简单地发生过失的抵销，而只是指根据一方当事人的过错减轻另一方的责任。在过失相抵的情况下，并不导致债务人责任的免除，而只是导致其责任的减轻。过失相抵是依据双方当事人对债务不履行后果的影响程度而对损害后果进行分担，从而在

① 参见程啸：《论侵权行为法上的过失相抵制度》，载《清华法学》，第6辑，31页，北京，清华大学出版社，2005。

客观上起到减轻债务人责任的作用。一般情况下，在过失相抵的情形下，法官可以依据职权判断双方当事人的过错对损害后果的影响，从而斟酌损害赔偿的范围。这一制度不仅贯彻了过错责任的原则，而且体现了公平责任的思想。

（二）损益相抵

所谓损益相抵，又称为损益同销，是指受害人基于损失发生的同一原因而获得利益时，则在其应得的损害赔偿额中，应扣除其所获得的利益部分。① 例如，甲、乙订立建筑施工合同，甲方作为发包人没有及时提供原材料，导致承包人长期不能开工，承包人因此节省了租赁设备和支付员工工资的费用。这些节省的费用在计算损害赔偿数额时应予扣除。损益相抵规则在民法的损害赔偿制度中具有十分重要的地位。一般认为，这一规则在罗马法中就已存在，各国也都通过立法或者司法实践认可了这一规则，我国立法并没有对这一规则作出规定，相关司法解释对这一规则作出了规定。例如，《买卖合同司法解释》第 31 条规定："买卖合同当事人一方因对方违约而获有利益，违约方主张从损失赔偿额中扣除该部分利益的，人民法院应予支持。"这就确认了损益相抵规则。

损益相抵规则的适用应当符合如下构成要件。一是遭受损害的一方从对方债务不履行的行为中获得了一定利益。这就是说，在一方未按照要求履行债务时，对方当事人不仅遭受了损害，而且获得了一定的利益。二是受害人所遭受的损害和所获得的利益是基于同一原因产生的，即都是一方当事人未按照约定履行债务而发生的。关于何种利益应予扣除的问题涉及因果关系的判断，如果获得利益与损害原因事实之间不存在因果关系，就无法适用该规则。② 三是受害人所获得的利益应当是可以扣除、可以计算的财产利益。一方面，受害人所获得的利益应当是可以扣除的利益，如果相关利益是受害人因其他原因所获得的，则不得扣除。另一方面，受害人所获得的利益应当是可以计算的利益，也就是说，利益和损失应当都是可以计算的财产损失。通常，损益相抵中的利益应当限于财产利益，不

① 参见郑玉波：《民法债编总论》，112 页，台北，三民书局，1986。

② 参见［德］U. 马格努斯：《侵权法的统一：损害与损害赔偿》，谢鸿飞译，148 页，北京，法律出版社，2009。

包括非财产利益，因为非财产利益无法进行“相抵”。

损益相抵规则适用的效果是减轻不履行债务一方当事人的责任，一般体现为扣除受害人节省费用的支出。当然，损益相抵规则的适用并不仅限于扣除节省费用支付，只要是受害人因债务不履行行为所获得的各种财产利益，都应当从对方当事人的损害赔偿额中扣除。从这一意义上说，损益相抵规则实际上是确定损害赔偿额的规则，即在确定损害赔偿范围时，如受害人因债务不履行获得了一定利益，将该利益从不履行债务一方当事人的损害赔偿额中扣除，这就准确划定了债务不履行一方当事人损害赔偿的范围。可见，这一规则旨在确定受害人因对方债务不履行而遭受的“净损失”，是计算受害人所受“真实损失”的法则。[①] 它是确定损害赔偿额的基本规则。这一原则要求将受害人所获利益从其损害赔偿额中扣除，这也才能真正体现完全赔偿的精神。

（三）过失相抵与损益相抵的适用关系

过失相抵和损益相抵的基本功能都在于准确划定当事人的责任范围，都是确定责任范围的规则，但两者存在一定的区别，主要表现在：一方面，是否能够影响责任的成立不同。损益相抵规则是责任范围确定的规则，它不会影响责任的成立。而对于过失相抵而言，如果受害人具有故意或重大过失，也可能导致责任的不成立。即使是在严格责任的情形，受害人的故意也可能导致责任的免除。另一方面，过失相抵规则是以受害人对损害的发生或扩大具有过错为依据，判断赔偿的范围；而损益相抵规则是基于受害人获得了利益，从而确定赔偿的范围。

在同一案件中，如果受害人既有过错，又从对方债务不履行中获得了一定的利益，此时，究竟应当优先适用过失相抵还是损益相抵呢？一般认为，在二者并存的情形下，应当优先适用损益相抵，后适用过失相抵。[②] 主要原因在于，在二者并存的情形下，先应当在总体上确定受害人的损害范围，然后再根据当事人的过错确定行为人的责任范围。因此，在逻辑上应当优先适用损益相抵，尔后适用过失相抵。如果优先适用过失相抵，则会不当减轻行为人的责任，并可能使受害

① 参见崔建远：《合同责任研究》，218 页，长春，吉林大学出版社，1992。

② 参见程啸：《侵权责任法教程》，359 页，北京，中国人民大学出版社，2014。

人难以获得救济。例如，甲未经乙许可使用乙的专利，导致乙 1 万元的损失，但乙也因该侵权获得 5 000 元的利益，就该侵权的发生，甲的过错占 60%，而乙的过错占 40%。在该案中，如果先适用损益相抵，则乙的总体损害是 5 000 元，然后按过失相抵，则乙的最终损害是 3 000 元。而如果先适用损益相抵，则乙的总体损害是 6 000 元，然后适用损益相抵，则乙最终的损害是 1 000 元。由此可见，先适用损益相抵，在逻辑上更为妥当，也更有利于对受害人进行救济。

第五编
债的消灭

第十九章 债的消灭

第一节 债的消灭概述

一、债的消灭的概念和特征

所谓债的消灭，是指因法定或约定事由的发生而导致债的关系不复存在。例如，在合同关系中，一方依据合同全面履行义务，而导致合同全面终止。从广义上说，债的消灭包括绝对消灭和相对消灭。所谓绝对消灭，是指特定债的关系对任何人而言都不复存在。所谓相对消灭，是指特定债的关系仅在特定当事人之间不复存在。例如，债的移转就属于债的相对消灭。不过，本章所阐述的“债的消灭”是指绝对消灭。

拉德布鲁赫指出：“债权系法律世界中的动态因素，含有死亡的基因，目的已达，即归消灭。”[①] 各国立法一般也都对债的消灭作出了规定。例如，《法国民法典》虽未规定债法总则，但专门规定了债的消灭，而《德国民法典》则在第二编债务关系法中，专门规定了债的关系的消灭。从法律上看，债的消灭具有如下几个特征。

第一，债的消灭一般依据法定或约定的事由而发生。债的消灭可能因法律规定的原因而消灭，如债因存续期间届满而消灭或者债因混同而消灭；由于债是当事人之间的法律关系，为尊重当事人的意思自治，债也可能因当事人的行为而消灭，如债务人清偿债务或者一方当事人主张抵销而消灭。此外，当事人还可以约定债的消灭的原因，如当事人在合同中约定，以一方当事人实施一定行为或者以一定期限的到来作为债的消灭原因。

第二，债的消灭意味着债的关系不复存在。债消灭后，当事人之间基于债而产生的给付关系也终止。在此需要区分债的消灭与债的效力被阻止。所谓债的效力被阻止，是指债务人行使其抗辩权，从而拒绝债权人的请求，以阻止债权的行使。在债的效力被阻止的情形，债的关系并没有消灭。[②] 一些国家的民法典规定了履行不能也属于债的消灭的原因。例如，《阿根廷民法典》第 888 至 895 条专门将履行不能作为债的终止的事由（例如，作为债的标的物的特定物毁损灭失导致债的终止）。笔者认为，履行不能虽然导致债权人的债权无法实现，但并不意味着债的关系因此而消灭。在履行不能的情形，债务人应对债权人负担债务不履行的责任，当事人之间债的关系并不因此而消灭。因此，履行不能不应当属于债的消灭的原因，而应当规定在债务不履行的责任中，在发生履行不能的情况下，债的关系应当继续有效。

第三，债的消灭通常只是主给付义务和从给付义务归于消灭。通常情况下，债的消灭只是狭义上的债的关系不复存在，也就是说，只是主给付义务和从给付义务归于消灭，但是，在债的关系终止后，基于诚信原则的要求，为了保护对方当事人的利益，当事人之间可能还需要负担一定的附随义务。例如，在某些特殊

---

① ［德］拉德布鲁赫：《法学导论》，米健、朱林译，64 页，北京，中国大百科全书出版社，1997。

② 参见郑玉波：《民法债编总论》，461 页，北京，中国政法大学出版社，2004。

的情况下，尽管合同关系已经终止，但是当事人依诚信原则仍负有后契约义务，从而维护合同相对人的维持利益（Erhaltungsinteresse）。[①] 我国《合同法》第 92 条已确认了此种后契约义务。再如，当事人之间订立买卖合同，虽然因履行而消灭了该合同关系，但是就交易过程中知悉的商业秘密，当事人仍然负有保密的义务，此种义务并不因给付义务的履行而消灭。通过确认附随义务，可以使债的关系更充分地保护当事人。

从比较法上看，大陆法系国家民法典大多设置专章专门规定债的消灭。各国所列举的债的消灭事由并不完全一致，例如，《法国民法典》所列举的债的消灭事由包括清偿、债的更新、债务的免除、债的抵销、债的混同、应给付之物灭失以及宣告契约无效或取消契约之诉等，而《德国民法典》所规定的债的消灭事由主要包括履行、提存、抵销以及免除等事由。但归纳起来，主要有如下几类。一是因债的目的达到而使债消灭（如清偿）；二是因当事人的意志而使债消灭（如免除）；三是因法律的直接规定而使债消灭（如提存）；四是因债客观上不存在而消灭（如混同）。从法律上说，在民法典中明确列举债的消灭事由是有必要的，其有利于使当事人明晰债的消灭原因，减少因债的履行而产生的纠纷，同时，明晰债的消灭事由，也有利于债的实现，便于债的当事人脱离债的关系，减少债的关系对当事人的束缚。[②]

二、债的消灭的一般效力

债的消灭的效力因不同的债的关系而不同，此处仅仅探讨其一般效力。一般而言，债消灭后，当事人因债而产生的给付义务以及从属权利即随之消灭，但当事人之间可能因此产生相关的附随义务。

（一）债的消灭导致当事人给付义务消灭

债消灭后，债的关系当事人不再受到债的关系的拘束，当事人依据债而负担

① Roth/Schubert，Münchener Kommentar zum BGB，§ 242，Rn. 169.

② 参见黄立：《民法债编总论》，643 页，北京，中国政法大学出版社，2002。

的给付义务也将随之消灭。例如，在无因管理之债中，管理人负担一定的债务，其需要对本人履行一定的通知、计算等义务，在管理事务结束后，其还需要将相关管理事务的结果移转给本人。而在无因管理之债终止的情形下，管理人的上述义务也随之消灭。

（二）从属性的权利的消灭

债消灭后，不仅当事人之间的给付义务消灭，而且当事人之间的从属性权利也将随之消灭，这是民法上“从随主”原则的体现。因为既然主权利归于消灭，则从权利也归于消灭。如债权消灭后，与之相关的利息、违约金、担保等，也归于消灭。具体而言，债消灭后，与其相关的从属性权利消灭的情形主要有以下两种。一是债权消灭后，债权的担保也随之消灭。在债消灭以后，担保物权和保证债权也随之消灭。在担保物权需要登记的情形，此时无论是否办理了涂销登记，担保物权都归于消灭。不过，在特殊情形，担保物权也可能具有独立性，例如，在最高额抵押的情形，单个债的关系消灭并不导致相关抵押权的消灭。二是其他从属性的权利消灭。例如，利息债权和违约金债权，也因主债的消灭而归于消灭。[①]

（三）附随义务的履行

虽然债消灭后，当事人之间因债而产生的给付义务随之消灭，但在特别情形下，为了保护对方当事人的利益，一方当事人仍应当履行相关的附随义务。如果因不履行附随义务而导致对方当事人的损害，应当承担相应的责任。合同关系终止后，虽然当事人之间的主给付义务、从给付义务消灭，但基于诚实信用原则，为了保障当事人订约目的的实现，保护对方当事人的合法权益，合同双方当事人仍应当负担一定的通知、照顾、保护等附随义务，一方当事人未尽到这些附随义务造成对方当事人损失的，仍应当对对方当事人承担债务不履行的责任。例如，甲承租乙的房屋开设书店。由于实体书店经营不景气，在租赁期间届满前，甲将书店关闭，并主张解除租赁合同，但双方在解约中发生了争执，后经过协商，双方同意解除合同。甲搬出后几天，就有公司送来一批书放到原书店门口，由于甲

① 参见郑玉波：《民法债编总论》，465 页，北京，中国政法大学出版社，2004。

有事不能立即赶到，希望乙暂时保管该书，但乙拒绝甲的要求，乙不准送货人进屋，并指示其将书放在房屋门口。甲次日赶来取书时，已有一些书丢失。后来，陆续不断有一些客户将信件邮寄到书店，都被乙当作垃圾处理。甲发现后认为，乙给其造成了重大损失，遂要求乙赔偿。在该案中，虽然当事人已经按照合意解除了租赁合同，但基于诚实信用原则，乙应当负担一定的附随义务，在其收到他人寄给甲的书或者信件时，应当妥善保管，并及时通知甲，乙未尽到上述附随义务造成甲损失的，应当对甲承担损害赔偿责任。

此外，在债消灭以后，债权人应当适当处置债权凭证。债权凭证是证明债权存在的证据，如果债的关系消灭，债务人有权请求债权人向其交付债权凭证，或者将债权凭证销毁，以防止债权人对其进行恶意利用，或者利用该债权凭证重复求偿。[①] 因此，在债消灭以后，债权人应当返还或者销毁其债权凭证，或者采取其他处置措施。

第二节　清偿

一、清偿的概念

所谓清偿（die Erfuellung），是指债务人按照债的要求，正确、适当地履行了其债务，从而使债权人的债权得以实现。“债之关系的目的，在于完全满足债权人之目的，如实现债务内容时，是为清偿。”[②] “清偿者，依债务本旨，实现债务内容，致债之关系消灭之准法律行为也。”[③] 可见，清偿是指债务人按照债的要求履行债务，从而使债权人的权利得以实现。清偿的特点表现为：

① 参见郑玉波：《民法债编总论》，466页，北京，中国政法大学出版社，2004。

② 黄立：《民法债编总论》，647页，北京，中国政法大学出版社，2002。

③ 郑玉波：《民法债编总论》，467页，北京，中国政法大学出版社，2004。

第一，清偿是一种事实行为。关于清偿的性质，存在法律行为说、事实行为说、准法律行为说以及折中说等多种观点。[①] 笔者认为，清偿在性质上属于事实行为，即只要债务人提供给付，经债权人受领，即可发生债的清偿的效力，而不需要当事人就债的清偿单独作出意思表示。

第二，清偿是导致债的关系消灭的债的履行行为。清偿一般体现为债务人履行债务的行为，在此需要对清偿与履行作出区分，从语义上来看，英语中的 performance，德语中的 Erfuellung，其既可以指履行也可以指清偿。据此，有学者认为，我国学界所称的不良履行中的履行，实际上是清偿，即不良履行当为不良清偿的意思。[②] 但也有学者对清偿与履行作出了区分，如郑玉波先生指出，清偿与履行实际上是从不同的角度来观察债务人履行债务的行为，从债务消灭的角度来看是清偿，从债务效力的角度来看是履行。[③]

笔者认为，清偿与履行的概念不能等同。履行在性质上是一个动态的概念，其既包括债务人履行债务的行为，也包括债权人接受债务人履行的行为；而清偿则主要强调债务人履行债务的结果。例如，在合同之债中，依据我国《合同法》第 91 条的规定，“债务已经按照约定履行”将导致合同关系终止，这实际上对清偿与履行的概念作出了区分，履行强调债务人清偿债务的行为，而清偿则强调债务人履行债务的结果。因此，债务人虽然有履行债务的行为，但并不必然产生债务清偿的效果。而且对某些类型的债而言，即便一方当事人按照法律规定或者当事人的约定履行了债务，另一方当事人未履行债务的，也难以产生清偿的效果。例如，对合同之债而言，由于合同大多为双务合同，双方当事人都互负权利义务，所以合同应当由双方作出履行才能因清偿而发生合同关系的消灭。如果仅仅是一方作出了履行，而另一方没有作出履行，对一方来说已经履行了其合同义务，对另一方来说尚未履行其合同义务，则不构成合同之债的清偿，无法导致合同之债的消灭。然而，清偿将导致合同终止，如果一方已经履行完毕，另一方尚

① 具体可参见孙森焱：《民法债编总论》，833～835 页，北京，法律出版社，2006。

② 参见杜景林、卢谌：《论德国新债法积极侵害债权的命运》，载《法学》，2005 (4)。

③ 参见郑玉波：《民法债编总则》，469 页，北京，中国政法大学出版社，2004。

未履行完毕，也不能构成清偿。对单务合同来说，债权人也负有受领的义务，其不履行该义务，也无法发生合同终止的效果。

第三，清偿必须依据债的规定进行。清偿是指债务人依据法律规定或者合同约定，以及根据诚信原则正确、适当地履行其义务。对方式性债务而言，清偿必须是债务人正确、适当地履行债务。如果债务人按照债务的要求，正确、适当地履行了债务，可以发生债务清偿的效果。但对结果性债务而言，债务人的履行行为必须使债权人的债权实现，才能发生债务清偿的效果。只有债务人完成了当事人约定的结果，才能使债权人的债权实现。因此，即便债务人正确、适当地履行了债务，但没有使债权人的目的实现的，也难以产生清偿的效果。

在此需要讨论的是，债务人履行债务的行为达到何种程度时，才能产生清偿的效果。一般认为，债务人必须按照债务的要求履行债务，才能达到清偿的效果。一般情况下，债务人履行债务的要求是由法律规定的，但在合同之债中，当事人也可能约定债务履行的具体要求，此时，债务人应当按照法律规定和合同约定履行债务，但有时由于合同约定的内容并不明确具体，或者存在合同漏洞，仅根据合同的约定作出履行是不够的，或是十分困难的，当事人还应当依据法律规定和诚实信用原则的要求，适当地履行合同义务。例如，合同中没有对履行期限、履行地点等作出规定，则要依据法律规定或诚实信用原则作出履行。除合同之债外，对其他类型的债而言，债务人也应当按照债务的要求履行债务，如在无因管理之债中，管理人应当按照善良管理人的注意义务标准管理本人事务，否则即构成债务不履行。

如果债务已经履行，债权即因达到其目的而消灭。值得注意的是，在债务人因履行其主给付义务、从给付义务导致债权消灭后，债权即随之消灭，但在债权消灭后，债的关系当事人仍然负有一定的附随义务。比如，债权消灭后，债权人持有与债权相关的收据或者债权凭证的，债权人应当将相关凭证或者收据返还给债务人，或者将其销毁。

二、新债抵旧

所谓新债抵旧，也称为间接给付，是指以清偿旧债务为目的而负担了新的债务。换言之，负担新债务是履行旧债务的方法。在新债务没有成立之前，旧债务仍然存在。但一旦新债务成立，则旧债务归于消灭。[①] 例如，甲曾经欠银行 1 000 万元，后又从银行贷款 2 000 万元，这其中的 1 000 万元用于清偿旧债务，此时甲仍然欠银行 2 000 万元。以新还旧在实践中时有发生，它的最大功能在于保障债权人受偿的可能（Befriedigungsmoeglichkeit）。[②] 如前例中，若甲的 1 000 万元贷款债权即将时效届满，银行又给予甲 2 000 万元贷款，其中 1 000 万元用于偿还旧债务，这样银行实际上可使其债权不罹于诉讼时效，保留了获得完全受偿的机会。新债抵旧的法律特征主要在于。

第一，它是以负担新债务的方式偿还旧债务。以新还旧实际上是指债务人负担新债务作为清偿旧债务的方法。关于新债成立后，旧债是否消灭，存在不同观点。有学者认为，新债成立并不导致旧债消灭，新债务不履行则旧债务仍不消灭。[③] 从我国实践来看，此种情况大多被解释为旧债务已经消灭。笔者认为，新债抵旧并不导致旧债的消灭。当然，如果当事人特别约定，新债成立后，旧债消灭，该约定也应当是有效的。

第二，它必须在当事人之间达成以新还旧的协议。以新还旧是一种清偿行为，但此种清偿行为可能会损害债权人利益，因此，当事人之间必须达成合意，才能发生法律效力。但此种协议不得损害债务人利益，或违反法律的强制性规定。

第三，在新债抵旧的情形下，由于新债成立并不当然导致旧债的消灭，这就意味着新、旧债有可能并存，当然，债权人应当依据新债提出请求，新债履行

---

① 参见黄立：《民法债编总论》，672 页，北京，中国政法大学出版社，2002。

② MünchKomm/Fetzer，§ 364，Rn. 11.

③ 参见孙森焱：《民法债编总论》，856 页，北京，法律出版社，2006。

后，旧债也因此消灭。[①]

《担保法司法解释》第39条规定："主合同当事人双方协议以新贷偿还旧贷，除保证人知道或者应当知道的外，保证人不承担民事责任。新贷与旧贷系同一保证人的，不适用前款的规定。"这就是说，虽然在以新还旧的情形，两个债务都是债务人所负担的债务，但是，其毕竟是两个不同的法律关系，如果保证人只是针对旧的债务提供担保，对新的债务的发生并不知道或应当知道的，视为保证人并不同意对新的债务进行担保，因而在这种情况下，保证人不再承担担保责任。

第三节　抵销

一、抵销的概念和特征

所谓抵销（英文为 Set-Off，法文为 Compensation，德文为 Aufrechnung），是指二人互负相同种类到期债务，各使双方债务在对等额内相互消灭的法律制度。在抵销中，提出抵销的一方所享有的债权，称为主动债权；被抵销的债权，称为被动债权。

抵销作为债的消灭的一种原因，为罗马法以来各国立法所普遍承认。在罗马法中，抵销（compensazione）就是用债权人欠债务人的钱物进行折抵清偿。[②] 早期罗马法不允许抵销，保罗曾说："请求无须返还的物等于欺诈。"当时仅将抵销作为一种抗辩方式，而不是将其作为一种债的消灭的法定方式。以后，罗马法逐渐承认抵销可以成为债的消灭的一种方式。《学说汇纂》第6编指出，"抵销是债权和债务的相互消除"。查士丁尼在公元531年颁行了一道谕令，正式将抵销确

① 参见房绍坤：《论新债清偿》，载《广东社会科学》，2014（5）。

② 参见［意］桑得罗·斯契巴尼选编：《契约之债与准契约之债》，丁玫译，443页，北京，中国政法大学出版社，1998。

定为债的消灭的一种方式。[①] 但罗马法上抵销适用的情形非常有限。在罗马共和国末期，抵销实际上仅有以下三种：因诚信契约所生债务的抵销、银行商的抵销、财产买受人和负债者之间的抵销。[②]

罗马法关于抵销的规定对大陆法系民法产生了重要的影响。抵销最初运用在程序法中，后各国逐渐在实体法中对其作出规定。[③]《法国民法典》明确将抵销界定为债的消灭的一种方式，该法典第 1290 条规定："债务人双方虽均无所知，根据法律的效力仍可发生抵销；两个债务自其共同存在之时起，在同等数额的范围内相互消灭。"这就承认了法定抵销。相比较而言，《德国民法典》第 387 条对于法定抵销的构成要件和效力规定得更为明确、具体。[④] 抵销已为两大法系立法所认可。但是在大陆法系国家，除了在债法中对抵销作出规定外，许多国家在破产法中对支付不能的抵销作出了规定[⑤]，此种抵销虽然发生在破产程序中，但仍然属于债的抵销的一种类型。

我国《合同法》也确定了抵销制度，并就法定抵销和合意抵销及其构成要件均作出了规定。抵销作为消灭债的一种方法，有利于及时消灭当事人之间的债权债务关系，避免相互清偿造成社会成本的支出，同时有利于债权的实现。

二、抵销的两种方法

抵销依其产生的依据不同，可分为合意抵销和法定抵销。合意抵销是依当事人的合意而发生的抵销，而法定抵销则是指在符合法律明确规定的构成要件的情

① 参见黄风：《罗马法》，190 页，北京，中国人民大学出版社，2009。

② 参见周枏：《罗马法原论》，843～844 页，北京，商务印书馆，1996。

③ 参见［德］冯·巴尔等主编：《欧洲私法的原则、定义与示范规则：欧洲示范民法典草案》（第五卷至第七卷），王文胜等译，973 页，北京，法律出版社，2014。

④ 该条规定："二人相互负担给付，而给付依其标的为同种类的，任何一方一俟其可以请求应得的给付，并且可以履行其负担的给付，即可用其债权抵销另一方的债权。"第 389 条规定："在双方债权因发生对待给付而适于抵销时，抵销使双方债权在其相互抵偿的数额范围内，视为消灭。"

⑤ 参见《奥地利破产法》第 19 条；《德国支付不能法》第 94 条；《芬兰破产法》第 33 条；《西班牙破产法》第 58 条。

况下，依当事人一方的意思表示而发生的抵销，两种抵销都会导致债权债务的消灭。

（一）合意抵销

所谓合意抵销，是根据当事人的约定所发生的抵销。《合同法》第 100 条规定："当事人互负债务，标的物种类、品质不相同的，经双方协商一致，也可以抵销。"这就在法律上确立了合意抵销。抵销在性质上属于债的消灭方式之一，在符合抵销的要件时，当事人是否选择抵销，原则上属于当事人意思自治的范畴，因此，只要当事人抵销的合意不违背法律的禁止性规定，都应予准许。合意抵销有以下两种情况。一是双方在合同中约定一定的行使抵销权的条件，待条件成就时一方可以行使抵销权。二是在互负债务品质、种类不同时，按照私法自治原则，当事人双方也可通过协议将双方的债务相互抵销。在此情况下，抵销合同是一种独立的合同，并不是原合同的组成部分，而是在原合同成立后，通过订立抵销合同使得双方的债务消灭。①

当事人通过合意亦可排除抵销权的行使，从比较法上看，各国大多允许当事人通过协议排除抵销②，但是协议排除抵销不得损害社会公共利益和第三人利益。

（二）法定抵销

所谓法定抵销，是指在符合法律规定的条件下，经过一方作出抵销的意思表示而使双方的债权债务发生消灭的一种抵销方式。《合同法》第 99 条规定："当事人互负到期债务，该债务的标的物种类、品质相同的，任何一方可以将自己的债务与对方的债务抵销，但依照法律规定或者按照合同性质不得抵销的除外。当事人主张抵销的，应当通知对方。通知自到达对方时生效。抵销不得附条件或者附期限。"这就在法律上确立了法定抵销制度。与合意抵销不同，法定抵销一旦具备法律规定的抵销条件，抵销权人就可以通过单方面行使抵销权，使双方的债

① 关于抵销合同的性质，存在不同看法。有人认为属于清偿或拟制清偿，有人认为属于代物清偿，有人认为属于互为无因的免除合同，有人认为属于两个独立的合同。参见史尚宽：《债法总论》，826 页，台北，自版，1954。但笔者认为，此种合同应为独立合同。

② 参见［德］冯·巴尔等主编：《欧洲私法的原则、定义与示范规则：欧洲示范民法典草案》（第五卷至第七卷），王文胜等译，992 页，北京，法律出版社，2014。

权债务关系消灭。

法定抵销的构成要件主要包括以下几个方面。

第一，当事人互负债务，且主动债权已到期。从比较法上看，各国法律都要求抵销应当具备如下条件。一是当事人互负债务，即满足债权债务的交互性（concursus debiti et crediti）要求。抵销通常需双方互负债务，若一方对他方未负有债务，则不可能发生抵销。因此，抵销的基本前提是：双方当事人相互负担对应的债务，也相互享有对应债权。[①] 二是必须是同种债务。构成法定抵销还要求双方的债权必须是合法有效的，而且标的物的种类、品质应当相同。所谓种类相同，是指动产的类型是相同的。这里所说的类型是根据交易习惯等确定的具体类型。例如，同为某型号的钢材，或某产地的大米。之所以在法律上要求种类相同才能抵销，因为在不同种类的给付之间，其价值是否相同难以确定，很难进行抵销；尤其是不同种类的给付，表明了当事人的合同目的是不同的，如果允许当事人抵销，就无法实现合同目的。[②] 所谓品质相同，是指标的物的品质等级是相同的。品质等级通常是根据交易习惯而确定的。例如，一级大米与二级大米之间尽管种类是相同的，但品质是不同的，因此，原则上不得抵销。因为如果在此种情形下允许一方当事人主张抵销，可能导致对方当事人合同目的无法实现，而且会使标的物品质较优的一方当事人遭受损害。但如果主动债权的品质优于被动债权的，按照尊重当事人私法自治原则，应当允许该方当事人主张抵销。[③] 只要双方当事人的所互负的到期债务种类相同，即符合抵销的法定条件，而并不要求当事人所互负的债务数额相同。[④]

第二，主动债权须已届清偿期。主动债权具有“到期可主张性（liquidity）”也是抵销的要件。依据《合同法》第 99 条的规定，原则上只有双方的债务都已届清偿期的情况下，才能够抵销。因为如果一方当事人的债务尚未届清偿期，允

① 参见［德］冯·巴尔等主编：《欧洲私法的原则、定义与示范规则：欧洲示范民法典草案》（第五卷至第七卷），王文胜等译，974 页，北京，法律出版社，2014。

② 参见邱聪智：《新订民法债编通则》下，362 页，台北，华泰文化事业公司，2001。

③ 参见刘春堂：《判解民法债篇通则》，233 页，台北，三民书局，1991。

④ 参见郑玉波：《民法债编总论》，513 页，北京，中国政法大学出版社，2004。

许相对人主张抵销，则无异于强制债务人提前清偿债务，显然会损害该方当事人的期限利益。

在主动债权已届清偿期，而被动债权尚未届清偿期的情形下，主动债权的债权人仍应当有权主张抵销。因为法律将双方债务都已届清偿期作为法定抵销的条件，目的在于保护双方当事人的期限利益，而在主动债权已届清偿期、被动债权尚未届清偿期的情况下，允许主动债权的债权人抵销，并不会损害被动债权债权人的利益。此时，主动债权的债权人行使抵销权实际上等于放弃了就其债务清偿所享有的期限利益，由于该期限利益在性质上属于私人利益，按照私法自治原则，当事人可以予以放弃。

第三，必须双方的债务都不属于不能抵销的债务。虽然作为抵销标的的债权是十分广泛的，但抵销的债务应当具有合法性，不合法的债务本来就不应当受到保护，当然也不允许抵销。除了依据法律法规的规定以及债务的性质等不得抵销的以外，一般的债务原则上都能够抵销。具体来说，在下列情形下，即便双方的债务都已届清偿期，并且债务的标的物种类、品质相同，一方当事人也不得主张抵销。

（1）当事人约定不得抵销。如果当事人事先约定其债务不得相互抵销，按照私法自治原则，此种约定应当有效。在此需要讨论的是，双方当事人约定的债务不得抵销的约定能否对抗善意的第三人。例如，甲、乙互负债务，双方事先约定，双方的债权不得主张抵销，但后来乙将其对甲的债权转让给丙，并且丙不知道甲、乙之间有债权不得抵销的约定，如果丙恰好对甲负有债务，此时，丙能否对甲主张抵销呢？笔者认为，当事人之前就债权不得抵销的约定原则上仅对当事人具有拘束力，如果第三人在受让债权时不知道该特别约定的，则出于保护交易安全的需要，此种约定不应当对善意第三人产生拘束力。

（2）依债务的性质不得抵销。根据债务的性质，如果不清偿就不能实现债权的目的的，则必须相互清偿，而不能予以抵销。这些情形主要包括：一是具有人身专属性的债务（如提供劳务的债权等），是不可抵销的。这些债务通常必须由当事人亲自履行，如果允许当事人抵销，则会使缔约目的不能实现。[①] 二是不作为债务也不得主张抵销，因为不作为债务通常是为了实现特定的目的。例如，双方当事人互负的竞业禁止的债务、保护对方知识产权的债务等，上述债务都是为了实现特定的目的，若允许当事人主张抵销，可能会导致当事人目的无法实现，因此，不作为债务在性质上也不得抵销。[②] 三是合伙人的债务与合伙的债务，因为其属于不同主体所承担的债务，也不能抵销。四是因故意侵权而产生的债务在性质上也不得抵销。对因故意侵权而产生的债务而言，如果允许债务人主张对因故意侵权而产生的债务进行抵销，可能会诱发故意侵权行为。[③] 而且禁止债务人主张抵销，有利于对侵权受害人进行救济。当然，在故意侵权的情形，只是禁止侵权行为人主张抵销，法律并不禁止侵权的受害人主张抵销。五是附生效条件的债权，在条件成就前不得抵销。因为附生效条件的债权，在条件成就前，其仍未发生效力，不得作为抵销的对象。六是不确定的债权不得抵销。如果当事人就债权的内容等具有争议，则该债权不得进行抵销。七是公法上的债权不得抵销。因为公法上的债权，如税收债权等，都具有特定的公共目的，允许其抵销可能影响相关公共目的的实现。八是被查封、扣押的债权不得抵销。

（3）法律规定禁止抵销的债务。为了实现特定的目的，法律在某些情形下，也会禁止某些债务的抵销。例如，在信托法上，为了保持信托财产的独立性，受托人必须严格区分其自有财产与信托财产，不得将自有财产与信托财产进行抵销。我国《信托法》第 18 条就规定："受托人管理运用、处分信托财产所产生的债权，不得与其固有财产产生的债务相抵销。"此种限制正是基于信托制度的性质而作出的限制。在法律明文禁止抵销的情形下，即便双方同种类、同性质的债务都已届清偿期，当事人也不得主张抵销。

第四，当事人必须主张抵销。即使双方的债务已经符合法定抵销的条件，也并不会自动产生抵销的法律效果，当事人必须作出明确的抵销意思表示，而且该

① 参见林诚二：《民法债编总论》，560 页，北京，中国人民大学出版社，2003。

② 参见郑玉波：《民法债编总论》，514 页，北京，中国政法大学出版社，2004。

③ 参见郑玉波：《民法债编总论》，517 页，北京，中国政法大学出版社，2004。

意思表示必须通知对方，才能产生抵销的法律效果。关于抵销是否需要当事人主张，在罗马法中就存在两种不同的观点。《法国民法典》第1290条并不要求当事人主张抵销，但法国法院和学者则认为，在符合抵销的条件时，仍然需要当事人主张抵销，否则无法发生抵销的法律效果。现代大陆法系各国大多认为，抵销需要当事人主张。① 我国法律实际上也采纳了此种观点。依据《合同法》第99条的规定，“当事人主张抵销的，应当通知对方”。依据这一规定，只有当事人主张抵销，才能发生抵销的法律效果。

抵销权在性质上属于形成权，因此，抵销权的行使无须征得相对人同意。然而，抵销的意思表示是以债权的消灭为目的的处分行为，也是一种旨在以发生权利关系的变动为目的的形成行为。因此，当事人主张抵销时，应当明确作出抵销的意思表示，要求抵销权人在行使抵销权时必须作出通知，也有利于维护法律关系的稳定，并有利于减少相关的纠纷。抵销权人一旦通知对方，便发生抵销的效果。② 在对方当事人请求其履行债务时，如果该方当事人只是提出抗辩，则无法发生抵销的法律效果。例如，甲和乙订立了一份买卖合同，甲向乙交付了1 000吨钢材。合同价款为200万元，乙并没有支付货款。甲在法院起诉，要求乙承担到期不支付货款的违约责任。乙在答辩中提出，甲曾经委托乙办理一次代理业务，欠其250万元，未能支付。因此，乙无义务支付钢材的价款。在该案中，在甲乙之间的买卖关系中，乙收到货物后没有支付相应的货款，其应当负有支付200万元货款的义务，但乙在答辩中提出，甲曾经委托乙办理一次代理业务，欠其250万元，未能支付。尽管在不同法律关系中，只要符合抵销的条件，债务人都可以主张抵销，但当事人应当明确提出抵销的请求。而在该案中，乙以甲未支付相关的代理费用为由提出抗辩，乙的行为只是提出抗辩，并不构成主张抵销。不过，在抵销权人向相对人发出抵销的意思表示时，相对人也可以对抵销持有异议，但相对人所提出的异议必须在法定或约定的异议期限内提出。

---

① 参见［德］冯·巴尔等主编：《欧洲私法的原则、定义与示范规则：欧洲示范民法典草案》（第五卷至第七卷），王文胜等译，986页，北京，法律出版社，2014。

② 参见崔建远：《合同法》，4版，265页，北京，法律出版社，2007。

由于抵销实际上是对债权作出的一种处分，故作出抵销的意思表示的人必须具有行为能力。同时，依据《合同法》第 99 条第 2 款的规定，当事人所作出的抵销的意思表示不得附条件或者附期限，因为一方面，当事人所享有的抵销权在性质上是形成权，基于抵销权人的单方意思便可以发生效力。形成权的行使本身就是为了简化法律关系，避免法律关系陷入不确定的状态。如果对抵销权的行使设立条件，并规定必须在条件成就后，才能行使抵销权，则抵销就不能产生确定的效力。另一方面，因为抵销的效力应当溯及于抵销的条件成立之时，如果抵销的意思表示附期限，则在该期限到来之前，当事人仍需计算双方债权的利息等，这显然与抵销的溯及力形成冲突，也违反当事人的合理期待。[①] 所以比较法上一般也认为，当事人所作出的抵销的意思表示不得附条件或者附期限。例如，《德国民法典》第 380 条规定："抵销以向另一方作出意思表示的方式进行。附条件或期限进行表示的，表示无效。"我国《合同法》也采纳了此种规定。

第五，抵销权的行使必须遵循法律规定。权利的行使都必须合法，抵销权的行使也不例外。例如，抵销不得违反国家有关外汇管制的政策，如果两项债权的标的是两种不同的货币，依据有关外汇管制的规定不得相互抵销。

三、抵销的效力

抵销并不具有溯及效力，其仅对将来发生效力。抵销生效后，将发生双方债权债务的消灭，不得发生恢复原状的后果。从抵销权人作出的抵销通知达到相对人之日起，抵销生效。抵销权的行使，使债务人和债权人之间的债权债务关系在双方相互抵销的数额内消灭，在该被抵销的债权范围内，债权人不能再向债务人主张权利。在抵销以后，债权人向债务人提出清偿债务的请求的，债务人有权予以拒绝，债务人仍向债权人进行清偿的，则除构成明知的非债清偿以外，债务人应当有权依据不当得利请求债权人返还其所受领的利益。

此外，当事人之间已作出抵销的意思表示的，不得撤销。当然，抵销权的行

① 参见［日］我妻荣：《新订债权总论》，王燚译，305～306 页，北京，中国法制出版社，2008。

使只是使双方在同等数额内所互负的债务消灭，对于未被抵销的部分，债权人仍然有权向债务人请求清偿。

第四节　提存

一、提存的概念和特征

所谓提存（Hinterlegung），是指由于债权人的原因，债务人无法向债权人清偿其到期债务，债务人将合同标的物交付给特定的提存部门，从而完成债务的清偿，使债务消灭。提存有广义与狭义之分，广义的提存包括清偿提存、担保提存与保管提存三种类型。清偿提存是指以消灭债务为目的的提存，担保提存是指以担保债务为目的的提存[①]，保管提存是以保管标的物为目的的提存。[②] 而狭义的提存仅指清偿提存。

在早期罗马法中，法律允许债务人在债权人拒绝受领时将标的物抛弃以免除债务，但由于这种做法不利于保护债权人的利益，而且会造成极大的财产浪费，不利于社会经济的发展，因而后来大法官对这一规则进行了修改，规定在债权人受领迟延或者债权人下落不明时，债务人应当将给付物交付到长官指定的处所进行提存，债务人提存后，其债务视为已经清偿。[③] 当然，如果债务人提存的费用过高或者标的物不适合提存的，则债务人仍可抛弃标的物，而无须再承担清偿责任。[④] 如果因债权人年幼、失踪、尚未确定等原因而发生受领迟延时，债务人可以将有关的给付物寄存在某一公共场所（通常为寺庙的僧侣处），以此办法履行

① 参见我国《担保法》第49条第3款。

② 如《日本商法》第527条所确立的提存就是保管提存。

③ 参见周枏：《罗马法原论》下册，905页，北京，商务印书馆，2009。

④ 参见周枏：《罗马法原论》下册，905～906页，北京，商务印书馆，2009。

清偿义务，并使自己得以解脱[①]，这可以说是提存制度最早的来源。现代各国民法一般借鉴了罗马法的经验，并在此基础上发展出了提存制度，将提存规定为债的消灭的主要原因之一。提存制度主要具有如下法律特征。

第一，由于债权人的原因导致债务人不能履行债务。债务人履行其债务，往往需要债权人协助，在债务人按照债务的要求提出给付时，债权人应当及时受领，如果债权人不及时受领，比如债权人陷入迟延（Anahmeverzug）[②]，债务人将无法履行其债务。此时，虽然债务人有权请求债权人承担迟延履行的责任，因债权人的原因使其增加履行费用，债务人也有权要求债权人赔偿，但债务人的给付义务并不因此消灭，在这种情况下，债务人一直处于应向债权人履行债务的履行准备状态之中，附随于债务的担保或者违约金条款也不能消灭，甚至债务人随时有义务作出履行，这对债务人是极为不利的。因此，有必要在法律上规定提存制度，从而在债权人不及时受领给付时，使债务人从原合同关系中解脱出来，这也是提存制度的重要功能。

第二，债务人应当将标的物交付给特定的提存部门。如前所述，如果因为债权人的原因导致债务人不能交付标的物，并不能因此免除债务人的交付标的物的义务。毕竟交付标的物属于债务人依据合同所负的主要义务，如果因为债权人的原因使债务人难以履行义务，就免除债务人的义务，则难以保障债权人的利益。为了平衡债权人和债务人的利益，按照提存制度的要求，债务人应当将标的物交付给特定的提存部门，这既可以使债务人因此免除交付标的物的义务，避免债务人因继续保管标的物而支付相关费用，同时，债务人将标的物交付给提存机关保管，也有利于防止标的物的损坏，保护债权人的利益。

第三，在债务人将标的物提存后，债务人的履行义务消灭。尽管提存行为不是向债权人交付标的物，但在功能上也是债的履行的一种特殊方式。在债务人提存后，由于提存在性质上属于清偿的替代方法，在因债权人的原因导致债务人无法向债权人交付标的物时，债务人可以通过提存的方式免除给付义务，债务人在

① 参见黄风：《罗马法词典》，88页，北京，法律出版社，2002。

② MünchKomm/Fetzer，§ 372，Rn. 7.

将标的物提存时，无须债权人的协助即可完成，而且提存也可以产生清偿的法律效果，通过使债务人从合同关系中及时解脱出来，对增进效率也是有利的。在债务人将标的物提存后，债务人的履行义务终止。当然，债务人在将标的物提存后，应当及时通知债权人从提存机关处提取标的物。例如，甲与乙订立合同，甲向乙定作一批灯具，价款 10 万元，合同约定，由甲自行取货。为防止甲毁约，乙提出甲先预交 8 万元的预付款，甲在向乙支付预付款后，认为价格过高，便在交货期到来后，以上级要求购买节能灯具为由拒绝取货。乙经多次催促未果后，将该笔货物向有关机关申请提存，并请求甲支付剩余 2 万元价款。在该案中，乙多次催促甲取货，在甲拒绝取货的情形下，乙将灯具提存的行为构成履行债务的行为，能够发生债的清偿的效果，乙基于订购灯具合同而产生的债务即因此消灭，应当有权请求甲支付剩余价款。在债务人将标的物提存后，其债务已经履行，应当有权请求相对人作出对待给付。

二、提存的主体

（一）提存人

提存人为清偿人，提存人主要是指债务人[①]，债务人在作出提存时应当具有行为能力，无行为能力人和限制行为能力人提存应当取得其法定代理人的同意。[②] 当然，提存人并不以债务人为限，凡是可以对债权人作出清偿的人，都可以提存，如果债务人事先没有对第三人清偿债务提出异议的，则第三人可以代债务人清偿债务，此时，第三人也可以成为提存人。此外，有代偿权的第三人，其与债务的清偿有利害关系，法律也应该赋予其提存的权利。[③]

（二）提存机关

提存机关是指依法负责接受提存物，并进行寄托、保管提存物等活动的机

① MünchKomm/Fetzer，§ 372，Rn. 27.

② 参见董灵：《合同的履行、变更、转让与终止》，236 页，北京，中国法制出版社，1999。

③ 参见张谷：《论提存》，载许章润主编：《清华法学》，2003（2），北京，清华大学出版社，2003。

构。在国外，有的国家没有规定专门的提存机关，提存由法院负责。也有的国家设有专门的提存所，附属于法院，还有一些国家规定提存机关为公证机关。

我国有学者认为，凡业务及条件上适于办理提存事务的单位，均可依其职权或法院的指定，成为提存机关。① 最高人民法院曾在过去的有关司法解释中确定，提存可以向人民法院提出，人民法院可以受理。此外，依据司法部 1995 年发布的《提存公证规则》，公证机关也可以作为提存机关。笔者认为，由于提存机关的行为涉及债权债务的消灭问题，对当事人的利益影响重大，因而在法律上应当明确规定具体的提存机关，而不应该仅仅通过行政规章确立提存机关。同时，提存应当在清偿地的提存机关进行，清偿地无提存机关的，清偿人应当向清偿地的基层人民法院申请提存。

三、提存的条件

提存将发生与清偿一样的消灭债的后果，因而必须具备一定的条件。关于提存的构成要件，各国民法均有明确规定。我国《合同法》第 101 条对合同之债中提存的要件作出了规定，依据这一规定，债务人将标的物提存需要具备如下条件：（1）债权人无正当理由拒绝受领；（2）债权人下落不明；（3）债权人死亡未确定继承人或者丧失民事行为能力未确定监护人；（4）法律规定的其他情形。如果标的物不适于提存或者提存费用过高的，债务人则可以依法将标的物拍卖或者变卖，并将所得价款提存。上述规定虽然是针对合同之债所作出的规定，但也可以适用于其他类型的债，因此，从总体上看，债务人申请提存时需要具备如下条件。

（一）具有法律规定的提存原因

根据《合同法》第 101 条，法定的提存原因包括如下几种。

1. 债权人无正当理由拒绝受领。债权人无正当理由拒绝受领是指债权人应当并且能够受领，却无正当理由不予受领。所谓拒绝受领，就是对债务人的履行

① 参见王家福主编：《中国民法学·民法债权》，209 页，北京，法律出版社，1991。

无正当理由予以拒绝。拒绝必须具有明确的意思表示，且此种意思必须到达债务人，一旦拒绝受领的意思表示作出，该意思表示即发生法律效力，且不得撤销。所谓拒绝受领的正当理由，通常是指债务人履行不适当，如债务人的履行标的、履行地点、履行时间、履行方式等不符合合同的约定，则债权人可以拒绝受领，并可以通过行使抗辩权拒绝其相应的给付请求。如果由于不可抗力使债权人无法接受标的物的，债权人也可以拒绝接受债务人交付的标的物。在债权人有正当理由拒绝受领的情况下，债务人不得提存。

只有在债权人无正当理由拒绝受领债务人给付的情况下，债权人才能够通过提存的方式履行债务。在此需要讨论的是，如果债务人提前清偿债务，债权人拒绝受领的，债务人能否通过提存的方式履行债务。笔者认为，债权人拒绝债务人提前清偿债务的行为并不构成拒绝受领，债务人不得以此为由对标的物进行提存，主要原因在于：一方面，从提存制度设立的目的来看，其设立目的是在债权人受领迟延导致债务人无法履行而采取的使债务人尽快免除债务的一种变通方法，因此，必须以债务已到清偿期为提存的条件。另一方面，由于提存行为将导致债的关系的消灭，尤其是提存将给债权人带来不利，如移转风险、承担费用等，因而对提存行为应当作出严格限制，以免给债权人造成过多的不便。因此，在债务人在债务履行期届满前提出清偿请求，债务人拒绝受领的，债务人不能通过提存的方式履行债务，而必须在履行期到来时向债权人作出履行。

2. 债权人下落不明。债务人履行其债务，需要债权人在合同履行地接受其履行，在债权人下落不明时，债务人可以将标的物提存以消灭其债务。所谓下落不明，是指当事人离开自己的住所、不知去向，或因为债权人地址不清等无法查找。债权人下落不明应当包括债权人的代理人下落不明，因为如果债权人的代理人是清楚的，则债务人可以向债权人的代理人交付标的物，而不得将标的物提存。[①] 债权人离开住所后在履行期限内难以查找，即使债权人未被宣告失踪，债务人也有权提存。如果债权人被宣告失踪，人民法院已为债权人指定了财产代管人的，则债务人应当向债权人的财产代管人履行债务，而不得将标的物提存。但

① 参见郭明瑞、房绍坤：《新合同法原理》，317页，北京，中国人民大学出版社，2000。

债权人下落不明是由于债务人自身的原因造成的，则不得提存。例如，债务人的雇员或辅助人将债权人绑架或藏匿，导致债权人下落不明，债务人就不能提存。

3. 债权人死亡时未确定继承人或者其丧失民事行为能力且未确定监护人。债权人死亡或者丧失民事行为能力，并不必然导致债务人债务的消灭。当债权人死亡时，由于该债权人的继承人可以继承其债权，因而，债务人应当向债权人的继承人履行债务，在继承开始后、遗产分配之前，债务人应当向遗产管理人履行债务。如果债权人死亡以后其继承人不能确定，在债务履行期届满后，债务人可能无法履行其债务，此时，债务人可以将标的物提存。换言之，在此种情形下，债权人是谁、债务人应向何人履行债务处于不确定的状态，而债务人对此情形的发生也并无过失，此时债务人可以将标的物提存。[①] 如果债权人丧失民事行为能力，在法律上构成不能受领，应由其监护人代理行使债权。[②] 如果债权人的监护人无法确定，则出现暂时无人行使债权的情况，但债权债务关系并不能因此消灭，此时，债务人也可以将标的物提存，以替代清偿。当然，在受领人确定以后，债务人应当及时对其作出通知。

4. 法律规定的其他情形。在特殊情形下，法律也可能赋予债务人提存标的物的权利，此时，债务人也可以依法将标的物提存，以代替履行。例如，《合同法》第 70 条规定，“债权人分立、合并或者变更住所没有通知债务人，致使履行债务发生困难的，债务人可以中止履行或者将标的物提存”。再如，《担保法》第 49 条规定，“抵押人转让抵押物所得的价款，应当向抵押权人提前清偿所担保的债权或者向与抵押权人约定的第三人提存”。这些都是法律规定的其他提存原因。

（二）标的物适合于提存

提存的标的物是指债务人依合同的规定应当交付的并且也适于提存机关保管的标的物。[③] 一般来说，提存的标的物以适于提存者为限。债务人提存的标的物，原则上应当是清偿的标的物，并且在标的物是特定物时应当是该特定物的原

① MünchKomm/Fetzer，§ 372，Rn. 27.

② 参见韩世远：《合同法总论》，2 版，501 页，北京，法律出版社，2008。

③ MünchKomm/Fetzer，§ 372，Rn. 3.

物。标的物不适于提存或者提存费用过高的，债务人可以依法拍卖或者变卖标的物，提存所得的价款。[①] 例如，各种鲜活物品是不适合提存原物的，债务人可以将该物拍卖、变卖并提存其价款。

四、债务人提存后的通知义务

债务人在将标的物提存后，应当履行一定的通知义务（Anzeigespflicht），即债务人将标的物提存以后，应当及时通知债权人，以便债权人知悉标的物被提存的事实，从而早日领取提存物。不过，由于通知本身不是提存发生效力的构成要件，因而通知与否并不影响提存行为本身的效力。但债务人未及时通知债权人致使债权人遭受损害时，债权人有权请求赔偿。例如，提存机关保管提存物的费用应当由债权人负担，如果债务人在提存后没有及时通知债权人，导致债权人所支付的提存物保管费用增加的，债权人有权请求债务人赔偿。此外，如果因债务人没有尽到通知义务，导致债权人无法及时获取提存标的物，或者因时效届满导致其针对提存机关的请求权无法强制执行的，债权人对债务人享有损害赔偿请求权。[②]

五、提存的效力

由于提存涉及三方当事人，即债务人、债权人与提存机构，因而提存的效力可以区分为三方的关系来确定。

（一）对债务人的效力

1. 债务人的债务得以免除。由于提存是清偿的替代方式，因而债务人将标的物提存可以使债务人与债权人之间的债权债务关系归于消灭。当然，提存可以作为债务消灭的一种原因，但这并不意味着，债务人一旦将标的物提存，便使其

① 参见《合同法》第 101 条第 2 款。

② MünchKomm/Fetzer，§ 374，Rn. 2.

债务当然消灭。债权人不能接受履行的原因可能是多方面的（如因为地址变更没有及时通知债务人，因为出国等原因没有及时从债务人处获得履行），而且提存机构对债务人提存的标的物在质量、数量等方面是否完全符合合同的规定不能做实质性的审查，如果一旦提存就视为完全履行，债权人再也不能提出任何异议，这对债权人显然是不利的，也会给债务人提供逃避合同义务的机会，因此，虽然应当将提存作为债务终止的原因，但应当允许债权人在提取提存物时，对提存是否恰当提出异议。当然，在债权人提出异议之前，应当推定提存是符合合同约定的，并可以产生与清偿同样的后果，使债务人被免责，债权人仅能向提存机构领取提存物，而不得向债务人请求清偿；如果提存不符合债之本旨，则不发生清偿效力，债权人可以主张债务不履行的责任。

2. 支付利息的免除以及丧失收取孳息的权利。[①] 我国《合同法》第103条后段规定，“提存期间，标的物的孳息归债权人所有”。这一规定实际上是建立在标的物所有权已经移转的基础上的。因而，一旦债务人将标的物提存，债务人即已经履行了其债务，标的物所有权即移转给债权人，标的物所产生的孳息也应当归属于债权人。

3. 标的物所有权移转于债权人。由于提存行为本身是一种替代履行的行为，一旦提存，视为标的物已经交付。因而，在债务人将标的物交付给提存机构之后，提存物的所有权即移转于债权人。[②]

4. 风险移转。提存以后，标的物的风险负担由债务人移转至债权人。[③] 既然提存行为等同于交付，应当视为标的物已经交付，则标的物的风险也就当然移转，如《合同法》第103条规定，“标的物提存后，毁损、灭失的风险由债权人承担”。

（二）对债权人的效力

提存对债权人的效力主要是赋予债权人提存物领取请求权。债务人将标的物提存以后，由于所有权已经发生移转，债权人自然应对提存物享有领取的权利。

① MünchKomm/Fetzer，§ 379，Rn. 3.

② 参见史尚宽：《债法总论》，843页，北京，中国政法大学出版社，2000。

关于债权人的提存物领取请求权的性质，主要有以下几种观点。一是物权请求权说，此种观点认为，提存物的返还请求权，本质属于物权请求权，且是一种新发生的请求权，与原给付请求权并存。[①] 二是债权请求权说，此种观点认为，提存请求权属于债权请求权，它是基于提存合同所产生的，应该属于新发生的请求权，与原给付请求权不同。[②] 三是独立请求权说，此种观点认为，债权人的提存物返还请求权在性质上属于独立的请求权，在提存期间，虽然标的物所有权归属于债权人，但由于提存机构对标的物的占有属于有权占有，因而，债权人无法行使所有权返还请求权。笔者认为，该种请求权应该属于物权请求权。提存之后，由于所有权已经发生转移，此时债权人应享有物权请求权。如果债权人仅仅享有债权请求权，债权人的利益就无法得到有效保护。此项权利可以说是债权人的基本权利，债权人可以随时领取提存物。在行使提存物领取请求权时，债权人不仅可以请求交付提存的原物，也可以请求交付由提存物所产生的孳息。但债权人申请领取提存物及其孳息的，应当持有提存通知书并提交债权合法有效存在的证明文件。

在提存以后，提存物的保管费用应当由债权人承担。提存的费用主要是指提存机构的保管费用。由于提存主要是因债权人无正当理由拒绝受领而造成的，并且提存机构保管提存物是为了债权人的利益，因而，因提存而支付的费用理所当然应该由债权人承担。[③]《合同法》第 103 条对此作出了明确规定。不仅如此，在标的物不适于提存而需要拍卖或者变卖的情况下，拍卖或变卖的费用也应由债权人负担。当债权人领取提存物时，提存机构有权要求债权人支付此项费用，否则，提存机构有权留置提存物。此种提存费用由债权人承担，本质上是因为债权人本身的过错使债务人不能及时履行债务，所以应该由债权人承担此种不利后果。

（三）对提存机构的效力

1. 提存机构负有保管义务。在标的物提存以后，提存机构负有保管提存物

---

① 参见张谷：《论提存》，载许章润主编：《清华法学》，2003（2），北京，清华大学出版社，2003。

② 参见韩世远：《合同法总论》，2 版，507 页，北京，法律出版社，2008。

③ MünchKomm/Fetzer，§ 381，Rn. 1.

的义务。对此，我国《提存公证规则》第19条规定，提存机构“应当采取适当的方法妥善保管提存标的，以防毁损、变质或灭失。对不宜保存的、提存受领人到期不领取或超过保管期限的提存物品，公证处可以拍卖，保存其价款”。提存机构未尽妥善保管义务而致提存物毁损灭失的，应当承担损害赔偿责任。提存期间，因提存机构的故意或者重大过失造成提存物毁损灭失的，应当由提存机构承担损害赔偿责任。

2. 提存机构负有交付提存物的义务。应债权人的请求，提存机构应当及时向债权人交付提存物，无法定的理由不得拒绝债权人的请求。

3. 提存机构有权向债权人收取合理的费用。提存以后，提存机构与债权人之间事实上已形成了保管关系，这种保管是有偿的，其有偿性表现在提存机构有权向债权人收取合理的费用。如果债权人拒绝支付费用，则提存机构有权将提存物予以留置。

第五节　免除

一、债务免除的概念和特征

所谓免除，是指债权人基于其单方行为，免除债务人的全部或部分债务，从而导致合同权利义务关系全部或部分地消灭。《合同法》第105条规定：“债权人免除债务人部分或者全部债务的，合同的权利义务部分或者全部终止。”该条规定是对免除的规定。法律上之所以允许债权人免除债务，一方面是因为债权是债权人的利益，债务免除是债权人放弃其财产权益的行为，或者说是处分其财产权益的行为，按照私法自治原则，债权人在不损害国家利益、社会公共利益和他人利益的情况下，完全可以通过免除处分自己的债权，法律对此不应当作出干涉，也不应当强制债权人行使权利。另一方面是因为债权在效力上本身就包含了处分权能。债权人免除债务人的债务是其行使其债权处分权能的体现，按照私法自治原则，债权人有权通过免除的方式行使其债权处分权能。

债权处分权能的内容十分广泛，但与债权让与等其他债权处分行为不同，债务的免除将导致当事人之间债的关系消灭。按照私法自治原则，债权人可以部分或者全部免除债务，在法律上都能够产生应有的效果。

债务免除行为将导致债的关系消灭，其具有如下特点。

第一，债务免除是一种单方行为。由于免除在性质上属于单方行为，只需要债权人向债务人作出免除的意思表示，免除行为即可发生效力，债务人无法拒绝，在债权人免除债务人的债务后，债务人仍然清偿债务的，应当构成非债清偿。例如，某村居民林某与邻村居民刘某谈恋爱，在二人交往期间，林某得知刘某弟弟要开一个杂货店，便主动提出借给其 50 万元。半年后，因杂货店经营状况不好，林某多次向刘某家人表示不再需要其偿还该 50 万元债务，但刘某家人拒绝了林某的好意，并主张一旦经济状况好转，便及时还款。后来林某与刘某分手，林某提出，当初免除债务是因为其与刘某之间存在恋爱关系，既然两人已经分手，刘某家人应当及时还本付息。刘某家人则主张，林某已经免除其债务，其不应该还本付息，最多只能归还本金。在该案中，在林某已经向刘某家人作出免除其债务的意思表示的情况下，该免除行为即已生效，即便刘某家人拒绝林某免除债务的意思表示，林某的免除行为仍发生法律效力。

第二，债务免除是一种无因的行为。这就是说，债权人作出免除行为时，不论其实施免除行为的原因和动机如何，都会导致免除的效果。债务免除可能是基于赠与的动机，或基于与债务人的和解等，但无论是何种原因，只要债务的免除不损害国家利益、社会公共利益或他人的利益，不违反社会公共道德，该免除的表示都是有效的。①

第三，债务免除是一种无偿行为。债务免除是债权人消灭债务人的债务负担的行为，并不以债权人取得相应对价为条件，免除本身为无偿行为。一般来说，

① 参见孙森焱：《民法债编总论》，923 页，北京，法律出版社，2006。

免除不应当附条件，或以债务人负担某种义务为前提，否则就不是真正意义上的免除。[①]

第四，债务免除是一种不要式行为。[②] 免除的意思表示无须特定的方式，书面、口头及其他形式均可。例如，在前述免除债务纠纷案中，林某免除刘某家人债务的行为虽然以口头方式作出，但仍可产生债务免除的效力。

在债权人免除债务人债务时，应当向债务人作出明确的意思表示，在该意思表示到达债务人后，免除行为发生法律效力。在债权人所发出的免除的意思表示到达债务人之前，债权人可以撤回该意思表示，此时不发生免除的法律效果。

二、关于债务免除的性质

关于债务免除的性质，主要有以下两种不同的观点。

一是合同说。罗马法曾采取了要式的免除契约制度（Acceptilatio）。受此制度影响，一些国家基于“恩惠不得强施”的原则，规定免除为合同。[③]《德国民法典》即采取此种模式，从而免除债务必须以免除合同的成立为前提。[④] 当然，德国法上免除债务的合同属于不要式合同，只要当事人之间达成免除债务的合意即可。采纳合同说的理由主要在于：一方面，即使是债权人免除债务人的债务，也应该尊重债务人的意思，尽管免除债务人的债务对债务人是有利的，或者说对债务人给予了一定的恩惠，但如果债务人拒绝接受此恩惠，则法律上不得强制债务人接受这种恩惠。债务人同意接受免除，实际上意味着双方达成了一个协议。另一方面，债权人和债务人之间是一种相对的法律关系，不能仅仅根据债权人的单方意志来消灭合同关系。事实上，在债权人免除债务人的债务时，必然有一定的动机或原因，因而不能断定债权人的免除一定不会损害债务人的利益。为避免

---

① 参见孙森焱：《民法债编总论》，923页，北京，法律出版社，2006。

② MünchKomm/Fetzer，§ 397，Rn. 2.

③ 参见《法国民法典》第1285条；《德国民法典》第397条；《瑞士债务法》第115条。

④ MünchKomm/Fetzer，§ 397，Rn. 2.

权利滥用，保护债务人的利益，采合同说更为合理。[①]

二是单方行为说。此种观点认为，债务免除是一种单方行为，根据债权人的单方意志就可以成立。日本民法采纳这一观点，《日本民法典》第519条规定："债权人对债务人表示免除债务的意思时，其债权消灭。"我国台湾地区"民法"第343条将免除规定为单方行为，其立法理由是为"求实际上之便利"。采纳这一观点的理由在于：债权人免除债务人的债务，实际上是一种无偿行为，免除债务对于债务人一般是有利的，债务人大多会因为债务的免除而获益，因此也就没有征得其同意的必要。如果免除必须征得债务人的同意，那么在债务人不同意时，债权人既不能免除债务人的债务，又不能抛弃其债权，这显然违反事理。[②]

笔者认为，应当将免除的性质界定为单方行为，主要理由在于：

第一，债务免除是一种处分债权的行为，无须对方当事人同意。债权人免除债务人的债务实际上是对其债权的一种处分行为，如果免除债务必须征得债务人的同意，则意味着债权人处分其权利的行为本身还要受到债务人的同意的限制，这就不合理地限制了债权人的处分权。在例外情况下，如果债务人认为免除对其不利，在债权人作出免除行为以后，债务人可以继续要求履行，债权人无正当理由，不得拒绝。如果债权人拒绝接受履行，债务人可以采用提存的方法使合同发生消灭。与任何权利处分行为一样，债权人可以依其单方意思处分其债权，而不需要得到债务人的同意。从这一点来说，免除应该是一种单方行为，属于债权的抛弃。[③]

第二，由于免除行为性质上属于单方法律行为，故应当适用民法关于单方法律行为的有关规则。[④] 例如，债权人免除债务是因受到欺诈，该意思表示应当可以撤销。债权人可以基于自己的单方行为在不征得债务人同意的情况下，抛弃债权。如果采合同说，则债务人不同意债权人作出免除，会发生债权人不得抛弃其

① 参见史尚宽：《债法总论》，829页，北京，中国政法大学出版社，2000。

② 参见胡长清：《中国民法债篇总论》，602～603页，上海，商务印书馆，1947。

③ 参见郑玉波：《民法债编总论》，521页，北京，中国政法大学出版社，2004。

④ 参见陈伯诚、王伯庭：《合同法重点、难点问题解析与适用》，265页，长春，吉林人民出版社，2000。

债权的效果，这显然是违反常理的。[①]

第三，从我国立法来看，免除行为应当属于单方法律行为。根据《合同法》第 105 条的规定，债权人免除债务人部分或者全部债务的，当事人之间的合同权利义务部分或者全部终止。依据这一规定，只要债权人免除了债务人的债务，债务人的债务则可以在债权人免除的范围内消灭，而无须债务人的同意，因此，关于免除行为的性质，我国《合同法》实际上采纳了单方行为说，即只要债权人作出免除的表示就可以导致合同关系的终止，而不需要征得债务人的同意。因为该条并没有强调必须采取合同的方式，也没有要求被免除方必须同意，才发生免除的效力。而且依据《合同法》第 91 条的规定，合同权利义务关系因债权人免除债务而终止，也同样表明合同法将免除行为界定为一种单方行为。另外，将免除行为界定为单方行为，符合我国民间的生活习惯和交易惯例。既然免除行为对债务人都是有利的，那么免除行为一旦作出，便产生免除债务的效力。

由于债务免除是一种单方行为，因而一方面，一旦债权人向债务人作出免除债务的意思表示，即可以发生免除的效力，债权人实施免除的行为不需要征得债务人的同意；另一方面，在债权人作出了免除的意思表示以后，该行为便产生效力，债权人不得再撤销该意思表示。当然，虽然将免除行为界定为一种单方行为，只需要债权人单方的意思即可发生效力，但当事人同样可以通过达成协议的方式免除债务，此种情形属于合意免除，是与债权人单方免除不同的一种免除债务的方式。

三、债务免除的要件

债务免除是一种单方的法律行为，应当符合法律行为的构成要件。一般而言，免除行为应当符合下列要件。

1. 债务免除人应当享有合法的债权，或对债权享有处分权。只有债务免除

① 参见胡长清：《中国民法债编总论》，603 页，上海，商务印书馆，1947。

人享有合法的债权或者对相关债权具有处分权时，免除行为才能发生法律效力。债务免除人原则上只能够免除自己的债权，而无法对他人的债权进行处分。如果免除人是代理他人作出免除债务的意思表示，则必须要获得债权人的明确授权，并有权对债权作出处分。如系共同债权，则一个债权人免除债务人的债务时应当取得其他债权人的同意。

2. 债务免除人应当具有行为能力。免除行为在性质上属于单方法律行为，按照任何人不得擅自课以他人作为或者不作为的义务的原则，行为人所作出的单方法律行为原则上只能为自己设定负担或者放弃权利，而不能为他人设定义务。因此，具有完全民事行为能力的行为人能够独立认识、理解、判断自己行为的性质和后果，可以作为债务免除人；限制民事行为能力人可以免除与其年龄、心理状况相符的债务，限制民事行为能力人免除该范围之外的债务的，应当征得其法定代理人的同意；由于债务免除人需要向债务人为免除债务的意思表示，而无民事行为能力人欠缺民事行为能力，无法为意思表示，也就无法为债务免除行为。

3. 免除的对象必须是债务人的债务。如果债权人放弃债的担保，不能认为其当然地免除了债务人的债务。在按份之债中，债权人免除了某一债务人的债务，只是使该债务人的债务被免除，其他债务人的债务并没有当然地被免除，其债务仍然存在。还需要指出的是，免除应当是无偿的。在免除债务时不能要求债务人支付一定的对价或给债务人附加新的义务条件。但作为免除基础的原因行为，可以是有偿行为。例如，甲欠乙一笔价款，在乙和丙之间的交易关系中，丙与乙约定，乙应当免除甲的债务。在此，作为乙免除债务基础的原因行为（即乙和丙之间的交易）就是有偿的。而且基于免除行为无因性的要求，即便乙与丙之间的合同后来被宣告无效或者被撤销，乙的免除行为也可发生效力，乙只能基于不当得利向甲提出请求。

4. 免除的意思表示应当向债务人明确作出。免除既然是一种单方行为，则该意思表示必须要向债务人及其代理人明确作出，并且该意思表示应当直接通知债务人及其代理人。向任何第三人所作出的免除的意思表示都不能产生免除的效果。在此需要讨论的是，如果债权人向债务人自愿返还债权原始证书，能否据此认定债权人免除了债务人的债务呢？笔者认为，即便债权人自愿向债务人返还债权原始证书，也不能据此认为债权人免除了债务人的债务，债权人免除债务原则上应当是明示的意思表示，债权人向债务人返还原始债权证书可能具有保管或者其他的意图，不能据此当然推定债权人具有免除债务的意思。[①]

5. 免除不得损害第三人的利益。债权人虽然有权免除债务人的债务，但是该权利的行使以不损害第三人的利益为限。例如，如果在债权人的债权上已经设定了质权，债权人免除债务人的债务，将损害质权人的利益。此时，债权人就不得免除债务人的债务。[②]

在此需要讨论的是，债权人免除债务的行为能否附条件或期限。一般认为，债权人免除债务的行为可以附条件或期限，债权人免除债务的行为不仅可以附停止条件或始期，而且可以附解除条件或终期。[③] 虽然从理论上说，单方法律行为不得附条件或期限，但其主要是为了避免法律关系的不稳定，而对债务免除行为而言，其在本质上是债权人处分自身债权的行为，按照私法自治原则，应当允许债权人对免除行为附条件或者期限，即便是附解除条件或者终期，也不会过分加重债务人的负担，法律上也应当允许。

四、债务免除的效果

债务免除的效果是消灭当事人之间的债权债务关系。对合同之债而言，债务免除的直接效果是消灭合同关系。[④] 但合同关系是否完全消灭仍需要根据免除的内容决定。如果是免除全部债务的，则从免除生效之日起合同关系完全消灭；如果是免除部分债务的，则在免除的范围内发生合同义务的消灭。[⑤] 在免除债务的

---

① 参见董灵：《合同的履行、变更、转让与终止》，249 页，北京，中国法制出版社，1999。

② 参见［日］我妻荣：《新订债权总论》，王燚译，326 页，北京，中国法制出版社，2008。

③ 参见邱聪智：《新订民法债编通则》上，479 页，北京，中国人民大学出版社，2003；韩世远：《合同法总论》，2 版，514 页，北京，法律出版社，2008。

④ MünchKomm/Fetzer，§ 397，Rn. 7.

⑤ 参见［日］我妻荣：《新订债权总论》，王燚译，326 页，北京，中国法制出版社，2008。

同时，因主债务被免除，附属于主债权的保证债权、利息债权等从权利也发生消灭。在债务全部免除以后，债权人应当向债务人返还有关的债权凭证。

关于将来债务的免除，通说认为，应当视为附停止条件之债的免除，理论上应予承认。[①] 其理由在于，免除将来的债务也属于私法自治的范畴，法律不必干预。但是，因为将来的债还没有发生，只有当将来的债务实际发生时，该免除才能发生效力，所以，其应解释为附停止条件的债的免除。[②]

关于连带债务的免除，如果债权人免除了连带债务人中部分人的债务，则一般应当视为免除了全部债务人的债务，也就是说，免除对于其他债务人同样发生效力。当然，如果债权人明确表示只免除部分债务人应负担的债务部分，那么其他债务人的债务并没有被免除。

第六节　混同

一、混同的概念与特征

混同是指因债权与债务同归于一人，从而使债权债务消灭的事实。[③] 混同有广义与狭义之分，广义的混同包括权利与权利的混同（如所有权与他物权的混同）、义务与义务的混同（如主债务与保证债务的混同），以及权利与义务的混同（如债权与债务的混同）三种形态。狭义的混同仅指权利与义务的混同。此处所说的混同是指狭义的混同，其特点如下。

---

① 参见郑玉波：《民法债编总论》，523页，北京，中国政法大学出版社，2004；崔建远：《合同法》，272页，北京，法律出版社，2000；邱聪智：《新订民法债编通则》下，479页，北京，中国人民大学出版社，2004；黄立：《民法债编总论》，722页，北京，中国政法大学出版社，2002。

② 参见孙森焱：《民法债编总论》，925页，北京，法律出版社，2006；［日］我妻荣：《新订债权总论》，王燚译，326页，北京，中国法制出版社，2008。

③ 参见［日］我妻荣：《新订债权总论》，王燚译，327页，北京，中国法制出版社，2008。

第一，仅限于债权和债务的混同。使债消灭的混同，仅限于权利和义务的混同，不包括权利和权利的混同以及义务和义务的混同。债法上的混同具有特定的含义，即仅限于导致债的关系消灭的原因，而不包括导致其他权利义务关系消灭的原因。

第二，在混同前债权债务分别归属于债权人和债务人，而因为各方面的原因使债权和债务合并为由一人享有和承担，债权人与债务人合并为一人。由于在法律上任何人对自己享有债权是没有意义的，所以在混同以后，有必要导致原债权的消灭。①

第三，混同在性质上属于事件，即只要出现债权债务同归一人的事实，即可产生混同的法律效果，而无须当事人的意思表示。② 例如，新华水泥厂购买了青锋机械厂的一批设备，价款 1 000 万元，在青锋机械厂交付设备后，新华水泥厂一直未支付价款，后来青锋机械厂因购买原材料，急需从银行贷款，便将其对新华水泥厂的债权出质给某建设银行，数月后，青锋机械厂因经营困难，被新华水泥厂收购。该银行向新华水泥厂主张质权，而新华水泥厂认为，其收购青锋机械厂时，并不知道银行对该债权享有质权，而且由于两企业已经合并，青锋机械厂对新华水泥厂所享有的债权已经因混同而消灭，银行不再对该债权享有质权。双方为此发生争议。在该案中，在新华水泥厂与青锋机械厂合并的情形下，如果青锋机械厂对新华水泥厂的债权上没有设定其他权利，则并不需要当事人的意思表示，只要发生混同的事实，双方的债权债务关系即当然消灭。因此，混同并不需要借助于当事人的行为，即只要存在混同的事实就可以导致原债权债务关系的消灭。

自罗马法以来，各国法律大多设置相应的规范，对作为债的消灭原因的混同予以规制。例如，《奥地利民法典》第 1445 条规定："当债权人和债务人合为一人时，债务消灭。"不过，《德国民法典》起草人认为，债权债务关系必须存在于两个民事主体之间，当债权债务同归于一人时，债之关系当然消灭，属于理所当然的事实，不需要由法律规定③，这一点也可以通过《德国民法典》第 425 条第

① 参见孙森焱：《民法债编总论》，929 页，北京，法律出版社，2006。

② 参见郑玉波：《民法债编总论》，524 页，北京，中国政法大学出版社，2004。

③ Achim Boenninghaus，Schuldrecht. AT，Rn. 185，S. 73.

2 款体现出来。[①] 所以，《德国民法典》没有专门对混同作出规定。当然，就物权的混同而言，德国民法规定，不动产物权原则上并不因混同而发生消灭。[②] 从比较法上来看，关于混同的效力，存在几种不同的观点。一是履行不能说。此种观点认为，混同不发生债权债务消灭的效力，只会导致履行不能，即任何人不能对自己履行，因此，债权债务归属于同一人，为履行不能。二是中止和暂停说。此种观点认为，混同只是导致债的中止或者暂停，而不是债的完全消灭。[③] 三是债的消灭说。此种观点认为，混同应当发生消灭债的效力。当然，在多数债权人和债务人的情况下，如果混同只是对一人产生效力，则只是导致债的部分消灭。[④] 这是比较法上的通例。我国《合同法》采纳了第三种观点，其第 106 条规定："债权和债务同归于一人的，合同的权利义务终止，但涉及第三人利益的除外。"这就在法律上确认了混同可以作为合同终止的原因。因此，在发生混同的情况下，将导致债权债务完全消灭。[⑤]

但是，关于混同为什么能够引起债的消灭的事实，理论上存在不同的观点。一种观点认为，混同具有清偿的性质，一旦发生混同，可视为债权已经获得清偿，从而产生消灭债的效力。第二种观点认为，债因混同而消灭的原因在于，混同能够使债的目的达到（Zweckerreichung），即债权获得实质的满足而消灭。[⑥] 第三种观点认为，合同因混同而消灭，系基于合同关系成立必须具有两个主体的观念。在民法上，任何人不得对自己享有债权，同一人同时为债务人和债权人时，有悖于债的观念，债的关系自应消灭。[⑦] 换言之，债的关系主体至少有双方当事人，在债权债务同归一人时，债的关系即归于消灭。[⑧] 笔者认为，第三种观

① MünchKomm/Bydlinski，§ 425，Rn. 26.

② MünchKomm/Kohler，§ 889，Rn. 2.

③④ 参见［德］冯·巴尔等主编：《欧洲私法的原则、定义与示范规则：欧洲示范民法典草案》（第五卷至第七卷），王文胜等译，996 页，北京，法律出版社，2014。

⑤ Gernhuber，Die Erfüllung und ihre Surrogate，§ 19 3，S. 418.

⑥ Vgl. Peter Klein，Der Untergang der Obligation durch Zweckerreichung，De Gruyter，1905，S. 117 ff.；Wacke NJW 1981，1577.

⑦ 参见史尚宽：《债法总论》，879～880 页，北京，中国政法大学出版社，2000。

⑧ BGHZ 48，214，218；BGH NJW 1982，2381，2382；Leonhard，Schuldrecht，AT，S. 641.

点较为合理。因为债是特定当事人之间的关系，债的关系至少有两个主体，一旦债权、债务同归一人，即不存在双方当事人，由于在法律上任何人对自己享有债权是没有意义的，故债的关系在事实上已不可能存在，也没有存在的必要。当然，如果债权、债务同归一人后，相关的债权涉及第三人的利益，则不能发生混同的效果。[①] 例如，债权人已经在其债权上设定了质权，此时，即便发生债权、债务的混同，也不能产生债的消灭的后果。

二、混同的原因

混同因债权或债务的承受而发生。债权或债务的承受包括概括承受与特定承受两种情形，具体而言：一是概括承受。它是指债的关系一方当事人概括承受他人的权利与义务。例如买卖合同关系的出卖人与买受人合并，成立为一个新的法人[②]，该法人将原来买卖关系中债权人和债务人的权利和义务全部接受过来，债权人与债务人成为一人，原买卖合同关系归于消灭。[③] 再如，债权人继承被继承人对其负担的债务或者债务人继承被继承人对其享有的债权，均可发生混同。二是特定承受。它是指因债权让与或者债务承担而承受权利与义务。如债务人从债权人处受让债权，或者债权人承担债务人的债务，都可能发生混同。

三、混同的效力

混同的效力表现为债之关系归于消灭。一旦发生混同，不仅主债消灭，而且附随于主债的从债，如利息、违约金债权、担保物权等均归于消灭，为债务人提供担保的第三人亦被解除责任。但在下列情况下，即便发生混同，债也不因此而消灭。

第一，在涉及第三人利益的情况下，虽然债权人与债务人发生混同，债务关

① Gernhuber，Die Erfüllung und ihre Surrogate，§ 19 6（c），S. 424 f.

② Jacob Joussen，Schuldrecht I，AT，2008，Rn. 965.

③ 参见郑玉波：《民法债编总论》，524 页，北京，中国政法大学出版社，2004。

系并不消灭。如相关债权上已经设定担保物权，则债权债务关系不应当因混同而消灭。例如，在前述混同争议案中，新华水泥厂在收购青锋机械厂时，应当知道青锋机械厂对其享有的债权可能已经出质的情形，因此，新华水泥厂应当对该债权的价值作出新的评估，这就包括潜在质权可能要求实现质权的负担。在该债权已经设定质权的情形下，为了保护质权人的利益，即便债权、债务同归一人，也不应当认为该债权因混同而消灭，这也是混同消灭债权债务关系的例外情形。[①] 再如，在租赁合同中，承租人经出租人同意而将租赁物转租，后来出租人将租赁物让与给承租人，此时，虽然发生租赁合同债权、债务关系的混同，但为了保护次承租人的利益，次承租人依据转租合同所享有的权利仍不消灭。

第二，在连带债务中，也可能发生混同的效果。[②]《法国民法典》第 1301 条第 3 款规定："债权人一身所生之混同，仅就其本身为债务人时所负担之部分，其利益及于其他连带债务人。"而根据我国台湾地区"民法"第 274 条的规定，此时，连带债务归于消灭。比较而言，法国民法的规定更为合理，当然，连带债务人中的一人与债权人混同，不能导致整个债权的消灭，只能导致该债务人的债务在其按照内部关系应分担的份额内消灭。其他连带债务人对剩余的部分仍然负有连带债务。[③]

第七节　债的更新

一、债的更新的概念

所谓债的更新，也称债的更改，是指以新的债代替旧的债，从而使旧债归于

① Gernhuber, Die Erfüllung und ihre Surrogate, § 19 6 (c), S. 424 f.

② MünchKomm/Bydlinski, § 425, Rn. 26 ff.

③ 参见［德］冯·巴尔等主编：《欧洲私法的原则、定义与示范规则：欧洲示范民法典草案》（第五卷至第七卷），王文胜等译，996 页，北京，法律出版社，2014。

消灭。换言之，它是通过设定新的债权债务的方式消灭旧的债权债务，债的更新一般是通过合同的方式实现的，因此，更新又称为更新契约。[①] 一般来说，在债的更新中，新债的性质、标的等应当不同于原债，否则可能只是债的履行方式的改变，难以成立债的更新。

在罗马法中，因为债权受到其主体、客体等因素的拘束，如果某一要素发生变更，将使债权不能维持其统一性，所以，如果当事人确有必要变更债的要素，则应当采用更新的方式，使旧债权消灭、新债权产生，因而，在罗马法上，更新是债权消灭的一种方式。[②] 近代民法仿效罗马法，普遍承认了债的更新制度[③]，但也有一些国家并没有规定债的更新。[④] 我国《合同法》规定了合同的变更，但没有对债的更新作出规定，未来民法典应当对此作出规定。债的更新具有如下几个特点。

第一，债的更新是一种以成立新债、消灭旧债为内容的协议。这就是说，债的更新在性质上是当事人之间达成的协议，它虽然导致旧债的消灭、新债的产生，但只有新债产生时，原债才能因此消灭，如果新的债不成立或者无效，则原债的关系仍然存在。[⑤]

第二，更新后的债与原债之间不具有同一性。对债的更新而言，当事人以新的债权债务关系取代了原债权债务关系，而且新的债权债务关系与原债权债务关系之间并不具有同一性。因此，在发生更新的情况下，原债的关系消灭，新的债的关系产生。[⑥] 例如，将赠与改为买卖合同，则合同的内容发生了实质性变化。因为这种变化使原合同关系发生了消灭，产生了新合同关系。正如史尚宽先生所指出的："何为重要部分，应依当事人之意思及一般交易之观念定之。依一般社会见解，因给付之变更已失债之同一性者，可认为有更改。"[⑦]

第三，债的更新是债的消灭的原因。在债的更新中，可能只是债的部分内容发

---

① 参见史尚宽：《债法总论》，822 页，北京，中国政法大学出版社，2000。

② 参见郑玉波：《民法债编总论》，526 页，北京，中国政法大学出版社，2004。

③ 参见《法国民法典》第 1271～1281 条；《日本民法典》第 531～538 条、《瑞士民法典》第 116～117 条。

④ 例如，《德国民法典》第 305 条承认了债权让与、债务承担以及债务变更，但未规定债的更新制度。

⑤⑥ 参见史尚宽：《债法总论》，823 页，北京，中国政法大学出版社，2000。

⑦ 史尚宽：《债法总论》，832 页，北京，中国政法大学出版社，2000。

生了变更，但其他的内容未发生变更，在此情况下，如果债的内容的变更属于实质性变更，则可以认为是产生了新的债的关系，原债的关系因此消灭。例如，在买卖合同中，当事人就合同的价款等作出了变更，虽然其他的内容仍然有效，但其与原债的关系已经不再具有同一性，此时，应当认为是发生了债的更新而非变更。

二、债的更新与相关制度的比较

（一）债的更新与债的变更

债的更新不同于债的变更。所谓债的变更，是指债的内容发生变化，例如，合同之债中，当事人通过约定变更了合同的履行期限和履行地点。债的更新和债的变更都可能是债的内容发生变化，但二者存在明显的区别。

第一，变更后的债与原债是否具有同一性不同。债的变更并不会导致原债消灭，虽然债的变更会使原债在内容等方面发生一定的变化，但变更后的债仍与原债具有同一性。当然，债的变更可能导致债的内容发生变化，但此种变化并非根本性的，变更以前的内容和变更后的债仍保持一定的连续性，因此原债的关系继续存在并有效。然而，在债的更新的情况下，变更后的债与原债已经不具有同一性。通常，只有在债的内容发生实质性变更的情况下，才能成立债的更新。例如，在合同关系中，所谓实质性的变更，是指合同的主要内容发生变更，导致合同关系失去同一性。何为主要部分，应依当事人的意思和一般交易观念加以确定，即按照一般交易观念或当事人的意思，确定合同的内容是否已经发生了根本性的改变。

第二，方式不同。债的变更的主体是债的当事人，即债权人与债务人通过约定对债的关系进行变更。而债的更新既可能由债权人与债务人约定以新的债权债务关系取代原有的债权债务关系，从而实现债的更新，也可能由债的关系当事人与第三人约定以新的债权债务关系取代原有的债权债务关系，从而实现债的更新。如债权人与第三人约定，由第三人对债权人负担一定的债务，债权人与原债务人之间的债权债务关系消灭等。①

① 参见《法国民法典》第 1271 条。

第三，因原债权债务关系而导致抗辩权是否继续存在不同。在债的变更的情况下，当事人之间的债的关系并没有发生实质性的变更，因债权债务关系而产生的抗辩权仍继续有效；而在债的更新的情形下，在当事人之间成立新的债权债务关系，原有的债权债务关系因新债的成立而消灭，因此，当事人不得再主张因原债权债务关系而产生的抗辩权。

第四，是否导致债的关系消灭不同。债的变更只是债的内容上的非实质性变化，并不导致债的关系消灭；而债的更新则是由新的债的关系代替原债的关系，将导致原债的关系消灭，因此，债的更新在性质上属于债的消灭的原因。

（二）债的更新与代物清偿

代物清偿，是指当事人约定由债务人以其他的给付代替原定给付，债权人予以受领，从而使债的关系消灭。[①] 在代物清偿与债的更新中，当事人都需要达成协议，二者都是债消灭的原因。但二者存在明显区别，主要表现在：一方面，是否产生新的债的关系不同。在代物清偿中，当事人需要就代物清偿达成协议，并且债务人需要作出实际的给付，代物清偿才能成立，而且代物清偿一旦成立，当事人之间债的关系即因此消灭，并没有在当事人之间产生新的债的关系。而债的更新则在当事人之间产生新的债的关系，即当事人约定以新的债的关系取代原债的关系。另一方面，二者的性质不同。代物清偿在性质上属于要物合同，即代物清偿的成立不仅要求当事人之间达成代物清偿的协议，而且要求债务人作出实际的给付，否则代物清偿不发生效力。而债的更新在性质上属于诺成性合同，即当事人只需要就债的更新达成协议即可，而不需要当事人作出实际的给付。[②]

三、债的更新的要件

一般来说，债的更新需要具备如下条件。

第一，须有旧债务存在。债的更新以旧债务的存在为前提，只有在旧债存在

① 参见史尚宽：《债法总论》，814页，北京，中国政法大学出版社，2000。

② 参见郑玉波：《民法债编总论》，530页，北京，中国政法大学出版社，2004。

的情况下，债的更新才能进行。此外，旧债的效力会对债的更新的效力产生一定的影响，如果旧债的关系不成立，或者无效，则债的更新也不发生效力，无法产生新的债的关系，但旧债务是自然债务或者是可撤销的债务的，不影响债的更新的效力。

第二，必须有新债务产生。债的更新必须是在原债的基础上，改变原债的实质内容，所以，必须因债的更新而产生新的债务。如果新的债的关系不成立，则原债的关系仍不消灭，因此，新债的产生是债的更新的生效要件。① 此外，债的更新必须是在原债的基础上进行的，更新的效果是原债的主给付义务及从给付义务消灭，并被新债所取代。

第三，新债须与旧债之间存在实质性的差异。如前所述，与债的变更类似，债的更新也是由双方协商改变了债的内容，只不过当事人双方通过协商，变更了原债的基本条款或主要内容，从而使变更后的债与变更前的债在内容上失去了同一性。

第四，当事人双方必须具有更新债的目的，即当事人双方都具有明确的旨在消灭原债的关系的意思，否则只能视为债的变更，而不能视为债的更新。例如，如果当事人只是改变债的主体（如改变债权人或者债务人），而没有更改债的内容意思，则只能成立债权让与或者债务承担，而不能成立债的更新。因此，当事人之间是否具有更新债的目的，可以作为区分债的更新与相关制度的重要标准。②

四、债的更新的类型

债的更新主要是指债的内容的变更，但并非所有债的内容变更的情形都属于债的更新。如果债的内容只是发生部分变更，并没有改变的债的内容的同一性，则属于债的内容的更改，不构成债的更新。一般来说，债的更新主要包括以下几种类型。

---

① 参见孙森焱：《民法债编总论》，859页，北京，法律出版社，2006。

② 参见郑玉波：《民法债编总论》，527页，北京，中国政法大学出版社，2004。

一是债的标的的改变。债的标的是债的关系中权利、义务指向的对象，应当属于债的实质内容，一旦债的标的发生改变，当事人之间的权利义务关系也会随之发生变化，债的同一性也会发生变化。因此，债的标的的变化应当属于债的更新的类型之一。例如，买受人原本要购买出卖人的厨房的厨具，后来发现其更喜欢出卖人卧室的家具，就达成协议，以卧室的家具替代厨具。[①] 再如承租二楼者，改租三楼，承租甲屋者改租乙屋，可认为租赁的重要部分发生变更。如果当事人将承租二楼之五室加租一室，或承租一座房屋者增租其房屋所附属的车库，则仍为重要部分之变更。[②] 当然，如果仅是改变标的物的数量、质量、价款，没有影响债的实质内容的，则不应属于债的更新。

二是标的物数量的重大变化。一般而言，债的履行数量的变化在性质上应当属于债的变更，但债的履行数量的重大变化也可能导致债的同一性发生变化，属于实质性变更，从而形成债的更新。例如，当事人在原债的关系中约定交付 50 吨钢材，但后来约定交付 500 吨，即属于履行数量的巨大变化，应当成立债的更新。

三是价款的重大变化。与债的标的物的变化类似，价款的变化原则上应当属于债的变更的范畴，但如果当事人约定对价款进行重大变更，则也可能使债的同一性发生变化，从而成立债的更新。

四是债的性质的变更。所谓债的性质的变更，主要是指当事人以新的类型的债的关系取代原债的关系，此种情形主要发生在合同之债中。例如，当事人将买卖改为赠与，或者将有偿合同变为无偿合同。在合同性质发生实质性变更的情况下，当事人已经实质上终止了原有的合同关系，而由一个新合同代替了原有的合同。

五、债的更新的效力

债的更新的效力主要包括消灭原有的债的关系，并在当事人之间成立新的债

---

① 参见黄立：《民法债编总论》，675 页，北京，中国政法大学出版社，2002。

② 参见史尚宽：《债法总论》，832 页，北京，中国政法大学出版社，2000。

的关系，以下具体论述。

（一）旧债的消灭

债的更新是债的消灭的方式。当然，其仅仅导致旧债的消灭，而并非新债的消灭。债的更新发生以后，旧债归于消灭，各种从属性的权利，如利息、违约金、担保等，也归于消灭。当然，如果当事人特别约定上述从属性权利移转至新的债的关系的，按照私法自治原则，应当肯定此种约定的效力。

在此需要区分债的更新与新债清偿，二者的主要区别在于是否消灭原有的债的关系。新债清偿，或称为间接给付，是指通过负担新债的方式来清偿旧债。债的更新与新债清偿较为相似，实践中对二者进行区分时常常发生困难，因为二者都是债的关系当事人通过新的债权债务关系取代原有的债权债务关系，但二者仍存在一定区别，主要表现在：一方面，在新债清偿的情形下，当事人之间虽然成立了新的债权债务关系，但原有的债权债务关系并没有因此消灭，只有债务人按照新的债务的要求完成了履行，原有的债务才归于消灭①；而对债的更新而言，新的债的关系一旦成立，原债的关系即因此消灭，即原债的消灭不以新债的履行为要件。另一方面，债的更新主要是指在原债的基础上，债的内容或者债的当事人发生的变更，其以原有的债权债务关系为基础；而对新债清偿而言，当事人之间成立的新的债权债务关系并不需要以原债权债务关系为基础，二者之间并不一定存在牵连关系。

（二）新债产生

债在更新后，原有的债的关系消灭，新债关系产生，新债关系在性质上属于独立的债的关系，诉讼时效与抗辩权都应当独立于原有的债的关系。例如，如果原债务在性质上属于自然债务，但当事人通过债的更新的方式，以新的债的关系取代原有债的关系的，新的债务的诉讼时效原则上应当重新计算。而且除当事人另有约定外，原债的关系当事人所享有的抗辩权，新债关系当事人原则上也不得援引。② 而且，对债的更新而言，原债的关系当事人所享有的撤销权、解除权等

① 参见房绍坤：《论新债清偿》，载《广东社会科学》，2014（5）。

② 参见郑玉波：《民法债编总论》，528页，北京，中国政法大学出版社，2004。

也随之消灭。如果在新债产生之后，债务人不履行债务，债权人可依新的债权主张权利。[①]

在此需要讨论的是，如果原债务是连带债务的，某一连带债务人在没有取得全体连带债务人同意的情况下，而与债权人达成了债务更新协议，此种债的更新对其他债务人是否产生效力呢？一般认为，在债的更新的情形下，当事人之间的抗辩权、诉讼时效等，应当依据新的债的关系予以确定。因此，某一连带债务人与债权人达成的债务更新协议可能使其他连带债务人在抗辩权、诉讼时效等方面遭受不利后果；如果某一连带债务人与债权人达成债务更新协议，除非当事人另有约定，其他连带债务人原则上不应当对新债务承担义务，而仍应当按照原债务承担连带责任。

① 参见孙森焱：《民法债编总论》，861页，北京，法律出版社，2006。

主要参考书目

一、中文文献

陈朝璧．罗马法原理．上册．上海：商务印书馆，1936

周枏．罗马法原论．北京：商务印书馆，1994

王家福主编．中国民法学·民法债权．北京：法律出版社，1991

佟柔主编．中国民法．北京：法律出版社，1990

胡康生主编．中华人民共和国合同法实用问答．北京：中国商业出版社，1999

江平主编．民法学．北京：中国政法大学出版社，2007

全国人大常委会法制工作委员会民法室．中华人民共和国合同法及其重要草稿介绍．北京：法律出版社，2000

全国人大常委会法制工作委员会民法室编著．中华人民共和国担保法释义．北京：法律出版社，1995

最高人民法院经济审判庭编著．合同法释解与适用．上册．北京：新华出版社，1999

梁慧星．民法学说判例与立法研究．北京：中国政法大学出版社，1993

梁慧星等．中国民法典草案建议稿附理由·债权总则编．北京：法律出版社，2013

崔建远，韩世远，于敏．债法．北京：清华大学出版社，2010

崔建远．合同责任研究．长春：吉林大学出版社，1992

崔建远．合同法．4 版．北京：法律出版社，2007

崔建远主编．新合同法原理和案例评析．长春：吉林大学出版社，1999

崔建远．债权：借鉴与发展．北京：中国人民大学出版社，2014

郑强．合同法诚实信用原则研究．北京：法律出版社，2000

蔡永民．比较担保法．北京：北京大学出版社，2004

邓曾甲．中日担保法律制度比较．北京：法律出版社，1999

董灵．合同的履行、变更、转让与终止．北京：中国法制出版社，1999

杜景林．德国债法总则新论．北京：法律出版社，2011

德国债法现代化法．邵建东，孟翰，牛文怡译．北京：中国政法大学出版社，2002

卢湛，杜景林．《德国民法典》债法总则评注．北京：中国方正出版社，2007

朱岩．德国新债法条文及官方解释．北京：法律出版社，2003

杨振山主编．民商法实务研究．债权卷．太原：山西人民出版社，1993

韩世远．合同法总论．2 版．北京：法律出版社，2008

韩世远．违约损害赔偿．北京：法律出版社，1999

王雷．民法学视野中的情谊行为．北京：北京大学出版社，2014

高圣平主编．中华人民共和国侵权责任法立法争点、立法例及经典案例．北京：北京大学出版社，2010

郭明瑞，房绍坤．新合同法原理．北京：中国人民大学出版社，2000

孔祥俊．合同法教程．北京：中国人民公安大学出版社，1999

李先波．债法专论．北京：法律出版社，2009

马俊驹，余延满．民法原论．3版．北京：法律出版社，2007

沈达明编著．英美合同法引论．北京：对外贸易教育出版社，1993

张广兴．债法总论．北京：法律出版社，1997

朱广新．合同法总则．北京：中国人民大学出版社，2008

张定军．连带债务研究．北京：中国社会科学出版社，2010

王泽鉴．法律思维与民法实例．北京：中国政法大学出版社，2001

王泽鉴．民法学说与判例研究．第1—7册．北京：中国政法大学出版社，1998

王泽鉴．民法债编总论·不当得利．台北：自版，1990

王泽鉴．民法总则．北京：北京大学出版社，2009

王泽鉴．不当得利．北京：北京大学出版社，2009

王泽鉴．民法物权·占有．台北：自版，1995

王泽鉴．债法原理．第1册．北京：中国政法大学出版社，2001

王泽鉴．债法原理．2版．北京：北京大学出版社，2013

王泽鉴．侵权行为法．第1册．北京：中国政法大学出版社，2001

王伯琦．民法债篇总论．台北：自版，1962

史尚宽．债法总论．北京：中国政法大学出版社，2000

郑玉波．民法总则．北京：中国政法大学出版社，2003

郑玉波．民法债编总论．陈荣隆修订．北京：中国政法大学出版社，2004

郑玉波．民商法问题研究（三）．台北：三民书局，1982

郑玉波．民法债编各论（下）．台北：三民书局，1981

陈自强．无因债权契约论．台北：学林文化事业有限公司，1998

陈酉龙．民法债编总论．台北：五南图书出版公司，2003

洪逊欣．民法总则．台北：自版，1976

胡长清．民法债编总论．北京：中国政法大学出版社，2000

黄立．民法债编总论．北京：中国政法大学出版社，2002

黄立．民法债编各论．上册．北京：中国政法大学出版社，2003

黄茂荣．债法总论．第一册．增订3版．台北：自版，2009

黄茂荣．债法总论．第一册．北京：中国政法大学出版社，2002

黄茂荣．不当得利．台北：建诚印刷有限公司，2011

黄风．罗马法．北京：中国人民大学出版社，2009

黄风．罗马法词典．北京：法律出版社，2002

林诚二．民法理论与问题研究．北京：中国政法大学出版社，2000

林诚二．民法债编总论——体系化解说（下）．台北：瑞兴图书股份有限公司，2001

林诚二．民法债编总论——体系化解说．北京：中国人民大学出版社，2003

江俊彦．民法债编总论．台北：新学林出版股份有限公司，2011

刘春堂．判解民法债篇通则．台北：三民书局，1991

刘昭辰．不当得利．台北：五南图书出版公司，2012

邱聪智．新订民法债编通则（下）．北京：中国人民大学出版社，2004

苏永钦．民法经济法论文集（1）．台北：自版，1988

孙森焱．民法债编总论．北京：法律出版社，2006

孙森焱．民法债编总论．台北：自版，1990

孙森焱．民法债编总论．上册．台北：自版，2004

曾隆兴．现代损害赔偿法论．台北：自版，1996

曾隆兴．现代非典型契约论．台北：自版，1996

二、译著

［德］冯·巴尔等主编．欧洲私法的原则、定义与示范规则：欧洲示范民法典草案（第五卷至第七卷）．王文胜等译．北京：法律出版社，2014

［德］拉德布鲁赫．法学导论．米健，朱林译．北京：中国大百科全书出版社，1997

［德］K. 茨威格特，H. 克茨．比较法总论．贵阳：贵州人民出版社，1992

[德] U. 马格努斯．侵权法的统一：损害与损害赔偿．北京：法律出版社，2009

[德] 迪特尔·梅迪库斯．德国债法总论．杜景林等译．北京：法律出版社，2004

[德] 迪特尔·梅迪库斯．德国债法分论．杜景林，卢谌译．北京：法律出版社，2007

[德] 迪特尔·梅迪库斯．请求权基础．陈卫佐等译．北京：法律出版社，2012

[德] 冯·巴尔．欧洲比较侵权行为法．下卷．焦美华译．北京：法律出版社，2001

[德] 罗伯特·霍恩，海因·科茨，汉斯·G. 莱塞等．德国民商法导论．楚建译．北京：中国大百科全书出版社，1996

[德] 卡尔·拉伦茨．德国民法通论．王晓晔，邵建东等译．北京：法律出版社，2003

欧洲示范民法典草案：欧洲私法的原则、定义和示范规则．高圣平译．北京：中国人民大学出版社，2012

[法] 勒内·达维德．当代主要法律体系．上海：上海译文出版社，1984

[英] 皮特·博克斯．不当得利．刘桥译．北京：清华大学出版社，2012

[美] 约翰·亨利·梅利曼．大陆法系．顾培东等译．北京：法律出版社，2004

[美] E. 艾伦·范思沃斯．美国合同法．葛云松，丁春艳译．北京：中国政法大学出版社，2004

[美] 格兰特·吉尔莫．契约的死亡．曹士兵，姚建宗，吴巍译．北京：中国法制出版社，2005

[美] 罗伯特·考特，托马斯·尤伦．法和经济学．上海：上海三联书店，1994

[美] 迈克尔·D. 贝勒斯．法律的原则．北京：中国大百科全书出版

社，1996

［日］我妻荣．债法在近代法中的优越地位．王书江，张雷译．谢怀栻校．北京：中国大百科全书出版社，1999

［日］我妻荣．债权各论．上卷．徐慧译．北京：中国法制出版社，2008

［日］我妻荣．新订债权总论．王燚．北京：中国法制出版社，2008

［日］於保不二雄．日本民法债权总论．台北：五南图书出版公司，1998

三、外文文献

（一）英文

Reinnhard Zimmermann. The Law of Obligations：Roman Foundations of the Civilian Tradition. Clarendon Paperbacks，1996

AndreTunc. International Encyclopedia of Comparative Law，Torts，Introduction. J. C. B. Mohr（Paul Siebeck）Tübingen，1974

Geoffrey Samuel. Law of Obligations and Legal Remedies，2th.. London：Cavendish Publishing Ltd，2001

Basil Markesinis . Foreign Law and Comparative Methodology：A Subject and a Thesis . Oxford Hart Publishing House，1997

Farnsworth. Contracts，Second Edition. Little，Brown and Company，1990

Reiner Schulze（ed.）. New Features in Contract Law. Sellier European Law publishers，2007

Jean Limpens. International Encyclopedia of Comparative Law，Vol. 4，Torts，Chapter 2，Liability for One's Own Act. J. C. B. Mohr（Paul Siebeck，Tübingen），1975

Hans Stoll. International Encyclopedia of Comparative Law，Vol. 4，Torts，Chapter 8，Consequences of Liability：Remedies. J. C. B. Mohr（Paul Siebeck，Tübingen），1972

W. V. Horton Rogers (ed) . Damages for Non Pecuniary Loss in a Comparative Perspective. Springer Wien New York，2001

David Johnston，Reinhard Zimmermann. Unjustified Enrichment：Key Issues in Comparative Perspective. Cambridge University Press ，2002

B. Nicholas. The French Law of Contract . 2nd ed. ，Oxford，1992

George E. Palmer. International Encyclopedia of Comparative Law，Volume X ，Chapter3. J. C. B. ，mohr (Paul Siebeck，Tübingen)，1991

Markesinis B S，Lorenz W，Dannemann G. The German Law of Obligations：Volume I. Oxford：Clarendon Press，1997

Paolo Gallo. Unjust Enrichment：A Comparative Analysis，The American Journal of Comparative Law，Vol. 40，No. 2 . Spring，1992

Andrew Burrows. The Law of Restitution，3rd ed. Oxford University Press，2010

Peter Birks. Unjust Enrichment，2nd，ed. Oxford University Press，2005

Peter Birks. An Introduction to the Law of Restitution，Oxford University Press，1989

Christian von Bar and Eric Clive. Definitions and Model，Rules of European Private Law，Volume I. Munich：Sellier. European Law Publishers，2009

Tony Weir. International Encyclopedia of Comparative Law，Vol. 4，Torts，Chapter 12 ，Complex Liabilities. J. C. B. ，Mohr (Paul Siebeck，Tübingem)，1975

Tadas Klimas. Comparative Contract Law，A Transystemic Approach with an Emphasis on the Continental Law Cases，Text and Materials. Carolina Academic Press，2006

J Edelman. Gain-based Damages：Contract，Tort，Equity and Intellectual Property. Hard Publishing. Oxford，2002

Bénédicte Fauvarque-Cosson and Denis Mazeaud (ed.). European Contract Law. Sellier European Law Publishers，2008

（二）法文

Stéphanie Porchy-Simon. Les obligations: Droit civil (2e année), 7e édition. Dalloz-Sirey, 2012

David Deroussin. Histoire du droit des obligations. Paris: Economica, 2007

Jean-Louis Gazzaniga. Introduction historique au droit des obligations, PUF, 1992

Pascal Puig. Contrats spéciaux, 3e édition. Dalloz, 2009

François Terré. Philippe Simler, Yves Lequette, Droit civil, Les Obligations. Dalloz, 2002

Japiot, René. Des nullités en matière d'actes juridiques: essai d'une théorie nouvelle. Paris : A. Rousseau, 1900

L. Josserand. Essai de théologie juridique, 1927, T, 2

Mazeaud et Tunc. Traité theorique et pratiquede la respinsabilité civile, T. 1, 6e éd. 1965, n116

P. Malaurie Et L. Aynes. Droit civil: Les obligations, 3e éd Paris, Cujas, 2003

M. Malaurie. Les restitutions en droit civil. Paris Cujas, 1991

François Terré, Philippe Simler, Yves Lequette. Droit civil, Les Obligations, 8e éd.. Dalloz, 2002

（三）德文

Franz Jürgen Säcker, Roland Rixecker. Münchener Kommentar zum BGB. C. H. Beck. 5. Auflage, 2010

Bernhard Windscheid. Lehrbuch des Pandektenrechts, Bd. Ⅱ, 1870. Nabu Press, 2014

Heinrich Dernburg. Pandekten, Band Ⅱ. Ulan Press, 2012

Reinhard Bork. Allgemeiner Teil des Bürgerlichen Gesetzbuchs. Mohr Siebeck, 2006

Stephan Madanus. Die Abgrenzung der leisungsbezogenen von den nicht leistungsbezogen Nebenpflichten im neuen Schuldrecht, Jura, 2004

Dieter Medicus, Stephan Lorenz. Schuldrecht, Allgemeiner Teil. C. H. Beck, Aufl. 18, 2008

Georg Arnold Heise. Grundriss eines Systems des gemeinen Civilrechts zum Behuf von Pandecten-Vorlesungen. Nabu Press, 2011

Helmut Koziol und Rudolf Welser. Grundriss des buergerliches Rechts, MANZ'sche Wien, 13. Aufl. , 2007

Hans Brox. Allgemeines Schuldrecht. München, 2009

Josef Esser, Hans-Leo Weyers. Schuldrecht, Band Ⅱ, Besonderer Teil: Teilband 2. Müller (C. F. Jur.), Heidelberg. Auflage: 8. Aufl, 2000

Andreas Bergmann. Die Geschäftsführung ohne Auftrag als Subordinationsverhältnis: die Rechtsinstitute der negotiorum gestio in subordinationsrechtlicher Betrachtungsweise. Mohr Siebeck, 2010

Tobias Helms. Gewinnherausgabe als haftungsrechtliches Problem. Tübingen, 2007

Gerhard Wagner. Neue Perspektiven im Schadensersatzrecht, Gutachten für den 66. Deutschen Juristentag, Bd. Ⅰ, München, 2006

Gesa Kim Beckhaus. Die Rechtsnatur der Erfüllung. Mohr Siebeck, 2013

Harm Peter Westermann, Peter Bydlinski und Ralph Weber. BGB-Schuldrecht Allgemeiner Teil. C. F. Müller, 2013

后　记

《债法总则研究》的撰写历时数年，终于付梓。在本书写作过程中，北京航空航天大学周友军副教授，中国社会科学院法学研究所谢鸿飞教授，北京理工大学孟强博士，中国人民大学法学院朱虎副教授、刘明博士后、王叶刚博士，对外经贸大学马特副教授，苏州大学法学院张鹏教授，中南大学法学院许中缘教授，西南政法大学黄忠副教授等都提供了大量帮助，缪宇博士和谢远扬博士协助查找和翻译了一些德文资料，石佳友副教授帮助翻译了一些法文资料，中国人民大学出版社施洋编辑对本书的修改提出了许多宝贵的意见，在此谨致谢意。

第二版后记

《债法总则研究》一书出版后，读者提出了一些修改意见，应出版社邀请，结合近几年的立法、司法实践经验以及学理的最新发展，笔者对本书作了必要的修订。在修订过程，北京市社会科学院缪宇博士后帮助翻译了一些德文资料，中央民族大学法学院王叶刚博士提出了一些修改建议，在此一并致谢。

图书在版编目（CIP）数据

债法总则研究 / 王利明著．—2 版．—北京：中国人民大学出版社，2018.4
（中国当代法学家文库·王利明法学研究系列）
ISBN 978-7-300-25684-9

Ⅰ.①债… Ⅱ.①王… Ⅲ.①债权法-研究-中国 Ⅳ.①D923.34

中国版本图书馆 CIP 数据核字（2018）第 060881 号

“十三五”国家重点出版物出版规划项目
中国当代法学家文库·王利明法学研究系列
债法总则研究（第二版）
王利明　著
Zhaifa Zongze Yanjiu

出版发行	中国人民大学出版社		
社　　址	北京中关村大街 31 号	邮政编码	100080
电　　话	010－62511242（总编室）		010－62511770（质管部）
	010－82501766（邮购部）		010－62514148（门市部）
	010－62515195（发行公司）		010－62515275（盗版举报）
网　　址	http://www.crup.com.cn		
	http://www.ttrnet.com(人大教研网)		
经　　销	新华书店		
印　　刷	涿州市星河印刷有限公司	版　　次	2015 年 1 月第 1 版
规　　格	170 mm×228 mm　16 开本		2018 年 4 月第 2 版
印　　张	52.25　插页 3	印　　次	2018 年 4 月第 1 次印刷
字　　数	772 000	定　　价	168.00 元